康式昭 著

藝海諍言集

上

文化藝術出版社
Culture and Art Publishing House

图书在版编目（CIP）数据

艺海诤言集：上、下 / 康式昭著. —北京：
文化艺术出版社，2019.7
ISBN 978-7-5039-6729-0

Ⅰ.①艺… Ⅱ.①康… Ⅲ.①文化发展—中国—文集 Ⅳ.①G12-53

中国版本图书馆CIP数据核字（2019）第130541号

艺海诤言集（上、下）

著　　者	康式昭
责任编辑	齐大任　魏　硕
责任校对	董　斌
书籍设计	赵　矗
出版发行	文化藝術出版社
地　　址	北京市东城区东四八条52号（100700）
网　　址	www.caaph.com
电子信箱	s@caaph.com
电　　话	（010）84057666（总编室）　84057667（办公室） 　　　　　84057696—84057699（发行部）
传　　真	（010）84057660（总编室）　84057670（办公室） 　　　　　84057690（发行部）
经　　销	新华书店
印　　刷	国英印务有限公司
版　　次	2021年7月第1版
印　　次	2021年7月第1次印刷
开　　本	710毫米×1000毫米　1/16
印　　张	40
字　　数	640千字
书　　号	ISBN 978-7-5039-6729-0
定　　价	168.00元（全二册）

版权所有，侵权必究。如有印装错误，随时调换。

序

康式昭先生《艺海诤言集》（以下简称《文集》）汇集了他新时期改革开放以来近40年间发表的戏剧评论、艺术时评类文章，包括"谏言篇""辩诤篇""才智篇""品评篇"四部分，洋洋几十万言。康式昭先生为文涉猎广泛，有小说、文学理论、杂文，等等，这部《文集》只是他写作的一个品类的成果汇集。

新时期改革开放40年是中国历史上真正不凡的年代，包括政治、经济、文化在内的社会的方方面面都发生了深刻的变革。这本《文集》是作者以一个从事文艺工作的学者身份的角度来审视、观察、思考近40年来文艺特别是戏剧创作在改革开放大背景下的变革与发展。阅读《文集》，不仅可以看到我国近40年来舞台艺术整体状况的一个侧面，更可以从作者以自己的眼光概括性的研究总结中得到认识文艺自身发展规律的启示。

读《文集》，首先一个深刻的印象是作者以强烈的社会责任感来看待文艺问题。在社会主义市场经济体制逐渐确立的进程中，文艺也经历着自身的变革。文艺与政治、经济、市场、管理的关系以及自身的体制问题，都一度成为社会关注的焦点。在《文集》中，作者或从正面论述、或从侧面探讨，围绕文艺应该坚持的正确方向、方针，文艺与人民群众（观众）的关系，文艺规律和文艺体制改革等，以解放思想、转变观念为基点，都做了深入的阐发。这些文章早的写于20世纪80年代，有的是写于近两年，此间的探讨一直未有间断，可见作者围绕文艺核心问题的思考从未停止。作者指出，作为文艺工作者必须思考的一个问题是，你将拿出什么样的作品来回报社会和民众？这不仅需要文学家、艺术家以自己的艺术实践来回答，也是所有文艺工作者包括文艺理论工作者都要回答的一个问题。康式昭先生以自己敦行不倦、勤于思考并见之笔端的努力为我们做出了榜样。几十年来，作者的思考持之以恒，作者的思想追求一以贯之，社会有曲折，但作者的信念理想不动摇，这是难能可贵的。

其次，《文集》宏观思考与微观揭示兼及，举大而不遗细，笔意纵横，言之有物。全书直接从宏观着眼论述文艺问题的文章并不多，但从具体的问题或现象切入，而后进入宏观层面，旁征博引，娓娓道来，使人既可以从现象也可以从整体上认识事物的本质问题，进而从系统性上去思考问题。《文集》中大量的文章是从具体的作品或问题，甚至艺术的枝节去条分缕析，繁或几千言，短则几百字，但言长言短，少有赘语。古人云，盖文之至者，倾肺腑而出。《文集》读来生动，文字造诣不待言，真情实感，直抒胸臆，多有独到之语是一个重要方面。

最后，《文集》内容的主体是戏剧评论，包括作者观剧后与创作人员讨论加工修改意见的发言整理。我们知道，就艺术创作而言，创作主体对表现对象认知的广度和深度，是外人难以达到的。但批评家的洞见也可以突破"只缘身在此山中"的局限，只不过作为批评家，要力戒主观之见，忌讳故作知音、强为解事之言。康式昭先生的评论文章是采取平等的态度，以与朋友谈心式的言说来表达一己之见。作者从剧作、导演、表演、音乐、舞台美术诸方面发表的意见及对题材、立意、人物形象和舞台表现的剖析都平实而深刻。这样的评论对作品而言不仅是从学理角度的阐释和阐发，也是有助于作品不断修改提高的金玉良言。评论家对文艺作品的揭示不见得全部准确，但与创作者平等真诚的对话往往可以促使他们举一反三，触发灵感。《文集》的艺术评论从以上两方面体现了其自身的价值，是难能可贵的。

康式昭先生多年在思想宣传文化部门的领导岗位上工作，以刚介、正派敢言为人称道。我与先生相识30余年，在文化部机关工作时虽不在同一部门，但也经常见面，会上也听过他直陈对文化工作的管理和文艺体制改革的思考。特别是他退休后，有更多的时间和精力参与戏剧活动，这与我的工作内容相合，有时一同看戏，参加座谈会、研讨会多次听他发言，真切入理，不袭成规。我的印象，其性情，其锐识，更是一位深有造诣的专家学者。文如其人，读《文集》如晤其面，如见其人。写文章实际是抒写作者之胸襟，胸襟开阔，立意自脱凡庸；写文章又重明义理、经世用。康式昭先生不凡的识见和他文字的价值都在此《文集》之中。我想，先生的用心，读者都会体味到。

奉先生之命作序。写了以上的体会，是为序。

王文章

2018年10月6日

目 录

谏 言 篇

3 文化
——把握三个规律的联结

9 面对挑战的思考
——也说"戏剧与市场"

17 伴随"梅花"的苦寒
——有关戏剧"梅花奖"的思考

22 教训也是财富
——文化体制改革历程一瞥

30 给农民工搭建一个舞台

32 洋人"走穴"吗？
——文化内外谈之五

35 刹刹公款捧星风

37 灵魂塑造者的灵魂

40 克林顿和好莱坞

43 文艺评奖放眼观
——从评"梅"说开去

56 谈谈文化属性和文化管理

65 面对挑战的决策选择

72	反思贵在胆识
	——就改革开放30年说文化体改
81	"人民"在哪里？
	——关于国办基层剧团定位的思考
92	剧团体制改革还在路上
	——在泉州"地方戏曲保护传承与创新发展研讨会"
	上的发言
98	保留：舞台艺术的最高境界
110	跃登舞台艺术最高境界：保留
	——喜看《朝阳沟》现象
114	改编：丰富戏曲舞台的快捷通道
124	"新"派应工 小改升华
	——喜看高闯版评剧《回杯记》
129	"出新"断想
	——关于戏曲历史题材创作的一些零星思考
136	养德修艺 做合格灵魂工程师
	——牢记习总书记的嘱托
139	写在《赣鄱新韵》出版之际
144	川剧《无字碑》的策划构想
147	喜逢新时代 川剧当自强
	——祝重庆市川剧院启动新征程

辩 诤 篇

155	鼓励"说真话" 营造良好氛围
	——加强艺术批评进言
158	从"不许说不好"到"不许不说好"
	——有感于文艺批评难
160	中国戏剧：被"解构""颠覆"了吗？
	——重拾13年前的一桩旧案

164	远离"去中国化" 守护民族文化基因
	——在"弘扬红色文化，激活红色基因"主题研讨会上的发言提要
167	我看评"劣"选"差"
	——评"劣"选"差"的呼唤
174	"事在人为"说万州
	——我看中国戏剧的"万州现象"
178	别墅捧星
	——请问掏谁的腰包？
181	我敬重这份"不安分"
	——新版《梁山伯与祝英台》观后随想
185	任毒雾弥漫娱乐圈？
	——满文军吸毒案警钟再鸣
188	又"炒"罗琦？
190	跷功展美和小脚出丑
194	一个不大不小的"公害"
	——话说荧屏语言
199	《英雄》失利寻因
202	高屋建瓴的视角 历史真实的回归
	——我看新编文姬归汉戏
210	明星天价之殇
213	明星天价 祸国殃民
216	"戏子误国"乎？
219	"典"去为"妻"，还是"为奴隶"？
	——对2003版甬剧《典妻》的一些吹毛求疵
222	勇于"突围" 贵在"坚守"
	——谈豫剧《程婴救孤》的两大亮点兼及某些"时尚"高论
227	程婴："刽子手"乎？
	——洗洗时髦高论泼来的污水
231	晋剧《傅山进京》引发的思考

241	勇攀险峰的挑战者
	——从《金莲》看李仙花
248	《二泉映月》是失恋奏鸣曲吗
	——看锡剧《二泉映月·随心曲》求解惑
255	几点简复
	——读《没闹明白》文致《中国戏剧》编辑部
262	"大"而"全"的负重跑
	——新版昆剧《红楼梦》的一点观感
267	导演哪里去了？
	——看台州乱弹《戚继光》后不吐不快的话
272	"神仙打架，凡人遭殃"新篇
	——有感于秦腔《文成公主》横遭停排的闹剧
277	令人景仰的崇高和牺牲
	——赞《八子参军》兼及某些高论
285	我看《程婴救孤》的普遍价值
	——从两封通信说起
289	武戏真打说妄
292	"拔高"难免失真

谏 言 篇

文艺不能在市场经济大潮中迷失方向。
——习近平

文化
——把握三个规律的联结

一

文化是个大概念。从广义上说，人类物质和精神层面的总和，称为"文化"，如"良渚文化"等；从狭义上说，通常包括教育、科学、文学艺术、广播电视、新闻出版、卫生、体育、文物、博物馆、图书馆等文化事业，以及思想、道德、伦理等观念形态。

这里仅从文学艺术、文化娱乐的角度论说，采用"小文化"的概念。

二

社会主义社会当前实行有计划的商品经济。社会主义的文化产品，除了公共场所张贴的宣传画、街头宣传演出（这里不存在商品交换关系）等之外，也都是以商品的形式出现，具有商品的特性，并和其他商品一起参与流通。文化的消费者必须通过等价交换去获取（书籍的保有权、文艺演出的欣赏权等），而不能无偿地占有，这里也不存在任何形式的按人定量或按需分配文化产品的问题。

作为商品的文化产品，也和一般商品一样，具有使用价值和价值的实现，但是作为社会主义精神产品的文化品，又有其自身的特点。

就使用价值说，表现为满足人民群众精神生活的需要，文学艺术的知识作用、娱乐作用、审美作用,便是它的具体化。同时,文化的社会主义性质,又决定了这种满足必须以积极健康为前提,就是说,还要重视文学艺术的感召作用、移情作用、教育作用。

就价值的实现说,必须看到文化生产中物化劳动和活劳动的消耗,建立成本核算观念;必须承认社会必要劳动时间的原则,承认价值规律的调节作用,通过文化市场的自由竞争,树立优质优价、奖优汰劣的观念。但是优质(社会效益)和优价(经济效益)并不完全一致,必要时,社会主义国家还要用行政手段予以干预和调节。

总之,社会主义文化的社会主义性和商品性决定它具有三个方面的特点,受三项规律的制约。

其一,作为社会主义精神文明的重要组成部分,要为提高中华民族的思想道德素质和科学文化素质服务,因而必须受思想教育规律的支配。

其二,作为有别于其他精神产品的文化产品,它必须首先是艺术品(否则便失去独立存在的价值),因而必然受艺术规律的支配。

其三,作为社会主义的商品,又要受经济规律,主要是受商品生产一般规律的约束。

这就是社会主义文化的特异性和特殊性。它既不同于完全受制于价值规律、唯利是图的资本主义文化,又不同于共产主义时代的文化,也不同于社会主义经济体制下的其他商品。

三

又是思想教育规律,又是艺术规律,又是经济规律,三者的关系如何呢?

让我们做一点回顾。

长期以来,在"左"的方针控制下,文化的教育作用被片面地夸大了,并和艺术规律、经济规律截然割裂,完全对立起来。比如文艺创作中的"领导出思想,群众出生活,作家出技巧"的主张,对于配合临时的、直接的政治任务和具体政策的硬性要求,对于多样化和娱乐性的排斥;文化经营(含文化演出)中的不计成本,不讲经济效益,报酬拉平,大锅饭、铁饭碗,以及有些文艺工作者长年不事生产(不创作、不排练、不演出),国家照样养着……不可胜数。

违背艺术规律的"艺术品",缺乏艺术的感染力,当然起不到教育感召的作用;群众不买账,经济效益也不会好。比如"文革"后某京剧团曾排演一出艺术质量很低的革命现代京剧,只演出三场(大部分为赠票)便告吹,就是一个明显的例子。这些做法都严重地束缚了艺术生产力,并进而妨碍了群众精神生活需求的满足。

也有相反的情况:只讲经济效益,忽视甚至违背艺术规律和思想教育原则。比如前些年,庸俗文学、无聊小报一度泛滥,充斥文化市场,搞乱群众思想,冲击严肃文化,使一些报刊难以生存,以致出现了"大报靠小报、野报养大报"的反常现象。文艺演出上,则表现为屡禁不止的拉帮"走穴",私演私分,不讲艺德,不顾质量,骗钱坑众,等等。金钱拜物教腐蚀了一些从事艺术生产的人们的灵魂,使他们忘记了社会主义文化生产的目的和自身肩负的重任。这种情况自然也无助于社会主义文化产品的丰富和提高,这是来自另一端的对艺术生产力的影响和束缚。

可见,处理好三者的关系是解放艺术生产力,促进文化发展、文艺繁荣的关键。

四

中共中央关于社会主义精神文明建设指导方针的决议指出:"我国文化事业的社会主义性质,要求必须把社会效益作为最高标准。要努力提高精神产品质量以满足群众的广泛需要,并且进行文化管理体制的改革,改善经营管理,促进文化事业的蓬勃发展。"

这是对社会主义文化的总体要求,是处理三项规律关系的指导思想和根本原则。我的体会是:

(一)社会效益是相对于经济效益而言的,应该包含思想教育规律和艺术规律的统一。把社会效益作为最高标准,为的是防止片面追求物质利益而背离社会主义原则的不良倾向,为了建设社会主义的精神文明,为了建设社会主义的现代化国家。同时,由于文化消费是一种审美活动,还必须把思想性和艺术性有机地结合起来,防止对思想教育作用的片面理解,防止标语口号式的东西;要遵从艺术规律,强调文化产品的总体艺术质量;要处理好"教育"和"娱乐"

的关系，力求寓教于乐。

（二）对社会效益要作宽泛的而不是狭隘的、辩证的而不是机械的理解。人民群众对精神生活的需要是多层次、多样式、多方面的。无论满足群众的求知需要、教育需要，还是娱乐需要、审美需要，无论何种艺术样式、情趣、风格、流派、色彩、格调，只要是健康的，都应视为能够产生有益的良好的社会效益。

（三）在社会效益作为最高标准的前提下，必须十分重视文化生产的经济效益。要如实地承认文化产品的商品属性，要健全文化市场，要尊重价值规律；要破除文化生产"统包统销"的产品经济观念，破除平均主义、"大锅饭"思想，破除由文化卖方市场衍生的因循怠惰、不求进取的精神状态，等等。要从观念到制度，从队伍到体制，进行改革，以适应文化生产发展的需求。

五

当前应从何着手？我以为至少可以做以下几个方面的工作。

其一，端正方向，摆正位置。在文化生产和文化市场上，由片面追求经济效益而派生的方向不明、位置不正、管理不善、惩治不严，仍然是问题的主要方面。一些出版单位为追求高额利润滥印低级庸俗的言情武侠小说，一些不法分子更是盗用各级出版社名义，印刷出版黄色淫秽的文化垃圾。文化市场缺乏有效管理，一些地方黑市交易盛行，许多有害读物通过各种渠道流向社会，腐蚀读者（特别是青少年），造成了很坏的社会影响。同时在文艺演出上，为牟取高额报酬拉帮"走穴"，不讲艺术质量，不计社会效益的现象，远未杜绝。这些都从根本上违背了社会主义精神生产的总原则，颠倒了三个规律的关系。因而，文化部门一定要端正社会主义文化生产的方向，摆正三个规律间关系的位置；同时，要切实加强文化市场的管理。

其二，鼓励竞赛，优质优酬。文学艺术最忌讳平庸和平均，要奖励高级、精致的文艺创作，奖励高超、精致的表演艺术。为此，需要逐步实行两个放开：一是优质文化产品的价格适当放开，优质图书、优秀创作、优秀演出、优良服务要提高价格，拉开档次，其中某些部分也可以随行就市，由供求关系调节；二是优质文化产品生产的报酬适当放开，优秀作家、艺术家（含表演艺术家）

的收入也要拉开档次，努力做到酬劳相符，再也不要去搞掐尖拉平、鼓励懒汉那一套了。

其三，开展竞争，优胜劣汰。众多的文艺杂志、报纸、出版机构，众多的表演艺术团体，不要由国家和地方财政统统包下来，要逐步采取和社会效益、经济效益挂钩的办法加以调整。目前文艺刊物过多，一则大量赔钱，加重各级财政负担，再则形成作家的卖方市场——"皇帝女儿不愁嫁"，诱使一些人粗制滥造，不求上进，这不利于艺术生产的提高。文艺演出团体是一方面过剩：聚集大城市，如北京前些时候有近二十个京剧演出队（分属文化部、北京市、部队系统），可同时上演近二十出大戏，显然超过北京地区群众的需求（北京市属京剧院、团正在做某些调整）；一方面紧缺：基层，特别是广大农村严重匮乏。要用经济的（辅之以行政的）手段，促使他们和广大群众结合，建立起面向基层群众的文化市场，让群众通过文化市场进行选择，奖优汰劣。

其四，改革体制，责权相符。实行自由竞赛，奖优汰劣，文化管理体制也要作相应的改革。文化生产单位（报刊、出版社、演出团体等）也要成为相对独立的文化商品的生产者和经营者。要有相应的用人权（至少能自主裁减非业务需要的冗员）、财权（至少能决定内部报酬分配），以及艺术生产自主权（自己安排创作、排练、演出等全部生产过程）。

其五，行政调节，扶抑得当。由于社会效益和经济效益在许多情况下并不同步，因而文化生产不能完全由价值规律调节。对于社会需要但赔钱的部门（如严肃文学刊物、学术著作、文物部门、某些文艺演出团体等），各级财政要扶植；相反，对尽管赚钱但社会效益差的部门（如前边提到的庸俗小报、书籍及某些低级演出），则要采取抑制的措施。

其六，文化立法，以法治文。要针对社会主义文化生产、流通、消费的特点，逐步制定和完善有关的法律和法规。在总结既往经验教训的基础上，使行之有效的政策规定和道德倡导进一步法律化、制度化，以保障社会主义文化事业的健康发展和繁荣昌盛。

（原载《北京社会科学》1987年第2期）

这是20世纪80年代改革开放大潮初起时，本人对文化管理的思考和谏言，尽管粗疏，仍选入，供参考。

——笔者

面对挑战的思考
——也说"戏剧与市场"

党的十四大提出:"我国经济体制改革的目标是建立社会主义市场经济体制。"随着社会主义市场经济体制目标模式的确立,相应地提出了加速培育和发展有中国特色社会主义文化市场的任务,戏剧艺术也就必然面临如何适应市场经济要求的问题,特别是如何面对市场竞争的新情况和新问题。这无疑是一场严峻的挑战,但也未尝不是一次发展的机遇。

一

中国戏剧本来就植根于市场,得益于市场,形成于市场。它不仅有别于文学类的诗词歌赋等兄弟艺术,就是和世界上最古老的戏剧艺术——希腊古典戏剧相比,也有着自身的特点。

古希腊戏剧形成于公元前6世纪,值雅典奴隶主民主制时期。希腊悲剧的前身是酒神颂歌,希腊喜剧的前身是民间的祭神歌舞和滑稽戏。这些源于农村的节日祭仪歌舞,随着雅典工商业的发展和外贸的扩大,被当政者有意识地移植到城邦经常举行的盛大节庆活动中,逐渐演变成为戏剧。伯里克利执政时期,就曾兴建大型露天剧场,年年春季举办盛大的戏剧比赛,并发放观剧津贴,因而可以说,希腊古典戏剧的形成、发展和早期繁荣,更多地依靠了统治者的提倡,得力于政权力量的扶掖和培植。在一定意义上说,古希腊戏剧是雅典奴隶主民主政治的产物,它随民主政治的发展而发展,也随民主政治的衰落而衰落，文化市场在其间并不起决定性的调节作用。

中国的情况有所不同。尽管戏剧艺术的前身古巫、古优以及傀儡戏、影戏等，最早的可以溯源于原始社会，但发育成长过程却相当漫长，到了宋元时代才真正形成比较完整的戏曲。12世纪中叶到13世纪初，基于商品经济和商业手工业的发展、市民阶层的涌现、城市日趋繁荣和城市人口的增长，才逐渐产生了职业艺人和商业性的演出团体。据史料记载，北宋都城汴京（今开封）商贾云集，市井繁华，百艺竞陈。除相国寺外，还有为各种艺术表演而建的瓦舍，内设勾栏棚，瓦舍艺人以卖艺为职业，观众主要是市民，演出门类含傀儡戏、影戏、舞队、清唱、说话、说唱等多种形式，特别是包括从滑稽戏发展而来的"杂剧"。可见，中国戏剧从发展之初就在文化市场的轨道上运行，受市场规律的制约和调节。

这种情况延续了几百年。其间也有过封建王朝（如清朝）的最高统治者把戏剧引入宫廷的事例，但总体来说戏剧艺术植根于市井、立足于文化市场（尽管不那么发达）的格局却始终未变，直到中华人民共和国的建立。

旧时代戏剧运行也受制于文化市场，情况相当复杂，个中的是非功过、得失利钝需要专文探讨。笔者这里只想说明，中国的戏剧自形成之日起就从未脱离过市场，市场调节作用的被忽视、被否定、被弃掷，是和高度集中统一的计划经济体制相呼应，随计划经济模式的确立而伴生的。

二

正像计划经济体制在中华人民共和国成立初期国民经济的恢复和起步中起到积极作用那样，受国家计划调控的戏剧艺术事业，也得到了保护、恢复和发展，尝到了各级政府财政支持的实际好处。在旧时代市场规律自发作用下备受摧残、陷于绝境、濒临衰亡的民族戏剧事业，在国家的关怀和扶植下，又恢复了生机，喜获发展。这是历史的事实，不应一概抹杀，而且就是在实行资本主义市场经济体制的西方发达国家，也普遍采用市场手段和计划手段相结合的机制，对社会的文化事业加以调控。这方面涉及问题尚多，另文论说。

但也不可否认，在我国市场经济发育尚不健全的总体背景下，我国社会主义文化市场的发育也极不完备，可以说，还只是处在起步阶段。高度集中的计划经济体制，既依托于国家的财力支持，保护了文化事业，使之得到很大的发展；又由于演化成统包统管模式，产生了一系列弊端，伴随着一系列负面效应，束缚了文化事业的进一步发展，促使人们提出了与建立社会主义市场经济目标相适应的、立足于社会主义文化市场的改革要求。

按照市场经济体制的总体需求，依据市场经济的运行机制，考查一下当前我国的文化市场，特别是戏剧演出市场的状况，做出恰当的估计，是我们思考"戏剧文化与市场"这个题目的前提和条件，也是这个问题的重要组成部分。让我们试着做点分析。

如果按文化产品（包括文化娱乐服务等）以商品形式进入流通领域并通过货币交换获取盈利作为标志的话，文化市场，含书刊市场、文物市场、文化艺术品经销市场，以及各类艺术演出市场等，自中华人民共和国成立后就一直存在着。以戏剧为例，除了"文革"中"八亿人民八出样板戏"时代看戏是依照产品经济模式"按人超需"分配之外，都是购票进剧院，花钱看戏，而作为戏剧艺术生产者的剧院团、剧作者、各戏剧要素创作者和表演者、组织者、经营者等，也都有个成本核算规则（尽管大都不自负盈亏）、劳动报酬制度（尽管并不完备）以及相应的一些经济管理制度。

但是，在高度集中统一的计划经济体制下，既往的文化市场，又的确发育很不健全。就戏剧生产、演出市场而论，其主要表现我看至少有以下几个方面。

（一）资源配置上

作为戏剧资源配置最重要体现的剧院团，设立就很不合理。在政府统包统管体制下，各剧院团只是各级政府的附属机构，往往按统一的模式比照设置，不问条件，你有我也有；或者依领导人兴趣爱好和"开明"与否而建立、撤销，不从实际需要出发，带有相当的盲目性。又由于地域分割、条块分割的现行行政管理体制，产生了重复设置、布局失衡的混乱现象，大城市尤为突出。以北京地区为例，分属于文化部、北京市、部队系统和戏曲院校的专业京剧团，就达十三四个之多，几乎能同时演出近二十台大戏，显然大大超过了京剧消费市场的需要。一些省会所在城市也有相似情况，杭州有5个越剧团（省属3个，市属2个），郑州有5个豫剧团（省属3个，市属2个），等等。这种无视演出市场需要（反映着观众需求）的消极结果之一，使不少剧团很少演出，甚至全年无演出，形同虚设。据1991年统计，全国文化部门共有2760个专业剧团（包括戏剧、杂技、歌舞、音乐等），全年演出300场的仅371个，占剧团总数的13.4%；全年演出50场（含50场）以下的有686个，占总数的近25%；全年演出12场以下的达352个，占总数的12.8%；而全年没演出的剧团也有280个，占总数的10.1%。剧团演出少的原因是多方面的，但从根子上说，反映的是表演艺术资源配置的失调。演出场地的建设，也基于条块分割、单位"私"有，使得布局既难合理，使用也受限制，一些属于非文化部门所有的场地经常闲置。总之，受高度集中的计划经济体制以及伴生的统包统管模式制约，文化市场在文化资源的配置上几乎不起什么作用。

（二）生产目的上

戏剧生产本来就是通过演出市场提供给观众的，满足群众的精神审美需求，这是天经地义的事。但在计划调控之下，作为各级政府附属物的剧团既然由国家包着保着（尽管不那么宽裕），便自然形成了不问观众、不问市场，只对行政主管部门负责的格局，进而派生出戏剧生产的目的倒错：对上不对下，看领导不看票房，争奖不争观众。有的剧团为争奖花几十万元排一出戏，只演两三场，拿到奖就万事大吉，搁置起来，本地观众很难看到，也不大买账。这就完全割裂了社会效益和经济效益的关系，使之截然对立；不但经济效益极差，也很难说有多少社会效益。当然，这和文化行政部门频繁地大量地举办各种调演、会演、评比、竞赛等活动有关，这就牵涉到政府职能转变的问题了，需另作探讨。与生产目的的错位相关联，还有个票价问题。多少年来通行的办法是：不问市场，不讲价值规律，不分优劣，票价一律"官"定，价格划一，一定几十年不变。这也是虽有演出市场，但徒具形式的重要表现之一。统包统管加上不讲经济效益，剧团亏损严重，已经日益成为各级财政的沉重负担。据有关统计，1986年全国3173个剧团，平均年演出199场，演出收入占总收入的73.5%，平均每场演出剧团收入210元，国家补贴564元，经费自给率为34%。1991年全国2760个剧团，平均年演出162场，演出收入占总收入的61%，平均每场演出剧团收入398元，国家补贴1152元，经费自给率为38%。国家区别不同情况对戏剧事业加以经济扶持完全必要，但目前这种平均主义分享的办法，只能导致剧团总体上的"死不了,也活不好"的停滞局面。

(三) 所有制形式上

单一的公有制(国有和集体所有)模式,严重束缚了社会办文化的积极性,既造成投资渠道单一、文化经费紧张,也使得产品短缺、文化服务匮乏,难以满足群众的要求(包括广大农村对戏剧的需要)。据统计,1949年全国共有剧团1000个,其中国营200个,占20%。1952年全国共有剧团2084个,国营283个,占13.6%,其余均为活跃于基层的自收自支的民间职业剧团。1966年一举将民间职业剧团改为集体经营,全部姓"公",走上了单一所有制轨道。1980年全国文化系统剧团共3523个,达到了最高峰,弊端也暴露得最为突出。

(四) 内部制度上

与剧团吃国家大锅饭相照应,职工则吃单位的大锅饭。人员固定,人才"私"有,有用的进不来,没用的出不去;分配拉平,技高艺低、干好干坏全一样;再加上剧团办社会,职工的衣食住行、生老病死通通包下来。这样,作为戏剧艺术生产主体的剧团手脚被重重捆束,很难施展。而这一切,正和内部缺乏市场竞争机制、激励机制及人才流动制度、优胜劣汰制度紧密相关,这是文化市场发育不健全在文化生产部门内部的一个重要表现。

(五) 市场管理上

总体上是法规滞后,管理不力。我国文化市场随着改革开放的深入有了较大的发展,特别是文化娱乐市场(包括歌厅、舞厅、音乐茶座、卡拉OK厅等)率先启动,发展迅速;书刊市场、音像市场也随之勃兴;演出市场则在严肃艺术冷落的同时通俗艺术走红,组织形式上则有自发的营业性组台(团)演出(俗称"走穴")的突现。这一切既包含积极的主导因素,又混入一些消极的东西,它们大多未和戏剧生产消费发生直接关联,却又或多或少影响了戏剧艺术的各种从业者,至少诱发了某种离心倾向,加重了戏剧事业的困境。

总的来说,按照市场经济体制的运行要求,社会主义文化市场体系还远未完善。仍以戏剧生产为例,前边谈到的也仅仅是市场体系中产成品供应市场,即戏剧消费市场部分,至于戏剧艺术之生产要素的诸多方面,如剧本市场、人才及劳务市场、资金及信息市场，等等，距离更远，而且涉及面宽，问题复杂，一时还拿不准。

三

面对来自文化市场的挑战，戏剧艺术在寻求出路的探索中，我以为先要从认识上弄清几个问题：一是认清当前文化消费分流的客观形势，对戏剧市场做出切合实际的预测，寄予可靠可行的期望，确立脚踏实地的目标。二是认清当前戏剧生产体制的弊端，摆脱艺术生产力发展的束缚，立足于改革，从改革中求出路。三是认清文化特别是戏剧文化的本质属性，找准并摆正市场在戏剧艺术发展中的作用和位置。当然还会有别的，但至少有以上的几个方面。

戏剧艺术的困境集中表现在演出市场冷落、萎缩上，这又跟当前文化消费的总趋势和新格局密切相关。挑战首先来自大众传播媒介的新进展和大普及，来自群众文化消费的多样化和文化欣赏的分流。当年广播的普及曾经给戏剧演出增添了新因素，但与其说是冲击，不如说是促进，是宣传帮助。目前电视的普及才真正构成对戏剧剧场演出的冲击和威胁。文化娱乐业的勃兴和日益丰富多彩，不仅满足了群众娱乐休闲的需要，而且提供了自我参与和情绪宣泄的可能及恰当方式，如歌厅、舞厅，特别是卡拉OK厅。这一切，形成了文化生活的新局面。相伴而生的则是剧场的冷清和票房收入的下滑。对此应如何看待？我认为，要承认和正视这个客观现实，要调整我们固有的视角，破除某些习以为常的传统观念，树立切合实际的新的文化消费格局观和文化艺术的新的布局观。必须承认，某种艺术独居魁首、称雄天下的局面，比如当年存在过的戏剧大一统、京剧列榜首的情况，不可能再现了，文化欣赏分流是生活发展的必然。百货迎百客，百客选百货，是为市场规律。既然消费者是"上帝"，那么"上帝"在文化市场上就天然地享有充分的选择权。"大一统"思想，划定文化享有圈子，"八亿人民八出戏"，等等，绝对行不通；但也不必悲观，群众的文化需要是多样化的，也是走移的。多样化，决定了各种艺术都可能拥有自己的观众层面；走移现象，如随时间、地点、环境、心情、年龄等而转移，则预示各种艺术都有可能争取新的观众，不是无可作为。从思想上弄清文化消费分流现象，便于各门艺术的从业者找准位置、确立目标、积极进取。笔者1991年10月曾去西欧、北欧几个国家考察文化政策和文化法制，在德国慕尼黑市观看了巴伐利亚国家歌剧院的两场演出，一是贝多芬创作的歌剧，一是柴可夫斯基作曲的芭蕾舞剧，容纳两千多人的剧场座无虚席，剧场秩序极好。据了解，歌剧院每年演出310场，上座率95%以上，票价高者达250德国马克（折合人民币800—1000元）。观众里中年以上居多，也不乏年轻人。巴伐利亚州文教部文化司司长告诉我们，他本人喜欢古典音乐、芭蕾，他的孩子则喜欢摇滚乐舞，家庭里也有"代沟"。为了让青少年懂得民族的优秀艺术传统，他们在中小学设立了有关课程。这就是说，文化欣赏分流及不同年龄、不同文化层次有不同需求的现象，带有相当的普遍性。西方政府也在采取措施做些导引，这一点也可供我们借鉴。

立足改革，深化改革，是克服目前戏剧生产体制弊端，迎接市场挑战的唯一出路。可供选择的措施另文专论，不赘述。就思想的角度说，一是要破除墨守成规的习惯心理，二是要破除对既得利益的因循保守态度。总的是要从思想的误区中摆脱出来，强调这一点绝非无的放矢。口头上说改革，也许谁都拥护，一旦要引进市场机制，打破铁饭碗，实施存优汰劣……一旦涉及个人利益，问题便冒出来。可见，阻力首先来自人们的思想。

明确文化的属性或特性，是准确把握并正确处理文化与市场关系的要旨，是开启改革的钥匙，是立法的关键之所在。

我认为，文化的属性或特性可以概括为三句话：（1）文化事业和文化活动不都是商品，并不都要进入市场，但大量的文化产品和文化服务是以商品的形式进入文化市场的，受价值规律调节，具有商品属性。（2）具有商品属性的文化产品、文化活动，又不同于一般的物质产品。就总体来说，还同时具有意识形态属性。两种属性的对应产生两种不同的效益追求：作为商品，要求重视经济效益；作为意识形态载体，要求注重社会效益。（3）文化商品的艺术价值和市场价值不完全等同，存在一定差异，在某些条件下甚至完全背离。

后边两点，我看可以概括戏剧文化的特性，特别是优秀的民族传统戏剧艺术，出现艺术价值和市场价值分离的现象，更为普遍和经常。这就提醒人们必须从文化的这种特性出发，考虑和制订相应的对策，既立足于改革，大力推进和深化改革，又避免简单化和一刀切，在戏剧市场中推动戏剧艺术的发展。总之，要努力顺应市场经济大潮，顺应文化市场发展的趋势，趋其利而避其害，使戏剧艺术获得新的活力、新的生命。

（本文部分统计资料选自《艺术通讯》1992年第10期《艺术表演团体现状引起的思考》一文）

[原载《新剧本》（双月刊）1993年第2期]

本文略述了戏剧艺术在计划经济体制下的弊端，为文化体制（特别是剧团体制）改革提出了要求，惜乎，后来的体制改革并未触动和革除这些弊端，解决这些问题。

——笔者

伴随"梅花"的苦寒
——有关戏剧"梅花奖"的思考

"梅花香自苦寒来"。

"梅花奖"的名称起得实在好！既贴切，又富诗意。对于那些甘于清贫、刻苦奋斗、为困难重重的戏剧艺术献身，并且取得突出成果的中青年演员来说，喻之以"梅花"，誉之为"梅花"，可说是再恰当不过了。不是吗？它既记载着他们往日奋发苦斗的汗水，也赞扬了他们当今独秀群芳的高洁。如果要对眼下名目繁多的文学艺术奖的称谓评奖的话，我看"梅花奖"应该当之无愧地捧走大奖的奖杯。

从"梅花奖"设立以来的总体情况看，它在戏剧界也有着不可忽视的影响，起了不可低估的积极作用：给奋斗过、付出过的有为者以肯定，给奋斗着、拼搏着的攀登者以勇气，给犹豫中、徘徊中的起步者以希望，并通过这一切给困境中的戏剧事业以活力，这一切都是有目共睹的事实。

笔者认识一个年轻的地方戏曲演员。她15岁报考省戏校未果，次年再考，又落榜，连续三年失落之后，17岁进了一个区级剧团，从头学戏。17岁起步，跌爬滚打，这意味着什么？不言自明。她以超人的毅力和加倍的汗水，硬是脱颖而出，连连获奖，被省戏校吸收进了尖子演员成人班。为继续学习深造，她宁愿放弃原剧团工资，而在事业与恋人非此即彼的尖锐对立中（不大容易碰到，而她偏偏遇到了），她甚至舍弃了相爱多年的恋人。何以如此？她心中有个目标：一定要在事业上干出个样子来！一定要争夺"梅花奖"！得知这些，我一则为她的意志和毅力而感叹，而钦敬；再则也更加体会到了"梅花奖"在戏剧演员队伍中的诱惑力和号召力。

明白这一点，也就愈加感到"梅花奖"评奖中暴露出的种种问题，带来的种种负面效果，有迅速解决之必要。姑妄言之，一孔之见，就教于专家和关心戏剧事业的朋友。

送戏上"门"热

"梅花奖"有个规矩，只就北京舞台的演出评选演员，这在当初想来是有道理的，评委会不可能跑遍全国去看演出、去评选。这不仅因为评委们多半是年高资深的戏剧界前辈，他们各负重任，不可能专做这一件事，周游全国身体也不允许；而且，就是跑遍各地，也必然会有遗漏，会有视野所不及（演员刚巧生病、外出，以及新涌现等等）。任何评奖都只能限定在一定范围之内，这无可厚非。问题是：首都舞台演出的局部性评奖，逐渐演变成了实质上的全国性的戏剧演员表演奖，又似乎成了不成文的戏剧表演最高奖。这就出现了一个不可避免的矛盾：奖励规格和视野所及的不平衡，即奖励的颇高规格和对象的颇大局限之间的矛盾，而且只此一家，别无分号。演员要想得到具有全国影响的表演大奖，只能在这条不那么宽绰的路上挤。

消极后果至少有两个，其中一个是进京热，千方百计寻求进京演出的机会，仿佛举子们大比之年的进京赶考。

进京献演也还罢了，毕竟为丰富首都舞台、展示戏剧艺术事业成绩做实事；可问题是，这种进京热近年来又发展成了送戏上"门"——上"梅花奖"评委之"门"热，这就越发把路走歪了。

事实明摆着：过去按剧目安排进京，首先是为观众，其后评委们择优评选。如今一些剧团则专门为演员争奖而进京，有时广告上就明明白白标出"某某演员争取梅花奖专场演出"，而这种专场往往剧场冷落，除评委们外（有时评委也所到不多）观众寥寥。还有的属于计划之外，没有取得公开售票演出的合法地位，更是只得做内部观摩演出，纯乎其纯地送戏上评委之"门"了。谓予不信，只消看看这两年的各项专场演出，特别是迫近年关的拥挤不堪、令评委们大喊超负荷的专场演出，便都明白了。恕不点名，因为汲汲于京畿道的送戏者多半是不得已而为之，有其难言的苦衷。责备的矛头指向这些献身戏剧、历经苦寒的奋斗者（他们还多半是幼稚者）是不公平的，问题仅仅出在评奖组织者们一成不变的办法上。比如，我清清楚楚地知道，某省某市为其尖子演员争"梅花奖"，早早地把评委们请到该市去看过演出，但为了取得评选资格，还得浩浩荡荡进京，即请进"门"——剧团之"门"后，还得补上个送上"门"——评委之"门"。如此这般，我们同情的天平能不倾向于无可奈何的送戏者吗？"苦寒"云云，这是否也可以算作一端呢？

进京戏和争奖戏的背离

1981年，文化部颁布了全国巡回演出工作条例，每年召开一次演出"骡马"会，各省、市演出公司经理当场订货，落实巡回演出计划，计划内进京戏便由此而来，另加少量计划外特许戏，定下演出盘子。

对于外地剧团来说，进京戏就是重头戏、重点戏，其中主要是新创作排演的剧目，至少是重新整理加工的推陈出新佳作，绝少原封不动的传统戏。最早的"梅花奖"便从这些演出中涌现、评定。进京戏和评奖戏集于一身，并无分歧。几届"梅花奖"评下来，差异在戏曲范围内就逐渐表现出来。由于评判者的眼光偏重于唱、念、做、打等传统艺术手段和表演技巧，看好一招一式学来的功夫，甚至于承继师傅不走样，便在进京戏之外，加演侧重展示技巧的传统戏（多半是折子戏），作为专场，以资补充，开始了进京戏和争奖戏的最早背离。

随着事情的发展，作为补充的传统戏、折子戏逐渐居于主位，而进京面对广大观众的重点戏反而退居次位，成了进京资格的门票，实实在在地完成了进京戏和争奖戏的分离。

日前，收到老友徐棻（堪称尚有成就的中年剧作家吧）的一封来信，谈及评奖的标准和着眼点，颇有感触地说："京剧大奖赛与梅花奖都是看演老戏，不但青年演员都演老戏，中年演员也是按前辈招式依样画葫芦，这样戏曲能发展、前进吗？"她认为"青年应以比赛老戏为主，因为他们先得继承好，取得创造的知识与技能；但中年应以自己塑造的人物为主，否则这中年还有什么出息？对中年要于新塑造中看其继承才对"。她也同时主张对青年演员"除了看继承传统（老戏）外，还要看自己的角色创造（新编戏）"（摘自1991年12月20日来信）。

我是赞成这些主张的。比如，川剧新秀陈巧茹四年前即以在《四川好人》中出色地扮演了主人公沈黛和隋达的艺术形象而获得广泛好评，如今，为了争"梅花奖"，她却要以传统戏《打饼》去敲击评委们手中的"权"和"衡"。《打饼》的技巧是细腻的、极富表现力的，前辈艺术家创造的苦心处处可见。但是恕我不恭，这出众的技巧无非是服从于潘金莲勾引小叔子武松的需要，勾引得再入神，又值几何？这里我绝无苛求演员的意思，关键的关键还在于评委们手上的秤砣——"权"和"衡"。

中宣部、文化部、广播影视部《关于当前繁荣文艺创作的意见》指出："文艺评奖要十分注意导向性和权威性。""力求导向正确，评判公正，奖励得当，努力把党的文艺方针政策具体地体现在各类文艺评奖之中。"从本文前边谈到的"梅花奖"评奖中出现的"送戏上门热"现象及"进京戏和争奖戏的背离"之中，是不是也存在着某些导向问题呢？比如，戏，应该送往谁的"门"？演员，需要往哪儿引？

沉重的负担

为了争"梅花奖"而进京，对于地方剧团和演员来说，都是一个沉重的负担，稍加分析，至少有以下四个方面的负担：经济负担，业务负担，心理负担，团内人际关系调整的负担。

经济负担不言自明，进京一趟，演员乐队的差旅费、宣传费、招待费以及各种说不清道不明的杂费。有人说，距离近些，要花七八万、十来万；距离远的，十几万、二十几万不等。对于现今经济拮据的剧团来说，这笔庞大的开支意味着什么，可曾想过？

业务负担也不轻。特别是在既要抓进京戏又要抓争奖戏的情况下，得花多少精力？某省某市一个剧团为了替主演争奖，硬是停了半年多正常业务活动，为一个人专排进京争奖戏。自然相应的是团里演出场次减少，演出收入锐减。

心理负担主要在争奖者。争上没争上都要面对一堆问题，特别是专为争奖进京而落选，演员将承受多大的思想压力，这是不难想象的。

团内人际关系因争"梅花奖"而出现种种复杂的情况，则几乎是共有现象。

处理不当，思想工作跟不上，有时会出大乱子，不是有的团闹得快散伙了吗？当然，这里的问题不能一股脑地都算在"梅花奖"账上，那不公平，但在前述种种负面效果的综合影响之下，出现了这些问题，评奖工作中的不足也不能说全然无关。

总之，要充分看到这些沉重的负担，设身处地地为基层、为剧团、为演员们着想，寻求出路，找找改进的办法。

笔者以为，改进云云，至少要回答三个问题：一是如何面向全国，面向全局，解决为争奖而拥挤在送戏上京，甚至送戏上"门"（上评委之"门"）的轨道上的问题；二是把准评定演员的标准，使评奖超乎于传统模仿的类似教学汇报的水平，着眼于艺术手段的运用和艺术形象的塑造，并力求推出德艺双馨的又红又专的表演人才；三是如何在既有的文艺评奖中做好协调配合工作，使之成为一个系统化的总体。改进的方面也许还有许多，见识所限，浅谈而已。

"梅花香自苦寒来"。说实在的，"梅花"们够难的了，能不能少给他们添加些"苦寒"，特别是"人造冰"之类的人为的"苦寒"呢？

（原载《戏剧电影报》1992年2月9日）

本文为"梅花奖"评奖建言。此后，其评奖办法多有改进，在不断完善中，可喜可贺。但文章仍选入，供思考。

——笔者

教训也是财富
——文化体制改革历程一瞥

改革开放，波涛汹涌，神州大地，日新月异。不经意间，经历了30个年头。

回眸文化领域，成绩斐然：文艺繁荣，佳作迭出，事业兴旺，人民高兴；但行进中，却又不无曲折，难免蹒跚。建设中国特色社会主义，没有现成的经验，我们是"摸着石头过河"！基于此，文化事业发展和文化体制改革中摸索前进的每一步，都应该是弥足珍贵的试探！成绩、成就，是财富；弯路、教训，也同样是宝贵的财富！

30年前，结束了"文化大革命"的黑色风暴，文化战线的改革开放，是从解放思想、破除禁锢开始的。就艺术创作说，改革，打破了极"左"的坚冰；改革，调动了艺术家的积极性；改革，解放了艺术生产力；改革，结束了"八亿人民八出戏"的贫乏和尴尬；改革，唤醒了艺术的春天，正是：忽如一夜春风来，千树万树梨花开！就艺术机构而言，则是摧残殆尽的文艺团体重新崛起，又获生机。据文化部门统计，1965年，全国艺术表演团体发展到3458个，为1949年1000个（其中国营200个）的3.5倍；"文革"中剧团解散，人才流失，濒临绝境；1980年重新又发展到3553个，创新的高峰。自然，也同时挟带着计划经济下固有的弊端，提出了体制改革的艰巨任务。

随着经济体制改革的深入，从社会主义计划经济到有计划的商品经济的决策转变，特别是在1992年10月党的十四大上，有关社会主义市场经济体制目标的确立，对文化体制改革提出了新的挑战和更高的要求。

于是，从20世纪80年代后期以来，文化战线即"摸着石头"开始了各式各样"过河"的试验，相关主管部门也不断地提出了这样那样的要求和口号。成效是值得肯定的，但其间一些有过重要影响的口号和做法，我看似乎便应该归入"也算财富"的"教训"之列。笔者不拟也无能就文化体制改革的全局和全程说三道四，这里仅就一些也算"财富"的口号之类谈些看法，供回顾中思索的参考。

一、"全面推行文化商品化"

这大体是在20世纪80年代末90年代初提出的，曾经以最时尚的面貌出现，却是十足的以偏概全的误解和误导。

的确，在市场经济条件下，大量的文化产品和文化服务是以商品的形式出现，并通过文化市场进行交换，实现其价值；而且在此基础上产生的文化产业，作为新兴的盈利部门，在许多西方国家也早已成为国家经济的支柱产业。但另一方面，也有相当多的文化事业并不具有商品属性，不进入文化市场，也不受市场需求的调控，即不受价值规律的支配，如公益性文化事业，包括公共图书馆、文物博物馆、科技馆等。这些以提高全民族科学文化素质和思想道德素质为己任的文化部门，讲究的是社会效益，而绝非追求盈利。就是进入文化市场的某些文化艺术门类，如高雅艺术、民族文化艺术精粹、文化艺术科学等，也不能完全交给市场，由市场供求决定其生死存亡。这是实行了几百年市场经济体制而从未实行过中国式计划经济的西方国家的惯例。

据我了解，瑞典议会1974年一致通过了国家文化政策的八点目标："表达自由；权力下放；积极活动及加强接触；反对文化艺术商品化；帮助经济条件差的各种人（儿童、青年和移民等）；艺术创新；保护文化遗产以及加强国际间的交流。"（载瑞典对外文化交流委员会编写的中文版《瑞典介绍》一书）而且这一政策一直延续至今。笔者1992年率团赴瑞典考察文化政策法规时，曾专就"反对文化艺术商品化"（或译作"反对商业化在文化领域的消极影响"）问题，咨询过该国文化部部长——国家文化事务委员会主席罗夫达尔先生，他告诉我们，"文化艺术要完全实行商品化，行不通。如一本书很有价值，但需要量少，就要由政府补贴。特别像我们只有800万人口的小国，光靠市场不行。只靠市场调节，我们的歌剧院、交响乐团就都完了"。他透露，目前瑞典每年大约出版5000种新书，其中的800种可由出版社申请政府补助。交响乐、芭蕾舞等古典艺术及民族民间艺术等，也都可以得到各级政府的财政支持。

我国文化界的有识之士也曾发表过极富启发性的意见。如著名学者钱锺书1993年接受《人民政协报》记者采访时就说过："崇高的理想、凝重的节操和博大精深的科学、超凡脱俗的艺术，均具有非商品化的特质。强求人类的文化精粹，去附和某种市场价值价格的规则，那只会使科学和文艺都'市侩化'，丧失其真正进步的可能和希望，历史上和现代的这种事例还少吗？我们必须提高觉悟，纠正'市侩化'的短视和浅见。"钱先生的这番话，道出了文化艺术和市场之间关系的要旨，发出了防止和纠正"'市侩化'的短视和浅见"的警策，可谓一矢中的，语重而心长。我以为，这些真知灼见到今天仍具有强烈的现实性和针对性。

二、"推向市场，活死由之"

这是见诸一家全国性大报头版的口号，反映了当时某些主管部门的决策意见和主导思想。也许，就克服剧院团在计划经济下长期形成的无视观众、不顾市场的弊端，有击一猛掌的警醒作用，有重症下猛药的良好（姑且这么说）用心；然而必须承认：并不科学，而且贻害无穷！

说不科学，是因为它违反了文化体制改革中必须坚守的"区别对待，分类指导"的根本原则，也违背了当今强调施行的"保护非物质文化遗产"的重要决策。

笔者在十几年前的多篇文章中谈到过计划经济下艺术运行的弊端之一是生产目的的倒错，具体表现为"三不"：对上不对下，看领导不看票房，争奖不争观众。花几十万上百万元排一出戏，参加这节那节的评比，拿到一个奖向领导交完差，便封箱大吉。这的确是改革中急需解决的大问题，但简单地"推向市场，活死由之"，却绝非良方。

道理很简单：就文化单位的总体说，按"区别对待，分类指导"的原则，凡不含商品属性的门类，如公益性文化事业等，无从推；原本处在文化市场中的门类，包括表演艺术、影视艺术、图书报刊等，则无须推。而"活死由之"

云云，便是在一"推"之后，撒手不管，任其自生自灭。

问题也就出在这里了！按文化商品在市场运行中的地位、处境，可区别为能够"盈利"和难以"盈利"两大类，一如快餐型轻歌劲舞与经典型昆曲京剧。西方世界通常也按生产目的不同区别为"营利型"和"非营利型"，施以不同对策。人们熟知的美国百老汇音乐剧等，是为典型的营利型商业戏剧；而十倍、数十倍于它的外百老汇、外外百老汇，则绝大多数属于"非营利型"戏剧团体。前者不仅不能获得政府拨款，而且要照章纳税，而不管其经营结果，是盈利或亏损。后者则不仅可以得到各级政府财政资助，还可以享受减免所得税待遇，可以争取社会赞助，而赞助者也可依法享有相应的减免税赋的优惠。美国联邦税法第501条规定了部分组织可以享受免纳所得税的待遇，联邦税务局的《免税组织指南》则具体明确了文化方面可予免税的九种"非营利型"组织和相关活动。这就是说，即便在美国这样的市场经济高度发达的国家，对于文化团体，包括戏剧艺术团体，也并不通通"推向市场，活死由之"！当然，他们的剧团原本在"市场"之中，无须"推"，只不过加以"区别对待"就是了。

我们国家这方面也有明确的指导原则和规范。党的十六大报告第六部分"文化建设和文化体制改革"中有如下论述："（五）积极发展文化事业和文化产业。发展各类文化事业和文化产业都要贯彻发展先进文化的要求，始终把社会效益放在首位。国家支持和保障文化公益事业，并鼓励它们增强自身发展活力。坚持和完善支持文化公益事业发展的政策措施，扶持党和国家重要的新闻媒体和社会科学研究机构，扶持体现民族特色和国家水准的重大文化项目和艺术院团，扶持对重要文化遗产和优秀民间艺术的保护工作，扶持老少边穷地区和中西部地区的文化发展。"这里明确提出要发展"各类"文化事业，在具体论述中，除了"支持和保障""文化公益事业"外，还强调"扶持"重要新闻媒体、社会科学研究机构、体现民族特色和国家水准的重大文化项目和艺术院团、重要文化遗产和优秀民间艺术，以及老少边穷地区、中西部地区文化发展等。这就为"各类"作了注解。既包含"支持保障"的公益文化，又包括"扶持保护"的相关文化这样两个部分。比照西方国家的文化政策，按"营利""非营利"划分，这两类文化事业，都囊括在"非营利性"文化之中（西方国家一般不用我国现在施行的"事业"单位这一概念）。这些"支持""保障""扶持"的诸多文化事业，作为国家的保护对象，怎么能够简而化之地"推向市场，活死由之"呢？

就剧团而论，其间，许多团还是"非物质文化遗产"的承载者和传承者，特别是不少"天下第一团"亦即硕果仅存的天下"唯一"团，更需要政策保护，断不能"活死由之"！

笔者以为，克服某些表演艺术团体不顾市场的弊端完全可以通过多种方式，如财政支持的同时，双方签订"责、权、利"契约；政府采购，剧团送戏下基层，按已有演出场次，实行奖励性补助；各类评奖，确定相应的演出场次作为参评资格……其实各地在"摸着石头过河"的改革试验中已经创造出种种经验，文艺评奖关注演出场次及票房收入的改革也早已实施，总结、提高、推广就是了，完全不必硬性地搞什么强行改企并"推向市场，活死由之"之类的名堂。

三、"事业单位断奶"

这个口号大体是针对经济领域的改革提出的，有其必要性、必然性、合理性，但也迅速波及文化领域，并不加区别地引申发挥开去，导引出一些让人啼笑皆非的尴尬。

比如公共图书馆和文博单位等腾出阅览室、陈列馆，摆放游戏机，计时收费；打开铺面房，经营日用百货、妇女用品；如此等等。奇怪吗？须知公益事业也属"事业"！既然宣称"断奶"，又怎能责怪"嗷嗷待哺"者们去想方设法找"奶"吃呢！结果自然是公益变型、功能丧失。这当然不是全体，却也是不止一处出现的景观。

就事业单位的现状而论，包括文化部门在内，的确很有些错综交织。有些原本就属企业，早已在文化市场中运行，如某些文化出版、发行、营销部门；大量的图书报刊编辑出版单位；另有一些事业单位的大帽子下，包含着企业化的机构；有些科研部门（除基础理论研究外），其成果可以迅速转化为生产力；如此等等。改革中将那些企业化的部分剥离出来，回归本体，实行"断奶"，让它们在市场中寻求活力、闯出新路，不仅理当如此，而且堪称改革的上佳选择。

但是对于文化部门的两种类型来说，"断奶"之举就属不当了。一类是理当由"国家支持和保障"的"文化公益事业"，另一类是应由国家"扶持保护"

（前边已提到和列出）的多种文化事业。

对公益文化的"断奶"应很快得到纠正，而且建设公共文化服务体系已经成为当前文化建设的重中之重。2008年"两会"期间，文化部副部长周和平在接受中外记者采访，回答政府工作报告中提到的"我国县乡两级公共文化服务体系已初步形成"时列举了大量事实：全国共有县以上公共图书馆2791个，文化馆3214个，博物馆1634个，艺术表演团体2866个，剧场1839个，文化站36874个，社区和村文化室13万多个。从业人员51.9万人。文化投入也大量增加：2006年，文化事业费达158亿元，较上年增长18.1%，人均11.91元，增长16.4%。结论是覆盖全社会的公共文化服务体系初步建成。这就是说，"断奶"化作了"添奶""加奶""注奶"。加上全国文化信息资源共享工程，国家图书馆及各级图书馆、文化馆免费服务，各级博物馆陆续免费开放……推导出了一派大好形势。

对于公益型之外的文化事业，答记者问也透露出一些令人鼓舞的信息。如开展送书下乡工程，流动舞台车送戏下基层工程，等等。用周和平副部长的话说就是"政府还要继续采取'政府买单'的形式，让更多的农民群众免费享受公共文化服务。比如拿出一些钱，鼓励剧团，包括国有的、民营的剧团，到农村演戏……使农民能够看书、看报、看戏、看电影，接受文化素质方面的培训"，这里不也说明国家正采用"政府买单"的形式给予剧团以新的"奶源"吗？

如实说，对"事业单位断奶"问题，在公益文化范畴解决得较好较彻底，已如前述。但对于"扶持型"文化单位，特别是基层剧院团，则遗留问题尚多，突出之点是"断奶"变作了"减奶"！

到许多基层剧院团会亲访友，谈起生活待遇，最多的是财政只按人头费（人员工资总额）的百分之五十、百分之六十或更少拨款。全额拨款还是差额，原本是事业单位管理的两种类型。然而对于艺术表演团体来说，按人头（无论全额、差额）拨发，却是典型的计划经济的范式。定编、定员、定级、定工资，再定拨款比例，这一切把剧团的手脚捆得死死的。所谓"有用的进不来，用不上的出不去""人浮于事""死水一潭"不都源于此吗？市场经济下的西方剧团，"营利型"一切自主决策自不必说，就是"非营利型"的团体，财政拨付也绝不先去定编定员，再付人头费。而是根据剧院团项目计划的申请，经过特设的专家机构论证，在确定"责、权、利"的基础上签署合约，再予拨付。而项目需要多少人完成，如何完成，单位有完全的自主权。

以市场化为坐标的改革对于剧院团特别是基层团队来说，能否从改进拨款机制上入手，不在人头费的百分比上做文章，借以放活剧团呢？"断奶"当然不妥，"给奶"给多少，如何给，我看其间也大有可为。

四、不成文的口号"砍团减负"

的确，在文化体制改革中，很少有人堂而皇之地站出来说："改革就是砍团，砍团为的减负。"但实际生活中，"砍团减负"现象却时有所闻，往往让人瞠目结舌，难于言表。

笔者手头正好有一则信息。2005年6月21日《新华每日电讯》上刊发了两名新华社记者撰写的报道，披露了笔者家乡四川靠近邻省的某县，就曾以文化体制改革的名义，下令解散了县川剧团，卖掉了剧场，落了个乐手当吹鼓手，为红白喜事吹奏，演员骨干街头修鞋补锅，借以谋生。而该团曾经创排过不少好戏，包括将阳翰笙的《天国春秋》改为川剧送上省城成都演出，并获得好评。他们屡屡获奖，每年演出二三百场，深受老百姓特别是乡下农民的喜爱。而该县也曾是文化先进县！记者喊出了剧团人们的心声："我们不是被市场经济下文化市场淘汰，是被体制所抛弃！"何谓"被体制抛弃"？自会引发人们深长的思考。须知这些艺术骨干是中华人民共和国成立后，我们花大力气培育出来的啊，他们是社会的财富，绝不是包袱！有人说，文化体制改革原本是一本好经，就怕歪嘴和尚念歪了。这是否可以算作一例呢？

所谓"砍团减负"现象，主要发生在县市基层剧团身上。如何看待这些直接为"人民"中绝大多数的农村农民服务的剧团呢？笔者2006年曾经写过一篇题为《"人民"在哪里？》的文章，刊于《文艺报》2006年3月9日，扩增后载《中国戏剧》2006年第7期，文章就国办基层剧团的定位定型问题为他们呼吁了一番。我以为根据本文前边引述的党的"十六大"相关精神，他们一是"民族特色"文化，二是"优秀民间艺术"，三是许多团在"老少边穷地区"，"理应归于受党和政府扶持的文化事业，而非以盈利为目标的文化产业"。我重申这个看法，也希望能引起文化决策者的关注。

至于国办基层剧团的作用，特别是和"三农"相关的作用，我粗粗地列了六条：如：他们体现着实践着"文艺为人民服务"的方向，正以他们的艺术为"人民"中的绝大多数农民服务；他们是文化惠农的实施者；他们以送戏上门的行动，保障了农民群众的基本文化权益；他们是党和政府联系农民的纽带；他们是农村和谐社会建构的出力者、参与者；他们是民族文化传统的保护者、非物质文化遗产的传承者……

如实说，对于那些"砍团减负"的决策者、实施者来说，他们也许并不是不了解基层剧团的重要，而多半是基于认识的误区、对文化体制改革的茫然、追逐时尚的心理，以及目光的短浅、胸襟的狭隘等。认真领会中央精神，排除杂念，走出误区，不失为一剂良药。

2008年5月21日

（原载《中国戏剧》2008年第6期）

文化体制改革在"摸着石头过河"中确也出现了不少"杂音"，有过一些"失误"。本文列举了几个口号及舞蹈，以之为再"谏言"。说"再"，盖因不断言说之故也。

——笔者

给农民工搭建一个舞台

最近,随着两位农民工歌手翻唱歌曲《春天里》的走红,农民工群体的精神文化生活再次引起社会舆论的广泛关注。透过"旭日阳刚"那质朴、倔强且略带沙哑的嘶吼,人们强烈感受到的是草根阶层对于生命艰辛困境的表达和对于青春梦想的执着追求。其所带给公众的震撼和启示已经远远超过歌唱这种艺术行为本身,农民工的文化生活再一次引起了人们的关注。

当前,新生代农民工已经成为农民工的主体,他们的文化素养较高、视野开阔、易于融入城市,他们的追求正在由物质生活向精神层面拓展。把握新生代农民工思想观念的深刻变化对精神文化建设提出的新要求,努力丰富他们的精神文化生活,是各地区、各有关部门加强农民工工作面临的一项重要任务。

党中央、国务院高度重视农民工的发展和精神文化生活,有些单位农民工文化活动开展得有声有色,全社会关爱农民工的良好氛围正在形成。然而在一些行业,在一些地方,在许多许多的城市,只偏重维护农民工经济权益,而忽视甚至漠视农民工精神文化需求的问题还相当突出;农民工文化生活贫乏、文化消费不足、文化需求不能得到基本满足、普遍处于文化生活饥渴状态仍然是一个不争的事实;农民工的精神生活、精神抚慰和人文关怀缺失的问题也日益凸显。

而一些权威的调查结果也让人倍感沉重:八成农民工的业余生活是"睡觉"和"闲聊";一本书都没有的农民工占四成;大部分农民工文化生活呈现"孤岛化""边缘化""沙漠化",有些人甚至打架、赌博、涉黄。

有人曾这样描述进城农民工的生存状态:他们的文化,几乎成为被社会遗忘的角落；他们的精神，则始终在城市和乡村之间徘徊。

显然，要从根本上解决上述问题，仅靠每年数得清的几次文化"送温暖"活动是远远不够的。我认为要从长远考虑，一是尽量把城市中的文化设施如文化馆、博物馆、图书馆等向农民工开放，在一些建筑工地，设立流动图书室、阅览室等，方便农民工借阅。二是就近的演出场所低票价为农民工演出，以正当的娱乐引导和满足他们的文化需求。三是对有文艺才能的农民工免费培训，并为他们提供展示其才华的演出舞台。这就需要政府部门重视，各级文化馆、群艺馆的积极参与，要让农民工们也享受到公共文化服务的成果。

我们必须像关注为农民工讨薪那样，关心维护农民工的精神文化生活权益。无论如何，不能让广大农民工的精神文化生活沦为"孤岛"，荒为"沙漠"。

（原载《光明日报》2011年1月20日）

洋人"走穴"吗？
——文化内外谈之五

一个时期以来，演艺圈里热热闹闹：有人因"故"停演，剧场回戏，剧院干贴；其后又有人不上波音737之类"小"飞机，把"上帝"晾在了重庆……这事那事不少。"演"终归为"看"，这热闹自然溢出了圈外，经新闻媒体你帮东我帮西地一"炒"，更有些让人眼花目眩。

"心之官则思"，我这脑子里也就随之冒出一堆问题，自己设疑，自己求答，演绎推导，自寻苦恼，姑录于下。

洋人"走穴"吗？

据说在我国目前的影视制作中，老外们客串各色各类角色的不少，多半是就地取材，业外"走穴"，而且逐渐出现了一些"洋穴头"，比如一个叫史密斯的小伙子，手头有近百名人员，拍摄需要，讲妥条件，一小时便能招来。来自俄罗斯的小伙子伊万，原本是倒儿爷，如今成了"穴头"，手上有一把俄罗斯年轻姑娘。某电影在哈尔滨开镜，他明码标价：被搂抱100元，接吻200元，半透半露150元，全脱光300元等。他拿总酬金的30%，姑娘们敢怒不敢言，云云。《北京电视》最近专门载文对此做了介绍，标题就是《影视圈里的"洋穴头"》。

结论：在中国的一些洋人，参加了中国的"走穴"队伍，而且呈愈演愈烈的趋势。那么——

洋人在洋国"走穴"吗？

这要分业内业外、专业业余了。先说业外，即非专业演艺人员，在本业之外，客串演出，包括影视作品中的大量群众演员，严格地说这算不上"走穴"，至多算个临时性的第二职业，这自然是所在多有，但有个前提：忠于职守，勤勉劳动，做好本职工作。再说业内，即以演艺为专业的从业人员。据笔者了解，洋国的表演团体都是独立的法人实体，演艺人员则是自由职业者，两者的关系是契约关系，由合同规定双方的责、权、利，包括违约处罚。就演员个人而论，他（她）可以和任何国家、任何地方的任何艺术团体或演出机构签约，参加演艺活动。这种契约可以是一次性的，也可以是一个时期的，甚至是较长期的。就这个意义上说，演艺人员总在流动，总在跑"码头"，从来没有被分配到某个艺术团体，端上铁饭碗，终生绑在一棵树上的事。剧院有没有终身职位？德国巴伐利亚国家歌剧院的经营经理告诉我："也有，但必须连续三期合同（每期五年），届满之后才有资格申请。"

结论：自由流动，搭班演出，跑码头，正是西方演艺人员的基本生存方式和从业方式。如果以"走穴"名之，则洋人在洋国总是在自在"走穴"。那么——

洋人在洋国有如今中国式的"走穴"吗？

何谓当今中国特色的"走穴"？一句话：拿着东家的钱，悄悄地为西家干活；领着国家工资，私下里再白捡白挣一份；而且给东家干，往往出工不出力，甚至工也不出。开张病假条，找个脚气瘙痒、翻胃打嗝、腰酸腿疼之类的三四种毛病，打声招呼（也可以不打招呼），溜之乎也，跑到远大远地"走穴"赚钱去了。自个儿的腰包鼓鼓的，东家的活嘛，对不起，扔爪哇国了。

洋人在洋国也有这等好事吗？我看不能说绝无，恐怕不多有。为什么？有合同制约。合同期间，敢于干"走穴"赚小钱而违背合同丢掉饭碗这类蠢事的人毕竟不多，何况违反合同还要赔违约金。以前边提到的德国巴伐利亚国家歌剧院为例，"走穴"一回丢掉五年合同，第三期合约期间，"走穴"一回丢掉终身职，十几年白干了，这样的蠢人能有几个？找个翻胃打嗝、脚气瘙痒之类的病因请假么？老板是不好骗的，免开尊口。要么走人吧，不想干请自便！西方国家的劳动法固然要保障职工权益，但也要求应聘者尽心尽职。《法国劳动法典》就规定国家公职人员包括国家开办的公营服务部门人员，立法机关和企业人员，铁路、社会保险部门人员"从事有报酬的私人受雇或以私人身份为换取报酬而工作都视为不合法"；工业、商业或手工业企业中的任何受雇者也不能"工作时间之外再在任何这类企业中担任获取报酬的工作"，只有参加公益事业可以例外。连我国台湾地区的劳动契约规定中也要求，在劳动期中，未得雇主同意，有不与第三者缔结新契约的义务。

可见端着社会主义的铁饭碗，又吃西家的美食；既占着社会主义"优越性"的好处，又捞取自由市场经济的甜头，全世界恐怕只此一家，别无分号，"走穴"也带着中国特色呢。

结论：加快文化体制改革步伐，尽快给这类"两头占"的中国特色"走穴"画上终止符号，让法律保障劳动契约双方的合法权益，建立社会主义市场经济条件下艺术团体运行的新机制、新格局。

（原载《北京日报》1995年5月10日）

这是为市场经济条件下治理演艺界的乱象谏言。如今问题仍存在否？笔者不得而知。

——笔者

刹刹公款捧星风

如果推选今年文化圈里的大热点，我看盛行一时愈演愈烈的捧"星"、炒"星"、追"星"狂潮，完全有资格坐头把交椅。

"星"者，明星也。按行当分，包括歌星、影星、笑星、"侃"星（只会上台胡侃几句、扯淡一番）、"挥"星（学学领袖挥手动作即可）等。按地域分，则包含港台"星"和内地"星"两大类。

捧"星"之风似乎也流行了有些年头了，但爆炒到如此之狂，追逐得如此之烈，却是空前的。报载：港台大牌歌星如今每场出场费动辄70万—80万元，最高的竟达190万元人民币，如香港某歌星今年9月赴渝演出，每场索出场费70万，另加补偿其违约金每场22万元，3场下来，付300万元。还不算上百人的飞机票、住高级宾馆、吃高价伙食，以及动用接待贵宾的高级轿车等种种开支。内地"星"们也水涨船高，前些年每场3000—5000元，如今30000—50000元，甚至上十万元。如某电视台主持人侃三分钟笑话，扯淡几句，要走11万元！

如何看待这种畸形高价？有人早就说了：如今实行市场经济，愿打愿挨，两相情愿！而且高价表明身价，钱要少了还跌份呢。

是市场规律的反映？高价来自"愿挨"的消费者——观众的口袋？不完全是。综观这些炒"星"演出，钱大体来自四个方面：一是主办地的财政拨款。如今"节"多，办"节"就得请"星"，请"星"就得掏钱。有的地方穷得没钱支付教师工资，没钱挖下水道，却能大把地掏钱捧"星"。二是企业赞助，据报纸透露，台湾某歌星来京演出，大陆某企业赞助500万—1000万元人民币。而就企业说，掏公款赞助，经办人还常常可以拿回扣（有的高达三四成）装进个人腰包，何乐而不为？三是派购高价票，对象也多半是企事业单位，而如今的企事业单位多半姓"公"，掏的仍旧是"国家"这个"大老板"的腰包。做何用场？进贡上级、拉关系户也。企业的主人——职工，则通通靠边。四是个人购票，数量极少。如东北某市办服装节，请来港台歌星，开幕式票价150元，据经手票务的知情人告诉笔者，个人购去者不足10张。前述重庆演出似乎有"发烧"者（多半是女中学生）踊跃支撑，但有的靠卖血，有的靠逼迫父母（以跳嘉陵江威胁），总而言之也只占票务收入的极少部分。

是时候了！在大力推行反腐倡廉的今天，该下决心刹刹这股公款捧"星"的邪风了，否则将何以面对神州父老？

（原载《北京晚报》1993年12月7日）

这是笔者揭批的又一演出市场乱象，如今似有收敛，但绝迹否？未可知也。

——笔者

灵魂塑造者的灵魂

文艺和市场的关系是近年来的一大热门话题，议来说去，又都自然而然地回归到根源上：文艺是干什么的？文艺工作是干什么的？文艺工作者是干什么的？这些原先似乎铁板钉钉、明明白白的问题，如今似乎又有些模模糊糊、朦朦胧胧起来。比如，文艺工作者是人类灵魂工程师的话，久不见提起了；相关的世界观转变、学习改造等，更是弃之如敝屣，扔得远远的了。——都啥时候了，谁还那么不识相！

那么这一堆问题的答案何在呢？如实说，在一些得风气之先的人们眼里，不成文的答案便是：文艺是商品，文艺工作者是文化商品的生产者，文艺工作是文化商品生产的组织者和促销者。文化商品么，无疑为的是进入文化市场，进入市场，则自然为着营利。一句话，文艺是商品，商品为赚钱。

这些话当然有道理。过去那种无视文化产品（包括文化服务）的商品属性，生产不顾市场，演出不管剧场，所谓对上不对下、看领导不看票房、争奖不争观众等种种伴生于计划经济体制的弊端，确实到了非改不可的时候了。文艺必须适应社会主义市场经济的要求，乃是摆在文艺体制改革面前的头号任务。

然而文艺还要适应社会主义精神文明建设的需要，适应文艺自身发展的规律，在看到文艺产品的商品属性的同时，还要看到文艺自身的特殊性，这些就往往容易被忽视、被淡忘。

要条分缕析地说清这一堆"规律""特性"，要下更大功夫，用更大篇幅，不是这篇小文能够承担的。这里只讲一点：同是属于商品范畴的物质产品和精神产品（文化商品在其中）存在着极大差异，决定了不同商品生产的不同社会作用和相应的社会责任。

要言之，物质产品是满足人们物质生活的需要，精神产品则满足人们精神生活的需求；物质产品作用于人们的身体，精神产品则作用于人们的思想（心理、情感、节操等）。前者影响人们的身体，后者则影响人们的精神，即影响到人们世界观、人生观、社会观、道德观、价值观的形成，影响到人的灵魂的塑造，尤其是对于青少年。

明白了这一点，结论也就自然地出来了：一切文化工作者——无论广义的人文工作者，还是狭义的文艺工作者，都是人类灵魂的塑造者。

这是"左"的口号？是僵化的要求？当然不是！可以这么说，这不仅是无产阶级对社会主义文艺的要求，不仅是人民群众对自己的文艺子弟们的希望，不只是革命的口号，而是文艺作为精神商品导引出的结论。资产阶级政府和有眼光的政治家也是这样看问题、提问题的。1992年12月，上任不久的美国总统克林顿会见了好莱坞的演员、制片人，他告诫说："电视电影工作者对民众怎么看待将来具有很大影响力。他们要给民众值得尊敬的东西，摒除没有意义的性和暴力，这些已对美国民众特别是青少年造成了很大的副作用。"他特别强调："我要问：好莱坞为什么仅止于提供娱乐，而不能提升灵魂呢？"他说，美国是世界上暴力最多的国家，坐牢人数也最多，"因此，我要求从业者自律"。

美国《电视指南》报道了这次会见和谈话，《人民日报》做了介绍。克林顿本人当然不会去搞极左，那些一听说文艺家的社会责任就摇头的过敏者尽可放心。这些话反映的是精神商品生产的特性和规律，反映的是精神产品在塑造灵魂——"提升灵魂"抑或使之堕落方面的客观作用。而这种呼吁的本身则反映了选民们——老百姓特别是家长们的要求和意愿。不理睬行吗？须知选民手里握有选票——政治家们的命根子！

说到这里，笔者不得不为眼前我国文化界的一些现象呼喊几句，即使不说那些淫秽色情读物、音像制品的暗中泛滥，就是出自我们的文艺家之手，赫然刊载于正式出版物以及呈现在影视银幕荧屏上的某些精神产品，其格调、其倾向，不也值得担忧么？社会观、价值观、道德观的误导，性、暴力的充溢，表明了某些灵魂工程师在拜金主义驱使下，拿"灵魂"和"金钱"做了交易。

是时候了，是呼唤文艺工作者正视社会效果、正视社会责任感的时候了！教育者必先受教育，灵魂塑造者必先尽量洗干净自己的灵魂！鲁迅先生说："从喷泉里出来的都是水，从血管里出来的都是血。"

说得好极了！那么从下水道里流出来的是些啥玩意儿呢？

还是让我们重温邓小平同志多年前提醒文艺工作者的一段话："在我们的社会主义社会里，人人都要改造。不仅那些基本立场没有转过来的人要改造，而且所有的人都应该学习，都应该不断改造，研究新问题，接受新事物，自觉地抵制资产阶级思想的侵袭，更好地担负起建设社会主义现代化强国的光荣而又艰巨的任务。"

（原载《中国文化报》1994 年 5 月 11 日）

克林顿和好莱坞

如实交代，文章取这么个名，绝粹为的吸引眼球。绝不是笔者独家掌握了两者之间的什么绝对隐私：诸如克林顿和他的前任里根一样，原本来自好莱坞，"性非和顺，地实寒微"，演艺出身；或者克氏总统退隐后密谋进军好莱坞，未来的超级明星将横空出世；甚或过去时、现在进行时地与好莱坞某个、某些或某群漂亮女星有染，其精彩处远远超乎莱温斯基……都不是的。不挖隐私，正儿八经地、科学地、全面地论述他们间的关系，自无此能；就是提纲式地列个轮廓，也力所不及。

无话可说了吗？不，有一点：克林顿就任总统之初曾造访好莱坞，说了一些今天看来也还颇有点用的人话（按：相对于"谎话""胡话"等鬼话连篇的"鬼话"而言）。

1992年12月，刚刚在大选中获胜出任美国总统的克林顿专程来到好莱坞，是"新官上任三把火"？不明晰。但实实在在地"点了一把火"，却是真的。他会见了好莱坞的演员、制片人，告诫说："电视电影工作者对民众怎么看待将来具有很大影响力。他们要给民众值得尊敬的东西，摒除没有意义的性和暴力，这些已对美国民众特别是青少年造成了很大的副作用。"他特别强调："我要问：好莱坞为什么仅止于提供娱乐，而不能提升灵魂呢？"他说，美国是世界上暴力最多的国家，坐牢人数也最多，"因此，我要求从业者自律"。

美国《电视指南》报道了这次会见和谈话，《人民日报》也专门做了介绍。大道消息一桩，绝非小道流言。

瞧！又是"民众"，又是"青少年"；又是要给"值得尊敬的东西"，又是导引民众如何"看待将来",而且一举上纲到"提升灵魂"的高度!还明确告诫好莱坞不能"仅止于提供娱乐",要求"从业者自律",如此等等。

那么这位总统先生到底想干什么呢?搞极左?念错了讲话稿?他身边埋伏了共产党的写手,并控制了他的头脑,让他当了共产党的传声筒?……当然不是!这里,起作用的是精神商品生产的特性和要求,反映的是精神产品对于塑造灵魂——"提升灵魂"或者使之堕落的客观作用。

这不是什么秘密,也不含多少高深的理论。电视电影等文艺创作作为精神产品进入商品流通领域,必然带有商品属性,在满足消费者愉悦享乐要求的同时,也为其生产者带来商业利润。但精神产品又绝不简单地等同于一般物质商品,两者之间存在着极大差异,从而决定了不同商品生产的不同社会作用和相应的社会责任。

要言之,物质产品为的满足人们物质生活的需要,精神产品为的满足人们精神生活的需求;物质产品作用于人们的身体,精神产品则作用于人们的思想(心理、情感、节操等)。前者影响人们的身体,后者影响人们的精神,即影响到人们世界观、人生观、社会观、道德观、价值观的形成,影响到人的灵魂的塑造,尤其对于青少年。

克林顿正是明白了这个基础性的道理,并且鉴于"好莱坞"影视作品大肆渲染的"没有意义的性和暴力","已经对美国民众特别是青少年造成了很大的副作用",才郑重其事地说这番话的。可谓有感而发,有据而发,有理而发。当然,这一切还根源于这样一个基本事实:决不可忽视选民们——老百姓特别是家长们的要求和意愿。须知选民手里握有选票——政治家们的命根子之一!

克林顿的话能管多少用,赚钱为木的"好莱坞"老板们能听进去多少,且不管这些,还是说说我们自己。

在我们的国家,在社会主义文艺园地里,这个"塑造灵魂"——提升灵魂或使之堕落的问题,这个文艺社会功能的 ABC 问题,理应得到足够的重视。早在延安时期,毛泽东同志就提出了"为人民服务"的口号。中华人民共和国成立以后,周恩来同志针对"重教忘乐"的片面性,提出了"寓教于乐"的主张。那意思是:千万别忘记文艺自身的特性,要注重作品的艺术性、娱乐性,是为前提,而思想性、知识性等必须通过艺术来体现。一句话:"乐"字当头,"教"寓其中。新时期,邓小平同志则针对文艺的社会功能被忽视的情况,郑重地重申了文艺工作者是"人类灵魂工程师"的要求。凡此种种都表明历来我们党和国家领导人清醒的头脑和对文艺工作明确的要求。

这是常识！有人会问，既然是常识，居然又来喋喋不休，还把伟人毛泽东、周恩来、邓小平通通搬了出来，闲着没事了？非也。前些年不就有人在海外挖苦：当今世界上对作家最重视的莫过于中国，尊之为"灵魂工程师"；而要称职么，就得先把自己的灵魂搞干净。于是，思想改造啦，蹲牛棚啦，种种迫害便通通来了……这是过去。如今么，借用毛泽东老人家当年的两句诗："今日欢呼孙大圣，只缘妖雾又重来。"总归有点因由。且不说那些诱使灵魂堕落的丑恶文化远未收敛，反有愈演愈烈之势。而且在某些决策者的心目中，这个事关"灵魂"的问题又模糊了起来。我也就只好远远地站个干岸，表表些微愿望：但愿这些常识性的问题，不被高高举起的"改革"大旗横扫一空，不被当今物欲横流的金钱社会的"时髦"冲个稀里哗啦就是了。

至于拉扯上克林顿，原因无他：咱们不是有个不成文的规矩么？远来的和尚会念经。自然越远越好，远到大洋彼岸的"洋和尚"更好，管他是不是"花和尚"！

（原载《文艺报》2003年6月26日）

再为文艺走正路谏言，也对某些文化界大人物的荒唐话示警。

——笔者

文艺评奖放眼观
——从评"梅"说开去

一

"梅花奖"设立已经整整 20 个年头了。为了庆祝这一盛大的 20 岁生日，今年 4 月 12 日，400 多朵"梅花"从全国各地专程晋京，齐聚人民大会堂，向首都观众，更通过电视转播向全国人民作了精彩纷呈的、美轮美奂的艺术汇报。尽管"非典"肆虐，为保护首长健康，未敢惊动主管高层领导，差不多是圈子里的朋友们自得其乐，却也其乐融融。本人作为热心观赏者混列其间，过了一个无所畏惧的、傻大胆儿的、兴高采烈的、美不滋滋的欢乐之夜。今天想起来，仍然不感到后怕，且为自己懵懵懂懂的勇敢和喜逢盛事而兴奋不已。自然，难免遭老伴的友善埋怨，这种话听得多了，也就照例不往心里去了。

二

如实说，"梅花奖"的设立和 20 届评"梅"称得上硕果累累、成绩赫赫。早在 11 年前的 1992 年 2 月 9 日，我就在一篇题为《伴随"梅花"的苦寒》（载北京《戏剧电影报》）的文章中对"梅花奖"进行了一番思考。文章主旨在指出我感觉到的评选工作中的不足和改进的提醒，但对评"梅"也有个总体评价，现摘两段：

"梅花香自苦寒来"!

"梅花奖"的名称起得实在好！既贴切，又富诗意。对于那些甘于清贫、刻苦奋斗、为困难重重的戏剧艺术献身，并且取得突出成果的中青年演员来说，喻之以"梅花"，誉之为"梅花"，可说是再恰当不过了。不是么，它既记载着他们往日奋发苦斗的汗水，也赞扬了他们当今独秀群芳的高洁。如果要对眼下名目繁多的文学艺术奖的称谓评奖的话，我看"梅花奖"应该当之无愧地捧走大奖的奖杯。

从"梅花奖"设立以来的总体情况看，它在戏剧界也有着不可忽视的影响，起了不可低估的作用：它给奋斗过、付出过的有为者以肯定，给奋争着、拼搏着的攀登者以勇气，给犹豫中、徘徊中的起步者以希望，并通过这一切给予困境中的戏剧事业以活力。这些，都是有目共睹的事实。

这些话还是在"梅花奖"评选只进行了第九届时说过的。如今经过不断改进提高，胜利地评过第二十届，400多朵"梅花"争奇斗艳的壮观，更加证明了我当年的判断。

三

一个时期以来，对于"梅花奖"以及一切文艺类的评奖，舆论多有微词。

其间居于主导位置的是出于爱护和关心的严肃批评、热情帮助以至严厉指责，对评奖中确实存在的种种缺陷、不足、弊端的矫正的主张和期盼是为一笔据以改进工作的宝贵精神财富。

依我看来，无论是"梅花奖"的评选，还是其他全国性的文艺评奖，诸如"五个一工程"奖、"文华奖"、"中国艺术节奖"、"中国戏剧节奖"、"中国人口文化奖"，以及电影方面的"金鸡奖""百花奖""华表奖"，电视方面的"金鹰奖"，连同音乐、舞蹈、美术等方面的种种评奖，都无不存在这样那样的问题和不足。而这些评奖也大抵在接受批评、总结经验教训的基础上，不断改进，不断完善。针对文艺评奖过多过滥的现象，中宣部和中办还联合进行过整顿，淘汰了一批，确认了一批，规范了评奖工作。成绩是突出的，效果是上佳的。当然，一次整顿不可能一劳永逸，解决掉一切问题，从此垫高枕头睡大觉。应当不断听取批评，不断加以改进；永不停顿，永无止境。

然而——又一个然而，也有另一种意见：文艺评奖根本就不该搞。如今不是实行市场经济了吗？文艺特别是表演艺术类的戏剧、音乐、舞蹈等等，统统交给市场就行了。所谓推向市场，生死由之。应该说，这还是温和派。极端派口吻更严厉：如今剧院团的种种弊端，生存困境的种种问题，完全来自评奖。是评奖扼杀了艺术生机，是评奖扭曲了生产目的，是评奖困死了剧团体制，是评奖造成了生存危机……总之，评奖不但是一无可取，简直成了万恶之源。脏水一盆盆，帽子一摞摞，说它们是危言耸听都远远不够了。这不能不引起我的进一步思考。

四

搞市场经济是否就排斥文艺评奖？这个绕脖子的问题也许费好多口舌也弄不清，咱们来个简便的：远来的和尚会念经。看看和社会主义计划经济从来不沾边而市场经济已经搞了几百年的西方国家到底是怎么做的，即"洋和尚"们在"洋人国"里如何念这本"洋经"。

文学方面，诺贝尔文学奖让咱们文学界眼红兮兮地翘首企盼了多少年，且不说它，还是集中说说影视和舞台艺术。

电影的国际性评奖可谓多矣。前些时候刚刚与炒得火热的《英雄》失之交臂的奥斯卡金像奖，排在榜首，当无异议。接下来，相近的是美国的金球奖，德国柏林的金熊奖，法国的戛纳电影节奖，意大利威尼斯的国际电影节奖，等等，可以列出一大排，还得新加上中国上海国际电影节奖、长春国际电影节奖等。

新兴的电视艺术也绝不落后，"节"和"奖"甚多，随便列列：莱比锡国际影视短片节（德国）、伦敦电视节（英国）、戛纳国际电视节（法国）、国际电视连续剧节（英国）、意大利国际广播电视节、"虹"国际电视节（苏联1975年始创）、苏联国际民间艺术电视节（1974年创办）、蒙特卡罗国际电视节（摩纳哥公国）、金竖琴电视节（爱尔兰）、慕尼黑国际青少年电视奖（德国）、国际教育节目日本奖（日本）、蒙特勒金玫瑰国际电视节（瑞士）、萨尔茨堡电视歌剧奖

（奥地利）、多瑙河奖（捷克斯洛伐克）、国际艾美奖（美国为外国优秀电视节目所设）、金色屏幕奖（波兰华沙），等等。这些电视类的"节"也大都设奖，而且多半是国际性的。如西柏林未来奖，原为西柏林国际电影节的一部分，1969年改现名，评选对象包括广播、电视的新闻报道和戏剧等，共设四个奖项。

通俗类影视文艺如此，西方高雅的艺术门类也不例外。以音乐为例，据说目前世界上有不下100种各式各样的国际性音乐比赛，主要是乐手的器乐演示技能和歌手的乐曲演唱技能，如钢琴、小提琴、声乐等，但一些竞赛也包括作曲。试举例一番：日内瓦国际音乐比赛（瑞士），慕尼黑国际音乐比赛（德国），伊丽莎白皇后国际音乐比赛（英国），国际肖邦钢琴作品比赛（波兰），柴可夫斯基国际音乐比赛（俄罗斯），维奥蒂国际音乐比赛（意大利），布达佩斯国际音乐比赛（匈牙利），巴黎国际长笛比赛、巴黎国际吉他（六弦琴）音乐比赛（法国），以及西贝柳斯国际小提琴比赛（芬兰），等等。顺便说一句，笔者1992年到西贝柳斯家乡参观西氏音乐博物馆时，陪同的芬兰朋友告诉我，除了正式的国际小提琴比赛，还主办国际声乐比赛，我国新疆著名女高音歌唱家迪里拜尔就曾在这里获金奖，并加盟芬兰国家乐团，担任终身制的独唱演员。此外，西贝柳斯基金会还经常支持和资助举办轻音乐和流行音乐竞赛。

舞蹈类的国际比赛也很多，中国选手获奖的喜讯不断传来，国人早已熟知。

说起戏剧的评比竞赛，溯源久远。古罗马驰名的"戏剧比赛会"，就是与公共赛会同时举行的早期戏剧会演，希腊式的罗马戏剧最初就是在这种赛会上演出的。当今更是名目繁多，绚丽多彩。知情者称，统观世界各国戏剧类奖项，当以百计，试举几例。

美国有公认的三大奖：1.普利策奖，为新闻文化的综合奖，共含八项，戏剧奖名列其中。曾经介绍到国内来、由北京人艺搬上舞台的《推销员之死》就曾获此奖。2.托尼奖，侧重于音乐剧，也包含话剧，由好莱坞主办，对象为来此演出过的剧目。享誉全球的音乐剧《猫》《西贡小姐》《悲惨世界》《歌剧院幽灵》都曾获此荣誉，出自美国本土的《音乐之声》《西区故事》《奥克拉河马》等也名列其中。3.奥比奖，又称"纽约剧评奖"，以评论界人士参与为主，有其独特的视角，为界内所看重。

法国：最具权威的是"法兰西全国戏剧大奖"，每年一评，为剧目综合奖。

英国：影响最大的是两项：伦敦戏剧奖，由伦敦市主办，却面向全国；劳伦斯·奥利弗奖，以著名表演艺术家命名，声名远播。

意大利：最有名的是皮兰德娄奖，这个以本国大戏剧家名字命名的奖项分为总统奖和专家奖两种，前者由总统亲自出席向获奖者颁奖。

我们的邻国日本：除政府直接主办的艺术奖之外，最具代表性的还有岸田国士戏曲奖，以著名戏剧家名字命名，重在戏曲文学，上年来华演出的《女人的一生》曾获此奖；纪伊国屋演剧奖是以最大连锁书店命名，为综合奖。

这个奖那个奖似乎还可以排列出许多，还是就此打住，免开中药铺吧。

五

综观世界上的各种文艺评奖，基本目的和作用无非有二：

一是赞扬、肯定、导引、矫正。给辛勤劳作者以慰安，给步入歧途者以警示。个中，贯穿着执政者的意图和主张。无论是政府办的还是民间办的，都逃不脱这一基本规律。这和西方世界的新闻舆论自由的情况相似，绝不可天真到以为可以随心所欲，无法无天。1992年，我率文化部文化政策法规考察团赴欧洲访问，曾经和德国巴伐利亚州政府文教司长座谈，司长先生告诉我，他们也抓文艺评奖，由政府聘请的评委来贯彻体现政府的意图。我问：不听话怎么办？回答是：撤职，炒鱿鱼，走人。据说这种名利双收的美差，没有人会视为儿戏，轻易出脱。而舆论要体现当权者意图，原本不是什么新发明、新花活儿。

二是宣扬、扩散、炒作、造势。获奖是无形而有声的最佳广告，评奖主办者、获奖者、媒体炒作者……统统可以从评奖活动中获益。对编、导、演、音、美、摄影等各色演艺人员来说，获奖，尤其是荣获诸如奥斯卡奖这类大奖，往往由此声名大噪，从此片酬大幅飙升，出场价上扬。这些只消看看奥斯卡金像奖颁奖仪式的辉煌和壮观，再看看我国业内人士的化解不开的"奥斯卡情结"，便都明白了。戏剧类奖项似乎还到不了这般地步，但免费广告总是可以享有的。

说到洋人国里这些评奖活动有无弄虚作假，即北京话说的"猫腻"，本人非局中人，也未做调查（只怕查也难），不敢妄加猜测。不过手头恰好有点相关资料，权作笑谈吧。

1994年1月30日，北京《戏剧电影报》在"奥斯卡特快专递"栏里刊出了几则相关逸闻。

因主演《被告》《沉默的羔羊》而荣获奥斯卡"两冠后"的朱迪·福斯特，为了获影后提名，准备把《好莱坞导报》的有关版面全部垄断下来，并聘请职业电影评论员和电影海报画家为她在新片《似是故人来》中的表演技巧进行渲染和吹捧。

何以名之？这叫"抬高自己"。这些"职业电影评论员"作为雇佣吹鼓手，扮演了"帮忙"和"帮闲"的角色。

《纯真年代》女主演米歇尔·法伊弗，目前不惜一切代价来确保自己被提名，花费了几乎一千万美元大搞宣传，出钱找来19个颇有才干的影评家，巧妙地、恶意地评论今年有可能被提名的女演员们的表演技巧平庸呆板，试图把竞争对手从2月9日公布的提名名单上抹去。

这又叫什么？可以称作"打击别人"。这些"颇有才干的影评家"作为雇佣杀手，成为十足的"帮凶"。

笔者曾经在1994年3月22日据此写过一则小文《他山又一石》，发了一点感慨："打击别人"和"抬高自己"相关，活脱出一副极端利己主义的灵魂；"主子"和"奴才"、"老板"和"帮闲"相依，构成了一幅尔虞我诈的世相图。小文也同时做了一番广告：欲知不公平竞争如何渗入文化领域，请看此例！欲知西方报刊自由、言论自由如何拜倒在"钱"太太的石榴裙下，请看此例！

也许这只是西方评奖"猫腻"中极不起眼的一桩小事，算不得个啥。然而"他山之石，可以攻玉"，捡来这块和美国好莱坞评奖相关的"洋"石头，也许今天还能派上点用场。

六

让我们再回到国内。

文艺评奖的勃兴,大体在粉碎"四人帮"之后。"文革"前,常设的文艺奖项只有电影"百花奖"等少数几个。"文革"过后,文艺园地是残破凋敝的局面:单位解散,人才流失,创作枯萎,名副其实的重灾区。面对人才断档、青黄不接的严峻情势,在中央拨乱反正的精神指引下,戏剧界有识之士率先于1982年由《中国戏剧》杂志(当时名为《戏剧报》)发起评选"梅花奖",旨在鼓励献身戏剧事业的中青年优秀表演人才,年龄限制在45岁以下,每年一评。1994年增加"二度梅"的评选,年龄放宽到55岁。2002年又增设"梅花大奖",给予有杰出贡献的表演艺术家以终身的最高艺术荣誉,年龄不受限制,尚长荣先生为获此殊荣的第一人。

1989年之后,舞台又趋冷落,为了鼓励创作,繁荣舞台艺术,1990年,文化部设立了"文华奖",大力倡导新创剧目,名称就是"文华新剧目奖"(文华大奖是从中再评出的尖子)。1991年首评,每年一评,到1998年改为两年一评,迄今已评过10届。

此后,舞台艺术全国性的常设奖项增多,逐步设立了"中国戏剧节奖"(中国剧协主办,自1988年始),"中国艺术节"奖(文化部主办,自2000年第六届始),中宣部设立的"五个一工程"奖,也包括舞台艺术和影视作品。中国人口文化促进会则于1993年设立了"人口文化奖",包含了文学、影视、戏剧、美术等多项,如今已评出10届。其他影视方面逐步设立并逐渐增多的奖项不再赘述。

这就是说,文艺评奖的勃兴是顺应形势的需要,有所为而发的,不是什么人心血来潮,也不含谋私利的原始动因。而在近20年的评选实践中,也确有改进。如"梅花奖"的参评资格就由必须在京演出,扩展到参加剧协在外地举办的重大活动。表演者只能现场考核,改变组织专家库成员现场观看,评前再抽签定员组成评委会。又如,"文华奖"最初参评资格并无场次限制,只要求报送当前创作演出的新剧目,致使一些未经市场检验、未得观众认可的剧作获得资格,而评选时又未考虑市场和观众的因素,形成了"创演为争奖,获奖便封箱"的不良后果。自1994年第四届起,参评办法便有了重大修改:一是必须演出30

场（歌剧、舞剧、昆剧等适当放宽）；二是申报年限扩展到首演后5年，获"文华新剧目奖剧目"加工后报"文华大奖"再延长5年。到2001年第十届"文华奖"评选时，参演的场次又提高为一般戏剧50场，歌剧等30场，更加强调市场检验、观众认可这一决定因素。

然而文艺评奖本身也存在着先天性的缺陷和不足，即文艺单位还在计划经济形成的模式下运行，文艺体制面临改革和突破的重大难题。文艺园地现存的种种弊端制约了文艺评奖的健康运行，扭曲了文艺评奖的面貌，同时文艺评奖中的问题有时也反过来加重了既有的弊端。

说起文艺体制的改革，差不多10年前，在中央确立建设社会主义市场经济体制的目标指引下，笔者就曾对文化事业包括文化市场、文艺评奖等进行过一些思考。写于1993年7月17日的文章《抓住机遇，迎接挑战》就表述了以下思想：高度集中的计划经济体制，既依托于国家的财力，支持和保护了文化事业，使之得到很大发展；又由于演化成统包统管模式，产生了一系列弊端。其一是艺术单位及从业者身份和地位的认定，即文艺团体为政府机关附属物，人员则为国家干部。要钱向上伸手，人才单位"私"有，剧院团办小社会……其二是艺术机构的设置和布局，不问市场，不管群众需要，只是单纯的政府行为。机构比照设置，艺术团体重复建立，造成文化资源的极大浪费。其三是有关艺术生产目的，以个体劳动独立创作为特点的文学、美术等受计划经济体制制约相对少些，而戏剧等综合艺术问题就突出得多。既然剧院团是政府附属物，便自然形成不问观众、不计市场，只对拨款的行政主管部门负责的常规，进而派生出艺术生产目的的倒错：对上不对下，看领导不看票房，争奖不争观众。领导拨了款，排出戏拿上奖，交了差，大家脸上都有光，便万事大吉。为争奖而排演的弊病，从根子上说，便源于此。其四是单位所有制形式。单一公有制模式限制了社会办文化的积极性，导致文化精神产品和文化娱乐服务的匮乏。其五是内部管理体制和运行机制，人员固定，人才"私"有，分配拉平……缺乏竞争机制、激励机制和人才流动制度、优胜劣汰制度，等等。

总之，植根于计划经济体制并运行了几十年的文艺单位设置、文艺人员管理、文艺创作生产、文化产品流通、文化工作开展，等等，即文化单位的存在模式和运行机制，文化管理的规范和文化调控的手段，都面临着改革调整的艰巨任务。文艺评奖工作的改进和创新，则离不开文化体制改革这个大前提。

七

文化体制改革，旨在建立与有中国特色社会主义市场经济相适应的文化体制和运行机制，着眼于优化文化资源配置，调动文艺工作从业人员的积极性，解放文艺生产力，发展我国的先进文化。为此，有必要探讨一下新体制下政府对文化的调控问题。我以为，抓好文艺评奖，是新形势下文艺调控的一个重要手段，不可轻视，更不宜废弃。试简析之。

综观实行市场经济的法治国家，对文化的调控和管理通常不外乎四种手段：一是法律手段。依法治文是以法治国的重要组成部分。文化法律总的包含了保护和限制两个大的方面：保护公民文化权利（言论、出版、发行等表达自由亦即创作自由权，文化享有和享受权等），保护儿童不受恶劣文化侵害（如电影分级制的施行等）；限制以文化危害国家安全、损害国家利益（如违反保密法等）。二是经济手段。分为四个方面：1.财政手段。由国家和地方财政直接拨款支持扶植需加保护的文化事业，如公益性文化、文物事业中的博物馆、公共图书馆、科技馆、文化馆等。2.税改手段。对营利性文化产业征收相应的税，通常还用利润越高税率也越高的累进制加以调控；对非营利性文化事业则采取减免税赋的办法给予扶植。3.金融手段。利用国家银行的利率（低息或无息）扶助需要支持又有一定偿还能力的文化单位和文化设施建设。4.引导社会赞助手段。对非营利性文化事业和需加提倡的文化项目，引导社会赞助，赞助者可以获得相应的减免税待遇。三是行政手段。包括必要的审批管理，文艺作品的分级处理，以及鼓励优秀创作和优异人才的评奖颁奖等。后者如前边提到的意大利总统为皮兰德娄颁奖就是突出的实例。四是舆论手段。由政府控制和影响媒体，体现执政者的意图，进行表彰、倡导、张扬，以及批评、指责、限制，借助舆论往往可以收到意想不到的效果。

我国的文化体制改革在经济体制改革取得重大成果，政治体制改革提上日程并加速推进的情况下，在我国业已加入WTO，相关产业（如第三产业包括贸易服务业等）急需与国际接轨的要求下，改革的挑战更为严峻，改革的要求更加迫切，改革的任务更为艰巨，改革的步伐更需加快，而机遇也十分难得。谈文艺评奖的地位、作用、机制，现行文艺评奖的利弊、得失、革新等，便必须立足于文化体制改革的需要，着眼于新的文化运行机制的建立，即必须从新的视角来加以审视。

我认为，正是基于社会主义市场经济的大格局，基于文化运行和管理的总需求，文艺评奖在今天才更有不可替代的十分重要的调控作用。国家和社会对文化调控的基本手段通常为四种，即如前述。改革开放以来，我国正在逐步建立和健全文化法律体系，制定和完善文化经济政策，这是文化调控的最为重要的两个方面，相关的工作还需花大的力气，快步推进，但也不大可能一蹴而就。另两种手段——行政调控和舆论调控，则有着立竿见影的快速功效和作用。

我国是社会主义国家，目标是建立作为社会主义精神文明的先进文化，而共产党的"三个代表"之一，就是代表先进文化的前进方向。为此，对文化的调控就更加显得重要。文艺评奖正是提倡、鼓励、导引先进文化发展壮大的重要手段。

1991年3月1日，《中共中央宣传部、文化部、广播电影电视部关于当前繁荣文艺创作的意见》制定并发布（载《人民日报》1991年5月10日）。文件专辟一部分讲"设立创作基金，改进奖励制度"，指出："办好各级各类文艺评奖，是鼓励创作、促进繁荣的行之有效的办法。""各种文艺评比、竞赛活动，必须明确以繁荣创作、推出人才为目的，由具备举办条件的相关部门、单位主办（或合办）。""文艺评奖要十分注意导向性和权威性。""评奖要符合提倡奖励的方向；要有明确的评奖标准和实施办法；评奖机构的组成要注意能反映出专家、领导、群众的各方面具有代表性的意见。""力求导向正确，评判公正，奖励得当，努力把党的文艺方针政策具体地体现在各类文艺评奖之中。"这便是后来各类文艺评奖强调导向性、公正性、权威性"三性统一"的最早依据。

今天看来，这些意见仍然具有真理性，是从社会主义国家文艺的作用地位的特定性，以及国家民众对文艺的根本要求出发的。用文艺评奖导引文艺的发展方向，应该说是社会主义国家的更为迫切的特殊需要。放任自流，撒手不管，或倒退回统得过死、行政干预过多都不是办法。要管，自然首先是依法管，运用经济手段管，必要的行政管理，同时还要辅以社会方式管，舆论手段管，力求建立起一套新型的符合社会主义市场经济要求的文化管理模式。

八

文艺评奖还应该针对我国文艺团体的现状,特别是处于基层的文艺团体。

我想侧重说说以戏剧为代表的舞台艺术类。"梅花奖"是专门为那些献身舞台卓有成绩的以中青年为主的优秀演员而设的,"文华奖"、"中国艺术节奖"、"中国戏剧节奖"、"中国人口文化奖"以及"五个一工程"奖等,或者专门为舞台艺术,或者包含舞台艺术,有相同和相通之处。

笔者以为,从我国戏剧事业当前所处的艰难境地着眼,从保护我国优秀的民族文化出发,文艺评奖特别是戏剧类舞台艺术的评奖有其特殊的需要,试列几条:

其一,评奖是对困境中艰苦奋斗者的激励,是对民族艺术继承发扬者的支持。

其二,评奖是对艺术生产者和从业者艺术成就和艺术水准的鉴别和认定。

其三,评奖有助于调动地方各级领导部门对文艺事业和文化单位的关心支持。

其四,评奖有助于调动社会力量对文化事业和文化单位的支持。和减免税挂钩,更有可操作性。

其五,评奖有助于提高获奖者(包括剧团和演员个人)的知名度,其地位、价值,连票价、包场费也可望提高,进而增加经济收入,改善经营状况。

总之,对于那些在戏剧艺术生存状态不佳而又矢志不渝地为艺术事业苦苦挣扎的艺术团体和艺术工作者来说,公正的文艺评奖有百利而无一害。所给予的,无非是点荣誉和象征性的一点奖金,换来的却是他们更加矢志不渝地为艺术而苦斗。这等好事,何乐而不为呢?

我看还是眼光向下,多为在下者想想。多一点辩证法,少来点形而上学的简单化、一刀切。

九

文艺评奖又实实在在存在着种种弊端,阻碍着评奖的健康进行,影响了评价的效果和声誉,确有加以改进的必要。弊端云云,如本文前述。我看最紧要的，一是把争奖当作了艺术生产的主要或唯一目的；二是评得过多过滥；三是不问市场、不看票房、不管观众，关起门评选。脱离实际，脱离市场，脱离观众——三脱离。

当前的要务是去弊存利，革故鼎新，开拓前进。如何针对现存弊端改进文艺评奖？仍以戏剧类舞台艺术为例，我主张抓以下几项：

一是定场次。评那些经过市场检验、观众认可的作品。如"文华奖"较早地认识到了这一点，8年前就将申报资格定为演出30场，后又提升为50场。今年中宣部"五个一工程"奖舞台艺术类作品的申报，也规定必须演够50场。其间的关键是从严把关，杜绝虚报。在"文华奖"的评选历史上就曾出现过虚报场次、骗取荣誉的实例，经查证属实后，取消了申评资格。把好这一关，有助于端正艺术生产目的，把观众的认可视作前提条件。获"文华大奖"的儿童剧《一二三，起步走》，参评时已演出过千场，现仍活跃在儿童剧舞台上，演出超过两千场。获"文华大奖"的评剧《三醉酒》，是吉林省双阳县评剧团创演，原本为乡下民众演出，未曾想过争大奖，申报时已在农村演出150余场。陕西省戏曲研究院青年团眉户戏《迟开的玫瑰》，获"文华大奖"前后连演200余场，取得社会效益和经济效益的双丰收。可谓评奖促创作，获奖争市场。形成了良性循环。

二是定数量。不可太多太滥，多而滥则降低评奖威信，减弱含金量。据笔者了解，曾经有一项全国性的群众文化类评奖，评出500多个获奖项，仅大奖即超过150个。这种人人有份、皆大欢喜的评法，负面影响远远大于正面效应。当然，确定数量时，原则上应不降低标准，从严掌握，但也要留有余地，保持一定的灵活性。艺术生产不同于物质产品，不大可能均衡生产。从一个时期的创作情况看，往往有"大年""小年"之分，评奖也需要适应艺术生产的规律。

三是定标准。导向体现在评奖标准之中，要全面理解和贯彻思想性、艺术性、观赏性三性统一的原则，努力避免任何方向的片面性和简单化。

四是定办法。申报范围要随形势的发展逐步放宽，以"文华奖"为例，过去专评新剧目，有历史的原因，效果也是好的。评到现在，按"百花齐放"的文艺方针，是否可以将移植、改编、国外引进剧目等也作为参评对象呢？中国戏剧节、中国艺术节似乎更宜扩展。又按目前诸多全国性舞台艺术评奖办法，一般是将评委集中起来，十天八天连看几十部作品的录像带，有时一天平均看四五台大戏，疲惫不堪且不说，往往不得不匆匆快过。说轻点，难免遗珠之憾；说重点，是对申报者的不敬。而录像属于再度创作，录制水准往往参差不齐，难以窥见剧目原貌，评比有时便成了比赛录制精粗亦即花钱多少的比赛，贫困地区自然处于不利境地。

五是定纪律。评委必须出以公心，谢绝一切不正之风。这方面，新近"文华奖"评奖时已请文化部监察局介入，其经验可资参考。

也许还需要其他改进措施，我想到的"五定"只能算作浅层次的思考，聊备一格而已。

十

其实，岂止"五定"？！整篇文章也都只是有感而发，纯属浅层次的思维，提供出来，只为关心此事的朋友，为对此有研究的专家学者，为决策者，做做批驳的靶子，或曰"反面教材"。——自然，以"教材"名之，难免自我扩张，忘了自身浅陋。那就什么也不做，权当自说自话吧。

（原载《中国戏剧》2003 年第 8 期）

笔者曾对"梅花奖"的弊端和不足写过批评性的文字，但对于矫枉过正式的"全盘否定"评奖，则不敢苟同，此文也可算作从另一侧面表述的"谏言"。

——笔者

谈谈文化属性和文化管理

文化市场的拓展是近年来人们广泛关注的文化现象和社会现象，随着改革开放的深入，书刊市场、音像市场、演出市场、美术市场等都发生了巨大的变化，特别是文化娱乐市场，兴起快，来势猛，多门类，社会办，大有使人应接不暇的态势。文化市场的发展既为广大群众提供了丰富的文化生活，也给文化管理部门和文化理论工作者提出了新的课题。

前些年，围绕文化产品的属性以及文化市场问题，文化界和理论界曾经进行过讨论，取得了一些成绩，但许多问题只是初涉浅探，一些理论是非远未澄清。最近，随着经济改革的深入，文化市场化进程问题又突出地提了出来。其间，笔者接触到不少说法，比如"加快文化市场化进程是文化体制改革的核心""要把文化全方位推向市场，实现文化事业产业化的转变""艺术生产和文化决策应以文化市场为导向，实行文化艺术生产商品化""要以文化市场为导向，决定文化主管部门的机构设置、职能和运行机制"，等等。这里涉及文化生产和文化产品的性质，文化调控的手段，文化改革的方针和文化政策的走向，涉及文化建设和发展的一系列根本问题，确有弄清的必要。

以下笔者拟结合略知的一些国外的情况，就这些问题谈谈自己的看法。

文化产品的双重属性和两个效益

谈到文化生产（包括文化活动、文化服务）的性质以及它们与文化市场的关系，要先明确一点，并不是所有的文化活动与文化服务都和文化市场发生联系，都以商品的形式参与流通，都具有商品的属性。这里至少有三种例外：一是群众自娱性活动，如许多城市中群众晨昏自发地去公园、街头开展的扭秧歌、跳交谊舞、老年迪斯科舞以及戏曲清唱、家庭文化集会等；二是民族民间民俗文化活动、文化节日活动，如汉族龙舟节、傣族泼水节、蒙古族那达慕，以及各种歌会、诗会、舞会等；三是公益性文化事业，如公共图书馆、博物馆、科技馆等。这些领域不受商品生产规律的支配，也无从推行生产商品化的原则，道理不言自明。

但在我国目前的情况下，大多数文化产品、文化服务、文化欣赏活动，又确实以商品形式进入流通领域。人们通过文化市场，运用货币交换，去获取文化品的保有权、文化艺术的欣赏权和享有被服务权。文化品生产者也是通过市场的货币交换，确认产品的使用价值，并进而实现其价值。他们的工作同样存在着投入、产出、流通、消费等全过程，有相应的价格管理、盈利亏损、再生产等范畴。就是说，具有商品的属性。这是问题的一个方面。

另一方面，文化产品作为精神生产的成果，又不同于物质产品，总体上具有意识形态属性，表现在：一是为着满足人们的精神生活的需要；二是它作用于人们的精神世界，影响人们的思想、观念、道德、意识、兴趣、情操，影响人们的世界观、人生观、价值观、道德观、艺术观。

对应双重属性，引发出两种不同的效益追求。作为商品，要求注重经济效益，尽量实现盈利；作为意识形态的载体，则要求讲究社会效益，力求对社会、民众以至政权产生积极的影响和作用。文化的这种双重属性在资本主义条件下就已存在，赚钱的文化并不一定违反其意识形态性的要求。但也有相悖的时候，政府的处置原则也是首先着眼于政治，着眼于他们所需的社会效益。比如，芬兰20世纪50年代工人运动蓬勃发展的时候，工会曾出资拍摄了一部描写工潮、含有暴力革命内容的影片，官方的国家电影检查局就以"宣传暴力"为由，采取课重税（征收30%的娱乐税，超出正常税率的8—10倍）的办法，加以限制，扼杀了这个他们不喜欢的作品。

在社会主义条件下，双重属性制约的两种效益之间的种种矛盾，更需要人们自觉地加以调节，调节的原则便是邓小平同志1985年9月23日在中国共产党全国代表会议上的讲话中提出的："思想文化教育卫生部门，都要以社会效益为一切活动的唯一准则，它们所属的企业也要以社会效益为最高准则。思想文化界要多出好的精神产品，要坚决制止坏产品的生产、进口和流传。"我们要坚定不移地坚持和贯彻这一根本原则。

当然，对于文化的意识形态性也不能简单化、机械化地去认定。如前所述，不是一切文化产品和文化活动都具有意识形态属性，艺术创作中的山水诗、风景画、轻音乐、非叙事性舞蹈等，一般来说，不带有明显的阶级性和政治性，而古今中外优秀的文化艺术作品，更是人类社会的共同财富，我们理所当然要学习借鉴之。

同样，对社会效益也要做辩证的宽泛的理解。文化具有娱乐、审美、求知、教育等多种功能，我们主张多种功能的和谐一致，提倡鲜明的思想内容和尽可能完美的艺术形式相统一，提倡"寓教于乐"，但绝不能简单化，既要完成满足群众需要的任务，也要肩负提高群众综合素质的使命，努力把二者统一起来，不能单纯强调一种功能而忽略甚至否定其他功能。只要政治上无害，思想倾向健康，形式为广大群众所喜闻乐见，就都应允许存在，都应视为能够产生积极的社会效益。

文化的双重属性及相应的两个效益的格局充分显示出文化产品的特殊性和复杂性，不应该也不能够将其视为物质产品，更不能简单套用物质生产的原则。基于此，笔者对于抛开文化的意识形态属性，单纯着眼于商品属性而提出的"全面实行文化艺术生产商品化"的观点，不敢苟同。化者，彻头彻尾、彻里彻外之谓也。许多文化产品具有商品属性，但绝不能商品化。

顺便说一句，西方也有明确反对所有文化艺术产品都商品化，并相应确立文化政策的国家，如瑞典在 20 世纪 60 年代曾就国家的文化政策展开一场大争论，争论的结果就是 1974 年会议一致通过的关于国家文化政策的决议，决议规定了国家文化政策的八项原则，即"表达自由；权力下放；积极活动及加强接触；反对文化艺术商品化；帮助经济条件差的各种人（儿童、青年和移民等）；艺术创新；保护文化遗产以及加强国际间的交流"[1]。1991 年 10 月，笔者率文化政策法规考察团赴瑞典考察文化政策、文化法规时，曾就此问题专门咨询过瑞典国家文化事务委员会主席罗夫达尔先生。罗夫达尔告诉我们：文化艺术要完全实行商品化，行不通。比如一本书很有价值，但需要量少，就必须由政府补

---

[1] 见瑞典对外文化交流委员会编印的《瑞典简介》，瑞典驻中国大使馆，1986年印。

贴，不能完全由市场管，特别像我们只有 800 万人口的小国，光靠市场调节不行。只靠市场，我们的歌剧院、交响乐团也就完了。他说：为了支持文化事业，瑞典政府和各省、市当局每年都要拨出大量经费，如 1983 年至 1984 年度就拨款 63 亿瑞典克朗。

文化调控的三种手段和两种基本类型

综观东西方各国对文化事业的管理和调控，大体离不开三种基本手段：法律手段、经济手段和行政手段。通常西方国家以法律的、经济的手段为主，辅之以必要的行政手段。在我国，过去经常大量地运用行政的手段，实施政府文化主管部门的直接管理。目前，随着文化体制改革的深入，正在建立协调运用三种调控手段的机制，革除行政包办、经济包干的旧体制，健全文化法规，实现政府职能转变，进一步走上以法治文、依法治文的轨道。

这三种手段中，法律手段是最根本的手段。许多国家都在根本大法——《宪法》中规定了公民从事文艺创作、参与文化活动的权利，规定了自由表达即创作自由的权利，并且作为基本人权加以保护。以《宪法》为依据，各国普遍制定了保护知识产权、保护文化遗产、保护民族艺术、保障公民接受艺术教育、享有文化服务，以及支持各项公益性文化事业和非营利性文化事业等的法律、法规、规章。相应地，各国在刑法、国家安全保护法、保密法、社会治安处罚条例、未成年人保护法、税法等法律法规中也做了许多限制性的法律规定。保护和限制两个方面的法规构成了文化法律的统一体系。西方许多国家已经具有比较完备的文化法律体系，能够依靠法律手段有效地调整社会的文化关系，规范人们的文化行为。

经济手段是西方国家管理和调控文化最常见、最多用的主要手段，通常有四种方式：一是政府拨款。一些法制健全的国家已经把政府对文化事业的支持和资助法制化。比如，芬兰的许多文化法律，除了明确管理体制等内容外，主要是经费来源、经济资助，包括中央财政和地方财政各自的责任，几乎可以视为"拨款法"。芬兰议会 1961 年通过的《图书馆法》《博物馆法》，1967 年通过的《艺术促进法》，1969 年通过的《艺术家补助法》，1980 年通过的《地方文化活动法》，以及《音乐学校法》《成人教育法》和正着手制定的《乐队法》《剧院法》等，都主要是这方面的内容，这些法律都是将经济手段与法律手段有机地结合起来。二是税收。对于不同的文化艺术门类、不同的文化艺术事业和文化服务，西方国家大都采用不同的对策，除了拨款之外，主要体现在税收上。大体来说，对于营利性的文化活动和文化服务，通常课以重税，而且多半采取累进税制，盈利越多，税率越高；对于非营利性的文化活动（包含文艺演出）和文化服务，则以低税率或减免税给予扶持。其间有着非常鲜明的倾斜，体现了政府主管部门的意图。例如在芬兰，按法律规定，所有公开放映的电影或其他影视资料都必须经过电影检查局的审查批准，取得许可证后才可放映（电视台播放电影自行审查）。检查局不仅有批准的权限，还负责确定征收娱乐性的税率和观众年龄限制的档次。内容好的艺术片或有教育意义的影片免征或减征娱乐税，暴力、色情片则课以高税（可达35%—40%）。由文化行政部门确定文化经营活动的税率，把税收的调控权握在懂得文化、主管文化的职能部门手中，是对文化实行科学管理、体现既定的文化政策的重要措施，是科学的文化管理学的重要构成。这方面的经验我以为大可借鉴。三是利息。作为一种辅助手段，一些西方国家也通过国家银行的贷款利率调控文化事业，通常是用低息或无息贷款支持有一定偿还能力的文化建设项目，主要是一些公共的文化设施，如文化活动中心、文化公园、俱乐部以及大剧院等。四是社会集资。许多西方国家通过立法鼓励个人和企业赞助文化事业。除了临时性、单向性的资助之外，最大量、最经常的是各种文化基金会。为了激励资助者的热情，许多基金会都以捐赠者或企业的名字命名。同时，政府对于赞助者还给予相应的优惠政策，芬兰法律规定，赞助非营利性的社会事业，包括社会救济、学习救助、文化公益事业、高档次的文艺演出等，享受免税待遇；反之，投向营利部门的资金不享有此项优惠。这就无怪乎西方国家各类博物馆、美术陈列馆和高层次的文艺团体（芭蕾舞团、交响乐团、歌剧院等）有大量的赞助者，而几乎看不到一个企业家公开赞助酒吧、夜总会！

行政手段也是文化管理和文化调控必不可少的重要方面，兹不赘述。

西方国家文化管理和文化调控的基本途径大体可以归结为两大类：一是通过计划调控，二是通过市场调控。过去我们曾经有一种误解，认为资本主义国家的政府对文化是完全放手，不闻不问，一切文化都推给市场，听凭价值规律在文化市场自发地调节全部文化生产，制约整个社会的文化生活和国家的文化建设。事实完全不是这样，西方国家在文化管理上非常重视计划调控，它们尽量用国家的财力（包括引导社会财力）有计划地支持和扶助它们，称作"不去赚钱"又为社会所急需的文化项目。

据我们的粗浅了解，受到政府计划支持的文化事业主要有三大类：一类是公益性的文化事业，如公共图书馆、博物馆、美术馆、文物陈列室等。这些部门都得到政府及社会资助，不受文化市场的制约。我们曾询问过德国巴伐利亚州古典美术画廊和西柏林东方艺术博物馆的负责人，对方都明确表示，他们着眼于保存民族的优秀文化，促进国际文化交流，提高民众特别是青少年的文化素养，不讲营利，收入全部上缴，支出全部包干。

另一类是高层次的表演艺术和民族艺术。在我们的近邻日本，政府着意保护他们的民族艺术能乐、歌舞伎等，众所共知。许多西方国家对于芭蕾、古典歌剧、民族乐舞、交响乐等也都采取计划扶助政策。芬兰民众喜欢戏剧，17万人口的土尔库市就有剧团40多个（专业的5个），市政府全额补助两个，差额补助3个，其余给予临时性资助。就总体来说，剧院门票收入仅能弥补剧院开支的25%，很大部分开支靠国家、地方当局和企业的补助或资助维持。号称芬兰四大剧院之一的坦佩雷工人剧院，去年每张票售价70马克，但成本为250马克，一张门票国家补贴180马克。德国巴伐利亚国家歌剧院，前身是宫廷剧院，历史悠久，实力雄厚，艺术水准相当高，平均每年上演310场，上座率95%以上，全年观众达60万人次（慕尼黑全市人口才130万），是一个很受欢迎的剧院。票价高者达250马克（约合人民币800—1000元），全年演出收入也只占总开支的四分之一。1991年，全年支出1.05亿马克，收入为0.25亿马克，州政府补贴6900万马克，市政府拨款1200万马克。可见东西方许多国家对高水准的高雅艺术、本民族艺术精粹都是采取有计划地支持和扶助政策的。

再一类是有价值的出版物。除了社会上的各种出版基金之外，有的国家也明确定出政府辅助办法，如瑞典每年大约出版5000种书籍，其中的800种可以得到政府的资助。

在西方国家，完全交给文化市场、由供求关系自发调控的主要是各类酒吧、歌舞厅、夜总会等文化娱乐场所，摇滚乐舞、乡村音乐等表演艺术，各种通俗文化作品，以及电影摄制、音像制品之类。对于这些，各国通行的办法是：一不审批，二不拨款，三不赞助，四课重税。而且由市场调控的这个部分，特别是文化娱乐场所，西方国家的政府文化主管部门都不直接管理。谁来管？一是税务部门，征收税款；二是治安部门，如果出现打架斗殴即出面干预；三是法律部门，如果有违反法律的行为（如将少年带进色情场所，违反未成年人保护法等）即加以惩处。

综上所述，我们可以清楚地认识到，综合协调地运用多种调控手段是文化管理的科学精神之所在。西方国家尚且如此，我们要建设有中国特色的社会主义文化，当然更应如此！千万不要由一个极端走向另一个极端：要么把"市场"看成资本主义的东西，一概排斥；要么把"计划"等同于僵化，一律取消。要力求树立辩证的观点，任何一种片面的观点都不利于文化事业的发展，进而影响有中国特色的社会主义文化的建设。"把企业推向市场"，作为物质生产的口号完全正确；套用过来，"把文化全方位推向市场"就未必恰当了。

大力推进文化体制的改革

文化体制改革是个大题目，是篇大文章。其间，牵连到文化战线的方方面面，涉及诸如艺术生产、文化管理、文化服务的机制，以及领导体制、人事制度、社会保险等众多内容，是一个内涵丰富、问题复杂的系统工程。

我国目前文化体制的根本弱点在于国家统包统管的"铁饭碗""大锅饭"。国家独办，限制了社会办、民众办的积极性，形成冷落稀少的局面；不加区别地统包统管，既使财政背上沉重的经济包袱，也养成了文化单位的依赖心理和"等、靠、要"积习；平均主义"大锅饭"则妨碍了文艺队伍的创造性，不利于艺术发展和人才成长，总的来说，是缺乏竞争机制和活力。就政府文化主管部门来说，问题在于：主要运用行政手段管理，忽视了法制手段；主要抓了直接的微观管理，忽视了间接的宏观管理；主要依靠计划调控，忽视了运用市场调控。

转变政府文化主管部门职能是当务之急，也是文化体制改革的重要环节。转变的要旨之一就是学会综合运用法律的、经济的与行政相结合的手段，从宏观上管理和调控文化，使文化生产和社会文化生活呈现出生动活泼的局面。

这里需要划清一个界限，计划调控并不等于捧"铁饭碗"。计划支持的对象应该采取：一、竞争上岗。谁具备条件支持谁，谁的成绩突出多支持谁，谁的成绩差就少支持，谁丧失条件就不支持，不上"铁户口"。二、明确权利和义务。计划资助和相应的责任要用契约的形式固定下来。经济补助建立在努力工作的基础上，包括全额补贴也不是白养起来，不干事，不拿钱。我们前边介绍过的德国巴伐利亚国家歌剧院，年获政府补贴七八千万马克（约合人民币3亿元），相应地是以年演出310场（扣除法定休假两个月，必须天天演出）、上座率95%以上作为前提。三、支持和资助公开化，接受社会的监督。

对于市场调控的部分也不能撒手不管。除了税费和经济手段外，要着重强调法律手段，要求文化经营管理者依法经营，守法经营。特别是文化娱乐场所，必须严格遵守相关的法规规章，不得掺入文化垃圾，不得提供色情服务。此外，还要运用行政手段，管方向，管布局，运用舆论手段，抓褒抑，树立先进，带动全局。通过这些对文化市场发挥导向的作用。

引进竞争机制，增强市场观念，对于艺术创作和演出部门来说，还要处理好创作演出对上对下的关系、与领导部门和服务对象的关系。那种创作为会演、演出为争奖、送"戏"领导和评委之"门"的做法是对文艺为人民服务、为社会主义服务方向的背离和扭曲，是"铁饭碗"衍生的弊端。从一定意义上说，注视文化市场动向，不脱离服务对象，既是贯彻文艺方向之所需，更是艺术表演团体摆脱当前困境的出路之所在，是文化体制改革的重要内容之一。这方面，一些走在改革前列的剧院团已经积累了丰富的经验，提供了可贵的参考。如宁夏话剧团面向农村、开拓农村演出市场，在农民群众中寻找"知音"，获得了社会效益和经济效益的双丰收。河北大厂回族自治县评剧团把舞台搭在大篷车上，搭在田间地头，搭在群众需要的地方，文化市场拓展了，剧团的出路也找到了。

对于享受国家计划支持的公益型文化事业部门来说，也要树立经济观念，讲求经济效益，在力所能及的范围内，开展业务延伸型有偿服务活动，并利用节约的人力物力，大力开展多种经营活动。以文补文，多业助文，乃是全体文化事业单位的任务，这既是增加经济活力并借以减轻国家负担的实际行动，也是响应党和国家大力发展第三产业的号召的切实步骤。

（原载《求是》1992年第19期）

此文系应《求是》文艺部主任（后升任副主编）、北大校友荀春荣之约而作。

党的十四大确立了我国经济体制改革目标：建立社会主义市场经济。我试图回答相应的面对商品大潮的文化对策选择。我斗胆地表示要区别对待，分类管理，分散决策。我研了四刀：一是区分开进入市场和不进入市场，即有无商品属性的文化。二是进入市场部分又分营利型和扶持保护型。三是扶持保护有四种手段：行政的、法律的、经济的、舆论的。四是经济手段分为四类：财政拨付、税收减免、无息贴息贷款、引导社会赞助（相应地享有税收优惠）。

1993年，我在西安主持召开的"文化部社会主义市场经济下文化对策研讨会"上重申了前述主张，并充实之，明确表示之。参见后文。

——笔者

面对挑战的决策选择

社会主义市场经济的挑战拨动了文化界内外人们内心的琴弦,成为街谈巷议的热点话题之一。经济大潮的迎面冲击,文人下"海"的辐射震荡;歌星们身价的陡涨,反衬出歌剧院门前的冷落;与歌舞厅的劲歌狂舞较量,有博物馆展览新潮家具的多彩多姿,以及图书馆摇身一变,成为餐馆的灯红酒绿……种种迷幻般的色彩让人眼花缭乱,也促人深思:文化都怎么啦?文化——面对市场经济海洋的文化,步该怎么迈?路该如何走?

许多人在思考,在辨析,在追寻,也有人试图做出回答。一个时期以来,我们便看到听到了不少类似的声音:"要加快文化市场化进程。""要以市场为导向,实行文化艺术商品化。""要把文化全方位推向市场,实现文化事业产业化转变。""文化事业要自负盈亏,国家逐步实施断奶。"同时也有另一种声音:"救救交响乐!""救救芭蕾!""难道要以文艺人才流失和民族文化滑坡作为代价吗?"……

五花八门的现象,加上五花八门的主张,更让人眼花缭乱,也更发人深思了。

一

面对社会主义市场经济体制的新格局,文化体制确确实实有个适应的问题;在计划经济体制下形成的传统文化体制,有个转轨的问题,有个深化改革的问题。而作为前提的,是解放思想、转变观念。

毋庸置疑，与传统经济体制相呼应并作为其理论基础的是传统的观念，其中包含着对什么是社会主义的某些误解和曲解，比如，把"计划"和"市场"简单地和社会制度画上等号即是一例。在文化领域，传统的由计划经济运行机制衍生的文化体制，长期以来便被看作唯一的社会主义的文化运行模式，带上了社会制度的徽记。大锅饭，铁饭碗，统包统管，人才私有等统统作为社会主义优越性的体现，触动不得。这种带上浓厚政治色彩的观念具有相当强的稳固性，阻碍着人们的视线，妨碍了前进的脚步，因而从根本上说，两种文化体制的错轨和冲撞，首先是两种观念的错榫和矛盾。当前，解放思想、转变观念已经成为迎接市场经济体制挑战，必须切实解决好的第一位的问题。

解放思想就是要用经过改革开放的成功实践证明了的、邓小平同志有中国特色社会主义的理论武装头脑，以党的十四大精神为指针，练就新目光，把准新视角。要跟上时代前进的步伐，参与和促进这一伟大的历史转折。总之，不能再停留于计划经济体制的老框子中，不能局限在长期形成的旧观念里，要突破、要创新，尽管其中必然有痛苦，有失落，挑战的严峻性也许正在这里。

同时，又要实事求是。邓小平同志早在1980年12月25日就指出："解放思想，就是使思想和实际相符合，使主观和客观相符合，就是实事求是。"（见《贯彻调整方针，保证安定团结》）毛泽东同志也曾强调地引用过列宁的论断："马克思主义的最本质的东西，马克思主义的活的灵魂，就在于具体地分析具体的情况。"（见《矛盾论》）这就是说，要从实际出发，坚持实事求是的态度。不可一刀切，一锅煮，大呼隆，大拨轰；不可赶浪潮，起哄，走极端。说实在的，中华人民共和国成立40多年来，我们吃形而上学的亏够多的了。因而面对挑战做出的决策，一定要建立在解放思想和实事求是相统一的基础上，建立在革命的创新精神和辩证的求实态度相契合的基点上。

二

用这样的眼光来辨析面对市场的文化，我们可以发现，我们面前存在的绝不是无差别的单一体，可以简单从事；相反，呈现出纷繁杂沓、多种多样、多姿多彩的情况。我们的决策只能建立在区别对待的基石之上。具体地说，只能实行区别对待、分类指导和分散决策的原则。

如何区分？文化分类的方法很多。就文化和市场的关系而言，我以为，大体可以分作两大类。

第一大类是非市场文化，或者叫作"非经营性文化"。其特点是不进入文化市场，也不受价值规律的调控。这里边又有几种类型。一种是自娱文化。比如街头文化：北京公园里自发开展的老年迪斯科舞，东北街头群众自办的扭大秧歌，以及企业、机关、学校有组织举办的各类工余课余文化娱乐活动，习惯称作"校园文化""企业文化"等。当然，"企业文化"主要指企业精神、企业宗旨、企业道德等，这里是狭义上使用。另一种是民俗文化，即民族民间风俗文化，包括节日文化、庙会文化以及各类民俗活动。比如傣族的泼水节，彝族的火把节，壮族的三月三歌圩，东南沿海和西南诸省水乡各族人民的龙舟节以及各种花会、灯会等，这些具有深厚传统的民俗文化也都是自娱自乐性质的非经营性文化活动。近年来，许多地方利用举办民俗文化节的机会开展经贸洽谈活动，以文招商，以文引资，叫作"文化搭台，经贸唱戏"，这些活动往往能够带来巨大的经济效益，且呈上升的趋势。这是文化与经济结合、文化为经济服务的有益尝试，是件大好事，但就性质上说，只能如实地看作文化作用的扩大和延伸，并不改变民俗文化固有的性质。道理很简单，是借民俗节日做买卖，而不是买卖民俗节庆本身。非市场文化中更加重要的一种是公益性文化事业，包括公共图书馆、科技馆、博物馆、美术馆、文化馆等，其目的和宗旨是通过提供文化方面的服务，提高国民的科学文化素质和思想道德素质。这一部分文化事业也不进市场，不受价值规律调控，不以市场的供求关系来决定它们的兴与衰、存与亡。尽管有些地方要收取少量的门票费，但绝不能视为进入市场的交易行为。

第二大类是进入市场的文化，或者叫作"经营性文化"（包括各种文化商品和有偿文化服务）。以行业划分，大体上有文艺创作演出业、电影生产放映业、图书报刊经营业、录音录像制品经营业、美术品经营业、文物销售业、文艺培训业以及文化娱乐业等。其共同特点是以商品的形式参与文化市场的流通，是使用价值和市场价值的统一，具有商品的属性，受市场规律的影响和支配。

进入市场的文化依据在市场运行中的不同地位、不同处境，大体可以分成以下三种。

一种是高品位高层次的高雅文化。通常包括文化学术论著，高品位的高雅文化作品（也有人称为"严肃文学"或"纯文学"，似乎都不尽确切），高层次的文艺表演，以及优秀的民族文化艺术，特别是具有优秀传统的各类表演艺术，如交响乐、芭蕾、歌剧、话剧以及京剧、昆曲、越剧、川剧，等等。它们都具有商品属性，要进入文化市场，要面对文化的消费者（购买者、欣赏者、收藏者），但由于文化这种精神产品自身的特殊性，其艺术价值和市场价值之间存在着差异（在一定条件下甚至完全背离和倒错），它们的社会效益和经济效益并不完全统一，往往投入大，成本高；又由于这种高层次高品位的高雅艺术需要较高文化层次和较高审美需求的观众，因而它们在文化市场上缺乏竞争力，处于不利的地位，即所谓"曲高和寡"，优而不胜。这类情况就是在市场经济十分发达的西方国家也普遍地存在着，许多西方国家的文化政策也以承认这个现实作为前提。

另一种是精神产品中的大众化通俗文化，包括各种通俗文艺出版物，如武侠小说、侦破小说、惊险小说等；通俗类的录音录像制品，如流行音乐磁带，通俗作品录像带；通俗音乐舞蹈的演出等。其特点是读者面大，观众多，销售量大，票房价值高，在市场竞争中处于有利的地位，能给经营者（包括参与创作演出者）带来丰厚的利润和收益。

再一类是近年来蓬勃兴起的文化娱乐业，包括歌厅、舞厅、夜总会、音乐酒吧、卡拉OK厅以及电子游戏机、桌球活动等，其中许多项目都具有高消费、高盈利的纯商业文化的性质。社会上盛传的大款们斗富摆阔、一掷万金，往往在这些文化娱乐场所进行。

如果再做一些概括，那么摆在我们面前的文化至少有四大类：自娱性文化（含民俗文化）、公益性文化、高层次高品位的高雅文化、大众化通俗化的商业文化（含娱乐业）。前两种属于非市场文化，后两种属于经营性的市场文化。

明白了文化的各种类型在市场中的不同地位、不同处境和不同性质，我们也就懂得采取区别对待、分类指导和分散决策的必要性和重要性了。坚持唯物论和辩证法，是我们唯一正确的选择。

三

对于这些不同性质不同状况的文化，如何实施分散决策和分类指导呢？

第一，对于群众自娱性文化，包括民族民间风俗文化，要采取积极支持和引导的态度。支持主要是政治支持、思想支持、舆论支持，也包括必要的经济支持。如果以民俗文化作为经济的舞台，则更应该予以足够的经济支持。引导主要指诱导群众剔除自发的文化娱乐活动及民俗活动中落后的、不健康的、有害的成分，保证其健康有序地发展。

第二，对于公益性文化事业，基于其非营利性质和自身担负的提高国民素质的重大使命，要采取全力支持和保护的态度。首先要统筹规划公益性文化事业，要在改革的基础上（包括必要的布局调整，在内部运行中引进竞争机制、激励机制等）给予足够的经济支持。支持的方式很多，一是政府财政直接拨款，二是引导社会多方赞助，三是减免税赋，四是金融贷款和利率给予优惠。据笔者了解，在西方国家，公益性事业是作为政府宏观调控社会分配的重要手段，是社会第二次分配的主要方式和途径。具体地说，就是政府收取纳税人上缴的税款，再以为社会、为民众平等地提供服务等方式，返还给纳税人。贯彻在其中的是平等原则，是每一个国民都能同等享有的原则。所谓福利国家，其理论和实践的奥妙即在于此。当然，这是出于缓和社会矛盾、促进社会稳定的目的。正是基于这个原因，公益性文化事业受到世界各国政府的支持、重视和保护。可以说，全世界没有一个国家将公益性文化推向市场，任其自生自灭，那样做，从眼前说，难以向国民、向纳税人交代；从长远说，必然损伤国家民族的根本利益和久远利益，为明智的政府和政治家所不取。我们是社会主义国家，自然更应谨慎从事。

第三，对于缺乏市场竞争力的高品位、高层次的高雅文化，应该从实际出发，采取有重点、有区别的扶植政策。高雅文化不同于公益性文化事业，并不体现平等的社会再分配的原则，但由于它们代表着国家的文化艺术水准，包含了民族文化艺术的既有成就，又为提高民众的审美情趣和鉴赏能力进而提高素养之所需，因此政府必须充分实施政策的倾斜，使它们在市场运行中得到平等的地位，获得生存权和发展权。

以高雅的表演艺术为例，有重点有区别的扶植政策包含这样一些内容：一是财政支持。国家要扶植少数代表高艺术水准，或具有深厚的民族文化传统，或试验性的团体；地方各级政府也可以依据各自的情况，重点扶植一些剧团。经济支持可以是全额的，也可以是定额的、差额的。二是社会赞助。要鼓励、引导社会各界资助这些政府提倡和保护的艺术部门及文艺团体，调控赞助导向。

赞助方式可以建立各种类型的基金会（据了解，只有 500 万人口的芬兰，登记注册的文化类基金会达 1600 多个，资金额超过 20 亿芬兰马克）；可以是文化和企业"联姻"，建立相对稳定的相互支持、相互服务的关系，并用契约的形式明确下来；可以争取临时性的一次性的赞助。重点在于建立社会资助文化事业的机制。三是实行税收、金融等的倾斜政策，给予优惠。西方国家对这种高雅艺术或者属非营利性文化，扶持方式和手段的侧重点不尽相同。如英国、德国、意大利、芬兰、瑞典等国，政府直接拨款占的比重较大，一些重点剧院团可以达到总收入的二分之一到三分之二。美国则相对较少，1965 年国会通过《国家艺术和人文基金会法案》之后，成立了艺术基金会和人文基金会，由国会每年拨款资助，但数额很少，如 1987 年度仅 1.7 亿美元，但它们给予这些非营利的文化艺术团体（如交响乐团、合唱团、剧团、舞蹈团等）以免缴所得税的优惠待遇；同时还规定纳税人向这些取得免税地位的文化团体提供赞助，可以相应地少缴税。

对于获得政府和社会支持的表演艺术团体来说，要立足于深化改革，增强活力，要建立健全符合市场经济规律的内部运行机制，绝不可把计划经济体制下长期积累的种种弊端统统包下来、保下来，扶植绝不是保护消极、保护落后。

此外，从我国的国情出发，为了解决"钱从哪里来，人往何处去"的困难，还要鼓励这些单位（包括前边谈到的公益性文化事业单位）积极开展以文补文和多业助文活动，并在信贷、税收等方面给予相应的照顾。

第四，对于营利性的商业文化，即大众化通俗化的娱乐文化，可基本上由市场供求关系调节，放开搞活，实行自主经营、自负盈亏、自我发展、自我约束的原则，使之成为市场主体和独立的法人实体，通过市场竞争优胜劣汰。政府主要运用法律手段和税收、信贷等经济手段加以调控，对高消费、高盈利则采取高征税、高收费的办法，用这些收入支持政府提倡和保护的公益性文化事业和高雅文化。管理上还要辅之以必要的行政手段和舆论手段，引导商业文化的从业者依法经营、守法经营。要充分认识娱乐文化勃兴的必然性以及它的积极作用，一要支持，二要引导，同时努力提高其内涵的文化品位。

总之，面对挑战的文化对策，我认为可以概括为一句话：确保公益，扶助高雅，放开一大片。

四

弄明白这一堆交织缠绕的问题，回过头来再看笔者篇首引述的那些议论和主张，便容易说清楚了。

实行文化艺术商品化么？尽管大多数文化产品和文化服务以商品形式出现，但毕竟有些文化不带商品性质，不进入文化市场，"商品化"的口号有以偏概全之嫌；就是具有商品属性的文化品，也同时具有非商品的特性，具有意识形态属性。只强调商品共性，忽略了其特性，也是一种以偏概全；更何况进入文化市场的文化品，由于在文化市场运行中的地位、处境不同，也不能统统由价值规律去调节，由市场供求关系决定其兴衰存亡，因而我以为"文化商品化"的口号是不科学、不确切的。

把文化全方位推向市场么？有些文化事业原本不属市场文化，如公共图书馆、博物馆等，从何推起？有些原来就在文化市场之中，如歌厅、舞厅、卡拉OK厅之类，又何须去推？硬要"全方位去推"，便是博物馆关门，变成家具展销馆；图书馆转型，成为酒吧餐馆！那种以副业顶替主业，用多业挤掉本业的做法，是不可取的，如系"断奶"所致，则属于行政部门的短视行为。

实行断奶么？商业文化本来没给"奶"，无从"断"起。公益文化事业不能"断"，如前所述。硬要"断"，则"纳税人"会质问：我们的税钱花到哪儿去了？高雅文化应区别对待，也不在当"断"之列。至于大量的表演艺术团体要面向市场，深化改革，倒也牵连到"奶"的问题，但剧团体制改革涉及的问题很多很广，改革的路子也多种多样，不是一个简单的"断奶"所能概括的。

事情怕就怕简单化，不是吗？

（原载《文艺理论与批评》1993年第6期）

本文是笔者面对市场经济的文化对策的总结和概述。经历过国外考察、国内不同地区调研，得出的结语。20多年后的今天看来，似乎也未过时，选入本书，供有心人参阅。

——笔者

反思贵在胆识

——就改革开放30年说文化体改

北京奥运敲响了胜利锣鼓，全球华人无不为之欢欣鼓舞。笔者以为，本届奥运成就不仅在成绩惊人，金牌榜首，更在于我中华之泱泱大国形象矗立世界。其间，舆论之开放度，透明度，尤为世人称道。

其实，自年初南方抗冰雪灾害以来，特别是5月四川汶川大地震的舆论宣传，就极富这一特色。今年是改革开放30年。成绩伟大，世人所共睹。但回顾走过的途程，在"摸着石头过河"中，在某些领域、某些时段，也难免走一些岔路，绕点弯路；不回避失误，不讳言教训，正是舆论开放度、透明度的表现。而归根到底，则是自信心、自制力的展示，是执政能力成熟的标志。中华古训：失败是成功之母。哲人名言：智者从失败中学到的东西更多。人们可喜地看到，反思改革开放30年的舆论中，发出了"教训也是财富"的声音。

早在前两年，卫生主管行政部门就公开承认，以市场为导向的产业化的医疗卫生改革试验，脱离了我国的实际，并不成功。近些年则在中央突出国办卫生医疗机构公益性定位、严格区分营利非营利的原则指导下，迈出了新的成功的步伐。有关教育改革，前两年曾叫喊得甚欢的"教育产业化"的改革奏鸣，也不大听得到了。相应地，却是一再纠正"教育产业化"的副产品：高收费，乱收费。去年，国务院就已经做出决定，免收农村义务教育阶段学杂费及困难学生书本费，并给予住宿学生生活补助；最近，国务院又决定城市人口在义务教育阶段免收学杂费。教育改革，特别是基础教育改革，已逐步在公益性、普及性的基础上行进。文化体改方面，近日笔者在《中国戏剧》2008年第6期的

《回顾改革开放 30 年》笔谈专栏里，也谈到了"教训也是财富"问题。文章就文化体制改革的历程，列出了近 30 年来影响甚广的一组口号，包括"全面推行文化商品化"，对剧团实行"推向市场，活死由之"，"事业单位实行断奶"，以及不成文的"砍团减负"，等等，条分缕析地道出了其误导、误判的失误及不良后果，提供了回顾思考的新视角。而文章能以发表，也让人们从中看到文化主管部门的肚量、眼光和胆识。

笔者在各地多有文化界特别是"梨园"行的朋友，近年来多次访亲会友，晤谈之间，热门话题便总也离不开"剧团改革"，底层之声，充盈耳际，可谓感受良多，因而感触颇丰。同时还有些前文未曾涉及的问题，这次一并托出，目的仍在供有识者参考，以便文化体改之"河"，过得更顺当、更快捷，早些到达胜利的彼岸。

笔者本着毛泽东同志当年常讲的"知无不言，言无不尽；言者无罪，闻者足戒"的原则，斗胆说些大面上不大听得到的话，提供些也许不能涵盖全局，但绝非臆造的真实情况。反正离岗之人，姑妄谈之。

资源流失　误用经改药方

艺术表演团体的体制改革，从 20 世纪 80 年代以来喊了二三十年，似乎也做过多种探索，取得了一些成果，积累了一定经验，却尚未形成行之有效的范式。21 世纪初加大改革力度，并确定了一批改革试点。相应地，加大了对试点的宣传力度，说好者居多，不大听得到问题。然而问题却实实在在躺在那里，如有的地方施行的是改革即砍团，搞当年经济调整的"关停并转"，有新华社记者的报道为证。

事见 2005 年 6 月 21 日《新华每日电讯》。两位记者访问了川滇交界的四川省某县，这个向来以文化工作开展得好而多次被省、地区授予"文化工作先进县"称号的地方，眼下却是"昔日众多川剧名角，如今街头擦鞋补锅"。说先进，30 多年来，该县川剧团演出了 200 多个历史剧和 80 多个现代戏，每年平均演出 200 余场，备受当地观众喜爱。1992 年还将阳翰笙的《天国春秋》改编为川剧，送到省城成都，取得了不俗的成绩。1999 年文化体制改革，剧团却遭解散，剧场被拍卖。演员自谋生路，街头"擦鞋补锅"，最好的是开出租，乐手则沦为红白喜事吹鼓手。记者喊出了他们的心声："我们不是被市场经济下文化市场淘汰，是被体制所抛弃！"体制者，明眼人不难明白：地方主管当局也。抛弃为何？砍团减负，卸下包袱。理由何在？堂而皇之：文化体改！笔者认为，个中存在一堆误解：中华人民共和国自己组建的剧团，几十年来自己培养的演艺人员，到底是财富，还是包袱？是人才，还是拖累？是资源，还是负担？……误解导致误判，最终落了个"体改即砍团"。然而文艺体改岂能照搬经济改革的"关停并转"？这类现象据友人们称绝非特例仅有！有的地方，为基层民众服务的县级剧团几乎被砍光，存活者寥寥。上面的决策，有时到了下边就走样。正像民谚所云：经是一本好经，就怕歪嘴和尚念歪了！

拼凑"集团" 木筏难成"航母"

据传媒报道，2006 年，中共中央办公厅和国务院办公厅联合发文，指导文化体制改革。文件特别强调，改革的主导方针概括为四句话：区别对待，分类指导，循序渐进，逐步推开。前两句讲指导原则，后两句讲实施方法。然而有趣的是，众多媒体作为经验大力介绍推广的，却是不讲"区别"、不按"分类"的大拼盘——组建演艺集团。

据说此举的指导思想是：资源整合，做大做强，打造"艺术航母"。但实施中却显露出一堆矛盾：一是混淆了"娱乐"和"艺术"类别的界限，把理应受到政府和社会支持保护的非营利型"艺术"门类如昆剧、京剧等与营利型的轻歌曼舞、狂歌劲舞等"娱乐"门类来了个一锅煮。如实说，如此这般的"艺术航母"，实行了几百年市场经济的西方世界也断难见到，而且"艺术航母"绝非随意拼凑就能成功。打个不恰当的比方：将一堆木筏捆绑在一起，无论数量多大，堆砌多高，也成不了大型舰船，更成不了"航空母舰"！二是貌合神离。"集团"虽名为合并，属下各团仍散居原址，各自经营，仍然需要行政后勤各一摊。三是收回了各艺术团体独立法人的相关自主职权，包括用人权、财务权、艺术生产权、艺术经营权等。据友人介绍，曾有某试点"航母"属下的剧团财权丧失殆尽，买根马鞭也要上报"集团"批准。业内人戏称，此乃添加了一个"二政府"，又多了个"管家婆婆"。四是"一平二调"死灰又复燃。据说一些组"舰"地方，各团现有资财一律上交，统归"集团"支配，名曰统筹调剂，实为

"杀富济贫"，结果是大大地挫伤了善经营而聚财者的积极性，导致恶性循环。五是为消肿而规定达到一定艺龄年限者退休，致使大批有造诣的各剧种、各行当的骨干艺术人才离开了舞台。众所周知，艺术家不同于一般行政官员，按工龄、年龄一刀切，绝非上策！说个极而言之的话：梅兰芳先生（1894—1961）活了67岁，艺龄近60年，能按从艺达30年（某些试点单位的规定）就一刀切地令其退休？

2006年2月，某报《梨园周刊》报道：京剧、昆曲等剧种已被列为国家级非物质文化遗产保护项目。据此，文化部主持评选10个国家级重点京剧团。前述某"演艺集团"航母下属之京剧院按专家组验收评估意见是不合格，盖因大砍大杀的结果，"四梁四柱的演员还未形成，缺乏对全国有影响的领军人物的培养""近年来缺少在全国有影响力的新剧目的创作"，等等，然而却以"率先转企"的名义，硬是扩大追加为第十一名，这就不免让人产生滑稽感了：按现行政策，"非遗"保护是国家要加大投入者，是"事业"编制；而企业则以营利为目的，不讲国家投入。这是脚踏两条船的现代版，其根子乃在前边提到的不讲"区别"、不按"分类"的大拼盘之上。

推向市场　凸现浮躁心理

20世纪80年代末90年代初，文艺团体试行体制改革之初，文化主管部门曾提出一个口号："推向市场，活死由之。"出现在《人民日报》头版显著位置，当即引起全国演艺界一片哗然。

据说此口号的提出是基于中国戏剧从来不问市场，完全脱离市场，早已成为痼疾，重症须下猛药也！

其实，这里的出发点就存在着误解。就中国戏剧，特别是戏曲而言，其雏形虽然和世界戏剧源头相同，来自原始祭神乐舞、巫祝治病祈神，等等，但诸要素齐备，以完整的戏曲样式出现，则是在北宋之首府开封，在市民阶层广泛出现之际，于勾栏瓦舍中"以歌舞演故事"，娱人谋生。可以说，中国戏剧从根子上就诞生于文化市场、形成于文化市场、发展于文化市场。这和欧洲古典戏剧颇有不同。古希腊戏剧成型于奴隶制民主时期，执政者为鼓励民众看戏，还特设"观剧津贴"，借演戏以聚拢民众，为施政之所用。说中国戏剧从来不问市场，并不符合历史。清代执政者把戏剧（主要是昆腔、弋阳腔及后来形成的京剧）请进宫廷，似乎脱离了市场，但广大演艺队伍仍处在市场中，讨生活于民众。

中华人民共和国成立之后，照搬苏联高度集中的计划经济模式，民营剧团统统改为公有制的国营或大集体，采取了"包下来"的办法，这才逐渐形成艺术生产目的倒错的局面。论者概括为"三要三不要"：对上不对下，看领导不看票房，争奖不争观众。剧团内部则是人员固定，难进难出，工资拉平，难奖难罚……人事制度，工资制度，艺术生产机制，营销机制等，凝固僵化，缺少活力。这一切，自然提出了文化体制，特别是运行机制的改革要求。但改革弊端是一个涉及方方面面的复杂而细致的综合治理工程，绝不是一句"推向市场，活死由之"所能解决。

这里至少存在两个问题：一是思想方法上的简单化，绝对化，走极端。要么一概"包下来"，要么统统"扔出去"，不加区别，不加分析，不讲条件，不讲步骤，从一个极端跳到另一个极端。作为改革的指挥者、决策者而言，表现出的是幼稚和乏能。面对全国几千个剧团，成百万从业人员，他们又面向几亿普通民众，基层剧团更是直接为广大民众特别是农民群众服务，怎么能如此简单地一推了之、任其自生自灭呢？二是为了赶"市场经济"的时髦，误以为只要搞市场经济，"市场就是一切"！完全不明白，西方世界对文化向来实行的是区别对待，该支持的支持，该重税的重税。比如，美国从来就按生产目的区别为"营利"和"非营利"，后者不仅可以得到政府拨款，还可享受减免所得税待遇，赞助者也可获得相应的税收优惠。纽约"百老汇"固然以商业戏剧的旗号闻名遐迩，但十倍几十倍于此的"外百老汇""外外百老汇"戏剧却大都属于"非营利"型。这就是说，就连实行了几百年市场经济的西方国家也并不是搞什么"推向市场，活死由之"那一套！

总之，无论"走极端"，还是"追时尚"，都反映出一种浮躁心态，一种不懂装懂的想当然心理！凭这样的思想方法决策，在"摸着石头过河"中，不走岔路、弯路，不创造出种种"教训"才怪呢！

文化改革　岂能唯钱为上

若问文化体制何以需要改革？答曰：革除弊端。革除动因何在？答曰：解放艺术生产力，发展艺术生产力。"解放""发展"之根本目的又何在？回答自然是满足民众日益增长的精神文化需求。这些早已见诸中央各有关重要文件及领导人讲话，然而许多知情朋友告诉笔者，实践中，这些"大道理"似乎已被遗忘了，摆在面前的只剩下实打实的两个字："赚钱。""改革"的出发点在赚钱，检验改革的成败也在是否赚了钱。这里，友人们的话可能说得直白而简单化了，但只消看看传媒报道中津津乐道地大谈特谈试点者如何"盈利"，以赚钱论"英雄"，便可明白所言非误。

试举两例：其一，儿童艺术剧团的改革。为少年儿童服务的表演艺术，在文化艺术中有其特殊性。从根本上说，基于其面对的是民族的前景，国家的未来，世界通例是一般将它们列入非营利型的支持保护对象。中华人民共和国成立以来，凡属儿童艺术剧团，都实行低票价、多演出，并送戏到学校、到社区，其经济收支缺口由政府拨款支持。也有的由社会福利慈善机构资助，如宋庆龄基金会主办的上海福利儿童艺术剧团等。前些年，全国文化扶贫委员会还组织过"为百万农村儿童送戏下乡工程"。由政府部门或引导社会出资，儿童艺术团体送戏到农村，让农村孩子看一场"真人演出"！许多报刊都报道过这一壮举。而当今文化体改中，一家试点的儿童艺术剧团却将既往的这一切作为"弊端"弃而"改"之，实行的是"高票价""高赢利""高门槛"方略。据介绍，其票价高达每张600元、800元。父母带孩子看一场演出，要花两千来元！超过该市最低生活保障金人均300多元的五六倍！人们感慨：如今的少年儿童，并不都是大款富豪的少爷小姐！国家民族的未来也不能只靠有钱人家子弟！为何眼睛只盯着钱？儿童艺术的根本功能和职责何在？以此为目标和方向的改革，推广开来，将把少年儿童艺术事业引向何方？……据报载，该改革主持人曾在答记者问中自得地说："现在唯有妇女和儿童的钱最好赚！"商家眼睛盯着妇女的钱包，这非常自然，谁让女人天性爱美，好打扮，乐于向老板们掏"腰包"做"贡献"呢！儿童则不然，赚儿童的钱实则赚家长的钱，而家长则贫富不均，收入不等，他们中大多是平民百姓，不少人更是贫困户、低保户！

其二，文化精品剧目的评选。大约六七年前，朱镕基总理任上，为支持、鼓励戏剧创作，曾指示财政部增加专项拨款两亿元人民币，分五年拨付。于是成立了"国家舞台艺术精品工程"，每年评出"精品剧目"10台，每台奖励百万元不等。第一个五年结束，评选出了50台，另加一批入围剧目。这对如今处境十分困难的剧团和戏剧事业来说，当然是天大的好事。然而好事要办好也并不容易，以"精品"的认定而言，有一条规定就颇受非议，即看票房收入。想来当初把演出场次和收入计算进评选标准之中，本意在剧目要经过观众检验，要看市场反响，校正本文前边提到过的"争奖不争观众"等弊端。意图是好的，但只从数字上看票房收入，却又走上了"唯钱为上"的歪路！须知，剧团所处的地域千差万别，剧团面对的观众形形色色：城市和农村不同，东南沿海和西北边区不同，剧种受众不同，艺术门类不同，票价也很难相同……其间，几乎没有可比性。知情者称，中西部农村一场演出，观众动辄上万，而包场费仅几百元至千元；东南经济发达地区，同是农村，包场费多达三五万、七八万，为前者的几十倍上百倍！仅仅算数字账，弱势地区的弱势剧团便永远处于劣势，或者干脆编瞎话，一级蒙一级，"抬头椽子低头数，统计统计瞎估计"！

笑星赵本山的小品中有一句影响甚广的名言："金钱不是万能的，但没有钱是万万不能的！"但愿我们文化体改决策时不要落入彀中才好。

断奶添奶　坚持辨证施政

通常政府实施文化调控不外四种手段：法律的、经济的、行政的、舆论的。其间，法律手段为根本手段，是其他手段的依据和归结——法治社会，自然一切都要依法行事；经济手段（包括财政、税收、信贷等）是最常用的主要手段；行政手段是必要手段；舆论手段是辅助手段。几种手段各司其职，相互配合，构成统一的调控体系。

在经济调控手段中，目前最常见、最多用的方法是财政拨款。而无论拨款与否或者既拨而停拨，换一个形象的说法，即"断奶"和"添奶"，都是实施调控所必要的，必需的，正常的！当断则断，该添则添。问题仅仅在于对谁"断奶"，为谁"添奶"。这里就涉及文化体改的根本原则：区别对待，分类指导。

笔者以为，根据中共十六大、十七大精神，参照国际通行的范式，文化机构可以分别为三种类型、三种属性，即公共文化归属于公益性，精粹文化归属于保护性，商业文化归属于营利性。按西方国家的分类，前两者为"非营利性"机构，后者为"营利性"机构。按国家现行的财政管理，前两者为事业单位，后者为企业单位。以下分别做点剖析：

第一类，公共文化。是为全民共享的文化，是政府保障公民文化权益的基本手段和必要举措。中共十六大明确提出："国家支持和保障文化公益事业。"曾经出现过的对其"断奶"的口号，早已成为过去。近年来，更是加大了支持力度：各级财政拨款大幅增加，公共文化设施建设大步发展，各级各类博物馆逐步免费向公众开放，正在建立和完善电脑系统远程文化资源共享工程，等等。

第二类，精粹文化。大体包含通称的高雅文化，如来自西方世界的交响乐、芭蕾舞等；民族文化精华，如昆剧、京剧以及列入非物质文化遗产名录的种种；文化科学研究事业（含机构、队伍、出版、推行等）。它们虽然要进入文化市场，但又在商品交易中处于不利地位，而由于其自身的重要性，不能任其自生自灭，必须由政府实施扶持和保护的政策，否则上对不起老祖宗，下对不起平民百姓和子孙后代！

第三类，商业文化。包括各种娱乐文化、快餐文化，特别是文化产业。在保证社会效益的前提下，必须追求最大经济效益。要努力使文化产业成为国民经济的支柱产业和新的增长点。我们的邻邦日本和韩国大力发展动漫产业、动漫游戏业等文化产业，为我们提供了成功的经验。

中共十六大要求："积极发展文化事业和文化产业。"这就是通常提到的坚持"两手抓"：一手抓文化事业，一手抓文化产业。这无疑十分宝贵。但在这"两手抓"的统领下，还需要加上"三并举"：公益文化、精粹文化、商业文化三者并重，都下大力气抓好。把"两手抓"仅仅归结成"一手抓公益文化事业"，"一手抓文化产业"，而忽略了也应该大力支持的"精粹文化事业"，作为统领全局的口号，是不准确的。好在联合国教科文组织来了个"人类口头和非物质遗产代表作名录"，中国的昆曲列为第一批名单的榜首。联合国都保护，国家能不保护？于是，前述"精粹文化"，诸如全国硕果仅存的六个半昆剧团，顺理成章地成为被保护的对象，亦即事业单位。也许可望由此免除强制"转企"，进而"推向市场，活死由之"的待遇？果如是，则当事者之大幸也！

东拉西扯说了半天,无非是井蛙之见,愿识者指谬。

2008 年 9 月

本文是为文化体制改革,主要是剧团体制改革的进一步思考和谏言。个中对某些实施中的谬误,明确表示了质疑和否定。斗胆言之,不吐不快,但亦一贯之思索也。

——笔者

"人民"在哪里？
——关于国办基层剧团定位的思考

总书记语重心长话"三农"

2006年2月14日，元宵节过后的两天，中央举办的省部级主要领导干部建设社会主义新农村专题研讨班在中央党校开班，胡锦涛同志做了重要讲话，指出"三农"问题始终是关系党和人民事业发展的全局性和根本性问题，农业丰则基础强，农民富则国家盛，农村稳则社会安。强调解决好"三农"问题是全党工作的重中之重。要统筹城乡经济发展，实行工业反哺农业，城市支持农村和"多予少取放活"的方针，坚持以经济建设为中心，协调推进农村经济建设、政治建设、文化建设、社会建设和党的建设，推动农村走上生产发展、生态良好、生活富裕的文明发展道路。在部署当前六大重要工作中，第四项即是"要加强精神文明建设，加快发展农村教育文化事业，倡导健康文明的新风尚，培育造就新型农民"。总书记还特别强调，即使将来基本实现现代化了，"三农"问题依然是关系我国发展全局的重大问题。

笔者郑重地列引出这许多，根本原因就在于：这是我们思考国办基层剧团地位、作用的关键依据，是思考其改革及出路的出发点和归结点，是确定对策、做出决策的战略性指导思想。

为人民的艺术，"人民"在哪里？

党为文艺工作确立的方向，经过半个多世纪的实践调整，早已明确载入党的各项重要决策文献和国家相关的法律法规之中，也早已深入民众特别是文艺工作者的心中，那就是：为社会主义服务，为人民服务。前者是就文艺的性质而言，后者则特指服务对象。

那么人民在哪里？这个看似简单明了的问题却经不住深问：数量最大部分在哪里？回答是肯定的：当今仍占总人口70%以上的农村！农民！这就是说，离开了农民，忘记了农村，文艺为人民服务就成了一句——至少是"多半句"空话！这才有上边提倡、年年施行的"文化、科技、卫生""三下乡"活动，才有中央文化部门、重要文艺团体逢年过节大张旗鼓、大肆宣扬、大加炒作的轰轰烈烈的"送戏下乡"活动。"心连心"也好，"万里行"也罢，声势浩大，质量上乘。送下乡自然比全然不送要好，让老乡们见识见识什么是高层次、高水平的精英艺术，自是功不可没。然而恕我说一句大不恭的话：这些占据荧屏传媒重地又仅仅是偶然为之的活动，组织者往往是有模有样地作秀，表演者则在认认真真地钓誉！笔者早就不止一次、不止一地听到过"扰民"的抱怨了。

那么又是谁在最大限度地为人民中的最大部分——农民服务？谁在长年累月而不是一时一地送戏下乡？谁在艰苦至极而又默默无闻地实践着履行着党和国家的"为人民服务"的文艺方向？如实说，功在各级基层剧团，特别是国办县市级剧团！他们一年在农村巡演200场、250场，甚至300场以上，是为普遍现象，而非个例！

总书记强调，要广泛听取基层和农民群众的意见和建议，做到关心农民疾苦，尊重农民意愿，维护农民利益，增进农民福祉。这当然是高屋建瓴地就全局而言的。但农民的文化意愿，农民的文化权益，似乎也应包含在内。以看戏而论，在文化娱乐多元化多样化的今天，在电视广为普及的今天，农民还要不要看戏？且不说贫困农村文化短缺的地区，就是北京近郊，据前些天北京电视新闻报道，中国评剧院春节期间下农村到基层演出，虽然下着大雪，还是人山人海，盛况空前，欲罢不能！而多少年了，首都"燕山情"文艺演出团常年活跃在京郊广大农村，似乎并未遭遇过有戏无人看的尴尬。

言而总之，农民还要看戏，这仍是不争的事实！

送戏下乡，谁来买单？

　　这就提出个谁来买单的问题了。据报道，前边提到的中央文化部门和重要艺术院团送戏下乡，老百姓不掏钱白看，由组织者主办者买单。那么长年累月地送戏下乡，又该由谁来买单呢？

　　答案无非是三个：政府买单、个人买单、政府与个人联手买单。全由政府买单的，如各类公益性演出，各种纪念活动演出，极贫困地区的"文化供给型"演出等，过去有，现在有，将来也还会有。全由个人买单的，如经济发达地区集体或富了的个人请团演出等，这种情况将来会增多。但当今主要方式仍是联合买单：农民低价请戏，政府补贴到团。其间，政府出资往往要占大头，即主要由政府买单。有人把这种现象归于计划经济的弊端，力主趁文化体制改革之机，废除之。我看这其实是一种误解！

　　先说一点国外的实例：从未实行计划经济而搞了几百年市场经济的西方世界，普通民众看戏往往主要由政府买单。芬兰各主要剧院，票价仅为成本的四分之一到三分之一。德国巴伐利亚国家歌剧院，全年总支出一亿马克，演出收入等仅2500万马克，所差部分主要由州及慕尼黑市两级财政补贴。智利国家剧团据说也是政府补贴过半。据国家话剧院副院长、戏剧学博士王晓鹰撰文介绍，他留美期间考察了大量的剧院团，发现除少数商业戏剧即高价售票的营利性剧团外，绝大多数属于非营利性团体。以纽约为例，除了少量的百老汇商业戏剧制作公司外，还注册有300多个戏剧演出团体，即人们常说的"外百老汇"和"外外百老汇"。[①] 前者大都在1000座位以下，如大众剧院这类城市剧院，以及大学内的剧院；200座以下的剧场和大量"黑匣子"剧场则被称作"外外百老汇"。区分的标志在于，后两者及美国其他城市不计其数的剧院均属于"非营利性戏剧"。按美国的政策，这类团体一是可享受各级政府拨款；二是可得到各方赞助；三是可享受免交所得税的待遇，而赞助者也可获得减免税的优惠。美国联邦税法第501条规定部分组织可享受免缴所得税的待遇，联邦税务局的《免税组织指南》则具体明确了包括戏剧表演在内的9种组织和团

---

① 王晓鹰：《美国戏剧的"商业"和"非赢利"》，《艺术通讯》2005年9月。

体。^①这就是说，连美国这样的发达资本主义国家，普通百姓看戏也往往要政府及赞助者不同程度地买单。据近期统计，美国各类演艺机构中属非营利机构的舞台剧团、舞蹈团、古典乐团和歌剧院，在各类剧团中分别占到52.7%、70.5%、87%。而营利性表演艺术机构则主要分布在流行音乐和其他娱乐业，分别占本类机构的86%和91%。^②类似实例尚多，不再赘述。据参加过2005年在太原召开的"文化产业国际论坛"的朋友介绍，一位美国学者、奥斯卡奖资深评委，在会上发言说，世界各国的剧团，总开支50%以上来自政府。可见民众看戏，政府买单，在一定意义上，是国际通例。

何以如此？是他们先期执行"社会主义计划经济体制"的弊端？当然不！这全然是经济规律使然。西方世界第一次分配是按资，即资方得大头，劳方得小头。税收则按差别税率加以调节。政府使用纳税人的税款，力求采用公平的原则，办惠民利民的公益性事业，使大众受益，称作"第二次分配"。文化之类的政府买单即基于此。

话题再回到国内。农民看戏，政府买单，既由人民的政府执政为民的根本性质所决定，也是实现社会第二次分配所要求，是理所当然，理应如此的！总书记提出的"多予少取放活"的支持"三农"总方针，"多予"自然也包括农村文化建设，即"加大农村文化基础设施建设投入，逐步解决农村文化产品和服务相对缺乏的问题，丰富农民群众文化生活"（见中共中央国务院《关于深化文化体制改革的若干意见》，以下简称《意见》）。而惠及农民的送戏下乡事业及其实施者——服务农村、农民的国办基层剧团得到相应的支持，便是题中应有之义。

当然，这种支持不是要支持落后，保护弊端，改革是绝对必需的，文后细说。

---

① 谢锐：《美国非营利性表演艺术机构的考察》，载张晓明主编"文化蓝皮书"《2006年：中国文化产业发展报告》，社会科学文献出版社2006年版。
② 谢锐：《美国非营利性表演艺术机构的考察》，载张晓明主编"文化蓝皮书"《2006年：中国文化产业发展报告》，社会科学文献出版社2006年版。

区别对待、分类指导的试金石

中共中央国务院于2006年1月12日发布了《关于深化文化体制改革的若干意见》，这是一份指导文化体制改革全局的纲领性文件，要求坚持"区别对待，分类指导，循序渐进，逐步推开"的原则。这里，充分考虑到了我国经济社会发展不平衡，文化单位千差万别的复杂情况，是积极改革与从实际出发相结合的重要决策。

说区别，就现有的国办基层剧团而言，首先要区别所处的社会环境：是东部，还是中西部？是经济发达地区，还是经济欠发达地区？其次要看文化市场发育的现状：是处于高度发达的地区，还是处在欠发达甚而远未形成的地方？再次看群众文化支出状况：是富起来了或小康人家温饱有余，因而有较大的文化支出要求和经济实力，还是虽有文化欣赏要求却无力支付文化费用？……凡此种种，绝不可简单从事，搞一刀切，也不能操之过急，企图一蹴而就。

笔者想举一个亲见亲历的实例：到张家口看晋剧。按说张家口离北京不过100多千米，实为近邻。按地理位置，非东非西，也不属老少边地区。2005年春，笔者随该市青年晋剧团下基层，看了该团的一场演出，剧场挤得满满的，过道上都站着人，演出十分热烈火爆。但剧团几十口人蹦跶了一晚上，包场费仅800元！而该团属地市级重点剧团，创作过获得"文华奖"的《梳妆楼》等一批好戏，有获得过戏剧"梅花奖"的出色演员！问问其他场，也大体如此，多者一千二三，平均也就千元左右。奇怪吗？老百姓穷，想看戏，爱看戏，却掏不出钱，这就是现实！相对于北京舞台动不动千儿八百，甚至大几千，哪怕儿童剧也七八百元一张票的情况，差别何啻天壤！不加区别，行吗？而执政为民的张家口市政府替看戏的百姓买单（财政补贴到团），不正是做了一件大大的好事吗？

说分类，这就涉及对国有基层剧团的定性和定位了。这是个关乎其生存发展的大问题，是当前体制改革中不容回避的急迫问题。在这里，笔者拟谈些个人学习中央有关精神的体会，作为研究探讨的一家言，供决策参考。

按国家现行政策，文化领域大类别为文化事业和文化企业两大类（笔者注：据知，西方国家通常没有"事、企"业之分，一般不用"事业"这个概念，而多半用"营利""非营利"加以区别。"非营利"是从生产经营目的上划分的，即

"禁止将其净盈余分配给享有控制权组织","其经营所得的纯利润,不得用于股东分红",只能用于发展事业）。党的十六大政治报告及中共中央国务院文化体改《意见》都着重强调了国家支持和保障文化公益事业,支持文化产业发展,增强我国文化产业的整体实力和竞争力。简称为文化公益事业和文化产业"两轮驱动""两手抓",点明了当前文化体改的关节点和侧重点,是完全必要的。但必须说明的是,文化绝非仅此两轮和两翼。中共中央国务院文化体改通知中,改革遵循的原则之一便是"坚持文化事业和文化产业协调发展"。而在党的十六大政治报告中,在"积极发展文化事业和文化产业"题目下,明确提出了"发展各类文化事业和文化产业都要贯彻发展先进文化的要求,始终把社会效益放在首位"的总体目标。敬请注意：这里用的是"各类"字样。在具体论述中,涉及文化事业的,除"支持和保障文化公益事业"外,还提出了另外几种类型的文化事业：1.扶持党和国家重要新闻媒体和科学研究机构；2.扶持体现民族特色和国家水准的重大文化项目和艺术院团；3.扶持对重要文化遗产和优秀民间艺术的保护工作；4.扶持老少边穷地区和中西部地区的文化发展。这些似乎可以归为"扶持保护型"。它们和公益型文化事业、经营型文化产业都有所不同。公益型不具有商品属性,一般不进入文化市场,不受价值规律调控；文化产业则以追求利润最大化为目标,立足国内,打出国门,力求成为国民经济的支柱产业。扶持保护型中的许多项是既要进入文化市场,又在竞争中处于不利地位,必须加以扶持保护,否则将湮灭于市场选择的无情冲击之下,进而使我们对历史欠下后悔莫及的债务。比如,优秀民族传统文化昆曲,就已经被联合国教科文组织列入"人类口头和非物质遗产代表作名录",对其保护得到国际公认。

根据十六大的原则精神,国办基层剧团至少涉及其中的三项：一是"民族特色"文化,二是"优秀民间艺术",三是许多剧团在"老少边穷地区和中西部地区"。这些都是中央明确要予以扶持的对象。基于此,我认为,国办基层剧团,特别是为农民送戏上门的县市剧团,应归于受到党和政府扶持的文化事业单位,而非以盈利为目标的文化产业。

细说起来,将它们认定为理应受到扶持的事业单位至少还有以下8条理由：1.它们体现着实践着"文艺为人民服务"的方向,正以他们的艺术为"人民"中的绝大多数农民服务；2.它们是文化惠农的实施者；3.它们以送戏上门的行动,保障了农民群众的基本文化权益；4.它们是党和政府与农民群众联系的纽带；5.它们是党和政府政策、新闻、科技等的宣传者、传播者；6.它们是农村和谐社会建构的出力者、参与者；7.它们是社会主义精神文明的积极创建者；8.它们是保护民族文化传统、保护人类口头和非物质遗产的承载者。也许还可以举一些例子，但这些不就足以说明它们理应列为文化事业单位，进而受到政府的扶持、保护吗？上述 8 条中，它们的作用可能有大有小，有强有弱，但决不应漠视之，我坚决认为！

改革：为着趋利除弊激发活力

中共中央国务院《意见》在谈及文化体制改革目的时明确指出，要"全面推进体制机制创新，解放和发展文化生产力，调动广大文化工作者的积极性和创造性，繁荣社会主义文化，不断满足人民群众日益增长的精神文化需求，提高全民族的科学文化素质，培育有理想、有道德、有文化、有纪律的社会主义公民，促进人的全面发展"。党的十六大报告也强调，要"深化文化企事业单位内部改革，逐步建立有利于调动文化工作者积极性，推动文化创新，多出精品、多出人才的文化管理体制和运行机制"。胡锦涛总书记"多予少取放活"的指示，固然是就"三农"工作的全局而言，但有也可视作对涉农文化体制改革要求的最简明的概括。

这就是说，改革为的是繁荣先进文化，创新体制机制。为此，革除积弊，激发活力，则是必需的手段和途径。

根据中央有关精神，结合当前国办基层剧团现状，我认为改革要侧重抓好以下方面：

一是确认其事业性质定位，认定其扶持型身份。理由已如前述。为此，则要加大投入，扶持到位。在总书记"多予"的指示下，基层文化设施建设力度要加大，要改造、新建一批乡镇剧场、影院、文化活动室等文化娱乐场所；相应地，对服务农村农民的剧团也要在灯光、音响、服装、道具以及排练场地、交通工具、必要的办公用房等硬件建设方面加大投入，保障其送戏下乡的基本条件。同时，力求改善从业人员的生活待遇。改革绝不是"砍团减负"！把为农民服务的艺术团体视为"负担"，必欲砍之而后快，并以之作为"改革业绩"，完全背离了中央有关精神，是和文化改革的主旨逆向而行，是"念歪了一本好经"！这样的口号在理论上是完全错误的，在实践上则是十分有害的。不予澄清，掀起一轮"砍团减负"风暴，才真是令人堪忧呢！是杞人忧天么？不完全是。笔者的家乡四川就曾发生过这样的事：靠近邻省的某县就由行政领导出面，以文化体制改革为名，解散剧团，卖掉剧场，落了个乐手去当吹鼓手，为红白喜事吹奏，演员骨干街头修鞋补锅，借以谋生。而该团是曾经创排过好戏，多次在省里获奖，也深受老百姓特别是乡下农民喜爱的！新华社记者披露了这个事例，登在去年新华社每日电讯上。总之，纳税人的钱，政府理应用在百姓特别是弱势群体身上，西方世界也都如此，有什么可怀疑的？总书记说要"多予"，我看这方面的投入不仅不应"减"，还要切切实实地"增"，才是正路呢。至于经费的来源，建议仿效中央对农村义务教育实行"两免一补"（免收学杂费和课本费，补助贫困生住校生活费）的办法，区别不同地区、不同经济发展状况，采取中央和地方按不同比例共同负担或地方独立承担的办法予以落实。说个极而言之的话，过去几十年，地方都担负过来了，如今无论国力还是地方经济实力都大大加强了，反而承受不了？要去挤指头缝里那点开销？

二是布局上做必要的调整：合并重复设置，解散不具备演出条件、徒有空架子的机构，自然淘汰某些丧失艺术生命力、群众已不接纳的表演艺术团队。而民众需要又有条件的地方，也可建立新的艺术表演团体。撤并是改革，增添也是改革，都要服务于繁荣先进文化，解放文化生产力，为民众提供更丰富多彩的精神食粮这一大目标。

三是深化内部改革，创新运行机制。毋庸讳言，中华人民共和国成立以来，长期实行的社会主义计划经济体制曾经帮扶过解放初濒临危亡的文化事业，也依托国家的力量建设了一批文化设施，培育了一批文艺人才，推出了一批文艺佳作精品，但统包统管的僵化体制也的的确确带来了诸多弊端。以剧团为例，作为行政部门的附庸，事事听命上级文化行政：缺乏艺术生产运作的自主权，创作为争奖，争奖为交差，交差后封箱；缺乏人才取舍权，要用的进不来，不用的出不去，人才老化，青黄不接，一潭死水；缺乏劳动报酬的支配权，职级由上边人事部门定，一定就死，干多干少一个样，干好干坏一个样，干与不干也一样！借一句形象的话：政府办剧团，剧团办社会；演员躺在剧团身上，剧团躺在政府身上。服务对象民众么，早扔脑后了。长期下来，积重难返，许多剧团形成不死不活的尴尬局面。改革，当然是极为必要的！

如何改？借中央大抓文化体改的东风，痛下决心，革除弊端，创新机制，用《意见》的话说，就是建立"富有效率的文化生产和服务的微观运行机制"。具体来说，1.明确艺术生产目的，坚定地走为农村农民服务的道路，送优异的精神食粮下乡。对于基层剧团来说，不必定新创争奖的目标，尽管有些县级剧团也曾创演过佳作，如吉林双阳评剧团获"文华大奖"的《三醉酒》、江西鄱阳赣剧团获"文华新剧目奖"的《詹天佑》等，但一般来说，把成熟的好戏移植改编过来，送给观众就行了。演好戏、多演戏，引领农村一派新风，抵制恶俗文化，就功莫大焉了。2.文化行政部门不要干预过多，让剧团有艺术生产、组织营销的自主权，充分发挥其积极性。3.给予用人权。4.赋予劳酬支配权。如此等等，而这些又必须得到社会的支持。

四是社会提供改革必需的保障。简略地说，1.财政支持到位。增加投入，可以从改进拨款方式入手。除硬件建设的专项拨款外，用于艺术生产和人员报酬的，可不用按人头拨付的办法，改为西方许多国家通行的按项目拨款的方式，即剧团提出项目申请，在明确双方的责、权、利的基础上，签约付款，到期检查验收，佳者赏，差者罚。合同涉及全团演职人员的切身利益，有利于调动他们的积极性，共担风险，共创佳绩。中共中央国务院改革《意见》提出"要以项目投入为手段，以激发活力为目标，提高资金的使用效益"。剧团拨款方式的改变，符合这一精神。又，据我所知，国内还有些地方，为鼓励剧团多演多收，拨款方式改为剧团创收一份，县市政府按同等额度奖励一份。专门的艺术生产项目再酌付。2.提供社会配套保障。至少要先解决三大保险：养老保险、医疗保险、失业保险。解除剧团的后顾之忧，使他们得以放开手脚，改革路上，迈开大步。3.建立健全相应的政策法规。让改革有法可依，有章可循，并以此避免某些领导者因个人爱好和主观决断形成的乱干涉，瞎指挥。让文化体制改革行进在健康的道路上。

五是拓宽融资渠道，吸收社会资金，增强经济实力。作为扶持保护型文化事业，应该和文化公益型事业相同，可以接受社会各方面的捐赠赞助；按西方世界的惯例，赞助者则可享受相应的减免税赋的待遇。这些期望在制定和完善鼓励捐赠和赞助的相关政策法规中落实。在不改变剧团性质、定位的前提下，还可以用赞助方冠名演出的方式吸引企业资助。据了解，浙江省金华市的"三农艺术团"，2005年就由政府牵线，企业出资50万元，冠名送戏下乡演出50

场，互惠双赢，收到了良好的效果。类似办法，自可大加创造，开拓新路，激活机制。

六是处理好和民营文艺表演团体的关系。为农民送戏上门，仅仅靠国有县市剧团远远不够。以一个60万人的中小型县市为例，每场观众上千人，一年演300场，平均两年才能轮上一次。大力发展多种形制、多种样式的民营文艺表演团体是势所必然，势在必行。在一定意义上，这些团体应成为农村演出舞台的主体，但主导仍应是国办艺术团体。它可以也应当以更好地贯彻党的文艺方向方针的实践，以更高思想艺术质量的艺术品，起到示范作用和导向作用。这些都应体现在与政府主管部门签署的责、权、利约定合同中。

七是转型改企问题。按世界通例，表演艺术团体既可以是营利性的，也可以是非营利性的，前面已经谈到。就我国的基层剧团而言，就其总体来说，应属扶持保护型的事业单位，如前所述；也有些单位可以依据自身条件，选择营利性亦即经营型的文化企业定位。一般来说，条件至少有三：其一是处在经济发达地区，农村文化市场已形成，剧团在其中如鱼得水，自在畅游，它们的每场收益往往为中西部广大农村的七八倍，甚至十倍。其二是旅游地区，剧团主要依托旅游市场，定点演出，每天可演两场、三场，收入颇丰。据了解，美国百老汇的商业戏剧，固定在一个剧场演出，一演几百场，甚至几千场，其主要观众也多半是流动人群。其三是贯彻自愿原则，改企后要和演职人员的收益挂钩，实行多演出多收入多分配，但不再享有扶持保护型的政府拨款、减免所得税、赞助者相应减税等国际通行的优惠政策，即不能脚踩两只船，两头拿好处。总的一句话，还是按中共中央国务院文化体改《意见》精神：区别对待，分类指导，积极试点，成熟一个改一个，不刮风，不搞"一刀切"。

单就基层剧团体制改革而言，需要触及的问题还很多，这里仅仅是我的一些思考，难免疏漏，更难辞谬误，期盼批评指正。

2006年2月18日

（原载于《文艺报》2006年3月9日，扩增后刊于《中国戏剧》2006年第7期）

本文写作、刊发于勒令剧团"改制转企"的高潮中，本人斗胆地，但也是有理有据地唱了反调，提出了不同主张，喊出了"另类"的心声。迄今仍坚持这些看法，并坚信其真理性。让历史去做最终判决吧！

当然，由衷感谢编者们的眼光和胆识！

——笔者

剧团体制改革还在路上

——在泉州"地方戏曲保护传承与创新发展研讨会"上的发言

把我放在研讨会上第一个发言的序位，感到出乎意外。因为我讲的是边角的问题，相对于保护传承、创新发展来说，谈戏曲自身才是为主体，我谈的是戏曲剧团的改革，自然是个边沿问题。我的发言题目在表上已经印出来了，叫作"谈谈剧团体制改革"，其实，我想讲的中心意思是：剧团的体制改革还在路上，改革并没有完成，深化改革还是我们当前面临的非常重大的任务，而且进一步深化剧团体制改革的艰巨性远远超过过去。

剧团的改革和大会主旨还是沾点边，因为戏曲艺术是"两步走"的艺术，首先是完成文学剧本的创作，但这只是第一步，它的最终实现应该在舞台上，而舞台上实现戏曲文学的创作必须紧紧依靠剧团。因为剧团要把二度呈现的各个要素组织起来，推向舞台，奉献给观众，所以剧团体制改革也和我们今天探讨的大题目相关了。

说到剧团体制改革，我思考的时间比较长。当年在文化部担任政策法规司司长任上，就曾率文化政策法规考察团，到西欧、北欧、南美、北美的一些国家，如德国、瑞典、芬兰及墨西哥、智利、阿根廷等国，调查在市场经济下剧团是如何生存、如何运作的，西方国家是怎样对待戏剧事业的，他们的戏剧政策是如何确立的，等等，对这些问题做了一番认真调查。如实说，出国考察不是看风景，不是去游玩，就是去找他们的文化主管官员，找他们文化艺术专业协会负责人——他们的专业协会和我们略有不同，我们是官办，还有行政级别，国外的专业协会是作为从业者自身的纯民间组织，主要职责是维护自身的权益和行业自律的监督管理。调查了解的同时，也收集了一厚摞西方国家的文化政策、法律法规资料。可惜刚回来，部长换人，以机构改革的"革命"名义，大刀阔斧地撤销了政策法规司，这些资料也烟消云散、不知所踪了。但这番对西方国家的考察，加上国内到过东南沿海经济发达地区、西部老少边穷地区，做了一些文化现状、剧团现状的调研，心目中大体上有了一些轮廓。

我深深感到新中国现行的剧团体制是需要改革的！为什么需要改革呢？因为我们过去实行的是社会主义计划经济，一直到1992年党的十四大上才正式确定由有计划的商品经济改为社会主义市场经济。

新中国成立后，在计划经济的体制之下，一方面依靠国家的力量曾经挽救了在1949年之前濒于衰亡的戏剧事业，这是功不可没的；依靠国家力量也发展了我们的文化艺术事业，包括文化教育、艺术教育。但同时由于统包统管的计划经济，又给我们的剧团运行带来了一系列的问题。

我想了想，计划经济伴生的弊端在剧团方面有比较明显的体现：

第一个体现是资源配置。戏剧事业的资源配置主要应该是剧团的设立，而剧团设立很长一段时间和市场是脱离的，甚至和百姓的需要也是脱离的，很多时候是依靠长官意志或者相互比照而设立。这样，在戏剧资源的配置上，文化市场几乎不起什么作用。

第二个是剧团的定位。在原体制下，剧团从来是文化行政部门的附属物，一切听命于文化主管行政部门。剧团创排新戏，要么为争奖，要么为彰显政府政绩，获奖就封箱，再策划新的夺奖剧目，形成了"对上不对下，看领导不看票房，争奖不争市场"的局面，极大地妨碍了戏剧事业的发展。

第三个是呆板僵化的人事制度。用人管得很死，先定编，再审批……剧团几乎没有用人权，往往是有用的进不来，没用的出不去，剧团十分无奈。

第四个是劳资报酬少而死板。计划经济下实行定级定工资，定了之后就出现：干好干坏一个样，干多干少一个样，甚至干或不干都一样，剧团内部死水一潭。

第五个是社会办剧团、剧团办社会。剧团管理者的主要精力不能放在艺术生产上，而要管所有成员的生老病死，导致缺乏生气，缺乏活力，艺术生产创造力受到了束缚。

综上所述，剧院团改革势在必行。如今虽然改了一些，但大多并未触动，既往形成的弊端依然困扰着剧团的前进，所以我提出：剧团体制改革还在路上，还有继续深化改革的艰巨任务。

如实说，20世纪90年代初提出了文化体制改革，包括剧团改革的任务。从那个时期到现在，在"摸着石头过河"的行程中，我们做过一些探索，积累了一些经验，也收获了不少教训。毋庸讳言，确确实实走了一些弯路！

这些弯路集中体现在指导思想方面的四个口号和实践上的三项措施。

四个口号：

一是实现文化艺术商品化。这个口号是曾经在主流报刊上公布过的，而且在不同的会议上贯彻过。但这个口号本身是不准确、不科学的，因为文化艺术本身不能通通都实行商品化。我到瑞典考察过，1974年，瑞典国会通过的文化政策的八项指标，其中第四项就明确提出"反对文化艺术商品化"，他们是搞市场经济的，从来没有搞过社会主义计划经济，我问过他们的文化部部长——文化国务秘书，我问他们为什么反对文化艺术商品化？他说文化艺术不能通通实行商品化，瑞典是个仅仅800万人口的小国，如果把古典艺术、民族文化精粹都实现商品化，它们都活不下去，所以他们对自己国家的文化精粹要加以保护。

二是推向市场，活死由之。见《人民日报》的头版，据说是记者根据当时的行情写上去的。包括后来的改制转企，都是让剧团完全走市场化的道路。而企业的根本任务是赚钱，只要守法经营，赚钱越多越好；文化的根本任务不能是赚钱，用习近平总书记的话来说，文化是要"以文化人""以文化心""以文立人"，在思想建设上起作用，所以前述口号本身既不准确，也不可行。

三是事业单位"断奶"。这对于某些经济部门来说，也许需要用"断奶"促使它们在市场上发挥作用，在经济效益上发挥作用，但这不完全适合文化部门，特别是公益文化事业单位。我去一些地方考察过，一些公益事业单位"断奶"了，公共图书馆的阅览室变成了儿童游戏机室，门面房变成了卖日用百货、卖妇女用品。一位儿童艺术剧团的改革风云人物在答记者问时就曾公开宣言：当今，孩子和妇女的钱最好赚。

四是减团砍负。不公开明说，但实际上就是这么做的。2005年6月21日，《新华每日电讯》登过一个讯息，四川和邻省交界的某县，县里高举文化体制改革的大旗，用"革命"的名义把剧团解散了。这个剧团是新中国成立以后培养的人才建立起来的，而且是先进文化县，先进剧团，每年为农民演出300多场。

遣散以后，剧场卖了，乐队到农村去做红白喜事，当吹鼓手；演员上街摆摊，修鞋补锅。演职员们无奈地说："不是市场不需要我们，是体制抛弃了我们！"话说得何等的深挚沉痛，但这确实就是现实。好在这一决策并没有完全推行下去。两位新华社有良心的记者报道了这一事实，我为他们点赞！

三大措施：

一是为"做大做强"而建立演艺集团。这个措施还在实施，但我并不认可它。因为文化内部既包括了营利型，也包括了非营利型，把营利型和非营利型硬凑在一起，混淆了它们的性质，也和中央的精神相违背。2006年，中共中央办公厅和国务院办公厅联合发布了文化体制改革的指导文件，其指导思想第一句话就是区别对待、分类指导，第二句话是循序渐进、逐步推开。区别对待、分类指导是原则，循序渐进、逐步推开是方法。不讲区别对待的拼凑，从根本上就悖谬了文化体制改革要求。至于所谓的"做大做强"，用一个不恰当的比方，把小竹筏绑在一起就能够成为航空母舰吗？这个做法推广开来，我看将会是扯皮不已，后患无穷。

二是剧团体制改革的标准是不是仅仅看盈利？这又违反了中央一贯主张的处理两个效益关系的原则。中央一向强调：社会效益、经济效益二者间，应该以社会效益为主，如果发生了矛盾，经济效益服从于社会效益，力争经济效益和社会效益相统一。在剧团体制改革最兴盛的时期，从《人民日报》到新华社，到中央电视台，所有的主流媒体都在讲改革试点单位如何如何成功，其标志就是赚钱盈利。我当时看了以后感到非常痛心，因为据我所知，所有这些成功改革的典型单位都是在弄虚作假，并没赚钱，亏钱亏得一塌糊涂。北京儿艺吹嘘赚了多少多少，新的现任把于告诉我，根本没赚钱，现在账上还亏损4000多万元。至于东方演艺集团，亏损了多少个亿，它的头头已经抓起来了，不是双规，而且直接逮捕。实际上是：小骗在骗大骗，小官在骗大官，大家一起来骗昏官！

三是强令退休。某剧团改革先锋、排头兵的经验是：30年工龄、50岁年龄一律退休！而艺术家50岁是艺术上最成熟的时候，强令退休了，委实可惜。有的单位差不多快退垮了，甘肃省话剧院领导告诉我，30年工龄退了以后，他们代表性的剧目没有一个能演，演员没有了，请都请不回来，请回来还要花钱。

习近平同志在文艺座谈会上告诫我们："不能在市场经济大潮中迷失了方

向""不能当市场的奴隶""不要沾满了铜臭气""不要被市场牵着鼻子走"。说得何等好啊！我以为，剧团体制改革的某些决策者们就是如习近平同志讲的那样，在市场经济下迷失了方向，就是以金钱作为改革的唯一的标准，做了金钱的奴隶。在这一点上，非常高兴的是习总书记拨乱反正，把这些根本性的问题重新指明了，摆正了。

此外，很多地方领导也是有意识地采取了措施，保护了戏曲事业。比如将剧院团改名为"某某艺术传承中心""某某戏剧艺术研究院"，等等，这是做了件大好事。

目前，尽管呈现错综纷纭的局面，有的改企业了，有的没有改，然而，剧团的改革是不是就已经完成了呢？否！说得不好听点，剧团体制改革如今是一锅夹生饭！对比改革初衷、针对"计划经济"体制下形成的弊端，可以说，许多问题并没有触及，更别说解决，所以需要进一步深入剧团体制改革。

这里说的"改革"不是简单地改所有制、改经营性质和身份，改大的宏观体制，而是改微观运行机制。集中到一点，就是"减政放权"。文化主管部门要摆正位置，该管的认真管好，该放的坚决放活。

从长远的改革派目标看，就艺术院团现状而言，我以为，要"改"和"放"的是五权：

一是艺术生产自主权。让剧团真正成为艺术生产的实体，市场竞争的主体。为实现这样的目标，剧院团的艺术生产应该有自主权，不是完全听命于行政的派遣和指定。有的时候也要满足地方行政的需要，但总体来说应该有艺术生产的自主权。从考虑剧团的发展，剧目积累的需要，来组织艺术生产。

二是人才使用的自主权。无论有没有施行改革的剧团，目前都没有这个权力，因为编制定死了，多大规模、多少人，铁定的笼子，要用的进不来，有的地方急需的只好借调、试用，等到什么时候有编制了再解决，这和市场经济下剧团的生存、运行还不完全吻合。

三是分配自主权。现在作为文化事业单位的剧团，定编之后，还有个定级。一切报酬，以级别为准。其弊端如前所述。未来的模式，我看应该是合同契约制，通过合同确立劳资分配关系，然后再附加奖励制。笔者在文化部任职期间曾经建议搞点小改革，提出在政府拨给剧团的全额补贴或者差额补贴的情况下，这个保持不变，到了剧团内部，剧团自身可以采取三七开的办法，70%是基本工资发给你，30%是绩效工资加奖励，由剧团根据现场参加场次、角色重要程度，有差别地确定演出补贴。到了部头头那里，和财政部一交涉，变成一律按三七开拨款，过去超过的甚至全额补贴的也三七开，结果变成非常荒唐的事情，怨声一片。真正市场经济下的剧团，对聘用人员的报酬、待遇应该有完全的自主权。

四是拨款机制需加改革。剧团理应有获得经济支持的权利。我们现在实行的全额补贴、差额补贴办法还是20世纪50年代开始计划经济下确定的，需要改革。可以借鉴参考西方市场经济体制下支持非营利性文化机构的办法，结合我国的实际，试行多样性的拨款方式：其一是剧院团按照项目申请拨款；其二是政府购买演出拨款，即民众看戏，政府买单（局部或全部）；其三是按剧团自身的收益，给予等额或加倍拨款。拨款要逐渐摆脱定期、定编、定制、定额，然后拨付的老办法，走出一条新路。

五是有营销的自主权。剧团要加强营销机构的建设和管理，要勇于和善于包装自己、宣传自己、推销自己，去开拓市场，占领市场。总之，剧团要重视自身的艺术产品的营销，扩大自身的影响。有些单位过去不重视营销，现在要切实改进，跟上时代前进的步伐。

上述五权是解决计划经济下形成弊端最终要达到的目标，这也许不大可能今天就完全实现，但需要一步步地朝这个目标迈进。而实现的关键是文化行政管理部门放权。从根本上说，改革的本身就是利益再分配，牵涉诸多方面，特别是要触碰到一些权利的既得者，难度就更大了。因为就上面提到的准获"五权"而言，剧团自身几乎做不了主！

记得2017年初讲到改革的时候，中央明确提出今年改革的重点或者中心就是简政放权。国务院带头身体力行，过去很多审批的项目都取消了，释放出利好的信息。文化行政部门似乎也要相应地有所作为了。

当然，作为未来的目标。"五权"放开以后，还要加强监督机制，放权不是恢复旧时代的"班主制"，不是开历史的倒车。领导班子的产生和任用要有民主决策的办法，院团行使"五权"也要有相应的规范，如建立艺委会以加强艺术民主、科学决策等。总之，要有严格的审批机制、监督机制及相应的处罚机制。让放权与管理结合起来，形成未来剧团生存运行的模式。

未来也许可以做到，谁知道呢……慢慢来吧。

（原载《中国戏剧》2017年第1期）

保留：舞台艺术的最高境界

多年来的困惑："保留"阙失

我是个戏迷，算起来迄今已有70多年的看戏史。儿时，河滩上看坝坝戏，赶庙会看野台子戏，混进戏园子看白戏……那是调皮贪玩、不务正业。1953年考进北大中文系，看戏算是务正业了，记忆中最深刻的是伙同几个同班同学到东单青艺剧场，看北京人艺的《雷雨》：吕恩的蘩漪、胡宗温的四凤，于是之的大少爷……看完乘有轨电车到了西直门，赶不上末班车，步行两个多小时回北大。校门已关，从棉花地围栏翻墙而入，违反了校规，好一通检讨，心里倒是喜滋滋的：大过戏瘾，大饱眼福，还换来一片羡慕的眼光！提前毕业到校团委任职，1958年奉命组班子动笔写戏，于是北大学生"自编自导自演"的话剧《时代的芳香》挤进了中央电视台现场转播——也算是新中国校园戏剧的滥觞吧。此后，调北京市委理论工作室文艺组，旋改为《前线》杂志文艺编辑，以至"文革"后的北京市委宣传部文化处、北京市文联分管各艺术协会的书记，最后落脚文化部。本职之外，还充任文化部艺术局全国重点剧目（话剧戏曲）指导小组副组长，直到退休之后许久。算起来，几乎一辈子干的活都和戏剧有关联，特别是后几十年。

如实说，因和戏剧艺术的这种亲密关系，使我亲睹了几十年来特别是新中国成立后的戏剧发展进程，看到了国家戏剧事业取得的突出成就，也感知了个中的不足；见证了发展中的种种优长，也发现了其间的缺失。

感触尤深的是新中国成立以来，我国按苏联模式实行的是统包统管的计划经济，既救助了在旧社会饱受摧残的艺人和艺术，又在新时代促进文艺事业大发展，同时一定程度上束缚和禁锢了艺术和艺人，功过相抵，得失互见。就问题来说，最突出的表现是，艺术生产目的倒错：对上不对下，争奖不争观众，看领导不看票房。"评奖轰轰烈烈，市场冷冷清清；佳作不断涌现，舞台难觅踪影。"呈现出一种畸形发展状态。用老百姓的话说，便是狗熊掰棒子——边掰边扔，末了只剩下胳肢窝里夹着的一个！

个中的根本原因要归结到体制上。在统包统管的计划经济格局下，各艺术生产团体只是各级文化行政部门的附属，一切听命于文化行政：艺术生产计划，工资劳酬制度，用人编制级别……管得严严的，统得死死的。既然实行了全行业的公有制（国有和大集体），开支基本依赖行政拨付，艺术院团只需听命于上级，对领导负责。排戏为争奖，争奖为交差，交完差封箱，便是再自然不过的事了。

更为要命的是，看得见摸得着的光鲜耀眼的舞台艺术作品，常常成为某些行政领导的"面子工程"和"政绩工程"。挣够面子，攒下政绩，足矣！哪还管它是否改进提高、发展保留！哪管它的未来和前景！"快餐"式地边创边演，边演边扔。花上几十万，甚至几百万创排一出好戏，没演几场，便"封箱大吉""寿终正寝"了。有的戏甚至是彩排之后，直奔争奖地，拿回奖来，汇报演出两场完事，当地观众无缘观赏。大量的人力、物力、财力，再加上弥足珍贵的艺术创造力，就这样白白浪费了，糟践了。真正是怎一个"可惜"了得！

"面子工程"还有一个重要表现：各式各样的"综艺晚会"。名目繁多，数不胜数：西瓜节、豆腐节、土豆节、菜花节……加上各个法定节庆。公款捧星，竞相攀比；越穷越办，越办越穷。正像濮存昕在全国政协会上所说："我们有太多太多的晚会，太多太多的文艺用晚会的形式；一个晚会用多少材料，搭个台、喷塑、灯光，且不说成百上千万的费用，产生的垃圾都不知道往哪儿堆。"可不是，这些被老百姓口诛笔伐的"烧钱晚会"，"星"们大包小包地把钱卷走了，剩下的只是一堆堆垃圾！舞台艺术沦落到这番田地，只有两个字：可悲！

于是艺术生产管理体制呼唤改革！改革呼唤舞台艺术优秀作品的"保留"！

"保留"：舞台艺术的最高境界

"戏"是演给人看的，一切舞台艺术的原始动机和终极目的似乎都应该是有人演，有人看；演得好，人爱看；戏常演，人能看。所谓常演常磨，常演常新；常演常改，常演常青。保留：恒久的保留！

当前，为了奖掖优秀的舞台艺术作品，设立了各级各式奖项，门类齐全，绚丽多彩，成为戏剧人追求和向往的目标。这自然极可理解，付出有了反响，创造得到肯定，谁不喜形于色，兴奋不已？

但我看来，远远不够！无论多大来头多高荣誉的奖项，都只辉耀于一时，也只存在于一时。这是基于各类设奖都有一定的现实的功利目的，其评定标准既有现实取向性，又有时间的局限性；它能证明许多，却不能说明一切。而且任何评奖都不乏各种偶然性因素：评委构成、专家眼光、个人爱好、视野局限、感情取向……更别说带有根本性的个人艺术观、审美观、价值观，以及是非观、善恶观、美丑观等差异。选人不当，把关不严，评判结果全歪。因而上榜的未必优于拉下的，落选的往往优于高中的，这种情况所在多有，这些也都还在正常范围之内。更有甚者，便是类似足球界黑幕里的"吹黑哨""送钱买奖""看钱下菜碟"种种，曾经轰动一时，如今尘埃落定，该判的判，该罚的罚了。横看竖比，谁敢打包票，艺术类评奖中绝无？

同时，也不必把国外文艺类评奖看得那么神圣高洁。手边正好有一则有关奥斯卡金像奖评定的资料。《文艺报》2013年2月27日头版左下角刊登了一篇署名文章，在论及李安荣获第85届奥斯卡最佳导演奖时称："奥斯卡奖的评定也从来不是单纯艺术性的考量，而是参与投票的众多评委们不同品位兴趣不同价值观念的力量博弈。"文章特别谈到本届最佳导演奖评选中的微妙而有趣的"偶然性"。原来"在最佳导演奖的评选中，因为年轻一代导演本·阿弗莱克（作品《逃离德黑兰》）未能顺利入围提名，导致很多评委对老一代导演史蒂芬·斯皮尔伯格（作品《林肯》）产生了抵触心理，李安的获奖在很大程度上是意外的'渔翁之利'"。确否？笔者无从判断，但至少说明每届每项评选都可能会有诸多戏外因素牵制，进而产生某些偶然性。

顺便说一句，无论获本届最佳影片奖的《逃离德黑兰》也好，获提名的《林肯》《猎杀本·拉登》也好，都是反映美国"主旋律"意识的作品，而且颁奖连线白宫，由美国前第一夫人——米歇尔颁出，其强烈的政治色彩更加暴露无遗、炫耀无度。看见了不？这嘴里嚷嚷的是品评艺术，实质上却是在比拼政治！还痴人说梦般地高喊"文艺要脱离政治"么？美国大佬说："不！"

话题再绕回来。就舞台艺术的终极价值而论，鄙以为，能排除备存于各式各样评奖中戏内戏外的种种主观客观、偶然必然因素干扰的只有一个："保留！"它客观、公正、无私、阳光；它摒弃了一切徇私舞弊，也排除了一切爱恨偏颇；它摆在明处，看得见，摸得着。金钱买不来"保留"，权力压不出"保留"！它是一切舞台艺术品的最高境界，也应该是一切舞台艺术从业者追求的最高目标！

《甄嬛传》的导演郑晓龙在冷静思考后说过一段话，极现实，也颇富启迪："什么是经典？不是奖项，不是票房，也不是领导人的喜好，经典就是经过大浪淘沙后留存下来的作品。"(见《北京晨报》2013年3月6日《"甄嬛热"冷思考》)这些话，我看可以视为"保留"至高价值的佐证。郑导堪称电视连续剧"保留"剧目的肇始者，他40多年前拍的《渴望》，当年投入102万，如今一再重播，年年收回200万！

何谓"保留"？如何"保留"？依我看，也简单，一句话：舞台说了算，民众说了算，时间说了算。保留在艺术舞台上，保留在观众心目中，保留在艺术史册里。分解开来：

首先，保留在舞台上。舞台艺术作为活体艺术，顾名思义，必须存在和存活于舞台。尚未搬上舞台的，是案头读物，如戏剧文学读本；有的则连案头读物也难以达到，如音乐、舞蹈、杂技类舞台艺术。这是常识，舞蹈杂技，通常借助于人的肢体；音乐，通常依托于人的声音和耳朵。说"通常"，是因为"现代""后现代"艺术推出了"无声音乐""无动舞蹈"之类的新样式，比如，演奏家抱着乐器静坐片刻，让听者自己于内心想象中奏响，便完成了艺术创作……这些姑且称为"崛起"的"另类"吧，还难以替代一般。音乐舞蹈云云，也还是要有附着物，依托点——肢体、嗓音、耳朵。

实践早就证明，真正好的舞台艺术品，无须这奖那奖的烘托和拉动，自自然然地在舞台运行，舞台保留，多少年多少代地愉悦着观众，充实着舞台。这里只消举出创演于50多年前的京剧《杨门女将》《白蛇传》，话剧《茶馆》，创演于30多年前的舞剧《丝路花雨》，和同样创演于三四十年前的歌剧《洪湖赤卫队》《江姐》，就足以说明一切了！

其次，保留在观众的心目中。哲人有言，观众永远是文学艺术品合格不合格的权威评判者和鉴定者。它超越了专家学者"爱好"的局限，不顾权威们的推崇或贬损。群众的选择，是最无情也最有情的抉择。正像民间盛传的顺口溜所言："这奖那奖，不如观众的褒奖；这杯那杯，不如民众的口碑！"真正的好戏能够达到"有口皆碑""不胫而走""所向披靡"，正是"保留"的最高境界。当然，这是就总体而言，正如阎肃所说："每个民族文化中都具有正向的、中性的和负面的价值。"（阎肃在第二届优秀保留剧目大奖表彰座谈会上的发言）同样，民众的审美取向也有正负之分、文野之分、高下之分，绝不可迁就某些不健康情趣。一如"后半夜二人转"之类，那不叫"保留"在观众心目中，那是卑微的低级趣味的满足和私欲的发泄。

再次，保留在艺术史册上。要经得起时间的检验，"青史留名"是古往今来人们的向往。"雁过留声，戏过留名"——姑且篡改一下成语俗谚，借借势，拉大旗也。自戏剧成型以来，出现过多少剧目，恐怕谁也说不清。梨园行里讲，论戏，"唐三千，宋八百，写不尽的秦汉三国"，是就题材说的；成品呢，没准数，以"浩如烟海"名之，当不为过。经过时间的检验和历史的选择，大浪淘沙，赤金自显。一大笔优秀遗产摆在面前，令我们欣喜，促我们奋进。其中，许多优秀剧目至今仍活跃在艺术舞台上。新中国成立以来，在党和政府大力倡导扶植下，舞台艺术作品更是硕果累累，精彩纷呈。就总数论，不说上万，当以千计！当然，就艺术质量说，参差不齐，平庸者众。为此，急盼从业者把眼光放大些，放远些，要有"功在当代，利在千秋"的胸怀！要弘扬"文化自信，文化自觉，文化自强"的精神，向着"保留"的目标阔步前进！

"保留"：喜获专设奖项的助推力

喜讯传来，文化部有关舞台艺术的评奖实施了重大改革：设立"优秀保留剧目大奖"，获奖者每部作品奖100万元，是名副其实的大奖、重奖。

回顾舞台艺术政府奖——"文华奖"的设立，深感其间的发展变化。如实说，是一个认识深化、逐步完善的过程，鼓励创作兼及演出的过程，着眼眼前和放眼长远的过程，一个自觉到更自觉的升华过程。

1991年确立"文华新剧目奖"之际，我作为文化部政策法规工作负责人、部务会议成员，参与了设计的全程。当时正值摧残文化的"文化大革命"结束，新时期开局之际，文化战线一片凋零，"八亿人民八出戏"是最生动的写照。鼓励创作，推出新戏，成为最迫切的需要，因而"文华奖"的设立，特意加了"新剧目"字样。1992年正式开评，效果立见。三届评下来，推出了一批新创佳作，文艺战线日显生机。但弊端也暴露了出来，由于只评比当年的创作，不计演出场次，伴生了只顾争奖、争完封箱的弊病，既不利于推向市场，面对民众，也悖谬了繁荣创作的初衷。1995年第四届起做了重大改革：时间扩大到五年中创排的剧目，演出场次至少30场，京、昆、歌剧、舞剧适当放宽。还规定获得了"文华新剧目奖"的剧目，再加工提高，精心演出，五年内可申报"文华大奖"。这既鼓励多演常演，又倡导修改提高，走上良性发展的道路。此后，演出场次的要求又有提高，一般剧目至少50场，京、昆、歌剧、舞剧等至少30场。到2009年评定2007—2008年度"国家舞台艺术精品工程"资助项目时，申报资格一律提升到演出100场。要旨都在"奖优秀，促多演"：鼓励好戏常演，好戏多演，用好戏占领戏剧舞台。体现了认识的提高和自觉。

2009年，一个崭新的奖项降生了："优秀保留剧目大奖"，并配以面向全国的巡回演出活动。

文化部分管这项工作并促进奖项设立的王文章副部长说："'大奖'的设立，目的是动员和号召全国艺术院团遵照'二为'方向和'双百'方针，站在时代要求的高度，坚持艺术的继承和创新，在弘扬优秀艺术传统的基础上，开拓艺术创造的新境界，不断繁荣艺术创作，把最优秀的精神食粮奉献给最广大的人民群众。"

蔡武部长指出："这是文艺评价机制的一次重大改进，也是促进我国舞台艺术繁荣发展的重要举措。"他强调："这一评奖着眼于演出，着眼于传承和继承，着眼于在演出实践中，接受时间和观众的检验，更加符合艺术规律。"他认为，开展这项活动有利于树立正确的文艺创作导向，发挥文艺作品引领风尚、教育人民、服务社会、推动发展的作用；有利于增加中华民族当代文化积累。

这些都表明了政府文化领导部门的眼光和胆识。"保留"作为舞台艺术最高境界，获得了完全承认和高度重视，善莫大焉！

2009年举办了第一届评选，2012年举办了第二届。两届下来，获奖剧目达 38 台。粗粗一看，不禁大为惊喜、兴奋，甚至颇觉震撼！"一出戏救活一个剧种"，比如昆曲《十五贯》赫然在目，已演了 1500 多场；豫剧《朝阳沟》演了 5600 多场；吕剧《姊妹易嫁》演了 3100 多场；黄梅戏《天仙配》演了 1700 多场；京剧《杨门女将》演了 800 场；芭蕾舞剧《红色娘子军》演了 3600 多场；歌剧《洪湖赤卫队》演了 2400 多场；歌剧《江姐》演了 700 多场；儿童剧《一二三，起步走》从前身《小城故事多》到新版，累计演了 4000 多场；舞剧《丝路花雨》是新时期舞剧艺术的扛鼎之作，30 年来，演了 1600 场；眉户剧《迟开的玫瑰》，送戏下乡，送戏进校，省内巡演，全国巡演，1999 年推上舞台，已演了 600 多场；就连曲高和寡的雅乐梨园戏《董生与李氏》，演出也高达 465 场……不再一一列举了。

《光明日报》高级记者单三娅说得好："好戏永远是好戏。它不用'穿越'的手段本身就能穿越。它的戏中人物不管演什么时代的故事，穿什么时代的服装，都能以感情的力量、人物的力量、性格的力量、正义的力量，打动人心。"

这些优秀剧目传递的主流价值观和民族传统美德，无异于精神原子弹，冲击波远播于观看的民众之中，意义重大，影响深远！

殷切希望这项活动坚持下去，推广开来，走向完善。当然，也希望健康运行，不要出现弄虚作假、虚报谎报之类。真为尊，诚为贵，慎之慎之！

"保留"：呼唤配套改革和保障

做好扶植舞台艺术剧目保留这件大事，还有赖于推出相关的配套措施予以保障。以改革促发展，改革为艺术繁荣护航。这方面，我以为，目前是否需要做以下几件事：

其一，剧目生产机制的改革。这方面的改革属于微观运行机制，无论改制转企的单位，还是保留事业身份的院团，都非常需要。文化体制改革的深入，不能不涉及微观运行机制！要给予艺术院团以充分的艺术生产自主权。真正做到小平同志早就强调的"领导就是服务"，"不横加干涉"。为剧院剧团解去束缚，使之得以放开手脚，至少不要随意将"面子工程""政绩工程"的担子强压下去，专为炮制各色文化"快餐"，急制急用，用完就扔。当然，院团也要胸怀大志，胸有全局，既要分出一定力量配合节庆迎宾等的急需，更要有通盘考虑，长远考虑。要订出中长期剧目生产排演计划，抓关键，抓重点，力求"立得住，传得开，留得下"——"立"于当前，横向"传"开，"留"之久远，以此作为艺术生产的总要求、总目标。

其二，文化行政部门要为"留得下"做后盾，健全扶持保障机制。道理不多，实干就是。我很赞赏河南省文化厅的做法，厅领导把他们的经验概括为：多策并举，把"有基础"打造成"留得下"。具体说来，一是及时发现"有基础"的剧目，签订重点剧目建设目标责任书。厅里集中财力、物力、人力等资源进行强力支援，以"强强联合"促推剧目的攀升。二是反复打磨，精益求精，确保把"有基础"打造成"留得下"。该省已获"优秀保留剧目大奖"的《朝阳沟》和《铡刀下的红梅》都是如此。后者为"小皇后豫剧团"创排，王红丽领衔主演，已演出1600多场，为唯一上榜的民营剧团作品。三是在继承传统的基础上勇于创新，在稳定固有老观众基础上尽可能多地争取青年观众。四是在演出实践中进行检验，根据观众的反馈和建议进行再加工修改。据说《铡刀下的红梅》已修改上百次！五是组织巡演，让优秀文艺作品在观众中深深扎根。他们先后组织了两度"上海展演周"、两度"北京展演月"以及"海南行"等，还特意承办了"文化部首届优秀保留剧目洛阳展演月"。走出省门、国门，并引来好戏，惠及百姓。

笔者不厌其详地引出这许多，想说的就是一句话：要促成优秀作品的涌现和保留，政府，特别是充任主管的文化部门，一定要有所作为！不能缺席，不能缺位！河南省的朋友们已经做出了榜样！

其三，剧院团建立保留剧目轮换上演制。逐步实行"一年早知道""二年早知道"。制定后，还要面对国内外大力宣传，使其广为人知。

为什么？一是为了剧院团的内部管理。科学管理的内涵之一是任务明确，职责分明；事有人干，人有事干；各负其责，各展其能。为了共同目标，上下齐心协力。以任务带团，向来是剧团管理共同的经验。这对话剧类院团当前还有特殊需要，针对不少演员借出参加电影电视剧排演的情况，"一年二年早知道"，各方心里明白，早做安排；有章可循，有据可查，大大减少了扯皮现象。二是为了剧目营销。建立和健全舞台艺术品营销机制，也是笔者前边提到的微观运行机制改革的重要构成。计划经济下剧院剧团运行的一大弊端就是不重视营销，从观念上不屑于，从手段上不善于宣传自己、美化自己、推销自己。一出新戏排出来，最多报上登几句话打个小广告；日常演出，则当天水牌上见。基本上是听其自然，率性而为。内心深处则是"酒香不怕巷子深"的自得自恋，透着自然经济的盲目自信。如今处在商品经济的格局下，确确实实需要一场观念更新的改革了。

要敢于宣传，更要善于宣传；要重视营销，更要千方百计搞好营销。实行演出年（季）制是营销依托的重要前提，抓好宣传，则是笼络观众、实现最佳"保留"的手段。不是常说要和西方接轨么？介绍一点笔者带团赴西欧、北欧、南美、北美一些国家考察文化运行（包含文化管理、文化法规）时的见闻吧。听了行业协会负责人、剧院团管理者、文化官员等介绍，西方专业剧院团通常都实行一年、两年甚至三年演出剧目早安排的模式，印发宣传品、登娱乐报刊、网络宣传等多种途径广泛宣传，目的在提供给观众早做打算。西方人有利用休假出游的习惯，在自然风光、名胜古迹、风土人情等之外，往往要选择观赏艺术表演的内容。上网一查，一目了然，行程便定下来了。笔者去德国慕尼黑考察，正赶上久负盛名的啤酒节，不会喝酒，却沾光看了两场高档演出：一个是贝多芬作曲的歌剧《费德里奥》，一个是柴可夫斯基作曲的芭蕾舞剧。两者都是巴伐利亚国家歌剧院的"保留"剧目。《费德里奥》剧和《哀格蒙特》（歌德创作之悲剧）同属贝多芬歌剧音乐创作的顶峰，1805年首演以来，180多年盛演不衰，是剧院"保留"的常青树。据说专程到慕尼黑的许多游人，正是冲着观赏这些经典而来的。我们访问过的芬兰坦佩雷工人剧院、瑞典赫尔辛基话剧院、智利圣地亚哥国家剧院……也都实行类似的"保留"剧目早安排。在西方世界，这几乎是通例。

我们国家呢，日前获得一个有趣的信息：近日公布了《国务院办公厅关于印发国民旅游休闲纲要（2013—2020年）的通知》，明确提出，到2020年职工带薪休假制度要得到基本落实，带薪年假最长可达23天。度假者对度假地的选择是否也会包含欣赏经典保留剧目呢？演出季一年两年"早知道"似乎有了新的依据和对象。须知国内旅游的兴起，也早不止一天两天了。

其四，演出团体需要至少有一个自己管理的剧场。这在西方世界也是通例，在我国却几乎是特例。试想，每次演出都要租借剧场，何来"早知道"？

"保留"所需的保障措施应该还有许多，先列出这几条吧。也许难于一时做到，但如果认同，总可以作为目标，逐步实现吧。据传河南省领导就曾承诺，要使省直表演艺术团体，每团拥有一座剧场，缺失的补建，陈陋的翻修。这实在是既有眼光又有魄力的大手笔，期盼早日兑现！

"保留"：处理好几组关系

先列三点：一是"保留"和"继承"的关系。优秀剧目的保留离不开代代相传，这既为供观众欣赏之所需，又是培养新人的手段和载体。歌剧《江姐》编剧阎肃称，在首演并"保留"该剧的空政文工团，迄今已是第五代"江姐"。那么在甘肃省歌舞剧院，《丝路花雨》怕也有不少四代五代"英娘"了吧。在湖北省歌舞剧院，《洪湖赤卫队》至少有三代"韩英"！川剧《死水微澜》的川妹子"邓幺姑"，不仅造就了两个"二度梅"获得者田蔓莎、陈巧茹，还培训了四川省艺术职业学院不少初学者！至于京剧《四郎探母》，最辉煌的是当今名角李维康、耿其昌伉俪在中央电视台春晚的呈现，但到底有多少"代战公主"和"杨六郎"，恐怕无从统计，谁也说不清。因作为生旦入门教学的"人之初"型的启蒙篇，不知让多少学子受益。可见"保留"而"继承"是笔宝贵的财富，弥足珍惜的好传统！

二是"保留"和"创新"的关系。随着时代的前进，观众审美情趣的变迁，优秀的保留剧目也会有相应的变化和创新，但一些根本性的要素却不宜变。借用梅兰芳大师谈表演的原则，叫作"移步不换形"吧。

我的看法是：可以变，也可以不变，但不能乱变。

可以变。剧作家阎肃谈到歌剧《江姐》的变化时称："当年的主题也许更侧重于阶级斗争的展现，可随着时代的发展，我们更愿使观众从江姐和其他革命者身上，感受到信仰之于人类精神世界的引领。"他们据此做了相应的调整和加工，这是成功的实例。

也可以不变。"保留"剧目毕竟是一定时代的产物，不能不带有时代的烙印和某些局限。如1958年推出的豫剧《朝阳沟》，写的是知识青年上山下乡，参加体力劳动，与农民结合。城市女青年银环最终和家在农村的恋人栓保结为夫妻，扎根农村；两位亲家母也由不和到亲和。这样的题材和主题，当然已经显得过时。但有趣的是，该剧却深受观众欢迎，常演常新，演则爆满，迄今已演出5632场，高居第二届"优秀保留剧目大奖"获奖剧目的演出场次榜首，比排在第二位的《红色娘子军》高出两千场。何以如此？评奖介绍中谈到"全剧语言富有个性特点，有浓郁的生活气息和地方色彩；唱词生动、风趣，节奏明快。剧本故事完整，人物集中，是豫剧现代戏的一部代表性作品，对于戏曲现代戏的创作具有启示意义"。说得对！照我看，从根本上说，和中国老百姓看戏的需求相关，他们是来听唱、来看表演的！这也同京剧《四郎探母》相似，在被误认作宣扬投降主义禁演的时刻，照样禁不住，行里行外都要听那口绝对优美的唱！

不能乱变。对于"保留"下来的优秀舞台艺术作品，我认为应抱敬爱之情，敬重之情，敬畏之情。这是对历史的尊重，对民众的尊重，对前人（或他人）劳动成果的尊重，也是对知识产权的尊重。类似将《沙家浜》里的阿庆嫂"解构""创新"成荡妇淫娃的行径，首先是侵权违法行为！《著作权法》明确规定，作品修改权、保护作品完整权只属于著作权人！总之，妖魔化、怪异化、淫秽化的瞎改乱改，除了表现改编者的轻薄、傲慢、无知之外，绝对捞取不到别的什么。

三是"保留"和"推广"的关系。优秀舞台艺术作品的"保留"，无疑首先"保留"在本团本台，参评"优秀保留剧目大奖"场次的依据也在此。但我认为，这未免失之于狭隘和不周严。北京人艺的优秀剧目《茶馆》，硬被排斥在"优秀剧目大奖"之外，便是最令人痛惜的恶果！"保留"应该突破这种局限，保留在多剧种、多剧团的多种多样的舞台上。好戏全国演，全国看好戏，使之成为共同的财富。中国戏剧发展的上千年历史，就是这么写的。有好戏，大家都搬，大家都演。可以说，推广、推开、扩散，原本就是"保留"题中应有之义。评选"优秀保留剧目大奖"时，应该将传播、改编、扩散作为重要的参考标准，纳入评判的视野。事实上，有些入选剧目早就被移植改编而广为传播了。

为了鼓励移植、改编优秀剧目我建议：一要保护原作者的著作权益，支付必需的费用。但鉴于许多基层剧团经济上的困境，可由文化行政部门统一购买作品使用权，其他剧团自由使用。此事，前些年文化部已有先例，效果甚好，希望继续施行。二可设立专门奖项，如"优秀移植改编奖"，作为"优秀保留剧目大奖"的补充和配套工程，予以激励。在操作上，可举办"移植改编剧目汇演"或大奖赛。这样做，既充实了基层剧团演出剧目库，也便于他们将好戏送到更广大的民众面前，好处多多。

这一建议思虑多时，郑重提出，供有关领导决策参考。

（原载《艺术评论》2013年第4期）

淡化争奖情结，放眼更高标准。
本文从新的视角提出了艺术追求的谏言。

——笔者

跃登舞台艺术最高境界：保留
——喜看《朝阳沟》现象

河南豫剧院三团，1958年创排了一出现实题材新戏——《朝阳沟》（以下简称《朝》）。3月20日首演于郑州，随即奉调进京献演。也许连他们自己也不曾想到，如今风雨行程六十载，已经赫然成为超世纪的经典剧目：演员换了几拨，剧目却依然活在舞台上，常演常满座，常演常新鲜，呼声不断，久演不衰。据说演出累计已经超过5000场！2009年文化部新设的"优秀保留剧目大奖"发布：位列第二届获奖剧目榜首的《朝阳沟》，申报时已演出5600多场。业内尊称为"朝阳沟现象"，影响深远，美名远播。

如实说，我不记得是否赶上观赏初登舞台的现场演出，但隔年长春电影制片厂推出的戏曲艺术片肯定看过，印象极深，男女主人公栓保、银环仍由王善朴、魏云扮演，栓保娘则由常香玉大师亲自出马，至今恍然眼前。近些年来，更是有机会在北京、河南多次观看到现场演出。河南省送戏进京似乎有个老规矩：除了新创剧目之外，总要带上《朝》剧，而且几乎每次都是《朝》剧票房最高、卖座最好，无须特别宣传，戏迷们总是奔走相告。我是每来必看，亲自感受到剧场的热度，惊讶之余，进而促使我思考了许多。

多年困惑　"保留"缺失

近几十年来，由于工作关系，看戏的机会多，算得上个"职业"观众吧。看多了，看久了，欣喜之余，不免渐生遗憾：好戏昙花一现，谁去关怀保留？

这和体制相关。新中国成立以来，我国按苏联模式，实行的是统包统管的计划经济，既救助了旧社会饱受摧残的艺术和艺人，又在新时代促进艺术事业前进的同时，一定程度上束缚和妨碍了艺术的发展，突出表现在艺术生产目的的倒错：对上不对下，争奖不争观众，看领导不看票房。"评奖轰轰烈烈，市场冷冷清清。佳作不断涌现，舞台难觅踪影。"呈现出一种畸形发展状态。用老百姓的话说就是"狗熊掰棒子，边掰边扔"……至于"政绩工程""面子工程"，以及各色综艺晚会等等，更常常是人走场空，只留下一堆堆垃圾。

于是，艺术生产管理体制呼唤改革；改革，呼唤舞台艺术优秀作品的"保留"！

淡化争奖情结　强化保留意识

设奖曾经非常必要，十年"文革"浩劫，文苑一片凋零，激发新生，鼓励创作，促进繁荣，评奖的的确确起过十分积极的作用，无须多言。但行里行外、上上下下，眼里只有"奖"，难免又走上了岔路。对此，一个时期以来，各方面都颇有微词。

针对这种现象，经过认真思考，2013年初，我提出了一个自我认定的命题："保留：舞台艺术的最高境界！"以此为名的文章刊于《艺术评论》杂志2013年第4期，要旨为：淡化争奖情结，走出评奖困局；摆正生产目的，树立保留意识。

我深以为，以文艺类评奖说事："无论多大来头多高荣誉的奖项，都只辉耀于一时，也只存在于一时。这是基于各类设奖都有一定的现实功利目的，其评定标准既有现实取向性，又有时间的局限性；它能证明许多，却不能说明一切。而且任何评奖都不乏各种偶然性因素：评委构成，专家眼光，个人爱好，视野局限，感情取向……更别说带根本性的个人艺术观、审美观、价值观，以及是非观、善恶观、美丑观等差异。选人不当，把关不严，评判结果全歪。因而上榜的未必优于落下的，落选的往往优于高中的，这种情况所在多有。这些也还都在正常范围之内。更有甚者，类似足球黑幕里的'吹黑哨''看钱吹哨'种种，谁敢打包票，文艺评奖中绝无？"

因而我坚持认为："就舞台艺术的终极价值而言，能排除备存于各式各样评奖中，戏内戏外种种主观客观、偶然必然因素干扰的，只有一个：保留！""它客观，公正，无私，阳光；它摒弃了一切徇私舞弊，也排除了一切爱恨偏颇；它摆在明处，看得见，摸得着。金钱买不来'保留'，权力压不出'保留'！它是一切舞台艺术品的最高境界，也是一切舞台艺术从业者追求的最高目标！"这些话便是摘自本人前述文章中。

至于何谓"保留"？如何"保留"？我提了个最简单的标尺：舞台说了算，民众说了算，时间说了算。即"保留"在艺术舞台上，"保留"在观众心目中，"保留"在艺术史册里。

解析开来，话太长，不细说。有兴趣的朋友可以审看我刊于《艺术评论》的文章，并祈指正。眼前要说的话就一句——豫剧《朝阳沟》为我们做了形象的诠释。

《朝阳沟》的多重启示

《朝》剧风雨行程60年，几乎像神话似的在那儿自在生存：无须封赠，无关赏赐，自自然然、明明白白地在戏曲舞台上"保留"着，闪耀着，辉煌着。

然而事隔半个多世纪，时移而事异，情过而境迁。可几十年来，观众就是想看，爱看，要看！那份执着、那份依恋、那份情有独钟……这中间到底有何奥秘和诀窍呢？

中国舞台艺术的传统是"高台教化"，是"鞭笞假恶丑，颂扬真善美"，讲究的是"惩恶扬善""善有善报，恶有恶报"，所谓"以文化人""以文化心"是也。然而这种"教化"的功能却不能简单化、符号化。

具体到《朝》剧，总体上看，其思想层面展示的是乐观向上的情操，积极进取的态度。是了解民间疾苦，与民众共同奋进的精神；是战胜困难、毫不妥协的精神；是城乡团结、互敬互爱的精神；是追求真挚爱情、摆脱低级趣味的精神。这一切构成了《朝》剧的积极思想内涵。从大处着眼，我们似乎懂得了观众对《朝》剧主旨局限的宽容。

当然，构成《朝》剧保留要素的还有更多。

"优秀保留剧目大奖"介绍该剧时有一番话："全剧语言富有个性特点，有浓郁的生活气息和地方色彩；唱词生动、风趣，节奏明快。剧本故事完整，人物集中，是豫剧现代戏的一部代表性作品，对于戏曲现代戏的创作具有启示意义。"

这些话表述了一个总概念：《朝》剧讲了一个好故事。要素包括：故事完整，情节紧凑，人物鲜活，性格明朗，语言生动，富于机趣，如此等等。这些都非常重要，细说起来，每一条都不失为戏曲现代戏成功创作的一项重要经验。

综合起来，是为一度创作：剧本剧本，一剧之本。杨兰春先生为整个剧目打下了基础，功不可没！

戏曲作为综合艺术，还要讲究二度创作。就《朝》剧说，我印象极深的是音乐唱腔设计和强大的演出阵容。

先说音乐。据知情者称，《朝》剧音乐形象是划时代的，在豫剧发展史上是属于空前的。无论主角配角，无论大小唱段，几乎都能流传。河南省电视台有个红红火火的栏目《梨园春》是戏迷们自娱自乐的场所，也是培育豫剧新秀的园地。那里，《朝》的大小唱段，连绵不绝，银环的"上山""下山"；栓保教银环"锄地"的"前腿弓，后腿蹬"；二大娘、栓保妈、银环妈的三重唱："亲家母，你坐下，咱们说说心里话。""亲家母，咱都坐下，咱们随便拉一拉。"堪称常响金曲！次说演员。在"保留"上下功夫，剧团配置了强大的演出阵容。第一代极出色，老观众们赞不绝口。后续者也颇见华彩，如新秀杨红霞饰银环，她以此斩获"梅花奖"，光彩绝不输于前辈。

总之，照我看，《朝》剧讲了一个好故事，唱响了一组好音乐，展示了一台好演员。剧本好、音乐好、演员好，三好并一好，"保留"实现了。

由衷地祝贺，祝贺，再祝贺！

（原载《中国文化报》2018年4月9日）

改编：丰富戏曲舞台的快捷通道

先亮底牌：本文所说的"改编"是相对于直接来自生活的"原创"而言；论说范围，特指戏曲创作。

一、走出原创崇拜

在文学艺术创作领域，一切原创品都是弥足珍贵的；"艺术贵在创新"，"嚼别人嚼过的馍不香"，为颠扑不破的常理；复制品、仿制品等等，理所当然退而次之。戏曲艺术自然也应当如此，但我却想提出一个有点唱反调的命题：走出原创崇拜。故弄玄虚？哗众取宠？非也，实在是有所感而发，也有思考的依据在。

戏曲创作从来就有自身的特殊性。从历史上看，我国的戏曲艺术作为独立的艺术形态，大大地晚于史书和文学创作，最初成形的戏曲剧本也多半改编自史册和文学作品。《春秋》《左传》《史记》《汉书》《三国志》等史籍提供了大量的历史故事的雏形，所谓"写不尽的秦汉列国"，盖指由这些史书生发出的戏曲作品。小说类作品，包括唐人传奇小说，以及此后的"三言""二拍"，等等，几乎是一系列优秀戏曲作品撷取灵感和素材的宝库：《长恨歌传》《莺莺传》《李娃传》《虬髯客传》《枕中记》《杜十娘怒沉百宝箱》《卖油郎独占花魁》《乔太守乱点鸳鸯谱》《玉堂春落难逢夫》《白娘子永镇雷峰塔》……特别是长篇小说的经典《红楼梦》《西游记》《水浒传》《三国演义》《封神榜》等，成就了多少享誉舞台、脍炙人口的戏曲传世佳作！

当然，也有直接来自现实生活的提炼，比较有名的是明末清初剧作家李玉写阉党魏忠贤等迫害东林党人的佳作《清忠谱》，以及同为明末清初剧作家孔尚任抒家国兴亡情怀的巨制《桃花扇》。不过戏曲史上，这类"原创"剧作不大多见。

从当今戏曲舞台的现实情况看，据权威部门统计，改革开放初期的1983年，全国共有戏曲剧种374个，各级各类国营剧团多达两三千；2012年，戏曲剧种锐减为286个，国营剧团尚有1000多，同时还有超过数倍的民间职业剧团。这些剧团，无论国营民营，主要是市、县级及以下的团体，就总体上说，都缺乏原创剧目的实力。"照搬照演""照演照搬""老戏老演""老演老戏"是为常规。对他们来说，就连"原创崇拜"也只能是遥不可及的目标和梦想。

这些年的戏剧类创作评奖，又多重在"新创""原创"。比如，作为这类奖项的最高奖：政府奖"文华奖"，设立之初就命名"文华新剧目奖"，只关注原创，只奖"新"剧目。当时虽有特殊需要，此后也改为"文华剧目奖"，删去了"新"字，但影响早已形成，获奖者也多半还在"原创""新创"层面上。这就是说，"原创崇拜"早已深入人心，蔚然成风，遍及戏苑。

为丰富戏曲舞台、寻求出路计，"走出"云云，决不是无根据无实指的空论、侈谈。

二、小步也能出新

2014年初，我应中国评剧院王亚勋院长之约，看了一台他们隆重推出的新版《回杯记》，大有收获，大受启发，集中到一点：改编移植成熟剧目，小步也能出新！

原来这出久负盛名的评苑传统剧目源远流长，竟然来自评剧两大源头"落子"和"蹦蹦戏"的《花园会》和《王二姐思夫》两出折子戏，扩展成为大戏《回杯记》，最早被天津评剧院搬上舞台，是鲜灵霞、崔连润等几代名家主演的看家戏，宗"刘（翠霞）"派。各地评剧团引进"搬演"后，也成了本团的吃饭戏。中国评剧院早些年曾经上演过，按天津原版照搬照演。这回他们别出心裁，来了个"新版"。"新"在哪里？流派转换：由原来的"刘"派风格，翻作"新（凤霞）"派应工，新凤霞入门弟子、优秀传人高闯担纲主演，果然"新"

意盎然，满目生辉。

这一番流派转换可以说是小改翻新篇，讨巧又讨好。之所以如此，就和中国老百姓多年形成的观赏戏曲的习惯相关了。固然，老百姓看戏先看故事，要求获得好人好报、恶人恶报的心理企盼，但同时他们要欣赏艺术，要听那一口唱，要看绝活儿，看玩意儿。老年间不是常有这样的现象吗？老观众一次又一次买票看老戏，故事早已烂熟，不再关心，闭目养神，单等那酷爱的百听不厌的唱段，摇头晃脑地听完，抽签走人，这颇有些走极端。但看看当今那些歌星影星的铁杆"粉丝"们在现场的超级疯狂，也就明白了。

北京是评剧的大码头，标有"中国"字样的评剧院，集聚了各行当领军型的一大批名家名角，新凤霞是其中的佼佼者。"新"派艺术起始于北京，源头在北京，也拓展于北京。《回杯记》的流派转换既发挥了"新"派源头根据地的地域优势，丰富了剧院的演出剧目库，又满足了京城评剧观众们的渴求，给宗"新"、喜"新"、爱"新"、崇"新"的众多"粉丝"们以新的"新"派艺术大餐，岂不是一举多得、一本万利的大好事吗？

改编也是创造。流派转换，重在音乐。新版音乐设计，剧院请来了新凤霞唯一男弟子樊继忠任首席。当年继忠正式拜师学艺，深得老师真传：特点摸清了，唱腔吃透了，表演烂熟了。但他不是男旦，不登台，长项在音乐唱腔设计。由他主创，《回杯记》表演现场不时响起新凤霞代表性唱腔的旋律，可谓"新"风盛吹，"新"调高扬，"新"气洋溢，清新亲切。主演高闯，1983年正式拜师新凤霞，住老师家半年，勤学苦学巧学，真个是得天独厚。在《回杯记》中，尽情挥洒，可圈可点，迎来了一片叫好声。

总之，我主张为积累常演剧目，丰富演出库，各级剧团尽可"照葫芦画瓢"：依据自身特点，发扬自身优势，量体裁衣，量力而为，哪怕是二度创作上的流派转换，来他个小改大翻新，闯出一条改编新路。

三、拓展视觉魅力

如实说，这些年来，戏曲改编已经积累了相当丰富的成功经验，成就了一批精品佳作，诸如根据李劼人长篇小说改编的同名川剧《死水微澜》，根据老舍长篇小说改编的同名京剧《骆驼祥子》，根据曹禺话剧《原野》改编的川剧《金子》,同名话剧改编的黄梅戏《雷雨》,根据周大新中篇小说《香魂塘畔的女人》改编的豫剧《香魂女》,根据萧红中篇小说《生死场》改编的评剧《我那呼兰河》,根据李一清短篇小说改编的同名川剧《山杠爷》……可以排列成一个长廊。

我个人认为,其间成功的诀窍集中到一点:充分尊重戏曲规律,功夫下在"戏曲化"上。即立足于戏曲艺术的本体,扬其长而避其短,拓展视觉魅力,获取新的艺术生命,力求使其成为超越母本的新的艺术品。

说"超越",绝不是盲目地自傲自诩。以《死水微澜》为例,读长篇小说,一要有相应的文化底子,二要有相当的空闲时间。而基于戏曲的通俗化、大众化特色,却更便于扩散和传播。如果做一点探访调查,川剧《死水微澜》的影响将远远大于原著母本。这不是艺术成就的高下之分,只不过因特点不同而导致影响面的差异而已。而且有原著的依托,仿佛站在他人提供的台阶上,理应登得更高,看得更深,走得更远。

谈到尊重和遵循戏曲艺术规律,从改编成功者的经验中,我认为至少可以看到以下三点:一是选准视角,提炼题旨;二是做好加减法;三是腾出表演的空间。

关于"视角"和"题旨",名家徐棻着笔改编的川剧《死水微澜》给我们提供了范本。剧作形象地展示了辛亥革命前后巴蜀一个普通农家少女向往幸福、追求真爱、争取自由、改变命运的人生轨迹。正像评论家张羽军所言,该剧构思之"精",在于作家"高瞻远瞩地把邓幺姑的悲剧命运,融汇到民族历史的惊涛骇浪中"。在死水般的生存环境里,邓幺姑的爱情微澜与民众抗击外侮的波澜相交织。她个人的悲情中交响着整个国家民族的悲情,传出了时代主旋律的强音。这是当代人站在今天的高度才能清醒评价的一种古今悲愤。于是,"悲情化"成为剧作家深化原著和进行构思的焦点,从而让《死水微澜》在观众心里掀起惊涛骇浪,成为评论家们称道的"川剧新经典"和"革新的里程碑"。剧中,大幕闭上之前,邓幺姑之母邓大娘那一声"这个世道怕是要变了"的惊叹,是质疑,是寓言,是期盼,更似春雷,预示着一个时代的终结,也闪现出新时代的一线曙光。

同样,川剧《金子》的改编也为人们提供了相似的经验。初识此剧,我就曾撰文称赞:隆学义先生的改编本,"以独特的视角、深层的开掘、新意的诠释",成就了"改编的成功之作","成为富有崭新生命力的上乘艺术品"。它以

"主角的换位"——让金子替代仇虎成为第一主角，居于舞台中心，并相应地对全剧的矛盾冲突和戏剧情节做了调整，进而实现了"主题的深化"——原本仇虎的复仇既有反抗邪恶势力、伸张正义的合理性，又包含了"父债子偿"的冤冤相报的狭隘，以及"斩草除根"、滥杀无辜的过激，反映出某种人性的扭曲。新作则通过金子善良本性的展示，借助童年友谊的温馨回忆，以她稚嫩柔弱的肩头，担起化解"冤孽"、降温"仇恨"的重任，尽管最终未能如愿，但以她的作为，形象地对狭隘的复仇主义、恐怖的杀戮行为（特别是无辜婴儿之死）表示了保留和批评，这就深化和拓展了主题内蕴，给观众以新的思考和启迪。

其次，说到"加减法"，这几乎是每个改编者的必修之课及改编本的必经之路，差别只在运用的巧拙及成效的高低。按戏曲行向来的规矩，演出本的基本要求是：立主脑，去枝蔓。事件越集中越巧，脉络越清晰越新，人物越突出越好。一出大戏无非两小时左右，剧情扑朔迷离，头绪纷繁杂沓，人物匆忙穿梭，只会让观众摸不着头脑，如坠五里雾中；而总在迷茫中猜谜，自然会坐不住，抽签了事。

通常改编所依据的母本，特别是中长篇小说，总会有超乎需求的人物设置、故事编排、情节结构。即便是话剧、影视作品，容量也往往比戏曲要大许多。这就要勇于舍弃，善于选取。做好减法是为改编的第一要务。

然而依据戏曲艺术自身的规律，还需要加法。"攻其一点，不及其余"，作为思想方法，是形而上学、走极端；作为戏曲创作，则几乎是必备手段。写戏就是要找出节点、亮点、关键点，极力铺张之、凸显之、放大之，能走多远走多远。须知用不好加法，难免平铺直叙，平淡无奇，实为编剧大忌。

总之，做好加减法是一门大学问，致力改编的作者务必过好这一关。

我想借姜朝皋先生由电影《大清炮台》改编为婺剧剧本《铁血红颜》说一下。我由衷地认为，这是一次非常成功的改编，增减有度，运用自如，为我们提供了有益的借鉴。

影片表现的是鸦片战争后，我国浙江沿海某地炮台抗击英国侵略者的残酷战争。编剧不按常规出牌，这些炮台守卫者竟然是一群为求赏钱受蒙骗被裹挟而来的"乌合之众"——根本不会打仗的平民百姓，其中还混进了故事主人公——女扮男装的冯雨秋。然而他们目睹了洋寇对我同胞绝灭人性的屠杀，义愤填膺，奋起反抗，前仆后继，终至全体阵亡。

改编之初，姜朝皋为自己设定了目标，要有机融合三种叙事：一是史诗性叙事，要有宏大的气势和广阔的场面来表现这场严酷的战争，营造出恢宏惨烈的氛围。二是传奇性叙事，要悬念迭起、险象环生，呈现起伏跌宕的人物命运。三是成长性叙事，写足转变，让这群炮台假炮兵成长为真勇士。特别是女主角冯雨秋，从胆小柔弱到射出轰向敌寇的第一炮，再到战地"进洞房"，直到炸毁炮台与敌人同归于尽。

　　如何操作？先做减法，从结构上把散点式的700多个电影镜头浓缩成几场戏，大刀阔斧地删除无关紧要的一般性、过场性情节，删除了原著中可有可无的人物，如总兵等，提炼凝聚，集零为整。

　　再做加法，找准出戏的地方，大肆渲染，大加发挥。我很赞赏两个情节的处理：一个是扮作男人的女主人公和一群男兵同宿一个营帐的尴尬；一个是恢复女装的冯雨秋自设"洞房"要为抗敌汉子"留下种"的壮烈。

　　前者原本几分钟的电影镜头，婺剧放大成将近20分钟的整场戏，诙谐幽默，机智风趣，既让人担心，又令人忍俊不禁，是全剧中十分难得的一场悲中寓喜、庄谐搭配、张弛有致的好戏。

　　后者则几乎是全剧的灵魂，撞击心灵的重锤，艺术审美的高点。同时这场女主人公自请当"战地新娘"的戏，也正是作者努力"从叙述故事的层面到走进人物内心的层面再进而深入到人性的层面"（作者自述）的神来之笔！

　　决战前夕，已暴露女身的冯雨秋，被千总下死命令次日晨离开炮台。患难与共的战友们诀别之际，不免生发出这辈子未能成亲生子、从此断绝香烟的慨叹。她百感交集："众兄弟噙热泪把话语寄，留遗言托后事分外惨凄；好男儿拼死疆场把身家弃，实可叹断香烟绝了后裔。"她"含悲泪忍心酸拿定主意，诀别前做一回壮士的妻"！她恳请千总为她选一位郎君，今晚成亲，祈祷苍天开眼，能为炮队"留个种"，为烈士"留个后"，长大好再杀洋鬼子！此言一出，真可谓惊天地，泣鬼神！尽管众好汉在她的营帐外恭守了一夜，没一个人进入，但那份情怀，那番圣洁，真个感人至深，催人泪下！这岂是一般男欢女爱所能比拟的？又岂是贞操、爱情、文明所能涵盖的？更是与那些阴暗卑微心目中的纵欲、苟合等完全不能同日而语！正像作者所言："这种超越一切理性评判的生死婚嫁，寄托着生命之重，圣洁之情，是人类大爱的显现，从中闪耀出透彻心扉的人性光辉。"我真心希望朋友们找机会看看这出戏。

说到留足表演空间，道理无须多讲，这里既包括一度创作的剧本，也包括二度创作的舞台呈现，特别是舞美设计和制作。尊重戏曲表演要求，遵从戏曲审美规律，要在虚拟性、假定性，以及程式化、脸谱化（必要时）的戏曲空间成就一台台好戏、佳构。那种把太和殿硬搬上戏曲舞台，令演员在铺得满满的台阶上上蹿下跳，让观众提心吊胆地像观看杂技似的生怕演员摔倒，委实不可取。还有在戏曲舞台上跃马扬鞭赛马球，希望多花钱向观众席延伸台面，打个痛快淋漓，似乎和戏曲规律也相悖谬。

依我看，改编戏曲就要姓戏曲，像戏曲，是戏曲！

四、推陈期盼涅槃

改编的一个重头戏是对陈年老戏的改编，其间往往会遇到精华与糟粕并存的个体。早在20世纪50年代，毛泽东同志为中国戏曲研究院题词中就明确提出了"推陈出新"的方针，要求对历史遗留下来的文化品区分民主性精华和封建性糟粕，采取"去其糟粕，取其精华"的原则，辩证地给予科学处置。

半个多世纪以来，这方面也积累了相当丰富的经验。一些并无大恙的作品，小小"手术"之后，剔除了糟粕，保留了精华，稍事调整，早就搬上了新中国的戏曲舞台，实例俱多，不胜枚举。一些"身患重症"的作品则停演了，封存了，甚至禁演了。改编之难，也就难在这类作品上。说实话，综观这些年"推陈出新"型的老戏改编，我总期盼着有高手对那些"疑难重症"者动大手术，妙手回春，俾使抵达新的制高点：化腐朽为神奇！

我想我是幸运地发现了！这便是20世纪80年代中期，徐棻与胡成德联手改编的川剧弹戏《田姐与庄周》。

取材于庄周试妻（其源头为冯梦龙的小说《庄子休鼓盆成大道》）改编而成的戏曲作品，许多剧种都有这个改编戏。比如川剧叫《南华堂》，京剧是《大劈棺》，秦腔为《蝴蝶梦》。这是一出浸透封建意识，集迷信、色情、凶杀、恐怖为一体的典型坏戏，新中国成立后第一个被列为禁戏。基于难度极大，多年来也几乎没人动它改它。

徐棻堪称第一个敢吃螃蟹的人。20世纪80年代中，在改革开放的大背景下，在破除禁锢、开拓进取的氛围中，两位川剧大家乘风而上，勇闯禁区，打下了一片好光景。

他们在"历史的、虚构的、现实的、神话的关于庄周的种种矛盾中窥视、远眺、俯瞰、仰望,再通过想象的作用,终于发现了自己的庄周"!他们给他的定位是:"既伟大又渺小、既睿智又愚蠢、既旷达又狭隘、既可恨又可怜、既杀了人又不是凶手"的一个"自我矛盾、人格两极、瑕瑜互见的人物"。据此,剧作塑造了一个性格复杂、个性鲜明、有别于老戏的崭新艺术形象。

其间,最关键的是写他从妻子田姐对楚王孙的真爱中看到了妇女对性爱追求的天性,感受到自身忽略女性自然需求的过失,他理解了妻子的背叛,甚至原谅了"劈棺挖心"的罪过,他诚心诚意地写了一封休书,给田姐以"再婚改嫁"的自由。这是一番颠覆封建传统理念和伦理道德的行为,的的确确很大胆,很给力。

然而仅仅有这一笔,"腐朽"固然是"化"了,但还难以称作已经成"为神奇"。更为关键的一笔是:获得了自由的田姐,最终选择了上吊自裁!

奇怪吗?剧作告诉我们,完全禁锢在庄周身边的田姐,从未融入社会,那位爱得死去活来的楚王孙,乃庄周幻化,根本就不存在,叫她何处投奔?如何生存?何况她还没有也不可能冲破固有观念的束缚:"只恨我经不起爱情引诱,只恨我受不了寂寞春秋。只恨我违妇道节操未守,只恨我把清名一旦抛丢。从今后——千人指,万人骂,苦痛羞辱无尽头。回首尘世多荒谬,不如一死休便休!"

于是,一纸休书宣告了这段封建婚姻的解体与终结,一纸休书给予了她人身自由和再婚自主。然而一纸休书也把她推上了走投无路的困境,推上了永无休止的自谴自责。最终,一纸休书把她推上了上吊的平台,推进了绝命的阴间!

这是一个悖论:自由了,却无路可走了;寻找到真爱了,却只是一场幻梦!眼前本该是一派光明?否,只能是一片黑暗。面对残酷无情的现实,她,只有死路一条!

这极为深刻的一笔让我们联想起了鲁迅先生对"娜拉"离家出走的评判:丹麦剧作家易卜生的名著《玩偶之家》,写尽了女人丧失独立人格的屈辱和无奈,作家勇敢地让他笔下的主人公娜拉不再当玩偶,不再作附庸。她,娜拉,要当自己的主人;她,娜拉,决绝地毅然出走了!大幕关上了,人们欢呼人性解放，欢呼自由平等……给予了剧作以崇高的荣誉。然而，一派颂歌（也是应得的）声中，鲁迅先生却尖锐地提出了一个非常现实的问题：她，走向哪里？她，何以为生？一句话：娜拉走了以后怎么办！很世俗么？不错，是缺少点浪漫情调，缺少点诗情画意。然而现实是严酷的、无情的。人总要穿衣吃饭，住宿出行，是为基础。基地不存，浪漫焉附！怎么办？先生说：答案只有两条，要么困死家外，要么苍蝇似的绕了一圈还飞回来。先生的短篇小说《伤逝》借女主人公子君毕生遭际，作了形象的诠释。

再回到田姐身上，我们不难看到，剧作的深刻处不仅在于写出了庄周明理地对妻子的"解放"，更在于"解放"后的田姐眼前毫无出路的自裁！同样故事的改编，此后也曾见到过，但都没有达到这样的高度和深度。"化腐朽为神奇"云云，《田姐与庄周》，当之无愧也！

五、说点教训和建议

戏曲改编，成果累累，已如前述，但也有些不大成功的教训要提醒，小小不言的不细列，说个重要点的：坚守原著优长，切勿丢失神韵。

还是以我家乡的川剧为例。人们熟知，四川出了个很有才华的藏族作家阿来，写了部长篇小说《尘埃落定》，反映四川藏区解放，农奴制土崩瓦解尘埃落定的故事，极富特色，荣获第五届茅盾文学奖。此后，陆续改编成话剧、电影、电视连续剧，都取得了不同的成绩。四川省川剧院院长陈智林还为此小说量身定制，改编成了同名川剧，还参加了在重庆举办的中国戏剧节。我想说的就是这部省川院版的《尘埃落定》（2014年初，成都市川剧院也推出了由徐棻捉笔改编的同名川剧，以市川院版名之，以示区别——笔者注）。

省川院版改变了原著以土司二儿子傻子为中心的结构主线，让土司成为一号主角。从艺术上说，舍弃"戏核"，把"有戏"变作了"没戏"，并不高明。但改编各自为政，各有取舍，当属自然，无可厚非。就像改编《红楼梦》，写宝黛爱情可以，写红楼二尤可以，写晴雯、鸳鸯、司棋等丫头也可以，都可能成为佳作，无须人为设置框架。但有一点，如果原著是优秀作品，无须下"化腐朽"功夫的话，则不能丧失原著神韵，不能无视原著的价值走向，即改来改去，不能丢了魂，不能化"神奇"为"平庸"，且别说化为"腐朽"或"糟粕"了。

《尘埃落定》的内涵和指向非常清楚：灭绝人性的农奴制终于坍塌崩溃，寿终正寝，尘埃落定！起因是：体制内农奴不堪忍受，体制外解放大军压境。由外逃的农奴引来救星解放军，完成了这一历史巨变。其间，全国解放在即，藏区解放军压境；农奴奋起响应，迎接翻身解放；农奴主中的开明人士选择了放弃旧我，走向新生。诸多因素的综合给力，终于促成。个中，解放军的力量绝不可忽视。

遗憾的是，省川院版的改编恰恰丢了最根本点：全国大解放的背景，解放军进攻的声势。全剧背景虚化，不讲故事发生在解放战争后期、新中国成立前夕。笔墨只在土司和两个儿子之间，为权力交接而钩心斗角，让人们误以为土司制亦即农奴制的终结只因为内部的争权夺利，这就大大背离了原著的精髓和神韵了。我以为，顾此而失彼的事要尽量避免。

最后提点建议：为提倡和鼓励改编，希望设立专项"移植改编奖"。以移植改编交流演出（汇演、展演？）为载体，先活动，制造声势，扩大影响，再行评奖，予以鼓励。我以为，这是丰富戏曲演出库，进而促进文化大发展大繁荣的好事，何乐而不为呢！

（原载《艺术评论》2014 年第 8 期）

走出原创膜拜，开拓剧目思路。本文旨在为剧团，特别是基层剧团建言——把主要精力放在"改编"上，同时也为主政者谏言——多方鼓励"改编"。有感而发，非妄言也。

——笔者

"新"派应工　小改升华
——喜看高闯版评剧《回杯记》

新年伊始，好事临门。2014年1月4日，应中国评剧院王亚勋院长之约，看了一出院里精心推出的新版《回杯记》。这"新"，"新"在原本天津评剧院鲜灵霞、崔连润等几代名家主演的看家戏，宗"刘（刘翠霞）派"；如今翻作"新（新凤霞）派"应工，由新凤霞的入门弟子、优秀传人高闯担纲主演。委实是："新"意盎然，满目生辉；品赏之后，齿留余香；沉静下来，欣然命笔。

这《回杯记》原本是根据评剧传统折子戏《花园会》和鼓词《王二姐思夫》扩展而成，也早已成为评剧舞台的经典戏、剧团的吃饭戏。其间，《王二姐思夫》资格更老，作为说唱型的独角戏，要追溯到评剧的草创时期。在原生态的"落子"即"莲花落"阶段，就拥有《王二姐思夫》和《王二小赶脚》《王大娘锯大缸》《王二舍化缘》《安安送米》《马思远开茶馆》等十几个剧目。据记载，京城名艺人抓髻赵一出《王二姐思夫》要唱两小时，换三人打板（莲花落竹饭），还曾经有幸请进清宫演出。评剧的另一源头、来自东北的民间歌舞型"蹦蹦戏"，一旦一丑，自打自唱，且唱且舞，以第三人称"演绎"故事，其早期剧目中，《王二姐思夫》也赫然在列。

不过，自从天津搬上评剧舞台，各地评剧团纷纷引进上演，几乎是"刘（刘翠霞）派"的一统天下。如今，中国评剧院来了个流派转换，由"刘"而"新"，成效知何呢？我作为一个爱看戏、常看戏的"职业观众"，要由衷地说："好！"举双手赞成！

《回杯记》讲了个老掉牙的故事。大比之年，二小姐王玉姐送未婚夫张廷秀进京赶考,大姐夫赵昂同行。途中,赵恶习不改,酗酒嫖娼,被张识破。赵顿起杀心,将张推落江心。赵行贿买了个七品知县衣锦回乡,诬报张行为不检、嫖娼酗酒,失足落水。王二姐不信谎言,誓不改嫁,三年苦等,终于在后花园等来微服察访的八府巡按张廷秀。定计拿下恶棍赵昂,沉冤昭雪,夫妻团聚。正是:"公子落难后花园,小姐苦守意志坚。皇榜高中报仇冤,恩爱夫妻大团圆!"故事没有跳出才子佳人的老套。今天,人们很难从中找出多少直白的思想性启迪。然而依我看,民间色彩浓郁,为平民百姓所喜闻乐见,人民性便自在其中。善有善报,恶有恶报,有情人历经劫难终成眷属,不正是千百年来老百姓的朴素愿望么?用一个当今时髦的词:忠于爱情、惩恶扬善,不失为民族民间的传统美德,赋有正能量。

名导郭学文负责剧本整理和执导,他抓住了民间性这个主轴,保存了原作的精华,突出了"闺思"和"圆会"两个重点场次,删减了人物(王员外夫妇)及相关情节,使全剧更集中,更紧凑,主人公王玉姐形象更丰满,更富艺术感染力。郭导不愧个中高手。

这就要说到中国老百姓观赏戏曲的另一个积习了。固然他们要看故事,要求得好人好报的心里企盼,但决不可忽视的是,他们要欣赏艺术,要听那一口唱,要看绝活儿,看玩意儿。老年间不是常有这样的现象吗?老观众一次又一次买票看老戏,故事早已烂熟,不再关心,闭目养神,单等那酷爱的百听不厌的唱段,摇头晃脑地听完,抽签走人。这颇有些走极端,但看看如今的歌星、影星的年轻"粉丝"们,在表演现场的那般疯狂,就全懂了,戏曲也如是,追星、捧星、追角、捧角,古已有之,于今不衰。据说越剧名角茅威涛的"粉丝"们甚至办起了不成文的"茅迷协会",即是一例。

北京是评剧的重镇,标有"中国"字样的评剧院,集聚了各行当领军型的一大批名角名家。如魏荣元、马泰、张德福、筱白玉霜、花月仙、李忆兰、赵丽蓉……新凤霞是其中最具代表性的佼佼者。"新"派艺术起始于北京,源头在北京,也拓展于北京。《回杯记》的最新引进,"新"派应工,我以为,这既发挥了"新"派源头和根据地的地域优势,丰富了剧院的演出剧目库,又满足了京城评剧观众们的渴求,给宗"新"、爱"新"、崇"新"的众多"粉丝"们以新的"新"派大餐,岂不正是一举多得的善行吗?

流派转换,重在音乐。新版《回杯记》的音乐设计,剧院请来了新凤霞唯一男弟子樊继忠任首席音乐总监。继忠正式拜师学艺，深得老师真传：特点摸清了，唱腔吃透了，表演烂熟了。但他不是男旦，并不粉墨登场，长项在音乐唱腔设计。可以毫不夸张地说，在当今评剧旦角音乐唱腔设计方面，他居于塔尖。这次《回杯记》的表演现场，不时响起人们熟悉的新凤霞代表性唱腔的旋律，"新"风盛吹，"新"调高扬，"新"气洋溢，人们倍感亲切。

　　新凤霞是大师级的评剧表演艺术家，也是评剧艺术改革创新的开拓者、领路人。她经历了从旧中国到新中国的嬗变，她也让老评剧实现了表现新时代、新生活、新人物的升华。她不甘于墨守前人的成果，总在不断地探索创新。结合剧目，她首创、奉献了一批新板式新曲调。如《乾坤带》中创演了凡字大慢板，《无双传》中创演了反调大慢板，《春香传》中创演了三拍子调，《金沙江畔》中创演了格登调，《调风月》中创演了蜻蜓调，《三看御妹》中创演了降香调，《六十年的变迁》中创演了送子调，《志愿军的未婚妻》中创演了锄草调，以及久享盛名并常用常新的疙瘩腔……这些新板式新曲调极大地丰富了评剧唱腔艺术，拓展了评剧表现力，为评剧向大剧种发展做出了不可磨灭的巨大贡献。说实话，我从心底里敬佩新凤霞先生！

　　这里列举的许多优美动听的新板新调新旋律，我们在《回杯记》里有幸听到了，感受到了。

　　第三场"闺思"（即"王二姐思夫"）是全剧的重点场，也几乎是王二姐的独角戏，靠的就是唱和做。绣房内，二姐思念进京赶考的情郎，她占个卦、数数花瓣，预卜归期。"是双二哥回家转，是单二哥不回还。""芍药花瓣紫，喇叭花瓣蓝，秋菊花瓣长，茉莉花瓣圆""大瓣数了三十四，小瓣数了四十三。"哎呀不好："加在一起还是一个单！""急得二姐团团转，是单二哥怎么回还！"一副痴心女儿的憨态，展露无遗。好在小瓣里还藏了个"小小瓣"，"加上它成了双不是单"！她高兴了，观众们也被深深感染而会心地笑了。这数花瓣的唱腔便是新凤霞在《三看御妹》《无双传》中新创的"蜻蜓调"。同时，我们似乎还看到了《花为媒》中张五可（新凤霞饰）的代表性唱段：后花园相会"报花名"的影子，曲调小异而韵味相同。这场戏开局的"十二月盼郎"，民间风情极浓。"正月盼你到新春，二月惊蛰未回还，三月清明未见面，四月立夏眼望穿，五月盼你到端阳，六月盼你到大暑三伏天……十一月盼你你不到，腊月里大寒小寒又一年！"这里的唱腔化用了樊继忠在评剧《胡风汉月》里文姬归汉前的大段咏叹调"今别离"。这是继忠对"新"派音乐唱腔的新奉献,其神韵仍旧融汇在"新"派的旋律体系之中。

第五场"拒婚"。王二姐闻噩耗后心情极端悲痛,她不相信赵昂的鬼话,暗中揣度:"莫不是赵昂他把假信带?""莫不是二哥落第他无光彩?""莫不是赵昂他把二哥陷害?"这一堆"莫不是"的自设猜疑,唱腔用了《刘巧儿》里"莫不是马专员……"的评剧反调大慢板,"新"腔韵味十足。之后的"想当年"唱段也用了《无双传》的反调大慢板,听来倍觉熟悉和亲切。

结局场"回杯"。花园会之后,二姐心情欢悦,欲借父亲寿诞之机,惩办赵昂。这时,她"离绣房满心欢畅","重开镜""艳抹浓妆",唱腔便基本上借用了新凤霞在《志愿军的未婚妻》里新创的"锄草调",只做了些相应调整。按老评剧路数,唱腔多为悲调,为了表现新时代的新生活,新凤霞创制了一批喜调风格的新板式新曲调,《回杯记》里自如地派上了用场。

总而言之,观众看高闯版《回杯记》是货真价实地享用了"新"派新作,"新"调盛宴。

这"新"派盛餐是新凤霞杰出弟子高闯烹制捧出的。高闯,辽宁阜兴市评剧团的主演,宗"新"派,1983年正式拜新凤霞为师,在老师家住了半年,老师管吃管住管教,她勤学苦学巧学。1984年,新老师为她排演了吴祖光先生为她编创的新戏《踏遍青山》。1987年,时任总导演的张玮慧眼识才,把她挖到了中国评剧院。她不负众望,拿下了老师的全套代表性剧目:《杨三姐告状》《花为媒》《无双传》《金沙江畔》……还排演了一批新戏。《黑头儿和四大名蛋》中,她以"花旦"刘小丽的出色表演,斩获文化部文华表演奖;以英模任长霞为原型的《长霞》,仿佛为她量身定制,她连续巡演500多场,叫好声一片,团里政治、经济双丰收,她则荣获中国评剧节优秀表演奖。

《回杯记》是高闯最新获得的排新戏的机会,她认真对待,竭尽全力,一丝不苟,孜孜以求,硬是交出了最佳考卷。新派唱腔原本就以清新、秀丽、圆润、甜美见长,玲珑剔透,婉转回旋,极富华彩。演唱不事狮吼虎啸,造势唬人,而似泉水淙淙,韵味绵长。高闯深得个中诀窍,唱得从容甜美,不温不火,春风化雨,沁人心脾。据高闯的同门师兄师姐说,高闯的嗓音最接近新凤霞老师,这得天独厚的优势,人们从她在《回杯记》的演出中也能真切感受到。

纸短话长，就此打住，盼高闯凭借她的执着，闯出更辉煌的未来！

2014 年 1 月 12 日

（原载《中国文化报》2014 年 6 月 24 日）

"出新"断想
——关于戏曲历史题材创作的一些零星思考

接到中国戏曲学会等四家联合举办"戏曲历史剧创作学术研讨会"的通知之后，于日常炊饮等冗务之暇，沉下心来，就改革开放30年来的戏曲历史题材创作，在自己接触到的范围之内，做了些回头看、静心想的事情，想来想去，逐渐集中到一个问题上："出新"。随想随记，记了再想，一来二去，竟有六七条之多，姑且记录下来，应对"通知"必须写出不低于3000字文章的要求，也就顾不得系统性、逻辑性等严要求，更难攀上理论性、学术性的高标准了。

随感而书，信笔而记，聊以完成差事，供识者哂读，以求指谬斧正也。

"出新"为艺术生命之所系

记得一位伟人谈及评价历史人物的功绩时提出了一条颇为重要的标准：看他有什么超过前人的新贡献。借用到文艺创作上，似乎也可以简括为两个字："出新"，或者叫"艺术贵在创新"，即察他人所未察，道他人所未道，见他人所未见，发他人所未发。

俗谚说："嚼别人嚼过的馍不香。"古贤云："惟陈言之务去。"其道理都一样：创新是艺术创作的基本要求，创新是艺术生命力之所在，或者说创新应该视为进入艺术殿堂的入场券。这话看来有些绝对，但抄袭他人之作，描红前人之作，毫无新意之作，平庸而泛泛之作，能留存于人们的记忆之中，能葆有艺术生命力吗？

在我看来，所谓"出新"，从大的方面说，似乎应该包括两个层面：就思想层面说，含新视角、新把握、新发现、新开掘；就艺术层面说，含新结构、新手法、新展示、新意境。总的来说是以新的追求达到新的面貌。京剧《廉吏于成龙》是思想创新成功的代表，一是摆脱了清官与贪官的正面斗争和冲突的习见模式，一如几百年来存活于舞台上的包公戏；二是避开了以死相谏、以死抗争的海瑞模式（一出《海瑞罢官》曾招来飞天横祸，在此不进行赘述）；三是把自身廉洁与有所作为结合了起来，使"廉吏"与"干员"（"循吏"）统一于一身，从而创出了新意。

越剧新版《梁山伯与祝英台》是艺术创新突出的代表，唯美的追求，舞台现代科技手段的运用，别出心裁并贯穿全剧的羽扇舞等，给人耳目一新之感。

"出新"和"推陈"

于陈旧中翻新，化腐朽为神奇，是历史题材剧作一大难题。既往的一批脍炙人口的老戏、传统戏，常常是聚精华与糟粕于一炉，融有益和有害于一体。两者间比例也不尽相同，有时甚至是弊大于利。如何剔除其糟粕而弘扬其精华，这吸引着许多有志者一再跋涉其间并不断勇敢尝试。个中不乏成功的先例，就我的肤浅见闻，试举两例。

其一，川剧《田姐与庄周》。老戏《南华堂》《庄周试妻》《大劈棺》等是一出色情加恐怖并宣扬封建礼教——女人必须从一而终的坏戏。20世纪50年代被列入禁戏之列。蜀中才女徐棻硬是别出心裁，啃下了这块"改编"加"改造"的硬骨头。删除色情与恐怖自不待言，关键是进行了人性化的改造：让庄周领悟田氏女的"出轨"，乃是年轻女性正常的要求，过错在于自己，他宽容地写下休书，给予她一条自谋幸福的出路。然而久困封建牢笼的柔弱女人，眼前却茫无出路：楚王孙乃系庄周幻化，她又能投奔何方？走投无路之际，最终选择了上吊自裁！这是何等深重的社会悲剧！就像鲁迅先生当年尖锐地提出娜拉固然摆脱家庭牢笼出走了，但走后怎么办……先生借小说《伤逝》做了回答：要想生存，只得无奈地返回原地！我看过后来庄周试妻的若干改编本，我以为均未能达到这一高度。

其二，婺剧《昆仑女》。这是一出许多剧种都有的老戏。我研究过王瑶卿先生早年名为《珍珠烈火旗》的演出剧本，写的是大宋皇帝觊觎西域小国的两件珍宝：珍珠烈火旗和日月肃霜马，派大将狄青前去盗取。狄青先到鄯善国，取得双阳公主的爱情，通过双阳得到了两件珍宝之后，便扔下爱妻（双阳闻讯追来，狄青戴上狰狞面具吓退之），回朝复命去了。这部充满大国沙文主义、大汉族主义并有失中央朝廷体统的剧作，今天当然断难原样上演。浙江婺剧团邀请高手，做了脱胎换骨的改造，使之成为颂扬民族团结、和睦的好戏，受到广泛好评。早年它获得过中国艺术节"优秀剧目奖"和"文华新剧目奖"，今年还获得了中国少数民族戏剧学会的"金孔雀奖"。

同样的推陈而出新的成功实例尚多，不再一一列举。

"出新"和"求真"

"出新"要建立在尊重历史的基础上，这应该是考虑问题的出发点、立足点和归结点。如何尊重？这就是要依据历史唯物主义的立场、观点和方法。其间的要务，则是要力求与大汉族主义、封建正统观念划清界限。这方面，许多剧目提供了成功的经验。我想举两出：京剧《少帝福临》和评剧《胡风汉月》。

成都市京剧团推出的《少帝福临》（编剧程悦、董雯）是舞台上较早的清宫戏。我以为，这是尊重清初历史真实的成功剧作之一。大清开国皇帝顺治福临，如实说来，应该是一位敢破祖制、敢尊汉文、敢用汉人、敢倡汉俗，锐意改革，一心进取的有为之君。只消看看他死后的"罪己诏"（专家称多半为守旧满臣皇族伪托）便可明白。诏曰："纪纲法度，用人行政，不能仰法太祖列宗""且渐习汉俗，于淳朴旧制日有更新……是朕罪之一也""委任汉官，致满臣无心任事，是朕罪之一也""自恃聪明，不能听纳……日积愆尤愈多，是朕罪之一也"。这份存于《清史稿·世祖纪》中的要件，哪里是什么"罪"证，相反，倒是大清之初的改革先行者的珍贵记录！这份"罪己诏"中，不就明明写着"于淳朴旧制日有更新"吗？《少帝福临》剧据此而书，使人茅塞顿开。就我个人而言，真是大获教益，纠正了我对清初政权的误解和偏见。

评剧《胡风汉月》（编剧姜朝皋、张秀元）写文姬归汉的故事。为了认识和把握这个剧，我曾经研究学习了较多的相关史料，参阅了同一题材的一些剧作。特别是认真体察领会了蔡琰的名篇，见于《后汉书·董祀妻传》的五言《悲愤诗》。据此还写过一篇近万字的评论文章。我以为《胡风汉月》剧应该是最为客观、最贴近历史真实的成功之作，它摒弃了妖魔化少数民族及其领袖人物的陈规，排除了大汉族主义的积习，完全立足于民族平等的立场，写了中原汉族和边塞匈奴两个民族之间文化的碰撞、交锋到融合；写出了左贤王和蔡文姬两个强者：一个草原雄鹰，一个中原烈女。他们的结合，文姬的留胡，写得入情入理、有声有色。文姬的一生的确命运悲惨，但大都根源于汉人自身，无论入胡之前的早期，还是归汉之后的晚年。

在历史观和道德观的统一上，我还想提一部我十分推崇的剧作——福建作家周长赋的《沧海争流》，尽管它是话剧而非戏曲。剧作写出了两个英雄：一个是坚持反清复明、被南明封为延平郡王的郑成功，他的伟大功绩在于从荷兰殖民者手中夺回了宝岛台湾，而名垂千古！另一个是降清名将、官封水师提督、靖海侯的施琅，他于康熙年间，在郑成功死后22年，从其孙子郑克塽手中攻夺台湾，使之纳入大清版图，功不可没！

处理好历史观和道德观的关系是历史题材创作难以回避的课题，《沧海争流》剧提供了成功的范例。

"出新"和"求善"

善和恶都是属于道德观的范畴，而向善、崇善、求善、行善则进入价值观的规范历史。题材的"出新"，总的来说，也脱不开道德观、价值观的认定和约束。一句话，作品要力求扬善、惩恶，而不是相反。特别是就历史剧创作而言，民族的传统美德决不可漠视，更不容颠覆。我们民族文化的精髓，向来是"见义勇为""救助弱小"，以至"杀身成仁舍生取义"，而且代代传承，蔚为风气。尊重它，遵从它，事则有成；漠视它，否定它，则必遭唾弃。一句话，决不能无视民众的意愿，决不能存心跟老百姓对着干！记得沈虹光在领取文华大奖时引用过侯宝林大师的话："我得把观众侍候好了，因为观众是我的衣食父母呀！"侯宝林的这句话把个中的道理说透了。

我想引出一出戏——豫剧《程婴救孤》（编剧陈涌泉），这是荣获迄今为止所有全国性戏剧大奖的剧目，艺有所值，当之无愧。我特别看重它坚持弘扬民族优秀美德，歌颂为正义而舍生忘死、前仆后继的牺牲精神。当时在结构颠覆的强劲风潮下，大腕导演们所展现的是孤儿长大之后，面对一系列为保护他而牺牲的人们，只有一句话：那是他们的事，与我无关！果真无关吗？送死活该吗？老百姓（即"衣食父母们"）自有其标准！

求善也还有个"大善""小善"之别。我看过一出写西施回归越国的戏，内容是越王勾践灭吴之后，西施以有功之臣身份回到故里，她却怀有吴王夫差的遗腹子，在是否保留这个孩子的问题上展开了一场生死攸关的严酷斗争。剧作极力歌颂西施伟大的母爱，唱了一曲人性的悲壮的赞歌。然而不幸的是，这里的"人性""母爱"却和爱乡亲、爱邻里、爱民众、爱国家的大爱对立了起来。盖因在春秋战国的特定历史条件下，夫差的孩子（无论是否遗腹子）存在的唯一也是最高的价值只能是复仇的种子，只能是未来屠杀越国民众的祸根！母亲对亲子的爱固然归属于善良的人性，但与民众对立的情况下，其"善"只能是"小善"。

在"出新"的追求中，对此不可不计，不能不慎！

"出新"与"求美"

美是艺术的本色，艺术美的愉悦是招徕观众走进剧场的契机。艺术创新需要和"真""善""美"的追求结合起来，统一起来，这应该是常识。

讲到"美"，我认为必须澄清一个当前盛行的误解：堆砌豪华的舞台，搞他一个花钱竞赛，这绝不是艺术境界的"美"！

恰切地运用声、光、电等现代科技手段，营造诗意的、绚美的舞台，告别粗放简陋，走向丰富多彩，这是发展的趋势，但要依剧目之需要而变，要把握好度。当前的戏曲舞台上，不顾是否需要，是否恰切，一律堆得满满当当，叠床架屋，金碧辉煌，极尽奢侈之能事，我们看得还少吗？以文伤艺、以实挤虚，完全忘记了我国戏曲的特质：假定、虚拟、象征！

看这类自以为美实则艺术变味的戏曲，我常常担心演员们会在那高低冥迷的坡坡坎坎的豪华堆砌上跌跤，更别提想看挥手千军万马、移步万水千山的精彩表演了。我很赞成一位友人的主张：净化舞台，回归本体！尊重戏曲规律，张扬剧种特色！

在这方面我认为梨园戏《董生与李氏》树立了新的样板！那表演上丰富多

姿、细腻稳帖的"十八步科母",那清醇美妙、委婉悠扬的南音乐曲,真是营造出了一番美轮美奂的艺术境界!可以毫不夸张地说,看曾静萍极为精致的表演是最好的艺术享受,是醇美的艺术愉悦!

"出新"和"趋时"

对历史题材的解读,不同人会有不同的读法,不同时代也会有不同的侧重,这也是一个规律性的现象。

远一点说,元人纪君祥将程婴救孤的故事写成杂剧《赵氏孤儿大报仇》,宣扬了为正义而自我牺牲和向罪恶势力复仇的精神,根源于元亡宋后实行的民族歧视和高压政策所引发的民众反抗。近一些说,欧阳予倩在抗日战争时期将古典名著《桃花扇》改编后搬上话剧舞台,郭沫若则创作了话剧《屈原》,都基于抗日爱国的需要,对名著或历史题材做了新的解释和运用。

一个有趣的现象是新中国成立 50 多年来,围绕吴越之争、西施入吴的历史故事,有一系列作品问世。先是 20 世纪 50 年代曹禺先生的话剧《胆剑篇》,在抗美援朝的大背景下,突出弘扬"卧薪尝胆""艰苦奋斗"的精神。粉碎"四人帮"后,有白桦的话剧《吴王金戈越王剑》,于勾践励志复国的赞许之外,加上了得志而忘本的谴责。京剧《西施归越》已如前述。之后不久西施故里诸暨,又推出越剧《西施断缆》,彰显了为"国家"为"民众"勇于牺牲的精神。也有的走梁辰鱼《浣纱记》的路子,突出了"色情间谍"的分量,增添了传授色情技能培训等的内容,艺术上似乎更为细致了,却也难以摆脱"女人祸国"的窠臼。形形色色、桩桩件件、成就不等,褒贬不一,都属正常现象。

我想在这个题材上也还确实有文章可做。比如,元人张养浩有一曲散曲《山坡羊·潼关怀古》,其中写道:"峰峦如聚,波涛如怒,山河表里潼关路。望西都,意踌躇。伤心秦汉经行处,宫阙万间都做了土。兴,百姓苦;亡,百姓苦!"如果把眼光离开吴兴越亡、越胜吴灭的此消彼长上,既然"春秋无义战",完全可以既不宗吴,也不宗越!换一个视角,立足于民众的切身之痛:"兴,百姓苦;亡,百姓苦!"不是可以从历史唯物主义的高度谱写出吴越新篇吗?不知可有试探者。(据了解,李钟发编写的滇剧《西施泪》欲走这一路子。)

"趋时"的禁忌在比附即将历史和现实对号入座,简单比附,有的甚至让古人满嘴今人的话。作为历史正剧,不宜如此。当然,有意插科打诨、添点笑料,不在此列。但也要注意是否和谐,是否协调,要把握好其间的"度"。

2008 年 12 月 14 日

(原载《艺术通讯》2009 年第 5 期、《三晋戏剧》2009 年第 3 期)

养德修艺　做合格灵魂工程师
——牢记习总书记的嘱托

习近平总书记在中国文联十大、中国作协九大开幕式上的讲话中重申了党对文艺事业的一贯主张，强调"文艺事业是党和人民的重要事业""文艺战线是党和人民的重要战线"，并对文艺工作者寄予了厚望："高擎民族精神火炬，吹响时代前进号角，把艺术理想融入党和人民事业之中，做到胸中有大义，心里有人民，肩头有责任，笔下有乾坤"。汇总为一句话："要当好人类灵魂的工程师！"

这首先是由文艺的特性决定的。人类生存依托于两类产品：满足衣食住行等需要的物质产品和满足精神需要的文化艺术等精神产品，二者缺一不可，前者作用于人们的身体，后者则影响着人们的灵魂。习总书记在文艺工作座谈会上说："文艺是铸造灵魂的工程。"他还多次讲到，文化、文化，就是要"以文化人""以文化心"和"以文育人"。

"以文化人""以文育人"，自然提出了以什么样的"文"去影响、去铸造、去潜移默化地熔炼人们的灵魂。或者说，作为被人民哺育的文艺工作者，你将拿出什么样的作品来回报社会和民众。习总书记的回答是"用高尚的文艺引领社会风尚"，即"用独到的思想启迪、润物无声的艺术熏陶启迪人的心灵，传递向善向上的价值观"。他说："好的文艺作品就应该像蓝天上的阳光、春季里的清风一样，能够启迪思想、温润心灵、陶冶人生，能够扫除颓废萎靡之风。"他希望文艺工作者要做真善美的追求者和传播者，把崇高的价值、美好的感情融入自己的作品，引导人们向高尚的道德聚拢，从而"不让廉价的笑声、无底线的娱乐、无节操的垃圾淹没我们的生活"，既有导引，又有警示，可谓语重情长，用心深挚。

写到这里，我联想起了20多年前的一桩往事。1992年12月，美国总统克林顿正式履职前夕来到影都好莱坞，会见演员、制片人时讲过一番话："电视电影工作者对民众怎样看待未来具有很大的影响力。他们要给民众值得尊敬的东西，摒除没有意义的性和暴力，这些已对美国民众特别是青少年造成了很大的副作用。""我要问：好莱坞为什么仅只提供娱乐，而不能提升灵魂呢？……美国是世界上暴力最多的国家，坐牢人数也最多。因此，我要求从业者自律。"美国的《电视指南》报道了这次会见和谈话，我国的《人民日报》也转载了这一消息，做了介绍。

"提升灵魂"云云，不也就是"灵魂的工程师"么？这位总统先生到底想干什么呢？接过我们的口号搞极"左"？当共产党的传声筒？……当然不是。这里起作用的正是精神商品生产的特性和规律，反映的是精神产品对于塑造灵魂——"提升灵魂"或使之堕落的客观作用。

前文已经提到物质产品为了满足人们物质生活之需，精神产品为了满足人们精神生活之求；物质产品作用于人的身体，精神产品则作用于人们的思想（心理、情感、节操）；前者影响人们的身体，后者影响人们的精神，即影响到人们世界观、人生观、社会观、道德观、价值观的形成，影响到人类灵魂的塑造，尤其对于青少年。克林顿正是明白了这个基础性的道理，更鉴于"好莱坞"影视作品充斥"性和暴力"，"已对美国民众特别是青少年造成了很大的副作用"，才说出这番话的，也算是有感而发，有据而发，有理而发。

当然，这一切还根源于这样一个基本事实：决不可忽视选民们，特别是家长们的要求和呼声。须知选民们手里握有选票——政治家们的命根子！必须讨好之，笼络之，忽悠之，作秀之。至于以赚钱为本的"好莱坞"老板们能听进去多少，谁去管它。

那么作为人类灵魂的工程师，怎样以自己的作品去影响和提升读者的灵魂呢？习近平总书记做了很好的回答，指出："文人之笔，劝善惩恶。"他希望广大文艺工作者"弘扬正能量"，"用文艺的力量温暖人、鼓舞人、启迪人，引导人们提升思想认识、文化修养、审美水准、道德水平，激励人们永葆积极向上的乐观心态和进取精神。""要用有筋骨、有道德、有温度的作品鼓舞人们在黑暗面前不气馁、在困难面前不低头，用理想之光、正义之光、善良之光照亮生活。""对人民深恶痛绝的消极腐败现象和丑恶现象，应该坚持用光明驱散黑暗、用真善美战胜假恶丑，让人们看到美好、看到希望、看到梦想就在前方。"

这些平易朴实、鲜明生动的表述让我们既倍感亲切，又心明眼亮。

同时，打铁先要自身硬。"伟大的文艺展现伟大的灵魂，伟大的文艺来自伟大的灵魂。"习总书记语重心长地指出："文艺要塑造人心，创作者首先要塑造自己。"他鲜明地提出了处理好"养德"和"修艺"的关系问题，要求文艺工作者把"崇德尚艺"作为一生的功课，把为人、做事、从艺统一起来。提高"三养"：学养、涵养、修养。努力追求真才学、好德行、高品位，做到德才兼备、德艺双馨。实现三"摒弃"：摒弃低俗、庸俗、媚俗的低级趣味；三"反对"：自觉反对拜金主义、享乐主义、极端个人主义的腐朽思想。

这里并没有多少深奥的道理，要求明辨是非、身体力行就是了。就像古人说的，这并非"挟泰山超北海"的力所不能及，而是"为长者折枝"之类的自律躬行而已。是"为不为""愿不愿为"的问题，而非"能不能""做到做不到"的禁锢。说句极而言之的话：古往今来的一切贪腐者，没有一个人是因为不懂其间道理而迈进罪恶泥坑的！

回首既往，这个命题也曾被泼过污水，遭过贬损，引发过质疑。记得 30 多年前，李登辉主政台湾岛的时候，就曾有人去台北声言：当今世界上对作家最重视的莫过于大陆，尊之为"人类灵魂的工程师"。而要称职么，就得先把自己的灵魂搞干净。于是，思想改造啦，批斗啦，蹲牛棚啦，种种迫害便通通都来了。的确，在极左路线下，曾经伤害过包括文艺工作者在内的许多人，历史的教训是惨痛的。——顺便提一下，本人就曾经是《前线》杂志《三家村札记》专栏的责任编辑，亲手编发了几乎全部专栏文章。"文革"从打倒"三家村"开始，我自然以"三家村"店小二身份而饱受冲击。历史的错误决不可重复。但窃以为，要加以区别，倒脏水不能连孩子一起泼出去。"灵魂工程师"的口号并无错讹，前边引述的克林顿的话似乎也是持类似观点的。

为什么总提克林顿？我们不是有个不成文的规矩么：远来的和尚会念经。自然越远越好，远到大洋彼岸的"洋和尚"更好，谁管他是不是"花和尚"！

2016 年 12 月 14 日
（原载《中国艺术报》2017 年 1 月 9 日）

写在《赣鄱新韵》出版之际

赣鄱大地，美誉久播。远在1300多年前，"初唐四杰"的头牌、山西绛州龙门才子王勃路过南昌，登临滕王阁，即席吟出名篇《滕王阁序》，"物华天宝""人杰地灵"的赞誉，便从此千载流传。王勃的笔下既流出了"落霞与孤鹜齐飞，秋水共长天一色"的美景绝唱，也录下了"佩玉鸣鸾""笙歌燕舞"的眼前欢宴，自然与人文萃于一体了。

而承载着"物华天宝""人杰地灵"八个字的，则是赣鄱深厚的文化传统和丰腴的文化积淀。其间，作为重要构成的戏剧文化，更是享誉神州，辉耀史册。赣鄱，为中国，以至为世界，奉献了戏剧大师——汤显祖！

提起汤翁，我想说一点往事。1994年6月，全国昆剧青年演员交流演出在京举行，开幕式是全国五个昆剧团一团一折，推出大本《牡丹亭》："游园""惊梦""寻梦""还魂"。四个天生丽质的杜丽娘，"惊梦""拾画""幽媾"，三个风流潇洒的柳梦梅，再加三个活泼伶俐的小春香，委实是盛况空前。开幕之际，我应约写过一则小文《"炒一炒"汤显祖》，为之鼓吹捧场，运笔虽谑，立意却真，现摘两段：

> 写完题目，我就准备收回一堆质疑：汤显祖是谁？流行歌星，还是影视明星？天王巨星，还是玉女新星？长得帅不？靓不？……既然有人会问杨振宁是唱什么歌的（报载：诺贝尔物理学奖得主杨博士飞沈阳，与某港台歌星同机，一追星青年得知还有专程接杨的，遂问，皆大尴尬），这一堆疑问便不能说是纯属臆造了。

但我只能如实说：全不搭界。这位汤老先生既没戴过"帝"呀"后"呀的廉价桂冠，也没闹过三角、五角的艳史秘闻，和"爆炸性""轰动效应"都不相干；而且，如果他老人家有幸活着，今年正好444岁！

如此说来，有何可"炒"？"炒"些什么？我便首先举出：汤显祖乃中国的莎士比亚！——这倒也不是攀附洋人、借洋人炒作。汤翁生于1550年，卒于1616年；莎翁生于1564年，卒于1616年。完全是同时代人：虽非同年生，却得同年死。东西方两颗剧坛巨星同时陨落。

进一步，则粗粗列举了两位巨匠所处的时代环境和戏剧代表作品，各自表达却又不无相通的创作主张，各自的思想追求，期盼的攀登境界，达到的创造高峰，等等……不避浅陋地"炒作"了一番。内心里却是感慨和凄苦，原因再引一段拙文：

……且不说世界范围内知莎翁者多而晓汤翁者甚少，就是在国内，不也存在类似情形吗？如果去中学生里做点调查，我看，熟知港台歌星者十有七八，略知莎士比亚者许有二三，而听过汤显祖之名者，多不过百中之一！

我的感触是：

爱国主义绝不是空的。爱自己的国家和民族，就要知道民族的历史，知道历史上的杰出人物，知道我们的民族曾经对世界做过何等的贡献！如果说，英国人不知道莎士比亚是耻辱的话，那么，作为一个中国人，不知道汤显祖至少不能算作光荣吧？当然，责任完全不在青少年……

有老祖宗的丰碑高高矗立，赣鄱戏剧文化自然得天独厚，可谓源远流长，绚丽多姿。以赣剧作为代表的戏剧艺术就已经有500多年的骄人历史，弥足珍贵，令人钦羡，也加重了赣鄱戏剧人的历史担当！

这就回归到本文的缘起了。2012年新年伊始，突然接到陈俐院长的电话，告知他们要将第四届赣剧音乐研讨会的论文结集出书。她作为该书主编，和执行主编程烈清共商，责令我卷首写点文字。这可大大地为难我了，一则研讨会在2010年6月召开，已一年有余，从不曾想过要写学习心得一类的东西；再则，也是最根本点，我自知几乎五音不全，又加音乐盲，爱听固然是爱听，却毫无发言权。然而陈、程二位都是老朋友，我又是半个戏迷，他们的"粉丝"。陈俐带《还魂后记》来京演出时，我不但鼓掌鼓得红了手心，还在文华新剧目评奖中投了赞成票，友谊至上，推辞不得的。烈清么，他是我初次面对面的以音乐相识相交，是在南昌看鄱阳县赣剧团的《詹天佑》，剧本尚不成熟（后请姜朝皋加盟，合力推上了"文华剧目奖"的宝座），但音乐极好听，我完全被感染了，兴奋不已。此后，又见识了他在赣剧《等你一百年》，婺剧《梦断婺江》《鸡毛飞上天》等的创作，再联系到多年前的《还魂后记》……赣剧音乐确实令我陶醉，我折服了！何况还有幸参加了第四届赣剧音乐研讨会——尽管是外行混会，当时主要是冲着大会参演的南昌大学赣剧文化艺术中心推出、陈俐主演的《临川四梦》（精选各一折组成）去的，既然参与了，他们所索文章么，也只好硬着头皮上了。

我深知赣剧已经列入国家级的非物质文化遗产代表作名录，赣剧音乐主体"高腔"中的弋阳腔和青阳腔也已先后列入非遗名录，保护意义重大，保护者责任重大。

音乐声腔是一个剧种的灵魂，是地方戏曲相互区别的主要之处和根本节点；而赣剧声腔，论资排辈，又属戏曲音乐的元老级。比如在中国戏曲的发展史上，全国就有四十来个剧种的形成受到过弋阳腔的影响。弋阳腔，这个元末明初起源于江西弋阳地区的戏曲声腔，明初永乐年间至晚嘉靖年间就已经流行于云南、贵州，以及北京、南京、湖南、福建、广东等地。与当地的语言、民间音乐结合，逐渐繁衍形成"乐平腔""徽州调""青阳腔""四平腔"及"义乌腔""太平腔"等，成为实力强大的声腔系统——高腔系，哺育滋润了诸多戏曲剧种的形成、丰富和发展。赣剧、婺剧、川剧、湘剧、辰河戏、祁剧、瑞河戏，以至山东柳子戏等诸多剧种，都有高腔，有的还以高腔为主，因而它被誉为现存最古老的民间古典戏曲声腔的代表，当不为过。

窃以为，保护赣剧剧种自然必须保护音乐声腔。就一定意义上说，音乐唱腔设计者、通称的作曲，便是本剧种的守护人。如今，赣鄱戏剧音乐人正在做的正是这样一件万分艰辛困难而又意义深远的大事。即如时隔25年，再开赣剧音乐研讨盛会，主事者就毫无愧怍地堪称有心人！

我翻了翻相关资料，出席这次研讨会的包含面甚广，既有老一辈作曲家、演奏家、剧作家、导演、教育家、戏曲音乐研究专家，又有正活跃在赣剧舞台上的中、青年表演艺术家，以及作曲、主胡、鼓师等赣剧音乐工作者，表、导、演齐集，老、中、青兼备，洋洋洒洒，蔚为大观。

这还真有些出乎我的意料，原来赣剧音乐一隅竟然集合了这么多有志更有识之士，这么多从不同地方以不同视角共同效力的颇大队伍，真个是阵容强大，人才济济。赣剧音乐的保护云云，不也预示着前景光明，曙光一片嘛！

我还注意到两位主编提供给我的该书《目录》可谓博收广采，多彩多姿。史论部分包含了赣剧音乐各构成部分的探讨、剖析，弋阳腔、青阳腔、弹腔都有深入开掘。程烈清的《赣剧传统音乐分类与简析》一文，只弋阳腔部分即有约33300字；同一作者的《江西弋阳腔曲体分析》也有18000字。傅樯的《再探江西青阳腔》，篇幅也过万字。吴文飞还就赣剧弹腔的各种声腔、板式、落音符列出细表。其他如赣剧音乐伴奏，赣胡在赣剧中的地位和作用，赣剧音乐的传承与发展，其多声腔特点及保护……都有专文论及。发展部分则有赣剧当今领军人物陈俐结合表演实践的长篇论文《赣剧的继承与创新》，陈汝陶综述型的论文《建国后赣剧音乐的改革与发展》，以及结合具体剧目的音乐创作、表演等方面的文字。林林总总，耀人眼目。我可以武断地说，"开卷有益"用在这里，绝对恰切！

搁笔之前，我还想说两点。其一，我咨询了一下知情人，如今江西大地，算算细账，赣剧艺术表演团体，除省级的江西赣剧团外，仅有鄱阳县赣剧团、乐平县赣剧团、万年县赣剧团、弋阳县弋阳腔剧团，寥寥几家。似乎原先还有个景德镇市赣剧团，现已无存。赣剧是江西省的代表性剧种，赣鄱文化的重要构成，也是老百姓，特别是农民喜闻乐见的戏曲样式，如今也还大有观众。对于这些仅存的硕果，总还是希望能想些办法采取些措施加以保护才好。否则剧团不在，剧种何依？剧种消亡，又哪里去谈什么剧种音乐的传承、保护？堂堂正正列入非遗名录，也落了空。至于开研讨会也好，出研究成果著作也好，那都是瞎费功夫——白搭！

其二，深感欣慰的是南昌大学"赣剧文化艺术研究中心"的成立，赣剧表演艺术家、梅花奖得主陈俐担任中心主任。此前，江西师大也早成立了"赣剧文化艺术研究中心"，由赣剧世家、优秀青年演员童丹担任中心主任。这是弘扬赣鄱文化、保护赣剧艺术的最强有力的举措，是富有远见卓识的最佳决策。我非常敬佩地方党政领导和两校校方的有识之士，他们做了一件上不负祖宗、下不亏子孙的大好事。借老百姓的话，一件"行善积德"的事。此前，我们看到过送戏特别是戏曲进校园巡演的种种报道，看到过举办各种戏曲辅导班、中小学讲授戏曲课的消息，令人高兴，给人鼓舞，然而细算起来，都不及江西这两所高校的气魄和胆识。

敬礼！请接受一个七老八十的老文化人的敬意！

2012年3月30日于北京

此文为受命之作，《赣鄱新韵》出版时，忝列序言。如实说，不懂装懂，只好"言不及义"，但也算说了些心里话，实在话。

——笔者

川剧《无字碑》的策划构想

2018年初，获知四川省委宣传部拟重点打造本省历史名人剧目精品，出生于广元的武则天也列入计划的时候，产生了一个想法：请省川剧院和广元市联手承担。

广元艺术剧院三年前曾推出川剧版《武则天与上官婉儿》，彩排时我去广元看过，去年在四川省艺术节参演时我也到成都看过，衷心祝贺他们取得的成绩。我认为写武则天非常有价值、有意义，但按现有剧目的路子提升空间有限，难以达到精品高度，且广元演出力量薄弱，仅有一个豫剧团，包含少量川剧演职员，因而我主张强强联合：依托省川剧院强大的表演阵容，依托广元"为乡贤立传"的地域强势，聘请国内一流的编创人才，精心制作一部上乘艺术品，力求唱响全国。

我依据曾在文化部工作的条件（时任文化部艺术局全国重点剧目指导小组副组长之职），对全国戏剧创作情况比较熟悉，看的戏多，接触创作过程中的本子也多，堪称"职业观众"加"信息员"吧，知道什么是别人写过了的，什么是新颖的，独到的，通通气，避免走老路，走弯路，走冤枉路。

就武则天题材而论，"文革"前有郭沫若的话剧《武则天》，是拨乱反正、回归正道的典范之作。近些年有三部戏曲，除前边提到的广元编创的《武则天与上官婉儿》外，一部是张晓亚编剧的《武则天与狄仁杰》由山西省晋剧院推出，一部是贾璐编剧的《宫锦袍》（同样讲述武则天与狄仁杰）由浙江婺剧院推出。后者为国家艺术基金2015年度资助项目，又跃升为2017年度国家舞台艺术精品创作扶持工程重点扶植剧目，今年3月又调进京参加展演。我被指定为该剧跟踪指导专家组组长,也是最终的专家验收组组长,情况比较熟悉。

在我看来,这几出戏既有成绩,也有不足。它们都从武则天与某个臣下的关系着笔,在主题的挖掘和题材的拓展上都有一定的局限性。我深以为,武则天是写不完的!人们完全可以另选角度、另辟蹊径,走近她、认识她、诠释她、理解她……走出一条创新之路。

历史上,武则天从来就是一个毁誉参半、褒贬不一的人物,一个大有争议的人物。就其个人道德来说,骆宾王为徐敬业代书的讨伐武氏檄文,所列"罪状",除"弑君鸩母"无所考之外,几乎件件皆实。但评价历史人物,特别是政治家,应该从历史的视角,看其在推动历史演进、促进生产力发展方面的作为,而不是用道理的标尺。如实说,按道德说事,唐太宗李世民就站不住!他不悌——玄武门之变,亲手杀了哥哥、弟弟;他不孝——玄武门之变后三个月,又逼迫他老子退位,让出政权。但作为大唐盛世的开拓者、英明君主、大政治家,谁指责过他"不孝不悌"呢!至于皇帝们后宫的女人动辄以千计,就和道德毫不相干了?

从理政方面说,武则天的确堪称有为明君。郭沫若曾经为广元皇泽寺写过一副楹联,上联是:政启开元,治宏贞观;下联是:芳流剑阁,光被利州。这上联可以说是对武则天一生成就的最好概括,上承唐太宗李世民的"贞观之治",下启唐玄宗李隆基的"开元之治",她是承上启下的关键人物。有了她,大唐盛世保持了130年和平发展、百姓安居乐业的奇迹。而没有她,中国历史可能要重写!她兴修水利、奖励农桑、减徭薄赋、开科取士、扶掖人才……做了一系列有益国计民生的好事。当然,她也干了不少坏事、恶事。如任用酷吏周兴、来俊臣滥杀无辜等,但相对于治国理政的功绩,处第二位。

特别是她是中国历史上唯一的女皇帝!我在广元皇泽寺参观了世界女皇博览。生平第一次获知世界各国的女皇帝,从古埃及的女法老,到现今的英国女皇伊丽莎白二世,共有259人之多!中国则仅有一位!为什么?盖因中国居于统治地位的儒学传统是重男轻女、男尊女卑!女人要恪守"三从四德"的古训——"在家从父,出嫁从夫,夫死从子"!可以说,中国的女性从来没有获得过做人的尊严!这是儒家学说的糟粕,孔子就说过:"唯女子与小人为难养也……"发展到"程朱理学"的"存天理,灭人欲""饿死事小,失节事大",简直迸发成了虐杀女性的刽子手!谁能说清那一座座"贞洁牌坊"下埋葬了多少冤魂？

从这个背景看武则天称帝，我们更加看到她的抗争，她的反叛，她的智慧，她的坚毅，她的伟大！她是反抗"男尊女卑"哲学的奋斗者，也是奋斗的胜利者。

然而事情的最终结果又大出意外，她没有把"武周"传续下去，而是"还政李唐"！她的遗诏是：祔庙，归陵，去年号，称则天大圣皇后。就政治眼光来说，这是极其英明之举，如果立武承嗣为太子，传位武姓，以武承嗣的庸碌，天下归唐的大势，必定天下大乱，国将不国。她是听从了宰相狄仁杰的谏诤：传位武姓，不能入祀太庙。自古没有太庙祭祀姑母的成规。她明白了，也决心退让了，要入祀太庙，要归于皇陵，为此去除大周年号，仍归只是大唐皇后……如此这般，又一壮举！

这一举措具有多重性，从政治大局看，是英明的；就个人反抗男尊女卑陋习看，又是退缩的，让步的，甚而可以说是失败的。面对如此强势的老传统，她个人也是无能为力的！这么说吧，从内心考究，她曾经是无畏的抗争者、胜利者，最终却又不得不是退却者、失败者。可以说经历了极为复杂的心路历程。

回顾此生，最后的结局是：此身功过、是非、利钝，以至功罪……统统留待后人去评说吧！！

于是"无字碑"的遗诏下达了；于是至今乾陵前，无字碑高耸，光照历史。

于是我们设想以"无字碑"为名，记录下这一番思索……

2018 年 4 月 2 日于北京寓中

这里述说的仅仅是对该剧的一些肤浅粗疏的框架式思考。聘请姜朝皋先生为编剧后，在成都、在广元，我们多番交换意见，达成了基本共识。《无字碑》之名就是老姜提出的。目前，他正阅读研究诸多史料，寻求入门路径。期待他的成功突破。

——笔者注

喜逢新时代　川剧当自强
——祝重庆市川剧院启动新征程

  2018年12月13日，我有幸参加了重庆市川剧院纪念改革开放40周年川剧艺术巡礼启动活动，观赏了一场丰富多彩的主题晚会，参加了整整一天的认真研讨，可谓大开眼界，大受鼓舞；瞻前顾后，浮想联翩。

  我认为这是一场剧院40年艰难跋涉的回顾会，40年丰硕成果的总结会，一场老中青人才济济的展示会，更是新时代新征程的誓师会！但它却构思新颖，多彩多姿；内涵厚重，受益颇丰。想说的话很多，遂简而言之。

  我想从眼前的出发基地即川剧现状说起。

  先引一则友人前些时候传来的信息，今年5月25日，川剧题材的电影《活着唱着》开机，邓婕监制，张国立站台。据说张国立有感而言："川剧在四川可能比大熊猫还珍贵，我们再不关注川剧，它就要绝迹了。"邓婕是四川人，还是川剧从艺者出身。张国立就是四川女婿了吧，他虽然说得绝对了些，但他们对川剧的热爱和关怀，对川剧现状和前景的担忧，那一派赤子之心坦露无遗，令我这个老乡和一辈子热爱川剧的老文化人深深感激和无比敬佩，或许这也叫相同的乡愁吧。

  如实说，"振兴川剧"的口号在全国范围内相对于各地方剧种而言，是最早提出，也是叫得最响亮的，还设有专门的机构督办。但由于种种原因，却是收效甚微。如今，整个四川全省，能演出一台大戏的川剧团仅有五六个，加上重庆现存的两个（重庆市川剧院和坐落于万州区的山峡川剧团），总共七八个而已。而就重庆市来说，20世纪80年代初，县、区级国办川剧团还达30多个！

1984年，剧团撤销，人才大量流失，川剧经历了阵痛的时期。

幸运的是现今进入了中国特色社会主义新时代，以习近平同志为核心的党中央出台了一系列扶持文化事业的好政策，给文艺带来了又一个春天，川剧自然也幸运地享有这一春天！

对此我有深切体会，一是刚闭幕的四川省川剧艺术节，想不到竟然有20多台新创剧目参演！许多团原本人手不齐、缺梁少柱、名存实亡，通过延请现存大团没用上的骨干或退休艺术家领衔，共推新戏。不少纯民营剧团也顶了上来。有的更是强强联手，打造佳作。11月初，我在成都就看了川渝高手联合推出的《金沙江畔》。该剧的编剧周津菁、总导演胡明克都来自重庆，制作方却是四川省川剧院，而省川也借来了属于院外的一朵梅花蒋淑梅加盟。突破门户、资源共享、着眼大局、共攀高峰，这不是基于当前剧团稀少的权宜之计，而是带有演艺新特点的未来模式，给人以鼓舞和启迪。另一个实例就是现在参加的重庆市的大举动，这份热烈，这份豪迈，这份执着，这份自信……热气扑面而来，深深感染了我，教育了我，让我深切地感受到了川剧新时代获得的发展机遇和前进的壮阔气势。

说到"川剧新时代"，我认为首先要对"新时代"有正确的理解。这个"新"，不是通常说的"新一天"的"新"，不是简单的时间概念，而是特指中国特色社会主义发展的崭新阶段。"新时代"的提法正式见于党的十九大。党章修订中，第一次把"习近平新时代中国特色社会主义思想"确立为党的指导思想，意义重大而深远。全面理解和把握"新时代"，要从这一高度来衡量，来施行。具体来说，就是要用政治的眼光看待我们当前所处的时代，认真学习习总书记的系列论述，和党中央保持高度的一致，强化使命感和责任感，增强"四个意识"（政治意识、大局意识、核心意识、看齐意识），坚定"四个自信"（道路自信、理论自信、制度自信、文化自信），做到"两个维护"（坚决维护习近平总书记党中央的核心、全党的核心地位，坚决维护党中央权威和集中统一领导）。

这些是基本标准，也是颇高的标准。一般来说是对党政干部特别是领导者的严格要求。我们戏剧人作为人类灵魂的工程师，对自己不应要求高些吗？我以为剧团和从业者们只有把准政治方向，心明眼亮不迷航，才能在当前错综复杂的外部环境中，明辨是非美丑，抵制邪恶诱惑，才能在新时代走得更稳步、更坚定、更自觉。

喜逢新时代是我们川剧人的幸运。怎样做，则看我们的作为。沈铁梅院长在座谈会的主题发言中已经有很精辟的论述。我非常赞赏她代表剧院对未来的规划："坚持正确的文艺方向""保护好传统基因""坚定文化自信""抓好城市川剧的发展定位"，并表态要"勇于改革，主动作为""不忘初心，砥砺前行"！……说得很好，我坚决支持。

这里仅作点补充式的说明，聊供参考。

我想了想，对剧团和戏剧人而言，最根本的还是陈云同志早年提出的要求：出人出戏走正路。

先说"出人"。因戏要人演，所以着力培养出色的演艺人才是各剧院团一贯遵循的原则。重庆川剧院在这方面已经积累了丰富的经验，他们已经拥有川剧表演艺术最尖端人才——梅花大奖获得者、实打实的川剧领军人物沈铁梅，足以傲视整个川剧界。剧院还培养了黄荣华、吴熙两朵梅花，引进了孙勇波、胡瑜斌两朵梅花，形成了川剧艺术的"梅花窝"。更年轻的后起之秀也在不断涌现。剧院还拥有一批成熟的剧团管理人才。

然而从总体看，川剧人才还有重大的短板：编剧和导演人才奇缺。就编剧来说，《金子》的出色编剧隆学义已仙逝，卓有成就的川剧编剧大家徐棻、魏明伦、谭愫等均已高龄。接茬的年轻人尚不成熟，大有青黄不接之忧。导演更是，原本戏曲导演特别是川剧导演就紧缺，如今大师级导演谢平安已故去，同为大导的胡明克、任庭芳也已老矣，更加的青黄不接，只好依赖某些"飞行导演"，悲乎，痛哉！我以为就戏曲人才建设而论，更为急迫的是培养编、导人才，解除青黄不接，急补短板！殷切希望各方共同努力，尽快做出实效。

次说"出戏"。重庆川剧院也有着成功的经验，剧院推出的《金子》，堪称川剧发展史上里程碑式的佳作，甚至可以说是中国戏曲史的一座里程碑。《李亚仙》《灰阑记》是古代题材的佼佼者，也取得了骄人的成绩。新近推出的革命题材川剧现代戏《江姐》，则充分显示了剧院的眼光、胆识和担当。空政文工团歌剧团编创的歌剧《江姐》，已经成为保留的经典，难以企及。改为川剧很可能要冒费力不讨好的风险。但江姐是重庆的骄傲，宣传讴歌江姐是重庆川剧人义不容辞的责任，歌剧《江姐》更是借助川剧的音乐元素而成功的……这一切启示和鼓舞了重庆川剧人选择移植改编的决心，他们成功了。剧院推出了一出观众喜欢的有分量的新戏，沈铁梅又塑造了一个英姿勃勃的革命女英雄的感人至深的形象。

在"出戏"方面，当前要注意的是保持清醒冷静的头脑，尽力遵从艺术规律，不满足于打造宣传品，而要力求推出艺术品。河南省豫剧院三团创作的《朝阳沟》给我们提供了成功的经验。这出原创于1958年"大跃进"高潮中的剧目，写的是城市女青年上山下乡与农村青年的结合，带有明显的时代局限性，但剧作家杨兰春志存高远，决不敷衍应付，他调动生活底蕴，遵从艺术规律，极力打造"立得住、留得下、传得开"的艺术精品，不事浮夸的宣传品，创作感人的艺术品。《朝阳沟》创造了新中国演艺史上的奇迹，自1958年3月20日首演，已整整活跃在舞台上60多年，演出累计超5000场，主要演员已经历了五六代，真正实现了舞台艺术的最高境界——保留！近年来，豫剧以多种名义多次进京献演，每次必带《朝阳沟》，而每次最受欢迎、票房最高的也是《朝阳沟》。无须宣传，不打广告，观众奔走相告，踊跃购票，行内称之为"《朝阳沟》现象"，个中的经验引人深思。照我看川剧《金子》也具有这样的潜质，预祝永远保留在舞台上，常演常新。

剧目建设上还有一个常常遇到的问题，写好人好事。每当出现好人好事时，地方领导总会要求剧团搬上舞台，予以宣传。这种宣扬正能量、弘扬主旋律的事，理当成为剧团的职责。但我以为要区别对待，看看有无戏剧性。戏要有"戏"，别都往戏剧舞台上挤。文艺宣扬的样式很多，比如勇救落水者而牺牲的英雄，就可以写长诗、报告文学的方式褒扬，或在救人的岸边塑像，供民众瞻仰。写戏，务须遵从戏剧艺术规律。

再说"走正路"。新时代的"走正路"也有着鲜明的时代特点，那就是处在社会主义市场经济的大环境中。毋庸讳言，市场环境不乏使人走偏方向的诱惑，说严重点，就是充溢着让人沉沦的陷阱。这里绝对要牢记习总书记2014年10月15日"在文艺工作座谈会上的重要讲话"的告诫："不能在市场大潮中迷失方向"，不能"被市场牵着鼻子走""不能当市场的奴隶，不要沾满了铜臭气"。自觉地杜绝低俗、庸俗、媚俗，自觉地履行"人类灵魂工程师"的光荣而崇高的职责。

不久前，看到一则信息：巡视组约谈某电视台，促其过度娱乐节目整改。据说被指出五大毛病：崇洋哈韩，追星（"英雄去世无人问，戏子家事天下知"就出自这些平台），奢金，庸俗浪费（嬉皮文化、透支生命），娱乐至上（"娱乐死"）。有识者指出：以老美为首的西方势力，一贯大搞"颜色革命"，搞乱信仰，搞乱价值观，让人们放弃自己的历史，拥抱西方的"普世价值观"……这些卫视实质上成为西方敌对势力的免费宣传部，他们想干而干不成的似乎都被这些平台主动地干了。

这是危言耸听吗？……人们自会独立判断。我只能说，"约谈"远远不够，需要的是严肃追其罪责。

"走正路"云云，涉及的问题尚多，不一一列举。遵循"艺精德高"的总体要求，不忘初心，谨慎戒行就是了。

2018 年 12 月 30 日于北京寓所
（原载《中国文化报》2019 年 2 月 20 日）

辩诤篇

文艺批评要的就是批评。
——习近平

倡导说真话、讲道理,
营造开展文艺批评的良好氛围。
——习近平

鼓励"说真话" 营造良好氛围
——加强艺术批评进言

学习了习近平同志2014年10月《在文艺工作座谈会上的讲话》,联系到十八大以来总书记的一系列重要论述,顿觉醍醐灌顶,豁然开朗,信心大增。

说实话,作为一个老文化人(从1953年秋踏进北京大学中文系入学门槛算起,已60余年),好长一个时期以来,对于文化艺术事业深感彷徨。这个"彷徨",没有"两间余一卒,荷戟独彷徨"的潇洒,而是看不见前景又无"戟"可"荷"的无助。请设想,在"粤剧要用普通话演唱""戏曲武戏太假要真打"(连中国戏曲虚拟、假定、程式化等基本特征都闹不明白)等的氛围下,在文艺团体要"推向市场、生死由之",甘当市场奴隶的漩涡中,能不手足无措、四顾茫然吗?习总书记一下子拨开迷雾,廓清误导,拨正航向,我由衷感觉繁荣有望,备受鼓舞,欣喜异常。

学习习总书记讲话,收获良多,想谈一点:加强艺术评论工作。习总书记强调指出:"要高度重视和切实加强文艺评论工作,运用历史的、人民的、艺术的、美学的观点评判和鉴赏作品,倡导说真话、讲道理,营造开展文艺批评的良好氛围。"这番话言简意赅,内涵丰厚,可以视为开展文艺评论的总方针、总原则、总要求。

解析开来:一是"高度重视""切实加强",这是对各级党政文化领导的殷切嘱咐,具体指示。"重视"要"高度","加强"要"切实",不是玩玩文字,显示的是总书记的坚定态度。如何不折不扣地贯彻落实,需要做一篇篇大文章。二是在批评标准"历史的、人民的、艺术的、美学的"新的概括和阐发上,给从事文化理论、文艺批评的从业者及关心文艺事业的人们提出了新的课题，亟待认真、细致、深入的研究。特别是他强调运用"人民的"眼光"评判和鉴赏"作品，是一个崭新的提法。回顾马克思主义经典作家的相关论述，马克思、恩格斯当年提出了"历史观点"和"美学观点"相统一的批评标准；毛泽东同志《在延安文艺座谈会上的讲话》中辩证地论述了文艺批评的政治标准和艺术标准；习近平同志则是贡献了新的理念，在强调运用"历史的""艺术的""美学的"标准的同时，增添了运用"人民的"眼光。这和他一贯坚持的"以人民为中心的创作导向"是完全一致的，是其逻辑的延展和导引，需要认真领悟，付诸实践。三是主张"说真话、讲道理"，倡导"营造开展文艺批评的良好氛围"，这既是目标，也是归结。

笔者想就"说真话"问题展开来，说些实话、真话，草根的视角，切身的体会。

我以为：说真话，难；说批评性的真话，更加难！

当前艺术评论的现状是：主流也许可以说是健康的、有益的，多姿多彩的，但问题决不容轻视。在市场利益的追逐和裹挟下，说昧心话，蓄意炒作，有偿吹捧，低俗渲染……种种，绝非个别、偶然，而是所在多有，大有蔚然成风的态势。评论文章成为广告，按人（握笔者）论价，按钱（所付报酬）评级，你好我好，皆大欢喜。有人自诩从不说坏话，从不得罪人，如此等等。至于狗仔般炒作文艺界八卦新闻，明星隐私，飞短流长，惊爆眼球，更是等而下之，和文艺评论毫不相干了。

说句不客气的话，当前某些所谓的文艺批评，完全看不到真话，听不到实话。批评性的话难觅，建设性的主张难寻，即便赞扬性的话，也往往带着铜臭。总之，早已丧失了文艺评论的精神和品格，突破了底线和良知，几近沦为市场的奴仆。其结果便是：失去了公信力。文章不好看，不受看，被冷落。更别提实践其本应肩负的职责：指导创作，促进繁荣了。

我想了想，批评文章难产，盖因顾虑重重。初步归纳一下，是否有以下几种：一是拉不开脸面，老熟人、老朋友，低头不见抬头见；二是怕得罪人，尤其是并不熟悉的人；三是怕记仇，怕报复；四是怕被疏远，像鲁迅先生打油诗所言："从此翻脸不理我""不知何故兮，使我心惊"；五是怕反噬，扣上个"打棍子""设雷区""搞极左"的帽子，让你抬不起头；六是怕触不动"四大"：大腕、大款、大有来头、大人物；七是怕没处发表，你有胆量写，还得有"胆大包天"敢刊发者；八是为那半壶醋钱，不值得。

不是有这么个实例么，一部戏曲作品，编剧者拿了报酬 50 万（这无可厚非，买卖双方，愿打愿挨，外人无权置喙）。写篇批评性的评论文章，五六千字，占了报纸大半版，稿酬从优五六百元，仅为编剧的千分之一。偏偏好文章被报社评为优稿，组稿编辑获奖 500 元，与写稿者无涉。请看：50 万元—五六百元—500 元。面对这番让人尴尬不已的对比，哪里讨说法去？逻辑的结论便是：为了那半壶醋钱，不值得死那么些脑细胞。

加强艺术评论，营造开展文艺批评的良好氛围，我真诚希望：

一、要给肯于"说真话"，特别是说批评话者，以发出声音的可能。媒体编辑要有胆识，有气度，有担待，肯于和敢于刊发这类可能"得罪人"的文章。

二、要倡导有好说好、有坏说坏的科学态度和务实文风，鼓励"说真话，谏诤言，摆事实，讲道理"。对于践行者要实实在在地给予支持和激励，不使老实人吃亏，不能让挟隙报复者得志，逐步建设有利于开展文艺批评的良好氛围。

三、肯于开展"争鸣"。希望有关报刊媒体有意识、有计划地选定题目，组织充分说理的探讨、争辩、求实、争鸣，促成和谐共处、共谋发展的大好局面，让文艺创作和文艺批评双翼齐飞，共赴繁荣。

四、鉴于当前艺术评论工作相对薄弱，评论队伍松散无序的现状，希望文化行政领导下决心用大力气抓好这一薄弱环节，至少要像抓文艺创作一样，抓好艺术评论。加强评论阵地建设，加强评论人才培育，促进评论水准提高，促进评论实效增长，用实实在在的业绩，回报习总书记的殷切期望。

2014 年 11 月初稿
2016 年 10 月改定

这是在一次学习习近平同志《在文艺工作座谈会上的讲话》座谈会上的发言，"言"后整理之，置于此篇卷首。

——笔者

从"不许说不好"到"不许不说好"
——有感于文艺批评难

说话难,说实话更难,当面说有所非难的实话就尤其难,这是旧中国根深蒂固的流弊之一。

鲁迅先生曾经就此大声疾呼过,他讲了个寓言式的故事:一家人生了个男孩,阖家欢喜。满月时抱出来请客人们看,说这个孩子将来要发财的,得到一番感谢;说孩子将来要升官的,收到几句恭维;说孩子将来是要死的,则遭到大家合力的痛打。说谎的得好报,说实话的遭打。如果既不想骗人,又不想挨打,怎么办呢?鲁迅先生说,办法只有一个:啥也不说,光打哈哈。

鲁迅先生的这篇《立论》写于1925年,先生对旧时代深入腠理的虚伪是深恶而痛绝的,其嫉愤之情溢于纸面。

此后的几十年中,在中国这块土地上发生了天翻地覆的大变化,旧社会遗留的污泥浊水遭到荡涤,新的社会风气在新的土壤里萌发生长,这是有目共睹的事实。然而直至今天,在大至社会生活的众多方面,小至文艺评论的区区一隅,说实话难、说点批评性的实话更难的情况依然存在,有些时候,有些地方似乎还很有点肆行之势。

说"依然存在",事实是不少的,人人心里都有一本账。且不说"反右派""反右倾"对敢于说实话者的围剿,即如眼前,为什么对一些文艺现象和文艺作品,下边议论纷纷,啧有烦言,而到了报纸刊物上却是一片颂扬声?为什么敢于写点批评文字的,便被视为棍子;肯于发点这类文章的报刊,便被视作仇雠?从此得罪了被批评者不说,还连带开罪于作者的哥们儿,以及哥们儿的哥们儿……总之，报刊上多是一种声音，批评文字寥寥，而斗胆说点批评话的绝没好下场。于是，一篇新样儿的作品"呱呱坠地"，且不管"长相"如何，更不等"办满月"，周围便是一片"这个孩子漂亮""将来是要发财的"赞颂声；一个新样儿的文艺主张问世，也不管"体质"怎样，自然不必等到"满月"，周围也是一片"这个孩子壮实""将来是要做官的"喝彩声。至于这个孩子的长相是不是眼睛嫌小，嘴巴嫌大，生理上是否存在某些先天不足或疾患，需要医治、调理……对不起，都不说它。原因嘛，谁那么不识相，去讨那些没趣？

这些归结起来大体上可以概括为"不敢说不好"，它源于"不许说不好"。

问题还在于，如今这个"不许说不好"似乎又发展到了"不许不说好"——分明是不好的东西，你不能说它半个"不"字，而且还要指鹿为马、是非颠倒地喊好。

按说"不许说不好"确乎已经到了极限，用老百姓的话说就是：惹不起还怕不起，怕不起还躲不起？怕了、躲了，好赖不说话、不表态，态度自然消极了些，但总可以免除矛盾了吧？其实不然！说了，别的地方都说好，都称赞，你为什么不表态？不表态就是故意冷淡，故意冷淡就是存心孤立，存心孤立就是打棍子、搞极左……总而言之，言而总之，不表态也是"态"！此时，"不许说不好"，顺理成章地、堂而皇之地升格为"不许不说好"了。

这可真有点叫人无所适从了。处于不便（或者"不敢"）讲实话的困境，鲁迅先生提出的办法是打个"哈哈"，溜之乎也。现在在某些人那里，连这条打出溜的小道也给堵死了，留给评论者的路只有一条：高声叫好！齐声叫好！

然而事情做过了头也会走向反面，到了无可躲无可藏的时候，恐怕只好索性招惹它一回了。不是说有创作自由，也有批评自由吗？不是说既要保障创作自由，也要保障批评自由吗？

（原载《北京日报》1985年11月26日）

此文颇有点激愤，但确实是有所感而发，这也可视为一种宣告：笔者将说真话，说实话，说批评性的话，哪怕会得罪某些人！

——笔者

中国戏剧：被"解构""颠覆"了吗？
——重拾13年前的一桩旧案

2004年，《中国戏剧》杂志发起了一场有关"重建中国戏剧"的大讨论。作为中国戏剧家协会的机关刊物，《中国戏剧》杂志无疑具有相当大的权威性和指导性，主导讨论自然也就颇具规模，产生了比较大的影响。

我对讨论的命题和开出的药方是持怀疑和否定态度的，当时也曾向杂志编辑部表示过这层意思，他们还刊登了我表态的复信（见《中国戏剧》2004年第12期）。事过13年，如今又翻倒出来，实在是获知"重建中国戏剧"的种种还在流传，还在扩散，还在影响着中国戏剧人的思维。按照本人的陋习，有话就说，想说必说；不计得失，不讲关系，便不揣愚陋端讲出来，求教于方家学者，弄个明白吧！

命题是中国戏剧家协会副主席、剧作家罗怀臻先生提出来的，对应《中国戏剧》编辑部的约稿，我的回答是："对于'重建中国戏剧'的命题，以及开出的两大药方'传统戏剧现代化'和'地方戏剧都市化'都有保留意见"，婉拒了约稿。

现摘引一段：我认为"重建中国戏剧"的提法不科学。按罗怀臻文章，重建的理论前提是："中国戏剧的80年代，是一个'探索'的时期，'解构'的时期"，它"以一种革命的姿态"对"传统戏剧""进行了反思甚至'颠覆'"，而"于解构和颠覆的同时，也正是对未来戏剧的开创和建立"。这里的根本问题在于20世纪80年代引进一些新的戏剧观念和多种表现手法之后，植根于中国土壤并有上千年历史的中国传统戏剧（一直延伸至20世纪60年代）是否就被

"颠覆"以致"崩溃"而需要"重建"呢？这样的判断显然有失公允。

我在复信中指出："其实，文学界早就大谈特谈'解构''颠覆'了。它的来源是引进西方后现代主义的文学主张：解构主义。作为一种文学批评流派，解构主义最早出现在20世纪60年代，由法国理论家德里达于1966年10月在霍普金斯大学一次研讨结构主义的学术会上提出，引起强烈反响。其后耶鲁大学的一些学者纷纷发表论著，一时形成燎原之势，称'耶鲁学派'。主张打破逻各斯中心主义的形而上学传统，打破二元对立的思维模式，强调意义的非确定性。它对于上帝代表绝对真理的原理的颠覆，对于文学作品包括文学经典的重新解读，对其间已成定论的是非、善恶、美丑等的颠覆，都有一定的认识价值。这一学派到90年代末期已逐渐冷落。"

然而"引进到中国以后，立即渗入创作领域，又都仅仅把翻译过来的几个词奉为圭臬，于是以颠覆经典、颠倒美丑、混淆善恶、模糊是非、化解正义邪恶界限等为标榜的新潮作品，闪亮登场，出现了让人瞠目结舌、不知其可的种种光怪陆离的现象。个中，中篇小说《沙家浜》（刊于浙江省的大型文学期刊《江南》）是为典型之一。小说把阿庆嫂写成了淫妇，与胡传魁和郭建光都有暧昧关系，她和胡传魁上床后，阿庆竟然在楼下站岗守候，一个活王八。小说引起人们强烈反感就毫不奇怪了"。又如，《光明日报》记者在北京某音像连锁店发现名为《金瓶梅前传》的光盘：武大郎成了身家千万的暴发户，潘金莲为纯情的小丫鬟，西门庆是多情的小学徒，武松则是警察。该片讲述的是"暴发户"武大郎对小丫鬟潘金莲一见钟情，使潘和两小无猜的小学徒西门庆的爱情遭到破坏……在《Q版语文》中，鲁迅小说《孔乙己》中的孔乙己，偷书是为"资源共享"；安徒生童话《卖火柴的小女孩》中在圣诞夜严寒中冻死的小女孩成了"促销女郎"；朱自清美文《荷塘月色》里，竟然有光屁股MM在洗澡；如此等等。

戏剧领域，我注意到两个国家级的大剧院推出了两部以赵氏孤儿为题材的新创话剧，在"消解""颠覆"了原作中"正义与邪恶""是与非""美与丑"的界限之后（刊于某权威刊物赞扬文章的断言），剧作传达出"富有深意的主体立意和精神感受"：孤儿长大后面对为他存活而牺牲的种种，回答是："那是他们的事，与我无关！"对此我也曾著文评议，见拙文《勇于"突围"，贵在"坚守"——豫剧《程婴救孤》的两大亮点》。

我原以为这仅仅是特例、个案，稍纵即逝，然而偶然回顾13年前的那场论辩后，我发现我是大大地错了，"解构主义"的主张已深入戏剧理论层面，而且较之文学、美术、影视、书法等领域，走得更远，至少我们还没看到这些领域已被"解构""颠覆"，因而需要"重建中国文学""重建中国美术""重建中国书法"，等等。

习近平同志在2014年10月文艺工作座谈会上说："中华优秀传统文化是中华民族的精神命脉，是涵养社会主义核心价值观的重要源泉，也是我们在世界文化激荡中站稳脚跟的坚实根基。增强文化自觉和文化自信，是坚定道路自信、理论自信、制度自信的题中应有之义。如果'以洋为尊'、'以洋为美'、'唯洋是从'，把作品在国外获奖作为最高追求，跟在别人后面亦步亦趋、东施效颦，热衷于'去思想化'、'去价值化'、'去历史化'、'去中国化'、'去主流化'那一套，绝对是没有前途的！"

试想，把国外的后现代主义的某种文学批评主张引来，挥舞起"解构""颠覆"两把大刀，杀向民族传统文化，口出狂言，断言"传统的戏剧"已被解构、颠覆而需要重建。我们在这里不是看到了某些"以洋为尊""以洋为美""唯洋是从"的影子吗？警惕啊，中国的戏剧人急需提高警惕！

有学者提出"'去历史化'是解构主义的产物，它势必走向抽象人性论和历史虚无主义的歧途。……使创作陷入凌空蹈虚，'戏说''穿越''恶搞'经典、断裂敲碎、干瘪乏味的历史虚无主义的泥潭。"

想想对中国传统深厚的戏剧一棍子扑杀，宣布"重建"，不是很有点历史虚无主义的味道么。须知中国戏剧除外来样式"话剧""芭蕾舞剧""大歌剧"（也都走在"本土化"的路上）等等，中国戏曲至今仍存在200多种，专业剧团超2000个，从业人员以百万计，也许比全世界专业戏剧人还要超出许多。如此庞大的戏剧事业，光是引进一种洋人主张，就能判处死刑的吗？我坚信：撼山易，撼中国戏剧难！

我主张对于20世纪90年代之后的中国戏剧不宜冠以"重建"，而以"在吸纳中前进的中国戏剧"名之为好。吸——开放，引进；纳——辨析，吸收。这些话已刊于《中国戏剧》2004年第12期给编辑部的复信中。

至于"重建"开出的两个药方"传统戏剧现代化"和"地方戏剧都市化"，我在复信中也有表述，再摘录如下：

其一，关于"传统戏剧现代化"。怀臻说的"传统戏剧"是指直到20世纪60年代的中国戏剧，这里有个概念界定的问题。所谓"传统戏剧"，科学的说法应泛指旧时代的中国戏剧。其现代化，我以为至少应包含三个层面：一是能反映当代的现实生活；二是对传统戏剧中的"毒素"（借用张庚老几十年前的说法）加以剔除，即取其精华，弃其糟粕；三是其艺术手段随时代前进而丰富发展，包括声、光、电等高科技成果的吸收运用。总的是体现时代精神和审美情趣。据此，戏剧人早为之做了近百年的探索和努力了。且不说"五四"以来戏剧工作者所做的种种努力；新中国成立初进行的戏改，正是清除"毒素"的一次重大行动；而20世纪60年代前期的戏曲现代戏试验，推出了《红灯记》《沙家浜》《杜鹃山》等一批卓有成就的新作，其舞台呈现也早突破了传统手法，对声、光、电的运用，早开了吸纳丰富的先河。新编历史题材剧也力求以时代的视角，传导时代的精神。总之，传统戏剧现代化是戏剧前进的必然，但不是从20世纪90年代才作为"重建"的药方而存活的。

其二，"地方戏剧都市化"。有成功的实践，如上海淮剧、宁波甬剧、广东粤剧等，但地方戏曲的现状远不是这几个个例所能概括和代表的，应更加放开思路，未来的戏剧欣赏对象是多元的，需求是多样的。我坚信在很长一个时期内，以农村农民为主要对象的地方戏剧不大可能消失，也不大可能都涌进城市而"都市化"。它们当然要提高、要发展、要前进，也要现代化，但也不都是跃过"城市门槛"而变得完全不像自己，也不再是自己。说句极而言之的话，不去"化"又何如呢？比如，西方音乐剧（据说是取代古典歌剧而出现的）虽然兴盛，大赚其钱，但西方古典歌剧并未被取消，多元欣赏需求给了它存活的空间。传统的、经典的民族戏剧文化将永远牛活在舞台上，尽管它不可能像曾经有过的独霸的辉煌。

2017年8月5日完稿于龙口海滨
（原载《乡土·汉风》2017年第5期）

远离"去中国化" 守护民族文化基因

——在"弘扬红色文化，激活红色基因"主题研讨会上的发言提要

今天，我们聚集在红都瑞金研讨"弘扬红色文化，激活红色基因"的大课题，很高兴，也很激动。我联想起一个月前的9月9日，在中国教师节到来之际，习近平同志到北京师范大学看望师生时说过的一番话。

习总书记郑重地提出了反对"去中国化"、种下民族文化基因的大课题。

"去中国化"云云，无疑来自域外的某些势力，这不可怕，也难以杜绝。可悲的是，国内早有呼应，早有行动。且不说20世纪80年代甚嚣尘上的"告别革命、远离理想"的叫卖，就是中小学教材也经历了一再斫伐的命运。有心的朋友当还记得，在一些地方的中小学教材里，最先是"告别革命"思潮下的刀斧下，删减了《为人民服务》等"老三篇"，斫削鲁迅先生的战斗檄文（名曰学生有三怕：一怕文言文，二怕写作文，三怕周树人），抛却魏巍同志讨伐美帝国主义、歌颂"抗美援朝"英雄精神的《谁是最可爱的人》……曾经引发一阵辩论。不曾想在这之后又来了一波斫古典诗词散文的杀伐，以至于引起了习总书记的关注，态度鲜明地表示了反对，并严肃地提出了维护民族文化之根的使命。

可以这么说，思想政治文化领域里，围绕政治观、政体观、民主观、自由观，以及世界观、人生观、价值观、道德观、是非观、美丑观等等的分歧和论争，从来就没有停息过。借一句老话即"树欲静而风不止"。朋友们只消回头想想，便都了然于心。历史的经验教训，真是值得认真汲取。今天，我们强调树立和践行主流价值观，不正是抵制来自各方的意识形态挑衅，应对这场严峻的

挑战吗？

民族文化优秀传统中，古典文化自然是源头，是基柱。正像习总书记主张的，经典的古代诗词散文要从小嵌入学生们的脑子里，种下民族文化的种子。优秀的民族文化还应当包括近代文化、现代文化、当代文化，可谓内涵丰厚、博大精深、绮丽多姿。其间，随着人民革命的兴起、发展以至最后胜利，革命文艺也随之发展、壮大，逐渐居于主导地位，成为主流。而作为革命文化的滥觞和重要组成的苏区红色文化，理所当然地具有特殊的重要性，这也正是我们今天聚集一堂认真研讨的根本依据。

我很赞成这样的总结和归纳，苏区文化具有重要的历史意义和现实意义，一是宣传了苏区军民，唤醒了人民群众的主体意识，激发了他们的主人翁精神和创造精神，起到了团结人民、鼓舞士气、打击敌人的作用。二是丰富了文化生活，营造了良好的文化氛围，推动了苏区文化教育事业和各项建设的发展。三是提出了大众化的文艺创作方向，奠定了延安文艺繁荣的基础，与延安文艺在文艺方向、文艺体制和审美形态等方面具有明显的传承关系。苏区文化是共和国文艺的摇篮和源头，与左翼文艺、延安文艺、解放区文艺等共同构成了中国革命文艺的重要谱系。

我有幸为苏区红色文化的传承、激活做过一点点小事。其一，主持编写了《有中国特色社会主义文化理论建设丛书》，共十卷，其中包括了《文化建设与苏区文化传统》一书。那是20世纪90年代初，我正在文化部政策法规司司长任上。1992年10月，党的十四大确立了建立社会主义市场经济的目标，相应地提出了社会主义市场经济下文化建设的理论探寻和实践施行的任务，而这也正是政策法规司理所当然的职责。1993年，司里向文化部部党组提出了这项研究课题及丛书编写计划，部里连续几年将它作为重点项目推行，总体任务由部机关及文化系统相关厅局共同完成。其中《文化建设与苏区文化传统》一书由江西省文化厅承担，时任厅长叶春任主编，研究室主任晏亚仙任副主编。丛书各卷完成后，我作为丛书发起人和主持常务工作的副主编，通读和审定了全书，也就有幸得到优先学习的机会，也顺便做了点宣传推广的工作。

其二，2011年，庆祝中华苏维埃共和国临时中央政府成立80周年之际，赣州采茶戏剧团推出了采茶歌舞剧《八子参军》，讴歌英雄母亲送八个儿子参加红军全部牺牲的崇高精神。我和郑振寰、刘锦云、黄维钧应邀到赣州看了现场演出，我是流着泪看完演出，含着泪写出读后感的！《中国文化报刊》登了评论专版，我们四位的文章都在。我为我能做点宣传鼓吹的工作私下窃喜，但相对于先烈们的牺牲和伟大母亲的奉献又深感惭愧。

今天，来到瑞金，参加研讨，我依然是抱着学习和感恩的思想而来，期盼有新的收获，新的感悟。

2014 年 10 月 3 日于北京

这是为"弘扬红色文化，激活红色基因"研讨会而写，积习使然，又批评了一些乱象，老而顽固，难忘初心也。

——笔者

我看评"劣"选"差"

——评"劣"选"差"的呼唤

怎么说呢，也许是由于近些年来演艺界明星们（按：此处用"们"仅表示非一人一事，绝非囊括全体）劣迹接踵、丑闻不断的缘故，1997年，评"劣"选"差"的锣鼓空前地热闹起来。

1997年1月7日《北京青年报》披露：'96全国不良艺员评选活动已在广州拉开序幕；此项活动由广东新感觉文化娱乐有限公司和《南方都市报》共同主办，每年一届。紧接着，由《文汇报》主办的《每周文艺节目报》公布了为1996年部分明星颁发的七个"丑闻特别奖"，包括为去浙江贫困县缙云演出临时要求加价1.6万元的毛阿敏发"特别讨价奖"，为横店风波的主角韦唯发"特别罢唱奖"，为带领草台班四处走穴的林依轮发"特别走穴奖"等。不久前，上海《海上文坛》杂志评选出了"不受欢迎的十大明星"，刘晓庆、韦唯、毛阿敏等榜上有名。随即，各地晚报又报道了十位当选明星各自的反应，一时热闹非凡（《文艺报》1997年7月26日出版的"周末试刊"曾作详细介绍）。

舆论方面，《杂文报》发表了题为《尴尬的"奖"》的署名文章，不仅为前述"丑闻特别奖"拍案叫绝，还提出了补充名单：潍坊假唱的高枫应并列"特别噪音奖"，在宁波绿洲珠宝行参观而获16万元珠宝的刘晓庆当获"特别参观奖"，在成都《漂亮女人的日记》剧组大打出手的"漂亮女人"王璐瑶当获"特别拳脚奖"等；还提出一项建议：设立全国性的"明星丑闻奖"，奖项可设"脸皮最厚奖、良心最黑奖、骗术最精奖、架子最大奖、偷税最多奖、走穴最滥奖、演技最臭奖、艺德最差奖、丑闻最轰动奖"等。与此相关，《北京广播电视报》

则推出了设立"金臭虫奖"或"金蜣螂（俗称"屎壳郎"）奖"的建议，"专揭影视演艺界的假恶丑现象，监督他一番"（《文艺报》1997年7月17日对此曾做过详细报道）。

评"劣"的呼唤和施行并不自1997年始。前几年地处西南的《成都晚报》和北京的《戏剧电影报》等报刊就有过评选"最差影片""最差电视剧""最差广告片"的举动，只不过不及眼下的急鼓繁弦就是了。

"金草莓奖"盖有年矣

国外评"劣"进而设"奖"的做法更早更绝，最具代表性的当数美国为最劣电影设置的"金草莓奖"，迄今已有17年的历史。

据说这个专门和奥斯卡金像奖唱对台戏的奖项始设于1981年，由金草莓奖基金会创办，最初由美国、英国、加拿大、瑞士和日本等五个国家的300多名电影从业者、电影爱好者和不留情面的影评人组成，一年一度，评选最劣影片、最劣编剧、最劣导演、最劣男女主演、最劣男女配角及最劣新星、最劣原作歌曲等，每年3月底奥斯卡金像奖揭晓前公布。

这个奖的最大特点就是敢碰"大腕"，敢批"权威"，敢亮"红牌"，敢"叫倒好"。开办17年来，有幸获此"殊荣"的，包括一批世界影坛红极一时的大牌明星。如超级影星、硬汉史泰龙屡屡入围，被评为20世纪80年代最劣男演员，今年又因《十万火急》"荣"获提名；曾以《江边》《教父》两度获奥斯卡最佳男主角奖的马龙·白兰度获今年最劣配角奖；施瓦辛格、瑞安·奥尼尔（主演《爱情故事》）、凯文·科斯特纳（主演《侠盗王子罗宾汉》）等也在劫难逃；女明星中，简·方达因《老美国佬》获最劣女演员提名；曾以《雏妓》而名噪一时的布鲁克·希尔兹则因《变速地带》获最劣女配角奖；性感女星、超级歌星麦当娜八次入围最劣女演员提名；名声赫赫的莎朗·斯通、乌比·戈德堡等也无一幸免。影片《脱衣舞娘》今年独领风骚，"荣获"第十七届"金草莓奖"之最劣影片、最劣导演、最劣编剧、最差银幕搭档、最劣电影插曲等多项奖，其主演、著名影星黛米·摩尔获最劣女主角奖，如此等等。

奥斯卡金像奖评了53届，冒出了个反其道而行之的"金草莓奖"，而且形成了气候，形成了制度，形成了规模，与之相辅相成，相生相伴，绵绵至今。

这一切绝非偶然，表明仅仅对优秀者叫好远远不够，还需要对低劣者叫倒好，实施舆论监督，民众监督。这又不能不牵涉到"谁是上帝"的老问题了。

"明星是上帝"的反激

关心演艺界的朋友也许还记得两年前的一桩公案：重庆观众翘首企盼大明星王姬前来参加其主演之电影的首映式，结果因为不习惯坐波音707之类的"小"飞机、抛硬币算命又抛出个"不宜出行"，便拒绝登机，把观众晾在了剧场。传媒"炒"了一通，观众说三道四了一番，眼看沉寂之时，传来了"明星就是上帝，王姬反唇相讥"的报道，摘之如下：

> 《泉城周报》7月26日报道：今年5月份，影星王姬在重庆接受当地新闻界采访时，针对一些观众……谴责，拒绝出席山城翘首以盼的《红粉》首映式的责难，她反唇相讥："有人动不动就讲外国明星不敢违约。他懂多少外国？迈克尔·杰克逊答应去新加坡，但后来他说不去就不去，观众并不责怪他，还是等着他，理解他。""明星制就是把明星看成上帝。明星是大众的领袖。""一个社会对一些涉及个人习惯的问题不予丝毫理解就大肆攻击，这是不文明的表现。"

话说得够明白的了："明星是上帝"，观众是顶礼膜拜的臣民；明星是"领袖"，公众是驯服唯诺的群氓。而且还要加上对同胞们的"反唇相讥"，加上"他懂多少外国"的嘲讽。无疑，这番话成了再次激怒观众的导火索。

也许在狂热的"追星族"队伍里，在某些特定的人群中，不乏把明星看成"上帝""领袖"的偏执者，"明星"则是这类公众的"情人"。然而"上帝"也罢，"领袖"也罢，"情人"也罢，这些注满感情色彩的词语并不反映明星和观众之间关系的实质。

何为本质？有人说，明星和观众的关系，犹如鱼和水。世上历来只有水养鱼，而没有鱼养水的。也有人说，明星和观众的关系，是船和水的关系，水可载舟，亦可覆舟。更有人一语道破："说一千，道一万，观众是啥？观众是衣食父母！"道理嘛，很简单：无论闪光的明星，还是灰暗的龙套，吃张口饭的人，一场挣块儿八角大饼钱也好，挣百八十万别墅钱也好，那钱都是从观众口袋里掏的。而掏钱养你、肥你，供你大饼油条、房车别墅者，非你衣食父母而何！相声大师侯宝林曾经说过一句话："我得把观众侍候好了，因为观众是我的衣食父母呀！"他把这个道理说透了。

既然观众是"衣食父母"，也就引出了"为父母者"的权益和作为选择：可以夸奖，也可以斥责；可以表扬，也可以批评；可以说好，也可以说不好。既可以宠爱争气争光的佳儿，也可以鞭笞忤逆不孝的孽子！

这就回到本文的题目上了。评"优"奖"佳"固然是观众的权利，而评"劣"选"差"又何尝不是观众的职责？如今人们特别热衷于后者，显然是某些自封的"上帝""领袖"触怒了他们的"衣食父母"，讨来了"父母"们（也是真正的"上帝"）责罚的板子。怨谁呢？此时用得着两个字：活该！

《海上文坛》评选得失说

当然，打板子也得讲个缘由，如何打也得讲个分寸。板子要打得准，打得对；责所当责，罚所当罚；力求使当事人服，使旁观者服。总之，打么，要打出一个惩恶扬善，打出一个祛丑扶美，打出个是非分明。

以此观之，《海上文坛》最近举办的评选"不受欢迎的十大明星"活动，确乎是有得有失，得失参半。

说"得"，一是敢碰大腕明星，勇气可嘉；二是动作大，社会反响大，足以起到警示鉴戒作用；三是有相当的命中率，即部分入选者实属"责所当责""罚所当罚"，戴上"不受欢迎"的"桂冠"，应该说是"众望所归""当之无愧"。

说"失"，一是定位欠准。"明星"云云，不宜在简单的"名人"意义上套用。凡有"名气"的人，均称作"明星"则范围过大，很难订出适当的评选标准。目前，人们所称的"明星"，大抵在演艺界的范围之内。如果扩而大之，则"政界明星""科技明星""体坛明星""企业明星"……所在多多，能涵而盖之？候选名单中将体育解说员宋世雄列入，实属莫名其妙的扩大化。说句私房话，尽管有人不大喜欢宋的解说，认为过多过繁，我却不以为然，我赞赏他的热情洋溢，赞赏他的反应迅捷，赞赏他的妙语连珠，铁嘴钢牙。他成为我国唯一入选的最佳国际体育播音员，我看是受之有理的。

二是标准不当。评"劣"选"差",先要弄清把准"劣"和"差"的内涵。如今一个笼而统之的"不受欢迎",把分属不同范畴的东西硬凑合在一起,实在不伦不类。比如:"偷漏税""罢演",属于违法、缺德(艺)行为(按:根据1997年8月11日国务院发布的《营业性演出管理条例》之"营业性文艺表演团体或者个体演员演出时,不得无理中止演出或以假唱、假冒他人名义等虚假手段欺骗观众","罢演"之类已属违法),理当受到谴责。"看不起观众""公开与前任情人之间的隐私"也可划入艺德和做人道德范畴,但后者作为评选标准并无普遍性,显系"因人而设",带有诱导性,当属不当。至于"仪表很土气""服饰不伦不类"等,纯属干预个人兴趣爱好,更为不妥。"不像大众情人""太奶油",则不无人格贬损成分,很不可取。而"官司缠身",现象而已,并非是非曲直判断——官司有胜诉败诉区别,安知不是用法律保护自身权益?以官司多寡有无定优劣更加莫名其妙。总之,就公布的资料看,评选标准和依据实在是一笔糊涂账,恭维不得。

三是滥用幽默。以评"劣"选"差"甚而评"劣"设"奖"方式进行批评监督,表面上是调侃、挖苦、幽默、嘲讽,骨子里却应该是极为严肃的正当批评,最需讲究科学性、公正性。随意"幽"一把"默",拿一些小节开开玩笑,出出洋相,只会把事情弄糟,把原本有益的好事弄颠倒,引发出负面效应。

看来眉毛胡子一把抓,该批不该批的一锅煮,最高兴的是那些劣迹斑斑、缺德少艺、早该受到谴责的无行者了。也许他或她那不屑一顾样子的背后是暗暗得意,是窃笑举办者的举措失当呢。

有关《海上文坛》的这次评选,人们正议论纷纷,深入探讨。本人一孔之见,说说而已。

有志者何妨一试

话再说回来,对于运用评"劣"选"差"法以至评"差"设"奖"法展开批评监督,我是投赞成票的。目前已经有的诸般做法,也许有这样那样的不妥当、不完善之处,人们(无论圈里圈外)对此也还有种种不同看法和评价,但我以为运用多种方法、借助多种样式展开批评的本身并没有错,而且借个时髦的词,还不失为"与国际惯例"接轨之一着哩。

问题是要解决以下两大难点：

一是解决社会心理，特别是被批评者的心理承受力问题。就社会环境而言，要习惯于正面批评，也要逐步习惯于反讽的批评。我国老戏圈子里不是有"叫倒好"之说嘛，戏臭，角儿臭，漫不经心，荒腔走板，诸如此类等等，立马有人起哄地叫起"好"来。知其不好而叫好，自然是"叫倒好"，这不正好是明知其"劣"偏要给"奖"么？二者之间不是有某种关联么？可见评"劣"而设"奖"，也暗合传统哩。就当事者说，我赞成木弓先生的观点：面对"过去是掌声、鲜花、捧场、荣誉"，"现在居然有了这么刺耳的批评，甚至是挖苦"的现实，明星们最好扪心自问："我们的素质、修养、职业道德、演出水平，真的是好到无可挑剔了吗？"他认为"老百姓宽厚和体谅惯出了明星们的坏毛病，使他们说不得碰不得"。明星是要为百姓服务的，只有让百姓来评判。老百姓不像评论家、领导人，话说得那么委婉，娓娓动听。他们直来直去，乐则大笑，恼则大叫。他主张应该习惯这些，"虚怀若谷"，多听听群众意见，哪怕是很刺耳、很难听的意见。此言极是！

二要解决操作性问题。要做到科学、公正、公开，并力求规范化、制度化。具体说来，评选范围不妨圈定在影视演艺界。评选对象似要区别为两大类：一类是作品，评选最差影片、最差电视剧、最差电视片、最差舞台剧等；一类是艺员，评选艺德最差艺人。前者如果要细化，也可评出最差编剧、最差导演、最差作曲、最差摄影，以及最差表演者，等等。后者按艺德内涵分类，也可评出各个方面的代表性人物。但开始宜粗不宜细，宜"精"不宜"滥"，点到为止。至于命名，参照笔者在《北京广播电视报》上所发文章的建议，最差作品可以叫"金臭虫奖"，取其臭虫般吸食民众血汗滋养而一事无成之意。最差艺员则不妨叫"金臭蜻奖"。臭蜻者，俗称"臭大姐""放屁虫"之飞虫也。以此名之，喻其艺德之臭，臭味四溢也。当然，"臭虫"也好，"臭蜻"也好，都有损人、骂人之嫌，如有更佳称谓，亦可不用。但是评"劣"设"奖"意在批评，以"臭虫""臭蜻"名之，也算名实相符，似无大碍，姑且存疑。谁来操持？自然需要有志于此的热心者。从操作便当计，如果有全国性的这类评选，笔者倒主张由文化记者们或其机构操办，一则他们熟悉情况，所知甚多；二则了解民众，可以反映出群众心声；三则挥动舆论监督武器，也是他们自身职责所在。当然，某家报刊独办或多家报刊联办亦是一法，总之是民间操办，不拘一格。

（原载《文艺报》1997年9月4日）

批评文字进到实体授"奖"，只表明笔者对开展批评的期盼。在今天，则可行性甚少。管他呢，至少也算一则批评性文字。

——笔者

"事在人为"说万州
——我看中国戏剧的"万州现象"

刚过去不久的2017年6月4日，中国戏曲现代戏研究会在重庆万州区召开了名为"中国戏曲剧目建设研讨会"的年会。到会的各方人士却更有兴趣于另外一个题目"中国戏剧的万州现象"。

可不是嘛，自从"截断巫山云雨"的葛洲坝修大坝、建水库以来，还在移民搬迁阶段，万州猛然冒出一出方言话剧《移民金大花》，并以鲜活的底层群像、浓郁的生活气息、厚重的思想内涵、幽默的草根语言震惊了整个戏剧界！过两年，水库建成——"高峡出平湖"，反映水库淹没地区底层百姓生活的又一出方言话剧《三峡人家》闪亮登场，仿佛一枚精神原子弹，更让同行目瞪口呆、惊喜莫名！几乎同时，万州川剧团（现更名为三峡川剧团）又推出了隆学义打本，查明哲执导的《鸣凤》。果然"一鸣惊人"夺取了中国艺术节优秀剧目奖，主演谭继琼还一举斩获"梅花奖"！

万州现象云云，还不足以令人刮目相看，纷纷赶来取经吗？

从研究会老会长姚欣通知我参会，并令我思考"万州现象"之时起，我便遵命苦苦思索起来。

如实说，就戏剧而言，万州并不算得天独厚，别说历史上从来没有出现过有全国影响的大作、佳构，就是这两部唱响全国的方言话剧，也是由歌舞团担纲推出。原来他们根本没有话剧团！各类人才是"以戏相聚"，戏聚拢了散落各处的才俊。"戏剧"——"戏聚"，名实相符也。

那么这"弥足珍贵"的"万州现象"何以出现的呢？我挖空心思想到了四

个字：事在人为！也许这正是他们的根本经验所在！

试解析之，就"事""人""为"三要素依次说来：

先说"事"。泛泛而言，事有好事、坏事、不好不坏的事；轰轰烈烈的事，平平庸庸的事；流芳千古的事，遗臭万年的事；人民有口皆碑的善事，注定钉在历史耻辱柱上的恶事；如此等等。

万州戏剧人包括从业者和他们的领导做的是什么事呢？在我看来，他们做的是振兴戏剧、繁荣文艺的事，满足老百姓文化生活需求的事，增强民族文化自信、文化自强的事。总归是名垂千古的大好事。

其时，大形势并不是很好。就戏剧艺术事业而言，不少地方做的事不是振兴，而是整垮；不是解放艺术生产力，而是解除艺术生产力；不是弘扬民族文化传统，而是摧残民族优秀的文化传统。

正像习近平同志于2014年10月15日在文艺工作座谈会上的讲话中所警示和嘱咐的"不能在市场经济大潮中迷失方向""不能当市场的奴隶""不要沾满了铜臭气""不要被文化市场牵着鼻子走"，可谓言之谆谆，语重心长！其针对性不正是有些地方、有些人正在那么做吗？

值得欣慰的是尊敬的万州戏剧人及其领导，他们早在10多年前就践行了习总书记的要求。他们做的事，正是和前述的"四不要"划清了界限。

敬礼，万州戏剧人！

次说"人"。"事"都是"人"做的，"事在人为"云云，关键点还是在"人"，什么人，做了什么事。先泛泛而言吧。

放眼戏剧界，"人"也有几类：

第一类是心术不正的人。在上者是只谋私利、贪腐堕落，搞的是权力寻租，权钱交易、权色交易。就算不搞贪腐"洁身自好"者，也是只要政绩，只图升迁上位，哪管事业成败。

在他们旗下，则麇集了一群蝇营狗苟、献媚求荣之徒。此辈为巴结大人物、抱上粗腿，不惜违背艺术良心出卖灵魂，只为谋求上升之阶。可怪也可悲在于得逞者还比比皆是！

第二类是庸庸碌碌、跟风随浪的人。这类人有两大特点：一无见识，二求自保。风来跟风，雨来跟雨，有利则趋，有险则躲。对于这类人，委实不能期盼过高，只要不层层加码、助纣为虐，就千恩万谢了。

第三类是有识有胆、有勇有谋的人。先得有识，有见识，有认知。对前面提到的习总书记批评的四种情况，能否分辨，能否识别，是为前提。就我接触到的情况而言，有识者所在多有，完全可以视作是戏剧行业里的主流。不过有"识"之后，还要有"胆"。即认准之后，否决之、抵制之至少是想方设法应付之，虚与委蛇之。上有政策，下有对策，阳奉而阴违，在这里实实在在应该作正面理解。

回顾被文化市场牵着鼻子走的那些年，一些恶论肆行之际，确确实实有许多有识有胆、有勇有谋之士勇敢地站了出来，千方百计保护了民族的戏剧艺术事业，保护了民族文化的精粹，早已传为佳话。

在"实行文化艺术商品化"的喧闹中，文化名人、著名学者钱锺书先生站出来说："崇高的理想，凝重的节操和博大精深的科学，超凡脱俗的艺术，都具有非商品化的特质。强求人类的文化精粹，去附和某些市场价值的法则，那只会使科学和文化都'市侩化'，丧失其真正进步的可能和希望，历史和现代的这种事例还少吗？我们必须提高觉悟，纠正'市侩化'的短视和浅见。"（钱接受《人民政协报》记者采访时的回答）

在婺剧之乡浙江省金华市，时任市委书记徐止平和市长陈昆忠也曾说过，婺剧是我们的市宝，是老祖宗为我们留下的宝贵财富，必须倍加珍惜。如果因为我们的对策不当，让婺剧艺术受到了伤害，我们将成为历史的罪人！他们进而采取了一系列措施，保护了他们的"市宝"，婺剧获益匪浅，更为兴旺发达。

在一个中原大省，省委领导说："优秀传统文化，是民族之根，民族之魂。能到市场上去论斤论两的卖民族之魂么？"

在许许多多地方，戏剧剧团加上了"研究"字样变成"艺术研究"机构，保留了事业单位身份，继续得到政府财政的支持。至于"研究"之外，"传承中心""保护中心"等等，统统是修了个"防空洞"躲开"狂轰乱炸"了。

如实说，凡此种种都堪称"功在当代""功载历史""功不可没"。至于是否有摧残"民族历史文化精粹"的"历史罪人"，就只能留待历史做判断了。

说了"事"和"人"，该说如何"为"了。

万州的戏剧人和主管领导们是如何"为"的呢？我以为除了做到"四不"（"不能在市场经济大潮中迷失方向""不要被文化市场牵着鼻子走"等）之外，还有可贵的"四坚持"：

其一，坚持了以人民为中心的创作导向。

其二，坚持了眼睛向下，深入生活，深入群众的创作道路。

其三，坚持了改革开放、与时俱进的气度。写新的生活，新的人物，新的世情，新的矛盾，新的破解……在《移民金大花》《三峡人家》中体现得特别鲜明。

其四，坚持了艺术独创，彰显地域特色。以川人的幽默打底，承继前辈（诸如老牌方言剧《抓壮丁》等）的创造，形成独特的轻喜剧风格，可谓兴味盎然，人见人爱。

凡此种种，都由《移民金大花》《三峡人家》等剧作做了形象的诠释。据了解他们还继续奔跑在这条路上。

"事在人为"。好人，好事，好作为！

我为中国戏剧的"万州现象"点赞！愿神州大地上多多地涌现出种种"万州现象"！祝愿祖国的文艺百花园，繁花似锦、万紫千红、争丽斗妍！

2017年8月3日于烟台龙口

（原载《中国戏剧》2017年第10期）

别墅捧星

——请问掏谁的腰包？

"别墅捧星"是近年来爆出的摩登新闻。1993年，四川一家房地产公司将一幢价值20多万元的别墅送给了一位似乎和巴蜀毫不相干的山东籍走红影星，开了别墅捧星的先河。1995年5月，江苏的一家什么公司又将一幢豪华别墅（所值几何，恕我没记住）赠给了一位和江苏毫无关联的四川籍影星（名声赫赫的亿万富婆），紧步后尘。消息一经传出，引起舆论一片哗然，说助长贫富分化者有之，期望捐给"希望工程"者亦有之，批评其用钱不当者有之，劝说应去"雪中送炭"者亦有之。但说来劝去，给人的印象总是在外围——道德的范畴里绕圈子，并未触及问题的症结和实质。

鄙以为，说点婆婆妈妈的、不痛不痒的规劝话也未尝不可，然而在对别墅捧星做道德评价之前，要紧的是先得问问钱从何来，钱属于何人，即谁掏腰包，掏谁的腰包？这里边的讲究可就大了去了。

答案无非两个：掏个人的腰包，"款"爷捧星；掏老百姓的腰包，公款捧星。也许还有第三种，"大款"和公款联手，两"款"合作捧星，就如合资企业那样两个口袋掏钱。但究其根本，仍没脱离姓"公"姓"私"两家。

对于前者，掏个人口袋，虽然可以就花钱去向说上两句道德劝诫的话，但我看来，谁要"烧包"尽可由他"烧"去，不必也无权硬管。好比个人花钱住店吃饭进骡马大车店吃大饼卷大葱或者啃干馍一样，随他；进豪华宾馆住总统套间吃黄金大宴喝洋酒XO，也听便。只是传媒不必眼红兮兮地馋涎欲滴地去跟踪，去报道，去猎奇，去渲染，一句话，无须去捧臭脚就是了，自然也不必去说三道四、指指戳戳，反正他没花你口袋的钱。

对于后者，掏老百姓原本就瘪瘪的口袋，拿人民的血汗钱，恣意妄为，公款捧星，就得好好说道说道了。最起码要问问那些从老百姓口袋里大把大把地掏钱捧星的官老爷、准官老爷，动不动几十万几十万地白送人，谁给他们这么大的权力？经过谁的批准？掏捧之际问过"老板"、公有资产的所有者——老百姓没有？至少问过本部门、本单位、本企业的主人翁——创造财富的职工们没有？……1995 年中纪委有个新规定，企业吃喝、招待、宣传、应酬等费用要向本单位职代会报告，要接受职工群众的监督（国有资产的保值增值，国家还另有监督检查机制）。虽然这两起别墅捧星都在此之前，亡羊补牢似乎也还可以追溯一番、查检一番，起码可以看看其间有没有北京话所说的"猫腻"——个人有没有借机捞一把的劣行。

有人说了：这是打广告、打名声，花得正当！我看跟打广告扯不上，"星"们白捡了别墅、豪华别墅，并没有为你的企业、产品说任何广告话。讲出名倒也沾边，别墅一捧，传媒一"炒"（谁知道是不是"红包效应"，花钱买来的），果然知者甚众，论说不少。然而"出名"云云，也得有个讲究。名有"美名""芳名"，也有"恶名""骂名"；"有口皆碑"是出名，"千夫所指"也是出名；再往远处说，就从历史发展长河来看，"流芳百世"固然是出名，"遗臭万年"何尝不是出名？可见出何种名，以何出名，不可不计，不可不慎。

就笔者视力所及，前述两例别墅捧星事件，摩登自然是十足的摩登了，因猎奇而传播者也还有一些，但赞颂者、顶礼膜拜者、高呼英明者似乎还不曾见。就是白得了别墅的主儿，听说也不大买账。人家不是说了嘛："一个要送，一个就接受了；就如我送你一件衣服，你收下来一样。"说得如此轻巧，就像捡根灯草！几十万元一幢的别墅，在"星"的眼里，一件衣服而已。奇怪吗？眼红吗？你这是少见多怪！须知以亿万豪富的眼光看世界，区区几十万元，可不就相当于平平常常一件衣服！这自然会使别墅捧星者们大失所望，可又有啥法子呢？亿万富婆就是亿万富婆，绝不同于面对"希望工程"嗷嗷待哺的农村失学儿童！一勺水可以救活一棵干渴的小苗，一桶牛奶还不够杨贵妃例行公事泡一次澡呢！小苗用秋后的果实回报滴水之恩，杨贵妃们呢报你一个不屑的白眼！

写到这里，我不由得想起了老年间传得很广的一则笑话：某无赖一日向同伴夸耀，说是早晨见到了督军大人，还有幸和大人说上了话。听者饶有兴味地追问究里,回答却是:"我说:'督军大人,早安!'督军大人说:'滚开!'"
诸位以为如何?

(原载《北京电视》1995 年第 10 期)

又一则批评文字!仍是杂文笔触。
——笔者

我敬重这份"不安分"
——新版《梁山伯与祝英台》观后随想

一

2006年,在庆祝越剧百年的热浪中,浙江小百花越剧团高举"穿越百年感受经典"的旗帜,举行了2006年中国巡演。岁末,茅威涛率领她的团队带着《藏书之家》《春琴传》和新版《梁山伯与祝英台》(以下简称新版《梁祝》)晋京献演,给首都观众送来了别开生面的惊喜和耳目一新的愉悦。中国戏曲学会慧眼独具,将学术艺术含金量甚高、在戏剧界声誉颇隆的"金盾奖"授予了其中的新版《梁祝》,委实值得庆贺!

二

如实说,新版《梁祝》是小百花越剧团最新奉献的一出越剧,但更确切地说,应当是郭晓男、茅威涛夫妇艺术追求的最新成果和结晶。

庆贺什么?就我而言,最主要的是庆贺这对梨园伉俪的那份值得敬重的"不安分",以及由此带来的震撼。

说"不安分",事实俱在!

先说郭晓男,厚生老称他是"给中国戏剧舞台带来震撼的导演"。这是有大量剧作为证的,不说他的老本行话剧,就戏曲而言,淮剧《金龙与蜉蝣》、京剧《大唐贵妃》、昆剧《牡丹亭》……加上早些年的越剧《孔乙己》,去年晋京的新版《梁祝》等三台戏，诸如此类等等，这些都向人们展示了那颗永不满足、永不重复、不懈追求、不断超越的跃动的心和那份不安分的"另类"品性吗？

再说茅威涛，按说早已功成名就、享誉梨园，能拿的奖、可拿的奖早就满把满把攥着了。可她就是不愿躺在荣誉簿上睡大觉，不甘寂寞，不吃老本。从剃光秀发饰演的孔乙己，到穷困坚守的藏书人范容，再到新样的梁兄——梁山伯，离早年她扮演的风流才子、倜傥小生，何缔千里万里！

总而言之，言而总之，他们夫妻俩的这份"不安分"，便是有追求、有企盼、有理想、有雄心，进而在艺术上不停滞、不保守、不封闭、不自囿。有评论家将此称作"表导携手，珠联璧合"，说"郭茅的强强联合""比郭晓男一个人奋斗导演话剧，或者茅威涛一个人苦苦探索越剧更有价值，也会成为剧坛佳话传之后世"。此言极是！

三

最初看过越剧创新版《孔乙己》之后，从内心深处我对剧目是并不认同的，究其原因，既然说是改编自鲁迅先生著述，却又离原著精神甚远。越剧舞台上的孔乙己，身上几乎看不见鲁迅笔下的不朽艺术典型孔乙己，也难以体会到孔乙己所呈现的为封建科举制度以至整个封建制度唱挽歌的影子。孔乙己同情革命、襄助革命的"壮举"，不仅有悖于人物性格发展的逻辑，而且大大削弱了自身的悲剧性及对旧时代批判的力量。然而我却充分肯定并称赞了他们的改革创新精神。

记得当时在文化部艺术局为之召开的剧目座谈会上，我主要谈了两点：一是剧种题材的拓宽以及相应的剧种表现力的拓展。在稔熟了的《西厢记》《祥林嫂》《红楼梦》等之外，人们惊奇地发现，越剧竟然还可以演这些，如此演！它们是越剧，又几乎不是习见的越剧……剧团、剧组的朋友们力求创新、超越的胆识，委实令人震惊，给人启迪。

二是茅威涛人物塑造的大胆超越以及表演手段的创造发展。一亮相，人们便不免大吃一惊：这还是风流倜傥、美轮美奂的茅威涛吗？这弯腰屈背、形象猥琐的落魄穷酸就是茅茅？而且不说别的，光是为了舞台人物造型的需要，毅然剃光那一头秀发，不是借助特别头套，一如常规化妆定型那样，其为艺术而牺牲的精神，超乎常人的勇气，就实实在在令我感动不已，敬佩不已！

四

看了新版《梁祝》，我有了更进一步的感受。

这是一部承继前此又有了新进的剧目，贯穿其间的仍然是那份"不安分的跃动，不停滞的追求，不止步的创新，永不满足的美的攀登"！而呈现出来的，则是更坚定的步伐，更多样的展示，更成熟的手法，更多彩的面貌。可以说，他们沿着既定的方向，跃上了创新越剧艺术的新高。

用茅威涛自己的话说，这"既是古典的又是现代的，既是传统的又是时尚的，既是中国的又是国际的"。就人们熟悉透了的"梁祝"故事而言，他们在"重新寻找一种情感叙述方式"。

于是在舞台上，我们看到了美！我们感到了真真切切的赏心悦目！

美，是为一切艺术的本质要求；审美愉悦，是观众走进剧场的根本动机。茅威涛、郭晓男深深地懂得这一点，并尽一切努力去实现这一点。新版《梁祝》是他们新一轮的大胆试验，也是他们在总结创新经验基础上的大步迈进。舞台呈现的美是综合的美，既浓墨重彩地渲染梁祝的人性美、人情美、情感美，又形象地展示其身段美、舞蹈美、演唱美。而在音乐设计上，小提琴《梁祝协奏曲》的介入，何占豪先生的亲自指挥，更使全剧大为增色。舞台美术设计制作借助现代科技声光电，展露出强烈的现代气息。这一切在导演的出色调度下，画出了艺术美的最终句号！而这些又没有脱离开越剧的本体。她，是越剧，又是新样的越剧。

据介绍，茅威涛、郭晓男"合谋"提出了"旧中见新，新中有根，移步换形"的创作理念。我看完全可以视为那"不安分"的总体指导思想和艺术追求的总体目标。这自然基于越剧的相对年轻、接近民众和富于活力的品性。梅兰芳大师就京昆提出的"移步不换形"的理念，越剧似可不必受此约束。而郭、茅及小百花改革的步伐，正如有的论者所指出的，正在使越剧完成乡村传统戏曲向都市现代戏曲的"转化"，进而"形成有独特的审美形态、风姿绰约的女性戏曲"。

五

就剧目而论，我还是想说，新版《梁祝》体现的改革精神极为可贵，其创新成果也极为可喜。但较之于老版《梁祝》，鄙以为仍然是有所得，也有所失。比如，其感情冲击力即感人力量似有削弱，十八相送的机趣和楼台会的悲喜交迸，似乎也不如既往强烈，化蝶的处理也不尽理想，小蝴蝶的放飞毕竟难和梁祝的"生死契阔"的舞蹈相匹……而减弱了梁山伯诚实憨厚的"呆头鹅"品性，三年同榻毫不觉察便难以成立，哪怕床中间放上一碗水，如此等等。

然而我还要说，也许就这些创新剧目的个体来说，人们会发现这样、那样的不足，甚至提出这样、那样的指责。但是把这一切放在戏剧改革的总坐标上考察，放在戏剧发展的历史长河中掂量，我们便能看到它的真实价值和极为可贵之处！

我愿同朋友们共同葆有这样的眼光。

六

散议结束，还有一点至为重要的补语，我非常赞成并拥护茅威涛为新版《梁祝》确立的创作改编定位："规避颠覆，谨慎重塑。"

这八个字是要用大字黑体隆重标出的！

（2007 年 5 月 18 日，在新版《梁祝》喜获中国戏曲学会奖座谈会上的发言）

任毒雾弥漫娱乐圈？

——满文军吸毒案警钟再鸣

5月20日，娱乐界爆出一大新闻，震惊了世人：小有名气的歌星满文军因聚众吸毒被警方抓获！随即被处以行政拘留14天的处罚！消息传来，人们惊愕、诧异、震怒、惋惜……一时成了不大不小的一个议论热点。

据传媒披露，5月19日凌晨，满文军与其妻李俐为庆贺生日，约来一帮朋友聚会于朝阳区工体附近某酒吧，吸食摇头丸以及一种新型毒品"开心水"（HAPPY水，主要成分为冰毒）。20日凌晨，被警方抓个正着。李俐以提供毒品罪，处以刑事拘留14天；满文军等10人则判行政拘留。

其实，娱乐圈里的这种丑闻，人们并不陌生。远的不说，1997年，名噪一时的摇滚歌手罗琦在南京毒瘾发作，凌晨两点拦下出租车要司机带去买"白粉"，被直接送到了派出所，再一个跟斗栽进了戒毒所被强制戒毒。紧接着，媒体披露，中央戏剧学院毕业的女演员朱洁因吸毒过量，抢救无效身亡。其主演的影片《长大成人》刚摄制完成，尚未公映。而不无讽刺意味的是该片正是抨击演艺圈内颓废青年吸毒成风、企图警醒世人的！近些年，则先有歌星景岗山在北京机场被安检人员从身上搜出摇头丸等毒品，处以罚款；后有沙宝亮和零点乐队在青岛一酒吧涉嫌吸毒，被警方带走，以乐队认错，几名成员除名作为了结。

凡此种种，正像当年罗琦承认的："圈儿"里人早就吸毒成风，她被人拉入此道也非一朝一夕。再联系到如今满文军等被抓，则更表明此风源远流长，绵绵不绝几十年，早已成了大气候，可谓毒雾弥漫娱乐界！呜呼，悲哉！

演艺人员作为社会的公众人物，历来讲究处理好"做戏"和"做人"的关系，讲究在人群特别是喜爱自己艺术的人们（或曰"粉丝"）中的印象，讲究自身的道德示范。即便在旧中国，严肃的艺人也推崇"认认真真做戏""清清白白做人"。演艺史上有名的上海滩越剧十姐妹就是以此作为人生信条，终生笃行，为演艺界树立了高标及垂范。20世纪五六十年代摄制的影片《舞台姐妹》，告诉了我们这一切。遗憾的是，作为新中国新时代的文艺工作者，有些人却常常忘记了这一根本点，表现了人品的低下和道德的缺失；更有些人为这些行为辩解甚而为其张目，实实地令人叹惋！

写到这里，我想起了一桩16年前的笔墨公案：一位影视明星在宁夏拍摄某影片时，上演了一幕发脾气、骂脏口、摔话筒、砸机房等的"大闹××招待所的丑剧"。一位"华多"先生写了一则批评小文《还得讲讲"做人"》，也引用了"舞台姐妹"的实例，叹息抚今追昔，我们某些新的文化人与从艺的前辈相比，能无愧怍？殊不知一位小有名头的文化人站出来抱打不平了，质问道："人是做出来的吗？"声称只有那些"承受不平凡符号"的"首长""名流"等，才须专门"做人"；平凡的"芸芸众生"，处于"自然存在状态"，用不着"做"，一"做"反会"很累"，甚至"完全丧失了自我"等。这里把"做"扭曲为"做作"，即"装模作样"，偷换了概念，且不说它。但即便是"芸芸众生"的普通人，就不需讲"做人"之道吗？笔者忍不住掺和进来发了点感触，声言："'做人'命题的提出，大前提便是：人，要像人，要有别于马牛羊、猪狗鸡等等畜类，要遵循做人的起码准则。""说个极而言之的话吧，猪狗等等畜类，一旦发了情，可以和任何一个异性同类交配；而脱离了原始状态的人呢？能够一旦发情就爬上你亲爹亲妈、亲兄弟亲姊妹的眠床？也许这就是'人'之所以讲究'做'而从没听说'做猫''做狗'的缘故。"

这是就一般的人们而言，从事文化类工作的人呢，则更加不同。盖因文化是"以文化人"的事业；是潜移默化地影响人们思想志趣、道德情操、价值取向的事业；从长远说，则是事关国家民族前途未来的事业。我们通常说文艺工作者是人类灵魂的工程师，正是基于这一根本特质。

这么说是不是搞极左，顽固而僵化？"灵魂工程师"云云，是不是整文化人的一把软刀子？记得前些年李登辉任台湾地区领导人的时候，有人跑到台湾讨伐过这一口号，说什么全世界最看重文化人的莫过大陆，称之为"人类灵魂的工程师"，既然是"灵魂工程师"，就必须先把自己的灵魂搞干净。于是思想改造，挨批斗，下放农村，住牛棚……通通都来了。不能说在极左路线下，不曾有过借这一口号整知识分子的事。历史的教训永远不能忘记！但却不应由此而全盘否定这一反映客观规律的概括，不应反对这一口号所包容的真理性，不应从一个极端跳到另一个极端！更何况去台湾岛献啥媚，讨啥好呢！

话再说回来，面对演艺界这番"毒雾弥漫""乌烟瘴气"怎么办？自然不能撒手不管，任其泛滥！我看其一要依法严办，该拘则拘，该判则判，不能只是轻轻罚款了事。须知这些吸毒玩火者，兜里有的是钱，或者说是"心灵空虚""钱多烧的"！其二，加强舆论监督，让那些见不得人的丑恶勾当曝光，使之成为过街老鼠，人人群起而攻之。其三，呼唤从业者认清肩负的社会责任，自强自律。其四，对失足者施以爱心帮助，促其自省自爱，跳出泥坑。

当然，任何药方都只是纸上谈兵，要紧的是行动！行动！

2009 年 5 月 27 日

讲的还是艺德。

——笔者

又"炒"罗琦？

摇滚歌手罗琦被警方解送戒毒所强制戒毒，曾经成为一大热门话题。盖因罗琦道出"圈儿"里人早就吸毒成风，她被拉入此道也非一朝一夕了。紧接着，传媒又披露，女演员朱洁吸毒过量，挽救无效身亡。其主演的影片《长大成人》刚刚摄制完成，尚未公映，片中抨击了演艺圈内颓废青年吸毒恶风，不承想女主角却以身试毒，酿成悲剧。

黑幕揭开，令世人震惊不已。众传媒就此大做了一番文章，其中虽然也存在"炒作"成分，但事关禁毒大局，更涉及道德，议论虽繁，人们也视为正常。

问题是事隔三个月，罗琦刚从戒毒所里出来，一回北京，便被某些传媒盯住，头版头条，大幅照片，长篇报道，又摆开架势"炒作"了起来。特别值得注意的是一家电视台还写好了与其经历有关的电视连续剧，准备让其主演。专门为其重返歌坛而作的"戒毒歌曲"亦在赶制之中。某传媒还透露，这部反映主人公"坎坷生活经历"的剧作，主创人员志在挖掘主人公"内心深处的坚强"，以"表现一个现代女性与命运不屈不挠斗争的英勇精神"等。

制毒、贩毒、吸毒，为我国法律所明令禁止，公安司法部门正依法对制毒、贩毒、吸毒者严加打击。文化部市场局有关人士也声言，对演艺界出现的一些诸如吸毒、卖淫、嫖娼等丑恶现象，将严惩不贷。这里的是非、善恶、美丑应该是清清楚楚、明明白白的！说实在话，看到罗琦、朱洁等演艺圈红人吸毒的消息，引起的是厌恶之感。而得知源于"圈儿"里哥们儿姐们儿的"诱导"，更觉恶心。道理很简单，即便在过去的旧中国，在今天的资本主义世界，吸毒也被视为不可宽恕的丑恶行为，为正派的演艺人员所不齿！

允许迷途知返吗？当然。鼓励改恶从善吗？不错。但这种"允许"和"鼓励"，决不应该变味为屈从于钱袋的津津乐道和无聊炒作。再说一句实话吧，看到"炒作"者们那些"内心坚强""英勇精神"外加"不屈不挠"的廉价美誉，引起的仍是一股厌恶再加恶心的感觉。

这是常识，吸毒者"生理戒毒"难，"心理戒毒"更难！没有三五年断难根除。就罗琦而言，走出了"生理戒毒"第一步，还有"心理戒毒"的更大考验。

敬请"好事者"们少来点"炒作"，少帮点倒忙行不行？难道要像前些年"爆炒"一个出狱青年歌手，"炒"得"二进宫"才罢休么？

（原载《北京广播电视报》1997年11月18日）

跷功展美和小脚出丑

放眼寰宇，女人缠脚似乎是个"只此一家，别无分号"的"国粹"。溯其源，多半出于男人的变态心理：看小脚女人走起路来，如风摆柳，似浪趋荷，婷婷袅袅，婀娜多姿。这自然是有钱人家的事，和下田劳作、苦力谋生的底层妇女不相干。但在男权社会里却逐渐形成为社会风气，受害者便是广大妇女了。辛亥革命结束了几千年的封建统治，解放妇女，首先解放的便是"脚"——让妇女痛苦万分的"缠足""小脚"。

不是说艺术来源于生活吗？古老戏曲的许多表演手段、规范程式自然也从生活中提炼而来，于是我们看到了前辈艺人精心创造的表现小脚女人的独特功夫——踩跷，或曰跷功。

这"跷功"实实在在是个畸形的"混血儿"，既包含着歧视妇女、玩弄妇女的封建士大夫情趣，又凝聚着戏曲艺人对表演手段的创造，加上表演者艰辛锻炼的苦功。它是精华与糟粕杂糅，外在艺术美和内涵观念丑的混搭。

新中国成立之初，在改人、改戏、改制的大气候下，在剔除毒素（借用张庚老先生的话）、摒弃封建糟粕、走健康之路的要求下，前辈艺人们几乎是自觉地抛弃了"跷功"，不愿再在舞台上糟蹋几千年来饱受摧残的中国女性，这无疑是革命的壮举。

时过30多年，到了20世纪80年代，在改革开放的新时期到来之际，人们回顾戏剧事业走过的坎坎坷坷、曲曲折折的历程，不免重新审视继承扬弃中的种种。做对了的坚持，搞错了的纠正；该扔的坚决扔，有用的捡回来。"跷功"的应用便被提上了日程，然而步履也难免有些参差。

我一向认为就"跷功"而言，有运用得好的，甚至非常好的，试举三例：

第一例是成都市川剧院的《刘氏四娘》，谭愫编剧、谢平安执导、刘芸主演。"跷功"用在何处？用在刘氏四娘"回煞"！按老年间说法，人死之后，过了头七，阎王爷大发善心，要放死者回家探视，这颇富人道关怀之举，谓之"回煞"。既然是鬼魂上场，刘芸便巧妙地运用了"跷功"。刘芸是川剧名师阳友鹤的亲授高徒，阳老师的"跷功"在川剧界堪称一绝，戏迷们有口皆碑。原来担心这一绝技"封箱"失传，不承想刘芸承继了下来，还用得特别好。只见她飘飘忽忽，似幻似真，一步三摇，如影随形，台步圆场，绝似幽灵。巧的是她还足蹬高凳，甚至踏上椅背，单足直立，前俯后仰，左探右窥……在极为高难的动作中，展示人物（实为"鬼魂"）此时此刻的心境，形象生动，光彩照人；技巧娴熟，"跷功"高超。刘芸当年斩获"二度梅"，也是首批"二度梅"获得者。据知情人说，多半得益于这"跷功"的绝佳展示，"跷功"立了大功！顺便说几句，我曾经看过任跟心的蒲剧《挂画》，她凭此剧斩获"一度梅"，也是因足蹬椅背，她在欣喜的期盼中，做出种种高难动作，但她穿的是平底鞋。刘芸以踩跷出之，自然更显其难。如实说来，刘芸仍是第一人也！

第二例也是川剧，为四川省川剧院推出的《都督夫人董竹君》，徐棻编剧，熊源伟执导，李莎主演。按剧情规定，奇女子董竹君是个狂放不羁、不受陈规约束的新女性，她自然从未缠足。问题在于她回到丈夫家乡，难免横遭妯娌们的嘲笑。这些"小脚女人"通通在她面前显摆，"跷功"便派上了用场。有意思的是这些自以为是、得意扬扬的嘲讽者，那扭扭捏捏的丑态，恰恰成为嘲讽的对象！艺术就是如此捉弄人。

第三例是晋剧，山西省晋剧院推出的晋剧版《红高粱》，龚孝雄根据莫言同名小说改编，石玉琨执导，师学丽主演。在电影、电视剧、舞剧、评剧等改编本都取得不俗成绩的情况下，晋剧版《红高粱》以新的视角，新的艺术展现，特别是女主角——九儿扮演者师学丽的贯穿全剧"跷功"应工，在"红高粱"的艺术丛林中，站稳了脚跟，获得了好评。

小说作者早就告诉人们："我奶奶九儿从小就缠足，是个小脚。"以踩跷出之，便是再自然不过的事了。而且这里的"小脚"和婷婷袅袅、弱不禁风全不相干，它反衬的是一个性格刚烈的女子，一个经历风狂雨暴的强者。反差、对比不失为一种有效的艺术手法。

然而展示艺术技巧、弘扬功夫是一回事，照录个中固有的糟粕、释放轻视妇女、玩弄女性的信息又是一回事。两者有质的差别，也显示鉴赏趣味的高下和正误。

我看过一出写"小脚"（旧时代无聊文人们尊称为"金莲"）的戏。编剧、导演都是大家、名家，写过、导过不少佳作、好戏，拿遍了各种大奖、金奖，也是我的好友、挚友。然而这出称颂"金莲"的戏，却委实不敢恭维。

舞台上正面展开了所谓的"赛莲会"，比"三寸金莲"，赛女人"小脚"，一群卑琐的老男人充当"评委"，个个弯腰搭背俯身向着"金莲"，太太、姨太太们则整齐排列露出自己的小脚。据说获胜者即可获得家政管理权，女人们沾沾自喜地亮脚，男人们如苍蝇逐臭般地品评。那场面怎一个肮脏卑劣了得！我真不懂编导者们为何口味如此低下，竟然津津乐道于这番卑琐和庸俗！"赛莲会"是否实有？获胜者是否获得家政管理权？我在旧中国生活了15年，在家乡也曾见识过千奇百怪的种种，但从未听说此举！也不大相信大富人家会把家政大权交给一个仅仅"小脚美"的女人！须知管家政也是一门"本领"，当家男人绝不会"以脚取人"而不顾实际管家能力！

姑且信其有吧！但学问研究、民俗考察绝不同于舞台上的形象展示！编、导、演皆"大家"，能不懂这个浅显的道理！说实话，我很佩服主演踩跷的功夫，师学丽也是"半路出家"，相当有名之后拿到这个戏码。她是迎难而上、顶风而上，靠硬拼硬练，狠下了一番功夫，才担纲这个角色的。如今一有机会，她还会亮一手这个"绝活"。作为技巧展示，我赞同并赞佩；但此前的接戏入戏，却实在想提请表演艺术家总结一下经验教训，把步子走得更坚实、更稳重、更健康、更可靠！

据说有论者称全剧写到辛亥革命妇女放脚，问题解决了。我说，后边简简单单的两句话交代，磨灭不了前边的形象展示，颂"小脚"、赏"金莲"的低级趣味早已入心入脑了……

写到这里，还想起一出单纯展示"小脚"的大戏。一位声名赫赫的大编导，硬是在舞台台口排上好几排高高低低的座椅，一大批女人斜躺着亮出一排又一排"小脚"，真个是"震撼登场""亮瞎双眼"！

据说这是为了写"解放"，写女人小脚的"解放"。我本人完全没体会到这番高妙的苦心，我的现场感受是满台小脚，一派庸俗！而且光那些服饰、金莲小鞋就不知花了多少钱！然而纳税人有知情权吗？老百姓有发言权吗？……存疑！

（原载《中国文化报》2018年5月28日）

一个不大不小的"公害"
——话说荧屏语言

旧中国没电视，儿时的许多社会、历史、文化知识是从旧戏舞台上学来的——不用说，真真假假、良莠不齐。如今孩子们很少有人去看戏，电视屏幕成了他们求乐、求知、学文化、长见识的重要园地，"电视"充当了教师。教得好，皆大受惠；教歪了，谬种流传，成为不大不小的"公害"。说它"不大"是对比大地环境污染、高空臭氧层破坏等而言；说它"不小"则是就其影响范围（与电视覆盖面等大）、对象（多半为求知欲强的幼稚者）说的。这便是"不大不小"的"公害"的由来，以上为破题。

1986年5月，有感于荧屏语言的粗疏，孩子们一学就歪的情况，我写了一则短文《怨孩子"囫囵吞枣"？》，刊于《光明日报》，文字不长，录于后：

> 这是一件真事儿：邻居五岁半的孩子在凉台玩耍皮球，一不小心皮球掉了下去。几个大些的孩子拾得了，故意不还他。急得他跺脚大叫："还我，还我！你们不还，我要狗急跳墙了！"说时，扶着凉台栏杆，作跳楼状。
>
> 招来的自然是一阵哄堂大笑。这种似懂非懂却又要耍弄名词成语到底把自己绕了进去的行为，发生在一个少不更事的童稚者身上，可笑之外，倒也不失一片天真之情。因为，无论怎么说，孩子是在学习、在模仿、在丰富自己的语汇及表达能力，尽管不免有些食而不化，弄巧成拙。

孩子这满嘴名词从哪里来？听来的。而其间最重要途径，又莫过于电视。据孩子的父母讲，打从初懂世事，他几乎天天晚上在电视机前度过。这种情况可能有相当的普遍性。斗大的字不识一筐，嘴里的名词却不少。生搬硬套，张冠李戴，胡安乱用，也就在所难免了。总之，这一切都归结于孩子们的囫囵吞枣。

然而，仔细看看我们的电视节目，稍微认真地想想，又觉得不能全怪孩子。许多时候，电视里就是这么示范的！比如，我们不是常常听到"草'管'人命""刚'复'自用"一类堂而皇之的念法么？即如"我要狗急跳墙"之类极端的例子，也并没有绝迹于电视屏幕。比如，1986年3月30日晚播出的电视剧《血染琼浆》，就有相似的精彩之笔：当知府大人得知琼浆秘方的下落，下令全力追捕时，这位老爷说的竟是："今夜我们要倾巢出动……"瞧，这和五岁半孩子的嘴里的"我要狗急跳墙"，何其相似乃尔！你甚至说不清谁比谁更荒唐，更可笑。

按说，"倾巢出动"的解释并不难。巢，巢穴之谓也，鸟类之所居也，如鸟巢；扩而大之则为狗巢、猪巢之类；借用于人类居住，则脱不开"匪巢""贼巢"一类用场。因而，"倾巢出动"，属于贬义词，只能用于否定的对象。除了自嘲之外，没有谁会用来自称的，这是语言常识！这种违背起码常识的错讹竟会在首都电视屏幕上通行无阻，本身就足以说明许多问题了。

电视是具有最广泛群众性的艺术手段，有着多方面的功能和作用。它是观众的向导和教师。就以对孩子们增长语言文化知识这个小小的侧面说，也万万疏忽不得。须知，本来正确的东西，孩子们还难免囫囵吞枣，闹出"我要狗急跳墙"一类的笑语，何况那些原本就和孩子们"囫囵吞枣"不相干的错讹呢？

1990年11月，在"威力威力，够威够力"的我行我素、坚持不懈的鼓噪中，按捺不住又在《北京广播电视报》上发了一则小文《我行我素一例》，按前例，转录于后：

电台、电视台节目中的遣词差错、语法差错、读音差错，的的确确是个老大难问题，力求杜绝，却总难以尽除。这关联着诸多因素，就一定意义说，彻底解决几乎不大可能——哪里找纯而又纯的事物呢！可喜的是，一经指出，立即改正，并力戒未来。举个例，笔者在称赞今年"五一"晚会"丰富多姿，异彩纷呈"的同时，也提到字幕错别字过多，是"高兴之中"的"些许遗憾"。其后，这台节目重播时，差错便全部纠正了；往后"七一"晚会，《北京之歌电视演唱会》等，字幕无一差错。这就看出当事者的责任心和思想境界了。

然而，也有例外，电视广告中那完全不合语法规则的"够威够力"的喊叫，几年一贯制，摆出的就是一副我行我素的样子。

我无意对广东中山洗衣机厂的威力牌洗衣机妄加轩轾，检查质量是轻工部的事——顺便说一句，据不久前的正式报道，该洗衣机似乎并未获部颁质量信得过的"推荐产品"荣誉，带过不提。我很有点意见的是做电视广告时那一声大叫："威力，威力，够威够力！"说实在的，这"够威"已经不大通顺，我们还勉强可以用"够威武""够威风"的简化处理，加以辩解。"够力"二字，恐怕就谁也无能为力了。这明显的语法差错，不需要多大学问，有点语法常识者都能发现，一般编辑人员也都能制止，纠正。然而，不幸的是，虽屡经批评，它却依旧在首都电视屏幕上频频露面。正是：你说你的，我喊我的；任你呼唤万千声，我自岿然不动。就在亚运期间，在中央电视台精彩体育节目的空当，还不时传来"够威够力"的不谐和音。掌握着电视播放权的人们，似乎充耳不闻。

大众传媒工具必须注意语言规范，维护祖国语言纯洁，道理无须多讲。我敢说，问题绝不出在道理不明上。

谈到"够威够力"现象，北京大学中文系教授谢冕曾大发感慨：王力先生活着，会活活气死！我说，幸运的是，我国语言学界的泰斗、我的业师王力老先生已经先期善终谢世！

这篇刊于《管见录》专栏的小文确实是一孔之见、一家之言，不料却给编者招来了麻烦，文章刚发，一连串指责外加挖苦便接踵而至，让编辑仿佛犯大错似的无所措于手脚。如何是好？本人还想说上几句，又不愿使广播电视报的编辑朋友犯难，便找上了《北京晚报》的《五色土》栏目，也就有了《我还是要说》小文面世，仍录于后：

前些日子，让"威力威力，够威够力"的呼喊搅得心烦意乱的时候，忍不住给一家报纸写了篇小文，发了点感慨，大体是说，这毫不掩饰的文理不通，居然在一再批评之后，仍旧畅行无阻于电视屏幕，我行我素，斯亦难矣。说一再批评，是有根据的，至少《北京晚报》的《五色土》上，就有过朱述新、梁秉堃二位的批评文字。殊不知，小文甫发，立即招来了一串指责外加挖苦，说某某方言里"够威够力"通顺之至；说广告乃特殊语言，不通便是通；说惟其不通，方能引起注意，扩大效果，如此等等。好在惯常大喊"够威够力"的电视台似乎不懂这些高论，终于摒弃了那"不通便是通"的呼叫。我还乘机阿Q似的自得了一番。但心里也想，打住吧，别再说三道四了。

然而，前两天看了一家电视台播出的一场贺"十佳"晚会，听了一位红歌星的一首歌，忍不住又要说几句了。歌者笑眯眯地告诉观众，这是一首"很好听的歌"，然后唱道："爱上你早就是我戒也戒不掉的习惯！""爱上你早就是我每天都想做的习惯。"我便怀疑我的耳朵出了毛病："爱上"某个姑娘是他"戒不掉的习惯"？他每天都要"做"习惯？……重复出现三遍之后，我只好认头了。可积年的坏习惯又让我忍不住，还是张了嘴：

朋友，为了屏幕前的幼稚者，为了祖国语言的纯洁，为了……请把中国话说通顺！请把歌词写通顺！——拜托了！

这篇短文实际上已经接触到一个新问题：某些流行歌曲，特别是港台歌星演唱的名曲，多有文不通者，以其流行广、影响大而成为一种谬种流传的"公害"。

如今时间又过去了三四年，这个时期正好处在港台歌星炙热、追星发烧强劲的高峰，其文理不通和谬种流传也相跟着上水平、登台阶，大有不通顺才过瘾、不谬不是宝的架势，实实在在到了再喝一声的时候了。

《人民音乐》1994年第6期刊登了一篇《不要崇港媚台》的文章，在谈到港台歌曲存在的问题时指出："歌词的文字结构，文学修辞，牵强而且费解；其词句的组合，稀奇古怪；病句错字之多，令人哭笑不得。"如梅艳芳唱的《封面女郎》有"她的新装闪闪的宴会晚装"，令人百思不得其解；张国荣唱的《无心睡眠》有"夜是渗着前事全挥不去"，让人感到莫名其妙；林子祥唱的《千亿个夜晚》有"长夜待我空虚里习惯"，这样"中西乱套"的句式结构令人啼笑皆非。这些文辞不通的语句像恶雾一样弥漫在港台歌坛，对祖国语言文字的污染已到了"无所顾忌"的地步，我们竟熟视无睹、任其泛滥。而这些粗制滥造、格调低下的港台歌曲，竟能在有着十几亿人口的泱泱大国畅行无阻，真是咄咄怪事！

我是很理解这些慨叹也很赞同这些看法的，不厌其烦地引来也是希望更加引起重视的意思，脑子里还缠绕着"爱上"某个姑娘是他"戒不掉的习惯"，他每天都要"做"习惯之类热昏了的胡话。我信手翻了翻号称"四大天王"（也不知哪家封神坛上哪位神灵封赠的）之一的张学友的一盘称作《每天爱你多一些》的磁带，香港宝丽金唱片有限公司录制，浙江文艺音像出版社出版发行，一看确实多有奇文，比如"难得当中的你关心，梦与我追寻""谁可一双长夜伴晨曦""愿一生我俩""无论哭的我强辩，全湿眼里是汗""每个灯光，淡淡散去"……且不说灯光论"个"，"全湿眼里"冒"汗"，光是这个"爱"破灭，"每天爱你多一些"就够"星级"（如果病句也像旅游宾馆评级的话）水平了。文理不通的语句像恶雾一样弥漫，而且堂而皇之地打遍天下，这不正是一桩"公害"？

"恶雾"当前，似有群起而廓清之的必要。

（原载《北京电视》1994年第12期）

笔者斗胆冒着开罪于"港台歌星"的庞大粉丝阵营，说了一堆批评的话，实在是骨鲠在喉，不吐不快也。

——笔者

《英雄》失利寻因

一个时期以来，张艺谋执导的电影大片《英雄》成为传媒关注的焦点，大体说来，经历了一"炒"、二"盼"、三"失落"、四"骂"、五"保"的曲折过程。冲击这个"奖"、稳拿那个"奖"，曾经炒得热火朝天。临评之前纷纷预测，"盼"得个焦心如炽。一旦败落，便骂声四起。而责难声中，又不时有人"路见不平，拔刀相助"。总之很热闹了一阵了。

《英雄》铩羽、连连败北已是不争的事实：先是败落"金球奖"，继而失利"金熊奖"，接下来打击最大的是无缘"奥斯卡金像奖·最佳外语片奖"；其后是在第22届香港电影金像奖的评选中，又惜败于香港片《无间道》。界内界外对这一系列失利有种种说法，也总结了许多原因，诸如评判有偏见，宣传不到位，香港打斗片《卧虎藏龙》刚刚获奖，不可能再关照华语片等，都有一定的道理。但我想从另外一个角度揣测一下《英雄》失利的原因，那便是看看顶替《英雄》或者说打败《英雄》的到底是何等影片，从它们之中找找因由。

《环球时报》2003年2月17日登载了该报驻德国记者江建国有关第53届柏林国际电影节评选情况的专题报道，大标题便是"十天放映七百部影片，偏爱关注小人物命运""张艺谋没捧上金熊"。报道强调："从参赛影片的选择倾向观察，本届电影节的主办者显然在兼顾艺术风格的同时，更加注重把电影作为武器，反映千千万万在世界各个角落为生存奋斗的普通人的命运，刻画他们的苦难、忧愁、焦虑和对未来的幸福、安定生活的向往和追求。"报道说：获得最佳影片金熊奖的英国影片《世界上》，讲述的是两个躲避阿富汗战乱在巴基斯坦避难的青年人，经由巴基斯坦、伊朗、土耳其逃亡英国的故事。逃亡的最后阶段，他们在海上被装入一个集装箱，在长达40个小时的航行中，炎热和缺氧导致许多逃亡者死亡，两人中有一个也终究没有活下来。影片以半纪录片的手法真实地反映了当今世界上无数战争难民的悲剧处境，是以电影为手段直接表现出当代重大主题的为数不多的影片之一。据称，导演温特波特姆是一个责任感很强的电影工作者，他以电影为手段反映当代热点地区冲突中的人物命运的影片已经有两部，即《欢迎来到萨拉热窝》和这部《世界上》。

值得一提的是，另一部由中国导演李扬执导的名不见经传的《盲井》获得了单项艺术贡献银熊奖（编剧及导演）。这部改编自刘庆邦小说《神木》的影片，表现的是当代中国非法小煤窑中打工农民的生活。许多井下场面都是在小煤窑实地拍摄的，剧组人员往往冒着生命的危险。一次拍摄完后两个小时，拍摄地就发生了冒顶事故且有矿工死亡。导演李扬显然对矿工们寄予了深切的同情。

与此相对应的是此前在国内被炒得很红的《英雄》只得了个小奖，为纪念电影节创办人阿尔弗雷德·鲍尔并以之命名的次要奖项，奖励这部影片"开创了电影艺术的新的前景"。记者说，这无疑是肯定了它的摄影艺术，认为它创造了许多独特的视觉上的强烈效果，但从整体上评价不高。

第75届奥斯卡金像奖于2003年3月23日在好莱坞揭晓，获最佳外语片奖的是德国影片《无处为家》。据报道称，该片讲述了一个犹太家庭为躲避纳粹势力到非洲避难的故事。让众多影迷伤心也让许多媒体尴尬的是中国影片《英雄》落选。

在香港第22届电影金像奖的评选中，香港影片《无间道》获"最佳影片""最佳男主角""最佳导演""最佳男配角""最佳剪接""最佳编剧""最佳原创电影歌曲"等七项大奖；《英雄》虽然数量上也获得了七项"最佳"，但分量上却大有差别，为"最佳动作设计""最佳视觉效果""最佳音响效果""最佳美术指导""最佳服装造型设计""最佳原创电影音乐""最佳摄影"等，其间的差异，明眼人一看便知。传媒用了"《无间道》完胜《英雄》"的字样。

《无间道》也罢，《英雄》也好，算中国内部的事，且不说它，还是谈前两项世界级的国际评选吧。说实话，我无缘亲睹《世界上》和《无处为家》这两部外国片，难做准确评估，但从媒体介绍的剧情看，两部影片似乎都在关注普通人的命运，写战乱生活给百姓带来的苦难，至少富于人道主义情怀。表明即使在西方，在某些著名的电影评奖（至少在前边引出的两次评选）中，评判者们也不只是看排场、看制作、看技巧、看豪华、看漂亮脸蛋，而是首先关注影片的内容，哪怕不那么排场、不那么豪华、不那么漂亮。这就给我们的电影人提了个醒，不要一味地以大制作、大场景、高科技、高投入以及人海战术等去冲击西方的这个、那个"大奖""金奖"，中国电影还是首先要拍给中国老百姓看的。

您说呢？

（原载《文艺报》2003年7月10日）

眼光向下，多为底层民众着想，这似乎和习近平同志强调的"以人民为中心"的创作要求暗合。

——笔者

高屋建瓴的视角　历史真实的回归
——我看新编文姬归汉戏

一

这两年，我连续看了两出以文姬归汉为题材的新编历史故事剧，一是由姜朝皋、张秀元编剧，石家庄市青年评剧团演出，刘秀荣主演的评剧《胡风汉月》；二是姜朝皋根据评剧本改编，由北京京剧院青年团演出，王蓉蓉主演的京剧《蔡文姬》。两出戏在舞台面貌上虽各有特色，艺术呈现上各有千秋，但就剧本看则无论人物、情节、主题、意旨均基本相同。本文拟将它们连在一起，做总体的剖析。

我认为这两出新编文姬归汉戏在主题思想的新开掘、民族团结的新视角、主人公形象的新定位、戏剧冲突的新设置以及舞台呈现的新面貌等诸多方面都有新的突破，取得了突出的成绩，是非常值得重视的创作现象。

剧作立足点高、视角新，而且在本质上符合我们这个多民族国家发展的历史。我们中华古国历史上有过众多的民族，发展到了今天56个民族团结和睦、友好共处，成为一个统一大国，这在世界上是绝无仅有的。由各民族共同创造的中华文明，几千年连绵不绝、持续发展，也是举世无双，世所敬仰。在历史的长河中，中华各民族间尽管有过矛盾斗争，有过杀伐侵扰，但本质和主流是相互学习、相互团结、相互交融、相互尊重。即便是杀伐侵扰，也不仅是少数民族之于汉家王朝，也有汉王朝对少数民族的掠夺镇压。看不到这一点，是短视；有意否认，则是偏见。

如果做一点简略的回顾，我以为有关民族题材的戏剧创作有过三个阶段：1949年前，几乎完全在大汉族主义和正统观念的统照下，少数民族被看作无知、落后、粗暴、野蛮，借用一个新词就是妖魔化少数民族及其领袖人物。新中国成立后，周总理提出重新审视民族题材，倡导歌颂民族团结。曹禺、田汉、郭沫若等大师先后写出了《王昭君》《文成公主》《蔡文姬》等一批新剧目，成绩斐然。但站在更高的角度看，仍未完全脱开汉族中心的局限，仍旧是汉王朝高高在上地去怀柔，去赐予。进入新时期以来，剧作家们尝试用新的视角把历史上的民族关系建筑在完全平等的基础之上。如漫瀚剧《契丹女》、晋剧《梳妆楼》、高甲戏《金刀会》、京剧《少帝福临》等，它们或者讴歌少数民族的杰出人物，或者称颂民族间的团结和睦，都一扫将少数民族漫画化、妖魔化的贬损，还历史以真实，让人耳目一新。而新近推出的《胡风汉月》《蔡文姬》，则堪称这方面的杰出代表。

剧作精心塑造了蔡文姬和左贤王两个新的艺术形象，这是两个性格的强者：左贤王是草原雄鹰，人中豪杰；蔡文姬是中原才俊，汉家烈女。汉族和匈奴人民都创造了伟大的文化，而文化的差异、碰撞和交融、互补，正是作为整体的中华民族前进的重要动力。剧作通过蔡文姬和左贤王在特定情况下的相遇、相斗到相识、相知，最后在相互尊重基础上的相爱、相交，形象地展示了民族团结融合的主旨，具有深广的象征意义。应该说，这两个人物都写得很丰满，很鲜明，既写出了蔡文姬复杂的内心世界，也写出了左贤王的人性光彩。

剧作对主题的把握和展示是通过蔡文姬和左贤王两个极富个性的艺术形象的塑造来完成的，而两个主人公的性格冲突和碰撞又是通过极具特色的情节及一系列细节来实现的。不事图解概念，注重艺术支撑。比如第一场的"护琴"，这是他们之间初次见面，也是第一次冲突。文姬十分珍爱父亲蔡邕留给她的焦尾桐琴。左贤王令她弹奏庆功曲，她却不屑地弹起了怨愤曲。精通汉家音律的左贤王气恼地欲拆断桐琴，文姬则拼命护琴。左贤王威逼：要手还是要琴？文姬平静地把双手伸了过去，一个小小的动作就把文姬的刚烈性格展示得活灵活现。又如"补字"，敬慕中原文化的左贤王得到一幅蔡中郎的书法精品，要向文姬显示。谁知被管家损坏，盛怒的左贤王要将肇事者处死。文姬初露才华，补好字幅，救下管家。左贤王方知面对的是蔡中郎的女儿——中原才女，敬意油然而生。这一情节状写了左贤王从意欲征服、遭遇对抗到顿生敬慕的生动过程。

"药酒"的情节是剧中极为精彩的笔墨,强纳文姬为王妃之夜,刚烈的文姬誓不相从,并要投火自尽。左贤王几经内心斗争,自认恃强凌弱绝非英雄所为,决心不再相强,便告诉文姬:"我睡地毡,你睡床。"文姬自然不相信。为示诚信,他把属下送来为防文姬反抗而用的麻醉药酒自己喝下,而沉沉睡去。这出乎文姬意料,也让群众惊诧的细节,充分展现了胸怀磊落的左贤王尊重中原文化和尊重女性的人格魅力。追至昭君墓前的护送是两人关系的转折,也是极富特色的神来之笔。"新婚"之夜,趁左贤王药性发作睡去,文姬和乳娘连夜逃逸到了昭君陵墓。左贤王领兵马追来,文姬自以为必死无疑,偏偏左贤王送来行李、粮食、马匹、辎重。他尊重她的选择,保证她能平安地回到中土。这对蔡文姬无疑是极大的感情冲击,她不得不想起在中原的悲凉和在这里的礼遇。此前半生坎坷,父死家亡;这里巧识雄鹰,巧遇知己。左贤王是一个胸怀坦诚、值得信任的人,于是文姬便从敬重到接受了他的爱。

既往的以文姬归汉为题材的剧作几乎无例外地在"归汉"上做文章,而《胡风汉月》的作者把眼光投向了"入胡""留胡",匠心独运地、道人所未道、发人所未发地呈现了一幅别开生面的艺术画图。艺术贵在独创,贵在独特的贡献,我看《胡风汉月》剧的价值首先在这里。

《胡风汉月》剧的"归汉"同样富有新意。矛盾自然依旧在回归中原和长留胡地之间,内容却增添了新意。传统的写法仅仅在眷恋自己的子女上,一如《悲愤诗》所说:"天属缀(联系)人心,念别无会期","儿前抱我颈,问母欲何之?……我尚未成人,奈何不顾思"!"见此崩五内,恍惚生狂痴"。可谓生离死别,椎心泣血。《胡风汉月》剧则更添一番心绪:离别丈夫,离别家庭,离别12年之久的安定生活,地地道道的"抛家别子"。"胡风汉月两情稠",如今的南匈奴早已是她的家,她心系胡地、心系匈奴。"归汉"就意味着离开一种和谐安定的生活,离开一个挚爱她体谅她的丈夫,离开一个和睦幸福的家庭。胡汉感情对她来说,已如奶茶一般水乳交融。她的眷恋已经不仅仅是对家人的留恋,可以说是上升到了民族之情。左贤王自然也舍不得朝夕相依12年的王妃。最后在弘扬汉文化(文姬要继承父志,续修汉史)的大目标上,达成了共识。左贤王忍痛送别文姬,文姬则含悲离去。此剧的归汉部分就总体来说也是成功的,是对两个主人公形象的进一步升华,是对两个伟大民族团结的进一步宣扬,是两个民族精神上的融合汇流。

在舞台呈现上，无论是多姿多彩的音乐设计，还是朴实流畅的导演处理，都见功力。刘秀荣、王蓉蓉的表演更是流光溢彩，艺惊四座。两个左贤王赵立华和杜镇华也很有光彩。两个剧组都配置了强大的演出阵容，在近年来参加的多种戏剧评比中均获佳绩。《胡风汉月》继首届中国评剧节荣居金奖榜首之后，上年又在第七届中国戏剧节上获优秀剧目奖，仅次于获多项大奖的川剧《金子》，位列第二。《蔡文姬》则在去年全国第二届少数民族文艺会演中荣获创作、主演和舞台美术三块金牌。

厚实深邃的思想内蕴，民族团结的动情歌颂，魅力四射的艺术张力，征服了观众，征服了市场，是为民族题材的崭新收获。

二

日前，偶然在《文艺报》上读到孙焕英的文章《用玉帛掩干戈：危险的创作模式》，将2001年称作"文姬年"，点名批评京剧《蔡文姬》等是"用玉帛掩干戈"，实为"很危险，很危险"的"创作模式"。汉朝和匈奴是一种什么关系？文章首先设问。答曰："匈奴犯汉，一贯成性且屡败不改"；"蔡文姬是在匈奴侵汉战争中被匈奴掠夺后又被匈奴头目左贤王霸占的"；"蔡文姬对匈奴及左贤王充满反感、厌恶、仇视和愤恨，对自己被迫失节感到恐惧、内疚、羞耻和悲哀"。声称"只要是有一点唯物主义和历史知识的人，都清楚这一切"。如此等等。他提出了三个问题：其一，化干戈为玉帛是否违背了我国历史上民族关系的本质和真实；其二，如何看待蔡文姬的命运；其三，东汉时期匈奴和汉是什么关系？剧作对左贤王是否美化和拔高？

我试着做些解析，先说之三。该文作者说，《汉书》《后汉书》等文献都表述得非常清楚和确切，我担心他要么没有认真看，要么没大看懂。《汉书》记叙的是西汉的历史，主笔班固生于公元32年，卒于公元92年，说他写了距此100年后蔡文姬时代汉和匈奴的关系，查无实据。匈奴自周、秦至西汉，确乎屡犯边境，侵扰抢掠，但历朝历代也都有对匈奴等少数民族镇压以开边的史实；西汉时也有匈奴与汉友好的记载，如呼韩邪单于公元前33年朝见汉元帝，"自言愿婿汉氏以自亲"，汉元帝即以王昭君等五名宫女赐之，昭君成为宁胡阏氏。到了东汉，匈奴呼韩邪子孙争单于继承权，呼韩邪长孙比不满其叔父孝单于欲传其子而杀害单于储副、左贤王伊屠知牙师（王昭君之子），破坏兄终弟继的规矩，率南边八部四五万人内附，从此匈奴分裂成了南北两支，《后汉书·南匈奴传》对此有详尽的记载。南匈奴从此在汉保护下，与北匈奴对抗。公元50年，汉光武帝使南单于入居西河郡美稷县（山西离石县境）。南单于分部众屯北地、朔方、五原、云中、定襄、雁门、代郡，助汉守边。沿边八郡流民得还本土，北匈奴不敢大举南侵。其后，人口繁衍，生计日盛。据范文澜《中国通史》称，南匈奴贵族精神上与汉朝廷是亲密的。南匈奴人民与汉人杂居，逐渐进行农业生产，文化与汉人大体相同。东汉后期，南匈奴骑兵成为抗击北匈奴、鲜卑、羌的主力军。该书还说，匈奴族与中原接触地带很广而时间又长，自然受到汉文化的某些影响。特别是西汉呼韩邪单于以后，匈奴贵族的衣服、食品、用具、乐器、刀甲、车舆、仪仗都是汉朝供给的，汉文化对匈奴的影响更多更深了。南匈奴单于每年三次祭天，兼祭汉皇帝。南匈奴和许多北匈奴人愿意内附居住汉地，显然不仅是生活上的要求，同时也是对汉文化有所爱慕。

不厌其烦地引出这许多，无非是想说：1."匈奴"和"南匈奴"并不是一回事。蔡文姬生活的东汉末年，面对的是"助汉守边"、与北匈奴对抗的南匈奴。在诅咒"匈奴犯汉，一贯成性且屡败不改"时，最好先把这些常识性的问题搞清楚。2.自昭君出塞（前33）至蔡文姬入南匈奴（195），已历经220多年；南单于比朝见光武帝，也已150来年。南匈奴受汉文化的影响日深，上层尤其。在这种情况下，蔡文姬遭遇的左贤王完全可能是个尊崇汉文化、心胸开阔、性格豪爽的少数民族领袖人物。剧作如此设定，不存在无端拔高的问题。要说刻意美化，可以承认。须知我们早就"刻意"丑化了匈奴等少数民族几千年，不应该美化美化他们吗？

蔡文姬生于汉末乱世，身世十分悲苦，现存史料不多，仅《后汉书·董祀妻传》有少量记载。我们只知道她是陈留圉（今河南杞县）人，"博学有才辨，又妙于音律。适河东卫仲道。夫亡无子，归宁于家"。"兴平中，天下丧乱，文姬为胡骑所获，没于南匈奴左贤王，在胡中十二年，生二子。曹操素与邕善，痛其无嗣，乃遣使者以金璧赎之，而重嫁于祀。"文字虽短，但联系到《蔡邕传》，特别是学术界公认的文姬自己抒怀名篇五言《悲愤诗》，我们还是可以窥见端倪。《悲愤诗》108句，前40句写入匈奴前的遭遇，中40句写居南匈奴12年的心境，后28句写归汉回旧居时的见闻。我们将此按她命运的这三个阶段做些解析。

　　文姬生卒年不详，但入胡前有三点是明晰的：1. 早年嫁人丧夫无子，作为寡妇回到了娘家。2. 其父蔡邕一生坎坷，屡屡获罪，流亡无所。史传记载，建宁三年（170），依附司徒桥玄，后召拜郎中，迁议郎。熹平四年（175），奉诏正定"六经"文字，书丹刻石，碑立大学门外，后儒晚学，皆往取正，以至车乘日千余辆，填塞街陌。这几年算是蔡邕早期最得意的时候。两年以后，上书论朝政阙失获罪，"劾以仇怨奉公，议害大臣，大不敬，弃市"，即杀头。得近臣请赦，灵帝愍其才华，"诏减死一等，与家属髡钳徙朔方，不得以赦令除"。次年，上书自陈，撰补"后汉记"，许之，获赦。但又被进谗："怨于囚放，谤讪朝廷"。不得已亡命江阴，达12年之久。这就是说，文姬作为犯官家属，流放亡命10余年！中平六年（189），灵帝死，董卓为司空，起用蔡邕，署祭酒，补侍御史，迁尚书。董卓废少帝，立献帝，又迫帝西迁长安。初平元年（190），蔡拜左中郎将，从献帝到长安后，封高阳乡侯。初平三年（192），董卓被王允、吕布诛灭。蔡邕感董之恩而悲痛，遭王允痛斥："董卓国之大贼，几倾汉室。君为王臣，所宜同忿，而怀其私遇，以忘大节！今天诛有罪，而反相伤痛，岂不共为逆哉！"当即收付治罪，瘐死狱中。从189年到192年，文姬似乎又过了两三年好日子，但很快成为死囚遗属，而且事关董卓"逆党"，落入更悲惨的处境。3. 汉末战乱何由酿成，《悲愤诗》前40句所写者何？"汉季失权柄，董卓乱天常。"诗说得明白，是董卓弑君图篡，残害忠良，引发海内义师共讨逆贼。而直接带给文姬不幸的，则是"卓众来东下""来兵皆胡羌"，"斩截无孑遗，尸骸相撑拒"……余冠英先生20世纪50年代为该诗作的注释称：董卓本起自陇西，军中多羌、氐族人，"胡羌"即羌胡，指此。初平三年（192），卓之部将李傕、郭汜等曾出兵关东，大掠陈留、颖川诸县，蔡琰即于此时被掳。"长驱西入关"（关即指函谷关），卓众本从关内东下，大掠后还入关。另据我看，诗中的"马边悬男头，马后载妇女"，也可以从《后汉书》《三国志》的"董卓传"中得到印证。"卓性残忍不仁""尝遣军到阳城，时适二月社，民各在其社下。悉就断其男子头，驾其车牛，载其妇女财物，以所断头系车辕轴，连轸而还洛。云攻贼大获。称万岁。入开阳城门，焚烧其头，以妇女与甲兵为婢妾"（《三国志》）。这里虽然说的是迁都长安前的事，但烧杀抢掠成性的董卓部队决不会一试则止的。据余冠英先生分析，文姬没入南匈奴，史传称在兴平二年（195），其时蔡邕死已近三年。是年十一月，李傕、郭汜等军为南匈奴左贤王所破，疑蔡琰就是在这次战争中由李、郭军转入南匈奴军的。这些看法很有道理。《后汉书·献帝纪》有记载："杨奉、董承引白波帅胡才、李乐、韩暹及匈奴左贤王去卑，率师迎奉（献帝），与李傕等战，破之。"但在《后汉书·南匈奴传》中记载的是"右贤王去卑"与白波帅韩暹等待卫天子，抗击李、郭部队。此处存疑。总之，入胡前蔡文姬的种种不幸都根源于汉人自家的纷争，和南匈奴，特别是左贤王不搭界。左贤王是奉诏保卫汉天子、抗击叛逆势力的，说"蔡文姬是在匈奴侵汉战争中被匈奴掠夺"，这"匈奴侵汉战争"，史无记载。凭想当然的武断，倒委实"很危险，很危险"！

入南匈奴以后的生活，除开首"边荒与华异，人俗少义理"寓贬意外，主要写的是胡地风光，霜雪肃杀。其间也难免有夸张之处。"边荒"也者，实际上在河东平阳，今山西省临汾附近，就纬度看，比北京还要低许多。从中土到"边荒"作为文姬的内心感受，也可理解。诗中更多的是写归汉前与骨肉的难分难舍之情，凄婉哀切，摧崩五内。然而统观全诗并无一字提及左贤王，更无对其谴责仇怨之语。"少义理"云云，完全可以从风俗差异去理解。特别是写诗之时，她已回归中土，控诉、诅咒均无所顾忌，满腔苦水可以大吐一番的，然而却不置一词，应该有她的道理。

第三大段写归汉回家后的所见所感，尤为重要。诗中说："既至家人尽，又复无中外。城郭为山林，庭宇生荆艾。白骨不知谁，纵横莫覆盖。出门无人声，豺狼号且吠……"远不是莺歌燕舞、盛世承平的景象。家属已经死尽，更无中表近亲。满庭白骨，遍野豺狼。她连死的心都有！被人劝转来，只好寄希望于重嫁的丈夫，却又常常怕被新人捐弃。而现实生活中，则又遭不幸。《董祀妻传》载："祀为屯田都尉，犯法当死，文姬诣曹操请之。""及文姬进，蓬首徒行，叩头请罪，音辞清辩，旨甚酸哀。"曹操派快马追回斩杀文状，又赐给文姬头巾鞋袜。此情此景也够悲哀凄楚的了。

统观全诗以及从中折射出的文姬的命运遭际，可谓三悲三苦。入南匈奴前悲苦于颠沛流离；回归之际悲苦于骨肉分离；归来之后悲苦于前途茫茫。《悲愤诗》道出了蔡文姬悲苦的一生。而相对说来，在南匈奴作为左贤王妃的12年是她一生中最安定的一段，以"黄金时段"名之也无不可。因此新编文姬归汉戏的作者对文姬入胡和归汉做新的处理，对文姬和左贤王的形象做新的定位，对他们的关系做新的解释，我以为不仅为了寻求艺术的独创，更是历史真实的回归。于文有因、于史有据，我是赞同这种追求的。

三

现在再回到历史题材的"玉帛"和"干戈"关系上，如果我们抛开大汉族主义和正统观念的成见、陈见和偏见，站在历史发展的高度，实事求是地回到特定的历史时期，考察特定的历史人物和历史事件，还历史以真实，对于文姬归汉题材的新处理便会认同它在表现我国历史上民族关系方面的创新和价值，便会感知它在拨偏还正、回归历史真实方面的启示和意义。如实说，多少年来在文姬悲剧命运的根源上，我们曾经有过对少数民族及首领根深蒂固的误解、误传和误导，以及丑化、漫画化甚至妖魔化的历史，真需要反思反思了！

最后需要再提一笔的是该文还有一段更奇特的文字，在民族关系上，"用玉帛掩干戈""不停地延展"，"终有一天，中国人会创作出日本侵华是中日亲善、抗战八年是劳民伤财"，因此"很危险，很危险"！这是文艺批评吗？否！这是危言耸听，这是政治上纲，是在混淆中华民族内部民族关系与日本军国主义侵略中国之间的本质区别基础上的无限上纲！王昭君的陵墓——青冢，世世代代为蒙汉等各民族拜谒瞻仰绵延至今，能向圣洁泼污水？依我看，这种无知、武断加无限上纲的模式才是真正危险的批评信号。

奇文就我国民族关系的这番高论，其价若何？我以为归根到底还要看少数民族朋友同意不同意，喜欢不喜欢，答应不答应！

（原载《中国戏剧》2002 年第 2 期）

这是一篇评戏文章，也是一则论辩文字。辩诤云云，此其一也。

——笔者

明星天价之殇

日前，央视名嘴崔永元做了件大好事：无情揭穿了影视明星"天价"报酬的老底，连同"阴阳合同"的黑幕。民众反映之强烈，局中人之惊恐，仿佛那层被珠光宝气粉饰着的天被捅了个大窟窿，露出了无比肮脏和阴暗的本相。

党政领导部门发话了：要"加强对影视行业天价片酬、'阴阳合同'、偷税漏税等问题的治理，控制不合理片酬，推进依法纳税，促进影视业健康发展"。主流媒体发布了这份出自中宣部、文化和旅游部、国家税务总局、国家广播电视总局、国家电影局等五部委的《通知》。这就是说，小崔说话，所言非虚！笔者也就有据而发了。

说"天价"。小崔爆料说：某女星三四天工夫得款6000万元！且签有"阴阳合同"逃税。《中国电视报》发文说："片酬过高已成行业痼疾""一线演员动辄千万上亿"（见该报2018年7月5日A3版）。两者可互为佐证。好在税务部门已插手调查处置，静候结果就是了。

这"六千万"的账该如何算？手头正好有份资料，《北京晨报》2018年7月2日的《互动话题》栏登了一则退企老职工的心声："养老金上调得民心！"来信人说，他打心眼里高兴，上调后人均月增长210元，达到平均近4000元。中国普通老百姓多么通情达理，多可爱啊！点滴之恩，铭记于心。

我就此算了一笔账：月4000元，则年5万元（稍多算点），10年50万元，百年500万元，千年5000万元。天价明星一次三四天即拿走6000万元，这是他们整整1200年退休金的总和啊！事实就是这么残酷！天价明星的三四天，相当于他们退休后的1200年！如果他们算清了这笔惊破天的黑心账，心里又该怎么想呢？……

我追寻了一下历史，想看看什么年月里，什么情况下，不同行业间人们收入会有如此惊天差距？《白毛女》里的大地主黄世仁和穷佃户杨白劳能算吗？否！《雷雨》里的资本家周朴园和矿工鲁大海能算吗？似乎也不能。这也许可算是中国历史上开天辟地第一篇吧。然而这开创历史新篇的"壮举"，是功还是过？是福还是祸？难道不应该郑重思考思考吗？转过身去指责草民"红眼病"，勒令他们破除"嫉富心"，要他们"心悦臣服""高呼万岁"……痴人说梦吧！

在我看来兹体事大，其事关社会和谐，事关国家稳定；破解之则国家辛甚，听任之则社稷危矣。我这篇首说的"明星天价之殇"，此其一也，是夸大其词、危言耸听吗？……历史的经验值得重视，想想中国几千年的历史再下结论吧。

其二，冲击了主流价值观，搞乱了人们的思想。正像五部委《通知》指出的：天价片酬、"阴阳合同"、偷逃税等，"不仅推高影视节目制作成本，影响影视作品整体品质，破坏影视行业健康生态；而且滋长拜金主义倾向，误导青少年盲目追星，扭曲社会价值观念"，因而必须采取有效措施切实加以整治。这就涉及思想误导，搞乱社会风气，颠倒人生价值，贻害广大青少年了。

我们对青少年的期盼一直是"为中华腾飞而奋斗""为实现中华民族伟大复兴的中国梦而努力"！希望他们"志存高远"，为民族的未来献身。多少年来的宣传教育是卓有成效的，培育了一代又一代有志青年。我国现今的伟大成就，世界第二大经济体的实现，就包含了他们的艰苦奋斗和无私奉献。

然而天价明星的恶劣榜样却在形象地诱惑着青年人脱离正道走上歧途。不是这样吗？有三四天就掠得普通工职人员上千年收入的6000万元的榜样在（也许农村教师平均月薪还不到4000元，千年翻番为2000年），有"超男""超女"一夜成名、一举暴富的榜样在（至今还威风凛凛地四处受宠），有谁还向往当科学家、地质师、大国工匠，更别提到边疆、下基层为民众服务了。思想搞乱了，影响更深远，后果更恶劣！说句极而言之的话，如果一个社会的风尚是全民追星、全民拜金，那么这个社会也快堕落，这个民族也快完蛋了。好在我们不会。

回到本文的主旨。如果说"天价"影响了社会和谐和安定，是为"祸国"，那么"天价"搞乱了人们的思想,则实为"殃民"!明星天价,百害而无一利,祸国且殃民,人人要反对之,并力促解除之,为国家计,也为民众特别是青年人计!

2018 年 7 月 10 日于北京

(原载《北京晚报》2018 年 7 月 31 日)

明星天价　祸国殃民

先正名：这里绝不能"摘头去尾"，取"明星"和"祸国"，拼凑为"明星祸国"。盖演艺界从业者众多，其间不乏德艺双馨者在！人们交口称赞的名演员李雪健就是一例。在庆祝改革开放 40 周年杰出贡献者的表彰名单中，雪健赫然在焉！他主演的影片《焦裕禄》《杨善洲》等，不知感动了多少观众，让人们敬佩不已。我以为就总体而论，演艺界也算成就斐然、影响广泛、名作迭出、明星耀眼。自然个中良莠不齐、丑闻累累、糗事不断。但也不能如老百姓日常说的：几颗老鼠屎，坏了一锅汤！

本文讨伐的是明星报酬天价，罪在祸国殃民！

崔永元先生近期搞了个惊天动地的举措：捅破了演艺界黑暗的天！实名举报某些"名人""名星"黑心捞钱，捞出天价！晃晃荡荡几天工夫片酬动辄大几千万，手段是"阴阳合同"、化名转财、偷税漏税、瞒天过海，再加上海内外购买豪宅，车库里堆满豪车，佩戴名表，私藏文物。为人嘛，骄奢淫逸，享乐无度！……于是换来了传媒爆棚，天怒人怨！

本文不打算细数那些斑斑劣迹、花边新闻，没那闲工夫，也没那么无聊，只按标题所示：一说"天价"；二说"祸国"；三说"殃民"。或许又是"祸"又是"殃"，听起来吓人，但以实求实、实话实说，绝非舞文弄墨，乱扣帽子。请耐下心，听我一一道来！

先说"天价"。坊间传言甚多，一张天网几乎把所有那些颇有名气的明星们一网打尽，个中点名点姓地一一列出其偷漏税数额，依次排了一长串，委实惊人吓人。但其间难免捕风捉影、道听途说、难以为据。笔者依据的是国家税务总局派员和下级主管税务部门正式调查后做出的处罚决定。对小崔点名举报的明星范冰冰,处以补税加罚款8.4亿元,并指令立即补缴,不得延误。据说决定正式公开发布后,偷税人已全额交上税款和罚款。

那么8.4亿元是个什么概念呢?以山西省青年戏曲演员的工薪为据,月薪一千五六,年酬大体两万元。范小姐的这笔罚款是他们奋斗4万多年工薪的总和!退休职工2018年欢呼平均月退休金涨至4000元,以年5万元计,凑够8.4亿,也得16000多年!就以月薪万元的中高收入计,一年12万元,也相当于他们7000年的薪酬,而中华文明史仅仅5000年!他们要从史前蛮荒时代开始挣工资。唉,这该是何等荒唐的事!说它骇人听闻,绝无半点夸夸其谈!

次说"祸国"。这是针对危及社稷安稳、社会和谐而言的。没有"和谐"和"安稳",哪来的老百姓的幸福未来!因此这是国家大计、民族大计、未来大计、事关全局的大计。如果分配不公、报酬失衡、贫富两极分化、阶级对立,会引发民心不稳、社会冲突加剧,又何来稳定和谐!邓小平早年就说过,允许一部分人先富起来,这么做是要先富帮后富,最终达到共同富裕的目的。他说:"社会主义的目的就是要全国人民共同富裕,不是两极分化。如果我们的政策导致两极分化,我们就失败了。如果产生了什么新的资产阶级,那我们就真的是走了邪路了。"(见《一靠理想二靠纪律才能团结起来》一文)"如果富的愈来愈富,穷的愈来愈穷,两极分化就会产生。"[见《邓小平文选》(第三卷),第374页]"如果搞两极分化,民族矛盾,区域性矛盾,阶级矛盾都会发展,相应的中央和地方的矛盾也会发展,就可能出乱子。"[见《邓小平文选》(第三卷),第364页]何为"乱子"?"中国有十一亿人口,如果十分之一富裕,就是一亿多人富裕,相应地有九亿多人摆脱不了贫困,就不能不革命啊。"[见《邓小平年谱》(1975—1997),第1317页]说的是"革命""造反",是"天下大乱"啊!

请看当今这耸人听闻的"天价现象",自推倒旧中国建立中华人民共和国之后,可曾有过?谁能想象到?就是在旧社会,《白毛女》里的黄世仁和杨白劳之间,即地主和贫农之间,收入差距有成千上亿倍大?《日出》里的煤老板周朴园和煤黑子鲁大海之间,即大资本家和雇佣工人之间,贫富差距有如此天大吗?皇帝老倌的财富不用说了,"普天之下,莫非王土;率土之滨,莫非王臣"。其他的官僚富豪和平民百姓之差,也就如此吧。目睹这一切,老百姓心理会平衡吗?会自甘堕落地容忍吗?进而社会能和谐,民心会稳定吗?维稳,口号叫得震天响，扼制贫富差距不正是当务之急的头等大事、要事吗？有头脑的人们，请好好想想吧！

顺便说个逸闻，某君见到"富二代"小姐派 30 辆奔驰去机场迎爱犬的报道，愤而作诗曰："横流欲海扑天来，不见苍生只见财。卅辆奔驰迎一犬，一家暴富几家灾！"瞧，这不正呼应了当年杜甫老人家"安史之乱"时赴奉先咏怀中抒发的悲愤："朱门酒肉臭，路有冻死骨"之叹。

习总书记 2017 年 10 月 18 日在中共十九大报告中说，中国特色社会主义已进入新时代，社会主要矛盾已转化为"人民日益增长的美好生活需要和不平衡不充分的发展之间的矛盾"。解决好这一矛盾是全党全国人民的共同任务，需要做艰苦不懈的努力。试问这万众声讨的"天价现象"是与前进大潮相向同行，还是相背逆行？是有益互补，还是从中裹乱？这一切不值得人们认真思考一番吗？

再说"殃民"。这是就惑乱老百姓，搞乱人们特别是青年人思想而言的。正像在反"天价"高潮中，2018 年 6 月中央宣传部、文化和旅游部、国家税务总局、国家广播电视总局、国家电影局等五部委发布的《通知》所指出的：天价片酬、"阴阳合同"、偷逃税等问题，"不仅推高影视节目成本，影响影视创作整体品质，破坏影视行业健康生态；而且滋长拜金主义倾向，误导青少年盲目追星，扭曲社会价值观念"。结论是：必须加以整治！

这"而且"之后指出的种种正是"殃民"之所在！

当今，拜金主义之风，愈刮愈烈；追星捧星之举，愈演愈狂！特别是不良媒体大搞"超男""超女"的评选、打造、追捧，让选中者一举成名、一夜暴富，进而诱导青年人狂热追星、狂想暴富，使青少年们的价值观被扭曲了，人生目的模糊了，成了胸无大志，只图醉生梦死的一代，即通常说的"垮掉的一代"。

果真如此，我们的国家、我们的民族还有未来吗？还有希望吗？而这些不正是海内外敌对势力所梦寐以求的吗？

善良的人们，千万要警惕啊！

2019 年 4 月 14 日于北京寓中

（原载《磐石》2019 年第 3 期）

"戏子误国"乎？

一位姓崔的猛士胆大包天、冲冠一怒、一指击出，竟然捅破了演艺界阴霾重重的天！"明星天价""阴阳合同""偷税漏税""动以亿计"……消息传开，举国哗然！于是主管部门不得不睁开眼睛，加以处置了。办法嘛，抓了个"典型"：天价片酬明星范冰冰，补税加罚款总计缴纳8.4亿元。

媒体发布后，可谓民心激愤、千夫所指、蔚为壮观。人们期待着接下来的剧情，想象着那些同等败类的下场……

然而一等再等，未见战果扩大。这"裤"那"裤"，一夜间反倒成了"纳税模范"，仍然高踞全国政协委员宝座。相反城门失火，殃及池鱼。百姓们等来的却是一片"戏子误国"的谴责之声，此起彼伏、不绝于耳。

对此我要坚决地说：完全不同意！首先，不同意"戏子"的称谓；其次，更不同意"误国"的大罪！理由嘛，听我慢慢道来。

人们尽知"戏子"之称源于旧中国、旧时代。最早见诸文字大约在晋代，特指戏曲杂耍演员，一种轻蔑的称谓。盖因这些人向来处于社会底层，下九流也。不过正式称呼，则是指优伶、倡优、伶人等。也有例外，大文豪欧阳修老先生修五代史时有一则《五代史伶官传序》，直接把伶人升级为"伶官"，罕见的史家眼光！更早些的唐代大诗人杜牧诗曰："烟笼寒水月笼沙，夜泊秦淮近酒家。商女不知亡国恨，隔江犹唱后庭花！"明显带有贬义，但只称作"商女"，未加"戏子"的蔑视。

应该说当此时也，话剧尚未引入，影视远未出现，当今这些演艺界的影视"明星"们还没资格当"戏子"！管它蔑视也好，褒扬也罢。

咱们就以戏曲演员说事。中华人民共和国成立之后，早就自然而然地废止了"戏子"说，他们成了人民的戏曲演员，出色者更成为人民的戏曲艺术家，社会地位早就提升了。仍然坚持把演艺人员蔑视为"戏子"，不仅落后于时代，更彰显自视过高的无知！

再说"误国"。现今的戏曲演员绝无"天价"！就总体说，有的只是"地价""贱价""街边甩卖的白菜价"！绝不会招致"误国"的社会动乱！一位山西省直戏曲院团的青年演员在网上自曝："省直几个院团，副高职称每月两千多元，年轻人每月一千五六，连最起码的每年取暖费都从未发过。""结婚几十年买不起住房，一家三口挤在单身宿舍里。"不少青年演员"已坚守七八年，每天跑兵，看不到任何前途和出路……工资不够解决温饱的……太难了，压力山大！""大伙想的是怎么赚钱，怎么转行……付出和回报太不成比例了！"老话说，三百六十行，行行出状元。现在社会分工细多了，不说三千六百行，至少有好几百行吧。而这些新旧行当中，报酬处于锅底的，我看还是非戏曲演员行莫属！这样的草民，骂他们"误国"，有良心吗？相反，他们正如鲁迅先生所言："吃的是草，挤出来的是奶！"还要千辛万苦、千回百转为观众提供有益的精神食粮！

我在肆行把基层剧团"推向市场，活死由之"之际，曾斗胆秉笔直抒著文施以援手，题曰《"人民"在哪里？》，最先刊登在《文艺报》2006年3月9日。言犹未尽又大加增补，刊于《中国戏剧》2006年第7期。

这篇副题为"关于国办基层剧团定位的思考"，抬出了"人民"的大帽子实属不得已，只因为党和国家为文艺制定的大方向是"为社会主义服务，为人民服务"，自然要问问"人民"特别是居于多数的"人民"在哪里？理所当然的答案是：在农村！谁在用文艺为他们服务？当然不是逢年过节送戏下乡的大款、大明星、大单位，不是那些打着"心连心""万里行"旗号的精英文艺。靠他们300年、3000年也轮不上一次！有论者说，究其实，组织者是在有模有样地作秀，表演者则在兴致勃勃地钓誉！不知确否？但我却实实在在地听了不少"接待不起""扰民"的抱怨。

那么是谁在长年累月地送戏下乡、为农民服务呢？基层剧团！被蔑视为"戏子"的戏曲演员！许多剧团为了生存，一年要演300场，甚至更多！这是人们熟知的常规！

关于他们的作用和贡献，我在文章中粗列了 8 点：1. 他们体现着"文艺为人民服务"的方向，正以他们的艺术为"人民"中的绝大多数农民服务；2. 他们是文化惠民的实施者；3. 他们以送戏上门的行动，保障了农民群众的基本文化权益；4. 他们是党和政府与农民群众联系的纽带；5. 他们是党和政府政策、新闻、科技等的宣传者、传播者；6. 他们是农村和谐社会建构的出力者、参与者；7. 他们是社会主义精神文明的积极创建者；8. 他们是保护民族文化传统、保护口头和非物质文化遗产的承载者。

凡此种种，我们完全可以理直气壮地说，这些被某些人蔑称为"戏子"的戏曲演员，他们不仅不"误国"，而且是在实实在在地护国、保国、卫国！

敬礼，令人尊敬的中国戏曲演员！

2019 年 4 月 10 日于北京寒舍

（原载《磐石》2019 年第 3 期）

"典"去为"妻",还是"为奴隶"?
——对2003版甬剧《典妻》的一些吹毛求疵

一

先说副题。其一,本文专就2003版而言,是为目前已经看到过的唯一版本。

如实说,这是创作修改过程中的一个有特色的版本;或者说,是走向更加辉煌的一级台阶。论成就,一是提高了"甬剧"这个地方小剧种的文化品位和内涵承载;二是相对于柔石小说原著,有提炼、有升华、有发挥;三是舞台呈现精致巧妙,或曰精致、精细、精到、精美、精巧;四是导演手法流畅细腻;五是通台演员整齐,主演王锦文尤为出色。也许还能列出一些,但据此已经获得了奖励具有开拓性和学术价值的优秀戏曲作品的中国戏曲学会奖;据此也初评上了第十一届文化部文华奖(是货真价实、准斤足两的。本人作为评委,投了它一票),取得了第七届中国艺术节的入场券。总之,评说过去版本,盖因新改本尚未见到而又需要带文字参加祝贺及研讨会之故也。

其二,乃"吹毛求疵",说白了就是专找美中不足,属于鸡蛋里挑骨头、太阳里找黑子之类。当然也只是个人视角、个人判断、个人见识,不作数的。不过据说当年《吕氏春秋》编成时,曾悬之于国门,有奖征集意见。如今罗(怀臻)氏《典妻》问世,可否也仿效一番呢?

二

次说正题。其一,"典"去为"妻"否?当然不是!"典妻""典妻",穷汉子穷得"典"出自己的"妻",亦即"典当老婆"也。其二,典后身份为何?小说原已标明:"为奴隶"(按柔石小说之标题即为《为奴隶的母亲》)。何种奴隶?首先是"性"奴,生育工具之"奴";同时也是劳作的奴仆,供驱使的下人。

两者相连,就是穷人家典当出自己的老婆(穷得已无其他任何什物可典当),典到一财主(据告知,是有文化、中过秀才的"有两百多亩田""雇着长工养着牛"的"经济很宽裕"的"有吃有剩"的财东)家,典期三年,陪东家睡觉,为老爷生孩子,是"为奴隶"。按小说简介的提示,是"遭到极其残酷的压迫和凌辱",过着"非人的生活"。而不是"典"去做"妻","典"去擢升为"人上人"。

为什么唠唠叨叨反复说这点呢?只因为看过舞台演出,对这一根本关节似乎有些模糊了。

比如,其一,"典"到秀才老爷家之后,居然迎住正房,红布盖头,端坐帐前,俨然明媒正娶的新娘子。虽然剧作者点明此乃大娘子假充贤惠,为讨好男人而让出正房,自居偏房。但这一来也就坏了规矩,颠倒了特定的人物关系,不符合大家族礼数,不符合秀才公笃信的伦常之道。经查此举并无原著根据,属剧作者的发挥。也许舞台画面好看了,红红绿绿地惹眼了,但同时也让观众误以为"典"去做"妻"了,幸福生活由此开始了。

其二,"典"到之时,秀才老爷在"新房"中对小妇人的赞美,也对观众产生了误导。在这位自称"老顽童"的老爷眼里,妇人竟是"手如柔荑,肤如凝脂,领如蝤蛴,齿如瓠犀,螓首蛾眉",再加上"巧笑倩兮,美目盼兮",活脱一个大美人。要说"情人眼里出西施",可刚刚见面何来的"情"?说是一个老色鬼对年轻女人的"馋"和"贪婪"倒还靠谱。然而即便这样,"手"和"肤"无论如何不可能白白嫩嫩、粉粉嘟嘟、细皮嫩肉,有如"柔荑""凝脂"!——这哪里是下层吃苦受累的劳作者,那是足不出户、锦衣玉食的大家闺秀!须知"典妻"者也,绝非秀才家明媒正娶迎新娘!其间并不是平等关系,而是买卖关系、租赁关系。说白了无非是秀才老爷花钱买了个三年中专供其枕席之欢的"特种妓女",而"耕耘"更为了"收获"——传宗接代。如今这层压迫和被压迫、凌辱和被凌辱的血淋淋的关系被温情脉脉的纱幕掩盖了。

其三，大娘子的心理把握和展示也助长了这种误导。还是那句话，妻妾之间尽管有尊卑之分，大体上还可以姐妹相称。而典来的春宝娘连妾的地位尚未取得，她和老爷、娘子的关系仅仅是主仆关系，她不过是供役使的特种女仆。进门之际，大娘子让出正房，"从今后，我就搬到偏房睡"，已属不当（前已论及）。下边的话就更要打问号了："大娘我就是铺床叠被端茶倒水也不亏！"更完全把主子和奴仆的关系弄颠倒了。顺着这个思路下去，她的自卑自叹也大失身份："叹只叹身为妇人不生养，人前人后也直不起腰。"这些话用于争风吃醋的妻妾间或各个姨娘间倒还贴切，用于一个"典"来三年只充当生育工具的小妇人身上就很有些莫名其妙了。当年早有预言："典来的娘子不是人，养了儿子就出门。"妒忌它哪个门子？

三

再说明两点：其一，这还构不成一篇文章，只是一些提纲式的提示语。鉴于这次到宁波要看修改后的 2004 新版本，情况如何不得而知。这些文字也就只是剧作历史进程的一些粗疏记录罢了，看后就扔。其二，再次申明，小可一孔之见，难免贻笑大方，认不得真的。

2004 年 6 月 29 日

附言：2003 年 10 月在西安举办的中国戏剧节上，我曾将上述意见当面向怀臻谈过。来宁波看过新修改的版本之后，感到虽有改进，但本文提到的问题依然存在，如大娘子让出正房、摘红盖头等。基于此，文章不拟重写，就算作保留个人陋见吧。

（2004 年 7 月 5 日，在《典妻》获中国戏曲学会奖颁奖研讨会上的发言）

大概是不合时宜吧，学会在研讨会后所出版的专集中拒收此文，我也奈何不得。我一向认为批评难，此亦一证明也。

——笔者

勇于"突围" 贵在"坚守"

——谈豫剧《程婴救孤》的两大亮点兼及某些"时尚"高论

一

最早接触豫剧《程婴救孤》还是在剧本论证阶段。当时在中国艺术研究院的会议室里，我就发了一通感慨：河南省豫剧二团编创《程婴救孤》剧是顶着"保守""僵化"的无形压力，在艰辛搏斗中突围。——自然，我是深表赞同和感佩的！

何以言之？其时也，正是文艺界引进了时髦的西方后现代文艺思潮"解构主义"，并风行之际。在新潮文艺家的圈子里以及猛追时尚的媒体之中，言必称"解构"，文不离"颠覆"，蔚为风尚，宏大的理论连同硕大的帽子满天飞。不说"解构"，便是落伍；不搞"颠覆"，便是低能。

于是我们目瞪口呆地看到，文学界倏地冒出了一批"解构""佳"作。而在首都的戏剧舞台，两位大腕级导演正执导着有关"赵氏孤儿"题材的两部新潮话剧。其内容之"新"，让人匪夷所思。比如孤儿长大之后，面对为保他的存活而牺牲的种种，他的反应竟然是：那是他们的事情，与我无关！

其实，有关"解构主义"的引进，业内存在着诸多误解和走样。

解构主义作为西方后现代主义文化思潮中继结构主义之后兴起的理论主张，其规范对象在于文本诠释亦即文学批评，针对早先受实证论影响而注重务实的思维方式，转向一种相对的思维方式。20世纪60年代（1966年10月），在美国约翰斯·霍普金斯大学召开的一次研讨结构主义的大型国际学术会议上，法国学者雅克·德里达最先提出解构主义的主张，向结构主义发难，引起极大轰动。其后，追随者和研究者集中于耶鲁大学，并渐渐形成耶鲁学派，但在20世纪90年代已逐步衰微。

解构主义反对终极真理，反对逻各斯中心主义，主张多元文化解读。"逻各斯（logos）"是希腊文，对应的中文概念为"道"，是一种先于宇宙而存在的理念，居于至高无上的地位；在其导引下产生的世界万物，属于第二层次；而用文字表达出来，则属于第三层次。这是一种典型的客观唯心主义。何为"道"？什么是"逻各斯"？正像老子《道德经》所说："道可道，非常道。""道"是难以道明的。同样，要读出"逻各斯"的准确含义也相当困难。而"逻各斯"所代表的终极理念在宗教如基督教中就与上帝等同，成为超越宇宙的终极真理。因此有的学者对基督教和"逻各斯"作了相关联的解读。所谓"逻各斯"，即可理解为：1.与神同在，与神同体，创造之前即为神有，创造之时从上帝自身的存在中流溢而出。2.作为上帝之言是上帝创造世界的工具。3.是上帝与世界之间的"中介"，并发展成"道成基督"论，即神秘的"逻各斯"通过"肉身"——基督，显现于人间。基督即是"逻各斯"，是为"逻各斯"救赎论。4.内在于心灵为"思"，外在于器官为"言"。人堕落以后，凭逻各斯的中介可以改邪归正，重新达成与上帝的统一，是为"逻各斯"的理性论（参见马凌《诠释、过度诠释与逻各斯》，《外国文学评论》2003年第1期）。这一堆繁杂的解释似乎可以将"逻各斯中心主义"和宗教信仰中的"上帝、基督"勾连起来。这就是说，反对逻各斯中心主义即反对以上帝为代表的绝对权威，反对上帝为终极真理，反对以此为唯一准绳诠释一切既有文献文本。其解构、颠覆理所当然地有其一定的积极意义和价值。然而否定终极真理，否认一切权威，遵从多元文化和自以为是的解读却使文学研究陷入了没有积淀、没有定论、没有标准的混乱之中。否定你的前人，你自己不久又变成了下一个解读所否定的对象。因而解构主义等后现代文论实际上造成了认知的无政府状态，其逐渐衰落印证了文化无政府状态的必然命运。有的美国学者就曾尖锐批评解构主义"强奸"了文学作品，批评解构主义黑白不分、毫无道德准则的阐释（参见刘意青《〈圣经〉的阐释与西方对待希伯来传统的态度》，《外国文学评论》2003年第1期）。

照我看，文艺界某些新潮文化人的悲哀正在于：从来没搞清也不想搞清解构主义的基本内涵和主旨，也不问其已逐渐衰落的走向和严酷现实，只记住了翻译过来的两个词："解构"和"颠覆"，便在颠覆美丑、是非、善恶、正义、美德等方面大做其"翻案"的文章来，而且口气很大，既吓人，又唬人。

"突围"云云正是在于不盲目跟风，不追赴时髦，不去搞花架子，而且有勇气不理睬它，不畏惧它，不听任其摆布！

二

说到《程婴救孤》剧的"坚守"，我指的是坚守精神家园，即坚守民族传统美德，坚守几千年来民众遵奉的主流价值观或价值体系。

这里我想先摘引一段对前边提到的大腕导演执导的《赵氏孤儿》话剧版的评论文字，也是见诸颇具权威性的刊物——文化部艺术司主办的内刊《艺术通讯》。该刊 2004 年第 3 期刊登了一篇赞颂前述新版《赵氏孤儿》的文章，强调该剧"继承了五四启蒙精神，对传统的'忠义'观念进行了颠覆"。"消解了原作中正义与邪恶、是与非、善与恶的界限"。其价值在于：从现代意义的层面上看，这部作品的立意是"以个体生命为本体，站在个体生命的价值立场上"，告诉人们"程婴为救孤儿杀死自己的亲子，从人性角度来讲是残忍的，是一种悲剧。作为一次性的，不可相互通约、相互取代的生命个体，他的孩子，包括韩厥、公孙杵臼等人，在生命自身的存在价值上，与赵氏孤儿是相等的"。文章认为创作者是"试图锁定这些个体生命无价值牺牲的悲剧性所在，传达出富有深度的主体立意和精神感受"，如此等等。

妙得很！既然原作中的"正义与邪恶""是与非""美与丑"的界限被作者高手"消解"了，"颠覆"了，围绕救赵氏孤儿的种种便自然而然地成了毫无价值的杀人和被杀的游戏。而程婴舍弃的幼子以及韩厥、公孙杵臼等的生命付出，统统沦落为毫无价值的自作多情！——请看釜底抽薪法如何变戏法似的一家伙化是为非，化美为丑，化善为恶！为正义、为救全国幼儿而献出亲子的程婴，摇身一变竟然成了屠杀幼儿的刽子手！真个是天理何存？人间正道何在？悲乎，哀哉！

的确，一个时期以来，"个体生命至上"的宏论我们看得不少。一本艺术评论方面的权威刊物就曾载文呼喊："一切以个体为中心！"称"人绝对不是任何他人、任何事业的工具，人本身就是目的""以人为本的精髓是以个体为本……

每一个来到这个世界的公民是自由的，平等的""应该让一切都回到个体的立场上来"。文章强调以此为标志的中国文艺复兴进程，"必将穿透时空和意识形态的壁垒，对一切思想、主义、制度、政策、价值加以重估"。

"个体为本"也好，"个体生命至上"也好，都带着浓烈的反对我国曾经出现过且为害甚烈的忽视人的生命的极左的错误情绪，这完全可以理解。但作为一种理论概括，却又有失科学依据和人类常识。至于推而广之、扩而大之就更值得商榷了。

比如说"对一切思想、主义、制度、政策、价值"都要加以"重估"，按文章作者的明示就已经涉及我国现行的政治制度、理论基础、治国方略、主导政策、主流意识形态、主体价值观以及上升到法律高度的国家宪法、法律等。这些均属政治层面的内涵是否一切皆误？是否要推倒重来？是否要改写或重写当代历史？……

我们姑且不谈这些，就从"人之所以为人"亦即进化论的常识说起吧。

所谓"个体为本""个体生命至上"，当然是就每一个"个体"而言，这里面就有个"个体与个体"和"个体与群体"的关系问题。前者，设若每个"个体"都"至上"，谁还管他人！相互关怀、相互扶助、相互救援便根本无从谈起，且别说为其他"个体"做出牺牲，其结果只能是"人人为自己，上帝为大家"的极端利己主义的人间！后者，"个体"对"群体"则根本谈不上超乎群体的"个体至上"，人类从类人猿进化为人只能是以群体出现，不可能是某个"个体"。人只能是社会的人，只能以他人的奉献以至牺牲作为前提。今天的人一出娘胎便享受着前人（也都是些"个体生命至上"的保有者）劳动以至牺牲的成果。谁敢拍胸脯说不是，就请他从燧人氏钻木取火、有巢氏架木为屋及神农氏尝百草等开始其人生吧。

记得看过一部法国电影《火之战》，原始部落不仅在对付野兽或其他部落的入侵中要付出许许多多"个体"的生命，就是在争夺火种的战斗中，"个体"的人也要为"群体"做出牺牲；而雨中转移时，为了保护火种，"个体"的某个人还得冒着皮焦肉烂的痛苦用胸膛护住火种——"群体"生命之所系。其间，"个体生命至上"等大话在严酷的"群体"生存之需面前，便不得不沦为"伟大的空话"——借当年"三家村"老板邓拓同志的一则文章之名。

2008年，"5·12"汶川大地震时，都江堰市光亚学校出了个"范跑跑"。身为人师，感到地震，便高喊一声："地震了！"遂扔下全班幼小的学生夺路狂奔。事后还宣称："在这种生死抉择的关头，只有为了我的女儿我才可能考虑牺牲自我，其他的人，哪怕是我的母亲，我也不会管的！"还肆意嘲讽舍己救人的行为："先人后己和牺牲是一种选择，但不是美德！"人们对此作何评价？媒体说："这种'连老妈也不救'的毫不掩饰、毫不符合一般人性的表态，粗暴地践踏了公认的'人之为人'的基本准则。"结论是"'可怜的懦夫'升级了，成为'无耻的懦夫'"！

正是在这个意义上，我们可喜地看到豫剧《程婴救孤》在艰难中坚持了人间正义，维护了民族美德，守卫了精神家园。

敬礼，可尊敬的《程婴救孤》剧剧组！

敬礼，可尊敬的郑州豫剧人！

（原载《东方艺术》2009年第S1期）

这是一篇借题发挥的文章。西方后现代文论"解构主义"的引进诱发了本土文坛一些乱象，也折射进了剧苑，迫使我向有识者请教，从学者论述中求解，进而成就了这篇肤浅的现趸现卖的小文。如蒙指谬拨正，则不胜铭感。

——笔者

程婴:"刽子手"乎?
——洗洗时髦高论泼来的污水

记得是十几年前吧,长大了的赵氏孤儿站在首都话剧舞台上,面对为他牺牲的种种,高声宣布:"那是他们的事,与我无关!"这番惊世骇俗的解构、颠覆立刻获得评论界一些人的大声喝彩。一家权威内刊登了一篇文章,赞扬该剧"继承了五四启蒙精神,对传统的'忠义'观念进行了颠覆""消解了原作中正义与邪恶、是与非、善与恶的界限"。其价值在于:从现代意义的层面上,这部作品是"以个体生命为本体,站在个体生命的价值立场上",告诉人们"程婴为救孤儿杀死自己的亲子,从人性角度来讲是残忍的,是一种悲剧。作为一次性的,不可相互通约、相互取代的生命个体,他的孩子,包括韩厥、公孙杵臼等人,在生命自身存在的价值上,与赵氏孤儿是相等的"。文章宣称创作者是"试图锁定这些个体生命无价值牺牲的悲剧性所在,传达出富有深意的主体立意和精神感受",如此等等。

我曾大为感叹:"既然原作中的'正义与邪恶''是与非''善与恶''美与丑'的界限,被作者高手'消解'了,'颠覆'了,围绕救赵氏孤儿的种种,便自然而然地成了毫无价值的杀人和被杀的游戏。而程婴舍弃幼子以及韩厥、公孙杵臼等人的生命付出便统统沦落为毫无价值的自作多情!——请看釜底抽薪法如何变戏法似的一家伙化是为非、化美为丑、化善为恶!为正义、为救全国同龄幼儿而献出亲子的程婴,摇身一变竟然成了屠杀幼儿的刽子手!"而我也只能喊一声:"悲乎,哀哉!"

原以为这番争议已事过人忘,毋庸置喙,然而前不久又听到了"老调新谈"。一个大型戏剧刊物登载了一篇以豫剧《程婴救孤》为标题的理论文章，该文章断言：该剧基于"忽视了个体的人自身的生命存在，无意中使剧作所极力宣扬的传统文化价值观，走向了它的反面——即成为反人道、反人性以及不忠不孝、不仁不义的口实。"剧作也因而成为"忽视了人性，贬低了人的尊严，漠视人的生命存在，背离了基本的人道主义道德底线的典型范例"。理由嘛，文章强调："在程婴的潜意识里，儿子从来都不曾是一个独立存在的生命个体。""儿子仅仅是他手中任意摆布的一枚棋子，或供他随意支取和使用的私有财产——一只任他宰割的羔羊！"为了"声讨"程婴，文章的作者甚至不惜瞪着眼睛说瞎话："《程婴救孤》中，程婴为了心中的'义'……将儿子献出去……"而该剧明明写的是程婴舍子只因为屠夫屠岸贾下了死命令——找不出赵氏孤儿，就杀尽全国六个月以下的婴儿！这也许就是蒋介石对付共产党人的"宁可错杀三千，不可放过一个"的原始版吧。

如实说，为了救赵氏孤儿，更是为了救全国无辜的孩子，程婴做出了堪称伟大的痛彻心扉的抉择——牺牲自己的孩子！这是"反人性""反人道"的屠杀亲子吗？否！这是保卫众多幼稚者的生命！我真个很奇怪，明明是屠岸贾杀了赵盾一族300余口，就连刚出生的婴儿也不放过，纯粹是残暴至极的刽子手一个！替换赵氏孤儿的程婴亲子，这假冒的孩子，不也被屠岸贾亲手卡死、摔死、剁死的吗？不去谴责杀人凶手，而纠缠于万不得已献出亲子者，还给他扣上了一堆"反人道""反人性""刽子手"的大帽子，必欲逼入绝境而后快。我真不知是何居心！也真不知口喊"人性""人道"者是否还残存一点点"人性""人道"，哪怕一丝丝，一厘厘！

就事论事扯了半天，还没接触到个中的关键和根结——"个体生命至上"论。这是言者的依据和出发点，是升华到理论高度的新潮高论。

我理解的"个体为本"也好，"个体生命至上"也罢，都带着浓烈的我国曾经出现过的且危害甚烈的忽视人的生命、"草菅人命"的极左错误。呼唤重视人的生命，呼唤尊重人的尊严，完全正当！然而作为一种理论概括上升到理论高度，却又有失科学依据和人生常识。

就从"人之所以为人"亦即进化论的常识说起吧。

说到"人"，也就有个"人性"问题。记得前些年，电视上曾经有过一场"性善性恶"的大辩论。一方主张"人之初，性本善"，这自然是儒家学派的观点；另一方主张"人之初，性本恶"，这就属于墨家学派的主张了。一方认为人与生俱来就有"是非之心""羞恶之心""恻隐之心"是为"善"；另一方则认为孩子一饿就哭喊、见食物就抢——哪怕对方也是婴儿，非性"恶"而何？……争来辩去似乎没有也不大会有一致认同的结论。我没有资格掺入，却有自己的看法。我认为首先得区别开人的自然属性和社会属性。就前者来说"人之初，性本同"，哪怕刚出生就要吃饭、喝水。为了生存，要摄取、要"抢夺"；为了繁衍，成年后还要结婚生育。但这时已经超脱"自然人"阶段，而成为"社会人"了。道德、伦理与观念及婚姻制度等已经介入并主宰了人的行为。阿Q的"我要困觉"似的求爱绝不同于缠缠绵绵的凄美的宝黛爱情，"贾府里的焦大绝不会爱上林妹妹的"（鲁迅语），这就牵涉到人的"社会性"了。

马克思名言："人的本质是一切社会关系的总和。"人只能是社会的人！盖因单个的类人猿是无法独自进化为"人"的。我的主张便是"人之初，性本无"。在尚不具备社会属性，只有自然属性的状态下，"人性"是无所谓"是非""善恶""美丑"的。而一旦逐渐长大融入社会，便是"性相近，习相远"了。

既然"人"是社会的人，不可能回归到单独存在的"自然人"，那么即便是"个体生命至上"的个人，也就有与其他"个人"及"群体"的关系了。设若每个"个人"都遵奉"个体生命至上"的法则，谁还去管他人！什么相互关怀、相互扶助、相互救援，根本无从谈起，而任何"个人"都不敢拍胸脯，打包票，这一辈子永远不需要他人帮衬、扶助、救援！而果真人人都只为自己——"个人"，那人类社会只能变成"人人为自己，上帝为大家"的冷漠人间！而这绝不是人们企盼的理想社会！

说到"个体"与"群体"，就一般意义来说，则从来不曾有过，也永远不会有超越"群体"的"个人至上"存在（这里不包含阶级社会统治者享有的特权）。盖因作为社会的人，其存在只能是以他人的奉献和牺牲作为前提。今天的人，一出娘胎便享受着前人（也都是些"个体生命至上"的保有者）劳动以至牺牲生命换取的成果。我曾戏言：谁敢口出狂言说不是，就让他从燧人氏钻木取火、有巢氏架木为屋、神农氏尝百草等开始其人生吧。

为了群体需要，个体要做出牺牲，几乎从"人之所以为人"之时起便成为注定的法则。从远处来说，原始社会部落男人狩猎遭遇猛兽，不会有牺牲？部落、部族之间为生存而战，不会有牺牲？从近处来说，保家卫国、抵抗侵略，不会有牺牲？卫国戍边、守护边疆，不会有牺牲？就是日常生活中，抢救落水儿童，于被撞倒的瞬间救出不幸者，不也存在牺牲的可能？总而言之，言而总之，在严酷的"群体"生存之需面前，在急需救助其他"个体"面前，"个体生命至上"等大话不得不沦为"伟大的空话"——借当年"三家村"老板、我的老领导邓拓同志一篇闯大祸文章之名。

抽象人性论是近年来引进的西方现代后现代理论主张之一。我看还是遵从习近平同志的主张，不"以洋为尊""以洋为美""唯洋是从"。先做点辨析，再择其善者而从之，其不善者，弃而不睬可也。

2017 年 9 月 13 日

（原载《磐石》2018 年第 3 期）

晋剧《傅山进京》引发的思考

2007年8月是明末清初山西文化名人，思想家、文学家、医学家、书画家傅山诞生400周年的日子。太原市实验晋剧院青年团为纪念本土乡贤，隆重推出谢涛领衔主演的新编晋剧《傅山进京》，笔者有幸在首都舞台和苏州中国戏剧节上两次观赏了这台新戏。2007年12月26日，笔者在该剧喜获"中国戏曲学会奖"并隆重研讨之际，于太原三度观看了最新修改本。观而学，学而思，东拉西扯，东鳞西爪，不禁联想了许多，斗胆托出，顾不得有关无关、有当无当、有用无用了。

谢涛带来的震撼

先从剧目的成就谈起，应该说成绩是多方面的。在我看来，需突出强调的至少有三点：

其一，从几乎无"戏"中发现了"戏"，找到了"戏"，写出了"戏"。写傅山其人，基于其多重学者的身份及重在学术成就的特点，内含的戏剧性很少，写戏的难度极大，亏得作者匠心独运，硬是选好了切入点（傅山年届七十有三奉诏进京、拒官归里），就傅山与康熙间的博弈挖出了"戏"，成就了一台既好看又好玩的舞台感强的上佳剧作。

我特别赞赏剧中康熙古寺访儒、雪中论字的处理。两人的身份彼此都明白，却又都不点破，反而打起了太极拳：你来我往，含沙射影；唇枪舌剑，暗斗明争。傅山倚老卖老，谈古讽今，指桑骂槐；康熙礼贤下士，宽容隐忍，大肚能容。一个说了真话实话难听的话，一个得到真知灼见难得收获。一个是狂狷野人，一个为盛世明君，两人之间借古庙一角演了一出充满机智和意趣的好戏。特别是这纯属"无"中生"有"！史载傅山与康熙从未谋面，更别说斗智慧、斗心计的唇争舌战了。作者的大胆虚构却合乎情顺乎理，契合事件的发展走向，符合人物的性格逻辑，不仅趣味盎然，有"戏"可搬，更活脱出了两个极具特色的艺术形象。我以为有了这么一笔，作者才华尽显，不愧个中高手。此外"夜写遗书"的设计，就总体构思来说，也机巧而隽永，为舞台增添了别样色彩。我想如果再加梳理打磨，不仅仅满足于"添个旦，戏好看"，而是借做梦形象地展示傅山复杂的内心斗争；静君也不仅仅是早逝而常常萦怀于心的结发妻子，而作为傅山的外化即另一个"傅山"，用她的嘴说出傅山心里想说的另一种声音，即两个"傅山"在梦中打架，采用"入戏""出戏"的象征手法，戏可能就更好看、内涵就更厚重了。论者说一出大戏有一两折独到的耐看的能长期留在舞台上并留存于观众记忆之中的好戏就算成功了。我赞同这样的说法。古寺访贤、夜写遗书等折我看完全可以作为独立的优秀折子戏立于舞台。

　　其二，塑造了两个鲜活的艺术形象。剧作从这番皇上与鸿儒之间极端对立的性格碰撞中，既写活了倔强的大儒傅山，更推出了大度的明君康熙。在一定意义上，康熙写得更扎实、更丰满、更可信，也更可贵。首先，他和戏说划清了界限，不搞"一把扇子打遍天下武林"之类的无稽之谈，不搞简单化、脸谱化的俗套，也不做神圣化地拔高，巴不得请他"再活五百年"——让我们至今还拖着一条长辫子等。作为大清开国之初的有为君主，剧作写了他的政治眼光、宽大胸怀，而这有着实实在在的依据。以傅山被征召进京开"博学宏词科"为例，历史有关资料记载，在康熙十七年（1678），这位年仅28岁的天子下诏称"我朝定鼎以来，崇儒重道，培养人才"，盖因"自古一代之兴，必有博学鸿儒，备顾问著作之选"，他要搜罗前朝精英为我所用，下令地方举荐，他亲自"临轩命题"，并申明"朕亲试录用"。果然从命题、赐宴、览卷到录取，以及对"老病不能入试及试而不与选者""年近七十以上加中书、正字等衔以宠之"的决策的确定，他都亲自参与并实施。就封建王朝最高统治者而言，确乎极为不易。而在与傅山的对搏中，遭遇一次又一次的有意"抗旨"，一个又一个事关皇家尊严的难题，他几乎是步步退让，其内心撞击争斗的丰富性尽显舞台。相对来说，傅山则似乎单调了些，简化了些，性格略显平面了些，只一个"我不干"贯彻始终。全剧以他为主并雄踞中心，但我们却看不大见他内心的斗争和发展变化的历程，特别是最后如何转变成结局的"和了，和了"又"和而不同"的。我以为写傅山在经历了与康熙的这番博弈之后，终于脱下了朱衣是顺理成章而又十分精彩的一笔。须知对一个正直的知识分子来说，坚守信念是美德，服从真理同样是美德。在一定意义上，坚守和服从构成了中华文脉的两个相辅相成的侧面。

其三，谢涛的表演可谓炉火纯青、可圈可点。作为女须生，就我目力所及，在超乎晋剧的诸多剧种中堪称当今最为突出的佼佼者。用一位戏曲教育家的话来说，谢涛在表演上脱尽了女性的脂粉气，表现了傅山的阳刚气、书卷气及大学者、大文人非同凡俗的从容不迫、闲适雅静、傲岸超脱的气质。演唱上排除了"雌音"，明亮高亢、低回婉转、游刃有余。我赞同这些评价。但我以为最为突出的还是她充分运用晋剧既深厚又多彩的艺术手段，塑造了一个个栩栩如生的艺术形象。

我有幸观赏过她近年来的一系列新剧目，从《丁果仙》《芦花》《范进中举》《烂柯山下》到新近的《傅山进京》。其中，《丁果仙》《范进中举》《傅山进京》是其中最杰出的代表，谢涛也凭借这三出戏实现了极为难得的艺术前进中的三级跳。

看《丁果仙》是在1995年太原举办的第二届秦晋豫三省戏曲"金三角"交流演出之际。我作为评委会主任看过她的演出之后，禁不住产生了一种发现的喜悦。我在记叙这件地区梨园盛事的文章中说："这次交流演出还有一个不容忽视的特点：人才济济，新人辈出，特别是表演人才。秦晋豫这个'金三角'地区，向来是'梅花'（奖）盛开的地方，这些年又添加了一批'文华奖'的摘取者。且不说表演上相当成熟的'梅花'，后起之秀中也是大有人才，饰演'丁果仙'的青年演员谢涛，功底厚实，唱、念、做俱佳，是一位很有实力、很有光彩的梨园新秀。"她获得了此届表演金奖。再过一年，她凭借此剧摘取了第十四届"梅花奖"，且名列第三。看《范进中举》是应谢涛之邀，我专程赶往上海，与"白玉兰奖"的评委们共同欣赏的。剧中谢涛的表演又有了长足的进步，她入木三分地把那个科考迷的痴呆、执着、癫狂、无奈的形象活鲜鲜地矗立在了舞台上。观者在获得艺术愉悦的同时，也引发了深重的思考。谢涛的表演征服了"白玉兰奖"的资深评委们，次年她如愿以偿地收获了上海"白玉兰奖·主角奖"。醋味浓郁的山西梆子打动了上海观众,唱响上海滩,委实难得,可喜可贺!

至于《傅山进京》的推出,我看是具有攀摘"二度梅"的实力。剧本再作加工,表演再往细抠,谢涛的愿望定会早日实现。

艺术造诣的"三级跳"是否也意味着社会褒奖的"三级跳"呢?我期盼着!

引发的两点思考

接下来该说点相干不相干的想法了,大体有两点:一是关于"反清复明"和"民族气节",二是关于"明亡于奴"和"文人风骨"。

傅山本人作为明代遗老,毋庸讳言的确有"反清复明"的思想,甚至有过重大行动。于明亡后,"改黄冠装,衣朱衣(按:朱者,明也),居土穴",直到"天下大定,始出与人接";参加秘密的反清活动;顺治年间还蹲过大清监狱,这些都说明了他是大明朝的忠烈义士。当时和后来的汉族知识分子基于对非汉族的他民族(尽管同是中华民族大家庭中的一员)主宰中土的不满,看重和推崇的正是傅山政治上的这种所谓"坚定"和行动上的屡屡"抗拒",一顶"民族气节"的桂冠戴了几百年。

然而站在历史唯物主义的立场上,以当今的眼光来审视不应该对此打上个问号吗?

天下者,固然非一人一家一姓的天下,一如具有朴素民主思想的傅山所言,"乃天下人之天下",但也绝非汉族一姓一家一人的天下!难道非汉族的"人"就算不得"天下人"了吗?傅山先生的这番"民主思想"实在是要大打折扣的。如实说,以今天的眼光看来,构成中华民族大家庭中的任何民族主宰天下都是中华之天下,都不应该排斥!

具体到明清更替,更需做历史的辩证的分析。众所周知,明代晚期已经腐朽透顶,毫无生机;贪贿公行,民不聊生。嘉靖嘉靖,老百姓早就被搜刮得"家家干净",其败亡已经是无可挽回的了。借一句现成的话:除了衰亡,它早就不配有更好的命运!满族人建立的大清王朝呢?其新中国成立之初是一个具有蓬勃生机的新政权。尽管主宰中原之际,满族还多半处在游牧和农奴制的落后阶段，与中原文化差距甚远，但其新中国成立之初，即习汉俗、建汉制、用汉人等大步赶来。《清史稿·世祖纪》中载有顺治皇帝的"罪己诏"，包括"纪纲法度，用人行政，不能仰法太祖太宗……且渐习汉俗，于淳朴旧制日有更张……是朕罪之一也"；"委任汉官……以致满臣无心任事，精力懈弛，是朕罪之一也"；"自恃聪明，不能听言纳谏……以致过端日积，愆戾愈多，是朕罪之一也"，如此等等。有学者称，"罪己诏"也者，不大像出自福临之口，多半是守旧满臣们伪托。即便如此，不也从反面证实了开国皇帝顺治福临是大清改革之开先河者吗？这也正好证明了其继位者玄烨"我朝定鼎以来，崇儒重道，培养人才"的话了吗？不抱残守缺，不固执落后，学习先进文化，力追先进文化，也许这正是清初政权活力之所在。此外，一个不争的事实是当前我国的版图是清代康乾年间确定的！而定鼎之初的大清王朝单凭这一点就十分了不起了，其历史功绩就将永载民族史册，这也是不争的事实。

傅山应召进京是康熙十七年（1678）年初，此时清建国已30多年，天下大定，盛世初显，此刻还一味地"反清复明"符合社会发展、时代嬗进的要求吗？符合民众休养生息、安居乐业的根本吗？我赞同一位评论家的意见："面对开创盛世、雄才大略、重用贤才、降尊纡贵、胸怀博大的康熙，还去写对那个腐朽透顶的晚明王朝的忠贞，今天看来，未免失之于'愚忠'和'迂腐'了。"中国戏曲学会副会长曲润海在代表中国戏曲学会授予该剧学会奖的说明中也明确表示，绝不赞成以"反清复明"为题旨，态度是鲜明的、坚定的、理智的。当然，也听到点不同声音，一位人士称，写傅山是反清斗士才符合历史唯物主义观点。对此，实在不敢苟同。我以为问题不在是否写他的"反清复明"，硬要写的话，如何写，持什么态度写，对此又作何评价呢？是赞扬、歌颂，赞其高洁、状其悲壮；还是否定、批评，叹其卑微、哀其迷途。后者显然不合三晋纪念朱儒的本意；选择前者，一如那位人士所主张的则完全违背了历史唯物主义的根本。须知真正的历史唯物主义必须同大汉族中心主义、封建正统观念完全划清界限，否则无论调子唱得多高，只能掉进历史唯心主义的泥潭！此外，作者对其笔下的历史人物，特别是经历复杂、性格多重者，选取什么，扬弃什么，自有其考虑，也完全有自主权，似乎不用他人指指点点、多加干涉。

说到"民族气节"，我的谬见是需做具体分析。如何分？可分为对外、对内两类，或者分作统称的中华民族的"民族气节"和特指的汉民族的"民族气节"。

　　就"民族气节"的划分而言，前者针对外国异族的入侵，抵抗者为民族英雄，不屈者葆有民族气节。如戚继光之于倭寇侵扰，邓世昌之于甲午海战，郑成功从荷兰殖民者手中收复台湾，林则徐虎门销烟，义和团抵抗八国联军，直到20世纪反抗日本帝国主义的侵华战争，对此人们几乎没有任何疑义。不过近期似乎有了些微妙的变化。一部为抗日战争中的汪伪政权汉奸、特务张目的影片，在主流媒体上竟然是一派赞扬之声，"民族精神""民族气节"被弃之如敝履，让人百思不得其解。不说也罢，一笔带过回归本题。

　　后者的情况要复杂得多。通常汉民族内部不论如何你争我斗、相互残杀，包括政权更替、改朝换代，其间也不乏可歌可泣的事件和人物，但从来不曾用"民族气节"这个概念。可以说"民族气节"是专门用于民族之间特指汉民族的。然而对于构建中华民族大家庭的各民族（迄今到底有过多少民族？待请教），几千年来历史上的争争斗斗、恩恩怨怨、分分合合、消融崛起，可谓错综纷纭、是非杂糅。有的学者主张慎用"民族气节"这个概念是有其道理的。在一次次具体的争斗纠葛间，固然有是非之分、对错之别，但对立的双方却都可以将本民族的代表人物冠以坚守"民族气节"的美称。当然，不宜笼统地用一个"公说公有理，婆说婆有理"否定其间的正义与非正义的差别，需要的是历史的具体的分析。比如反抗异族贵族上层发动的侵扰掠夺、屠杀镇压，而坚定不移，舍生取义，这理当肯定。仅仅为本民族观念左右，那就自作别论了。总之，作为学术问题和历史课题，仍需继续深入探讨下去。本人学识所限，浅说而已。但对于傅山其人，基于本文前边谈到的理由，我不大赞成用"民族气节"这样的美誉加在他头上。为一个腐朽的汉家政权谋复辟，不计具体政权在当时历史条件下是促进生产力发展、促进社会进步，还是相反。仅仅以非"汉家天下"而否定之，对抗之，这样的作为不值得称道，更难贯以汉民族的"民族气节"的尊谥。当否？请各方批评指正。是否采纳则完全听凭剧作者和当事人了。

　　还想补充一点，康熙出于巩固新政权的政治需要采取了笼络汉族知识分子、重用前明汉族有识有能之士的政策，甚至可以容忍拒不合作的"撒娇""哭闹"辞官退隐，诸如此类等等。但有一个前提是绝不容许从根本上反清复明！有清一代迫害知识分子的"文字狱"，发端者正是这位康熙大帝。康熙五十年

（1711），进士、编修戴名世以《南山集》获罪，只因文集中用了明永历年号，并收有方孝标《滇黔纪闻》所述南明史事。其系狱两年，以大逆论斩。此案发生在傅山死后27年，说明封建王朝的最高统治者向来是怀柔与镇压两手并用，初期也许更多地施恩宠络，而在政权巩固之后便更多地采用残酷镇压了。对于反对者，他们并不手软！

再略说"明亡于奴"

傅山被"连人带床"强行抬到午门前之际，他"老泪潸潸"地大抒肺腑："慨明室鄙视士人如猪犬，多少被当众廷杖血斑斑。正气荡然奴物长，白蚁猖獗大厦坍。明亡于奴非于满，故都啊，风雨中你见证自古奴物毁江山！"这是作者对傅山思想境界的定位，对历代朝廷更替、前朝覆亡教训的总结，对本剧主题的提炼。我以为有一定道理，但似嫌笼统，试析之。

先就事说事。"明亡于奴，非亡于满"，站在傅山的立场可以这么说，建立大清帝国的皇太极也可以这么说，甚至明崇祯皇帝也曾这么说过。但关键是这个"奴"字如何理解，作何界定？

古汉语的单音词往往可以分解为多种不同含意的多音节词语。我看这个"奴"字，就至少可以做三种区分：奴才、奴隶、奴性。

奴才，可泛指组成大明统治集团的庞大官僚机构的大大小小官员。就其总体来说，这是一群腐朽透顶的蛀虫、白蚁，是他们沆瀣一气不遗余力地蛀空了晚明大厦。甲申之年，北京城破，蛀虫们都作鸟兽散。崇祯煤山上吊时，身边只剩下唯一的老太监王承恩！这位自诩明君（为挽救明廷覆亡，的确杀了万民共愤的魏忠贤并罢黜阉党，却又变本加厉地重用另一批宦官、阉党，冤杀抗清英雄袁崇焕，自毁长城）实为昏君的末世皇帝，就曾哀叹"群臣误国"，所谓"君非亡国之君，臣乃亡国之臣"，正是至死不悟的昏庸至极的主子把亡国之罪通通推诿给奴才、臣下的写照。"明亡于奴"固然在替主子开脱罪责，细分起来倒也有一定道理。

奴隶，则是大明统治下的广大民众。史载崇祯年间，皇室官僚广占民田，赋税畸重，天灾频仍，老百姓处在水深火热之中，实在活不下去，只得铤而走险，聚众起义。王自用、高迎祥、李自成、张献忠……可谓处处疮痍，遍地烽烟。直接把崇祯推上煤山那棵歪脖树的不是大清的皇太极，正是放羊娃出身的奴隶李自成！这是对"明亡于奴，非亡于满"最好的注脚。此刻满族人还远在关外。吴三桂引清兵长驱直入，攻占北京，打垮李自成的大顺政权是在这之后呢！应该说，是晚明政权的极其腐朽和阶级矛盾的极端激化促使了大明的覆亡。自然还有满族在东北的崛起，努尔哈赤、皇太极的雄兵虎视。完整地说，阶级矛盾加上民族矛盾的交织给晚明朱姓政权敲响了丧钟！

奴性，属于思想境界范畴，通常是就志趣追求低下、风骨品位卑微而言的。几千年来的封建社会中，士大夫们一向推崇清高脱俗的品位，蔑视阿谀谄媚的作为，向往清流，远避浊流。士大夫们不陷污淖，不为帮凶说事，确有可贵之处；与当朝统治者的关系层面说，敢于犯颜进谏，不做宵小佞臣之辈，也属可喜可贵。但其间却关联着进谏、受谏的双方。唐代魏徵和明代海瑞同属绝少奴性、敢于直言的忠君之臣。然而一个遇上唐太宗李世民，虽然逆耳之言使之勃然大怒，巴不得杀掉这个"乡巴佬"，但因唐太宗有着政治眼光和胸怀，加上长孙皇后的进谏，最后无罪有功、皆大欢喜；另一个则遭遇昏君嘉靖，被捕入狱，差点送了老命。归根到底就历史进程而言，无奴性的忠臣虽然在某些局部事物中能够匡正谬误，但作用实在有限。把士大夫、知识分子们的品性风骨夸大到足以定夺乾坤社稷的高度并不符合实际。有评论文章说："是专制导致了'奴从'，而'奴性'又导致了亡国。"这个判断分开看，前半句有一定道理，后半句则难以服人，任何政权的覆亡绝不能仅仅归结为士大夫即官僚阶层的"奴性"，这是常识！

"明亡于奴"。说个极而言之的话吧，绝不是因为读书为官的"士"阶层中少了几个魏徵、海瑞似的人物，少了点清高孤傲的风骨，政权就覆亡了。就算知识界荡尽奴性，铁骨铮铮，在如火如荼的奴隶起义面前，在民族矛盾异常尖锐之际，又怎能挽狂澜于既倒！

说到这里，还不想打住，再唠叨几句。伯夷、叔齐向来被推崇为具有"士"之风骨的最高楷模。傅山在蒙恩准"回归故里，颐养天年"之际，心里想的也是"难作魏徵，辅佐大唐；只效伯夷，隐居山野"，幕后歌则唱道："他坐龙廷我采薇，一场对弈却相知。和而不同养正气，重归故里赋新诗！"伯夷与叔齐"不食周粟"，"饿死首阳山"的殷商遗老果真就是"正气""风骨"的化身？这样的"风骨""正气"果真就那么可爱吗？我看得打个大大的问号。

史载，伯夷、叔齐乃辽西孤竹君的两子，其父生前决定传位小儿子叔齐，父死后，叔齐要还位长兄，伯夷遵父遗命不受，逃离，叔齐亦弃位出逃，兄弟二人共同投奔"善养老"的西周。文王殁，武王载文王木主牌位伐纣，二人拦马指责："父死不葬，爰及干戈，可谓孝乎？以臣弑君，可谓仁乎？"左右欲杀之，为姜子牙救下。殷灭，天下宗周。《史记》称："而伯夷、叔齐耻之，义不食周粟，隐于首阳山，采薇而食之。及饿且死，作歌，其辞曰：'登彼西山兮，采其薇矣。以暴易暴兮，不知其非矣。神农、虞、夏忽焉没兮，我安适归矣？于嗟徂兮，命之衰矣！'遂饿死于首阳山。"这里，二位遗老举的是"孝、仁、义"三面大旗，即父死未葬为"不孝"，以臣弑君为"不仁"，以暴易暴为"不义"。然而其间却抹杀了武王伐纣的正义性，代表生民的民众性，促进社会发展的进步性。殷纣王是个极端昏庸淫乱贪婪残忍的暴君，酒池肉林、断胫挖心……早就民怨沸腾、万夫所指了。武王伐纣仅出兵"虎贲三千""甲士四万五千"，殷纣却敌之师多达七十万，却望风披靡、不战而溃，人心向背显示得明明白白。伯夷、叔齐的所为实实在在是逆历史潮流而动，扮演着顽固僵化的小丑角色。

除司马迁的《史记·伯夷列传》外，在各类传说中，则多有不敬之处。如号称"义不食周粟"，一个村妇却揭了他们清高的假面："普天之下，莫非王土"，"子义不食周粟，此亦周之草木也"！羞愧难当之后，不再采薇而饿死（见蜀汉谯周《古史考》）。汉代刘向的《列士传》中还有一段更具讽刺意味的记载，伯夷兄弟绝食之际，"天遣白鹿乳之，迳由数日。叔齐腹中私曰：'得此鹿完啖之，岂不快哉！'于是鹿知其心，不复来下，伯夷兄弟俱饿死也"。喝了鹿奶，还想吃美味鹿肉，实在是贪得无厌，饿死活该了。鲁迅先生综合了相关史料，以全新的视角、用嘲讽的笔触在《故事新编·采薇》中塑造了鲜活的伯夷、叔齐的艺术形象。今天，站在历史唯物主义的立场上，对这两位殷商遗老的作为作新的诠释，我看很有必要。至于是否是中华文脉之源或代表，似乎也应重新审视。

上述种种，浅见薄识，姑妄言之，但求指谬。

说明一点：据悉，目前剧作者正根据各方意见做进一步修改。本文所据乃2007年12月演出本，剧本刊于《三晋戏剧》（季刊）2007年第3期。

（原载《中国戏剧》2008年第5期）

本文提出了两个问题：如何看待"民族气节"和"文人风骨"。我婉转地对作品进行了批评和提醒，剧作改了"反清复明"的相关描写，对于原作中的"只效伯夷，隐居山野"也改为"愿效扁鹊，行医山野"。有了回应，内心窃喜，附笔记之。

——笔者

勇攀险峰的挑战者
——从《金莲》看李仙花

广东汉剧领军人物、"二度梅"得主李仙花要将《金瓶梅》搬上汉剧舞台，她自己领衔主演潘金莲！这条爆炸性的新闻震惊了界内界外。我是在2011年参加广东省艺术节时，亲睹了名为《金莲》的现场演出，不由得从心底发出一声惊叹：这梅州女娃，太胆大了！同时又不得不叹服：她，成功了！剧目荣获优秀剧目特别奖，本人获优秀表演奖！

"挑战自我"和"敢下地狱"

听行里人说，李仙花向来以不甘平凡寂寞著称。她似乎从不安静，总在思考，在探索，在折腾；总在出新招，玩花活，创惊奇。好端端的一出《蝴蝶梦》，她先搬上汉剧舞台并领衔主演，获得成功；紧接着又来了个"京汉两下锅"，庄周请京剧演员扮、京腔唱，她仍以汉剧汉腔应对，妙在同属皮黄腔系，竟也和谐。

如今早已调任广东省文联，担任负责文化工作的副主席一职，有"官"在身的她又不安于"衙门"里那一杯清茶、两声呼喊、三番争取、四下助推的循例，舍不下演艺事业，又重上舞台了。而且选了个人们避之犹恐不及的"淫书"《金瓶梅》的改编本《金莲》，还率性地"以身试法"，扮演女主人公潘金莲！

应该说，这委实是个大冒风险之举。著名剧作家、改编高手隆学义说，他这回是冒着极大风险操刀的。这也难怪，通常一听《金瓶梅》，人们便会大摇其头,那充满淫秽污浊之物还能搬上今天的舞台?海外有过电影、电视剧的多次改编,也多半属色情制品,儿童不宜,不足为训。

然而在我看来,这又是一个大有可为之举。盖因《金瓶梅》也的确是一部精华与糟粕并存的奇书。说"精华",它在中国古代长篇小说创作史上有着开创性的意义。清初学者张竹坡称之为"第一奇书",其《皋鹤堂批评第一奇书金瓶梅》曾是流传最广、影响最大的刻本;鲁迅先生誉之为开了"人情小说"的先河(见《中国小说史略》);郑振铎先生赞其为"可诧异的伟大的写实小说""最合于现代意义的小说"(见《插图本中国文学史》);学术界公认其为现代小说的发端,《红楼梦》的先声。说"糟粕",其淫秽色情的描写对读者特别是对青少年的毒副作用又臻于极致。正是基于这一杂驳并存的特点,也留给了今天的改编者"去其糟粕,取其精华"的广阔空间,给予了学术性、艺术性攀升的极大可能。

《金莲》剧组的朋友们特别是编剧隆学义先生正是这样做的。剧作摒弃了淫秽色情的污浊,张扬了为被侮辱、被损害、被异化的女性呐喊的主旨,进而成就了一出颇富挑战性的新戏,即一出状写封建桎梏下底层女性悲剧命运的戏,一出表现灵魂堕落和心灵救赎的戏;一出视角独特、内涵厚重的戏,一出学术性、艺术性并茂的戏。我敢斗胆地说,这出戏绝非色情作品,与扫黄并不相干,不必谈虎色变,尽可放心观赏!

谈到李仙花这番甘冒风险的选择,我想说胆识基于见识,见识推升了胆识。她在努力"挑战自我"和"超越自我",那种"我不下地狱谁下地狱"的气魄和胆量,那种不计得失、不怕颠踬的决心和气概,让我重新认识了她,了解了她。一出戏,读懂一个人,难得,也值!

"卑微愿望"和"蛇蝎心肠"

剧作告诉我们,金莲原本出身贫苦,身份卑贱:"九岁丧父,十三岁母病卖为奴;先卖王招宣,后转张大户。"被张大户糟蹋后,大娘子不容,不得已赐予"三寸丁、谷树皮"、又矮又丑、生而不能人事的武大郎为妻。这一点《水浒传》原著已有交代。但从此张大户便放过潘金莲了吗?遍查《水浒传》《金瓶梅》并无下文。《金莲》编剧隆学义合理地加上了极其重要的一笔,即赏赐乃方便随时凌辱！正如金莲面责武大所言："张大户将我送你，分文不收最歹毒！任由他随时来家将我侮，你不出气，不敢怒，不出声，不敢哭，只为富人免你租！"于是"我成了偷偷摸摸浪荡妇，你倒是堂堂正正伪丈夫；我成了污污浊浊换钱物，你倒明明白白装糊涂"。她"可忍奇丑与奇苦，难忍奇耻与奇辱！不敢恨天与恨地，只恨你个没心没肺、没肝没脾的矮葫芦"！痛快！实在精彩、独到、高明！道尽了金莲的悲愤与屈辱，也暗蕴了她争取爱一个好男人当一回好妻子的期望和权利！

于是，剧作浓墨重彩地描写了她卑微的愿望，以及如何期盼成空逼向"蛇蝎心肠""歹毒恶妇"的异化。

金莲调叔、三敬酒几乎是涉及武松、金莲关系的文艺作品中津津乐道的习见题材。川剧《打饼》（又名《打饼调叔》《金莲调叔》）原为巴蜀名旦张光茹的看家戏，陈巧茹得老师亲授，以此剧斩获"梅花奖"，至今在中国剧协"梅艺团"送戏下基层时常演。技巧精致，却内涵陈旧，以模仿武大打饼、卖饼的动作丑化大郎，并取悦武松。汉剧《金莲》做了质的更改，"三进酒"化作吐心声、陈期盼的一片衷情。不甘于丈夫默许张大户的凌辱，她只存一个卑微的希望："愿只愿堂堂正正作人妇，恨却恨难寻难觅好丈夫！"什么是她心中的好丈夫？"好丈夫柔情蜜意会呵护""好丈夫宽仁厚爱心佩服""好丈夫生老病死敢担负""好丈夫危难祸乱舍身出"。她只乞求一座挡风棚，一把保护伞。而作为妻子，她希望"我为他，春来慢慢减衣裤；我为他，冬来快快添棉服。"她只向往着当一回贤惠的人妻！可怜她在做梦！一个美好而虚幻的美梦——"若得英雄相救助，远走高飞奔前途！""百年修来同船渡，千载等得今生福！"

自然，她错了，完完全全错了！武松决绝地斩断了她的一切幻想和希求。在失望和绝望的心境中，经不住王婆的勾引和西门庆的唆使，她迈向了心灵的异化，走向了犯罪的恶途——毒死丈夫武大郎，成了西门庆第五房小妾。

西门府后院的妻妾之间钩心斗角、咬噬构陷是小说原著着笔最多的地方。汉剧改编本也写了这些猫捎狗斗的腐烂，却匠心独运地选取了一个重要情节。六娘李瓶儿将"断根汤"（永远不能受孕的毒药）伪装成"安胎符"，讨好地送给潘金莲。她这么做自然是基于自己有了西门庆的儿子官哥儿，要断绝其他各房添子对自身地位的威胁。偏巧被潘金莲识破，便以毒攻毒地设计了驯化雪狮子猫吓死官哥儿的毒计，指使丫头春梅实施。官哥儿死了，李瓶儿也悲痛交集而逝。于是，在环境的逼迫诱使之下，潘金莲又欠下了另一桩血债，正所谓"重门重锁西门府，恶花怒放恶果熟""金莲长自脏泥土，风逼打，雨捆缚，芒刺出"！恶土造就歹毒，淫妇异化恶妇，人异化成了鬼！

从贫贱奴隶婢女，到盼做平常女人的"卑微愿望"，进而异化成"蛇蝎心肠""害命恶鬼"……个中惨遭不幸促使变异的种种，那血泪斑斑的历程，诱使人们不由得联想起许许多多。

"英雄救美"和"灵魂自赎"

《金莲》编剧隆学义先生对此剧有两手非常高明的处理：一是不安排西门庆上场，只在关键时刻以硕大的影子在幕后穿过，自始至终主宰着场上的一切。二是潘金莲的上场，特意安排在武松遇大赦回乡替兄报仇之际。达摩克利斯之剑高悬于顶，金莲的一切行动便始终笼罩在死亡的巨大阴影之下。于是，贯穿全剧的便是她的千方百计因"畏惧"而"求活"到走投无路"绝望"以"求死"的心灵自戕、灵魂自赎的过程。这种从中间写起的结构安排，避开了初进西门府时的卖弄风骚，狐媚惑主等闲笔、赘笔、秽墨，直奔主题——写人物内心斗争，写人物命运交集，写走向大悲剧的结局。

顺便说一句，原著中淫秽至极的葡萄架之戏，汉剧《金莲》里也化作了金莲听武松复仇归来，于极度惊悚中甘受非人摧残、甘毁女人命根以求庇护的不得已。春梅告诉她：那是要断子绝孙的！金莲自嘲：命都要没了，哪管什么断子绝孙！文章反向而做，隆先生别出心裁地打了一手倒勾拳。

剧作对武松的处理也颇具匠心，避开了复仇英雄正义化身的简单化符号，还原为一个有血有肉的人，一个也会怜悯也会心动的男人，一个为封建伦常禁锢了心灵左右着行动的人。"英雄救美"的种种曲折纠葛是全剧既有深度又富特色的精彩篇章。

潘金莲把脱离武大、摆脱凌辱、获得今生幸福的希望完全寄托于打虎英雄武松。她陈述悲惨身世屈辱悲情，馈送精心缝制的信物三寸金莲鞋儿"求英雄相助，给我重生，远走他乡""执子之手，白头偕老"！期盼着"在这风雪之夜，谱一曲英雄救美"的欢歌！这番陈情不能不让武松怦然心动，对嫂嫂的遭遇顿生同情。然而伦理纲常、社会舆论却难以突破，他绝不可能走出携嫂私奔这一步！他斥退了她送上的隐私亵物，并郑重告知："重礼法重操守名节可贵。"金莲却揭他疮疤："怕名亏怕节亏不怕心亏？"武松只得悲叹："男儿立世求功名，这普天之下哪有救美的英雄啊？"金莲也终于明白了："英雄只遮自家丑，英雄只顾去己忧，英雄只重功名利禄一并收！"她深知从今以后，金莲她"恶名丑德薄命休"；她自嘲"休笑我金莲戏叔三盏酒，成全你千年万代、万代千年美名留"！一个自收"丑德恶名"，一个成全你"千秋美名"，这有着多少讽刺意味！这也无异乎给武松的心灵抽上了几鞭子！

从同类题材历来的调戏勾引、色诱风流，到如今的陈述悲情、乞求垂爱，再到蒙羞绝望、无奈自嘲，汉剧《金莲》做了一篇推陈翻新的好文章。

特别是临死之际，叔嫂见面，金莲毫不留情地刺透了何为"英雄"的本质。她冷哼："打虎称英雄，复仇显英雄，守道装英雄，伦常扮英雄。英雄不饮残酒，英雄刀要全尸！"这番对英雄的"拷问"，可谓一矢中的，一针见血。英雄，可怜的"英雄"，在封建伦理束缚及功名利禄诱迫下也异化了！

这是否是对武松英雄形象的误读和贬损？当然不是。按《金莲》设计的情节，作者只是顺理成章地透过表象看内涵，做了更深入、更确切、更本质的剖析罢了。而武松的这一切作为，又是完全可以理解的。"不饮残酒"和"刀要全尸"是在两种截然不同的情境之下。金莲是作为被侮辱、被欺凌、被损害的不幸女性，其身世、其处境、其遭遇都有令人同情的一面；武松作为一条汉子，面对悲悴美艳的嫂嫂不觉"情动于中"，非常自然。尽管"知嫂苦知嫂痛知嫂心碎"，但他至多也只能"某劝嫂善待兄来世相会……"，许以"来世"是他能够承诺的最高限度了。所谓"刀要全尸"，则是遇赦归来叔嫂见面之际，金莲身上已发生质的变化——从奴才变作了主子，成了西门府呼奴使婢的姨太太。由渴望过平常生活的女性，变作毒死亲夫、害死婴儿的罪人。武松的复仇则具有行为的正义性和不可逆性——"刀要全尸"也就成为必然。

前文已经谈到大幕拉开，武松已从放逐地获释归来，复仇的钢刀早就高悬于金莲头上。她也分明知道，血债血偿的一天就在眼前。剧情便在她的惶惶不可终日的阴影中推进了，她也在炼狱鬼火的熬煎中经历着恐惧、自谴、求生、迎死的灵魂自赎的曲折过程。叔嫂的最后见面，剧作还有重要的一笔，金莲是抱着"心早已焚，但求一死"的心态，一求死在英雄刀下，谢罪自赎；二求"愿如叔叔所言，来生相许"。然而这最后一点渺茫的希冀也被武松粉碎了："岂是来生，纵是千年万载轮回，我与你烧的也是断头香！"金莲至此算是彻底绝望了："六儿今生不匹，来生不配，世世代代绝缘了！"她悲愤至极，"借你钢刀锋利处，灵魂上告到天都"！随后扑向钢刀，香消玉殒……

"百般武艺"和"飞跃攀升"

如实说，推出《金莲》是一场挑战；饰演金莲，又何尝不是一次机遇！仙花抓住了，迎接了。她使出浑身解数，调动百般手段，拼搏、奋进、孜孜不倦、生生不息。她付出了超乎想象的艰辛，也收获了难能可贵的成功。她实现了艺术征程上的一次新的飞跃，一次攀升。

我看过仙花主演的多个剧目，欣赏过她饰演的多个角色。这次有缘在广州、梅州两度现场观赏《金莲》，品味她扮演的潘金莲。说真的，乍看之际，不觉眼前一亮，恍然有一种发现的兴奋和惊喜，感觉熟悉，却又透着陌生，是她，却又超越既往的她。她焕发了艺术生命的第二青春？

论演唱，熟悉仙花的人都有同感，她嗓音更亮了，唱得更好了，也更会用嗓子了。低吟处，浑厚婉转；中音区，珠圆玉润；高歌时，响遏行云。有论者说她嗓子干净漂亮，把汉剧唱腔演绎得炉火纯青，与京剧技法巧妙结合，将昆曲神韵有机融入。这方面还有待行家论判。我只想说，听仙花的演唱是一种美好的艺术享受。比如《金莲》结尾处的大段唱词，四问英雄，三问苍天，三十六句，一气呵成，愤懑之情，如火喷发！唱完最后的人生慨叹："早知女人千般苦，愿作鱼虫花草木！早知女人万般辱，愿变壮士大丈夫！"她饮刀而亡，临死还忘不了说："谢叔叔，英雄救美了！"

是的，在"英雄"武二的钢刀下，她以卑贱的生命赎罪了，她以残生偿还血债了，她的内心终于得到安宁，灵魂找到归宿了……一句话：她获"救"了，她实现涅槃了！

编剧隆学义说，他是把汉剧《金莲》作为川剧《金子》的姊妹篇来打造的。一个川妹子沈铁梅——《金子》中的金子；一个客家妹李仙花——《金莲》中的金莲，一西一东，一北一南，两姐妹同时成功地塑造了两个旧时代的女性，我看有一比，也有一拼呢。

话再说回来，李仙花不仅是汉剧传承人、头牌领军，也是广东省演艺界的翘楚，广东省里第一个"二度梅"得主。几十年来，她始终坚守和活跃在舞台上，实属难能可贵！如果硬要概括仙花的表演特色，我倒以为，如果说她在《白门柳》柳如是身上展示的主要是书卷气的话，那么在《金莲》的潘金莲身上，人们不难感到那集于一身的娇气、媚气、英气、帅气、豪气、霸气。稔熟而完美的手眼身法步，唱念做打舞，再配之以内在气蕴，完全提升到了一个新的境界，真的是想不出色都不行！

对于攀登者而言，哲人说，无限风光在险峰。攀登，正是贵在涉险而上，蹈险而进，勇攀宝顶。祝愿仙花登上险峰，尽览那无限风光！

2013 年 3 月 17 日
（原载《中国戏剧》2013 年第 6 期）

本文亦论辩之作，以正面肯定性的阐释出之。期盼引起回应，以求深入探索之果。

——笔者

《二泉映月》是失恋奏鸣曲吗

——看锡剧《二泉映月·随心曲》求解惑

2013年11月,在苏州第十三届中国戏剧节上,我看了无锡市锡剧院创演的《二泉映月·随心曲》(编剧:郑怀兴,导演:张曼君)。节罄,获知被评为优秀剧目,排序第五,随即又读到行内重量级报刊推出的重头文章,皆颂歌声声,其势磅礴。然而从看戏现场直到如今,始终有个疑问萦于脑际,久挥不去。享誉世界的华人经典名曲《二泉映月》是瞎子阿炳的失恋奏鸣曲吗?抑或失恋悲鸣曲、失恋呐喊曲、失恋狂想曲?不惴愚笨,信笔捧出,祈求释疑解惑也。

一

大报重头文章告诉我们,这出戏"荣获国家级大奖"(按:科技方面确有国家级大奖,由党和国家领导人亲自颁发,如袁隆平已连获两届。但文学艺术类尚无。"面向全国"属性和"国家级"档次是两个完全不同的概念,不应混淆),有"四好":"好本子,好导演,好演员,共同打造出一台好戏"。再加一"好":"获得叫好声一片"。

就我的实际感受而言,戏的的确确有两"好"——好音乐、好演员,货真价实、准斤足两。说音乐,首先是阿炳的《二泉映月》乐曲好,一听那感人肺腑的旋律,谁不为之倾倒!其次是锡剧作曲好,绿叶衬红花、和谐雅致、相得益彰,惜乎优秀音乐奖榜上无名。说演员,小王彬彬、小小王彬彬父子同台领衔主演,锡剧院精英倾情帮扶,构成了锡剧舞台一道盛景。演出现场,为音乐感染，被演员征服，确乎是叫好声一片。

然而要说好本子、好导演，却委实不敢苟同。先说本子。戏写的既然是瞎子阿炳和他的椎心泣血之作《二泉映月》，就理应对阿炳其人其曲先有个基本的认知和定位。然而正是在这个基础性问题上，剧作家郑怀兴玩了点颠覆式的"跳跃"。有作者著文称颂："难道《二泉映月》这首中国音乐的不朽之作仅仅是描述了瞎子心中记忆的无锡美景吗？或者是倾述了阿炳个人的不幸人生吗？剧作家郑怀兴怀疑了前人的解释。"的确，剧作家质疑并颠覆了前人的解释！文章说："他以一个剧作家的心灵走进了瞎子阿炳这位流浪音乐家的心灵世界。"收获何在？"他碰触到了一个痛苦的灵魂，他也看到了照亮这个灵魂的一轮明月，是这轮明月使黑暗中的瞎子阿炳成为非凡的音乐家阿炳。这轮明月是阿炳的月亮，阿炳看不见天上的月亮，阿炳可以看见心中的月亮。"

这堆颇有些绕口的话，说白了，无非两层意思：一是《二泉映月》既非描述阿炳心中的家乡美景，也不仅倾述他个人的不幸人生，一如此前人们的理解和认定。二是"一轮明月"照亮了他的灵魂，使之成为"非凡的音乐家"。——明月者何？作家精心设计、倾心虚构的富家小姐"月儿"，秦府大小姐秦月也！是她和穷困小道士的恋情，"照亮"并"成就"了伟大民间音乐家阿炳。落实在剧作里，便是全剧"是以阿炳的爱情作为戏剧框架和戏剧核心的"！作者在文章中特别强调，这是为"郑怀兴的《二泉映月》"，而非其他。

对乐曲有不同的感受、联想，作不同的诠释、论证，原本自然自在，他人无须置喙。然而搬演出来，诱导相认相从，再以拿奖辅之，人们自然可以对这种诠释说三道四，或者欢呼雀跃称颂之，抑或大摇其头唱衰之。以我个人的感受而言，郑版《二泉映月》隆重推出的这两点，都甚觉摇摇晃晃，根基不牢。或者说在我的下意识里，感觉多多少少是有些近乎自恋的自言自语。

先说其一，阿炳的身世。1950年夏，中央音乐学院杨荫浏、曹安和教授专程赴无锡为阿炳录下了《二泉映月》等三首乐曲；9月，学院民乐系拟聘他入院任教，但阿炳已病入膏肓，无力应聘；12月4日，与世长辞，终年57岁。此后的半个多世纪里，通过同时代邻里乡亲的回忆，媒体和相关部门的归纳整理，阿炳的身世早已公之于世，尽为人知。

阿炳是私生子，1893年8月17日出生于无锡雷尊殿旁的"一和山庄"。父亲华清和为雷尊殿当家道士。母亲秦氏出身农家，曾嫁秦姓，婚后不久守寡，与华清和的私通育子遭族人唾骂，一年后抑郁而死。阿炳一出生便被父亲送至无锡县东亭镇小泗房巷老家，托族人抚养。8岁后带回道观，取名华彦钧，小名阿炳。

阿炳极具音乐天赋，10岁时随父练敲石击鼓而成为出色的司鼓手；12岁时学吹笛子、拉二胡；17岁时，正式参加道教音乐演奏，迈上了他的音乐人生之路。1914年，阿炳21岁时，父亲去世。他子继父业，成为雷尊殿的当家道士，以香火收入为生。因经营不善，又染上嫖、赌、吸毒等恶习，日渐困顿。34岁那年，双目失明，只得流落街头，以卖艺为生。40岁时，与寡妇董彩娣同居，相伴终生。阿炳死后次年，董也病故。《二泉映月》就是阿炳失明后所作。据邻居们回忆，他卖艺终日仍不得温饱，深夜回小巷之际常自拉此曲，凄切哀婉，极为动人。阿炳称之为"自来腔"，邻居们则叫它"依心曲"。

笔者不厌其烦地引出这些，无非是提供作曲家所处的黑暗时代和他痛苦人生经历的背景，提供一个认识理解《二泉映月》的入口。硬说乐曲和他不幸人生无关？我国著名的作曲家、音乐教育家贺绿汀先生早就说过："《二泉映月》这个风雅的名字，其实与他的音乐是矛盾的。与其说音乐描写了二泉映月的风景，不如说是深刻地抒发了瞎子阿炳自己的痛苦身世。"是啊，听谁的好？我看与其听那些"随心"臆断，我宁愿相信真正懂得音乐的专家学者贺绿汀教授！

总之，在我看来，《二泉映月》既是阿炳对故乡美景的挚爱和抒发，更是他痛苦人生的呐喊和抗争，也包含着对未来卑微的希冀和诗化的向往！就算否定它，至少不应该视为失恋后的悲鸣或哀号吧！

二

其二，再说照亮阿炳灵魂的那轮"明月"——富家小姐秦月儿。

遍查资料，硬是不曾找见少年阿炳——这位居于社会底层的贫贱小道士，与任何一位富家小姐的浪漫恋爱史实记载。当面打听了一下，剧作家声称，秦月儿其人，是他虚构和创造的。是啊，皮之不存，毛将焉附？其人既无，和阿炳的恋爱追逐，自属子虚乌有。引申下去，这轮"明月"照亮阿炳的灵魂，成就阿炳成为伟大的音乐家⋯⋯就更是"随心曲"一厢情愿地"随心"所欲发挥和奉献了。呜呼，如此这般，我也就只能诚惶诚恐地三缄其口了！

然而积习使我还是忍不住想发出点不协和之音。剧作告诉我们：不只少年阿炳有这份艳遇，他的老爹道士华清和竟也相同！秦府富孀、月儿小姐的婶母和华清和私通，产下的阿炳，即两代底层贱民——道士，和两代富家女子——婶侄相恋，构筑了这部独创性作品，进而解释了伟大乐曲《二泉映月》的诞生。

这番编造很"独创""独特"，"出新""出彩"吗？……摸脑袋想想，倒觉得似曾相识、司空见惯、中外皆有、不足为奇似的。

说个不客气的话，这番"翻新"给我的总体印象是：把一个严肃的题材化作了变相的"才子佳人"滥调，"小姐与贫儿"的俗套，"王子与贫女"的反向翻版。

远观西方文坛，"灰姑娘"被高贵的王子钟爱，高贵者和低贱者的传奇恋情几乎成了个"筐"，装进了一大堆相似的类型化作品。即如人们熟知的艺术珍品《简·爱》也未能脱此窠臼，写的就是大庄园主、贵族罗彻斯特与他的家庭女教师、孤儿学校出身的平民女子简·爱凄美的爱情故事。社会地位的反差让他们的爱情经受了生生死死的无尽折磨，也生发了动人心魄的曲折婉转的感人情节。

近观中国文苑，"小姐赠金后花园，落难公子中状元"之类的故事早就司空见惯，举不胜举。说一个如今舞台上常青的当代作品《雷雨》吧！周公馆老爷周朴园和侍女鲁侍萍"私通"，产下"非婚生子"大少爷周萍；大少爷周萍又爱上了女仆、同母异父的妹妹四凤，出轨乱伦，还暗结珠胎。谜底揭开，终成大悲剧。《二泉映月·随心曲》不也是上一辈秦府少奶奶和道士华清和"私通"，产下"私生子"阿炳，阿炳又爱上了秦府大小姐月儿……从总体戏剧构思看，两代人的畸形恋，何其相似乃尔！只不过尊卑贵贱者的性别颠倒就是了。有趣的是，获知这完全不可能的恋情之时，卑贱一方的两个家长（阿炳父亲华清和及四凤之母鲁侍萍），阻止训诫的手法、话语，甚至场景、配搭，几乎一模一样，试摘几句：

《二泉映月·随心曲》第一场，雷尊殿
华清和（唱）：你姆妈冤死十八年，秦家就是阎罗殿。不许你去
　　　　　　　见秦家女，快斩断丝萝（天上起雷声）——你，
　　　　　　　你对着雷声盟誓言！
　　（白）儿啊，我们穷道士，历来被权势人家看作下等人，

强攀富贵，定要招灾惹祸。你说，你再也不见秦家人！你说！

阿炳（强忍）：儿再也不见秦家人……

华清和（再逼问）：你要是再见秦家人呢？你说，你快说！

阿炳（爆发）：那就——让儿遭天谴！（一声炸雷传开来）

《雷雨》第三幕，鲁贵家

鲁妈：你听，外面打着雷，我的女儿不能再骗我了！我太不相信世界上的人了，人们的心都靠不住……我们明天就走，永远不回这儿了。凤儿，我要你永远不见周家的人！

四凤：好，妈。

鲁妈：不，要起誓！跪下说！

四凤：妈，我答应您，以后永远不见周家的人。（雷声轰地滚过去）

鲁妈：孩子，天上在打雷，你要忘了妈的话呢？

四凤（畏怯地）：我不会，不会的。

鲁妈：你要说，你要说，假如你忘了妈的话……

四凤（不顾一切地）：那，……那天上的雷劈了我！

（哭出声）（雷声轰地滚过去）

如此这般相似，当然不会是70多年前曹禺大师穿越之后模仿当今。而其间的文野高下却异常分明。拿大自然的"雷"和"雨"说事，在曹禺笔下是介入矛盾进程的有机构成，堪称传神笔墨；在《二泉映月·随心曲》里，则最多算个招之即来的客串，可有可无的味调。

三

说两句导演。对新世纪杰出导演张曼君，我是钦佩不已的。《中国戏剧》杂志召开她的导演艺术研讨会，我恭逢盛事，狠唱了一番赞歌。2013年10月，在文化部举办的第十届艺术节上，她执导的秦腔《花儿声声》位列文华大奖戏曲类榜首,她也荣获"文华导演奖",排名首席。为家乡导排的赣南采茶音乐剧《八子参军》,在第十届艺术节上也名列前茅。戏曲表现现代战争,原本难度极大,但她开合自如,新颖流畅,其导演手法令观者交口称赞,扼腕称奇。

然而如今这出《二泉映月·随心曲》却不尽如人意,问题在于她调动一切艺术手段,多彩多姿更有声有色地烘托出的是一个扭曲的主题,即《二泉映月》无非是瞎子阿炳的失恋奏鸣曲!

导演借助《二泉映月》乐曲掀了两次高潮。第一次是阿炳与秦月儿的恋情暴露后,秦府硬将秦月儿送出求学,对外则号称出嫁。无情棒打散鸳鸯!背景是花轿抬走新娘秦月儿,二泉亭边则是阿炳痛心疾首地扔掉胡琴,随貌似月儿的娼妓花儿,奔花街柳巷沉沦堕落而去……此刻,乐队奏出了《二泉映月》的初始音声。导演趁机调动起声光电等现代科技手段,发挥乐队潜能,多方配合,把剧场气氛推向了高潮,形象地诠解了阿炳失恋后,心上自然地涌出了以后雄踞民族乐曲塔尖的旋律。当然,这还只是雏形,但已经为伟大乐曲做好了铺垫。

第二次高潮在二三十年后,瞎子阿炳极端穷困潦倒,与寡妇董彩娣相濡以沫、苟延残喘之际,秦月儿这位富家女(未嫁小姐?已婚贵妇?剧作此处卖空)找来了,她"北上求学已多年,不觉鬓边白发添",尽管"与阿炳缘分虽断情未断",但"踏破铁鞋寻到此,一场空喜倍伤情","看眼前,似梦似真,剥去时光,抖落风尘,犹是当年意中人"!她来续旧情、再会意中人来了,却遭遇了这番尴尬。而气息奄奄的阿炳也是一往情深,日日思念,夜里抱着彩娣入眠、梦中却呼喊"月儿",只因"她是我天上的月,她是我琴中的魂,她是我追寻的梦,她是我意中的人"!现实是冷酷无情的,秦月儿无法续旧圆梦,怏怏地离去了……而在导演的巧手指挥下,《二泉映月》的乐曲也最终得以完成。阿炳挣扎着奋起操琴,拉得如醉如痴,由台后推向舞台前端;乐队则全体起立,奏得如火如荼,由幕后走向幕前,乐曲也由二胡独奏曲铺张成了宏大的二胡协奏曲。全剧轰轰烈烈地推向了高潮!

单就导演的手法技巧论,无疑是十分出色的,只可惜它附着于一个不那么靠得住的题旨。这是个悖论,题旨失当,诠释得越精彩,越是帮倒忙!也许成熟的导演在接过执导的本子后,需要认真地掂量掂量其间的得与失。

四

还想啰唆几句。鄙以为，对待民族文化的经典，要以"高山仰止"的心情，怀抱敬而且畏的态度，慎之又慎，万万不可轻浮。让那些扭曲的舶来品"解构""颠覆"之类的玩意儿见鬼去吧！

我崇敬日本籍音乐家小泽征尔这位享誉世界乐坛的大指挥家，1978 年应邀担任我国中央乐团的首席指挥期间，他指挥演奏了勃拉姆斯的《第二交响曲》和根据阿炳原曲改编的弦乐合奏《二泉映月》。演奏完的第二天，他来到中央音乐学院，专门聆听了该院 17 岁女生姜建华用二胡演奏的原曲《二泉映月》。他听完，感动得热泪盈眶，呢喃地说："如果我听了这次演奏，我昨天绝对不敢指挥这个曲目，因为我没有理解这首音乐，因此我没有资格指挥这个曲目……这种音乐只应跪下来听！"说着，他果真就要跪下来。他还说："断肠之感这句话太合适了。"同年 9 月 7 日，日本《朝日新闻》刊登了发自北京的专文《小泽先生感动的泪》，记述此事。顺便找补一句，不仅如此，1985 年，此曲在美国被灌成唱片，并在流行全美的 11 首中国乐曲中名列榜首！

"只应跪下来听！"这是一位严肃的大音乐家诚挚的心声，敬畏之情，溢于言表。作为华夏子孙，阿炳的骨肉同胞，我们是否应该向小泽先生学习，向他致敬呢？

2014 年 2 月 14 日
（原载《中国文化报》2014 年 3 月 6 日）

这是一篇秉笔直言的文章。作为中国戏剧节评论组评委，看了现场演出，在评议会上作了点评式发言，上述观点全部和盘托出。

文章引起了争鸣。《中国戏剧》原副主编安志强先生于《中国戏剧》2014 年第 5 期发表了《没闹明白》一文提出质疑。我应对写了《几点简复》，发表于《中国戏剧》2014 年第 7 期，并选录于后。

——笔者

几点简复
——读《没闹明白》文致《中国戏剧》编辑部

近读贵刊2014年第5期所载安志强先生著《没闹明白——读〈二泉映月〉或为失恋奏鸣曲》一文及"编后语",甚受教益,特别是编者声言:"文艺批评是促进艺术健康发展的动力。一个时期以来,文艺评论比较沉寂,业内关注度不高。戏剧评论呼唤具有理论高度的真知灼见,需要具有艺术深度的超功利诤言,企盼温馨善意的评头品足。""'双百'方针的百家争鸣需要大家的共同努力。对一部戏,不同角度的批评、赏析,往往互相丰富,互为补充。"对此,本人深表赞同。

安志强先生的文章是针对笔者批评锡剧《二泉映月·随心曲》的文章而发,文中提供了我未曾接触到的《苏州杂志》刊登的《陆文夫一生的"阿炳情结"》一文所记载的阿炳痛苦、卑贱、沦落身世的一些情况,印证和助推了我的判断,甚为感谢。不过,文中有关阿炳1950年死于新中国成立初期,因他烟瘾发作、借贷无门而上吊自裁,以及《二泉映月》并非阿炳所作,而是源于风月场中《知心客》等,尚属一家之言,离现今公认说法甚远,不敢擅自采信,希谅。

至于文章的一些论断和质疑,我也有相似的"没闹明白"之处,和盘托出,就请教于安公及界内外朋友。

其一 "或为"的误读

安文引述我的文章，大标题就欠准确。拙文刊于《中国文化报》2014年3月6日第3版，题为《〈二泉映月〉是失恋奏鸣曲吗》，副题为《看锡剧〈二泉映月·随心曲〉求解惑》，不是安文引作论辩对象的《〈二泉映月〉或为失恋奏鸣曲》，标题中并无"或为"字样。安文在"或为"二字上做了大段"有点绕"的文章，意在揭示拙文的"自相矛盾"，导致"没闹明白"。前提有误，难于答对，我只好抱歉了。

但我还是要说，笔者质疑的是瞎子阿炳的《二泉映月》是他和富家小姐恋爱不成而创作的"失恋奏鸣曲"，抑或"失恋悲鸣曲""失恋呐喊曲""失恋狂想曲"吗？文章不赞同对锡剧《二泉映月·随心曲》所作的认定和处理，理由详见文章的论述。

顺便提一句，我曾当面请教过剧作家：剧作如此这般设定是依据阿炳的亲身经历？有新发现的史料佐证？……答复是：此乃他的"虚构"和"创造"。于是引发了我对这种名曰"创造"实为"落套"的议论，见本人"求解惑"原文。

其二 虚拟的"雷区"

安志强先生文章中有一段画龙点睛式的话，非常重要。在谈及陆文夫生前未曾了结书写阿炳的心愿后说："如今，郑怀兴、张曼君等走进了了解、理解《二泉映月》的入口处，不知深浅但又小心翼翼地触摸了一下阿炳的情感世界，不承想踩了地雷，我真有点替他们担心。"

文章的指向很清楚，原本和谐业界一派颂歌，偏偏冒出了康某文章的不谐和音，而且竟然还是埋下了"地雷"的"雷区"！这就颇有些吓人了。须知踩上了地雷，不说危及生命，至少皮开肉绽，这个玩笑是不好开的！

对此，本人要先做一番声明，再就剧作"触摸"的阿炳的"情感世界"做些解析。

本人郑重声明：文章完全出于个人意愿，出自本人的艺术良心和不吐不安的个性积习。基于文艺批评的"沉寂"（一如《中国戏剧》编者所言），想说些真心话、心里话，发出点尽管有些另类却真挚坦诚的声音参与艺术评论，并没有什么"背景"和"来头",绝非来自外界授意,更不是什么"大批判"的前奏,一个文化界的区区八旬退休老汉没那么大的能量,而且文章所论完全在艺术范畴,并未涉及政治,绝无"上纲""上线"之嫌。"地雷"云云,实属虚拟,本人愧不敢当。

要说"担心",笔者却委实有些担心:此举得罪了诸多方面,许多还是老朋友,不说别的,就是"从此翻脸不理我",也将"不知何故兮使我心惊"(借用鲁迅先生两句打油诗戏言)!而且似已初现端倪,但愿纯属杞忧。说实在话,我也问自己:图个什么呢?唱唱颂歌,惠风和畅,皆大欢喜;唱了衰调,说说批评话,只落得开罪朋辈,自讨没趣。当今的行情是一个剧本,报酬被抬高到五十万元;一篇五六千字的评论文章,稿酬五六百元,不过千分之一。据说拙文在中国文化报社内部被评为优稿,约稿编辑得奖金五百元。五十万元、五六百元、五百元,比比这几个数字,哪里讨说法去?在赵公元帅升帐挂帅的背景下,写评论便是十足的呆、迂、傻,再去得罪人,就更加"等而下之"了。不过,本人倒委实没顾上计较这些,从来没想靠(也没法靠)写评论文章发财。图什么?图一个对得起自个儿的艺术良心,图个自己心安就是了。要怨只怨自家太不懂人情世故而已。曹雪芹大师有云:"世事洞明皆学问,人情练达即文章。"需要学的多着呢。

还想说明一点,对《二泉映月·随心曲》的这些看法,早在2013年11月第十三届中国戏剧节举办期间,本人第一次接触这出戏之际,就在点评会上公开说过,坦诚托出,毫无保留。记得当时还有别的专家朋友持相同的观点,也在会上作了评说。之后,我写成文章,观点丝毫未增添,只是论述详尽些就是了。说出这一点,也是想从另一侧面表明并无"地雷"的埋伏。

谈到郑怀兴版《二泉映月·随心曲》如何"触摸""阿炳的情感世界",还真是有些话想说。这个所谓的"触摸",说白了,就是贯穿全剧、着力渲染的贫贱道士阿炳和富家小姐秦月儿的爱情。从青年阿炳和情窦初开的月儿在二泉亭边的相互仰慕、卿卿我我,到秦府豪华墓地的倾吐衷情、私订终身,到企图相携私奔、未能成行,再到月儿被逼北上、棒打鸳鸯……剧作真个不惜笔墨、淋漓酣畅、尽情挥洒,下大决心"把爱情进行到底"!

其间有两个情节值得特别关注。一个是豪门家主逼迫月儿离家北上,谎称出嫁,毅然斩断情丝,扼杀这场雏恋和初恋。阿炳伫立在往昔相聚的二泉亭边,眼前闪现出月儿被花轿抬走的幻境，悲恸至极，朦胧中见到有些貌似月儿的娼妓花儿，口中呼喊着"月儿"，跟跟跄跄地跟随花儿奔妓院而去了……此后沉沦、堕落、吸毒、嫖娼，染上梅毒，瞎了双眼，流落街头，卖艺糊口，走上了人生不归之路。原来是失恋导致了阿炳的沦落啊！

另一个重要情节是20年后，瞎子阿炳极其穷困潦倒，与寡妇董彩娣姘居，相濡以沫、苟延残喘之际，秦月儿这位富人（是已嫁富婆或依旧是闺中小姐？未详）专门寻找来了。剧作告诉我们：她"踏破铁鞋寻到此"，只为"与阿炳缘分虽断情未断"，她"剥去时光，抖落风尘""看眼前，犹是当年意中人"！她真个是追寻意中人来了，为的叙旧情，续前缘？……这情，何其深邃；这爱，何其沉重！但终归于无果离去（按：是董彩娣伴随阿炳走完人生旅程，这个历史真实无法改变）。与其心心相印的瞎子阿炳高调喊出："她是我天上的月，她是我琴中的魂，她是我追寻的梦，她是我意中的人！"于是，在月光的辉映下，在恋情的失落中，《二泉映月》这曲旷世奇珍诞生了。

就这样，"触摸"阿炳"情感世界"的结果是剧作者给我们制造了一段传奇。小道士阿炳在和秦府小姐月儿这场"贫富恋"的失恋中，既收获了吸毒嫖娼、瞎眼卖艺的沦落，又创作出了《二泉映月》这首传世名曲。

可信吗？我是不大敢信。如拙文"求解惑"所言，我宁愿相信贺绿汀先生的话："《二泉映月》这个风雅的名字，其实与他的音乐是矛盾的。与其说音乐描写了二泉映月的风景，不如说是深刻地抒发了瞎子阿炳自己的痛苦身世。"敬请关注它是"深刻地抒发"，是"痛苦身世"！

鄙以为，贺教授是真正的专家，他的判断是值得信赖的。

其三 "叫好"和"唱衰"

我对郑氏《二泉映月·随心曲》舞台版的多个构成部分的确态度有别，对音乐和表演，高声叫好；对剧本和导演，则有所批评。

就编剧来说，我不认可居于社会底层的两代贫困低贱的道士（华清和及其私生子阿炳）与两代富家女性（秦府富孀及其侄女秦月儿小姐）的畸形恋的虚幻，不赞同《二泉映月》为瞎子阿炳的失恋奏鸣或倾诉。在我看来，编者的这番"虚构"和"创新"，只是"把一个严肃的题材，化作了变相的'才子佳人'

滥调，'小姐与贫儿'的俗套，'王子与贫女'的反向翻版"（见笔者《〈二泉映月〉是失恋奏鸣曲吗》一文）。对该剧的导演，我的感觉是"不尽如人意"。问题在于"她调动一切艺术手段，多姿多彩更有声有色地烘托出的是一个扭曲的主题即《二泉映月》无非是瞎子阿炳的失恋奏鸣曲"。

对音乐和表演，我加入了"叫好"的行列，"演出现场，为音乐感染，被演员征服，确乎是叫好声一片"。

两两相较，似乎出现了明显的矛盾。特别是音乐和导演，同为剧本服务，一个认定成功，一个归于失败，岂不是构成一个悖论？我的回应是：看似矛盾，其并不矛盾。这和舞台艺术的特殊性及其内在规律相关。

搬上舞台的戏剧是综合艺术。由一度创作（剧本）和二度创作构成。二度创作又包含导演、音乐、舞美、表演等诸多要素。其间又可以区分为"可以分割使用"或"单独使用"，以及不能"分割使用"或"单独使用"两大类。剧本、音乐、舞美、表演等属于前者，导演大体归于后者。我国现今施行的《著作权法》对相关权益的归属和保护就有明确规定，如第十三条："合作作品可以分割使用的，作者对各自创作的部分可以单独享有著作权，但行使著作权时不得侵犯合作作品整体的著作权。"第十五条："电影作品以及类似摄制电影的方法创作的作品中的剧本、音乐等可以单独使用的作品的作者有权单独行使其著作权。"

拿戏剧剧目来说，剧本可以出版、改编，音乐可以展示、出版，舞美设计图也可单独出版、参展，演员更可以撷取单折或唱段演出……他们的著作权包括演员的表演权（作为邻接权），这些可以分割开单独使用的权益，都将受到保护。唯独导演，一个具体剧目的导演和剧本紧紧相连、断难分开。其著作权的保护也仅仅限于署名权，多个导演导出多个版本，也只能分别署名；再加上从文学本到舞台呈现所必需的修改权，等等。这些都无法"分割开来""单独使用"。举个实例：当年焦菊隐先生执导老舍名著《茶馆》时，就从舞台呈现的需要出发，对剧本作了重大修改（当然，征得了老舍先生首肯），从而成就了这部享誉中外的经典，是为编导精诚合作、优势互补的范例。然而就剧目论事，其间无论包含了多么高超精湛的导演艺术，也断难和剧本分割开来单独使用。这就是说，导演的成功与否不仅在于其手法、手段的运用，节奏、情绪的把握，演员才能、智慧的调动，舞台美术的设置及声光电等现代科技的协调，更在于剧本题旨的内在价值。编和导拴得死死的，可谓一损俱损，一荣俱荣，想不承认都不行。本人认为"成熟的导演，在接过执导的本子后，需要认真掂量其间的得与失"，正基于此，其他音乐、舞美、表演等，则要疏离得多。这就是我对编、音、导、演区别开来作不同评价的艺术特性的依据，是从源头上讨换来的依据。

具体到这个戏的音乐好，我的原话是："说音乐，首先是阿炳的《二泉映月》乐曲好，一听那感人肺腑的旋律，谁不为之倾倒！其次是锡剧作曲好，绿叶衬红花、和谐雅致、相得益彰。"敬请注意：笔者赞颂的首先是《二泉映月》乐曲的自身！我的的确确是为之倾倒！说点小插曲：最先接触这首乐曲是我合作码字 40 年的挚友、北大同窗李世凯推荐的。我们用"康凯""黎生""李康"以及"赵前""孙理""邹武""郑旺"等 20 多个笔名，写作发表了文艺评论、时政论说、青年读物、散文杂文等二三百万字。凯兄一生别无嗜好，就喜欢这首《二泉映月》，患癌症卧床，老领导徐惟诚专门送他一台随身听，一堆磁带，他是听着《二泉映月》离开这个世界的！距今 10 余年矣……说实话，在我的内心深处，真个容不得对这首民族经典的半点亵渎，哪怕不是存心！

话再说回来，《二泉映月》作为该剧的主导旋律，任务的最高点，戏剧进行中，锡剧作曲很好地把握了这根主轴，《二泉映月》的音乐元素不断出现，积累、凝聚、升华……终至完美呈现，这方面的确十分出色。我强调的"绿叶配红花""相得益彰""和谐雅致"，正是在这个意义上用的。

戏曲舞台还有个非常有趣的现象：剧作思想题旨方面哪怕存在这样那样的缺陷，音乐照样可以被认可，保留下来，流传开去。老年间的戏、传统剧目且不说，举个新戏豫剧《朝阳沟》。该剧自 1958 年在"大跃进"声中搬上舞台以来，半个多世纪中，连演不辍，到 2012 年获文化部"第二届优秀保留剧目大奖"时，已累计演出 5600 多场，为本届获奖剧目场次之冠。按说，就剧作的思想内容已经相当过时，但仍然受到热烈欢迎，到各地演出，场场爆满，还多次晋京奉献首都观众，反响强烈。个中的原因，除人物形象鲜活，语言生动，故事情节紧凑，充满机趣等之外，音乐好是极重要的一环。如银环的唱段："上山"："朝阳沟，好地方，名不虚传。""下山"："人也留来地也留。"栓保的唱段："我坚决在农村干它一百年！"教银环锄地的"前腿弓，后腿蹬"，以及栓保妈、二大娘、银环妈的三重唱："亲家母，你坐下，咱们说说知心话。"这些名段在各种晚会上经常上演。特别是河南省电视台的品牌栏目《梨园春》，业余选手们包括许多中小学生娃娃，更是拿这些唱段参赛、攻擂。影响之大，叹为观止！

举出这些也是为了说明戏曲剧目的音乐完全可以有它独立的价值。有时矛盾着，却又并不矛盾。

其四 一点希望

既然安志强先生的文章已经拉开了评论的帷幕，而且连本人原文的标题都搞错了，因而特别希望贵刊能将我的"求解惑"一文予以转载，以方便朋友们阅读、辨析，指谬、斧正，以助推讨论的深入。

我期盼受到更多的教益，圆我"老而学习之"并"学而时习之"的梦想。

2014 年 6 月 9 日

（原载《中国戏剧》2014 年第 7 期）

作为论辩的答复，本人是心平气和、有理讲理的。附上《中国戏剧》原主编姜志涛的来信，提供比照。惜乎，我的登载原批评文章的建议，未被现《中国戏剧》主编采纳，也就无从进而辩论了。

——笔者

附：姜志涛（《中国戏剧》杂志原主编）来信

式昭：

好不容易找到《中国文化报》，如饥似渴地读完您的大作，忍不住拍案叫绝，真过瘾，真给力。文章立论扎实，语言犀利老辣，让我折服。更令我钦佩的是您敢于说真话的勇气，评论界就需要您这样敢讲真话的斗士。

志涛

2014 年 3 月 31 日上午收到

"大"而"全"的负重跑
——新版昆剧《红楼梦》的一点观感

一

北昆隆重推出的新版《红楼梦》,在原产地北京无缘面睹——尽管身居北京,也曾多年混迹于京城文化圈里,高攀地自认为是他们的老朋友。真个得窥真容,却是在重庆中国戏剧节上。恭喜他们在那次盛会中获得了优秀节目奖。最近,中国戏曲学会又决定授予他们颇具权威性的学会奖,自然是喜上加喜。学会奖掖,资深专家们自有眼光,烛照戏剧文化圈。然而就我个人而言,回忆观赏时的感受,再看看光盘,联系起来想了想,还是觉得该剧既有优长,也有缺失;既有贡献,也有不足,可叫作得失参半吧。现在趁学会学术研讨之机,又必须写发言稿的严命之下,列点提纲式的文字,表述一点观感,说点也许是另类的想法,有无可取,后果如何,也顾不得许多了。

二

要说总的感受,大体是本文题目所列"'大'而'全'的负重跑"。但我极赞佩舞台呈现的大气、严谨,极赞赏对新人的培养、信赖、起用,"宝玉""黛玉"的饰演者翁佳慧、朱冰贞、邵天帅都是青春靓丽、唱演俱佳、刻画准确、很有光彩。一出戏能推出一两个青年才俊,是了不得的事情。再加上"梅花"魏春荣、王英会的加盟,可谓阵容整齐、美不胜收。对此我是击节叹服的,但对剧目却有所保留。

"保留"云云，首先文学本对名著《红楼梦》全景式的视角和展示在于"大"而"全"的豪迈和气魄，相应地给二度创作亦即舞台呈现带来了难题。

毋庸讳言，这个戏显示出了令同行钦慕的大手笔气概，无论编剧、导演，还是音乐、舞美，都汇聚了一批戏剧界、文学界当红的大家、名家，他们奋力地在追求着"大"而"全"的至高境界，殚精竭虑、匠心独运，尽显才华。但如实地说，我只能是道一声"辛苦"，再加一句："真真地难为你们了！"

三

这几乎是人们的共识：《红楼梦》堪称末期封建社会的百科全书。它树立了前无古人，我看也是后无来者的艺术丰碑！

这是史无前例的事实：一本书成就了一门学科——"红学"。中国艺术研究院就设有红楼梦研究所，而国内专门的红楼梦学刊据说不下四五种之多。今天吃《红楼梦》这碗饭的人，不说上万，怕也成千。而自它问世以来，后续者多有。20世纪六七十年代，在《红楼梦》要读五遍的号令下，我一遍又一遍地研读了，加上过去的，可能不下于五遍。同时借机浏览了能找到的十几种后续之作，诸如《后红楼梦》《续红楼梦》《红楼圆梦》《红楼惊梦》……大抵是狗尾续貂之类。可悲的是时至今日，这类活剧仍在搬演。

而改编《红楼梦》，将其搬上舞台，也为戏剧界有志之士多年来的共识，且成效卓著。不说早期的京剧、越剧，后来的黄梅戏、川剧，就是昆剧，在北方昆曲剧院就有20世纪60年代王昆仑先生编创的《晴雯》好评如潮、反响强烈，是为佳作上品。但有一点，就我的目力所及，这些改编自《红楼梦》的剧作几乎都是选取一个侧面，一两个人物为主线，深入开掘、尽情挥洒，进而成就了一出出好戏。宝黛爱情着笔最多，但元妃、王熙凤、尤二姐、尤三姐、晴雯、鸳鸯、英莲、司棋以至焦大等小说中较次要的人物也往往成为戏曲舞台上的主角。川剧名家徐棻的《红楼惊梦》写贾府的大厦将倾，人物一大群，就硬是没让小说中的两大主角宝玉、黛玉出场，这自然是剧作家的创作个性所致，而这又不能不涉及艺术的规律。

四

说起规律,自然规律是"一叶知秋",艺术规律叫作"以一当十""以少胜多"。你说"鸟鸣山幽",我说"一鸟不鸣山更幽"。齐白石画"十里蛙声",却不见一只蛙,只有清溪中的几只小蝌蚪,其手法绝对比牵上一匹真马上舞台高明得多。与之相通的是中国戏曲,讲究的是虚拟性、假定性,虚实相生、无中生有。马鞭一挥,马来了,绕台一周,千万里过去了……这些早已成为常识。就是说,跳千手观音,并不需要五百个演员,一千只手。报载,某大导执导的舞剧"千手观音",舞台上三百多演员,六七百只手,盛况空前、震撼眼球。我看是真真地可惜了,凑齐五百人,岂不展现了千手的奇观?行百步者半九十,惜乎!

回到《红楼梦》,企图"大"而"全",向来不讨巧。"大"则"大"矣,却无论如何"全"不了。要全景展示,不说一出两出,就是十出二十出,连台本戏,怕也完成不了。以《红楼梦》的博大精深,我不大看好全景展示,现在不行,将来也未必行。相反,认准了,选取一人一事,都可以编创成好戏。此前的经验早就证明了这一点,聪慧的剧作者不会不明白。这是戏剧创作的规律,几乎也是戏曲艺术的常识。

五

这就要说到二度创作遇到的挑战或曰难点了。导演是大家,能把散点般的事件流利地梳理使之顺畅下来,很不容易。但综观全剧,却不大找得到闪光点、爆发点,情的冲击点和美的感召点,只平平地讲完了故事。

要说舞美设计,更难为创作者了。据我所知,作者是舞美界的佼佼者,成就斐然。但按照剧作多画面、多场景、多格局、多语境的要求,委实是太过艰难了。作者设计的那套几乎是中性的框架回廊结构,加上大幕背景的变化,大体完成了繁多的需求。然而深究起来,事件内涵的大悲大喜,人物命运的大起大伏,个人心境的深沉悲苦,却难以形象地陪衬和添光增彩地展现。比如,我们难以看到元妃省亲的"鲜花着锦,烈火烹油"的盛况;黛玉葬花,看不到落红成阵、凄苦愁绝的境域;黛玉焚诗、宝玉哭灵,看不到痛彻心扉、呼天抢地的烘托；如此等等。

六

再说点相关的题外话。我深以为，当今存活的诸多剧种中，论文学性，首推昆剧；相应地，创作昆剧剧本，对文学性的要求也最高。我有不少剧作家朋友从事昆剧剧本的创作，我最敬佩的有两位，一位是福建的王仁杰先生，他将汤翁的《牡丹亭》全剧以多场连续演出样式推上了昆剧舞台，获得成功；另一位是京城的郭启宏先生，20世纪60年代担任北昆副院长期间，编写了反映伟大词人李煜身世的大悲剧《南唐遗事》，我迄今认为该剧是建院以来从《红霞》算起新创昆剧剧目的翘首！二位都是才华横溢、文采斐然的大家。2011年，我与仁杰兄偶遇，谈及何以未为昆剧改编全景式《红楼梦》，答曰"不敢"。近日见了启宏，说到何不捉刀于新版《红楼梦》的改编，也大摇其头。二位大家都表示了同一个观点：对于《红楼梦》这样的民族文化瑰宝，艺术创作的巅峰，要存敬畏之心。这我举双手赞成！

自然，对于一切戏剧创作都要审慎严谨，既讲究戏剧性，也力求文学性，这是毫无疑义的。

愿戏剧百花园枝繁叶茂，鲜花盛开！

2012年10月11日

附笔：小文写于未睹新改本之前，是一年前他们参加重庆承办的中国戏剧节时留下的印象。今天参加中国戏曲学会颁奖研讨会时，得到由北京文化艺术音像出版有限责任公司新出该剧的四张光盘，封底印有"曲牌修辞：周长赋"。原来他们请来文学功底厚实的高手对曲牌唱词从头做了加工修改。问问旁边看过新版的朋友，皆道修改力度大，改得不错。对该剧的文学性，自当刮目相看。对他们这种不惮修改加工的严肃追求，也深感敬佩！祈望近期抽空读碟再学之。但这似乎不大可能改变本文主旨所议"全景视角"及本人的一隅陋见，文章一仍旧貌，不恭了。

2012年11月21日再记

此文为参加该剧获中国戏曲学会奖颁奖研讨会而写，另类视角，批评性尽显。记者在报道中提了一下，文章未谋求发表。"言"已"发"，提请院里关注的初衷已达，任务完成，画句号。

——笔者

导演哪里去了？
——看台州乱弹《戚继光》后不吐不快的话

我去过两次台州，都和乱弹《戚继光》有关。

第一次是2014年8月，应团长尚文波之约，前去商讨剧本《戚继光》。这次有两大收获，其一，看到了一个"凤凰涅槃"似的"死而复生"且"生机勃勃"的古老戏曲剧团，打心底里感到喜不自禁。原来台州乱弹已有近400年的历史，作为浙江四大乱弹之一，是至今仍保有"乱弹"名号的唯一剧团（其他如绍兴乱弹已更名为"绍剧"等）。2006年，被国务院确定为首批国家级非物质文化遗产代表作项目。台州乱弹是现存中国戏曲中历史最悠久、演出形态最古老、表演艺术最具特色的剧种之一，堪称戏曲百花园中的"活化石"。但剧团命运欠佳，整整休克了30年！直到2005年，才在各方的强烈呼唤下，在市、区两级领导的支持下，新团获准出生，而身份是民营公助。

这就要说到现任团长尚文波了，这位成功的企业家、董事长热爱艺术，常登小品舞台，策划、导演各类晚会，还上过中央电视台荧屏。他自动地被"绑架"当上了乱弹团长，高高兴兴地拿出企业利润给乱弹艺术充血，促成了台州名片——乱弹新的崛起。短短几年，复排大戏15本，小戏20多出，其中台州乱弹经典折子戏《小宴》闪亮跃登央视2015年春晚。

了解到这些，如实说，我衷心敬佩台州乱弹人，敬佩尚团长，敬佩有眼光的台州现领导！

第二大收获是遇到了一个好剧本。台州乱弹的朋友们不满足于恢复老戏，为答谢戏迷，他们渴求编排新戏，再创辉煌。适逢2015年中国人民抗日战争暨世界反法西斯战争胜利70周年之际，他们便把目光定在抗倭名将戚继光身上。明末，民族英雄戚继光率领"戚家军"在浙江、福建、广东一带抗击倭寇12年，百战百胜、所向披靡。特别是台州抗倭，九战九捷，创造了几乎是"零伤亡"的奇迹。著名编剧姜朝皋出手不凡，硬是推出了又一佳作。简言之，剧作写透了戚继光的难处：既要抗击流窜骚扰的倭寇，更要对付腐朽透顶的当朝；既要对外，更要对内！夹缝中的抗倭，更彰显了戚继光的难能可贵。可以说，剧作塑造了一个集神勇、机智、爱兵、惠民、坚毅、抗腐于一身、可亲可信的民族英雄形象，感人至深、促人奋发。尤其在今天，有着更加强烈的现实意义，因而对剧作的舞台呈现抱有十分美好的期待。

第二次到台州是2015年7月上旬，和十来位北京同行去看《戚继光》的首演，并会同浙江省内专家进行研讨。突出的感受是：一则欣喜过望，一则深感遗憾。

高兴的是，这个平均年龄只有24岁的演员队伍十分出色，扮演戚继光的朱锋，饰演女一号沈海平的鲍陈热，饰演胡宗宪的叶省伟，都很有光彩。他们基本功扎实，唱念做打俱佳，是很可贵的好苗子。全台青春、靓丽、整齐、严谨，颇有大团气度。音乐唱腔设计极富特色，舞美、灯光等也都上佳。在此不一一列举。

基于剧作文本出色，加上前述二度创作的合力，剧作取得了相当的成功。《剧本》月刊在数十部有关纪念中国人民抗日战争暨世界反法西斯战争胜利70周年题材剧作中，通过精选，优先刊发了《戚继光》剧本。《光明日报》《文艺报》《中国艺术报》《中国文化报》《中国戏剧》等国家级重点报刊都相继载文评介，对编剧、主演及舞台美术等艺术创造的付出者和台州乱弹剧团给予了充分肯定，足可告慰台州乱弹人，以及各方的支持者。

但我还是要说，尽管剧目总体成绩显著，却也大有遗憾。遗憾何在？一句话：导演哪里去了？

先拿剧作说事：笔者在本文前边就剧作主创各方都做了相应的肯定，独独没谈导演。原因嘛，照北京老话，实在是有点"马尾穿豆腐——提不起来"。

说四点：其一，剧本的闪光点，舞台上只见流程，不见光彩。如剧作开场，戚继光从山东奉命到浙江抗倭前线，途中适逢倭寇来犯，官兵望风而逃，倭寇则大肆杀戮，两个小鬼子甚至拿孕妇腹中胎儿是男是女打赌，剖出龙凤胎，双赢！戚继光只带少数亲随赴任，愤而三箭射死三酋，与当地民间壮士一起驱杀倭寇。溃逃的官兵返回，却砍杀无辜百姓之头充当倭寇首级冒功。戚继光愤怒至极，立斩了败类，却因此开罪于钦差大臣赵文华，以致埋下隐患。短短的一折开场戏，鬼子的残暴，官兵的无能和军纪败坏，官场的腐朽，戚继光的神勇，未卜的命运等跃然纸上，委实是难得一见的"凤头"：情节紧凑、冲突尖锐、形象鲜明、信息量大，这些年来，我看过不下好几百出新编、改编剧目，如此精彩的开头确属仅见。但导演对此处理草率，匆匆带过，走了个过场，读文本时那种震撼力跑没影了。

又如，编者虚构的戚继光的"红颜知己"沈海平是极重要的一笔。她为了使遭受排挤被冷落囤田的戚继光能够走上战场，用心良苦地将祖传珍贵字画以戚继光的名义托人赠送给浙直总督胡宗宪，而胡宗宪也出于同样目的将字画转献给手握重权、坐镇东南的钦差赵文华，换取了戚继光领兵建军抗倭的权力。然而不屑于官场潜规则、刚正不阿的戚将军却认为贬损了他的人格，把沈海平痛责了一番。这是戏，是人格闪光的戏！然而在呈现时同样平淡无奇，光彩不足。

类似的还有钦差赵文华十分荒唐地布置祭海神驱倭寇，倭寇则乘机潜入，杀人抢物，祭场大乱。幸亏戚继光有预案，带伏兵冲出，方化险为夷。这些有强烈戏剧性、起落突变的关节处理也芜杂不清，交代不明。

就导演艺术而论，说句不客气的话，我以为唱的是"四平调"——平庸、平凡，平铺直叙、平平淡淡。本该有导演出力、出招的地方，却看不大见导演。难怪要发出疑问：导演哪里去了？

其二，人物定位、角色行当安排不准确。突出的代表是谭纶，这位力主抗倭的名臣，一直是戚家军的有力支持者，后升任为兵部尚书。当时任台州知府，碍于上峰的腐败，他往往明里推诿、暗中支持。剧中竟以丑角应工，一如跳梁小丑蹦来蹦去，大大损害了人物形象。又如浙直总督胡宗宪，这是个复杂的历史人物，一边仰仗严嵩和赵文华的势力以保官帽，一边要保护和支持戚继光抗倭，对戚是既重视，又敲打。文本上人物脉络是清晰的，但在舞台呈现时，前半部却把胡宗宪演成了打压戚继光的反面人物；后来又转而支持戚，显得人格分裂、形象模糊。演员的表演被引入歧途，根源在于导演！

其三，形式大于内容，对剧中人物思想和历史文化内涵不下工功挖掘，却玩形式以补拙。剧中祭海、练兵、开打等大场面是最能体现人物、历史、地域和剧种特色的地方，却哄闹杂乱，毫无特色可言。其他一些人物的对场戏也是如此，如胡、戚二人夜中对弈一场，本是人物心灵的交锋，却莫名其妙地上来一伙拿着兵器的人在台前"群魔乱舞"，不仅把胡、戚两个人的戏搅了，而且也让观众如坠云里雾中。这一招当年谢平安在导排《死水微澜》时以心灵外化的手段，以人当骰子，用得恰到好处，而此处搬来却适得其反。座谈会上，连几位专家发言时都说以为是倭寇杀入营帐了，更何谈普通观众？至于本场结尾，胡、戚的一番至关重要的对白，本应体现人物内心，句句紧扣、字字逼人，不想导演却让二人玩起了椅子，把两张座椅搬起放下，移来摆去，谭纶则小丑般游走其中，跌坐摔地甚是滑稽。无怪专家们纷纷发言说看不懂。

其四，戚继光在台州治军时的三大军事技术贡献未能形象展示，一是鸳鸯阵，二是狼筅，三是光饼。文本已经有提示，这正是导演出力的地方。然而戚继光杀倭寇战术上一大创举的鸳鸯阵踪影全无不说，台上的狼筅简直是昏着！作为兵器，狼筅是就地取材，利用竹竿前端分岔，削成锋刃，远远地刺向使用倭刀的倭寇，以长制短、相生相克，但台上出现的却是带叶的一片竹林，在台上移来移去，和杀敌破阵毫不相干，完全搞错了！光饼是圆饼中间加孔，便于用麻绳穿起行军携带，随时进食，以应对倭寇的流窜突袭。剧中团长尚文波客串打饼师傅，其幽默风趣的表演，调剂了剧场氛围，为全剧增色不少，但就其作战中的作用，并未得到展示，这也应和导演设计相关。

以上种种都说的是不见导演对戏下的工夫，更突出的是我们这些远道专程赴台州看戏座谈的受邀者根本无缘见到导演其人！

首演当晚不见，次日的研讨亦然。会上来者踊跃，除我们从北京专程赶来的十来人之外，还有浙江省省里包括剧协主席、秘书长，省文化厅几任老艺术处长，省艺研院院长、副院长等专家，省内兄弟院团和艺校的院长、校长，以及当地领导、老艺术家、热心人士30余人，大家济济一堂，为华丽重生的台州乱弹击掌加油、呐喊助威，也为剧目的加工提高出谋划策，当然要借此机会跟主创人员进行交流。可作为二度创作的统领、舞台艺术最后把关者的导演韩剑英先生却踪影全无！

是感觉导演已经完美无缺、无须或不屑于听那些说三道四？还是贵体欠安，难以赴会？……想不明白，也猜之不透。会后问问知情人，方知彩排之后，立马走人，去赶排别的戏了。就是在排《戚继光》剧的过程中，导演也是几经断续、时来时走、飞来飞去、穿梭往返。

原来又是一位"飞行导演"闪亮登场了。

原先曾有耳闻这位是"飞行导演"，这回是眼见为实了。不承想的是，这一被鞭笞过的风气，真个又死灰复燃，且愈演愈烈了！前两天，在北京的一次座谈会上，遇见陕西省某艺术院团的负责人，他告诉我：就是这位小有名气的导演，为他们导一出戏，飞来飞去12趟，每次最多待4天！这话是当着满屋子人说的，一言说出，四座皆惊！这哪里还有半点严肃艺术人的气味？当前，全国上下正在学习贯彻中央关于支持戏曲传承发展的若干政策，戏曲界一片欢欣鼓舞，而某些戏曲从业人员的工作作风竟沦落至此，委实令人痛心。

2014年，习总书记在全国文艺工作座谈会上语重心长地指出："文艺工作者应该牢记，创作是自己的中心任务，作品是自己的立身之本，要静下心来，精益求精搞创作，把最好的精神食粮奉献给人民。""不要沾满了铜臭气"。静下心来搞创作是戏曲人的责任和使命。一位出道前曾经精心扑在事业上排出过好戏的导演，"飞行"起来之后，却没有了"定准""静气"，乃至连连失手，这是值得深思的！

我真诚地希望：千万不要拜倒在赵公元帅脚下，误人、误团、误事、误戏！最终误了自己！

2015年8月22日
（原载《中国文化报》2015年9月1日）

《中国文化报》办了不少有特色的栏目，如"艺海问道"。本人向该报副总编徐涟建议，是否设一个发表批评性文字的专栏《艺海诤言》。不承想从谏如流的报社领导竟然采纳了这一主张，而本文竟成了《艺海诤言》开栏的头一篇文章。但愿多有后来者，以免"出头椽子"般孤寂。

——笔者

"神仙打架，凡人遭殃"新篇
——有感于秦腔《文成公主》横遭停排的闹剧

日前，互联网上，剧作家姜朝皋在他的微信中挂出一帖：《一个演员的血泪上书》。一封"血泪书"，引发出了一声哀鸣，牵出了一桩剧坛怪事，晒出了一出"神仙打架，凡人遭殃""厅院交恶，剧目受害"的闹剧，令人唏嘘不已，感慨万端。

一朵"梅花"的"血泪上书"

上书者，陕西省戏曲研究院青年团秦腔演员、戏剧"梅花奖"得主任小蕾；受书者，陕西省委宣传部常务副部长。

"部长好！不知我们《文成公主》这个戏，还有没有再启动排演的可能？院里和厅里都说这个戏基础不错，不能放弃，可同时院里说厅里没给钱，厅里说院里有很多钱。我曾向院里提出，如果资金暂时到不了，我个人愿意用我的房子抵押贷款，不要让戏停下来，以免耽误了原定 4 月 10 日的公演时间。可院领导说，这不是个人出钱的事。我对这些程序不懂。可是一个大家都说不错的戏，因为没有钱，就这样无限期的等待吗？"她看到一些策划迟的戏纷纷推出，如杂技剧《文成公主》、豫剧《长安梦》等，十分焦急："最近每天晚上都失眠，心情特别抑郁！"2015 年 6 月中旬，任小蕾罹患重症，动了大手术，用医生的话说，"在鬼门关前转了一圈"。刚有所康复，11 月，她立马投入《文成公主》的排练。"为了把戏排扎实，元月份我们全团和我院训练班百余人，在最寒冷的时节，放弃节假日，每天上、下、晚三班排练。为排好戏，我们再苦再累都能挺住，可是把《文成公主》半途而废，我们无法接受。眼见中国艺术节迫在眉睫，我们却寸步难行。恳请领导关心一下我这戏曲路上的'苦行僧'！"

真是说得动心又动情，可悲又可悯！然而2016年2月4日连排推上舞台之后，在一片叫好声中被下令停排，也已四个月有余，仍是推诿扯皮不断，剧目依旧处于暗夜之中。

是剧目有问题吗？不，绝不是！

一出特色鲜明的好戏

戏剧舞台上写文成公主的戏不少，我就有幸看过话剧、京剧、藏戏、川剧等多个剧目。但这一出秦腔却匠心独运、别出心裁、极富特色，它不是写藏王松赞干布派特使禄东赞向唐太宗请求联姻，不是写禄东赞如何以蚂蚁穿珠的智慧破解难题、求得赐婚，而是写文成公主入藏后三四十年的坚守！

我深以为文成公主不愧为中国历史上最伟大的汉族女性。她16岁以宗室女的身份被册封为公主，身负重托，欣然进藏。她与随从走了两年之久才到达拉萨。在拉萨，她与松赞干布共同生活了八九年，26岁时，藏王病逝。她虽然有多次返回中土的机会，但都放弃了。她选择默默无闻地在松藏干布的家乡坚守，传播中原文化，更传播民族团结、民族融合之情，直到56岁辞世，她在西藏整整生活了40年！她深受藏族民众热爱，被尊奉为神，尊为观世音菩萨二十一度母化身之首的绿度母（早于她入宫的尼泊尔尺尊公主被尊为白度母），至今为广大藏民顶礼膜拜。如今西安的广仁寺仍旧是汉地唯一的度母道场，供奉着绿度母圣像，前些年还有过恭迎绿度母回娘家的壮举。

试问：上下数千年，汉家姑娘联姻少数民族而被当地民众尊为神祇的，除了文成公主，还有谁？不，这是唯一，伟大的唯一！而正值强调民族团结的当今，讴歌民族团结楷模的文成公主是有着何等重大的现实意义呀，又何须多言！

秦腔《文成公主》正是满腔热情又满含热泪地、充分艺术化地描写了这一坚守，这份执着，这番高洁！我没有看到搬上舞台的素排，却看了多次文学本的改稿，我为剧作深深地感染着，感动着，不止一次地掉下了热泪，进而对该剧的演出饱含着渴求和期盼！

如今，盼望落空，渴求难酬，不胜愤懑之余，不禁质疑：是剧组不称职、不努力吗？摸了摸情况，非也！

一伙苦苦挣扎的"苦行僧"

剧组朋友们是努力的，特别是饰演主角文成公主的任小蕾。

剧本是她找来的，她从上海戏剧学院青年编剧张泓提供的四则题材中选定了"文成"，主旨写坚守。张泓连续写出了五稿，基础不错，但尚待提高。经介绍，又请来著名剧作家姜朝皋（《贵人遗香》《胡风汉月》《梦断婺江》等名剧的作者）加盟，陆续加工改写至第九稿。在陕西省内、北京等地论证后，2015年11月建组投排。导演为执导十艺节大奖剧目《红旗渠》《百姓书记》获"文华导演奖"的名导李利宏，音乐创作为著名戏曲音乐作家朱绍玉，加上新秀灯光设计师蒙秦等，构建了强大的二度创作班子。全体一心，苦战严冬，终于在2016年2月4日推上了审查连排的舞台。

据说院、团领导（党委书记常树华、院长李梅、团长郝伟等）及陕西省内专家，包括陕西省文艺评论家协会主席孙豹隐、陕师大博导畅广元、艺术家吴德等，众口一词地给了剧作较高的评价，其中不惜用了难得的赞美之辞。如陕西省艺研院老院长孙豹隐称该剧为"陕西当前最好的戏"，他熟悉陕西省为迎接第十一届艺术节剧目创作的全局，很有发言权，他希望能将此剧珍惜、爱护、抓住、抓好，然而现实却给了他一盆浇头凉水……

可怜的是，这期间，任小蕾抱着病体，一个人到北京、上海、南昌、鹰潭，四处求人奔波。大手术后一个月，又奔赴北京、苏州等地和编、导、作曲等沟通，可谓夙兴夜寐，苦苦地垂死般挣扎。

然而谁能想到，感觉胜利在望之际，一根闷棍打了下来，院长宣称，省厅一文钱没拨，院里没钱垫不起，停排！

原来问题出在这里！

一帮草菅"戏"命的官僚

按说省厅拨款完全不应该成为问题。陕西省为第十一届中国艺术节的举办地,省里也早就着手抓剧目了。秦腔《文成公主》剧本经陕西省文化厅审核鉴定,也有幸早早地被列为艺术节备选剧目四十台之中,并两次刊于艺术节网站上。按理,省直院团列入的剧目应由省厅扶持,而厅里也早承诺拨付专款。院里也说,打过三次申请报告。然而忽然间变卦了,厅里以院里"有的是钱"为名拒付了,院里则以"不拨钱不排戏"对应了。原来院里新院长(行政级别为副厅级)上任,质问为什么要"垫钱"排戏,让财务部门再请厅里按早已应允的拨款;厅里长官突然变脸:不给!院里有的是钱!院长一怒,断然下令:停排!两位厅级官员斗气,戏搁浅了。

这其间到底藏着什么玄机,个中究竟有些什么猫腻,局外人真个是说不清、道不明。然而无可争辩的倒是"神仙打架,凡人遭殃""厅院交恶,剧目倒霉"!大有希望一展风采的《文成公主》被无端腰斩了,呜呼,奇哉,怪哉!

我就是想不明白,为艺术节剧目创作而准备的钱款是厅官自家口袋里的私房钱吗?是可以爱打赏谁就打赏谁的吗?是可以信口开河、出尔反尔的吗?厅级干部(一位正厅、一位副厅)闹矛盾,个中是非曲直,笔者无从判断,也无权过问,但"殃及池鱼"、祸害剧目的恶果却是明明白白地摆在那里!须知艺术节创作经费来自国库,归根到底是老百姓的钱!老百姓放心让这样的"闹剧"制造者们胡乱打赏吗?文化长官是管钱的,有没有管这样的长官的地方呢?据任小蕾发给编剧姜朝皋的短信上说,她的那封"血泪上书"送达后,部长给了回音:他专门找这位厅长"谈了半个小时,对方一再说,研究院有的是钱"。顶牛了,扛仕了,看来是无果而终了,我也只能再叹气。

不过,我倒是想起了习近平总书记2014年10月8日在党的群众路线教育实践活动总结大会上的讲话,他强调:"我们做人一世,为官一任,要有肝胆,要有担当精神,应该对'为官不为'感到羞耻,应该予以严肃批评。"

是啊,"为官不为"者要予以严肃批评,"为官乱为"者呢?利用职权胡作非为者呢?中央一再重申纪律,坚决反"四风":形式主义、官僚主义、享乐主义、奢靡之风。鼓励群众举报,处置了一批又一批顶风作案者,并予以公布,大快民心。不仅仅是官僚主义,依仗职权、刁难下属、矛盾下放、损害事业的呢？蓄意制造前述"闹剧"的呢？……

如今，适逢建党95周年之际，习总书记主持通过了《中国共产党问责条例》。这出"停排"闹剧将如何收场呢？我们拭目等待着！

如实说，在学习贯彻习总书记文艺座谈会上重要讲话精神的今天，在中央一系列繁荣文艺政策纷纷出台的背景下，在第十一届中国艺术节承办的地方，居然上演了这类"神仙打架，凡人遭殃"的闹剧，实实在在令人匪夷所思，四顾茫然！这显然是文艺领域的不协和音，是和中央精神唱对台。

我作为一个入党62年的老共产党员，作为从事文化工作63年（从1953年考入北京大学中文系算起）的老文化人，凭着党性和艺术良心写出上面这些话，权当作一份《陈情表》吧。当然会开罪于这些、那些人，顾不得了，无非"从此翻脸不理我"罢了，岂有它哉！

2016年5月18日
（原载《乡土·汉风》2016年第4期）

该刊为江苏省文联主管、主办，徐州市社科联联办，徐州市杂文学会承办，一身正气、敢反邪风的袁成兰任主编。文章绕了半圈，终于出世，也聊以自慰了。批评难，批评难，果真是"难于上青天"欤！一叹，再叹，三叹！

——笔者

令人景仰的崇高和牺牲
——赞《八子参军》兼及某些高论

入秋的11月,生平第一次来到江西赣州,主人们请我们一行观赏了赣南采茶歌舞剧院创排的大型赣南采茶歌舞剧《八子参军》(总导演张曼君,编剧温何根),兴奋之余,禁不住联想了许许多多,虔诚写来,还我心愿。

红土地,烈士鲜血染红?

来到赣州,适逢这里的盛大节庆——中央革命根据地创建80周年,中华苏维埃临时中央政府成立80周年!《八子参军》正是为纪念这一伟大历史壮举而作。

主人们自豪地告诉我们:中华苏维埃是中华人民共和国的雏形,中央苏区是革命的红色摇篮,瑞金赤色中华的建立是中华人民共和国的伟大预演!他们又不无悲壮地说,人们都知道二万五千里长征中,几乎每一里地上就躺下一位瑞金的战士,但很少有人知道,就整个赣州地区而言,每一里地躺下的赣州籍烈士多达三个、四个!那么在1931年到1935年间,在保卫苏维埃的战斗中,在王明、李德之流左倾机会主义路线控制下的第五次反围剿大失败中,在坚持赣南游击战中,牺牲的工农民众又何可胜数!

《八子参军》就是根据当年瑞金下肖区七堡乡农民杨荣显一家八兄弟争当红军并全都壮烈牺牲的真实故事编创的。有人说了,一家竟养育了八个孩子,这不是很富吗?非也。帝王妻妾后妃成群,淫逸无度,自然可能子女众多;穷人呢，毫无节育观念和措施可言，往往也越生越多，越多越穷。说个不嫌寒碜的话，我那位身为雇农女儿的母亲就生了十一胎（前四个没养活），我排行老七。老爹生前常发牢骚："老子不是穷'人'，是穷'钱'！"

八子参军，全部壮烈牺牲，而且不止一家、一处。即便不都是八子，也可能是三子、四子……

我恍然自问，赣南的这片红土地不正是烈士鲜血染成？

一台净化灵魂的好戏

我深以为看《八子参军》既是纯美的艺术享受，更是强烈的灵魂震撼。

那纯洁的人性，那崇高的心灵，那善良的品性，那昂扬的激情，处处展示出中华民族血脉中的美好因子、积淀中的传统美德，既由来深远，又十分现实。

《怀胎歌》拉开了故事的帷幕，紧接着推出背景：五次"围剿"来得急，白匪打到了广昌县。

争当"扩红模范"带来了震撼第一波。八个儿子人人报名参军，抱回了"扩红模范"匾，却难倒了杨大妈，原本打算"四个儿子打豺狼，四个儿子种稻粮"，她要"养儿防老"。儿子们谁也不愿留下，还使出了激将法：把匾送回去！后果呢？儿子们说：等白狗子打回来，"大不了"——老大、老二告诉妈："重走老路当长工"，"蓑衣笠婆当衫着，馊菜馊饭当猪供"！老三、老四："再次寄养姨家中"，"手脚饿得弹弹跳，肠子饿得蠕蠕动"！老五："重新回到破庙中！"老六、老七满嵌："三人跟妈去流浪，每人拿根打狗棍！"这番略带淘气的反讽，实实在在地道出了踊跃参军的最深层的原因：不愿回到人不是人的既往！杨大妈说得好：怀胎二千四百日，连胎养下八个郎。"可怜八字冒生好，八个儿子只会打流浪！""自从有了苏维埃，分田分地才回乡。"原来参军的直接动因是保卫苏维埃，保卫红色政权。而归根到底是保卫翻身成果，即保卫自身的生命权、生存权！也就是西方世界成天呐喊鼓噪的权利中最大的"人权"！

剧作带来的震撼第二波是七子阵亡的心理描写。故事发生在第五次反围剿，那时节，面对强敌，打的是阵地战、消耗战、肉搏战……结果一败涂地，苏区尽失，只得忍痛北上，开始二万五千里长征。直到遵义会议拨正航船，到达抗日前线。

战争是严酷的，牺牲是惨烈的！在表现这悲壮的牺牲时，剧作选取了非常独特的视角：不写豪言壮语，不抒壮志豪情，而是深入儿子们的内心，写他们和母亲的心灵对话。

导演设置了两个表演区：远山，母亲深情地吟唱着《怀胎歌》。儿子们牺牲前依次凝望妈妈吐露心声，老大："对不起，妈妈！说好了要平平安安回家，老大我先要食言啦"，"天热时不能给你打蒲扇，天冷时不能给你添一根纱！""我知道儿是你心尖尖上的肉疙瘩，你也是我心中永远的放不下！"老二、老三："妈妈你别牵挂，妈妈你别害怕，我们倒下的地方会盛开一朵朵小花——芬芳那个山坡，芬芳我们的家。那就是我们对你的牵挂，那就是我们对你的报答！"老五悄悄地告诉妈："今生多想做一回男人，有一个亮亮敞敞的家，娶上如花似玉的老婆，生一帮活泼可爱的娃。有人叫你奶奶，有人叫我阿爸……"老四、老六、老七感激娘让他们做了一世兄弟，"生同胞衣死同穴"。三兄弟温情地相互询问：可记得那天我打过你？我骂过你？我告过你？我骗过你？……他们相约来生再做兄弟！这充满人情味的一笔笔，这平凡人的心襟展露，让人们禁不住热泪盈眶，唏嘘不已。

剧作带来的震撼第三波是老妈妈"痛打满崽"。这是一场误会：七个兄长牺牲后，部队首长强令他离队回乡照顾老娘。妈妈却以为他当了逃兵，一通怒责痛打。一边是不忍道出哥哥全都牺牲的实情，一边是恨子不争气的愤怒。那一段"我替哥哥痛打你"，简直是声声泪，字字血！

"七个哥哥守阵地，你作逃兵回家里。你给哥哥脸抹黑，我替哥哥痛打你！大哥打你少廉耻，不知人间有道义！二哥打你不知羞，耻辱碑上刻了你！三哥打你脸皮厚，八辈子架子倒掉哩！四哥打你软骨头，一摊烂泥扶不起！五哥打你不成器！六哥打你臭狗屎！七哥打你不是东西，活在人间好不值！"末了，她还要"再替兰花痛打你，凤凰决不配土鸡"。

兰花这个没过门的儿媳痛哭着道出了七个兄弟早已牺牲的一切，满崽掏出了七个带血的肚兜——那是老妈妈临行前特意为儿子们缝制的，他表决心：从今不离娘半步，天崩地塌相伴随。

然而红军一走，白军即来，谁不知杨家八子全参军，他在家只能被捕等死！兰花深明大义：哥哥冤恨靠你伸，杨家宗脉靠你承！龙投海，虎投林，满崽只能投红军！

再次送满崽归队之际,剧中有极为感人的一笔:老妈妈正义凛然地促儿启程时说:"反动派拿我点天灯,我身上冒油点不成!反动派拿我五马分尸,散了架的老骨头不用分!除了心中有个苏维埃,我什么都不剩!……趁着红军未走远,快快为娘打转身!"兰花却跪求:"不!娘,今晚让我俩圆房,给杨家留种!"

说真的,在婚礼悲壮的"喜"乐声中,我是禁不住涕泗纵横了。

然而满崽还是倒在了长征路上!

洋溢着独特的艺术魅力

这是一首文以载道的主题曲,更是一部魅力四射的艺术品。通常革命历史题材写成宣传品的多,真正成为艺术品的难,而《八子参军》可以说是不折不扣地做到了。

剧作自始至终充溢着闪光的人性,浓郁的人情。正像总导演张曼君所说:"我们力求把它打造成一部关注人的本体、心灵、感情的戏剧,打造成一部感人肺腑的艺术品,而且要使之传承下去。"她认为:"无论世事如何变迁,对人的关注、对人的情感的共鸣和共振是永恒的,是值得我们去探求的。"在剧组的共同努力下,他们出色地实现了这一既定追求。剧中我们几乎看不到类似题材中习见的口号化的空喊和概念化的说教,故事在如情如理、朴朴实实中演进,形象在如情如理、朴朴实实中完成,人性在如情如理、朴朴实实中闪耀。这样的艺术境界的营造是弥足珍贵的。

充分发挥采茶戏的艺术特色和专长是该剧艺术上的另一突出之处。赣南采茶戏是江西最富有地方特色的剧种,据说已有400多年的历史,它具有浓郁的赣南乡土气息和客家文化特色:唱腔立足赣南民歌音调情韵,语言凸显民间幽默风趣;表演则以灵巧的矮子步、优美的扇子花、独特的单水袖而有别于其他剧种。可谓无语不歌,无动不舞,载歌载舞,特色独具。这些采茶戏共有的特色,在特意标明"采茶歌舞剧"(添加了"歌舞"字样)的《八子参军》中,显得更强调、更夸张、更突出,因而有了更完美的展示和呈现。歌舞剧,顾名思义,歌舞当家,乐曲挂帅,以歌带舞,贯穿全剧。在一定意义上说,这台命名"采茶歌舞剧"的作品,究其实,堪称以采茶音乐为素材的音乐剧。

音乐歌舞是该剧的灵魂。立足于采茶调本基上的乐曲，悠扬动听、丰富多彩、活泼欢快、委婉绵长。舞蹈则在赣南民间舞蹈语汇的基础上，增加了时尚元素。用编创者自己的话说，就是既要张扬红军战斗的"刚性"，又要展现亲情、爱情的"柔性"，刚柔相济，多彩多姿。

特别值得提出的，无论是"歌"，还是"舞"，都围绕着"剧"（戏剧性）和服从服务于"剧"（情节矛盾）而设置，而展开，而编创，三者融为一体，相辅相成，绝不是简单的民歌联唱，也不是单纯的民舞联缀，强调这一点是充分肯定剧组创作的努力和取得的成果。

戏剧语言，特别是唱词的生活化、民俗化、民歌风，是该剧又一突出特色。前文已多次引述，展示八子命运、心境、行为等，剧作多用逐个对仗、排比的手法，即表现了这一点。连缀贯串全剧的《怀胎歌》，则是流传于当地的地地道道的民歌。再看兰花和八子的爱情对歌，兰花："郎在这边妹那边，两人相隔几尺远。灯芯拿来搭桥过，有莫胆量过来连？"八子："十八老妹你莫叫，叫哩心肝嗒嗒跳。抢着想把心意表，又怕当兵打水漂。"兰花大胆地呼唤："想来连妹唔怕难，鲤鱼摇尾在深潭。头上又冒鸬鹚鸟，脚下又冒网来拦！犁田你就来牵牛，收禾你就来开镰。你要扯帆就起风，你要过河就上船！"八子却怯场："老鼠下楼陪猪坐，肉在身边下牙难……"请看"灯芯搭桥""老鼠啮猪"，其语言之生动活泼，比喻之精巧透辟，光是阅读，就委实是一番文学享受！类似的描写还有很多，不一一列举。但也有粗疏的地方，有待进一步加工。

谈谈噪音别调

我前边谈到过这是一出净化灵魂、唤醒良知、拷问党性（对共产党员而言）的好作品。我尊崇这批红土地上苏区文化滋养抚育的文艺工作者、无愧于革命先辈的采茶艺人！我敬佩这些红色文化的承继人、守望者！他们也使我不由得想起这些年来不时泛起的一些噪音别调。

也许发端的当数那首曾流行一时、脍炙人口的小诗——"卑鄙，是卑鄙者的通行证；崇高，是崇高者的墓志铭"。卑鄙畅通无阻于一切领域，崇高则已被送进坟墓。这首"文革"浩劫结束之际涌出的诗篇是激愤之词，还是如实道来？是导引新潮的入世哲学，还是自曝自身的阴暗心理？谁能说得清？但不可否认的事实是,曾几何时,这几乎成了通行的处世准则。

相应地,则是继之而来的"卑鄙"的进一步升华——"我是流氓我怕谁"!以流氓自诩,还是那般的理直气壮,那般的洋洋自得,那般的不可一世!

其后,更有名人以前卫的引领时代风尚的先知先觉的姿态,打出了"告别革命""躲避崇高"的帅旗,堂而皇之地为前述"卑鄙"主张张目,而且流传甚广,蔚为气候,真让人不免有些瞠目结舌而不知其可了。

从"卑鄙"到"流氓",再到"告别"和"躲避",其间似乎隐隐约约地有一条模模糊糊的线牵连着,贯串着,游走着。

我还记得曾有过的两次辩论。其一,20 世纪 80 年代初,渤海二号石油钻井船翻沉之后,某些在上者不汲取教训,深刻反省,却举着"一不怕苦,二不怕死"的旗号,高调喊出"把丧事当喜事来办",这自然引发众怒。但在众多的声讨声中,却出现了走得甚远的声音,否定的矛头直指"一不怕苦,二不怕死"。某权威大报上刊发的《析"一不怕苦,二不怕死"》文章说:"这个'一不怕苦,二不怕死',只是鼓励人们'不怕'这,'不怕'那,却不去事先消除所以吃苦,所以致死的根由。有人说,这两句话是爬行的经验主义,我则认为这是只看到精神作用的唯心主义,或者二者都有。"

这是一个似是而非的命题。通常情况下,要尽力避免"吃苦",特别是"致死",无疑完全正确。但要从根本上消除一切"苦"和"死"的根由,却是一厢情愿,异想天开。"苦"和"不苦",只是相对而言,无须多说。"死"即牺牲,能完全避免和消除吗?今天不能,一万年后也不能!且不说八子参军的红军时代,不说创建中华人民共和国和保卫中华人民共和国的历次战争中,今天和今后的和平建设年代就能完全消除吗?试想,大至汶川大地震,长江防洪;小至抢救落水儿童,推开将被车轮轧压的老人……面对自然灾害和突发事件,哪一处不需要爱心奉献以至壮烈牺牲的精神!远点说,两年前,香港一位赴汶川救灾的义工就献出了自己的宝贵生命,死而重于泰山。近处说,面对小悦悦惨遭车祸生命垂危而熟视无睹的 18 位过路人,人们皆蔑视之,鄙弃之,而将唯一伸出援手的拾荒阿姨陈贤妹尊为"良心人物"。日前,"2011 平凡的良心"(据报道,评出十大良心人物)颁奖盛典在北京大学百年讲堂举行之际,人们把最热烈的掌声和最诚挚的谢意献给了这位可敬的拾荒阿姨。她也许不识多少字,缺少文化知识,但她却有着崇高的品德和做人的良知!她的身上积淀了民族道德,亦即民族文化的精髓。谁能说她没文化？她远远高于那些咬文嚼字的文化精英、公知，和穷得只剩下金钱的富人！

其二，21世纪初，围绕着戏剧《赵氏孤儿》，我和某位戏剧名家有过一番口头争论。上次算是笔墨官司，本人写了一则题为《也析"一不怕苦，二不怕死"》的文章，1981年2月16日发表于《北京日报》（收入本人文集第七卷《闲话阿Q的无赖和霸道》），比较详尽地阐述了我的观点。今次则是对话探讨，口头官司。

焦点在于草莽医生程婴为救赵氏孤儿以亲生之子替死，该不该，值不值？

对方握有"人权"的重武器——每个活着的人都有生存权、生命权。凭什么要拿他替死？征求过他的意见么？他老子有什么权利决定他的生死存亡？这是违背人性、违背人道的！是宰杀无辜！现今我们讲"以人为本"，理当"个体生命高于一切"。站在今天的高度，这个事例，这出戏，不足为训！

这实实在在又是一堆似是而非的搅和。我告诉他：面对刚出生不久的婴儿，谁也没法征询他个人的意见。老爹替他做出这一牺牲生命的决策，仅仅基于杀人魔王屠岸贾的一道死命令：找不出藏匿的赵氏孤儿，就杀尽全国同龄的孩子！程婴舍子救孤，不仅仅为了一个赵氏遗孤，说到底，更是为了救全国同龄儿童免遭屠戮。基于同一目的，此前此后为之牺牲生命的还大有人在呢！我们可以不拿历史上屠、赵之争的正义和非正义说事，单就人性、人道而论，这才是最符合人性，最具人道精神！

争论无果而散。

"以人为本"，人的个体生命当然至为重要，要百倍珍惜爱护！但从人类的进化史看，人之所以成为人，只能是社会人，个体类人猿是无法单个进化为单个自然人的。马克思说："人的本质是一切社会关系的总和。"是为常识。也就有了个人和他人、个人和群体的关系，因而为他人、为群体而牺牲也就成为不可避免。即使是原始社会，为了生存，大家合力猎取猛兽不会有个体牺牲？群防自然灾害能免除个人牺牲？总体来说，大至部落部族之间的争斗不需要牺牲？小到保护争夺火种（法国电影《火之战》有形象描写）能避免牺牲？……说个不中听的话，就是某些兽类群落，过夜时也要派出警卫来守护，不也意味着牺牲？可以这么说，为群体需要而牺牲，从来就是不可避免的，也从来就是高尚的、圣洁的！

在中国文联九大、中国作协八大会议上，胡锦涛同志谈及"以人为本"时强调的是担当起"为人民抒写、为人民放歌"的历史责任，倡导的是"坚持以人民为中心的创作导向"。这里同时提到了"人"和"人民"，其关系理应明白无误。他希望"发扬以爱国主义为核心的民族精神和以改革开放为核心的时代精神"，"礼赞高尚道德情操"，"推动建设中华民族共有的精神家园"。他提出"要提倡文以载道，以文化人，弘扬真善美，贬斥假恶丑，更好发挥文化引领风尚、教育人民、服务社会、推动发展的作用"。

这是来自党中央的声音，是时代的召唤。我以为《八子参军》的创作团队正是这么做的，而且坚定、执着、出色！

敬礼，可尊敬的红土地上的采茶艺术家们！

2011 年 12 月 20 日

（原载《艺术评论》2012 年第 4 期）

刊发时，编者把标题改为"那个时代的崇高和牺牲"，不知是否认为"崇高和牺牲"只属于那个时代，于今已过时？存疑。

又积习难改地批评了一通意识形态领域的乱象，但求心安而已。

——笔者

我看《程婴救孤》的普遍价值
——从两封通信说起

2017年9月7日晚,北京长安大戏院人潮涌动,群情激愤,豫剧《程婴救孤》作为2017年中国豫剧优秀剧目北京展览月暨第四届中国豫剧节的压轴戏,又一次隆重登台了,掌声不断,叫好迭起。剧终幕落,大批观众涌向台口,久久不肯离去。看着眼前的盛景,联想起两年前和李树建你来我往的两次相关通信,不由得感慨系之。

2015年9月4日12时30分,我收到树建从巴基斯坦发来的短信。说"短",倒是不太短,手机荧屏上好几个页面呢。为尊重作者,未做任何修改,现转录如下:

尊敬的康老师:

我怀着激动的心情向您汇报,我们《程》剧在您的指导下,受文化部委派,河南省文化厅组派,河南省豫剧二团组成文化代表团,在泰国、巴基斯坦演出大型豫剧《程婴救孤》。所到之处,受到两国观众的热烈欢迎。宣传了中原文化,树立了中国形象,圆满完成了国家交付的中泰、中巴文化交流的任务。

《程婴救孤》在泰国曼谷最高端、最现代化的王权剧场演出时,剧场破天荒地为中国豫剧加座101个。中国驻泰国大使馆及泰国观众700余人观看演出,掌声不断,观众泪如泉涌。在巴基斯坦,由于当地安全形势,我们团员每天都在荷枪实弹警察的护卫下出行,冒着风险给当地观众和华人代表演出。演出后观众群情激昂,说剧情感人,中国精神可嘉。至此，《程婴救孤》在信奉基督教、天主教的欧洲、美洲，信奉佛教的泰国，信奉伊斯兰教的巴基斯坦，演出都取得了认可，证明了《程婴救孤》具有世界共通的意义。

此次演出意义非比寻常，我们豫剧二团要以滚石上山的精神，加工提高《程婴救孤》，并启动"重返百老汇，挺进好莱坞"的计划，用五年甚至更久的时间，使豫剧成为与斯坦尼斯拉夫斯基体系、布莱希特体系、梅兰芳体系并列的第四大体系，把《程婴救孤》打造成中国的"哈姆雷特"，成为一部真正意义上的世界名著。

我在2015年9月8日上午8时43分给树建复信，现转录如下：

树建老友：

读了你发自巴基斯坦的热情来信，甚为感动。衷心祝贺你们在泰国和巴基斯坦演出成功！代我问候剧团的朋友们。

我一向认为，《程》剧所宣扬的人道主义的关怀，对人间正义的坚守，对高尚道德的崇敬，对为此而甘于牺牲的伟大精神的颂扬，具有人类共同的认知，具有普遍的价值。它可以冲破民族、国家、宗教、文化的限制，可以冲破时间、地域的限制，受到人们真诚的欢迎。当然，这也和艺术上的完美、表演上的精湛分不开。你们的成就充分说明了这一切。可以毫不夸张地说，《程》剧已成为人类共同的财富。

我在你们起步阶段，作了些力所能及的支持，批驳了当时引自西方后现代主义又被某些国人扭曲了的"解构主义"的歪论，些许贡献，微不足道。

衷祝成功，期盼不骄不躁，继续努力，再上台阶，成为名副其实的、中国剧坛的高峰。

式昭　康师傅
2015年9月8日

李树建，河南省豫剧院院长，豫苑领军人物，《程婴救孤》中主角程婴的扮演者。我们是文友、诤友，友谊因《程婴救孤》剧而弥深。

说起我和《程婴救孤》剧的渊源，要追溯到 2002 年"非典"肆虐时期。时任河南豫剧二团团长的李树建带领编剧陈涌泉等一行来京召开剧本论证会，听取意见。记得活动是由中国艺术研究院组织，副院长薛若琳主持，会场就在院内。我是冲破老伴劝阻、冒着风险来参加研讨会的，心中虽是满怀对剧组的崇敬之情，但却有一番不吐不快的陋见，要发表，要吐露，要喷发。

其时，刚刚引进的西方后现代主义的批评流派"解构主义"正风行一时，文学创作中已出现了一些"解构""颠覆"新作。

面对眼前的种种，河南豫剧《程婴救孤》剧组的朋友们该何去何从呢？

我不惴愚陋地跳了出来，为《程婴救孤》剧组的好汉们鼓劲打气，赞扬他们"勇于'突围'，贵在'坚守'"。

"突围"云云，突破变味了的"解构主义"的包围也。我"现趸现卖"地告诉与会者："解构主义"是 1966 年 10 月在美国约翰斯·霍普金斯大学召开的一次研讨结构主义的国际学术会议上，由法国学者雅克·德里达率先提出的主张，向结构主义发难而引起轰动。其后，追随者和研究者集聚于耶鲁大学，形成了耶鲁学派，但到 20 世纪 90 年代已逐渐衰落。

解构主义反对终极真理，反对逻各斯中心主义，主张多元文化解读。"逻各斯（logos）"是希腊文，对应的中文概念大体可视为"道"，是一种先于宇宙而存在的理念，居于至高无上的地位。其终极理念在宗教中与上帝等同，成为超越宇宙的终极真理，是一种典型的客观唯心主义。从一定意义上说，反对逻各斯中心主义就是反对以上帝为代表的绝对权威，反对上帝为终极真理，反对以此为唯一准绳诠释一切既有的文献文本。所以解构主义关于解构、颠覆，理所当然地有其一定的积极意义和价值。然而否定终极真理，否定一切权威，遵从多元文化和各自为是的解读，却使文学研究陷入了没有积淀、没有定论、没有标准的混乱之中。否定你的前人，你自己不久又变成下一个被否定的对象，因而解构主义等现代文论实际上造成了认知的无政府状态其逐渐衰落也印证了文化无政府状态的必然命运。

照我看，文艺界某些新潮文化人的悲哀正在于从来没有搞清，也不想搞清解构主义的基本内涵和主旨，也不问其已经逐渐走向衰落的严酷现实，只记住了翻译过来的两个名词——"解构""颠覆"，便在颠覆美丑、是非、善恶、正义、美德等方面大做其"解构""翻案"的文章，而且口气很大，既唬人，又吓人。

我敬佩《程婴救孤》剧组的"突围"勇气，正在于他们不盲目跟风，不追赶时髦，不去搞花架子，而且有胆量不理睬它，不畏惧它，不听任其摆布！

说到"现趸现卖"，倒也是实情，是震破耳膜的"解构"之声迫使我尽力地找了一些相关资料研读，寻觅真相，并向有识者求教，包括在美国芝加哥大学拿了文学博士学位的老伴，弄明白个一二，便应用开来，自然也求方家指正。

说到"坚守"，我指的是坚守精神家园，即坚守民族传统美德，坚守几千年来民众遵奉的主流价值观或价值体系。中华民族向来就有"杀身成仁""舍生取义"的古训，为了维护正义，惩治邪恶，为了救助弱小，拯救孤苦，从不计较个人的得失，甚至生命的付出。光明磊落，大义凛然；自强不息，前仆后继；不畏强暴，伸张正义，这一切在程婴身上，在韩厥、公孙杵臼身上，在公主侍女彩凤身上，都有着鲜明的体现。综观全剧就是一曲民族优秀传统文化的赞歌，一首民族传统美德和壮美精神的颂词。要理直气壮地干下去，要排除一切是非一直干下去，不达目的，决不罢休！

论证会几乎是众口一词，都对剧作投了赞成票，还出了些修改加工的点子。可以说，树建、涌泉他们在这里吃了一颗定心丸。

以后的《程婴救孤》剧就顺风顺水了，先后斩获文化部文华大奖榜首，文化部、财政部舞台艺术精品工程十大精品榜首，中宣部"五个一工程"奖入选作品戏曲类榜首，中华人民共和国第一部登上美国百老汇舞台的戏曲作品，并巡演美国、法国、意大利、泰国、巴基斯坦等国，均获得成功。

回归到本文的篇首，我敬祝《程婴救孤》剧获得了普遍认可的重要价值，委实难能可贵！

当然，从《程婴救孤》剧诞生之日起，就有过不同的声音。近日又有不和谐音响起，贬其"反人性""反人道"，成为"忽视了人性，贬低了人的尊严，漠视人的生命存在，背离了基本的人道主义道德底线的典型范例"。好家伙，好一通硕大无朋的帽子！似乎需抽空再写点文字，回复之，以正视听也。

2017 年 9 月 10 日

（原载《中国艺术报》2017 年 9 月 20 日）

武戏真打说妄

商品大潮涌来，市场经济兴起，一派繁荣景象，个中的好处自不待言，但也捎带手跟来些负面影响。一个突出的现象便是假货充斥，且不说日用百货、鞋帽衣物、家用电器，光是假奶粉、假药、假医生就让人们畏惧不已，于是"打假"成了老百姓挂在嘴边的常用语。据说还出现了"打假"专业户，以"买假货""索赔偿"而"发大财"。

我自然是举双手赞成打假，但出于逆向思维的习惯，有时候也开开玩笑：什么"假"都要打，都能打么？有没有不可打，打了反而惹祸的"假"？这显然是故意搞怪的问题，常常弄得朋友们目瞪口呆，不知其可。我便得意地反诘："假牙"能打吗？"假肢"能打么？高速路边警示司机小心驾驶的"假警察"能打吗？如果你"打"了"假警察"，真警察就该找上门来兴师问罪了。这自然招来一番哄笑。

如今我要说的是另一种"假"，也万万打不得！打之更显自己的无知、浅薄、庸俗、低能。这便是中国戏曲规律之所在的"假定""虚拟""程式化"等"假"。

据说有上位者说，中国戏曲舞台上的武功戏太假，瞎比画两下，啥也没碰着，纯粹是骗观众。结论便是武戏要真打。

这回该轮到我"目瞪口呆，不知其可"了。说真的，我做梦也没想到，会有如此低能、弱智的奇谈怪论冒出来。

当然，要说"假"，中国戏曲舞台上岂止武戏假打，简直是无所不在，无戏不假，而且无假不成戏。试看西凉国驸马爷薛平贵闪亮登场："一马离了西凉界……"哪里有马，手执一根马鞭而已，假！台上转了两圈：已经从大老远的西凉国到了陕西省的五典坡，好几百里上千里呢！更假！守寒窑的糟糠之妻王宝钏呢，打开窑门出来了，只见她两手一拉一推，"门"开了，怕碰到门框，低头出"门"；模仿上坡的脚步蹬了几下，到了窑外坡上，更是一堆说不完的"假"。然而几百年如此这般地搬演下来，一代又一代的老少观众，有一个跳出来"打假"的吗？有一个下令必须"真马登场""真坡攀登"的吗？我设想几百年间也许会有管辖艺人的高官看过戏，"虚拟"他们未曾以行政命令干预，自然我也在弄"虚"作"假"，但大体不会错。

不过要说"真马登台"的事，我还真听说过。20世纪60年代初期，我在北京市委理论工作室文艺组工作，曾去北京人艺剧场听过著名戏剧家黄佐临先生的一次报告，佐临先生幽默风趣、旁征博引，不时招来一阵阵会意的哄笑。我记得其中有一件趣闻：20世纪初话剧引进之后，出现了文明戏。为了逼真，和戏曲舞台的"假把式"划清界限，一次果然牵了一匹真马上场。"马"不懂戏文，乱蹬乱动不说，还公然玩噱头，在台上大大咧咧肆无忌惮地拉了一摊马粪！不讲"公德"，也不讲"卫生"，更不讲"剧情"，皆大尴尬。黄先生说是他亲眼见的真事，我还有些疑惑。不过近在眼前的最新消息：国内某知名大导，为知名京剧院导排的知名新戏，真的把真马牵上了台，似乎配合良好，至少没当场拉屎撒尿出洋相。可信吗？数以千百计的观众目睹，媒体如数家珍地津津乐道。我不得不信服，也深叹：谬种流传，孳孳不绝，以至于斯，可卑也，可悲乎！

还是回到戏曲本体上来。戏剧界公认世界上有三大表演体系：苏联的斯坦尼斯拉夫斯基体系，德国的布莱希特体系，中国戏曲（西方以"梅兰芳"先生命名）体系。中国戏曲的表演手法，自然不是自梅兰芳先生始，说他是杰出代表、集大成者，当不为过。其特点有各式各样的概括和认证，各类教科书、专著俱在，不细加引述。但就观众观戏直感而言，似乎集中在假定性、虚拟性、借代性、象征性（也可统称之为写意性）以及程式化上。以"虚"代"实"，以"假"代"真"；从"无"到"有"，"无"中生"有"；"景"随人"走"，"地"随步"迁"；指"鞭"为"马"，指"木"为"林"；如此等等，不一而足。这种种"弄虚作假"的表演，还往往规范化地提升，形成了相对固定的程式。以前述的薛平贵扬鞭跃马回窑探亲为例，那马步便升格为"趟马"程式。至于跑圆场，也大有讲究，程式化的快步、慢步、跪步、蹉步，几圈下来，上佳者往往博得全场喝彩。麒派老生《徐策跑城》的急步圆场，京、昆、川、秦各剧种《活捉三郎》旦行的鬼步圆场，鄙人目力所及，大多是掌声一片。

说到中国戏曲的武功戏，的的确确不是真打，是"假"打，盖因那是舞蹈化了的动作，是程式化了的演绎，是刀枪剑戟各类功夫的舞蹈展示。"武功"云云，其实是"舞功"。这是常识，是连小学生都懂得的中国戏曲的"人之初"！以其"假"而贬之、斥之、废之、改之，实在是闹了个不折不扣的大笑话。

运动会中、竞技场上的种种貌似真打的打斗，拳击也好，摔跤也好，跆拳道也好，重剑花剑也好，看起来比凶斗狠，玩了真招，有时候打得头破血流，也不排除偶尔会出人命，但归根结底还是"体育项目"，是一堆"假打"，有规则限制，有裁判把关。只不过较之中国戏曲，少了些艺术性罢了，当然，这类争强斗胜，其兴奋点并不在艺术欣赏就是了。

也有"演戏"而真打的，其典型莫过于50年前"文化大革命"中的"文攻武卫"！被别有用心的人倡导、鼓励和操纵，货真价实地"真打"起来，动刀动棍，动枪动炮，到底打死打伤了多少人，谁能说得清！而这段令人不堪回首的辛酸往事，这番如假包换的"真打"活剧，谁愿意再次看到！这番惨剧，谁愿意它重演！

2017年8月7日

（原载《北京杂文》2017年第3期）

"拔高"难免失真

一个时期以来，人们对荧屏上不时出现的"抗战神剧"颇有微词，什么"手撕鬼子""裤裆藏雷"……怎么新奇怎么写，怎么解气怎么来，全然不顾历史的真实，甚至不管生活的常识。"神化"英雄，"矮化"敌人，原始意图也许并不坏，但效果却适得其反，只博得人们"低能""弱智"的慨叹。

幸运的是在戏剧舞台上，我还真没发现完全够格的类似"神剧"，也似乎没在舆论场合有任何相应的风波涌现。

然而也不可掉以轻心，把话说满说绝。够格的虽无，但某些负面影响却有，那就是有意无意地"拔高"——对于称颂的正面人物；花样繁多地"贬损"——对于被谴责的反面形象。

不久前，我看过一出歌颂红军长征英烈的戏曲，时值庆祝建军90周年的当口，又是家乡戏剧人颂乡贤，当然满怀激情，极力赞扬，但这部戏曲忽视了分寸感的把握。比如这位英烈出身箍桶匠，会耍斧头，剧作便在斧头上大做文章。长征中入黔、滇、川之际，为攻城，硬让斧头将军扔出斧头，砍断敌方吊桥的绳索，吊桥落下，大军一举攻入城池。实话说，这技艺也太神乎其神了，这仗也太轻而易举了。不仅如此，台上武功"开打"之际，导演还硬派他手执短柄斧头，应对三位手拿钢枪的白匪军，英烈之神勇，敌方之愚钝，更加难以让人信服。人们熟知贺龙元帅造反之初是两把菜刀起家，然而此后几十年的征战中，贺老总绝不只是耍他那两把菜刀！写敌对方也不宜仿"手撕鬼子"的套路，将对方简单化、脸谱化、低能化。须知武松打虎，打的是真正的吊睛白额大虫，如果打的是几只病猫，也就绝不能称英雄了。打"老虎"不是打"豆腐"，道理并不难懂，但应用到剧作中，却往往忘记了，值得提醒提醒。

联想起十几年前看过一出戏，写鲁迅先生笔下的"孔乙己"的大戏。扮演孔乙己的是一位获得梅花大奖的极出色的女小生，她为了形象逼真，硬是牺牲了一头秀发，剃了个光头。如此执着于艺术奉献，实在令人钦佩不已，我在研讨会上就由衷赞扬过。

然而编导为了让这位窝囊一生、穷酸一世的旧知识分子有点起色，硬加给了他"惊世骇俗"的一笔：让他无意中获知反动的政府当局要抓捕"鉴湖女侠"、革命家秋瑾的时候，狂奔而去，找秋瑾通风报信！并作为全剧高潮，大加渲染。尽管未能改变秋瑾被残酷杀害的既定结局，却使得孔乙己形象发生了质的飞跃，思想境界提高了，生命中的亮点展现了，人生价值发生转折并突出了……

然而我要大写特写这个"然而"！这种"拔高"，我以为从根本上说是帮了倒忙！是极大地降低和贬损了"孔乙己"形象的典型意义和无可代替的历史价值！

须知按鲁迅先生原著，这位孔乙己先生是生不逢时的，生在辛亥革命推翻了清政府，结束了几千年封建统治之际。其时，科举制度废除，"学而优则仕"的道路断绝，旧知识分子、老式读书人都茫然了。孔乙己便是个中的典型代表，四体不勤，五谷不分，科场停办，出路无存。他抄书、偷书，被打折了腿，最后沦落得不知所终，大体是暴尸荒野，做孤魂野鬼去了。

孔乙己是极其可怜的、可悲的。作为封建科举制度的牺牲品，他的全部价值在于血泪斑斑地揭露和控诉了封建科举制度，谴责和鞭笞了那个写满了"吃人"两个字的历史！

他的思想境界"拔高"了，也就失去了这一典型人物的认识价值和警示意义了，从根本上说也就违背了鲁迅先生的原意，形成了对原著的曲解和不尊重。

好心有时也会把事情办错，这是否可算作一例？

写到这里，我还想起了另一段往事。一位编剧名家将柔石的代表作《为奴隶的母亲》改编成一部戏曲。导演、主演、音乐创作、舞美设计等都极出色，剧种的品位也因而提高。但我却对改编本有所保留，盖因这部以《典妻》命名的甬剧，把"穷汉穷得只剩下典当妻子"和"典到财主家为妻"弄混淆了。

按柔石原著揭示的江南曾经有过的陋习，有钱人家担心绝后，花钱典来穷人家的女子，充当生育工具，一旦有了孩子，便净身出门，是为性奴，也是劳作的苦奴。其身份当然不如妻、妾，只是"奴隶"而已。甬剧《典妻》却让财主家的原配妻子让出正房，"典"来的"性奴"红布盖头，端坐帐前，堪比明媒正娶；更把这位粗手砥足的穷汉子的老婆写成一个千娇百媚的美女："手如柔荑，肤如凝脂""齿如瓠犀，螓首蛾眉"，再加"巧笑倩兮""美目盼兮"，等等。如此这般，把事物性质完全弄颠倒了，这层压迫和被压迫、凌辱和被凌辱的血淋淋的买卖关系、租赁关系，被温情脉脉的纱幕掩盖了。

这些看法在中国戏曲学会为之颁发学会奖的研讨会上，我曾表述过。此前，面见编剧的时候，也曾率直谈及。文章交了卷，但研讨文集弃之不取，是怕听不祥的乌鸦啼鸣吧。

我则至今不悔，而且愿意重申："拔高"，无论出于何种动机，只能适得其反。失真导致失信，并不可取。

2017年8月4日

（原载《中国文化报》2017年9月25日）

康式昭 著

艺海静言集 下

文化艺术出版社
Culture and Art Publishing House

目 录

才 智 篇

297 我学我思
　　——向新凤霞大师致敬

301 我看川剧《欲海狂潮》
　　——一则记录零星思考的文字

307 "西京三部曲"
　　——戏曲现代戏的里程碑

309 改编高手　剧坛留香
　　——赞歌献给我的杰出老乡隆学义

311 跌落死亡深渊的蘩漪
　　——我看黄梅戏《雷雨》

317 姜朝皋的一、二、三、四
　　——杂说戏剧人漫笔

323 浅议姜朝皋历史题材剧作的追求

326 鉴别·扬弃·求新
　　——就传统剧目改编看婺剧青春版《穆桂英》

328 "青衣"：回归戏曲舞台
　　——杂议陈俐和赣剧《青衣》

335 云水襟怀　松柏气节
　　——我看曲润海新作《云水松柏续范亭》

337	从春唱到秋　壮歌醉神州
	——喜看评剧《从春唱到秋》
341	从"补锅"到"铸鼎"
	——戏说李莉　下笔千言
344	抒"我"心中的涌动
	——旁观吕育忠写《将军道》和《七步吟》
355	余笑予：我那奇才怪才"老庚"
361	张曼君导演艺术拾羽
	——几行提纲式的答卷
365	锡剧《一盅缘》拉杂谈
	——观后信笔
373	喜看川剧版《江姐》辉耀舞台
378	闪光的婺苑　幸运的美兰
	——《梅韵兰心》集编后絮语
385	赏心乐事玉山行
	——恭进"潘凤霞艺术纪念馆"记所得
389	喜攀"大树"登巅峰
	——再评李梅
391	"戏比命大"的追戏人
	——小记川剧"梅花"、朝鲜族女娃崔光丽
397	南国黄鹏　"梅"榜魁首
	——说说我所知道的吴非凡
403	喜看"80后"成为戏剧舞台中流砥柱
	——观赏第27届争"梅"竞演有感
410	柏坡情浓　淑梅艺美
	——看评剧电影《西柏坡》
414	追求戏剧艺术的最高境界：保留
	——寄语王惠
416	"梅花"开在民间　三晋绽放奇葩
	——说"嫦娥民营剧团"及其佳作《龙兴晋阳》

419　群星璀璨　辉映南国
　　　　——贺全国第十五届"群星奖"
422　王晓平的兴团"六抓"
　　　　——记一个杰出的剧团管理人才
430　生机勃勃正青春
　　　　——贺中国评剧院60华诞
437　喜看戏曲现代戏阔步前行
　　　　——从一个侧面盘点戏剧战线改革开放40年
445　历史和道德的双重观照
　　　　——评白剧《白洁圣妃》
449　我看晋剧《刘胡兰》
　　　　——剧目座谈会的发言摘录

品 评 篇

455　时间，帮我读懂了老校长
　　　　——看越剧《马寅初》
457　看《红缨》，怀念恩师邓拓
460　丰收的检阅　绚丽的风采
　　　　——喜看2011年全国现代戏优秀剧目展演
464　一出极富特色的好戏
　　　　——湘剧《李贞回乡》观后
466　巧手育出　繁花似锦
　　　　——喜看江苏剧苑
469　开掘犯罪心理　尽展武行特色
　　　　——看昆剧《公孙子都》
474　和谐颂　正气歌
　　　　——赞商水豫剧团现代豫剧《天职》
478　货郎担里乾坤大
　　　　——评现代婺剧《鸡毛飞上天》

482	人生尊严的悲情壮歌
	——看评剧《风雪夜归人》
485	巧绘畲乡锦绣天
	——喜看畲歌剧《七彩畲乡》
488	喜看"狸猫" 又翻新篇
	——杂议绍兴小百花越剧版《狸猫换太子》
492	戏曲现代戏的成功范例
	——评甬剧《宁波大哥》
497	筑乡贤丰碑 谱甬商新曲
	——谈甬剧《筑梦》溯及《宁波大哥》
500	精忠报国铸英魂
	——京剧《杨靖宇》观后
505	"呆人"自有"呆福"
	——看新版越剧《一缕麻》
510	品戏杂感拾零
	——第七届中国京剧节归来
518	第七届中国京剧节剧目点评
527	抗日英烈 光耀戏曲舞台
	——浅识抗战题材戏曲剧目
532	醋韵醇香"红高粱"
	——看晋剧《红高粱》
535	灵魂铸造的辛酸扫描和沉重反思
	——再看淮剧《半车老师》
538	我看"盐淮现象"
	——记录一些零星杂感
542	"乡音版":别样的《临川四梦》
546	迎来了戏曲艺术的春天
	——我看乡音版《牡丹亭》
548	撼人心魄的"反思图"
	——我看沪剧《邓世昌》

553　好一番精美的豫剧盛宴
　　　　——中国豫剧优秀剧目北京展演月启示录
558　展现新时代的上甘岭精神
　　　　——赞话剧《塞罕长歌》
562　一出"有筋骨、有道德、有温度"的佳作
　　　　——我看赣剧《青山为证》
565　一袭宫锦袍　别样君臣情
　　　　——喜看婺苑新花《宫锦袍》
570　回顾曾经的苦难　珍惜新时代满目春光
　　　　——我看淮剧《半纸春光》
573　好一曲"绿水青山"的热忱礼赞
　　　　——喜看黄梅戏《青山鉴》
578　大美人性　绝美展示
　　　　——看《保婴记》《水莽草》有感
582　回顾：二十多年前的一番呼吁
　　　　——再呈拙文《"炒一炒"汤显祖》
586　采撷生活浪花　织成七彩锦绣
　　　　——评小戏小品展演
589　立足学院资源　尽展艺术才情
　　　　——我看南昌大学赣剧新篇《红珠记》

附　录

595　母亲：为我种下了第一缕民族文化的基因
599　种下民族文化的根
　　　　——杂忆童年的文化熏陶和浸润
603　笔耕不辍著作等身　情系桑梓辅掖后辈
　　　　——资中籍作家康式昭及其创作评介

613　后　记

才智篇

天生我材必有用。
——唐·李白

不拘一格降人才。
——清·龚自珍

我学我思
——向新凤霞大师致敬

2018年4月7日，中央电视台第四套节目《中国文艺·周末版》播出了《向经典致敬：新凤霞》。本人凑巧被邀参与了节目录制，好难得的学习机会，好一番幸运降临！我打心眼里喊出：向大师致敬，为经典助推！

事情的缘起是2017年11月中旬，央视四套的导演刘小兰、副导演李小珊来我家，约请我作为嘉宾参加节目录制团队，说点理论阐释性的话。我惶然拟拒，但大师的人格魅力激励我，姑且作为一次学习之旅吧，我应承了。当月月底初录，四个月后播出。

新凤霞老师引发我思考的第一题是什么是文化？她有没有文化？这是针对新中国成立之初而言的。

新凤霞，1927年生于苏州，后被人贩子拐卖到天津，在贫民窟中长大。6岁开始学京剧，13岁改学评剧，15岁担任主演。为了生计，为了替卖糖葫芦养家的父亲分忧，她闯荡江湖，撂地卖艺，过早地担起了支撑穷家的重担。没钱上学，没法识字学文化，然而她果真没文化吗？……唱响京畿并红遍全国的崭新评戏《刘巧儿》，促我思索。

1949年北平解放。新凤霞来到北京，组建凤鸣剧社并任主演，旋改北京实验评剧团并任团长，她是以极大的政治热情和感恩思想投入中华人民共和国文艺大军的。她把刘巧儿的故事搬上舞台，就是要配合新颁布的《中华人民共和国婚姻法》做宣传，就是要破除包办婚姻的陋习，就是要树立婚姻自主的新风。一句话：她要尽自己所长报答翻身解放的大恩。而这一切不正好发挥了文艺的正能量吗？她有文化，拿手的戏剧文化！她懂文化，文化的本质就是"以文化人""以文化心"；"以文正己""以文育人"！她会用文化，以"春风化雨""润物无声"的艺术化解人们心中的疙瘩，开启人们的心智。而这些是她无师自通般地自己体察出来的。我把这点想法在与主持人孟盛楠的对话中表述了出来，当时还担心脱离原策划书"跑题"了呢，下来见到刘导忙表示歉意，刘导一笑说："跑得好……"我这才放心了。

"无师自通"是基于她对新中国的热爱，对党的热爱，这是出于她内心深处最为真挚的情感。人们都知道她的人生境遇极为坎坷。1957 年 30 岁之际，被错划为右派；"文革"中又遭到造反派和红卫兵的抄家、批斗；1975 年 48 岁之际，因脑血栓病发导致偏瘫，从此便离不开轮椅而永远离开了舞台；1979 年 52 岁之际，才彻底平反；1982 年 55 岁之际，终于实现毕生愿望，被批准加入中国共产党，从此在党的阳光照拂下，生活在党的怀抱里！一个从旧社会最底层走过来的民间艺人有了幸福的归宿。1998 年 4 月 12 日，她以 71 岁高龄离开人世之际，当无遗憾了吧！

新凤霞老师引我思考的第二题是何为"新派艺术"？"新派唱腔"是怎么来的？

我和中国评剧院是有着 50 多年交情的老朋友。戏常看，天常聊。深厚友谊是在日积月累中增长的，相关知识是在不知不觉中得来的。新凤霞大师以及她诸多弟子（谷文月、刘秀荣、罗慧琴、王向阳、咸红杰、高闯等）的许多戏都是得看就看、久看不厌，还分别写过一些赏析文章，也算个"新派"老粉丝吧。

全面界说"新派艺术"力不能及，说说"新派唱腔"倒有点体会，姑妄言之。

我以为就唱腔论，一是富于创新精神，不断奉献新板式、新唱腔；二是演唱特色独具，色彩绚丽多姿。新凤霞是公认的大师级评剧表演艺术家，也是评剧艺术改革创新的开拓者、领路人。她经历了从旧中国到新中国的嬗变，也让老评剧实现了表现新时代、新生活、新人物的升华。结合剧目的需要，她首创、奉献了一批新板式、新曲调。如《乾坤带》中创演了"凡字大慢板"，《无双传》中创演了"反调大慢板"，《春香传》中创演了"三拍子"调，《金沙江畔》中创演了"格登调"，《调风月》中创演了"蜻蜓调"，《三看御妹》中创演了"降香调",《六十年的变迁》中创演了"送子调",《志愿军的未婚妻》中创演了"锄草调",以及久负盛名、常用常新的疙瘩腔……这些新板式、新曲调极大地丰富了评剧唱腔艺术,拓展了评剧的表现力,为评剧走向大剧种做出了突出的贡献。

就演唱来说,新派唱腔以清新、秀丽、圆润、甜美见长,玲珑剔透、婉转回旋、极富华彩。演唱如泉水淙淙,韵味绵长,又似春风化雨,沁人心脾。听新派咏唱能醉人!这些我在节目中摘要说了几句,因时间所限未能多说。

身残后的凤霞大师,一是绘画写书,一是传艺收徒,都硕果累累,令人仰慕。前者有《新凤霞回忆文丛》四卷,《舞台上下》《新凤霞卖艺记》《苦与乐》《艺术生涯》《我与吴祖光》《绝唱》《新凤霞说戏》等,累计约400万字;后者有入室弟子高闯现身说法。她入住老师家半年,老师管吃管住、包教包学,分文不取,还帮她联系工作,调入中国评剧院。当今说起孩子们的课余辅导,那收费之高之繁,家长们谁不谈虎色变!普天之下还有如此这般倒贴收徒的吗?有,凤霞大师榜样在!据我所知,这还不是特例。唐山市评剧团副团长、"梅花奖"得主罗慧琴亲口告诉我:1991年,她成为新派第49位入门弟子,一束鲜花,一杯清茶,在老师家举行了正式拜师礼。1998年,央视春节戏曲晚会选定她表演《花为媒》"洞房"一段,老师获知,立即叫她住进家中,一句句点拨,一点点抠戏,一住五天,而新老师已年逾七旬!

再补充一件小事吧。在央视四套节目中,大师长子吴钢介绍了新凤霞青年时代"让台""给人留饭"的风格;2017年,大师九十冥寿之际,幼子吴欢在微博中透露,针对"文革"中的"抄家打砸",大师生前曾说:"苦难都过去了,我也残疾了,怪她们有什么用?原谅她们吧!"

何等高尚的宽厚仁慈精神啊!由此联想起了我和杜高、高闯在央视四套节目中奉上的"致敬词":

　　一生饱尝磨难,却用最甜美的歌声给人间留下佳话,
　　阅尽三千浮华,终不悔繁花落尽后的那份清新淡雅。
　　常叹人生如戏,可戏中的桥段远没有这人生复杂,
　　都说艺海无涯,惟坚强的心才能迎来新的彩霞!

是哩,她,为戏,是为经典;为人,堪称楷模!
我愿向经典致敬,为楷模鞠躬!

2018 年 4 月 14 日

(原载《中国文化报》2018 年 4 月 23 日)

我看川剧《欲海狂潮》
——一则记录零星思考的文字

一

川剧《欲海狂潮》改编自美国著名剧作家、被誉为"戏剧之父"的尤金·奥尼尔（1888—1953）的名著《榆树下的欲望》。

蜀中才女、著名剧作家徐棻果然不愧为改编高手，根据长篇小说《死水微澜》改编的同名川剧成为川剧改革发展中的里程碑式的作品；改编自传统戏《大劈棺》（曾因色情、恐怖被禁）的《田姐与庄周》被赞为"化腐朽为神奇"的典范之作；早期的《燕燕》，中期的《红楼惊梦》，近期的《红梅记》等，都是改编自文学名著和传统老戏的成功实例。

然而《榆树下的欲望》的改编则与以前的大不相同，但她硬是啃下了这块硬骨头，成就了这部改编难度极大而又改得极好的川剧佳作。

二

多年来，改编外国名著搬上我国戏曲舞台，多个剧种做过多次尝试，也取得了不同的成绩。有的成就喜人，如改编自莎士比亚名著《罗密欧与朱丽叶》的云南花灯戏《卓梅与阿罗》就获得过"文华新剧目奖"；有的却委实不大敢恭维，不过就算演两场封箱，交了学费，教训也是财富，这种尝试也应予肯定。而且不同的引进、整理、改编，应该有不同的评价标准。说句不怕得罪人的话，就我视力所及，以艺术成就而论，照猫画虎者多，别出心裁者少；删繁就简者多，创造奉献者少；疙疙瘩瘩（或曰"格格生生"）者多，贴切入理者少……

川剧《欲海狂潮》则有所不同，我以为改编实现了"三化"：美国故事中国化、中国故事戏曲化、戏曲故事川剧化。

三

改编者把原本发生在美国新英格兰农村地区的故事搬到了中国，种种纠葛在一群中国人中产生，看起来却是地地道道的中国作风、中国气派，语言、气度、风情、民俗，家长里短、举手投足、钩心斗角、干架斗殴……无一不似发生在我们身边，无一不姓"中"。而人物关系、情节结构、故事发展，特别是思想内涵、悲剧底蕴，又无不来自原著，无不忠于原著。

即表面上既姓"川"、姓"中"，骨子里又姓"奥"、姓"美"。改编外国名著能够达到这样的境界非常非常难得，我是十分敬佩的！

四

引进《榆树下的欲望》可以依旧以话剧样式出之。20多年前，我看过北京人民艺术剧院同名话剧的演出，十分精彩。它基本忠于原著，只是依照中国观众的欣赏习惯，做了些压缩精炼。一群经过化装"变"成的"美国人"，搬演着一幕幕地道的美国式悲剧。引进而已，并非完全意义上的改编。

然而要呈现在中国的戏曲舞台上就大为不同了，最起码必须改变演出样式，要进行一番艺术再创造。当然也可以保持原汁原味、原人原事，只要加上戏曲的唱——让外国人张嘴唱中国戏就是了。从外国话剧到中国戏曲，自然不仅是引进，而是改编和创造。

川剧《欲海狂潮》则更进了一步，是一些"中国人"在用"中国歌舞"演绎"中国故事"，这就需要寻求原著《榆树下的欲望》和川剧版《欲海狂潮》的内在相通处和契合点。

改编者把握住了奥尼尔剧作常用的象征手法，巧妙地将它和中国戏曲的写意、虚拟、假定原则结合起来，达到了虽不讲形似却更为神似的效果，可以说结合得自然和谐，又发挥得淋漓尽致。

在戏曲化方面，《欲海狂潮》按"立主脑，去枝蔓"的要求：一是人物更为集中。剧中有名有姓者仅有四人：蒲兰、白老头、白三郎、茄子花。靠四个人之间的恩恩怨怨、争争斗斗谱就了一台好戏。二是情节更为集中。删减了枝蔓，削去了大量心理学的议论，使之更为紧凑，更为紧张，也更加抓人。（此处点出而已，恕不细说）三是尽量删减对白。与此同时，也就给演唱腾出了时间，特别是突出重点唱段。让演员尽情挥洒，尽显戏曲特色。四是布景虚化，全剧采用中性平台，加上极少量实物道具。五是表演虚拟，既为戏曲，自当尽显表演本色。

其中第四、五两条的典型体现是蒲兰和白少爷的隔墙相思、翻墙幽会。那"墙"却早已"虚化"，只存在于演员和观众的心中。二人间的一系列大动作——隔"墙"偷窥，抚"墙"（俩人完全是手掌对着手掌）相思，穿"墙"相拥等，仅仅依靠演员的表演来完成，而稔熟中国戏曲特色的观众们也完全认可了。川剧化方面，我只强调一点，即该剧原本采用川戏五大声腔体系"昆、高、胡、弹、灯"中的弹戏，为了尽显川剧特色，这次加工特地改用了高腔。"帮打唱"的出色发挥为该剧增色不少。

如果细抠起来，光是声腔设置的这一番"改"也许就可以条分缕析地做一篇大文章，诸如高腔特色、演员演唱、展示心情、推进矛盾、营造氛围，以及帮腔在剧中的多种功能、多样作用的充分发挥……且留待有心人吧。

五

改编本《欲海狂潮》的重大发挥和贡献是将原本存在于人们内心的抽象的欲望化为具体的人物形象。

据了解，改编者的初始意图是：有感于当今市场经济中，我国也出现了人欲横流的现象，希望通过本剧促使人们思考。正常的欲望会推动社会进步，无限膨胀的欲望却会摧残他人、破坏社会，也会给自己带来灭顶之灾。剧中虚拟的形象"欲望"不仅将剧情一步步引向深入，也在一遍遍探究着剧中人的灵魂时拷问着观众的内心。有一个令人思索无限、魅力无穷的哲学命题："如果没有欲望，你将怎样生活？如果只有欲望，生活又是什么？"于是"欲望"作为一个特意设置的有形又有声的人（剧中第五个重要角色），掺和进了故事演进之中，而且起了极为特殊的推波助澜、画龙点睛的作用。诸如：她将人物的心灵外化；她将人们心中的"鬼"化为活动的人；她有形地展现人物隐秘的内心争斗；她一再促进人们的恶欲膨胀；她放肆地教唆人们为私利去犯罪；她是我们熟悉的中国戏曲中，有些特定人物在戏剧故事行进时跳出跳进手法的一大发展和另类展示；她有助于观众，特别是普通川剧观众，对剧作深刻内涵和永恒哲理的把握和了解，如此等等。

总之，她不愧为剧作家徐棻的又一极有价值的艺术创造！我是举双手赞成这一设置的！正好手头存有一则资料，1989年12月，成都市举办过一届奥尼尔戏剧艺术国际研讨会。会议期间，成都市川剧院就曾将新排的《欲海狂潮》作为大会内部的专场演出。当时距奥尼尔去世还不足50年，作品仍在著作权的保护期内，故未做商业公演。美国驻成都领事馆代总领事季瑞达（Kenneth Jarrett）、文化领事郭克（Mark Crocker）和夫人观看了演出，他们都对改编本大为称赞，特别赞赏"欲望"的处理。季瑞达说："'欲望'的出现很有创造性，原作中没有这个形象，这是你们的创造，也符合奥尼尔要表达的意思。"当议论一般观众对"欲望"这一形象的理解时，作者表示，一般观众当然不懂它是意念的形象化，是表现主义与象征手法的一种结合。他们有的说它是鬼，说是鬼怂恿他们干的。比如有的说它是三郎母亲的冤魂，要三郎替她报仇；有的说是代表一种不可知的力量，在冥冥中操纵人们的行动……郭克当即表示："这也是相通的，和你的意思完全是相通的。"

美方观看人员的结论是：这个戏既有原著的东西，又有戏曲的特点，觉得比话剧更好了。看起来不生硬、不别扭，像是你们自己的东西，不像是外国的东西套上中国的服装，显得很统一，很完整。

这出原本姓"美"的剧目大改之后，被"老美们"认可了。

六

我还想对演出阵容说上几句。

这出戏人物不多，却行当齐全、阵容强大、青春靓丽、个个出色。蒲兰由

"梅花奖"获得者、著名青衣正旦陈巧茹担纲；白老头由"梅花奖"得主、著名花脸演员孙普协领衔；白少爷则由当今川剧行极具实力的小生演员王超担任。这三位被首都戏剧界一些专家誉为珠联璧合的"铁三角"，有的甚至戏称他们为"金三角"。巧的是，他们三位也同是剧院同期推出的另一出重点剧目《红梅记》的主演——巧茹饰李慧娘，普协饰贾似道，王超饰裴生。据我所知，人们大都称赞有加。担任茄子花的花旦演员马丽也颇具实力，在川剧《山杠爷》中饰演恶媳妇时，就凭其出色表演给人们留下了深刻印象。这次在《欲海狂潮》剧中，她借用了彩旦的夸张的艺术手法——上蹿下跳，屡挑事端，于总体的大悲剧中调剂了喜剧色彩，为全剧增色不少。2008年，她演出了个人专场，尤多好评。总之，在这些中青年演员身上，我们实实在在地看到了古老川剧的前景。"出人出戏走正路"，此之谓乎？

七

回过头来，再说说《欲海狂潮》剧的现实性。

奥尼尔的原著旨在揭示金钱万能的资本主义世界，人间恶欲造成的重重悲剧和人生灾难，具有很强的批判价值和永恒的认识意义。今天，在市场经济下人欲横流的中国，我看它也极具现实性、训诫性。

一些地方、一些人群中不也在不断地上演着这样那样的类似白老头家的悲剧吗？"钱，不是万能的；没有钱，却是万万不能的！"追逐金钱的恶欲以及不择手段的夺取，不也让人眼花缭乱吗？不也常常是惨不忍睹吗？还是作者借"欲望"之口喊出的那句话："如果没有欲望，你将怎么生活？如果只有欲望，生活又是什么？"

八

我以为就思想艺术价值论，《榆树下的欲望》完全可以视为具有普遍意义的警世之作。

成都市川剧院和剧作家徐棻是有心人。引进、改编，正应了我国的一句俗谚：借他人的酒杯，浇自己的块垒。

相信走进剧场的观众定会有各自的体会和收获!

2009 年 1 月 31 日

(原载《四川戏剧》2009 年第 2 期)

"西京三部曲"
——戏曲现代戏的里程碑

朋友们谈到"陈彦现象",我赞成。"现象"的载体便是他十几年来倾力奉献的《迟开的玫瑰》《大树西迁》和《西京故事》,即"西京三部曲"。我认为综观近一个世纪以来戏曲现代戏发展演进的历史,它们堪称直面当今题材的新的里程碑。

这三出戏成就斐然,各有千秋,却遭遇不同,经历各异。

论思想震撼力,首推《迟开的玫瑰》。该剧在"告别革命""躲避崇高"的高论几乎主宰文坛的氛围下,在"住别墅的女人""白领丽人"等女强人充溢荧屏的大潮下,讴歌了一个父瘫母丧、为抚育弟妹而毅然放弃名牌大学、顶岗入厂的中学生,坚守16年方嫁人成家。故事催人泪下,是一部反潮流的佳作。我的第一感觉是作者引爆了一颗精神原子弹!然而初期却遭到一片"砖头",作者简直是欲哭无泪。直到今天,也还有人以种种口实加以贬斥。

论历史厚重感,当属《大树西迁》。作品以上海交通大学西迁西安为背景,描写了孟冰茜一家祖孙四代拓荒西部"献了青春献终生,献了自身献儿孙"的崇高与圣洁,讴歌了我们民族的脊梁。时间跨度整50年。然而折腾最多的也数该剧,以眉户样式推上舞台后,又改为秦腔,剧本调整,导演换将,舞美另制。多方努力,方成"正果"。

论现实针对性、生活迫近感、舞台亲和力,则数《西京故事》。作品凭借农民涌进城市谋生,描写了当今社会转型期的大趋势、大动荡、大潮流,映射出经济社会发展的总体走向。

改革是利益格局的大变动，人际关系的大调整。作者撷取了改革浪潮中的几朵浪花，画出了历史前进的动态身影，揭示了社会的某些本质方面。可以说，剧作不是简单的打工文学，不是靠写艰难写苦难去博取同情，一如许多习见的作品。作者站得更高，看得更深，想得更远，即所谓思虑者远，着眼者近；想象者大，着笔者细。

这是一部引发思考的剧作，而不是提供答案的作品；不是单一的线性思索，而是多侧面的多元拷问。

但也有一条主线贯穿其间，即通过罗天福的丰满多彩的艺术形象，通过生动鲜活的感人细节，着力展示了农民们的勤奋（东方老人为打拼动作所做的天文数字般的统计，深意存焉）、诚信（在赔付女房东意大利皮拖鞋中有所展示）、尊严（儿子罗甲成面对城里富家子弟们"帮困"的"出逃"等）、坚守（千年唐槐、700年老紫薇的守护，以及最终回乡蕴含的对精神家园的坚守等）。

总之，透过这部作品似乎看到了"形象大于思维"的文学现象。有些东西作家也许没完全意识到，但艺术形象已经告诉了我们，启迪人们去思考，去寻求。

2012 年 3 月 19 日

改编高手 剧坛留香
——赞歌献给我的杰出老乡隆学义

闻知学义仙逝的信息,悲痛不已。川剧剧坛之大不幸,成就卓著的大导演谢平安刚走,著名花脸大哥大孙普协又离去,再加上编剧大家隆学义故世,编、导、演三位重磅级人物跟踪结伴西去,又恰当戏曲步履维艰、川剧振而未兴、振而待兴之际,怎不令人痛心疾首!

和学义交往30年有余,挚友也。我一向尊崇他的才华,敬重他的勤奋,钦佩他的成就。毫不夸张地说,我几乎看过他所有新作,也认认真真写过多篇文章来抒发观赏心得和学习体会。

学义的成就是多方面的,他写话剧、小品,也写戏曲、曲艺,如川剧、汉剧、黄梅戏……多有佳作问世。他致力于原创,更擅长改编。在我的印象中,他的改编作品成就最为突出,获奖更加丰硕。我认为尊之为戏剧改编大家当不为过。

就原创来说,我观赏过他为重庆市话剧团创作的话剧《河街茶馆》,看过他为遵义川剧团写的《苍山如海》,为民中川剧团写的《布衣张澜》等;就改编来说,看得更多,如根据话剧《原野》改编的川剧《金子》(重庆川剧院首演)、根据同名话剧改编的黄梅戏《雷雨》(安徽省黄梅戏剧院演出)、根据古典小说《金瓶梅》改编的广东汉剧《金莲》(广东汉剧院演出)、根据话剧《日出》改编的川剧《白露为霜》(重庆三峡川剧团演出)、根据长篇小说《家》改编的川剧《鸣凤》(重庆三峡川剧团演出),等等。这些戏有的荣获"文华大奖"、"精品工程入选剧目奖"、"优秀保留剧目奖"(如川剧《金子》);有的荣获"文华剧目奖"（如川剧《鸣凤》）；"中国艺术节优秀剧目奖"（如黄梅戏《雷雨》，同获精品工程奖）。有的剧本还获"曹禺戏剧文学奖"，演员则斩获戏剧"梅花奖"。如依托《金子》，沈铁梅获"二度梅"，其后又获"梅花大奖"；谭继琼依托川剧《鸣凤》"夺梅"，蒋建国也依托黄梅戏《雷雨》获"梅花奖"。

总而言之，隆学义先生的的确确称得上戏曲获奖专业户。如今，斯人仙去，悲乎，痛乎！

说起改编，我想先摆明我的一个谬见。我认为，相对于直接来自生活的原创而言，就戏曲这一特定范围说事、改编，是丰富戏曲舞台的快捷通道！是从事戏曲创作的一大诀窍！在一定意义上，一定时间内，一定条件下，要"走出原创崇拜"，大力提倡移植、改编——对于广大缺乏原创力的基层剧团而言，尤其如此。这些想法详见我发表于《艺术评论》2014年第8期的文章《改编：丰富戏曲舞台的快捷通道》，恳请指谬之，斧正之。

改编自然有高下之分，文野之分，粗疏与精致之分。改编也是创造，是在前人、他人创造成果基础上的再创造，其中的优秀者会在一定程度上甚至全面地超越原来所依据的作品。举个例子，徐棻的《刘氏四娘》就大大地超越了原著小说和旧时代的许多编创本，远离了某些集迷信、色情、凶杀、恐怖于一体，宣扬封建伦理道德的坏戏（新中国成立后被定为禁戏），实现了"化腐朽为神奇"的华丽升华。这一点我在《艺术评论》所载文章中也曾论及。

我认为，学义作为改编高手，本文前边提到的改编作品均属上乘之作。

2015年9月7日

跌落死亡深渊的羸马
——我看黄梅戏《雷雨》

一

曹禺先生当年在《雷雨》的序言中写道:"在《雷雨》里,宇宙是如一口残酷的井,落在里面,怎样呼号也难逃脱这黑暗的坑";《雷雨》所显示的,并不是因果,并不是报应,而是我所觉得的天地间的'残忍'";这些人"泥鳅似地在情感的火坑里打着昏迷的滚,用尽心力来拯救自己,而不知千万仞的深渊在眼前张着巨大的口";"他们正如一匹跌在沼泽里的羸马,愈挣扎,愈深沉地陷落在死亡的泥坑里"。"一切都走向极端,要如电如雷地轰轰地烧一场,中间不容易有一条折衷的路。"先生指出:"代表这样性格的是周繁漪,是鲁大海,甚至是周萍!"

也许这是一把钥匙,是打开认知原著话剧《雷雨》大门的钥匙,也是打开解读黄梅戏《雷雨》之门的钥匙。稍加思索,我们明白了,何以隆学义先生制作黄梅版之际,会把眼光聚焦在周萍身上,会把周萍置于全剧的中心——这自然是基于为主演蒋建国量身打造;但能做此选择,不正因为"周萍"也如曹禺先生所言,是一匹"跌在沼泽里""愈挣扎,愈深沉地陷落在死亡的泥坑里"的"羸马"吗?如此看来,作为改编的再创造,编者不正是做了别出心裁、视角独到,也是有根有据的选择吗?当然,问题不在如何写,而在写得如何。

这让我联想起了隆学义对曹禺另一著名话剧《原野》的改编,化为川剧《金子》。先生不愧是名著改编高手,这两部改编本都玩了相似的花活:"主角换位""阴阳倒错",也都取得了非同寻常的成功——双双携手成为"国家舞台艺术精品工程重点资助剧目",跃升"精品",同获重奖!川剧《金子》第一主角由彪悍的复仇汉子仇虎,变为纤柔的弱女子金子;在黄梅版《雷雨》中,泼辣、偏执、率性而为的周公馆女掌门蘩漪在舞台中心的位置,则由游手好闲、优柔寡断的大少爷周萍取代。男女换位,阴阳颠倒,是巧合,还是有意为之?

主角换位必然带来相应的情节结构的调整。就川剧《金子》来说,从重新设置的序幕中,金子被逼出嫁之时,对情哥哥仇虎的凄绝呼唤;到煞尾之际,仇虎已死,她于茫茫原野中茕茕孑立,四顾茫然。金子始终处在舞台中心,导引推衍着矛盾情节的发展。就黄梅版《雷雨》而言,则起始于第一场"雷雨前"周萍、四凤的浓浓爱情,私赠荷包;终结于第五场"雷雨急",谜底揭穿,他彻底绝望,拔枪自裁。周萍成为黄梅版剧情的中心和引导。可喜的是,两者和谐自然、情通理顺,尽显作家功力。

主角换位,就作家来说,则是为了主题的深化和题旨的展延,这一点更为重要。川剧《金子》就在一定程度上对原著中的某些不足,如在同情弱者、惩处邪恶、伸张正义的同时,对"父仇子报""父债子偿"的冤冤相报的狭隘和"斩草除根"、滥杀无辜的良莠不分的过激做了调整和弥补。"剧作通过金子善良本性的展示,形象地对狭隘的复仇主义、恐怖的杀戮行为(特别是无辜婴儿小黑子之死)进行了保留和批评。这就深化和拓展了主题内蕴,给人们以新的思考和启示。"(见笔者1999年评《金子》一文,收入笔者文集《说戏·戏说集》)在黄梅版《雷雨》中,则突出表现了作家对人性的深层开掘和展示。论者称它"揭示了爱与恨的碰撞,展现出怒与怨的冲击,情的伤痛、愁的疯狂,暴露出的正是这深不可测的人性和无法描摹的人情"(周慧《中国戏剧》),有见地。但从根本上说,也都未能脱出曹禺先生自己的界定——人性在"残酷的井"和"千万仞深渊"中挣扎,终于陷入"死亡的泥坑"!

改编者隆学义先生沿着原著的导引,下了大的深化、强化的功夫,使之更集中,更突出,也更尖锐,更鲜明了。其中悲剧主人公——这匹堪怜的"赢马",在罪恶陷阱中的无望挣扎,对灵魂愧疚的叩问和自赎,对真爱的追求和向往,归结于那一声枪响——黑暗王国中一线光明的最终破灭……唱响了一曲深沉而凝重的人性之歌!

二

处于黄梅版《雷雨》中心地位的周萍,剧作对他有何新的开掘?赋予了他何等新的因素?

也许很多,也许称不上。比如它不像前边引述的川剧《金子》对原著的某些明显不足进行了弥补和修饰,对主题意旨有了新的解读和探寻。基于原著不同的基地,黄梅版《雷雨》并没有迈开那么大的步子,但有一点可以肯定:隆学义先生忠实而坚决地沿着曹禺先生的既定,集中了——就笔墨的专注而言,扩展了——就关键处即关节点的放大而言,进而升华了——就全剧的整体面貌而言。如果说这是新开掘,新因素,黄梅版《雷雨》的确告知了我们许许多多。

呈现在我们面前的周萍是熟悉的,但又有少许陌生。综观全剧,作者多侧面、多角度地展示了他心路跋涉的艰难旅程,丰厚而沉重,凄美而悲怆。他犯罪(出于怜悯而与继母偷情)—心死(自责却又难以摆脱的无奈)—沉沦(纵情于声色犬马)—复苏(期盼从四凤身上寻到真爱)—洗心(断绝继母兼情人的乞求和诱惑)—挣扎(决然离家出走,冲破周公馆黑暗囚牢)—至痛(获知这罪恶之家骇人听闻的种种罪孽)—自赎(灵魂叩问,却又欲赎而无可恕)—解脱(生命自戕为大悲剧画上句号)。这是贯穿全剧的经络和血脉,也是周萍的人生轨迹和终结。黄梅版《雷雨》精心经营的种种,最终成就了周萍更为丰满鲜活的艺术形象。我们从中不难体察到编者的良苦用心,窥探到作家的深厚功力。

周萍,何许人也?他身上体现和折射出了些什么?他也配站在舞台中央?如实说,这是个屡屡犯下人伦之罪的浪荡公子,无所事事且一事无成的阔少爷。他老爹周朴园的斥责和禁令揭穿了他的放荡和无行:"从今后不许赌博败门第!不许喝酒醉如泥!不许戏班狎浪女!不许走马与斗鸡!自古玩物最丧志,红楼歌馆当远离!"在外界,他吃喝嫖赌,斗鸡走马,可谓五毒俱全——这还只是老爷所掌握的!府内呢,一是和继母在后花园"闹鬼",长达三年,直至厌倦了这种见不得人的罪孽;其后又获取了天真无邪的侍女四凤的爱情,让这个同母异父的妹子怀上了他的孽胎,一如当年他老子周朴园让四凤之母、侍女鲁侍萍生下了他一样!他承继和发展了这罪恶之家的种种罪恶!

这让我们想起了19世纪俄罗斯文学中"多余的人"的艺术形象。在19世纪俄国文学长廊出现了一个特殊的"群体",从普希金长诗《叶甫盖尼·奥涅金》的主人公奥涅金,到莱蒙托夫小说《当代英雄》里的主人公毕巧林,到屠格涅夫小说《罗亭》中的主人公罗亭,再到冈察洛夫小说《奥勃洛摩夫》的主人公奥勃洛摩夫……被著名文艺批评家杜勃罗留波夫概括为"多余的人"(见杜勃罗留波夫著名文学论文《什么是奥勃洛摩夫性格?》)。这些出身贵族家庭的青年对贵族社会生活的空虚庸俗感到厌倦,却又无力摆脱这种寄生生活。他们失去了生活目标,无所事事、理想幻天、苦闷彷徨,只沉溺于醉生梦死的行尸走肉的境况之中。他们有时也会突发奇想,于虚幻中完成梦中伟业,却又多半是"言语的巨人,行动的矮子";有时也会做些自我剖析,祈求自赎,彳亍于"罪与罚"的痛苦绝望中,否定一切、玩世不恭、悲观厌世……他们是特殊时代的畸形产物,其全部价值就在于对造成这种畸形儿的社会制度的无声抗议和无情声讨。

显然,话剧《雷雨》的作者或多或少地受到过某些影响,在一定意义上,周萍完全可以纳入"多余的人"的艺术典型的行列,尽管他还有着某些新的特点。就共同点来说,话剧《雷雨》也是畸形社会的畸形产物,其价值也只是在认识层面即对旧制度的揭露和批判;而对社会制度的抗议而言,按剧本规定情境,周萍的自杀,那一声清脆的枪响,似乎更具抗争力和震撼力!——繁漪只是无情地揭开了疮疤,他却干脆来了一通爆破!论及周萍和俄罗斯前辈们的不同点,必须要指出的是剧作赋予了他对真爱的潜心追求,给予了他对新生的真切愿望及付出的种种努力,进而让我们看到了"黑暗王国中的一线光明",尽管是那么微弱,那么渺小,而且还终被无情地扑灭!

三

从话剧到黄梅戏,该剧实现了非常漂亮的转身。他们2007年赴日本静冈交流演出时曾引起轰动,被誉为"经典名著与中国戏曲的完美结合",此言不虚。黄梅版《雷雨》在戏曲化方面的努力和取得的成绩异常显著,弥足珍贵。

通常话剧是以语言和动作来表达思想、塑造人物来推动剧情和完成戏剧创作的,而戏曲的改编则涉及编剧、音乐、导演、表演及舞美等诸多方面,成功的改编是艺术的再创造。其间,剧本的戏曲化是为第一要素。这就要求大刀阔斧地删枝蔓，立主脑，简化情节，压缩对话，腾出演唱和表演的空间。同时，关节处还要扩展撑开，做细做透，力避坠入"话剧加唱"的俗套。一减一增，功力自显。

这方面，黄梅版《雷雨》做得相当出色。试看周萍、蘩漪单独相处的对手戏。在蘩漪爆发出"你最对不起的人是我，你曾经引诱过的后母"之后，周萍几近精神崩溃，呐喊道："不要再说了！我为什么还要活着？"作者让时间停止，安排了一大段背躬唱：

周萍　为什么拯救沉沦自沉沦？
　　　为什么助人拔苦苦更涩？
蘩漪　为什么情到浓时情更冷？
　　　为什么爱到深处爱分裂？
周萍　为什么迷途邪路越走越窄？
　　　为什么越走越黑越走越绝？
蘩漪　为什么屈从男权得施舍？
　　　为什么女人叛逆遭毁灭？
合唱　为什么向往光明坠黑暗？
　　　为什么追求美好变恶邪？
蘩漪　为什么真情真爱无处泄？
周萍　为什么血泪泪血心痛裂？
蘩漪　为什么伤心伤情一夜夜？
周萍　为什么总是廊桥水中月？
蘩漪　为什么万缕千丝丝未断？
周萍　为什么抽刀断水意难决？
帮唱　为什么？为什么？悔不迭，悔不迭！

这一连串 16 个"为什么"，可谓声声泪，字字血，道尽了心中悲苦，喊出了愤懑不平！

我注意到学义先生运用这种方法非常娴熟，除这番二重背躬唱外，还有多处三重对唱、四重对唱、五重对唱，最多的地方是全部主演的六重连唱，充分发挥了戏曲重唱的本色，尽显戏曲的优长。

顾名思义，"戏曲戏曲"，就是以"曲"演"戏"，以"曲"唱"戏"，以"曲"保"戏"。唱腔音乐设计和剧本编写一样，都应纳入剧目的一度创作。在我这个外行看来，黄梅版《雷雨》的音乐创作也非常成功，主要角色的主题音乐，形象鲜活，旋律动听。周朴园的专横伪善，繁漪的乖戾不驯，四凤的活泼善良，鲁贵的巴结谄媚，侍萍的不卑不亢……都借助音乐形象，活灵活现地展示了出来。特别是周萍的唱腔音乐，有相当大的发展和突破。黄梅戏一直是以女角为主的，因其音乐偏于阴柔绵长。周萍的音乐形象极富创造性，这是在传统黄梅音乐基地上广泛吸纳、迈向丰硕的重要成果。

中国音乐家协会书记处原书记、音乐理论家冯光钰先生有过极中肯的评价，引以为结："黄梅戏《雷雨》不仅体现在改编本的戏曲化上，同时也体现在它的音乐创作的标新立异上。正是由于这出戏音乐结构的活力、音乐形象的丰满，浓郁的剧种音乐风格以及音乐表现手法的多样性，才达到了堪与同名话剧媲美的艺术效果。"（载《新戏剧》）

想说该说的话似乎还有很多，比如这出戏的演出阵容非常可观，饰演周朴园的黄新德和饰演繁漪的吴亚玲都是资深戏剧"梅花奖"获得者，饰演周萍的蒋建国（安徽省黄梅戏剧院院长）更是以该剧勇摘"梅花"重奖。三朵"梅花"撑起一台戏，加上新秀何云（饰演四凤），想不精彩都难！而说到舞台总指挥、总调度——导演王向明，他和编剧隆学义早就是老搭档、老朋友了。两位大艺术家的合作，真个是得心应手、珠联璧合、优势互补、相得益彰！黄梅版的种种成功斩获，王导功不可没！

好了，篇幅有限，就此打住。

2013年7月10日

（原载《艺术评论》2013年第10期）

姜朝皋的一、二、三、四
——杂说戏剧人漫笔

　　暮春三月，莺飞草长。鹰潭，霪雨初霁、彩虹高挂。

　　俏丽如画的龙虎山下，聚集了来自全国的30多名文艺界、戏剧界、教育界等朋友，他们都奔向一个共同的目标：研讨鹰潭籍剧作家姜朝皋的戏剧创作，向他的"坚守与超越"致敬。

　　这次研讨会颇有些不同凡响，竟是由中国文联理论研究室主办！顾名思义，"中国文联"的"理论研究"，所辖者广，关注者众。专门为一个剧作家办"研讨"，我看不算唯一，也属稀缺！而上一次的"姜朝皋戏剧创作研讨会"（2007年）由中国艺术研究院主办，规格似乎更高。可喜的是，这两次盛会都给了我参与学习的机会，幸甚幸甚！

　　群儒毕至，妙论迭出。中国文联主办的《中国艺术报》，为此配发了图文并茂的专版。东谊主鹰潭市的喉舌——《鹰潭日报》的专版，更是特色独具。六份发言摘要提炼出六个标题，颇富匠心地给朝皋做了精彩而传神的"鉴定"：《德艺双馨　民族艺术的坚守者》《安于清贫　笔耕不辍的孺子牛》《潜心钻研　孜孜不倦的掘金人》《正气昂然　剧坛少见的创作人》《勤勉严谨　谦和憨厚的真名儒》《功底扎实　学识渊博的带头人》，好一幅神形兼备的肖像画！贴切、精到、周严！

　　对于"老而学习之"的本人来说，参与研讨，说了、听了、看了、想了，沉下心来，倒也理出了个姜朝皋先生的"一、二、三、四"，那便是：一身正气，两袖清风，三管齐下，四季丰收。会下，戏告朝皋，他竟笑而不拒。于是抛将出来，算是学习一得，也顾不得落入数字排列俗套、甘受肤浅游戏之讥了。

试解析之，先说一。这"一身正气"的首发权在《剧本》杂志主编黎继德那里。他说："朝皋为人正。作品中总荡漾着一股正气，弘扬着一种正义。"这"首先得益于他本人正确的世界观与人生价值取向。他热爱新中国，热爱共产党，热爱人民，认真地对待创作"。中国文联理论研究室主任陈建文则概括为"姜朝皋作品始终牢牢把握时代和生活的本质，坚持时代精神和民族精神为主线，用马克思主义文艺观指导创作，从而赋予了作品全新的思想品位和艺术感染力"。说得好！我以为对一般人而言，"正"，首先是为人正直、作风正派，富于正义感，等等，这一堆"正"，朝皋自然禀赋之；对一个作家而言，"正"还要"正"在世界观、人生观、价值观、美丑观，特别是文艺观上，要实实在在地体现在创作之中，朝皋亦如是。

我想强调地举出一点：朝皋久享盛誉的历史题材剧作就非常出色地运用了唯物史观和辩证思辨方法，往往于陈见中别开生面地翻出新意，让人耳目一新，深受震撼，如写文姬归汉故事的剧作《胡风汉月》。说句不客气的话，两千多年来，在汉族中心主义、封建正统观念的禁锢下，在妖魔化少数民族的传承中，这个故事向来就从根本上被扭曲了，被颠倒了。而朝皋摆脱陈见，端正视角，站在大中华民族的立场上，研读史实，获取真知，于是我们惊喜地看到该剧一反积习，塑造了对峙双方（匈奴和汉）的两位杰出人物——左贤王和蔡文姬，一个是草原雄鹰，一个是汉家烈女。两个民族、两种文化的交集、碰撞、交锋、融汇，铸就了一段凄美的爱情，唱响了一曲团结之歌。顺便说一句，这出戏不仅剧目勇夺第八届中宣部"五个一工程"奖、第十届文化部"文华大奖""文华编剧奖"，而且成就了四朵"梅花"：评剧刘秀荣以此夺得"二度梅"；赵立华扮左贤王、徐金仙选场组合夺得"一度梅"；改编为越剧，嵊州黄美菊也借此获"梅"！

又如婺剧《梦断婺江》，这出写太平天国晚期走向失败的戏，作者从一张坐镇金华的侍王李世贤警诫造反者的告示中，发现往昔的造反者如今又被造反，进而提出了一个发人深省的问题：太平军造反为百姓，为什么百姓又反太平军？深刻地揭示出太平天国背离起义宗旨、政策失误、脱离民众，实为其失败的根源，也是一切革命组织的镜鉴。延安时期，适逢李自成农民起义失败300年之际，郭沫若写了总结其惨痛教训的《甲申三百年祭》，得到毛泽东同志的充分肯定，指定为全党学习教材。看了《梦断婺江》，剧评家姚欣感慨不已："这就是艺术版的《甲申三百年祭》！"一矢中的，一语惊人！

其二，两袖清风。这显然不是就"为官清廉"而言，朝皋似乎没当过什么大官，只担任过清水衙门——鹰潭市文化局（后为文广新局）副局长而已，有政声，无绯闻。这"清风"也者，还是从剧作家的特定身份说的，指的是：安于清贫，甘于寂寞，不为利诱，不以时异，甘守戏曲创作阵地，数十年如一日。

毋庸讳言，要论耍笔杆来钱，当今首推写电视剧，特别是连续剧，几十集下来，动辄上百万、几百万、超千万。写戏曲剧本则要冷清得多，落寞得多，辛苦得多，而且当不完的"被告"，听不尽的"指令"，改而又改，折腾得心力交瘁、意冷心灰。而能写戏曲剧本的，又何尝不能写电视剧！于是一个时期以来，戏曲写作界大量水土流失，令人叹惋。当然，对这些作者不应苛求，更不能谴责，且不说人各有志，就是电视剧等，也急需创作队伍的健全和加强。何况不少人还是跨界操作，以丰补歉，两不耽搁。在这种客观形势下，继续坚持戏曲创作，坚守阵地，就尤其难能可贵了。朝皋就是这样的人，而且是其中的佼佼者。据我所知，不是没有人建议他也"触触电"，搞点"以丰补歉"，而他硬是没动摇，没放弃他挚爱的戏曲创作，并且有求则应，合理计酬，不敲竹杠，不耍大牌，更没有改一遍再拿一回钱之说。"两袖清风"云云，绝非谬赞。

我在研讨会上曾经说过："朝皋是戏曲剧坛勤奋耕耘、收获丰硕、卓有成就的剧作家，一个死守阵地、死心塌地、'死不改悔'的编剧人。他，专心致志，心无旁骛，安于清贫，甘于寂寞；他，严于律己，宽以待人，德艺双馨，大家风范。"一己之言，言之由衷。

其三，三管齐下。三管者，三支笔也。当前，国家执行的剧目政策是"三并举"：整理改编传统戏，新编历史剧，创编现代戏。姜朝皋正是手握三支笔，悉心从事这三方面的写作。

戏剧圈里的朋友尽知，以往朝皋的长项在历史题材的创作，连中国剧协致研讨会贺信中都说他"以历史题材剧本的创作见长，在历史题材剧目的开拓与出新上成就突出"。他的成名作《贵人遗香》，1994年斩获文化部第四届"文华新剧目奖"和"文华编剧奖"，奠定了他历史剧高手的地位。《胡风汉月》《梦断婺江》《雀台歌女》《天山丽人》《剑魂》等，更让他声名远播。这是铁定的事实。但如今，倒是真要去去陈见，另眼相看了。朝皋在与时俱进，在开拓进取，在突破既往，在迈向新阶，一句话，他"三管齐下"了！

说整理改编传统戏，其代表作当数婺剧青春版《穆桂英》。这一题材许多剧种都有，婺剧折子戏《辕门斩子》更是久负盛名，常演不衰。但总的来看，其间仍难免精彩与平庸杂糅，枝蔓偏多，拖沓冗长。以刘秀荣主演的同名京剧为例，全剧三个多小时，电视台剪辑播出仍需179分钟。

朝晕给它动了一番中型手术，即一保、二删、三增。"一保"是葆其精华，扬其优长。保持原剧轻喜剧色彩，保持穆桂英"野性"、活泼的性格特征，保持曲折有趣的故事情节，让剧作好看、好听、好玩。"二删"是删去可有可无的人物、过场、枝蔓，特别是删去了"降龙木"的设置。按传统说法，穆桂英破辽邦天门阵，靠的是宝物降龙木，挥舞一番，阵破敌败。各现有剧目都是这么编的。作为民间传说，无可厚非，老戏也可照演不误。但这毕竟太简单化，也不尽合理，重"木"的神奇而轻"人"的智勇，经不住推敲。新版大胆删去之，设计穆桂英为将门之后，自幼习兵法，早吃透天门阵玄机，以"破阵图"献之，并依靠此图破阵得胜。全剧以布阵开场，接着以讲阵图、画阵图、献阵图，一线贯串，最后以破阵收尾。这就破中有立、删中有增了。更精彩的是导演在"破阵"上狠下功夫，做了一篇大好文章。我有幸在京看过浙江婺剧团的现场演出，就这场戏论，开打设计新颖，演员表演出色、台风严谨、做派大气，远远超过多少年来看过的诸多武功戏，包括大团、名团献演。特别值得一提的是，饰演穆桂英和杨宗保的新秀杨霞云和楼胜武功了得、唱念俱佳、精妙绝伦。剧院2013年带这出戏去上海演出，杨霞云一举夺得"白玉兰主角奖"，且位列榜首，楼胜也获得"白玉兰配角奖"。一戏推出两朵"白玉兰"，难得难得，可喜可贺！

说起编创现代戏，作为近些年来开拓的创作新领域，朝晕成就非常突出，出人意料，令人刮目相看。剧目表可以列出一长串，革命历史题材的有评剧《红星谣》、京剧《血沃芳草》、赣剧《碧血黄花》《詹天佑》、婺剧《铁血红颜》；直笔现实的有婺剧《鸡毛飞上天》、赣剧《青衣》、畲歌戏《七彩畲乡》、越剧《平安枫桥》《马寅初》等。

其间，值得特别提及的是婺剧《鸡毛飞上天》和越剧《马寅初》。前者构思萌发于义乌的"鸡毛换糖"。20世纪80年代初，在社会将农民经商、贩买贩卖视为投机倒把之时，义乌的土地上却出现了"允许农民经商""允许长途贩运""允许开放城乡市场""允许多渠道竞争"的局面。于是从"鸡毛换糖"这种小商品初级交换形式，经过路边集市、开门设店、拓展市场……如今的义乌早已跃升为小商品国际交易中心，成为辐射全球200多个国家和地区的国际商贸城。相应地，农民包括那些走街串巷的小商小贩也逐渐成为新的商人——"农民商人"，被中国社科院课题组誉为"义乌经济发展新主体"的"农民商人"。

剧作通过女主人公玉兰一家三代人的遭遇和身份蜕变，生动地记录和展示了这一堪比安徽小岗村农民"分田到户""联产承包"壮举的商品经济发展过程，具有特殊的认识价值和历史价值。称它为史诗性的作品也不为过。

《马寅初》是朝皋现实题材创作的新收获，也是他迄今达到的制高点。2014年6月23日，中国戏曲现代戏研究会为推出这部戏的浙江省嵊州市越剧传承保护中心颁发了中国戏曲现代戏剧目突出贡献奖，为姜朝皋颁发了中国戏曲现代戏编剧突出贡献奖，为马寅初的扮演者张伟忠颁发了中国戏曲现代戏表演突出贡献奖。在颁奖词中，特别强调了三点：一是该剧"成功地塑造了马寅初始终以人民和国家利益为重，坚持真理、刚直不阿的艺术形象，体现了一代'国士典范''民族楷模'的崇高人格"；二是该剧"在我国当前的社会名人真人真事题材创作中取得了突破性的成就"；三是"拓展了越剧的题材和主题"，"它以男女同台的演出形式，既保留了清丽婉约之美，又具有阳刚之美，对越剧剧种的发展，做出了新的贡献"。此论极是。

马寅初是浙江嵊州人，家乡的父老乡亲要为他树碑立传，要把他请上戏剧舞台，偏好市里又只有越剧团。用越剧演马寅初？专家论证之际，几乎没一张赞成票！领导和戏剧人把难题硬推给了姜朝皋！姜朝皋则在认真学习钻研的基础上，在马寅初人格的感召下，从"要我写"升华为"我要写"，交出了出色的答卷。"难以想象"的难题，化作了"出乎想象"的成功！

其四，四季丰收。按照自然界的规律，理应是春种秋收，春华秋实。而谈到姜朝皋的笔耕，则可以用八个字概括：勤耕不辍，四季丰收。

说"勤耕"，首先是勤奋，更要紧的是认真。每个作品他都倾尽全力，力争上乘。从来不存在"挣钱戏"和"争奖戏"（或曰"商品""艺术品"）之分，一如某些大编剧、大导演所奉行的准则。基于此，他的剧作反倒是"成活率"既高，"中奖率"也高。初步算了算，当今戏剧类的全国性奖项，他几乎全部收入囊中：中宣部"五个一工程"奖，文化部"文华奖"，中国艺术节奖，中国戏剧节奖，全国少数民族戏剧"金孔雀"奖，曹禺戏剧文学奖，中国评剧节奖，中国戏曲学会"金盾"奖，中国戏曲现代戏研究会突出贡献奖等，三次入选国家舞台艺术精品工程。不仅如此，他还走出国门，荣获巴黎中国戏剧节最高奖——评委会特别奖。

这一切都不过是对他辛勤劳作的肯定和回报，是激励他奋然前行的助推剂。相信他不会辜负圈内圈外人们的期盼。

最近，读到他的一段抒写创作心境的文字，很美，很深挚，姑且引以作结：

> 春天的脚步一路前行，飘洒着五彩云霞、杏花春雨，我的"苦吟"也一路随行，伴随着心血汗水和苦辣酸甜。但愿春天的"苦吟"能成为一片绿叶，装点春色的妩媚，催发夏花的绚丽。

——姜朝皋《平安枫桥》创作手记

（原载《鹰潭日报》及《剧本》月刊）

浅议姜朝皋历史题材剧作的追求

姜朝皋是当今戏曲剧坛勤奋耕耘、收获丰硕、卓有成就的剧作家，一个死守阵地、死心踏地、死不改悔的编剧人。他从拿起编写戏文之笔开始，几十年来专心致志、心无旁骛、安于清贫、甘于寂寞。《姜朝皋剧作选》（1996）、《姜朝皋新世纪剧作集》（2007），这些都见证了作家的勤劳和业绩。特别是在商品大潮冲击下，戏曲编剧队伍大肆水土流失之际，朝皋的悉心坚守和可圈可点的非凡成就，就更为可贵，更加值得珍惜了。

我读过他的绝大多数剧本，也看过搬上舞台的绝大多数剧目，更有幸参与了一些剧目的评判工作。比如作为文化部"文华奖"的评委，我兴奋地为京剧《贵人遗香》投了赞成票，却完全不识姜朝皋其人；为荣获"文华大奖"的评剧《胡风汉月》呐喊助威。

研讨朝皋的剧作，可说的话、想说的话很多。今天选一个角度说几句，那便是谈谈朝皋历史题材剧作的追求。

我想了想，似乎可以用四个词概括：求新、求深、求奇、求美。视角立意求新，内涵开掘求深，情节结构求奇，舞台呈现求美。这些追求几乎贯串于朝皋的所有历史题材剧作之中，只是成效有所差异而已。

求新，我想就《胡风汉月》和《雀台歌女》做些剖析。朝皋历史题材剧作的创新首推《胡风汉月》。评剧首演，迄今已移植改编为京剧、越剧、粤剧等，皆获佳绩。我曾在一篇题为《文姬归汉题材的新视角新突破》的文章中谈到该剧"在主题思想的新开掘，民族团结的新视角，主人公形象的新定位，戏剧冲突的新设置，以及舞台呈现的新面貌等诸多方面，都有新的突破，取得了突出成绩，是非常值得重视的创作现象"。

秦腔《雀台歌女》是同样富于创新精神的另一部重要剧作。该剧塑造了一个崭新的青楼歌女来莺儿的艺术形象，同时更要紧的是捧出了一个新样的曹操，一个有别于舞台上习见的新的曹操形象。我曾在一篇评论文章中提出这"新"可以归结为五句话：政治化描写进到人性化塑造，脸谱化呈现进到性格化开掘，所向披靡的常胜到有所不能的失措，颐指气使的骄横到内心孤寂的羸弱，宁肯我负天下人的唯我哲学遭遇我不负人的挑战。几者的结合，成就了一个新的曹操。需要说明的是，我讲的是这几个方面的归一。如果单就某一侧面说，此前的剧作早有突破，甚至成就更为突出。《雀台歌女》写曹操的一大亮点是把探寻的笔触深入曹操的内心世界。戏一开场，在立嗣问题上，他决绝地处死了抱有觊觎之心的曹植之妻周氏。夜深了，却独自徘徊于雀台边荒草丛中，进行着一番灵魂拷问和内心自省："自知高台瑶席冷，短箫一曲祭霜天！"他深感"高处不胜寒"啊！面对屡屡顶撞、触犯威严的来莺儿，他那"我要你活，你就得活"的严令，招来的却是："为王者一句话可以叫千万个人去死，可千万句话，就怕不能强要一个人活！"而来莺儿的"宁可人负我，不可我负人"的挑战，更使他"醍醐灌顶霹雳惊""光辉失色锋刃无存"。总之，作者致力于写一个既有七情六欲，又有些人情味，还有丰富内心世界的复杂的"另类"曹操。而这种复杂性或者双重性，曹操在他的许多诗中早有流露。比如，他生性残忍、杀人如麻，但也有"铠甲生虮虱，万姓以死亡。白骨露于野，千里无鸡鸣。生民百遗一，念之断人肠"（《蒿里行》）这样的同情生民的哀婉之歌。他是春风得意的胜利者，却也常怀隐忧："明明如月，何时可掇？忧从中来，不可断绝。""慨当以慷，忧思难忘。何以解忧？唯有杜康。"……也许这样的曹操更加接近生于人世食人间烟火的未加净化的真实的曹阿瞒、曹丞相。

求深，我想专就《梦断婺江》谈谈看法。《梦断婺江》是应浙江婺剧团之约，量身定制的本土题材戏。剧团所在地——金华，是当年太平天国侍王李世贤的根据地。遗存的大量文物，见证了这位太平天国晚期最重要的军事将领的伟绩和他的悲剧命运。写李世贤，当然回避不了太平天国由盛而衰而亡的史实。怎样写？综观既往的作品，大都在领导集团上层内讧、相互诛杀和腐败费糜上做文章。如何写出"这一个"李世贤？如何将他的命运和太平天国覆亡联结起来？据我所知，朝皋在充分研究侍王府留存文物之后，又多处查阅了200多万字的相关资料。两件史料打动了作者的心：其一，1862年侍王写给部下杨密的信："我兵心散，不肯力战，势甚可危。又闻各处土匪四起，非十万精兵不足以平之"，"从今以后，宜加以爱民，使民不以我为仇，倘时势不佳，尚有藏身退步，否则，兵一失机，我与尔皆死无葬身之地。"其二，一份侍王敦促对方投降的手谕。而这个"对手"既不是洋"妖"，也不是清兵，甚至不是地方武装——团练，而是太平天国治下的"土匪"，即聚众抗税抗粮、造反闹事的民众！何以如此？史料明确记载：太平天国田亩赋税，一涨再涨，竟由从前的每亩一斗二计，涨到了如今的每亩七斗！农民不堪重负，自然揭竿而起，实为"官逼民反"哪，尽管这个"官"原本也是被逼而造反的"民"！从这里出发，作者确定了《梦断婺江》的主旨：深挖太平天国失败的根源，导出深沉的历史经验和教训。借剧中女主角、侍王李世贤的红颜知己柳彦卿的质问："一个滚字恩义尽，留下一语你且听：太平军造反为百姓，为什么百姓又反太平军？"一语既出，可谓振聋发聩，引人深思。有专家认为，在一定意义上，这是一部形象的《甲申三百年祭》，我看很有道理。

　　求奇，也许《贵人遗香》是最好的范本。别的专家已多有论说，我便不再重复。只说一点，凭马嵬坡被逼上吊的杨贵妃丢失的锦袜，竟引出了一篇奇诡而深沉的大文章，其构思之巧妙，情节之离奇，处处出人意料，又无不在意料之中，再加上矛头直指封建王朝的潜规则，既深刻，又自然，委实让人敬佩！

　　求美，我打算简单谈谈《天山丽人》。《天山丽人》是为香妃前传，写维吾尔族少女伊帕尔罕入清宫之前的故事。剧作在弘扬民族和睦、江山一统的主旨方面有新的开掘和展示。剧作也充满传奇色彩，好看，耐看。但我以为，该剧最突出的特点是美，人物心灵美，边疆风情美，维吾尔族音乐美，舞蹈美，服饰美，演员形象美，表演美，诸多"美"的集结构成了全剧和谐的美。在这方面，二度创作班子功不可没。但朝皋的文学本为此提供了基础，也不应忽视。有评论家指出，袁淑梅扮演的伊帕尔罕"容貌美，气质美，舞姿美，唱腔美，心灵美，'天山丽人'名副其实"！我亦赞成这样的评价。

　　这几个剧目加上革命历史题材戏《红星谣》、近现代题材戏《詹天佑》，我以为代表了朝皋历史题材剧作，甚而是全部剧作（他的现实题材作品不太多）的最高成就，也是他对戏曲剧目建设的最大贡献，委实可钦可敬！

　　我们在祝贺他取得突出成绩的同时，也期盼他百尺竿头，再攀新高！

鉴别·扬弃·求新
——就传统剧目改编看婺剧青春版《穆桂英》

习近平同志要求"科学对待文化传统""坚持有鉴别的对待，有扬弃的继承，努力实现传统文化的创造性转化、创新性发展"。

依托"鉴别"做"扬弃"，实现"转化"而"创新"。婺剧青春版《穆桂英》正体现了这一原则，荣获艺术含金量颇高的"中国戏曲学会奖"，委实实至名归，可喜可贺！

在我国的历史传说中，抗辽女英雄穆桂英作为杨门女将，享誉华夏、久负盛名。当今婺剧领军人物、"二度梅"获得者陈美兰就以《辕门斩子》中极为出色的表演，加上为她量身定制的大戏《梦断婺江》，征服了梅花奖评委，"梅"开二度。但她并未停步，青春版《穆桂英》就是由"陈美兰艺术工作室"制作，由她的学生杨霞云主演。

毋庸讳言，即便是优秀的经典传统剧目，也难免良莠杂陈，瑕瑜互见。剧组着实下了一番硬功夫：实施鉴别，厘定取舍。

首先，保存并发扬精华。精华何在？是否可以概括为草莽气息，鲜活人物；传奇色彩，曲折情节；文武兼备，喜剧风格。一句话即故事要讲得好。戏，好看、好听、好玩；观众于潜移默化中，接受爱国主义主旋律的熏陶。

其次，鉴别后的扬弃取代。可以总结为三点：一是大胆精简人物，浓缩情节；二是女主人公出身经历重新定位；三是砍掉"降龙木"，以"破阵图"代之。

第一，改编本删去了杨五郎、穆天王，笔墨集中在八个人物身上，干净、简约、明快。情节方面，可有可无的过场戏全部删除，全剧整合为六场，加快了节奏。

第二，穆桂英身份的重新定位，为献"破阵图"最终"大破天门阵"做铺垫。"山寨招亲"的洞房之夜，穆桂英如实告诉杨宗保："我本是边陲小族一孤女，战乱之中苦苦离。蒙义父收养我疼爱无比，老总兵他戎马相携到辽西。"原来她是东北边境一个少数民族的孤女，战乱中流落世间，被义父收养。剧情所需，这位"义父"也沾光换了身份，不再是草寇、响马、山大王，而是当朝武官——守边总兵。只不过"因为冒犯权奸罢职归里，才回到这穆柯寨上把身栖。招乡勇募壮丁为保乡里，只盼望有朝一日重披铠甲执旌旗，横刀立马，沙场杀敌，热血染征衣"。

穆桂英于正史无记载，原本是民间传说中的传奇人物。作者可以虚构为少数民族孤儿，收养者为将军……在老将军"壮志未酬一病不起，临终教儿矢志不移"的情况下，她才能"继父志，练武艺，习阵法，研兵机"，在后来解除杨家军困厄、大破天门阵时，大显身手、保家卫国。

第三，穆桂英进献"破阵图"取代"降龙木"。如实说，辽帅萧天佐布下的"天门阵"刁钻古怪、变幻莫测，连英勇无敌的杨家军也束手无策。仅凭一根木棍——"降龙木"挥舞几下，就能攻之如摧枯拉朽？这实在没有说服力。民间传说、神话故事按原样照搬照演完全无碍，但毕竟太轻易、太随意了。编剧姜朝皋认为"整出戏降龙木的处理是一败笔。大破天门阵是穆桂英一生中最辉煌的功绩，这出戏就应该突出她的大智大勇，而不应该从头到尾强调降龙木这个宝贝的重要性，致使本末倒置，把对破阵起关键作用的穆桂英这个'人'变成降龙木这个'物'，大大削减了人物的光彩"。

说得好。先"鉴别"以解析之，辨陈腐而"扬弃"之，再新创以取代之。这是否可以视为"创造性转化"和"创新性发展"呢？

（原载《艺术评论》2015年第3期）

"青衣"：回归戏曲舞台
——杂议陈俐和赣剧《青衣》

第一回：沿起

陈俐看中了《青衣》——徐帆主演的电视连续剧《青衣》。她就是青衣！多少年没排新戏了，她手痒，心里痒。前年推出的《临川四梦》，沾乡贤汤显祖老人家的光，"四梦"各选一折，她大大地展示了一回才艺。但这只能算是名著改编，学术性远远高于舞台的实践性。她要搞新创戏！找了一通题材，寻了一气本子，这不合适，那不理想，无果而终。这时名导谢平安向她推荐了电视剧《青衣》，找来一看，对眼了，大喜！便有了"青衣"回归戏曲舞台之旅。

她请老乡、痴心于戏曲的名编姜朝皋替她打本。老姜原本早就允诺替她选定题材量身定制剧本的，可一看《青衣》的原著中篇小说和同名电视连续剧，想想改编的难处，推之诿之，打缩脚牌了。于是陈俐来电请我帮忙督促一下老姜，然后便有了我应邀专程赶赴南昌，与她和编剧朝皋、音乐编创程烈清等共商打造同名赣剧之举。而为了这个"共商"，我花了整整三天时间，找来电视连续剧《青衣》，一个镜头不落地看了一遍，想了一通，小学生"应考"般准备了"作业"，也勉强算是"跟班劳动"加见证人了。

是为沿起。

第二回：认定

共商达成了共识。搬上戏曲舞台可为否？答案是肯定的。青衣原本就是戏曲行当，只存在和存活于戏曲舞台；描写"青衣"演员命运的小说和电视连续剧的改编，无非顺理成章地回归戏曲舞台罢了，而回归则好处多多。就以徐帆主演的电视剧而论，她极为出色的表演，让荧屏生辉，令观众折服，委实臻于极致！然而她毕竟主攻的是话剧，表现日常生活挥洒自如，一张嘴唱就要露馅了。看看戏码，明白了，那些京剧唱段是中国京剧院名牌、程派大青衣张火丁配唱代录的。而这一点回归戏曲自然迎刃而解。况且陈俐还有独特的优势：她作为资深戏曲"梅花奖"得主，首批国家级"非遗"项目赣剧的传承人、当今江西赣剧的领军人物，演、唱、做、舞俱佳，饰演"青衣"筱燕秋，无论戏内戏外，得心应手，应对自如，根本无须代庖。再说唱腔音乐，赣剧作为多声腔剧种，又有特殊长处：戏外日常生活用赣剧曲牌体的高腔，戏中戏则用板腔体的皮黄，区分得清清楚楚，却又相得益彰。因而由陈俐搬上赣剧舞台，真可谓天作之合，世间绝配。

一句话：改编，大有可为！

第三回：改法

改编，顾名思义有守有改、有取有舍、有增有添、有创有编。守其精粹，取其精髓；舍其枝蔓，弃其污损。这其中的关节点，借编剧朝皋的话说，就是"坚守"和"提纯"。

《青衣》原著里的女主人公筱燕秋是个半大不小城市的戏曲剧团的青衣行当演员，对演艺事业的痴迷眷恋和执着追求，完完全全承继了戏曲界前辈。她爱戏如命，为戏而生，以戏为生，戏比天大！这类情况，北方戏曲行叫作"恨戏"，通常称为"戏痴""戏呆""戏傻子""戏疯子"。不用说，那种常人断难理解的痴迷种种，倒确实有些疯疯癫癫。然而好就好在这个"疯"和"癫"，难能可贵的"疯"和"癫"！

赣剧《青衣》牢牢把住这条主脉，形象化地展示了筱燕秋为她视若生命的舞台，为她的"嫦娥梦"而付出的不懈努力，做出的巨大牺牲，以及遭遇的种种挫折和不幸：先是被罚离舞台，痛苦地改行后勤；利用服装管理的空隙和原本的情人、戏台上的搭档过过戏瘾，却因情人变心成了"第三者"，受到屈辱；不得已嫁给爱她却完全不懂她的交通警察面瓜，几十年同床异梦；获知重新登台的喜讯向丈夫示爱暗结珠胎，却又基于真爱舞台而忍痛放弃已是迟到的做母亲的幸运；排戏遭遇经费短缺，她走投无路，只能拿自家房产做抵押筹款支撑；而做出一切牺牲之后满怀激情地来到剧场，却是地净场光，早已告示停演……她狂奔到荒野，在茫茫雪地里，痛心疾首地孤独徘徊，翩翩起舞，祈求幻境中实现她一生追逐的嫦娥梦！这无声的呐喊，这无助的凄美，让人禁不住怆然泪下，悲不可抑！

正如编剧朝皋所说："有人说她是'神经病'并不为过，她在无法谢幕的舞台上，上演的是一场没有结果的悲剧。她在戏剧中找到角色，在生活中失去自我，在现实与幻境中圆一个破碎的凄美之梦，通身洋溢着与命运的挣扎，到了黄河不死心的悲剧气氛。"小说原作者毕飞宇也说过："在我们的生活中，面对面碰到筱燕秋这种'戏痴'的概率是很低的，但在生活的隐蔽处，筱燕秋无所不在。中国女性特有的坚韧，到了黄河不死心的悲剧气氛，那种压抑感，那种痛、那种不甘，实在令人心碎。"我以为这些正是打开对这部作品认识之门的钥匙。

也许这是古今中外艺人也好，艺术家也罢，他们的共同命运——爱艺术而奉献终身的情操！记得20世纪50年代看过一部英国影片，译作《红菱艳》（究其实就是"红舞鞋"），写一个芭蕾舞演员，一穿上红舞鞋，便着魔似的跳舞不已。而在真实的人间，20世纪俄罗斯芭蕾舞大师乌兰诺娃，据说为了艺术事业，终身未婚。她牺牲了爱情，放弃了婚姻，舍掉了家庭；她把自己嫁给了芭蕾，嫁给了舞台，嫁给了爱她的观众们。这无疑是圣洁、崇高、伟大的。她们实现了自身的人生价值。但是换一个角度看，对于个人而言，这又何尝不是悲凉、悲苦、悲怆！戏剧人生，给人以说不尽的话题。

《青衣》原著似乎为了展示人物性格的多样性，披露人性的复杂性，在描写筱燕秋的执着追求、痛苦挣扎时，又写了她人格的变异和道德的缺失。她爱事业，爱"嫦娥"，爱舞台，爱得自私，爱得蛮横，爱得发疯，爱得不顾脸面。为爱徒把场的情节，筱燕秋是累病而死在剧场后台的！她以自己的生命诠释了"戏比天大"的戏剧人的人生信条。

这番"提纯"之举基于剧作家的审美取向和美学追求，理应受到尊重。对此我是举双手赞成的。共商之际，这些也都达成了共识。

第四回：提升

如实说，以表现艺人"爱戏""恨戏"作为主题的作品，所在多有且不乏佳作。写什么，怎么写，向来考验着也折磨着剧作家们。以戏曲界而论，写艺术成就，写不过梅兰芳大师；写化不利为有利另创辉煌，比不过周信芳、程砚秋大师；写爱国奉献，有常香玉大师的"香玉号飞机"的榜样在；写旧社会的悲苦命运，有评剧皇后白玉霜；写受到不公正待遇，有黄梅戏领军严凤英……相比之下，《青衣》里的筱燕秋的确并无多少优势可言。

艺术贵在创新，奉献讲究独到。赣剧《青衣》的改编，作者就着眼于提升和超越。编者设计了燕秋的老师柳若冰临死前的嘱托："……你就是活嫦娥，你要让嫦娥永远活在舞台上！"而这也就成了筱燕秋终生追求的目标，成为她不甘沉沦的凄美的梦境！

如何实现这个"嫦娥梦"？剧作把眼光射向了燕秋所处的时代：和梅兰芳、程砚秋、周信芳、常香玉、严凤英等戏剧大师们身处的时代不同，她生活在社会转型的20世纪八九十年代。一方面，改革开放的国策带来了经济的大发展，社会的大飞跃，带来了一派蓬蓬勃勃的大好局面；另一方面，又不能不承认，在商品大潮的冲击下，价值观念的颠倒，传统美德的缺失，人际关系的冷漠……一大堆问号摆在燕秋和她的同伴们面前。剧团和戏剧人的处境举步维艰，艺术人才流失，剧场门前冷落，剧院没钱排戏，演戏没人光顾，困境中的坚守越来越难。这一切都怎么啦？

设身处地为燕秋着想，一个伴生的主题出现了：青衣后继无人，青衣面临断档！戏剧呼唤保护，社会急需作为！

为此赣剧《青衣》做了颇大的调整。一是第三代青衣、燕秋学生春来形象的重新定位。按原著，这位自然条件极佳、以尖子人才分来剧团的演员，先是为了与老师竞演嫦娥而明争暗斗、耍心眼，后来在老师霸台不让的情况下，借助年轻貌美卖身成为烟厂老板新宠，从而战胜老师，终于夺得登台机会，成为舞台闪亮的新星。改编本则做了颠覆性的新处理。她不仅不曾道德堕落，沦为大老板"二奶",更无意于争抢嫦娥角色。相反,在商品大潮的冲击下,在金钱至尊的诱惑中,她不甘忍受戏剧行的清贫,难以承受艰辛付出却收入低廉的现实,她不干了!她"弃暗投明""另谋高就"了!不进剧团上班,不到剧场排戏,一味混进歌厅挣现钱,当上电视主持求名气……

就春来而言,从小进戏校学艺,好不容易苦学成才,一旦放弃,实属无奈,人们为她惋惜,为人才流失叹惋。从更深层次看,在春来这番变异的行为中,人们不是真真切切地感受到了"青衣后继无人"的深沉危机,听到了"急需保护戏剧艺术"的沉重呐喊?

重大调整之二是那一跪。小说原著及电视剧中,《奔月》演出之际,按团里事先约定,A角燕秋先演,B角春来后上。但筱燕秋演过之后霸着台口不让,理应春来登场,却奈何不得师父,不得已,春来向燕秋下跪,恳求师父守约让台。前边提到过,这个情节充分表现了燕秋爱戏爱到极致的强烈,爱到丧失理智。原著有若干情节表现这种扭曲而丑陋的"爱"。比如:为了演嫦娥,她心态失衡,用开水泼伤担当嫦娥A角的李雪芬;为了演嫦娥,她嫉妒自己的学生春来,霸着硬不让早已约定的春来上台;为了演嫦娥,她甚至主动向烟厂老板献身,完全放弃了道德底线。小说和电视剧中还有她爱慕和嫉妒学生春来的美,禁不住伸手触摸对方肉体的暧昧动作等。这些看似有助于剖析人性的多样和消极、异化,但又不能不说有损于人物形象。于是赣剧《青衣》的编剧下了一番"提纯"的功夫,该剔的剔,能改的改,那些污浊的不大适合舞台呈现的东西被一扫而空。

相应地,对第一代青衣、燕秋的老师柳若冰,也做了"提纯"处理,删去了"为了名气而弄脏了自己"的描写,削减了她坐着轮椅、挂着输液瓶、抱病倚势霸台的程度,这些于艺德有亏,严重损伤人物形象的种种。赣剧《青衣》改了,完全颠倒了过来:不是春来跪求师父履约,而是师父燕秋向徒弟春来下跪!原来看到春来无心演戏,只去歌厅挣钱,眼看青衣断档,师父柳若冰"要让嫦娥永远活在舞台上"的临终遗言,她的终生追求面临落空,她决绝地向春来一跪,沉痛地跪求徒弟留下来。她说:"不是你抢老师的戏,是老师要你演的。要不我俩合作,我演前半场,你演后半场,我们师生同台,一起让嫦娥活在舞台上!"真可谓声声泪、字字血,道出了卑微希望,道尽了心底酸楚。

这一跪,为何跪,谁跪谁,动作虽小,却着实做了篇大文章。鄙以为,这一改,眼光放宽了,境界提升了,题旨升华了,不愧为神来之笔。

第五回：期盼

青衣回归戏曲舞台，确实是个大好事。以江西籍艺术家为主的强大的一度、二度创作班子：姜朝皋打本、谢平安执导、程烈清作曲、陈俐领衔主演，加上南昌大学戏剧影视学院青春靓丽的学生娃娃们配演，保证了剧目的总体质量，好看，好听，也好玩。

总的说来，这是一出基础甚佳、前景看好的好戏，已经取得的成绩非常可贵。但是刚刚推上舞台，却也难免粗疏，提高的空间很大，这些都有待观众考验和时间检验。我参与共商改编决策，读过几遍文学本，也看过寄来的演出光碟，虽然迄今没得到现场观摩的福分，不过综合历次读稿看片印象，还是有些话想说，姑且称作"期盼"吧。

我深以为改编版的优势和强项在于现实感和时代性。其具体体现则在"青衣断档""后继无人"的严酷和尖锐上，在青衣们"空洞哭喊""枉自牺牲"的无奈和惨烈上，在"政策失衡""保护乏力"的失误和无为上！而"青衣"云云，不仅仅指戏曲艺术的一个行当，它的指向是民族文化之精粹的戏曲文化！呼唤加强保护，呼唤社会关怀，呼唤政策得体，呼唤政府作为到位，以及谴责推卸开去、死活由之的种种，是人们（绝不仅仅是戏曲界，也不仅仅是文化界）发自心底的呼声。不少有识之士呼吁：在保护民族文化瑰宝——戏曲艺术上，要上对得起老祖宗，下对得起子孙后代！有人甚至提醒：不能做败家子，不能做损伤民族文化瑰宝的罪人！

也许这正是《青衣》的最大的现实针对性。蛇年春节拜年，听一位八十高龄的老友、中国戏曲学院的老领导谈及：去年学院京剧本科班计划招生50名，报名者仅100名；今年计划招生仍50名，报名者不足80名。而前两年某器乐班招生，计划10名，报名者仅6名。冷落至此，徒唤奈何！正是基于此，我对舞台版的《青衣》尚有不满。如面面俱到，闲笔甚多。该删削的没怎么删削（如与面瓜的婚姻及家庭生活），该突出的没得到突出（如这个"青衣断档"），莫名其妙地顾虑重重，怕这怕那，束手束脚。揭示"青衣断档"，披露"后继乏人"，呼唤政策保护，吁请政府作为，替戏剧人立言，为戏剧界张目，何错之有？何过之有？我看完全可以解放思想，放开手脚，大胆地写嘛！揭示个中的矛盾越深刻，越惨烈，越动人心魄，便越有价值，越有可能成就一出惊世之作、警世之作、醒世之作,进而置身精品佳作之列,长久保留在舞台上和观众的心目中。勿言放弃,奋勇前行!

  我期盼着!

癸巳春节匆就

云水襟怀　松柏气节

——我看曲润海新作《云水松柏续范亭》

　　戏看过两遍，第一次是在忻州，刚搬上首演舞台；第二次是昨天晚上国安剧场，面目一新，有大的提升。总的感觉是深感震撼，甚为敬佩。

　　我和曲润海是20世纪50年代北京大学中文系同窗学友，同为杨晦先生（五四运动火烧赵家楼的抗日志士）门下弟子，其后又在文化部共事多年。我们志趣相近，文艺观相同，堪称挚友。说起来，他还有"恩"于我，在困境中拉了我一把。事情的原委是：部里某领导"乱作为"，在"各司局都来加强文化法制工作，部政策法规司就不必设置了"的荒唐借口下，硬是撤销了政策法规司，我这个司长便半失业了，是润海和姚欣两位艺术局局长救场，拉我帮忙看戏学戏评戏，还封了个文化部艺术局"全国重点剧目（戏曲话剧）指导小组"副组长的"官"衔，算是"业余"有点事干，也顺便成就了我前前后后写作了超百万字有关戏剧的文章，涉及戏剧评论、剧团改革等诸多方面，以至于今。

　　闲话叙过，回归正题。我非常非常敬佩润海年届八旬、多病缠身，仍然壮心不已，笔耕不辍，推出了他戏剧创作的新高峰——《云水松柏续范亭》（以下简称《续》）！完全出乎我的意料，令我惊喜之至，也羡慕不已。

　　润海是多产的剧作家，过去眼光多半在历史，写出了一批颇有影响的历史剧作。《续》剧则是他放眼现实、捉笔描摹现代生活的崭新篇章，也是他剧作库里的扛鼎大作之一，委实不易，确乎难得。

　　对于该剧，我有三点突出的感受：一是塑造了续范亭由民主革命斗士到共产主义战士的英雄形象，讴歌了他"云水襟怀""松柏气节"的崇高境界，形象丰满、事迹感人，可亲可敬可信。该剧一开场就出手不凡：大写特写作为国民党元老的他，面对日寇大举侵略、国破家亡、危如累卵之际，在中山陵前，以死谏诤，促国民党蒋介石停止内战，齐心抗日。可谓襟怀坦荡，光照日月。此后写他在山西前线抗敌，功勋卓著；日寇投降后，又致力教育兴学，抚育后代。在他家乡忻州的"范亭中学"，就培育了一代又一代英才，至今绵绵不绝。顺便说一句，《续》剧的编者润海，便是出自这所模范学校的"模范生"。续范亭先生毕生追求光明、追求真理，1947年病逝后，党中央追认他为中共党员，毛泽东主席亲自撰写挽联……委实是盖棺论定，极尽哀荣。

二是从历史辩证的高度，塑造了新的阎锡山形象。既写他响应统一战线召唤，投身抗日——八路军东渡黄河、北上抗日就是在阎锡山管辖的山西境内，著名的平型关大捷也是发生在山西，又写他遵从蒋介石"攘外必先安内"意旨和八路军搞摩擦，为续范亭设障碍。舞台上的阎锡山不完全是习见的土皇帝、活阎王形象，而是摆脱了简单化、脸谱化、符号化，集多重性于一身的崭新艺术形象。也许这才更接近于历史的真实与生活的真实，而这一点也正是润海的重大贡献。

三是创造了具有独特性的滹沱老人形象。他是故事的推演者，也是人物的评介者。究其实是为剧作家本人！这一手法也来自中国古典戏曲。老曲用得好，化得好。我以为这是他对戏曲创作的又一贡献。

此外，演出阵容强大，主演非常出色，导演手法精到，音乐韵味浓郁，舞台呈现严谨，很有大团风度。不多说了。

总之，衷祝演出成功，期盼再作加工，攀登新高。

从春唱到秋　壮歌醉神州

——喜看评剧《从春唱到秋》

　　6月13日晚，梅兰芳大剧院。2015年京津冀精品剧目展演，迎来了唐山市评剧团讴歌一代戏圣成兆才的力作《从春唱到秋》（孙德民、王景恒编剧，郭学文执导，洪派嫡传弟子张俊玲担纲主演）。我有幸现场观赏、聆听，并体味心受，委实惊喜不已。夜阑归来，心潮翻卷，久久难眠，奋笔记下心声，不揣疏漏，但求心安。

　　成兆才，评剧奠基者、创始人、鼻祖。他和他的伙伴把原本走村串乡、撂地摆摊的民间说唱小戏"对口莲花落""蹦蹦"，经过改革、发展、丰富，推导出了当今全国戏曲五大剧种之一的评剧，写下了中国戏曲发展史上光辉的篇章！这位出身贫穷农家，集演员、导演、编剧于一身的民间艺人非常了不起，他没上过学，却靠偷学苦学，成为大编剧、大作家，毕生编创了120多个剧目，其中《花为媒》《杨二姐告状》《马寡妇开店》等，至今仍活在评剧舞台上，活在观众心目中，成为传世经典。纵观我国上千年的戏剧史，不管算不算唯一，也是极为罕见。

　　实话说，我这个"资深"戏迷，从少不更事的童年，到耄耋老者，经历了两个时代，看了70多年的戏！眼观潮起潮落，不胜感慨系之。拿家乡引以为骄傲的川剧说事，历史悠久，底蕴丰厚，曾大为辉煌，如今却连能演整本戏的剧团，川渝全算不足10个。而评剧现在有名有姓的公营剧团仍有六七十个，遍布京津冀辽吉黑内蒙古鲁等北国大地。说剧目，已上演过1880多本，新创好戏迭出，屡获多种大奖；说演员，流派纷呈，技艺精湛，已有梅花大奖一人，"二度梅"2人,"一度梅"19人。这一切不得不说是拜祖师爷成兆才所赐,因而说起成兆才,崇敬之情便油然而生。

　　成兆才其人其事早已搬上舞台和荧屏,并产生了广泛的影响。新版《从春唱到秋》独出心裁、另辟蹊径,从一个崭新的视角切入,以他的家庭悲剧、爱情悲剧为主线,结构故事,状写人物。那贫困线上的苦苦挣扎,那满把辛酸的血泪,那撕心裂肺的一次次牺牲,烘托出了一个最悲最苦的做戏人!感人至深,催人泪下,令人仰视,促人沉思。

　　大幕拉开,天津同乐茶园,吉庆班献演《傻柱子接媳妇》,成兆才扮演傻柱子,以丑应工。开场在即,侄子成祥猛然带来噩耗:儿子捡野鸭蛋掉苇子坑,当妈的去拽……不幸双双罹难。戏还能不能演?要不要回戏?成兆才按照师傅的教导、梨园的规矩:"锣鼓开场,天大的事也得放在脑后!"坚持登场,却因悲痛过分,晕倒在台上。观众知情后,谅解了他。成兆才醒来,深深一躬:"小落子落脚津门非容易,这一份真情让我感激泪满腮。唱落子的衣食父母是诸位,唱落子恋着舞台离不开!"原来心里满装着落子,装着观众!他又重打锣鼓新开场。

　　这不俗的开局,揭示了成兆才的心灵,也谱写了他毕生唯戏、为戏牺牲的第一章!

　　如果说类似的考验演员们经常遭遇,舞台上也时有所见的话,那么成兆才的第二次家庭婚姻悲剧,绝对是独特的、沉重的,让人痛彻心扉、难以忍受的!严酷的事实是:续弦的年轻妻子如月出轨,而对象又偏偏是爱徒陈小山!

　　天大的难题摆在成兆才的面前。

　　不追究嘛,脸面丢尽,羞辱难洗。追究嘛,陈小山不仅是爱徒,还是剧团的台柱,评剧剧种的希望。

　　他心潮起伏,"我怎么说,说他们错,阴阳差错老夫少妻如此多。我怎么说,说你们错,打骂杀剐又如何"!而"几十年戏班,一路蹉跎,是泪,是汗,是血,一滴滴,一串串,一颗颗,它落在地上也成河"!他自责:"如今落子成大戏,唱响关内外与塞上北国。成兆才命中只有戏,却冷落了亲人苦煞了老婆。"落得个"你不是你,我不是我,羞羞辱辱,苦苦涩涩"……

　　到底该怎么办哪?尽管羞辱,人才难得!"我要守住评剧这条根!"

　　他宽宥了如月,拿出所有积蓄,让她出走,远离小山。"你不走,小山就会台上神不定，台下心不安，人前人后头难抬！……百部大戏谁来唱？吉庆班谁来挑大梁？"这是何等艰难的决断！这又是何其痛苦的抉择！

接下来是一段声声泪、字字血的乞求、哀告："列祖列宗莫笑我，家乡父老莫笑我，死去的妻儿莫笑我，梨园的祖师莫笑我，落子同行莫笑我，兄弟姐妹莫笑我；天下的女人莫笑我，天下的男人莫笑我；成兆才含羞向天说，成兆才忍垢对地说：我跪天跪得跪祖宗，要保住陈小山，评剧的夜明珠一颗！"

什么叫戏比天高？什么叫戏比命大？这就是，这就是，这就是！如实说，当晚台下看到这里，心中不由得涌上两个字：伟大！草芥之民，羸弱之躯，顿时变得伟岸、高大。伟大的心灵，伟大的人格，伟大的贡献！

看完戏出门，碰见编剧孙德民，德民老友告诉我，这一切都是真的，并无人为拔高之处。真得由衷地感谢剧组的朋友们，剧作让我更加深刻地认识了伟大的成兆才，圣洁的成兆才，了不起的成兆才！

张俊玲担纲主演成兆才，也让观众眼睛一亮。作为评剧界久负盛名的"小生泰斗""一派宗师"洪影的入门弟子，俊玲不负众望，十分出色地完成了塑造成兆才的重任。

她自然条件好，又肯下苦功，深得老师真传。而洪影老师教她、帮她、扶她、护她，直到2012年去世，助推她成为现今评剧女小生（兼及老生）的代表性人物。她也很争气，早在2007年，就以一出《香妃与乾隆》（饰乾隆）与罗慧琴（饰香妃）同获第23届中国戏剧"梅花奖"，成为评坛佳话。

在《从春唱到秋》剧中，她充分发挥自身兼及小生、老生的优势，硬是把成兆才从青年演到年过半百的中老年，角色行当也从小生过渡到老生，不显山，不露水，自然熨帖，浑然天成。小生的甜润，老生的苍凉，转折之间了无痕迹，几近炉火纯青的高峰。我特别赞赏的是作为女小生，她演男如男，具有男性的阳刚和洒脱，而无女性的阴柔和娇媚，也属十分难得。

末了，提点小建议：第四场，赴唐山永盛茶园唱开台戏，唱的是观众并不熟悉的《洞房认父》，可否改为唱《花为媒》？并在吕子竹要求下，唱一板观众熟知的唱段。这样加上第五场成兆才编创《杨三姐告状》的描写，成兆才最经典的两出戏，在剧中都有展示，舞台效果会更好。我查了查，成兆才庆春班是1909年进唐山永盛茶园，《花为媒》作为成兆才的早期作品，也创作于初进唐山期间。让他们带新创大戏《花为媒》进茶园作打炮戏，就算和史实不完全相符，我意也不妨小加虚构。不知可取否？一哂。

由衷祝贺唐山市评剧团，祝贺《从春唱到秋》剧组，殷切期盼再推佳作，再攀新高。

2015 年 6 月 16 日

（原载《中国文化报》2015 年 7 月 7 日）

从"补锅"到"铸鼎"
——戏说李莉　下笔千言

认识江南才女、资深美女李莉，二十大几年了。在这位颇有北方姑娘豪爽英气的大剧作家面前，我一向是口无忌惮、信口开河，不怕她恼，她也不会恼，最多是翻翻白眼，咬牙恨恨而已。

大约是在武汉，我们刚见面认识，我就开了个玩笑：赞颂她"以权谋公"。据她自己闲聊，在部队当通讯连指导员时，看上了一位英俊威猛的战士，便不时找来"训话""教诲""指导"。按规定战士不许谈恋爱，但她已是连首长，不受约束，于是，以"权"谋了个"公"——老公。她落进了自挖的陷阱，只能恨恨地说："这家伙，可恶！"

第二个玩笑是上海越剧院改名"上海越剧传习所"时。我打心眼里对领导为防"轰炸"修个"防空洞"保护了"上越"叫好，但也开了个玩笑：她这个"大院长"变成了"小所长"。多小呢？我说：比派出所所长小，比税务所所长小，比卫生所所长小，比托儿所所长也小……在"所长"序列上，倒数第二，仅仅比公共厕所"所长"大。她照例是无可奈何地说："这家伙，可恶！"

第三个玩笑便和本文有关了。我曾经赞颂她善于"补锅"，堪称"补锅大师"。

这源于相识的最初几年，总听到她在玩"接力棒"——接过半成品，或合作，或单干，独运匠心、自辟蹊径、巧手玉成。《凤氏彝兰》如是，《白洁圣妃》如是，《童心劫》亦如是。记得她还向我讲过，上海市领导曾经布置一个禁毒题材剧目的任务，剧团组织人左弄右弄，总也不成器。局长马博敏把她叫来，不许讨价还价地派下这桩苦活。她接了、上了、拼了，硬是交了上佳的答卷：剧目上演了。也许正是这一次，我想到了她的特异功能：补锅。不是吗？锔缸补漏，重捏重塑，不啻大手笔也。

不过，这"补锅"嘛，内中的讲究大了，要慧眼独运，深挖题材内涵，处理好各种矛盾，寻找最佳舞台呈现。《白洁圣妃》的最大亮点是处理好了历史评价和道德评价的复杂关系，破解了这一难题。我以为《白洁圣妃》是李莉处理历史题材的杰出之作。我写过一则评该剧的文字，题目便是《历史和道德的双重观照》。

"铸鼎"云云，则是指她的原创剧作、舞台精品。这方面也可以列出一长串，给我印象最深的有京剧《成败萧何》、《秋色渐浓》（我没看过越剧版）、《金缕曲》，沪剧《挑山女人》……

《金缕曲》是在2014年第七届中国京剧节上看到的。我敬佩郭启宏原著话剧《知己》为知识分子命运呐喊的真诚，也敬佩李莉改编本显示出的人文关怀，特别是关注人性，关注个人命运与社会环境的碰撞。

《知己》是启宏的新作，是他历经沉浮、洞察世态、省视内心、感慨系之的作品，是他"老而弥坚"、顽固依旧、骨鲠在喉、不吐不快的作品。这出描写清初知识分子命运遭际、思想性格发展，或坚守或被扭曲的戏，在我看来，是一出让人感慨万端的作品，一出令人浮想联翩的作品，一出使人深长思索的作品，一出叫人回味无穷的作品，亦是一出一眼看不透的戏，一出看后各有所悟的戏。说它是启宏椎心泣血之作，当不为过，他实实在在是在借古人的酒杯，浇自己内心的块垒。

李莉的改编是成功的，既忠实于原著，又小有差异。特别是和启宏相比较，她显得更为"心慈"，更加"手软"。经受了流放宁古塔的非人折磨，昔日狂放不羁的江南才子吴兆骞，已经蜕变为苟且偷生的卑琐小人。李莉却给了他一线阳光，她"因为深爱"，"更愿意看到吴兆骞，在经过磨难后闪现出的心底明光"，"尽管这明光一闪即灭，但至少能让人因此而感觉人心向善向美的渴望"，因而她"在改编中掺和进了些许人心本善的向往和执着"。全剧结局便和话剧原著有明显的不同。对此我举双手表示赞同。

有学者声言，该剧是真正引领京剧走向现代的作品，实现了从话剧到京剧的完美转化。此话极是。作为本届京剧节评论组成员和召集人，观赏了全部参演剧目，点评了一批佳作，我更想说从剧本主旨内涵开掘的深沉厚重，人物形象的鲜明丰满，舞台呈现的精致完美，李莉的改编本《金缕曲》，完全可以视为本届京剧节的扛鼎之作，当之无愧的翘楚。

令我更为敬佩的是上海京剧院特约定制并隆重推出的佳作《成败萧何》，这是李莉戏剧创作上的巅峰。自该剧问世，赞誉不断，好评如潮。今天的研讨会上，实在说不出什么新话。我只想说明一点，就创作思想探索，它和《白洁圣妃》有着千丝万缕的联系。从总体上看，都是唯物史观、辩证思辨的胜利。在某种意义上说，《白洁圣妃》难度更大，更富开创性，在作者剧作史册上更具里程碑价值。基于剧种受众的局限，演出阵容层次的差异，更由于宣传推荐的不等同，《白洁圣妃》的影响远远不如《成败萧何》就是了。

我的想法是《白洁圣妃》的价值，很值得重新认识；《白洁圣妃》的创作经验，很值得认真总结。不知李莉女士和诸位专家学者，以为然否。

当然，一孔之见，终归上不得台盘。姑往说之，说说就散。

2015 年 12 月 10 日

此文为"李莉剧作研讨会"上的发言，《上海戏剧》曾编发。笔者曾写过多篇评李莉剧作的文章，收入《戏说·说戏集》中，见《康式昭文集》(第四卷)。

——笔者

抒"我"心中的涌动
——旁观吕育忠写《将军道》和《七步吟》

笔底有"我"

剧本是剧作家写的，可以说，他们的笔下无不在写"我"：写"我"心中的世界，写"我"心中的人物，写"我"心中的故事；状"我"胸中的感触，抒"我"胸中的情怀，浇"我"胸中的块垒。描写"我"的所见所闻，所思所想，所爱所憎，似乎早已成为戏剧创作的常识，无须论证的规律。还要正儿八经地当作文章主旨论述，无非老生常谈而已，或者叫作无病呻吟。不过，我还是要老生常谈地"呻吟"一番，盖因这个"我"里大有讲究。

一类，那个"我"是他人背后亦步亦趋的"我"，是并无自我的"我"，丧失自我的"我"，是没有找到自我的"我"。从根本上说，尽管通过"我"的手，"我"的笔，但写出的并非"我"，从中也看不到"我"，归根到底是笔底无"我"。这种情况，所在多有。闭起眼睛一想，尽在眼前。

另一类，倒也是独到的"我"，有别于他人的"我"。但那个"我"却是眼光卑微的"我"，视觉扭曲的"我"，脚底无根的"我"。编创出来的作品，光怪陆离者有之，悖谬无伦者有之，哗众取宠者有之，急功近利者有之。但往往是昙花一现、烟消云散，热闹一阵便销声匿迹，断难在戏剧艺术发展的途程中留下有价值的痕迹。

笔者想说的"我"是有别于前两类的"我"，既要眼光独到，又要有科学性；既能独辟蹊径，又能站稳脚跟；既能立足当前，又能传之久远。一句话，这个"我"是具有独创性的"我"。

艺术贵在独创，创新乃艺术生命之所在。人们尽知，看一个历史人物的价值，首先看其在历史发展的进程中提供了什么新的东西。同样，衡量一个作家一件作品的价值，也要看他是否有新的贡献：新的视角，新的发现，新的信息，新的认知。发前人所未发，道他人所未道。能够给人以新的艺术和美的享受，予人以新的心灵启迪。归结为能够愉悦精神、丰富知识、陶冶情操。

从缺"我"少"我"，到有"我"写"我"，是不少剧作家经历的共同过程，也是一个剧作家走向成熟的标志。正是在这个意义上，通过吕育忠近期推出的两部新创历史剧佳作《将军道》和《七步吟》，我看到了他戏剧创作上的飞跃，看到了他艺术上逐步走向了成熟，步入了更高的台阶，倍觉可喜，也由衷地向他表示祝贺！

所见者大

泛泛地说，要立足于写"我"，还失之于笼统。要超越平庸，走向深刻，则需看"我"的眼光和胆识。达到所见者大——博大的眼光，所思者深——深邃的思考，所言者新——新颖的见解。

通常写历史题材的戏剧，翻翻正史，读点野史，找些逸闻趣事，发挥联想，设个题旨，敷衍成篇，也能自有看点。但往往陷于或解说主题、演绎概念，或津津乐道于小见识、小情趣，难以逃脱小家子气。史剧大家追述的应该是以博大的胸怀、敏锐的目光站在历史发展的高度，放眼历史长河，综观事物机理，揭示出某些规律性的东西，讲而展示大气魄、大手笔的本色。如此这般是为历史题材戏剧的上乘！我看吕育忠的近作《将军道》就庶几近之。

《将军道》写秦始皇。秦始皇是统一六合，建立中央集权制封建帝国的第一人，史称"千古一帝"。《将军道》写王翦。王翦是秦国的统军大元帅，是襄助秦王统一天下的大功臣。《将军道》写君臣联手共同应对统一六国的关键一战——伐楚之战。凭借这一决定历史命运的决战，描绘这一对同是强者的帝王和将军之间的错综复杂的关系，写出了历史的必然，展示了历史辩证法的胜利！

秦王嬴政是强者。他能认错。伐楚之战，不听王翦必需60万大军的忠告，轻信李信20万足矣的狂言，罢黜老将军，导致损兵10万的败局。他不文过，不饰非，放下架子，微服亲临王翦乡宅，恭请老将军再出山。他能识人。深知"老将军功业千秋颂，正是擎天之柱架海梁"！面对将军女儿"爹爹年事已高"的推托，他回答道："老将军是太阿之剑，荆山之玉。"然而"玉在石中，光华谁见？剑在鞘内，焉得不鸣"？他"今天正是为剖玉挥剑而来"！是恳求，更是激励；是拜将，更是激将！烘托出了一派高屋建瓴的气势。他言必果。老将军出山，坚持必需60万大军的底线。盖因六国之中，唯楚最强，秦国再也败不起，他"不忍频阳又立新坟，西秦再添孀妇"！嬴政痛下决心："速发诏令，晓谕全秦。征募劲卒六十万，供王老将军差遣！若只得五十九万，则将寡人一万禁军亦纳入其中；若是只得五十九万九千九百九十九人，我嬴政亦披坚执锐，效命帐前！"连他也要披甲上阵，充当兵卒，以凑足60万之数？这当然是极而言之。但这画龙点睛似的一笔，尽显秦王的眼界和气魄，展示了他的强势和豪迈！有了这些，人们信服了：这就是未来的秦始皇——嬴政！

然而仅仅有这一面，还不是嬴政！剧作又惟妙惟肖地状写了他的多疑、猜忌和暴虐、钳制。筑坛拜将之前的梦境是极为精彩的笔墨。李斯告诉他："王翦此战若兵败，大秦社稷顷刻亡！"赵高则提醒："王翦若是有异志，大秦社稷改姓王！"他不禁萌生了危机感："头上三尺悬利剑，脚下千里履薄冰！"内心极度惶恐与不安。但箭在弦上，不得不发。他已经没有别的选择了。他只能赌一把："用人不疑，信托忠良！"毅然登台拜将之际，他一赐白旄，二赐黄钺，三赐虎符。再加"二赠"：一赠身佩的太阿之剑；二赠上次败军之将李信的人头。王翦则对应地提了个"二求"，后边细说。

"三赐二赠"的示爱之后，他心怀叵测地立即打出了"一索"的钳制王牌：索娶王翦之女王泓为妃！理由嘛，冠冕堂皇得很："泓妹安居宫中，自有寡人照料，将军驰骋疆场，亦无后顾之忧。"王翦当然只能允诺，但他心里明白："你明娶泓儿，高看王家，终是信臣不过啊……"交易，一场赤裸裸的君臣之间的政治交易！而纵观历史，历来的政治又何尝不是一局局、一场场、一次次潜藏着你死我活的或明或暗的"交易"！

此后王翦与楚将项燕相峙，久不决战，朝野上下猜疑之际，特意派王泓去王翦军中慰问、督促，打的也是这张钳制牌。王翦终于乘楚军撤兵毫无防备之机，一举歼灭之，赢得了这统一六国、天下归一的最后一战。嬴政的猜忌和钳制也达到了最高点：一是降旨收回兵权，虎符遗交蒙恬；二是下令不带兵卒回京受"封"。此前则已将众将家眷押至京城，扣为人质，刀光剑影，杀气腾腾！

两两叠加，这才是完整的嬴政，这才是千古一帝——秦始皇！大眼光，大手笔，摆脱小打小闹的小家子气，是为推出历史题材戏剧佳作的首要一着！

王翦大将军也是强者，剧作突出展示了他深远的眼光，博大的胸怀，超人的机智，对社稷的赤胆忠贞。综观全剧，几乎看不到多少战争场面，导演也未堆砌京剧武戏习见的翻不完的跟斗、堆满台的花样翻新的开打，至多是点到为止。写叱咤风云的大将军，写决胜六合的大战役，而战事着笔甚少，这也许可称作《将军道》写作上的一大特点。何以如此？作者腾出笔墨写人，写血肉丰满、多色调多侧面、多彩多姿的人——叱咤风云的大将军王翦！

写王翦，首先写他的眼光，写他的全局观念，写他胸中的追逐和向往——"早定宇内天下归顺"，结束500多年的战乱，一统四海、国泰民安！因而他不计被剥夺军权解甲还乡的前隙，敬重"志在一统的大秦君王"，一心一意要"碧血丹心报天阙"！在这一点上，君臣二人可谓志同道合、心心相印。这是居于主导层面的根结，合作过程中的其他矛盾纠葛均处在次要地位。剧作很好地把握了这个尺度，写出了雄才大略的君和臣。

写王翦，突出写了他的机智和谋略。他深知秦王嬴政既有统一六国的大志，又心胸狭窄、喜怒无常；既善于用才，又猜疑妒忌人才；既有雄才大略，又残暴专横。"伴君如伴虎"，这里有着形象的诠释。王翦呢，既要辅助秦王完成统一六国的大业，又要尽量免其猜忌，保全自身。这就要看他的智慧和应变能力了。前边提到过，在拜将台前，秦王"三赐""二赠"之后，他对应地提出"二求"，一求免李信死罪，让其阵前戴罪立功，表现了他的容人之量。这第二求就大有讲究了，求的是"臣家人多，俸少难济，乞赐良田百顷，宅院五座"。堂堂驰骋疆场四十载的领军元帅，大决战前的出征之际，心心念念地乞求这么点小赏赐，岂不是太没出息的小心眼，小眼光？是的！王翦就是要用这胸无大志的小乞求让秦王大放心，他并无野心，绝不会重兵在握，窥窃神器；野心勃发，危及社稷！这是一番自贬自低的苦肉计，也是为臣之道自我保护的良方！表现了王翦超人的大智慧、大胸襟！在屯兵战场两军对峙、朝野猜疑的时候，他再次上疏秦王，奏请这些小赏赐，也是为让在上者放心，不要因猜忌而中途生变，妨碍他实现战场上的宏大谋略。

同样是写君臣之间的纠葛，同样是两个性格强者的争斗，《将军道》和《曹操与杨修》有颇多相似之处，又有决然不同的处理和追求。应该说，两者都是成功的历史剧佳作。关于两者的差异，《将军道》作者"创作谈"中论及它们基于截然不同的气质风格。"《曹操与杨修》将其笔触更多地深入了人性幽微曲折的一面，曹操和杨修月下相遇，他们之间此消彼长的关系，也像月亮一样，清光之中，蕴藏阴影，相互理解、相互寄托又相互伤害。而《将军道》中的人物，则充满了灼热的太阳般的光芒。嬴政是一统六合的君王，王翦是纵横万里的将军。他们心中同样有九州四海、肩上同样有五岳泰山。"这些话很有见地。不过依我的表述，两者的对比要简单些。窃以为，其差异在于《曹操与杨修》中两个强者的性格碰撞以悲剧结束，《将军道》中两个强者的性格碰撞以喜剧收场。前者，曹操最终按捺不住，盛怒之下将杨修杀了，自己也不断受到内心的自谴和折磨。双重悲剧：人物性格悲剧，人物命运悲剧！后者，王翦终于全身而退，终老山乡。双重喜剧：统一六国，实现共同目标的喜剧；各得其所，各保其身的喜剧！而不管悲剧也好，喜剧也好，都是沿着客观事物发展的逻辑和人物性格发展的逻辑推导而至，不存在文野高下之分，关键是尊重辩证法！

剧作家用这样的话对剧作的主旨及嬴政、王翦君臣间的定位做了归纳和总结：

> 帝王心深邃难蠡，将军道伟岸无拘！
> 帝王心如火迸裂，将军道如水伸屈！
> 帝王心威临四宇，将军道忠烈八极！

褒贬寓于其中，极富哲理意蕴。作者在"创作谈"中说道："与那谨慎、森严、时有阴郁的帝王心相比，将军道更闪耀着瑰丽、豪迈的浪漫主义、英雄主义的光泽。"

剧作家为博大精深的将军之道所感染，为之折服，为之心驰神往，倾心写出了这部大气魄的佳作。

所思者深

相同的题材在不同剧作家的笔下会有不同的处理，显示出不同的面貌。有作为的作家往往会在习见的题材中发现新意，写出新意，这个"新"，则关联着作者思考的深度。吕育忠的《七步吟》给了我这方面强烈的感受。

说起来，曹植七步成诗的故事几乎尽人皆知，以此为题材或涉及这一内容的戏剧作品也所在多有。举点影响大的例子，话剧有郭启宏编剧、北京人民艺术剧院上演的《曹操父子》以及天津京剧团移植的同名剧作，京剧早有梅兰芳先生的代表作《洛神》，后有陈亚先、毓钺打本，迟小秋主演的《胡笳》，再后有戴英禄、邹忆青打本，董圆圆主演的《洛神赋》。在这一堆大作名作成功在先的格局下，再碰这个题材，不仅要有勇气，更要有实力。吕育忠聚10余年思考的沉积，碰了、写了，依我看，也成功了！

成功何在？所思者深，所言者新。

《七步诗》曰："煮豆燃豆萁，豆在釜中泣。本是同根生，相煎何太急？"作者说："创作《七步吟》，就是想借助这段扣人心弦的千古奇闻，挖掘出一个全新的主题。通过细致入微地揭示曹丕、曹植、甄女等人物的内心纠葛与矛盾，倡导、阐释、传播、渗透和谐理念，呼唤和谐真爱的回归，展现人情、恋情、亲情、家国情以及人和、家和、国和的和谐深意及人性的复归。"这是打开认识、观赏该戏大门的钥匙。

有人说，任何历史剧都是当代剧。当然不能绝对，但就历史剧都是当代人所写，必然打上当代烙印，渗透着写作者的立场、观念、视角、思维和审美追求等而言，有一定的道理。《七步吟》的作者就明明白白说了他为什么写，写什么，想展现什么，告知什么等，这岂非明为"历史剧"实乃"当代剧"而何？问题仅仅在于如何说、说得如何。这里边确确实实包含着成功和失败两种可能！是标语口号式的直白，还是观点寓于故事情节之中？是作者直接地喊口号、发宣言、讲道理，还是通过艺术形象让观者感受、体验、省悟？这就有文野粗细、高下之分了。可喜的是，《七步吟》走的是艺术化的道路，作者将深邃的思考和全新的追求置于人物新的定位，诠释新的矛盾，演绎新的人物关系，以及某些关键情节新的合理虚构等。一句话，作者退居幕后，让台前人物说话，让"艺术"精灵登场，从而实现了既走进历史，又跳出历史；既尊重基本的史实，又不囿于史册的记载。大事不虚，小事不拘。站在今天看昨天，侧身当今想历史，立足现代写既往，达到了"真"——历史本质的"真"，"善"——传统道德和当代贯通的"善"，"美"——古今审美情趣相互依存的"美"的和谐统一。

说人物定位，首先涉及曹丕、曹植两兄弟。既往写曹氏兄弟，多半取褒植贬丕的态度，颂植而责丕。这也难怪，人们的同情通常总是在弱者一边，谁让曹丕接班魏王、篡汉称帝、高踞上位，还曾企图逼杀其弟，而曹植偏偏又是才华横溢、风流倜傥，还险遭杀害呢？《七步吟》一反循例，不搞简单化，摒弃脸谱化，当责则责，当褒则褒，让人物回归历史本位。

曹丕，剧本一方面写了他玩弄权术，心狠手辣；另一方面又写出他政治上的强势——果敢、善断，有执政治国的才智。即便在文学上，曹丕作为汉魏文学大家，诗有好诗，如《燕歌行》："秋风萧瑟天气凉，草木摇落露为霜。"情致委婉，别绪绵长，是现存最古老、最完整的七言诗；文有好文，如《典论·论文》中有"文章经国之大业，不朽之盛事"，是把文学功能及价值提到空前高度的第一人。但终不及其弟的"天才流丽"，必将"名冠千古"——用剧中曹丕自己的话说。

曹植呢，有诗仙的文采，旷世的才情，可遇事优柔寡断，不具有治国安邦的政治才华。尽管他也想"继老父恢宏大业，开疆土兴农商造福家邦"，却并无实施的能力，无非端坐书房的豪迈空想。他企图和兄长曹丕争王位，索继承权，自然只能是以失败告终。《七步吟》很好地把握了这个分寸，既不美化拔高，也不蓄意贬损，客观地描写了这对兄弟各自的优长缺失，以及他们之间政治上不等量的争斗。归结为曹丕全剧结尾时的两句话："曹丕我开新朝青史彪炳，曹植你翰墨间千秋留名！"是为确论。曹植也只得："罢罢罢，一声叹两行泪沉浮天定；去去去，诗作舟酒为伴哭笑残生！"也许这是兄弟俩最好的结局和归宿——一个是有作为的政治家，一个是名彪史册的大文学家。而这不也是对他们最中肯的鉴别和认定！

《七步吟》剧作由两条线交叉编织而成：一条是前边谈到的曹氏兄弟政治上围绕权位的争夺，另一条是曹丕、曹植与甄女之间的恋情纠葛。后者着笔更多，作为兄弟俩矛盾的主要构成，成为全剧的中心线。名义上，曹丕是胜者，他甚至战胜了老爹曹操，生米做成熟饭，抢先迎娶了甄女，让曹植希望破灭。但实质上，他却是感情上的败将。甄女只心仪曹植，爱恋曹植。曹植也始终视她为红颜知己，心中的女神！曹丕虽然赢得了甄女的身，却始终得不到她的心，直到甄女香消玉殒！从这个意义上说，无论是曹丕、曹植，还是甄女，都未能摆脱悲剧命运，成为令千古唏嘘慨叹的悲剧人物。

如实说，这方面的处理虽然细腻传神、动人肺腑，但还未超越此前的作品。而且在一些成名作里，还有更感人的笔墨；一些戏剧表演大家，还有更精彩的展示。令人耳目一新的是甄女形象的新定位，以及特意为她添设的英勇赴死的大动作！

吕育忠在《创作谈》中大声宣告了他的新追求、新立意、新题旨——呼唤和谐，呼唤真爱，呼唤人性回归！我以为这一切的主要承载者和体现者，正是这位全剧情节矛盾的贯串者——甄女。

甄女仍旧是美的化身，翩若惊鸿，婉若游龙；沉鱼落雁，羞花闭月；美妍冠千古，举世无二人！一切形容古代美女的辞藻加诸其身都不为过。曹植早就给她定了位：洛水女神！而今在吕育忠的笔下又有叠加——容貌美，更加精神美！

按《七步吟》的设计，《七步诗》是在曹丕称帝登基之日，皇皇盛典中，突然响起了不谐和音。曹植一身孝服进到了殿堂，他要为被曹丕下令毒死的丁仪讨回公道，他要喊出内心的愤懑！于是公然当廷咒骂身为皇帝的曹丕"道貌岸然，自命不凡，却干些蝇营狗苟之事，做些暗室欺心之举"，"你表里不一，心狠手辣"，"你丧尽天良，横刀夺美"……这是何等的大逆不道，犯上作乱！曹丕盛怒之下，显出杀机，仅仅因为登基之日杀生不吉，才下令以他两兄弟为题，七步成诗，"诗成，免你一死；不成，饮下毒酒"！明明七步成诗，曹丕却硬说已然八步。曹植惨然说道："君要臣死，臣不敢不死；兄要弟亡，弟不得不亡！"他取过了毒酒……危急时刻，站出了甄氏女！她夺过毒酒，"臣妾愿替安乡侯饮下！"她深挚地进谏道："你与子建一母同胞，血脉相连，子建纵有千错万错，也不至以死相逼。事到如今，妾身倒是明白了，陛下与三弟，你们却不明白！"

她明白了什么？

> 甄氏女有幸得遇曹门亲兄弟，
> 是命数是缘分皆归于天。
> 三弟他难继位安乡遭贬，

泼翰墨挥诗文万古名传。
陛下你登龙廷伟业成就，
掌社稷安黎民稳坐江山。
你兄弟原本是骨肉亲善，
为什么今日里手足相残？
为什么似仇雠张弩拔剑，
为什么竟不能相扶相安？

她毅然决然地饮下了毒酒：

饮此酒非关那私情缱绻，
但愿得兄弟间尽释前嫌！
同根生弥创痕月明星灿，
同根生心相印地阔天宽！

这番大义凛然的以死相谏，犹如警钟，胜似惊雷，彻底地震醒了曹氏兄弟，唤回了人性和亲情。

曹丕："三弟！方才你的诗尽管感动不了为兄，可逸女之死，却实实打动了为兄！逸女为换得你我兄弟的真明白，她、她、她……不惜一死！你我……总该明白了。"

曹植："我对她一往情深，却与她有缘无分；你与她得成连理，却让她红颜薄命！我有五车之才，却无冲天之力；你无仁爱之心，却能呼风唤雨！天理何在？天道不公哇！"

曹丕："这叫天意难违！人世间桑沧事欲说难尽，是与非曲与直断难分明。自古来假假真真邪邪正正，从来是计谋胆略论浮沉。尚望你与兄长同舟共济，莫辜负逸女她殷切之心！"

甄氏女生命价值的重新认定，她以死谏诤的生命终结，换来了曹丕从试图"杀弟"到企盼"同舟共济"的转变，换来了曹氏兄弟关系的新格局，这一切堪称神来之笔。作者依托她惊世骇俗的大动作，形象而深沉地展现了亲情、恋情、家国情以及人和、家和、国和的和谐深意，唤醒了人间真爱的复归。

这个情节的设计和处理显然是作者精心安排，为戏剧舞台的首见。也许难以找出现成的书面依据，但依我看，这一虚构当属艺术创作的正常。按正史、野史记载传闻，一是确有七步成诗的萁豆相煎的史实，二是曹丕未能如愿以偿地杀害曹植（曹丕死于226年，曹植死于232年，于郁郁寡欢的忧愤中多存活了六年——笔者注）。至于不杀的原因，可以解读为《七步诗》唤起了曹丕的手足之情，不忍杀害；可以设想为老夫人后堂扑出，抱头大哭，让曹丕无从下手；我看也不妨按吕育忠的路数，设计为甄氏女代为献身赴死，感动了兄弟俩，唤醒了亲情人性。大事不虚，小事不拘，是否这也可充作一例？这里的关键还是要看是否能言之成理，是否能自圆其说，不是"既有"，却是"能有"，即是否能从客观历史事件及人物主观性格的发展中推导出来，是否符合辩证法。

多余的话

拉拉杂杂扯了许多，再说显然是多余的话了，但还是想说几句。俗话说，金无足赤，人无完人。戏自然也无"完戏"。吕育忠的这两部戏，也还是大有加工打磨提高的空间。

就《将军道》说，前半精致，后部稍显粗疏。嬴政派王泓到王翦阵前监军，就有些理由不足。原本是扣为人质，一旦放走，不怕放虎归山？又如，强收兵符、扣押将领眷属等，就不怕激起哗变？嬴政就那么相信王翦忠贞不贰，不耍手腕，直来直去，似乎也不符嬴政本性？如此等等。

就《七步吟》说，反过来，后半部分精彩，特别是结局的安排，颇具匠心。前半部分稍显平平。有些情节也待推敲。如一开场的立嗣，工于心计、深知二子秉性的曹操绝不会留下遗令："五官将、临淄侯二人，谁先闯进宫内，即可承继父业。"（应是"父职"，即"魏王职位"——笔者注）接班人是谁，他绝对是早就安排好了，焉能如儿戏般放任？而且闯关杀门官的故事不是曹丕，正是早年的曹植！不过这位书生气十足的呆子不会这么聪明，也不会有这个气魄，是门客杨修教他的！说漏了嘴，还是导致杨修最终被杀的因由之一。

2012 年 11 月 19 日
（原载《戏剧文学》2013 年第 3 期）

发表时删去了末段即指出两剧不是处，不知何故，何人所为，在此恢复之。

——笔者

余笑予：我那奇才怪才"老庚"

我和余导同庚。记不清哪年了，闲聊中叙起年谱，他告诉我，生于1935年。我很得意：出生于1935年，笃定数我大！我生日是1月5日。他不屑地说："也就大几个月。"我说："大一天也是大。"他笑了："算你大。"我忙声明："你大！你才是大专家、大导演、大有成就、大戏剧家、戏剧大师！我嘛，戏苑的门槛还没摸着呢……"说罢，大家哈哈一乐。

当然，说同庚也不尽确切，按阴历，我属狗，他属猪，差了一岁。但我还是要攀附"老庚"，谁让攀名人是当今时尚呢！我未能免俗，何况原本就是俗人！

《弹吉他的姑娘》的两大成就

认识笑予是20世纪80年代，尚未谋面，作品为媒，算个神交。当时我在北京市委宣传部文化处和北京市文联就职，工作都涉及文化文艺。陆陆续续看了余导执导的京剧《徐九经升官记》《药王庙传奇》《膏药章》等，大受教益，大为震惊！

这些戏，研讨会上的朋友会谈得很多，我想出个冷门，讲讲汉剧《弹吉他的姑娘》（以下简称《弹》）：一是惊喜于它展示的振兴古老戏曲的实绩，二是敬佩于导演手法的创新和拓展。

记得在主管的《戏剧电影报》（1985年10月26日）发表的一篇谈戏曲振兴的文章中曾有论及，现摘几句："振兴是前进，是发展；是生发，是繁衍；是焕发青春，征服观众；是从沉寂中振奋，由冷落而勃发。""争取新的观众，要提高到战略高度来考虑。戏剧艺术是在舞台上完成的，离开观众，振兴便只是一句空话。""争取新观众，要有新观念。""要振兴就要努力和新的时代结合，适应新时代的要求；就要努力增强自身的活力，在艺术之林中，找到自己的位置；就要努力和观众在心灵上沟通，满足他们的审美需求，成为人们精神生活中不可或缺的部分。一句话，要有时代精神。"

正是从"时代精神"和"审美需求"的侧面，我对《弹》剧在振兴古老戏曲大目标下的突出贡献赞佩不已。我在文章中写道："《弹》剧深受青年人欢迎，说明遵循固有规律而又勇于创新的古老剧种，同样可以征服年轻观众，培养欣赏新军。该剧在武汉大学区演出，连连爆满；连演六七十场不衰；到北京以后，也在大学生中引起强烈反响。一是基于内容和立意的鲜明的时代感；二是艺术上的大胆改革和创新。"我还引了厚生老的赞语，该剧好就好在"纵向继承和横向借鉴的统一"。这是其一。

其二便是艺术手段的借鉴和创新，特别是堪称横向借鉴标志的载歌载舞的"打电话舞"的创造和隆重推出。我至今记得，乍看之下，大有惊世骇俗、耳目一新之感。说它振聋发聩，让人惊喜莫名，也不为过。纵观这 30 多年看戏的历程，类似这样的创造，我印象至深者有三：首位便是余导在汉剧《弹》剧中创推的"打电话舞"；紧随其后的是石玉昆执导的京剧《骆驼祥子》中陈霖苍饰演的祥子震撼展示的"拉洋车舞"；再后是谢平安执导的京剧《华子良》中王平饰演的"疯老汉"华子良下山的"挑箩筐舞"。这些都称得上是新的程式化的戏曲表演样式的提炼和创造。古老戏曲剧种的现实题材创作，为表现新的时代、新的生活、新的人物，固有的表演程式早已不适应、不贴切、不够用了，迫切需要大的突破，新的创造。而这种"创造"又必须遵循和固守戏曲艺术虚拟、象征、写意的原则，从生活中提炼、升华，既源于生活，又高于生活。不提炼，话剧加唱，其淡也如水，为够格的有出息的戏剧家所不取。以《弹》剧"打电话舞"论，动作提炼了，升华了，让演员拿着电话筒转着圈又唱又跳，透着新鲜。不像汉剧，又是汉剧，不讲形似，更加神似。笑予大导的这番成功创造，委实开了一个好头。万事开头难，艺术贵在创新。就这个意义上说，余导真正是功不可没。

"奇才""怪才"云云，此一端也！

《风雨行宫》的启示

我从1990年调入文化部，虽然编制在政策法规司，主业在文化政策法规，却常常帮艺术局"打工"，还被封了个"艺术局全国重点剧目（戏曲话剧）指导小组副组长"的头衔，便名正言顺、堂而皇之地观赏起戏、评判起戏来了。这也就带来了和"老庚"笑予大导近距离接触的颇多机会。

就说评奖，我陆续参加了文化部主办的多项戏剧评奖：首届中国小百花越剧节、多届黄梅戏艺术节、中国川剧节、多届中国京剧节、昆剧兰花奖评比、梆子剧种调演、评剧艺术节、"金三角"戏剧节……当然分量最重的还是"文华奖""中国艺术节奖""舞台艺术精品工程奖""优秀保留剧目奖"。1991年设立的戏剧艺术类政府奖"文华奖"，我是参与方案制订和几乎历届的执评者。此外，还参与了多次中宣部"五个一工程"奖及中国剧协主办的中国戏剧节、"梅花奖"的评选，以及中国戏曲学会、中国戏曲现代戏研究会等学术机构操办的评奖活动。在这些评奖活动中，多次"遭遇"笑予执导的作品和他推举的人才，也多次心服口服地把他们送上大奖的领奖台。粗粗算来，余导平生执导多剧种戏剧50余台，我大体观赏、参评过20多台，数量过半，在我看过的名导执导剧目中，赫然跃居首位，这也算"老庚"间的缘分吧。

且说两台。一台是豫剧《风雨行宫》，1995年5月，秦、晋、豫三省的戏曲盛事——中国戏曲第二届"金三角"交流评奖演出，在太原举行。我奉命主持评奖工作。王红丽领衔率队的河南小皇后豫剧团，带着大型历史故事剧《风雨行宫》参加评比。编剧没记住，导演余笑予！

故事是根据中国台湾地区作家高阳的小说《乾隆韵事》改编，来源于四皇子胤禛（即雍正）与行宫种菜女奴生死恋情的一段民间传说。我在发表于《中国戏剧》（1995年第7期）记叙这届盛会的文章中对剧作内涵有如下评价："作者用血泪斑斑的事实，鞭辟入里地揭露了皇权对人性的扭曲和摧残。我认为《风雨行宫》的诸多功绩之一是再一次用艺术形象宣告了抽象人性论的破产。在'皇权'扭曲和摧残人性的冷酷图画中，我们实实在在地感受了剧作悲剧力量的沉重。"

对于以导演为总指挥、总调度的舞台呈现，我更是赞叹不已，在文章中写道："这出戏艺术上的最大特点是尊重戏曲艺术规律，充分发挥戏曲艺术的特长，调动多种艺术手段，突出重点，一咏三叹，尽情挥洒，把感情推向极致。""女主角金桂的扮演者王红丽充分发挥了声情并茂、声如裂帛的优长，那一浪高过一浪的撕心裂肺的悲怆，大有惊天地泣鬼神的气概。""我曾经想过，这样的情绪渲染，这样的激情推进，既通过直接的形体动作，又通过间接的背景音乐烘托，更通过人物尽情挥洒的演唱，形成了艺术的综合力——渗透力、捕捉力、感染力、震撼力。此时此地，此情此景，除了戏曲（自然包括歌剧）这样的舞台艺术，其他文学艺术样式，恐怕都断难做到。"

当时记录下的这些体会是完全真实的。对于戏曲艺术博大精深魅力的认知和体察，竟然和这次活动息息相关。我是个戏迷，早在横着擦鼻涕的童稚之年，就追逐着看坝坝戏、庙会戏。不过和笑予出身梨园世家，3岁登台、9岁飘红，无可比拟。他在台上，我在台下。看了多半辈子戏，这番启示得力于余导的《风雨行宫》，这也应该说是一种缘分。所谓"怪才""奇才"，不也可见一斑？

我一向认为，参与戏剧评奖，首要职责是对作品做出评判和鉴定，要讲责任感和艺术良心，同时更是难得的欣赏和学习的机会，要诚恳和虚心。前边引述的文字，便是学有所得的记录。

《风雨行宫》在"金三角"获得了优异成绩，却没有产生更大的影响。关心王红丽、扶助民营剧团的余导，以后又为小皇后豫剧团创排了《铡刀下的红梅》，一炮走红，勇夺"文华大奖"、"五个一工程奖"、"舞台艺术精品工程奖"、"优秀保留剧目奖"，王红丽也一举拿下文化部的"文华表演奖"和中国剧协的"二度梅"。余导，有心人也！

《未了情》和"景随人走"

再说另一个剧目：黄梅戏《未了情》。

余导一生创排过20多个剧种的50多台戏，排过正剧、喜剧、悲剧、闹剧、典雅剧、民俗风情剧；古装戏、现代戏。林林总总、错综纷纭，他都力求"一戏一格"，如论者所赞"决不模仿别人，也绝不重复自己"。这种追求达到这等境界，十分难能可贵，相应的精神付出也非常巨大。他毕生劳累，却也乐在其中。

在这个绚丽多姿的戏剧艺术长廊中，我有幸观赏过许许多多，也深深感受了笑予老庚导演艺术的丰厚多彩。本文前边讲了一些，意犹未尽，再讲讲杨俊、张辉领衔主演的黄梅戏《未了情》及导演处理。

巧的是，这次相逢也缘于评奖。大约是1993年，第二届黄梅戏艺术节升格为文化部和安徽省政府主办，安庆市政府等承办。我被部里委派去主持评奖，得以幸运地大大享受了一番黄梅艺术盛宴。

先说点逸闻趣事。艺术节开幕式上，不知哪个环节出了故障，我的名签写成了"唐式船"，"康式昭"三个字错了两个。时任艺术局局长、北大同窗学友曲润海得知，立马送了我一首打油诗，书法精致，裱糊工整："杭州康师傅，安庆唐式船。皆操判官业，夜夜进梨园！"此前在杭州协助郭汉城老主持小百花越剧节评奖，被戏称为"康师傅"，混了个方便面的著名品牌；如今又成了文物："唐式"古船，何其快哉！都当"判官"，操评判之权，夜夜进"梨园"看戏，却是真的。

《未了情》是个感人至深的优秀剧目，荣获金奖当之无愧。主演杨俊、张辉在剧中都有非常出色的表演，似乎双双获得优秀表演奖。此后听说杨俊还以此角摘得"梅花奖"。而剧目给我印象最深的还是导演手法的高妙，那灵动舞台的、景随人走的景象，至今铭刻于心、跃然眼前。

大幕拉开，空灵的舞台找不到堆砌的大制作，一如某些大导的大排场、大气派、大手笔。简约到类似一桌二椅的回归，偏偏道具"门"还借演员的助推，长了"腿"，会自己走动。比如，一副简便的门框，角色自己推着上台了，那便是他的家，他家的门。他生活在这里，思索在这里，事业在这里，婚恋在这里……道具的推来推去，场景便相应地改变了，变换了。"景随人走"可以说是把戏曲的假定性、虚拟性玩到了极致。类似的手法在其他戏中也时有所见，但作为总体构思贯串于全剧，作为艺术建构的基本不说只此一家，至少孤陋寡闻的我还别无所见。

当然，并不是一切剧目都适宜"景随人走"的处理。我记得还看过余导为安徽省黄梅戏剧院排的《金粉世家》（改编自张恨水的同名小说），也用了类似手法，看起来就远不如《未了情》的自然妥帖、浑然天成。

拉拉杂杂扯了一通，全不在余导的著名代表作上，也远没有抓到笑予导演艺术的根本。我前边就说过，走冷门、敲边鼓而已。断断难登大雅之堂。研讨会组织者告知：来者必发言，发言既要题目，还要文稿。只好滥竽充数，聊以敷衍塞责罢了。是为此时此刻、此情此景的大实话,如假包换!

2013 年 12 月 18 日

  文章交付了研讨会组织者后,下落不明,也未追询。收入该文集中,给自己一个交代就是了。又及,此文为参加余笑予导演艺术研讨会而作,东拉西扯,剑走偏锋,不过倒也都是实话、心里话。

——笔者

张曼君导演艺术拾羽
——几行提纲式的答卷

如实说，谈导演艺术，我真不够格：没有发言权！平时爱看戏，看了不少戏，对戏剧文学层面，还能凑合说上几句；就导演艺术而言，则基本是个盲区。然而在 2012 年全国优秀剧目展演中，应邀观赏了张曼君执导的五出好戏，享受了一番戏曲盛宴，总得还还债，说几句看戏心得，谈一点欣赏感受，算是交一份不及格的试卷，求个塞责心安而已。

说什么？如果说张曼君女士的导演艺术华美得像一只五彩斑斓的孔雀，我也就是捡拾一两片羽毛；如果说张曼君女士的导演艺术深广得像一泓波涛恣肆的湖海，我也就是舀起一两个浪涌。

试说之。

其一，诗化的追求。看了新近的五出戏，联想起过去看过的一批剧目，我越来越感觉到张导在舞台呈现上，追求"诗化"的意境。我以为远的可以追溯到 20 多年前的广东梅州的山歌剧《山稔果》，惨遭新婚离别的新娘在绵绵的哀思中怀念被抓丁掳走的丈夫，离愁别绪始终笼罩整个舞台，幻化出一派痛别离的古典诗词的韵味。其后的《十二月等郎》则在新时期打工潮汹涌之际，状写留守媳妇、姑娘们的或喜或愁，或期盼或担心的思念。于嘻嘻哈哈的戏谑中，于家长里短的纠葛中，于天天想、时时想的浓情中，我们嗅到了类似"月牙五更"的一咏三叹的民间歌诗的气息。与《山稔果》截然不同的是，时代变迁了，这群小媳妇、大姑娘立大志、做大事，硬是顶起了留守农村的一片天！说到新看的这五出戏，天津河北梆子剧院推出的《晚雪》，故事是悲惨的，主题是凝重的。在状写拐卖妇女儿童的惨痛严酷中，剧作呼唤人间的大爱和良知，呼唤对生命的珍重和维护。舞台上，导演特地为我们营造了一场铺天盖地的皑皑大雪，以纯洁的银白埋葬了世间的一切污秽！让我们于惨烈中感到了诗意的浸润。

赣南采茶歌舞剧《八子参军》描写的是当年中央苏区革命老妈妈杨大妈送八个儿子参军、全部壮烈牺牲的故事。戏，不好写；导，不好导。但编、导精心合作，硬是推出了写革命、写战争、写牺牲、写奉献的上乘之作！该剧也实至名归地获得了2011—2012年度中宣部"五个一工程"奖。八个战士的牺牲无疑是全剧的重中之重，但我注意到，在写牺牲的时候，导演特意淡化了习见的血与火，而是采用了虚拟的手法，写他们牺牲前在幻境中与老妈妈的心灵对话。远山，母亲深情地吟唱着"怀胎歌"，儿子们依次凝望妈妈吐露心声。老大："对不起，妈妈！天热时不能给你打蒲扇，天冷时不能给你添一根纱。我知道儿是你心尖尖上的肉疙瘩，你也是我心中永远的放不下！"老二、老三："妈妈你别牵挂，妈妈你别害怕！我们倒下的地方会盛开一朵朵小花——芬芳那个山坡，芬芳我们的家，那就是我们对你的牵挂，那就是我们对你的报答！"老五告诉妈："我今生多想做一回男人，有一个亮亮敞敞的家，娶一个如花似玉的老婆，生一堆活泼可爱的娃。有人叫你奶奶，有人叫我阿爸……"这充满人情味的一笔笔，让牺牲在如诗如画的情景中进行，极大地丰富了表现力和震撼力。诗境的追求，表现了导演的匠心，也让我们耳目一新，回味深远。

如果说前边列出的剧作，诗情诗意还是局部展示的话，那么我以为有两部戏导演是全景式地将诗化融入其中，统领着全剧，进而实现了剧诗的境界。

湖北地方戏曲艺术剧院创演的土家风情黄梅戏《妹娃要过河》就是一个成功的实例。浓郁的土家族载歌载舞的风情习俗，撑船汉子粗犷的水上流浪，把观众带进了充溢着诗情画意的鄂西大自然画卷。龙船寨主女儿阿朵和客家水手阿龙死去活来的爱情波诡云谲、波澜起伏，他们以生命唱响了真爱无敌的千古情歌。

这方面我看最突出的当数宁夏演艺集团秦腔剧院推出的秦腔《花儿声声》。流行于青海、甘肃、宁夏的花儿，原本就是诗，是优美的诗，浓情的诗，沁人心扉的诗，撼人心魄的诗！剧作巧妙地以花儿王杏花奶奶一生的遭际，用史诗的笔触，书写了新时期以来发生在宁西贫困地区的天翻地覆的变化。干旱的马莲沟吊庄搬迁了，搬到水草丰茂的山下宜居新区。杏花奶奶却舍不得离开生她养她的这片土地，舍不得深深热爱的花儿，怀念着往日的友情、亲情、爱情。

她几乎成了拒迁的"钉子户"！她思索着，回忆着，痛苦着，眷恋着……直到被后生、女娃们说服并被一乘红花轿抬向新的希望！这长长的心灵旅程，由花儿乐曲贯串着，烘托着，展示着，人们完全沉浸在花儿营造的诗的氛围之中。这里几乎没有任何哲理的说教，也看不到几个外化的矛盾冲突。剧作笔触伸向人的内心，写花儿王从杏花姑娘到杏花奶奶的心路历程，写心的感受，心的变迁。看《花儿声声》，我们不是在看戏，而是在读诗、吟诗、体味诗、感知诗！

说真的，我由衷地感谢奉献这一佳作的团队，感谢剧作家刘家声先生，感谢秦腔表演艺术家柳萍，更感谢舞台再现的总指挥张曼君！

其二，道具的活用。先说说山西梅花文化传播有限公司创演的《大红灯笼》。说实话，本人对剧本有所保留，但对表演和导演要给出"优秀"的高分。这个戏集聚了五度四朵梅花：胡嫦娥、苗洁、武凌云加上"二度梅"史佳花，阵容整齐，表演上乘，不再细说。导演则是尽情挥洒、颇见功力。剧曰《大红灯笼》，自然要在"灯笼"上多做文章，大做文章。毫不夸张地说，张导在"大红灯笼"这个道具的运用上，可谓绞尽脑汁，机关算尽。相应地，灯笼活了，火了，有生命了，会说话了。说它出神入化，似有吹捧之嫌；说它成了导演的好帮手，当不为过。请看：迎娶新娘时红灯笼的编队舞蹈，一开场便耀花了人们的眼球。入幸姨太太时的红灯高挂，老爷的淫威反衬着女人的被践踏。特别是女主人公三姨太的几度"耍"红灯笼，尽表心境，推衍故事，激化矛盾，堪称妙着：为了争宠，她自点红灯；为了示宠，她高举红灯；失意之时，她脚踩红灯；意冷心灰，她借红灯燃起冲天大火……大红灯笼，作为象征荣辱兴灭的灵物，贯串全剧的始终。灯笼"活"了，它述说着封建大宅院的残酷、无情，罪孽深重；灯笼"火"了，它照耀着性奴们被蹂躏、被戕害的辛酸！"红灯照处暗流涌，可叹欲洁难洁身""手举红灯无暖意，兽心人面酿悲情""大院深深灯影红，灯火闪处尽冤魂""夜阑燃起一把火，伴我洁身照天烧"……大红灯笼，作者写绝了，导演用活了。编导赋予了大红灯笼以生命，大红灯笼不辱使命地助剧作完成了妇女命运堪怜的大悲剧！

《八子参军》的特色道具是老妈妈为儿子们精心缝制的八个红肚兜，上阵前，分别装进了一把红土，伴他们杀白狗子，保卫家乡。孩子们牺牲后，杨大妈捧着八子遗物——八个肚兜——摆好，八个杯子——排开，祭奠、默祝……肚兜装着妈妈的嘱托，装着老区人民的心愿，也装着战士们神圣的使命！这里肚兜同样具有了生命力，同样"活"起来了。

　　道具也许是个寻常物，但在导演手里却变化万千、妙趣无穷。如果我们把导演视为魔术师，道具便是他们手里的魔杖。前边提到的大红灯笼也好，大红肚兜也好，不都是魔杖般的神奇吗？我看张曼君大导不愧为出色的戏剧舞台的魔术师。

　　最后，还想补充几句。诗化云云，我以为可视为导演的追求，导演的风格，其执导的作品可以内含诗化的因子，但是否成为诗剧却也未必。盖因构成诗剧的要素，首先在一剧之本的剧本，在于其内容构成、人物性格、语言风采、音乐元素等，是勉强不来的。顺便说说，姑妄言之。

2012 年 12 月 24 日

锡剧《一盅缘》拉杂谈
——观后信笔

张家港市锡剧团的《一盅缘》，我有幸看了四遍，也听了不少议论，感触颇多，信笔记来。

河阳山歌的舞台版

剧组告诉我们《一盅缘》是依据河阳山歌的叙事长歌《赵圣关还魂记》编创的。说个不怕露丑的话，自诩懂点文学、学过点文学史的我，还真个孤陋寡闻，完全不知道河阳山歌为何物，于是老而学习之，力所能及地看了点资料，这一接触竟然是大吃一惊、大开眼界、大长见识！

河阳山歌是流传于张家港市凤凰镇河阳山一带的民歌。当地农民在行舟、车水、栽秧、打场、挑担等劳作中引吭高歌，代代相传。由于其流行在江南水乡的纯农耕圈内，很少受外来影响，便得天独厚地保持了原生态的自在生存。1997年，时任中国文联主席的周巍峙先生率专家组对此做了实地考察，立即让专家们兴奋不已，惊喜莫名！用他们自己的话说，堪比当年周口店北京猿人遗址的发现！原来河阳山歌中的《斫竹歌》与我国最早见诸文字记载的《弹歌》惊人地相似！相传作于黄帝时代的《弹歌》曰"断竹，续竹，飞土，逐宍"（文字多半是后人记录的），集诗（文学）、乐（音乐）、舞（舞蹈）于一体，是"三合一"的人类文艺创作的滥觞，货真价实的源头。考察队的专家们甚至认为，《斫竹歌》诞生的年代还要早于《弹歌》，跃升为我国第一首古诗活体，称得上中国民间歌谣中珍稀的"活化石",结论便是《斫竹歌》改写了中国诗歌史和中国音乐史。

河阳山歌迄今已收集山歌 3 万余行,加上近万行宗教仪式歌,共达近 4 万行。内容分为劳动歌、仪式歌、时政歌、情歌、生活歌、儿歌、历史传说歌等;艺术样式分为四字头山歌、急口山歌、山歌小调、长篇叙事山歌……其中叙事性山歌至今存留 1000 多首。周巍峙先生高度赞颂这些宝贵的文化财富,称它们是人民的心声,民族的情结,国家的瑰宝,世界的奇葩!2006 年,包含河阳山歌、白茆山歌、芦墟山歌在内的"吴歌"被列入第一批国家级非物质文化遗产名录。

《赵圣关还魂记》,原诗达 6448 行,其篇幅虽然远不及藏族民间长篇叙事诗《格萨尔王传》(已收集 120 多部、100 多万行、2000 多万字),却大大超过人们十分熟悉的汉代叙事长诗《孔雀东南飞》《陌上桑》,说是汉民族民间叙事长诗之最,当不为过。

"今朝来把圣关唱,大男小女喜欢畅。隔河小奴正标致,听了山歌忘了娘!"

锡剧《一盅缘》便由此改编衍生,搬上了戏曲舞台。

真爱颂歌和"爱情至上"板子

锡剧《一盅缘》给我们讲了个"缘尽情愈浓"的故事。相府公子赵圣关偕仆游堤,遇暴风雨躲入岸边茶肆,巧遇当垆少女林六娘。两人一见钟情,私订终身。圣关回府,禀报家人,其母不允,派仆人赴京禀告,相爷也坚拒。圣关一病不起,老夫人急切延医救治。六娘见圣关违约不到,便直奔苏州寻访。路见延医招贴,私扮草医求见。两人深情相拥,万般乞求仍无果,圣关病危。相士告知老夫人,要想救圣关,需至亲之人叩拜州边十大神山。六娘请命自任,一步一叩首,泣血拜遍十山,但圣关终不见好。弥留之际,追命无常告诉六娘:圣关坚守婚约,不忘承诺,拒饮孟婆汤,已掉下奈何桥,将受无尽摧残。而今只有六娘饮下孟婆汤,忘却情缘,圣关方可脱离苦海,还魂转世。在"坚守"和"忘却"的极端悖论面前,六娘选择了自我牺牲,毅然喝下孟婆汤,缘尽了,然而情却无限……

严格地说,这个才子佳人离奇曲折的爱情故事颇有些老套,但来自民间传说，千百年来，老百姓偏偏就爱编爱看这类故事，不足为怪了。特别珍贵的是老套中不乏新意，我看至少有三点：其一，爱情忠贞。这番"情缘"上溯了三代：第一代是哭倒长城的孟姜女和丈夫范喜良；第二代转世为化蝶的祝英台和梁山伯；命运轮回又化作了如今的林六娘和赵圣关，是为第三代。可谓世世代代追求真爱，坚贞不屈，矢志不渝！其二，冲破门第观念，唯情是尊，唯爱为上。如果说第一代是社会底层的贫贱夫妻，第二代是门当户对的公子小姐，这第三代便成了不相称的少爷和贫女。在门第尊卑左右命运的时代，摆脱了"公子落难后花园，小姐赠金考状元，奉旨回乡把婚完"的陈套，不也是一种进步吗？其三，讴歌了为爱而勇于牺牲的大爱精神。圣关信守承诺，不舍旧情，不屈于家规，为爱至死；六娘拜遍十山，为爱祈福，甘饮孟婆汤，为爱忘情……他们身上实实在在地体现出了中华民族几千年来坚守的传统美德。

习近平同志强调"要继承和弘扬我国人民在长期实践中培育和形成的传统美德，引导人们向往和追求讲道德、尊道德、守道德的生活，让每一个人都成为传播中华传统美德的主体"。

如此这般，说该剧宣扬的是当今提倡的正能量，当不为过吧。

然而在不久前一场戏剧艺术类重量级的评比竞技中，却招来了一记重量级的板子——宣扬爱情至上，不足为训！如何看待这桩公案呢？

我一向以为歌颂爱情忠贞，或者唱唱"爱情至上"，几乎是古今中外一切文艺的老传统。汉代乐府民歌《上邪》："上邪！我欲与君相知，长命无绝衰。山无陵，江水为竭，冬雷震震，夏雨雪，天地合，乃敢与君绝！"那呼天抢地的呐喊，天崩地裂的恶誓，把爱推到了极致。古希腊长诗《伊利亚特》写的正是为了爱和夺爱，神仙、凡人裹在一起打了一场滥仗，旷日持久，死人无数。

拿戏剧说事，莎士比亚的《罗密欧与朱丽叶》无疑是"爱情至上"的杰作，那对冤孽世家的帅哥靓女爱得死去活来，双双为爱殉情，倾倒多少世代的读者，特别是青年男女！就我国来说，最典型的莫过于莎翁的同时代人——汤显祖！这两位辉耀东西方文艺史册的戏剧巨擘，虽不得同时生（汤翁比莎翁年长14岁），却得同年死（均殁于1616年）。他们都应该是不折不扣的"爱情至上"的宣扬者、力挺者！汤翁不仅通过旷世杰作《牡丹亭》奉献了生死不渝的真爱典范——杜丽娘，而且发表了"爱情至上"宣言！他在《牡丹亭·题记》中说："情不知所起，一往而深，生者可以死，死可以生。生而不可与死，死而不可复生者，皆非情之至也。"话说得再明白不过了。这位杜家小姐只凭着一个虚无缥缈的梦，碰上个莫须有的"梦中情人"，就爱得天昏地暗、死去活来，为爱而抑郁至死，到阴曹地府转了一圈，为爱又死而还魂，足足一通折腾。我看要打"爱情至上"的板子，理当先打汤显祖、莎士比亚；要禁"爱情至上"的剧目，请先禁西方的《罗密欧与朱丽叶》、东方的《牡丹亭》！

然而"爱情至上"作为一块惩戒的板子，似乎也曾有过必要。那是20世纪50年代，中华人民共和国肇建之初。社会一派蓬勃兴旺、欣欣向荣。年轻人讲理想、讲奉献、讲牺牲，学保尔、学雷锋、学英雄。在这种大环境下，一味沉溺于卿卿我我的恋情，过着浑浑噩噩的日子，只顾"小我""玩物丧志"，确乎有些"没出息"。当年共青团开会就常常拿这个说事。我是经历者，见证人。不过，曾几何时，时异而事异，事异而境迁。如今在金钱至上、物欲横流的漫卷中，在诚信缺失、道德滑坡的态势下，讲讲忠于纯真的爱情，哪怕"至上"，讲讲责任和担当，哪怕"唯上"，我看也比权色交易、钱色交易要高尚得多，纯洁得多！

"宿命论"解析

钻进耳朵里的还有好心人对倡导"宿命论"的担忧，想了想，也来谈些看法。

说起"宿命论"，最先涌入脑海的是享誉世界的希腊悲剧《俄狄浦斯王》。该剧为古希腊三大悲剧诗人之一的索福克勒斯（约前496—前406）的代表作，创作于公元前431年左右，距今2400多年，堪称状写宿命的老祖宗了。

剧作告诉我们：忒拜王拉伊俄斯获神示，预知儿子俄狄浦斯命中注定要"杀父娶母"，一出生便令仆人抛弃之，但被邻国科任托斯王所救并收为养子。成年后的俄狄浦斯得知自己命定"杀父娶母"，为了反抗宿命，他毅然离国逃至忒拜，途中却无意中杀死了生父忒拜王。到忒拜城后，他又猜中了"斯芬克斯（狮身人面兽）之谜"："何物早上四条腿、中午两条腿、晚上三条腿走路？"答案是"人"：婴儿时爬行，长大后用双腿走路，老年时拄拐杖！成为新的忒拜王，并循例娶了前王的妻子，走上了"杀父娶母"的宿命归宿。此后便是国内瘟疫爆发，神示要解除必须找出杀害前王的元凶。几经比照，真相大白：俄狄浦斯正是"杀父娶母"的罪人！王后伊俄卡斯忒羞愧自杀身亡，俄狄浦斯则刺瞎双目，自求放逐……最终完成了这一旷古大悲剧！

如实说，人和命运（从根本上讲，是为人类与大自然）的较量、纠集，几乎是人类共同的人生历程中必然遭遇的大课题，也自然而然地成了历来文艺作品的永恒主题，差别只在于：是认从命中注定，屈服之；还是力图挣脱之、改变之。"王侯将相宁有种乎？""彼可取而代之！"这是两千多年前，一位卑者发出的不平的呐喊；黄巢的《题菊花》诗："飒飒西风满院栽，蕊寒香冷蝶难来。他年我若为青帝，报与桃花一处开！"更是对"宿命"的大不敬。当然更不乏"听天由命""祈望来世"的安抚和劝善、说教。

"宿命论"正是后者的哲理概括。其要旨是否认人们的一切能动创造作用，要人服从于"命运"的支配，不做任何改变现实的积极努力；宣扬任何努力都是徒劳无益的，只能听之任之，消极处置。程朱理学的"存天理，灭人欲"，扼杀人们的任何欲望，达到巅峰！因而是否陷入"宿命论"的泥淖，关结之处在乎所持的态度，在历程，而不完全在结果。因为从总体来说，"人定胜天"几乎是个伪命题。就"人"和客观大自然的关系而言，所需的是认识规律、遵循规律、尊重规律，而不是无视规律、悖谬规律、抗衡规律。"战胜"大自然之日，也许正是遭受大自然"报复"之时。试看：臭氧层空洞、热效应、厄尔尼诺肆虐、土地荒漠化……这件件般般，地球人早已饱尝其苦了！而这也正是"科学发展观"的理论依据——人类和大自然要和谐相处、相互依存、顺应规律、有序发展！

就"人"的个体说，则呈现复杂多样的态势，毕竟这只是微观、局部，不屈从于既有地位、处境、遭际，力图改变之，战胜之，也许成功，也许失败，只要抗争了，挣扎了，就值得尊重。正是在这个意义上，俄狄浦斯王不是孬种——他身上折射着雅典自由民在灾难面前的悲怆愤懑和无奈；在乌江边自刎的项羽，则不失为"悲剧的英雄"！

回到《一盅缘》，故事的的确确写了赵圣关与林六娘绵延三世的爱情悲剧，表现了命运的不可逆转性。但不可忽视的是，他们挣扎了，抗争了！不屈不挠且义无反顾！其间不正是讴歌了个人自由意志和残酷命运抗争的刚毅精神吗？他们被"命运"打倒了，但他们却屹立在"强者"的行列里，成为争取爱情自由、婚姻自主的激励力量。这正是剧作的可贵之处！

导演救驾和主演辉煌

如实说,作为该剧目一度创作的文学剧本,既有突出的特点和价值,又有着明显的缺陷和不足。我总体感觉是文献性大于文学性,文学性大于戏剧性。

就文献价值说,这是珍贵的非遗展示品,让人们形象地接触了河阳山歌这一民间文艺瑰宝;就文学性说,这是蛮不错的案头读物,展示了作者厚实的文学功底。但是按舞台艺术的要求,人们不难发现,剧作讲了个带有传奇色彩的故事,却缺乏戏剧性的支撑。与命运抗争原本是故事的核心和主要冲突,"命运"却是个看不见摸不着的虚无缥缈的存在,难以实体化地作为矛盾对立面出现。遇到类似的情况,著名剧作家徐棻在移植改编美国戏剧大师奥尼尔的代表作《榆树下的欲望》时,玩了点邪的。她硬是把虚幻的"欲望"设计成一个活跃于全场、上蹿下跳、煽动诱惑、挑拨离间的角色,掺和进故事的纠葛中来,取得了异乎寻常的成功。但在《一盅缘》中,"命运"却没有这份幸运。综观全剧,主人公固然活鲜鲜地明摆着,却看不到矛盾对立的另一方。哪怕要斗、要争、要吵、要骂……硬是找不出对手。故事在叙述中顺次前进,却不是在矛盾冲突中推演升华,平铺直叙成了剧目的先天缺失。自然,这也是一种编剧法,古已有之。

紧要时刻,导演救驾了!他们请来了上海越剧院总导演童薇薇。童导和她的创作团队运用成熟的技艺,既凸显了剧本的优长,又弥补了某些不足,巧手妙笔绘就了《一盅缘》的华美画卷。

我粗粗琢磨了一下,个中是否有这么几点:其一是不求在环环相扣、步步紧逼的剧烈的矛盾冲突中讨生活,而是着眼于导活演好每个场景,努力让每幕每场都有戏看,有抓头,有机趣,有念想。如第一场两情相悦、私订终身,就极力状写小女儿心态,含而不露,欲说还休,细致入微,玲珑剔透。第二场探病谋医,尽写六娘的机智、执着;相对比的是四个呆鸟般庸医的傻相。第三场十拜神山,极写六娘的艰辛、坚忍,配以高难度的扑跌滚爬技巧,十分好看、耐看。第四场奈何桥,则力写六娘的内心挣扎和舍己救郎的大爱。可谓场场有侧重,处处有看点。

其二是做好节奏的把握和悲喜因素的调和。这是一出大悲剧,或曰悲壮剧。但民间叙事长歌原本的结局却是圣关还魂,迎娶六娘,皆大欢喜。编、导共商,不走廉价的大团圆老路，让六娘为救情郎喝下孟婆汤忘情抱恨落幕。我看改得好！这精彩的一笔，既增添了林六娘内心纠葛的戏剧性，更符合历史的本质真实。在舞台呈现上，悲剧往往是步步为悲，氛围凝重，悲到极致，但也不乏悲剧喜演，寓悲于喜的传统。童导把握了这"悲喜交集"的妙处，灵活运用，让舞台徒添机趣。如黑白无常由丑角扮演，将厉鬼的恐怖阴森化作了滑稽风趣。这两个"催命鬼"不但起了说书人介绍角色、助推情节的作用，还充当了绝妙的"调色板"，在悲剧的沉重中闪射出喜剧的轻松，放松观众绷得太紧的神经。第二场四个迂腐的老中医，导演有意让他们的服饰、造型、动作、语言统统一致化、类型化、脸谱化，充分发挥喜剧化表演特色。悲喜相间，松弛与紧张相谐，节奏的有机把握，深显导演功力。

其三是多种戏剧手段及要素的和谐运用。这里有一个"度"，既要尊重中国戏曲艺术规律，坚守戏曲表演虚拟化精髓，不搞烧钱竞赛的豪华奢靡，又要吸取现代手段，巧用声光电。大体是"一桌二椅"，又有所突破。努力融现代观念于传统呈现之中。舞台上，一条背景平台，是堤坝，是乡间大道，也是土坡，构成了第二表演区。而两个充作阶梯的平台，更是满台飞，上坡下坡，翻山越岭，成就了十拜神山的环境变化，为主演准备了极佳的表演平台。就六娘的服饰来说，我注意到，第一场当垆少女，小家碧玉，短打扮，活泼俏皮，宜于小花旦应工。第二场换上加长的裙衫，便于跑圆场，表现思念情郎的急切心情，展示飘逸的美。第三场拜神山，采用短水袖。第四场奈何桥，换长水袖，都是正旦应工。服装的变化也可看出二度创作的匠心。

更为重要的是发挥演员的潜能，展示演员的技艺。我向来认为剧本是全剧的基础，导演是舞台呈现的总调度，演员则是编导全部用意的承载者和体现者。好的导演不必自己站出来说话，而是让一切艺术手段发言，特别是演员。看不见导演的导演是高层次的导演，推出、扶植和造就演员的导演是恩重如山的好导演！

如实说，童导在这方面堪称高手。早年，她执导的上海越剧院《红楼梦》，一举推出钱惠丽、单仰萍两朵"梅花"（第十七届）。2006年，她执导唐山市评剧团的《红星谣》，推出主演罗慧琴，斩获第二十一届"梅花"。2013年，她执导浙江婺剧院新编婺剧《穆桂英》，主演杨霞云荣获上海"白玉兰"主角奖，且位居榜首！2014年，她执导的广东粤剧《鸳鸯剑》，又把广州市粤剧院吴非凡送上了"白玉兰"主角奖的领奖台,黎骏声获"白玉兰"配角奖。《一盅缘》主演董红正是幸运地遇上了这位好导演、好老师、好妈妈!

剧中,董红可谓尽展风采,一炮走红。她基本功扎实,唱、念、做、舞俱佳,人才难得。给人印象最深的当数第三场"十拜神山"的表演。这是全剧的重场戏,却又是最没"戏"的场次,一切全在"演"!借助两个阶梯形平台的飞动、拼凑、组合,变作了一座又一座神庙,董红(林六娘)叩拜、乞求、祈祷、哀告……动用了圆场、扑跌、跪步、蹉步、侧翻、正翻等种种技巧,边唱边舞,连泣带诉,把一个痴情女子淋漓尽致地、活灵活现地展现在观众面前,无人不感动,无人不叫好,无人不为之倾倒!这是一出独角戏,更是一出精致的艺术品,一出可以单独地长存在戏曲舞台上的折子戏。

董红果真"红"了,凭借《一盅缘》中的精彩表演,她连中三元:先是在2012年争"梅"评比竞赛演出中一举摘"梅",且名列"一度梅"的榜首!以一个名不见经传的县(市)级剧团,一个受众面不算大的小剧种夺此殊荣,实属罕见。可喜的是,2013年10月第十届中国艺术节上,她借此再获优秀表演奖。紧接着,在11月举办的第十三届中国戏剧节中又拿下了优秀表演奖。

《一盅缘》是董红的福音,衷心祝贺她,也盼她不骄不躁,百尺竿头,再攀新高!

(原载《剧本》2014年第7期)

喜看川剧版《江姐》辉耀舞台

1月12日,我应邀到重庆,看了由重庆市川剧院、奉节县人民政府、沈铁梅文化发展基金会联合推出的现代川剧《江姐》,欣喜之余,不免信笔记下涌上心头的话语。真切的感受,如实地记录,算作老朋友的一点回馈吧,是否得当,顾不得了。

迎难而上　决策高明

阎肃先生编创的歌剧本《江姐》完成于半个世纪前的1964年,空政文工团1964年9月4日首演于北京。之后,重庆市川剧院曾照本改编搬上川剧舞台,由沈铁梅的恩师、川剧大家竞华担纲主演。如今,事隔50多年,为什么又重新拾起,盛重推出呢?这就不得不佩服他们迎难而上、听从召唤、勇于担当、决策高明了。

说"难"是指空政文工团的歌剧版早已唱响神州,高标矗立,断难企及,更难超越。借一句梨园行的行话,难以再从这里讨生活。事情明摆着,歌剧推出一年里,演出即高达286场,平均一天多一场,扣除行程及装台卸台等因素,几乎不间断地天天演。原创歌剧创立的这一辉煌纪录,迄今未被打破。拍成电影,由歌剧版第二代江姐扮演者杨维忠主演,影响也早就遍及全国城乡。而歌剧版此后也已经五度重排,第一代"江姐"蒋祖缋现在也年逾八旬,另一扮演者万馥香已仙逝。第三代"江姐"金曼,1984年上戏,1992年以此斩获第九届中国戏剧"梅花奖"。第四代铁金、第五代王莉等也都光彩照人,广受好评。据说团里本着传承红色经典的理念，还将第六度、第七度地创排下去，即将有第六代、第七代"江姐"面世。可以毫不夸张地说，该剧早已成为民族歌剧发展史上的里程碑，永葆艺术青春的舞台精品！

至于推出川剧版的决策，剧院的朋友们表示，就是为了响应党的十九大号召，落实习总书记在文艺工作座谈会上的讲话精神。他们在说明书中郑重地写道："江姐，中华民族无数革命先烈中的一员，一个永远活在中华儿女心中的名字，一个共产党员的优秀代表。她英勇顽强的革命精神，使得我巍巍中华的浩气长存，将永远激励一代又一代中华儿女勇往直前。"他们还特别声明："《江姐》这个发生在重庆的红岩故事，此次用川剧演绎，是重庆本土优秀传统戏曲文化和爱国主义精神的强势结合。江姐的英雄故事始于重庆，是影响几代人的永恒经典。"

原来他们此举一是为乡贤、为革命英烈立传，二是用老百姓稔熟的本土艺术样式来表达。这既表现了他们的责任担当精神，又展示了他们的智慧。一句话，用心良好，决策高明。

艺术自信　　发挥优势

果然不出我的预料，演出现场气氛热烈、掌声不断，观众用行动表明了对剧作的认可，实践也证明了决策的可行。

这一切，我想了想，可能基于下述原因。

其一，"百货中百客"。艺术鉴赏，对不同观众来说，原本就千差万别，不可能也无须强求一律。而川剧对于川人来说，好比"麻辣烫"，早已习惯成自然，不可或缺。将歌剧转换成以川剧出之，则自有一番亲切感。

其二，歌剧本《江姐》不乏川剧因素，谓之近亲，也未尝不可。盖因阎肃先生，虽祖籍保定，并非川人，却是9岁入渝，重庆上学，重大毕业，渝地入伍。他熟悉渝中风情，剧作也透着川渝幽默。"蒋对章"（谐音"江队长"）的调侃，几乎就是为川剧设置的。再加上满口川味，满纸川情，改作川剧完全是顺理成章、毫无阻隔。

其三，"川剧皇后"沈铁梅的艺术魅力。人们尽知戏曲是"角儿"的艺术，"角儿"有纯天然的亲和力和号召力。铁粉追星可以痴迷到演到哪儿，追到哪儿，一场不落地热捧。在一定意义上说，名角就是票房。

铁梅不仅有一副天生的好嗓子，清纯甜美，百唱不倦，而且出身梨园世家，得天独厚。父亲沈福存是久享盛名的京剧名伶；母亲主攻川戏，剧团台柱。她婴幼儿时期的"摇篮曲"，便是父、母的京、川小戏小曲！进入艺校，师承川剧大师竞华，还受到过校长许倩云大师等的指点。再加悟性高，有毅力，勤奋好学，善于汲取，勇于采纳，大胆创新，她很快脱颖而出，成为"川剧声腔第一人"。有幸的是勤奋有了回报，她成了西南地区唯一的梅花大奖（即"三度梅"）的获得者。

川剧版《江姐》中，她担纲主演江姐，首先是充分发挥声乐优势，唱得极好——高昂处，响遏行云；低回处，润物无声。剧场里一次次掌声，为她的演唱鸣响。表演上，她力求深入人物内心，演活英雄，让既高大又平凡、既严肃又亲切、既坚毅又聪慧，集女儿、妻子、母亲于一体的江姐形象，深深嵌入每一个观众心里。

我看过铁梅演出的许许多多戏，就新创剧目而论，最富特色的是《金子》《李亚仙》和目前的《江姐》，铁梅都担纲扮演一号女主角。这几个艺术形象，性格迥异，气质不同；有古有今，有强有弱，对演员来说，无一不是极大的挑战。

其中，金子性格泼辣、野性、撒娇、刁蛮，敢爱敢恨，敢作敢为。虽然内心善良，智慧，却始终摆不脱悲剧的命运！铁梅演来得心应手、游刃有余；栩栩如生、活灵活现。

古代女性李亚仙的形象展示，相对来说，难度小一些，毕竟古装戏在传统川剧中司空见惯，也烂熟于心了，只要把"刺目劝学"的良苦用心和坚毅决绝的深沉表现充分，令人同情、促人敬重就是了。

革命英烈江姐则不然，对于铁梅来说，这是个全新的形象，一个从未表现过的人物，难度之大，超过既往。铁梅抱着虔诚而崇敬的心理，勇于挑战的坚毅，接下了这一艰巨的任务，并以"创造性转化、创新性发展"的高标准，苛求自己表演艺术的突破。不知道熬了多少不眠之夜，不知道流了多少辛勤的汗水（也许还有焦急的泪水）……功夫不负有心人，她做到了，成功地塑造出江姐生动丰满、朴实坚韧的艺术形象。观众们轰动了，这就是江姐，这就是可亲可爱的江姐！

我深以为铁梅的表演艺术又有了新的突破，进而攀上了新的高坡！她塑造的艺术形象画廊中，又增添了一个崭新的形象——江姐！铁梅在功成名就，早已斩获"梅花"大奖的今天，不忘进取，尤其难得，委实可敬可佩，可喜可贺！

川剧版《江姐》的二度创作，除前述铁梅担纲主演外，还集聚了一批优秀人才。总导演任庭芳，灯光设计邢辛，乐队指挥王晓刚，舞美设计边文彤，都是业界翘楚。演员中还有两朵"梅花"：扮演甫志高的孙勇波和扮演沈养斋的胡瑜斌。可谓人才济济、阵容壮大。观者普遍认为这是原创歌剧改编的上佳之作。可望巡演全国，创出佳绩！

尚有不足 三点期盼

川剧版《江姐》推上舞台，已经取得初步成功。但从高标准要求看，也还有不足，提三点希望：一、音乐唱腔更川剧化，更美更好听；二、舞台呈现更戏曲化，更活更灵动；三、剧本与时俱进，可小做调整。

先说音乐唱腔。据说阎肃同志剧本写就后，音乐唱腔设计姜春阳、羊鸣、金砂辛苦一年，拿出了全剧设计，领导听过全盘否定，三个字："不好听！"他们只得重新找"老师"，听川剧、清音，找京昆、地方戏……从川菜"怪味鸡"中找到灵感，确定在"川味""怪味"上下功夫。又花一年多完成，其中随处可见川剧音乐的踪影。有人说是川剧音乐救助了《江姐》，有一定的道理。那么既然川剧音乐能帮歌剧的忙，改作川剧版，人们自然有理由要求更加发挥川剧音乐的优长，设计出更好听的唱段，一如歌剧经典唱段似的广泛流传。现在川剧版《江姐》的音乐唱腔还主要采用40多年前的设计，而当时的川剧音乐设计竞华等四位作曲家均已故去。如今再推舞台，似应在这方面下功夫。

次说舞台呈现。能够看出导演组在独创方面已下了许多功夫。"绣红旗"的画面，以狱友们最终用彩绸勾勒出一幅"五星"的图案呈现，就完全不同于歌剧的处理，很有创意。我以为还可以在戏曲虚拟化、假定性等"写意"方面多下功夫，设计出新的手段，新的画面，使之更活，更灵动，不要局限在对歌剧照猫画虎的"描红"上。

关于剧本。歌剧本已然成为经典，绝不可乱改，但为了适应戏曲的特点，随着观众审美需求的演化，与时俱进地做些适度调整，应该还是许可的，甚至是必须的。比如第一场朝天门码头的戏，就可稍减头绪，使之更集中等。当然，任何改动都必须慎之又慎，精心操作。

粗鄙之见，仅供一哂。

（原载《中国戏剧》2018年第2期）

闪光的婺苑　幸运的美兰
——《梅韵兰心》集编后絮语

淅淅沥沥五个寒暑，断断续续几起几落，终于编定了这本小书。

坐下来想想，似乎有许多话想说，这话那话集中到一点：十分有幸地结识了古老戏曲宝库婺剧，更为有幸地熟识了婺苑精英陈美兰。

知道婺剧似乎较早，现场亲睹婺剧风采却很晚。

大约是1994年，文化部和浙江省联合举办"首届小百花越剧节"，特聘年高德劭的郭汉城老先生任评委会主任，我以"文化部艺术局全国重点剧目（戏曲话剧）指导小组副组长"的身份指定担任评委会副主任，协助郭老张罗些具体事务。本届艺术节既名为"越剧节"，参评者自然以越剧为主，但按领导意图，却吸收了少量其他剧种，如黄梅戏（韩再芬领衔主演）、川剧（魏明伦编剧的《中国公主杜兰朵》）、晋剧……其中有浙江婺剧团的一出折子戏《断桥》。

享有"天下第一桥"美誉的婺剧《断桥》，早有耳闻，仰慕已久。现场一看，果然魅力四射，非同凡响。按行内的话说，这别具一格的婺剧版，是"唱煞白娘子，做煞小青青，跌煞许官人"。各剧种的这出戏，情节皆同。婺版则重在做功，在细腻熨帖上下功夫。白娘子的又怨又爱，许仙的又悔又怕，小青的又气又恨。一次次的动态追击，一番番的摔打扑跌，一组组的静态造型，一幅幅的绝美亮相，可谓淋漓酣畅，臻于极致。其中，小青的表演尤为出色。那模拟的蛇步，轻盈的蛇舞，攀附在许仙身上的蛇形缠绕，手臂前伸、手掌微合的灵蛇吐信，怒目圆瞪的蛇性威慑……活脱脱一个嫉恶如仇的可敬可爱的灵动丰满的极富蛇韵的艺术形象。戏曲的，歌舞的，本体的，借鉴的，程式化的，生活化的，诸多艺术手段熔于一炉，美轮美奂，美不胜收。扮演者正是陈美兰！同行的中国剧协朋友告诉我，1989年，一出《断桥》惊艳首都舞台，作为配角的陈美兰，硬是脱颖而出，仅凭一出折子戏中的配角塑造，勇夺第六届中国戏剧"梅花奖"！是为空前的，似乎也将是绝后的剧坛佳话。

如此这般，小百花越剧节之于我，便是初睹婺剧风采，初识美兰英姿。

顺便说一句，本届越剧节不评剧目，也不评编、导、音、舞美，单评演员，设50名金奖。通常一出大戏评出一名金奖足矣，但折子戏《断桥》一举拿下三名金奖，除小青的扮演者陈美兰外，白蛇的扮演者张建敏、许仙的扮演者周志清也都得了金奖。

婺剧光耀越剧节，委实可喜可贺！

然而再见婺剧和美兰，却是他们"走麦城"之际。大约是1995年，文化部艺术局在京举办了戏曲现代戏调演。他们兴致勃勃地带来了新编婺剧现代戏《贺家桥边》，企盼再创辉煌，不料落了个倒数第二。原来他们被一位有点权的小领导忽悠了，他宣称《贺家桥边》是他走遍全国见过的最好剧目，没有之一。然而差距就是差距，多方筹钱贷款打造的剧目，竟然是如此结果，大出意料，也大大地挫伤了锐气，剧团陷入空前的困境中！

三会婺剧和美兰是在几年之后，文化部艺术局吕育忠（也来自浙婺，如今已是著名剧作家）领着王晓平、陈美兰夫妇来到我家。原来剧团困厄之际，王晓平主动站出来，竞选总经理（剧团改制实行经理制），上任之后，艰难困苦中带领全团齐心奋斗，挽救了剧团，略有起色，便想到新创剧目，再打翻身仗。

说真的，上回戏曲现代戏调演，我也是评委。他们的"走麦城"，原本和我无关，却又常得似乎脱不了干系，我毕竟按艺术良心投了票的！算是补过、还债吧，我必须尽一份力，帮扶一把。

他们这次选定的题材是传统剧目《珍珠烈火旗》的改编，特请金华老乡、南京军区前线话剧团团长、著名话剧《虎踞钟山》的作者邵钧林捉刀，精心打造。钧林实力雄厚，改编本很有光彩。我只在主题提炼《珍珠烈火旗》重新定位及归宿、双阳公主和狄青关系、矛盾冲突演进，以及更加戏曲化等方面，出了些主意，尽了些微薄之力。

这出名为《昆仑女》的新戏一炮打响，2000年荣获第六届中国艺术节"优秀剧目奖"，第十届"文华新剧目奖""文华表演奖""导演奖"等，并成为深受观众欢迎的保留剧目。旋获第一届中国少数民族戏剧展演"金孔雀奖"。2002年,陈美兰被光荣地推选为中共十六大代表,书写了婺苑史册的新篇章。

浙婺果然打了一个光彩的翻身仗。

从此,我和浙婺的联系也更为紧密和亲切了,目睹了浙婺的奋斗、发展、壮大;看到了他们的崛起、兴旺、发达。顺便说一句,也亲历了地区经济环境面貌的大变化。比如,最初,飞杭州走老路到金华,开车要七八个小时,足足奔跑一整天,深感"来不起";很快,高速路通车,机场改在萧山,单程只需两个来小时;如今,物流繁忙,高速路由双向四车道拓展为双向八车道。社会前进的步伐令人赞叹不已,也惊喜万分。

再回到为浙婺服务的话题。根据团里的需求,我拉来了老友、剧作家姜朝皋,为美兰量身定制了历史剧《梦断婺江》。这出状写太平天国晚期杰出将领侍王李世贤的剧目,纯粹的乡土题材,搬上舞台是浙婺人多年的愿望,也是金华领导和老百姓的共同期盼。

美兰充当向导,我陪同老姜到侍王府博物馆(迄今保存得最完好的太平天国王府、全国文物保护单位)参观考察。时值盛夏,汗流浃背不说,还被饥饿的蚊子咬了无数大包。不过我除外,也许基于本人血型特殊:Rh 阴性,A 型,血太苦,蚊子也不屑于叮咬吧,免灾了。参观考察之后,朝皋还研读了几百万字的资料,无意中发现了一份侍王申斥造反乡民令,引发了"太平军造反为百姓,为什么百姓又反太平军"的质疑和深度思索,进而确定了一个崭新的主题:对太平天国失败进行艺术反思。作者选取了独特的视角,让剧作在同类题材作品中别树一帜,独具强烈的现实意义。

《梦断婺江》取得了超乎寻常的成功。本书摘选的部分专家的论文可资证明。特别是它为美兰摘取"二度梅"立下了汗马功劳。

老姜也和浙婺结下了善缘,陆续为剧团创作了一批佳作,如《遥祭香魂》根据作者京剧本《贵人遗香》改编,朱元昊据此获得上海"白玉兰"主角奖;青春版《穆桂英》,美兰的弟子杨霞云据此获"白玉兰"主角奖并位列榜首,同时获第 27 届"梅花奖";《铁血红颜》据电影《大清炮台》改编,获浙江省艺术节大奖;《血路芳华》写长征中西路军女战士的悲壮历程,获 2016 年浙江省艺术节优秀剧目大奖第一名,主演巫文玲获优秀表演奖榜首,如此等等。朝皋被金华市政府破格授予"荣誉市民"称号。

这些我自然都是亲历者、目睹者，在一定意义上，也是参与者。不过动动口，不动手，按"君子动口不动手"的俗谚，算个准"君子"、伪"君子"吧。个中，我付出者少，受益却多，赚了，赚了！

梅花香自苦寒来！

我无法细数美兰为了现今的成就付出了多少汗水、泪水以至血水。不说学艺期间的摸爬滚打、艰辛付出，就以从艺后的负伤论，她曾因乡下临时舞台塌陷，摔折了腿，热情的观众要听她唱，她硬是让丈夫背上台，拄着拐为观众献唱！有一次，在开打中，对方不慎挥刀误伤其眼角，血流蒙眼，她咬紧牙关，坚持演完，方去包扎，连医生都"骂"她，简直"不要命了"！至于日常下乡演出中，背行李、睡地铺就更不在话下。尽管她早已是剧团的台柱，身罩"梅花"的光环。这一切在人们口中自然被传为佳话，但当事人的感受却并不轻松！

还是不多说这一面吧。这也许是许许多多献身表演艺术的人的共同之处，不经"严冬苦寒"，哪来的"蜡梅馨香"！

说点独特的东西：陈美兰又是十分幸运的！

在从艺的生涯中，她遇到了一大堆好人：好教师、好领导、好朋友、好团队、好家人（包括理解她志愿的父母，扶助她进取的丈夫）。摘其要者，略述之。

先说好领导。毋庸讳言，在相当一段时间里，大环境并不理想，戏曲危机叫得天响，观众流失，人心不稳。再加"推向市场，活死由之"，让基层剧团无所适从。而"断奶""转企"更是不断传来这里那里、这团那团垮掉的噩耗。古老的戏曲艺术还能不能生存、发展？他们是不是要被"以革命的名义"（文化体制改革绝对是一场革命）为"休制"（一如我家乡四川某县川剧团的遭遇）所抛弃？力自上边压来，风从四面刮来，顶得住吗？扛得起吗？……我来金华，亲耳听到市委市政府主要领导人的响亮回答！抛弃吗？不，绝不！刮风呢？扛，硬扛！压力呢？顶，顶住！

20世纪90年代，时任市委书记徐止平、市长陈昆忠就硬朗朗地亲口告诉我："婺剧是我们的市宝，是老祖宗为我们留下的宝贵财富，我们要倍加珍惜和爱护！如果因为我们的对策不当，让它受到了损害，我们将成为历史的罪人！"时为东南亚友人齐集的何大仙艺术节，地点在金华。

这是何等的远见卓识啊！这是何等的胆识和担当精神啊！说真的，听了之后，我绝对是佩服之至，更深为美兰她们有这样的好领导，能在这温馨的小环境里施展才华而欣喜不已。

"罪人"云云，按如今严格的科学界定，只有法院判决有罪，方为"罪人"，否则只能算"犯罪嫌疑人"。偏偏目前只有物质层面的损害公物罪，而没有精神层面的摧残、破坏传统文化罪。法网难绺，罪责难定，只好让这帮无"罪"嫌疑人逍遥"法"外了。不过却断难逃脱老百姓的口诛笔伐，被永远地钉在历史的耻辱柱上。

话再说回来，金华市时任领导是这么说的，历届领导者也是这么做的。就我的旁观感受而言，他们侧重抓了三条：一是抓体制改革，率先施行总经理负责制，走在了全国前列。为的是把面向市场的经营、管理放在首位，助剧团摆脱困境，脱颖而出。同时为更好地满足观众需要，占领基层演出市场，引导剧团一业（婺剧艺术）为主，多业并举，演员则一专多能，能歌能舞。婺剧、歌舞、小品同台献艺，市场需要什么，观众想看什么，就送上什么，为此他们同时挂上了三块牌子：浙江婺剧团、金华市三农艺术团、金华市歌舞团。如今又加一块大牌子：浙江婺剧艺术研究院。这与时俱进的坚实步履走出了一条不断改革创新的大道。二是抓社会扶持。市领导牵线，请有志的大企业有偿资助。我就曾亲睹某企业赞助50万元，剧团挂名送戏下基层献演50场，每场均补贴1万元。此外市里还多次下红头文件为婺剧进校园大开绿灯等，并屡创条件，优化婺剧艺术的生存环境。三是加大市财政资金投入。先是改差额补贴事业单位为全额补助，另拨每年几百万元甚而上千万元的艺术创作、域外交流资金，解除剧团的困扰。同时在黄金地段拨地30多亩、耗资3亿多元兴建大剧院。经过几任领导的持续支持，如今由郭汉城老先生题名的"中国婺剧院"已巍然矗立三江交汇处，成为市民观赏高层次艺术的圣殿，也成为金华市的一道新的亮丽风景。严格说来，金华市并非浙江省经济最发达地区，顶多算中等而已，但他们在财政并不宽裕的情况下，以如此大的投入，打理文化事业，支持、保护、发展民族文化精粹、市宝婺剧，绝对堪称大胸怀、大眼光、大气魄、大手笔！

次说好师友。美兰从艺启蒙阶段的老师葛素云、徐汝英，以及不断指导她提高的郑兰香、吴光煜、徐勤纳等老师，姓名可以开列出一长串，恕不多说，我只想拿《梦断婺江》说事。

我一向认为这是一出精品，是历史题材戏曲艺术创作的新收获。然而它的成长却绝非一帆风顺，几乎从诞生之日起，就横遭攻讦。记得当时浙江省里一位文化部门的官员硬说太平天国农民起义是邪教，搅乱了社会秩序，阻碍了生产力发展，不仅无功，而且有罪，罪莫大焉。大有把该剧扼杀在摇篮里的架势。我当然不能苟同，但人微言轻，说也不管用，便想到了请专家、求权威。我把该剧的相关资料送给了知心的老领导、中国人民大学原校长、著名清史专家李文海，请他把关，求他指点。文海经过认真研读之后，给我写了一封长长的回信，有理有据地批驳了社会上流传的扭曲太平天国农民起义的种种歪论邪说，义正词严地支持了《梦断婺江》的创作。此文已收入《梅韵兰心》，可参阅。文化部艺术局原副局长、主持全面工作的巡视员姚欣，四川人，炮筒子脾气，看戏之后，又大大地不屑于省里某文化官员的挞伐，一语惊人："这个戏是郭沫若《甲申三百年祭》的艺术版，我坚决支持！"中国艺术研究院副院长薛若琳则以中国戏曲学会会长身份，召集会长联席会，议决授予该剧学术含量甚高的"中国戏曲学会金盾奖"，组织了颁奖仪式和学术研讨会，群贤毕至，畅所欲言。会后，文章结集成书，产生了很大影响。至于中国剧协，正是主要凭借陈美兰在此剧中的艺术创造，经评委评定，授予她"二度梅"的荣誉，可见支持力度之大了。

有道是"一个篱笆三个桩，一个好汉众人帮"，又道是"众人拾柴火焰高"。美兰成长的道路上，有了自己的不懈努力，再加上这么多好老师、好朋友、好专家帮扶，取得优异的成绩是很自然的事！

再说家庭支撑。美兰出身军人家庭，从小在沈阳军区家属院里长大。随父母来到金华后，报考婺剧培训班是背着家长的。起初，父母当然不乐意。但摸清了女儿的志向和心情后，理解了，支持了，这才有了今天冉冉升起的婺剧之星。这当然非常重要，但更可贵的支持来自丈夫王晓平。原本的学艺同窗，后来成了婺苑伉俪。一位是当今婺坛领军人物，古老婺剧艺术的传承人；一位是团长，剧团优秀管理人才，难得的珠联璧合，优势互补；双美并呈，美美与共，是为戏剧界的一段佳话！

按王晓平自己的说法，在表演舞台上，他仅仅是个龙套，不大入流。但在我看来，凭我几乎跑遍全国（除台湾未去外）对梨园行行情的了解，就剧团团长现状而论，他无疑站在最出色的行列，而且居首。可以说，没有他幕前幕后、家里家外的扶持，美兰断难有今天如此突出的成就！

美兰是个心地善良、待人诚挚、艺术精湛的表演天才，却又是个戏呆子，出门不认路，回家不认门。按浙江省剧协秘书长谢丽泓的说法，随团出行，常常走散，恨不得登"寻人启事"（参见《梅韵兰心》收录的丽泓文章）。王晓平是美兰生活中离不开的"拐杖"，更是她艺术上少不了的"支柱"。我前些时候领着婺剧院的两位青年才俊谢玲慧、陈岳钦专为晓平写了一篇文章《浙江婺剧艺术研究院"六抓"兴团》(刊于《中国文化报》2016年12月29日)，表了表这位"艺术院团优秀管理者"的"治团真经"。所谓"六抓"，即临危受命，抓改革；兴团之本，抓剧目；着眼长远，抓人才；安内为先，抓管理；与时俱进，抓市场；胸怀婺苑，抓共进。其间也包含了陈美兰的诸多贡献。我坚持把此文收入《梅韵兰心》，作为附录，盖因"军功章啊，有你的一半，也有我的一半"！了解陈美兰，断断离不了王晓平这一半。

2017年3月10日

本文为编辑陈美兰评介专集《梅韵兰心》而写，是写婺苑当今领军人物陈美兰的最新文章，收入此书，以示敬重。

——笔者

赏心乐事玉山行

——恭进"潘凤霞艺术纪念馆"记所得

刚刚过去的 7 月 11 日，一个再普通不过的平常日子，但对我来说却有着永远难忘的意义。

早晨，自北京出发，在舒适快速的动车里，观赏着沿途多彩的自然风光，8 个多小时一晃而过，傍晚到了赣西北玉山县，小憩一晚。次日赶往赣剧泰斗潘凤霞出生地必姆镇石笋村，参观新建的"凤霞戏台"，瞻仰筹备就绪亟待开馆的"潘凤霞艺术纪念馆"。

如实说，因工作关系，艺术纪念馆倒是见过一些，但一个村镇为家乡杰出戏剧人建馆纪念，却是头一回见到，心里自然有一番别样的激动，生发出潜心学习、补我无知的渴求。

进得村来，入目是美轮美奂的田园风光。远山青碧，"石笋"指天；莲池花谢，莲蓬挺然。汤翁《牡丹亭》里的名句，倏地跃入脑际，却又融入眼前景观，有些改变：原来姹紫嫣红开遍，似这般装点着钟灵毓秀家园！良辰美景奈何天，赏心乐事在玉山！……

是啊，光是欣赏这番美景，跑多远都值，来对了，来巧了，来好了！当然论收获，才刚开始呢。

村头立着一块牌匾：中国赣剧第一村。我的学习就从这里起步了，原来作为江西省地方代表性戏曲剧种的赣剧已经有 600 多年的历史，溯其源，正是起于玉山的灯戏和发端于玉山的道士戏。明代即汤显祖生活的年代，唱高腔（弋阳腔及其后衍生的青阳腔），后融入昆腔、弹腔（含皮黄、南北词等），逐渐组成乐平班、饶河班、广信班、东河班、宁河班等。班社林立，盛况空前，几乎是"无玉不成班"。玉山弟子演遍了闽、浙、赣、皖、湘等广大地区。中华人民共和国成立后，江西省相关领导征求各方意见，郑重地将剧种定名"赣剧"，各班社合并组建省赣剧院，至于今。其传统剧目库中保存了弋阳腔、青阳腔、弹腔里多种优秀剧目。

"赣剧第一村"的美名，则基于石笋村这一带原本是戏窝子，又奉献了赣剧泰斗、"赣剧第一名旦"潘凤霞的缘故。

出身赣剧世家的潘凤霞是个非常了不起的艺术家。可以说，是她造就了20世纪50年代到60年代赣剧的辉煌。

她生于1933年，现今已是85岁高龄。7岁学戏，9岁登台，13岁成为戏班的当家花旦，挑起大梁。此后进入省赣，也是台柱。尤为可喜的是，赣剧三大声腔的代表剧目，尽在掌中。如弹腔的《梁祝姻缘》《僧尼会》《白蛇传》，青阳腔的《西厢记》《孟姜女》，弋阳腔的《珍珠记》《还魂记》《西域行》等。这些戏让她的艺术大放光彩，享誉菊坛。

幸运来临，1959年秋，党中央八届八中全会在庐山召开，她为毛主席等党和国家领导人演出了弋阳腔《还魂记》中的《游园惊梦》一折。毛主席高兴地带头鼓掌称好，给予了"美、秀、娇、甜"四个字的赞语，并亲笔书赠。毛主席有关文艺方面的题词，人们熟知的是中华人民共和国成立初为中国戏曲研究院题写的"百花齐放，推陈出新"，此后的"百花齐放，百家争鸣"，以及"希望有更多好作品出世"等，多半是有关文艺方面的大政方针。为戏曲演员提笔书赞，这似乎还是破天荒的头一回。如今，这潇洒、飘逸、遒劲的书法作品悬挂在纪念馆显赫的地方，供参观者瞻仰。当时佳讯传开，曲苑欢呼雀跃，备受鼓舞！潘凤霞也由此声名大噪，红极一时。

1962年，她率团进京演出青阳腔《西厢记》。延安走出的老诗人阮章竞（长篇叙事诗《漳河水》的作者）在《光明日报》上发文大赞，题目叫作《余音三日绕屋梁》，足见印象之深，评价之高。香港《大公报》发表了《石西厢》一文，盛赞之。所谓"石西厢"，指的就是该青阳腔剧本，为时任江西省文化厅厅长的石凌鹤先生撰写，是相对于戏剧史上有名的"董西厢""王西厢"而言。报上还发表了七言诗一首："会真翻作石西厢，胜似当年关董王，演到佳期甜绝处，莺莺今信在南昌！"元稹的《会真记》变作了《石西厢》，而潘凤霞的"美秀娇甜"高超表演，竟让人们以为莺莺小姐原本不在山西蒲州，而在江西南昌！这番入木三分的刻画和高端评价，真让我遗憾万分于当年不得一见！

展览室的展览告诉我们：她还曾应邀到周总理家里做客！1963年，潘凤霞到北京开会，周总理、邓颖超大姐三次请她到家做客。告别时，总理见她穿得单薄，让邓大姐拿来一件大衣，亲自给她披上，说："你是南方人，北京天冷，容易感冒。这件大衣，你拿去御寒吧，演员不可以冻坏身体呀！"邓大姐告诉她，这件大衣是当年重庆谈判时，她亲自为总理改制的，从那时起，就一直陪伴总理，从旧中国走到新中国。凤霞感动不已，铭记终生。回南昌后，她郑重地穿上，摄影留念，并托进京开会的领导带回奉还。

其间还有一件值得大书一笔的盛事：省赣创排了表现班超通西域的新作《西域行》。主笔还是石凌鹤先生，"石西厢"化作"石西域"了。1959年搬上舞台，适逢党中央在庐山开会，毛主席亲点《汉宫夜谏》一折，赴会演出，周总理等陪同观看。潘凤霞饰女主角班昭，"夜谏"的重头戏在她身上；第一男主角班超则由赣剧第一男生、她的丈夫童庆礽扮演。这对舞台伉俪艺精技高、德艺双馨、交相辉映，传为佳话。人们熟知张骞、班超乃我国历史上正宗的丝绸之路的最早开拓者。在大力倡导"一带一路"的当今，省里打算认真修订一番，把《西域行》重新推上舞台，其现实意义十分重大，无须多言，我期盼着早睹真容。

20世纪50年代赣剧辉煌的岁月里，不仅得到毛主席、刘少奇、周总理、朱德、陈毅等领导人的关怀爱护，文艺界名家茅盾、巴金、田汉、曹禺等也赞赏有加。周总理、郭沫若先后为赣剧团题词。田汉则将北京评剧大师新凤霞与赣剧泰斗潘凤霞并提，称之为"南北双凤"！

有趣的是，新凤霞的丈夫吴祖光也对童庆礽、潘凤霞一家极度赞誉："一门五杰，举世无两！"五杰者，为首的自然是潘、童老两口，长子童侠、次女童丹，也是赣剧界不可多得的好演员。夫妻子女同院同台，成为赣剧舞台的佳话。长女童薇薇更为杰出，童年随父母学戏，青年为赣剧名旦，中年华丽转身，进上海戏剧学院进修戏剧导演，结业后供职于上海越剧院导演室。如今已成为享誉华夏剧坛的资深名导了，执导过越、赣、京、昆、评、婺、粤、锡、汉调二簧等10余个剧种的戏，把十几位演员送上了戏剧表演最高奖"梅花奖"的领奖台。如张家港市锡剧团董红凭《一盅缘》荣登第26届"梅花奖"榜首；广州市粤剧院吴非凡以《鸳鸯剑》斩获了第 27 届"梅花奖",亦居鳌头;同届,还有她执导的婺剧青春版《穆桂英》,主演杨霞云也获"梅花奖",排名进前十。行内戏言:童导开办了"梅花"促成班,她是班主。在她的调教下,梅花盛开不已……

　　室外响起了童稚的嬉闹声,出门一看,原来"凤霞戏台"上来了一群学龄前的孩子,多半是由妈妈带着,正穿着戏装,摆出姿态,"亮相"拍照呢。我小声问了问,并非统一组织的旅游团,而是各自专程前来,有玉山县的,也有上饶的,最远的来自省城南昌。来干什么?玩,看风景,也让孩子从小感受祖国的传统文化。我悚然而惊了!为年轻父母的眼光,为祖国古老文化的魅力!我甚至想:在这群幼稚者中,安知不会胜出未来的潘凤霞!

　　我欣慰地遐想着……

2018 年 7 月 20 日
(原载《中国文化报》2018 年 8 月 2 日)

喜攀"大树"登巅峰

——再评李梅

机遇从来只会给有准备的人!

大约是2004—2005年吧,西北五省电视台联合开展了评选秦腔"四大名旦"活动,自下而上,层层选拔,现场打分,电视转播……历时近一年,我有幸被聘为终审评委,投下了庄重的一票。加上场外观众的电话、短信推选,终极结果出台:李梅赫然跃居榜首!然而不无遗憾的是,身为秦腔"四大名旦"之首的她,竟然没有属于自己的秦腔代表剧目,参评时上的是前辈的代表剧目《鬼怨》《杀生》!

2009年,机遇终于来了,著名剧作家陈彦推出了他的"西京三部曲"的第二部《大树西迁》,李梅有幸扮演女主人公孟冰茜,"名旦"才艺,尽情挥洒。她攀附这棵"大树",不仅获取了属于自己的秦腔代表作,还名副其实地跃登当今秦腔艺术的领军位置!

《大树西迁》以上海交通大学西迁为背景,写了孟冰茜一家祖孙四代拓荒西部,"献了青春献终生,献了自己献儿孙"的崇高与圣洁,讴歌了时代的先锋、民族的脊梁!剧作既有历史沉积的厚重感,又有面向未来的使命感;既有催人泪下的奋发感,又有洗涤灵魂的崇高感。

孟冰茜是全剧着墨最多,也最为成功的艺术形象,却也是表演难度极大的角色,种种矛盾集中到她身上:丈夫"文革"中备受屈辱,儿子决绝地随着"达坂城"姑娘寻梦新疆,女儿又爱上了陕西愣娃秦川麦,连孙子也期盼完成学业后回疆支教……一个个都违拗她回归上海的意愿,让她始终处于内心的极度痛苦之中！然而正直且富于同情心的她，最后终于读懂了这执拗的父子儿孙们。李梅深挚地表现了这一思想斗争同时也是人物心灵净化的过程，惟妙惟肖，感人至深。

　　从年龄跨度看，从 30 多岁的风华正茂演到 80 有余的皤然老妪，在短短两个多小时内，要实现这一遽变，较之《迟开的玫瑰》里的乔雪梅从 18 岁到 36 岁，自然是更大的挑战。可喜的是，李梅自然而然地、不显山不露水地完成了，观众也在不知不觉中接受了、认同了。就戏曲演员来说，这是非常难能可贵的表演高度，李梅实现了！

　　唱早已是李梅的强项，《大树西迁》中，孟冰茜的唱一直相当重，特别是末场 20 多句长达 20 多分钟的大唱，时而如泣如诉，时而苍凉悲壮，时而声如游丝，时而气贯长虹，借一句戏曲声乐专家的话说，简直是"唱疯了"！

　　总而言之，言而总之，李梅凭借孟冰茜形象的成功塑造，跃登了自身艺术的巅峰，委实可喜可贺！

2013 年 1 月 25 日

　　本文是《香自苦寒来，雪梅色更妍——记李梅》的续篇，应文化部艺术局周汉萍之约而写，载文化部艺术局《艺术通讯》2013 年第 3 期。前文已收入《说戏·戏说集》中，见《康式昭文集》第四卷。

——笔者

"戏比命大"的追戏人
——小记川剧"梅花"、朝鲜族女娃崔光丽

一

2015年11月,渐入深秋的蓉城。

首届四川艺术节"四川文华奖"竞演正如火如荼地展开。19日下午,修葺一新的四川省川剧院剧场人潮涌动、笑语喧哗,戏迷们争睹广元市文化艺术研究院创排的大型川剧《武则天与婉儿》。

幕前曲朗朗响起:"秦蜀古道荡旌旗,龙驹凤辇溅春泥。千里迢迢寻旧梦,一路风雨一路诗。"帷幕缓缓拉开,舞台上,车辚辚,马萧萧,銮铃叮当。圣后武则天要重访童年生活的故里——利州,即今天的广元城。

只见在侍从簇拥中,凤冠高髻、气宇轩昂的武则天,漫步登踞"观景岩"上,演唱道:"呀,好一派壮丽景色也!""难忘嘉陵春江水,难忘天险剑门关!抚今追昔情难禁,不由人心潮涌浮想联翩……"一张口,那声势,那气场,那品貌,那派头,立即迎来一个碰头彩!

人们窃窃私语:"那不是省川剧院的资深'梅花'崔光丽吗?调广元了?""啥呀,那叫整合川剧资源,建立友邻联盟,共推精品。""不就是《易胆大》里那个彩旦加泼辣旦的麻五娘?反串大青衣?""她原本就是大青衣、闺门旦,麻五娘才是反串呢!""听说动了大手术,几个月前头发都掉光了……现在,这么神气!""她呀,爱戏、恨戏、戏迷、戏痴,一辈子嫁给了戏。一句话:只要有口气就还唱。戏比命大!"

听着光丽粉丝们的小声议论，我的思绪拉回到了一年前的广元。2014年9月1日，适逢该市因武则天而设的"女儿节"，欢声笑语，喜气洋洋。我和乡友、梅兰芳纪念馆馆长秦华生专程来到这里，观赏《武则天与婉儿》初上舞台的彩排。我们深知崔光丽作为一个出身革命军人家庭的地地道道朝鲜族姑娘，学川剧、演川剧，30多年了，一路磕磕绊绊走来，非常非常不容易。在遭遇"独霸舞台""只为一个人排戏，一个人演戏"的特殊生态环境里，她哪怕拿"梅花奖"十一二年了，也从未排过一出新戏，配角倒也演过，却从来没站在舞台中央。广元请她饰演武则天，一号主角，自然是天大的好事！她兴高采烈地允诺了，全身心地投入了！基于这一点，我和华生也是兴致勃勃地赶来，奉上恭贺，并出点有用没用的小主意。

彩排获得成功。光丽不愧资深"梅花"，沉稳大气、雍容华贵，唱、念、做、舞俱佳，托出了一个大政治家、圣后女皇的鲜活形象。宾主皆大欢喜，设想着、设计着再度加工后，走出广元，打进成都；再力争走出四川，唱响神州……晚餐之际，光丽突然对我和华生说："你们先回北京，过两天我也要去，预约好了一个大手术，北京见！"

北京再见却是在中日友好医院的外科病房，她通过手术切除了胸部肿瘤，恶性的，属中早期。原来肿瘤早已发现，性质待定，她是硬撑着把戏推上舞台才上手术台的，这个不顾命的女娃！"中早期"云云，是否和这延迟相关呢？据说手术之际，她只提了一个要求："不能残废，我不愿苟活，我还要唱戏！"医生尽量关照了她。

此后是紧锣密鼓地在北京和成都一次又一次地化疗、放疗，那个罪受的！头发掉光了，面黄肌瘦了，四肢无力了，卧床难起了……她却硬是挺了下来。不过经过这一番不要命的折腾，奇迹出现了：头发再生了，面色红润了，四肢有力了，张口能唱了……术后10个月，四川艺术节隆重举办，她张罗着复排《武则天与婉儿》，打进艺术节。其间又生波折，华西医科大学临床复查告知：再现阴影！9月中旬，她又忐忑不安地赶赴中日友好医院，原手术大夫认真做过多项检查后一锤定音：阴影乃疤痕，警报解除！

紧接着，一通"急急风"，飞回成都，赶赴广元，匆匆20多天，复排《武则天与婉儿》，再打回成都，全新亮相……于是省川剧院剧场上演了本文开头引出的那一幕活剧。

人们说，在优秀演员眼里"戏比天高"。熟悉崔光丽的人更知道，在她心里"戏比命大"！不错，她热爱生命，受多大罪也积极配合治疗，目的却在重返舞台！她更爱川剧，忧心川剧。据四川省政协网站披露，作为省政协委员，她坚持带病参加会议，只为替川剧呐喊呼吁，提案依旧是保护川剧，挽救川剧，振兴川剧！

这一年来，从成都到广元，从广元到北京，从北京又到广元，再从广元杀回成都，崔光丽用她的所作所为告诉了我们许许多多！

要读懂她，难！其实也不难！

二

崔光丽和川剧结缘有些偶然。12岁那年，她和邻居小姐妹同去报考简阳川剧团，精心准备的小姐妹未被录取，一句川腔不会哼的她却被选中，从此开始了她的川剧生涯。

她禀赋聪颖，嗓音甜润，扮相俏丽，俊逸洒脱；她性格开朗，乐观大气，既有北方女子的豪爽，又有南国姑娘的温婉。她还有一个突出的个性特点：好认死理，认定的就冲，勇往直前，永不言败。

正是倚仗自身优异的天赋条件，加上勤学苦练，学习期间就打下了厚实的演艺基础，戏路宽，悟性高，适应性强。一出师，拿得出手的剧目就有闺门旦的《御河桥》、青衣的《刁窗投江》、花旦的《别洞观景》、刀马旦的《穆桂英》、丑旦的《滚灯》、反串小生的《十八相送》等，可谓"文也文得、武也武得，美也美得、丑也丑得，女也女得、男也男得"。凭借这些，她从简阳川剧团脱颖而出，跨进了明星闪烁的省川剧院大门，翻开了人生新篇章。

特别幸运的是，她成了川剧名旦许倩云的关门弟子。许老妈处，堪称"梅花育成所"。五朵川剧"梅花"出自门下，她们是"二度梅"沈铁梅、田蔓莎，"一度梅"蒋淑云、黄荣华，连同后来的崔光丽。黄荣华，人们不大熟悉，她是沈铁梅团里的帮腔领腔，平时是幕后英雄。她争"梅"演出的主打折子戏《评雪辨踪》就是许老师亲授。

进了省团，眼界大开，崔光丽为自己确立的第一个目标就是夺"梅"！

争"梅"条件极苛，且不说自身技艺先要过硬，来不得半点虚假及侥幸，就是报名也得挤破脑袋。一是由各省剧协及中直、总政等单位申报,各单位只能提名两位备评人。二是参评者必须在首都或中国剧协主办的活动中展演过。晋京嘛,崔光丽没半点可能!本人替她想了个"曲线救场"的办法:请中国剧协支持、帮扶"振兴川剧"的壮举,来成都共同主办"第二届中国川剧节"。剧协慨然允诺。亮相川剧节,便可取得报名权。夺"梅"之门,为光丽打开了一条小小的缝隙。

足够了,这就是老天眷顾了!崔光丽开始忙她的"崔光丽演出专场"。依靠许倩云、王世泽、王起久老师及川院伙伴们的仗义支持,在毫无报酬、排练场只管一份盒饭的艰辛下,推出了一台折子戏专场,包括抒写悲愤交加的孤女钱玉莲遭遇的《刁窗》,展示活泼可爱的小精灵白鳝仙子情怀的《别洞观景》,以及讴歌沉着机警的女英雄江姐的《红岩·华莹风雨》,既有传统川剧经典小戏,又有新编现实题材戏;既有传统苦情戏,又有诙谐童话戏,还有现实悲壮戏。唱功、做功、舞蹈、水袖、翎功、圆场,短短一台折子戏,展示了表演者多方面的才艺。如实说,加衔"梅花",绝不勉强,更非过滥。

然而当时争"梅"者的常规是带来两台戏:一台作为主角站在台中央的大戏,再加一台展示多种技艺的折子戏。前者面对广大观众,后者多半为折服评委专家。

崔光丽只有一台折子戏,明显处于劣势。这时候,魏明伦、谢平安两位川剧大师"救场"了。魏编、谢导的大本川戏《好女人坏女人》(根据布莱希特名著《四川好人》再次改编),特邀光丽担当 B 角,在上海和成都闪亮登场,并取得了不俗的成绩,媒体上一派赞扬:她和 A 角陈巧茹,和而不同,各有所长,殊途同归,一戏双赢。

大戏终于有了,光丽也拷制了光盘,除了直报中国剧协领导机关外,如何扩大影响、传送信息?这就要讲一段小插曲了。在京城和戏沾边的川人李振玉、姚欣和我帮了点小忙:2003 年初,评"梅"之前,以春节老友聚会之名,我们老三位各自分别出面,请来了一伙戏剧界常见面的朋友,小聚渝信餐厅,让崔光丽借机向各位拜年,送上《好女人坏女人》光盘。看稿费嘛,分文不给(光丽太穷,给不起);来往交通费嘛,自理(谁好意思要我们老三位那点小钱呢)。饭钱则由李振玉抢着支付了。顺便说个笑话,一次见到我们三位回川,徐棻顺口吟出一首打油诗:"一伙老川帮,一群老下岗。要问是哪个?老李老姚和老康。"我的评价："这是徐老大姐一辈子写得最好的诗！"

2003年3月，崔光丽终于夺得中国剧协第20届中国戏剧"梅花奖"，排名进了前十。

三

机会永远属于有准备的有心人。

尽管冷板凳坐着，舞台中央咫尺千里，崔光丽却不灰心，不丧气，不自馁，不逃逸（同院有的"梅花"姐妹愤离神州，寓居海外），而是勇于和善于抓住机会：不拒绝小角色，不害怕当绿叶，认认真真做戏，点点滴滴创造，给自己的胜出创造条件。

谁也不会预料到，一出川剧《易胆大》，其中一个小角色、恶霸麻五爷的老婆麻五娘竟让崔光丽大放光彩，一举夺得文化部第12届文华表演奖。2009年去上海演出，2010年又获"白玉兰奖"，配角奖提名7名，正式获奖者4名，她跃居榜首！有意思的是，她斩获"梅花奖"是第20届，获得"白玉兰奖"也是第20届！

有人说，崔光丽闯了大运，交了好运。光丽心里明白，那是巴肝巴肺辛勤劳作、汗水加泪水浇灌的结果。她原本工大青衣、闺门旦，麻五娘是个丑婆子不说，还没多少戏。接不接？要按平常的小脾气，哪怕坐穿冷板凳也不低头，然而她想起了前辈艺术家、名丑周企何老师的话："演员有大小，角色无大小。"许倩云老师也说过："角色有主次，演员没大小。"她遵从师长们的教诲，接活了。她明白一个真正意义上的艺术家不仅能演好主角，还要善于塑造好配角，甚至剧中的无名氏。

心思全部用在角色塑造上，她调动了几十年的从艺积蓄，运用了尽可能多的艺术手段，不顾丑，不嫌累，硬是把麻五娘活鲜鲜地矗立在了舞台上。

上海媒体如实报道："昨晚的演出让人印象最深刻的莫过于著名川剧演员崔光丽饰演的恶霸之妻麻五娘。麻五娘原是个反派丑角，却被崔光丽极为出彩地塑造成一个'丑而不丑'的搞笑人物，为充斥全剧的悲情稍作缓冲。"说得不错，但这位记者朋友显然不大明白，悲剧喜演、悲中含喜向来是川剧的一大特色，《拉郎配》《打神告庙》等便是实例。

另一则报道称赞她："表演之夸张传神、眼神之犀利生动、动作之丰富利索、身段之协调优美，可谓得心应手，游刃有余。她常用出其不意，却又在情理之中的表演设计，把角色的凶、泼、贪、霸、毒等性格特征引向极致。""所有表演都依据角色的行动逻辑去追求喜剧效果，而不是以简单丑化造型或是庸俗低级的表演去哗众取宠，讨好观众。专家们称赞，她的表演真正达到了'丑而不丑'的优美艺术境界。"

"白玉兰奖"的评委们也不吝把赞语奉上，获奖评语云："崔光丽跨行当演出，把传统戏剧的功力融入现代题材的戏剧中，把反派角色刻画得栩栩如生。"

崔光丽以卓越的胆识迎接了角色反串的挑战，也借助这一反串实现了艺术的突破和跃进，委实可喜可贺！

首届四川艺术节"四川文华奖"竞演已于 2015 年 11 月 30 日闭幕。

喜讯传来：广元市文化艺术研究院推出的《武则天与婉儿》荣获"四川文华奖·优秀剧目奖"，武则天的扮演者崔光丽荣获"四川文华奖·表演奖"（单项奖只设一等）。

功夫不负有心人。从艺 40 年，崔光丽实现了艺术人生的三级跳：2003 年第一跳夺"梅"；2007 年第二跳获文化部"文华表演奖"、上海"白玉兰奖"；2015 年第三跳跳到了舞台中央，肩扛起全剧中轴的重担，胜任愉快。

今后的路怎么走？这位"爱戏如命""戏比命大"的朝鲜族女娃还会给人们带来什么样的惊喜？我们拭目以待。

2015 年 12 月 6 日

（原载《中国戏剧》2015 年第 12 期、《中国文化报》2016 年 2 月 2 日）

此文为偿还 30 多年前的欠债而写。当年承诺的是：何时站在舞台中央，即著文捧场赞颂。不承想，这一等竟等了 30 多年！如今总算还了债了，然而人生有多少个 30 多年呢？可叹，可惋！悲哉，惜哉！

——笔者

南国黄鹂 "梅"榜魁首
——说说我所知道的吴非凡

5月20日，大雨滂沱中的南国羊城，人声鼎沸的广州大剧院，第27届中国戏剧"梅花奖"现场竞演颁奖晚会正在进行。

激动人心的时刻到了！中国剧协副主席、评委会副主任白淑贤郑重宣读了本届"一度梅"获奖名单，当她一念出第一名榜首"吴非凡"的名字时，剧场立刻沸腾了，掌声、欢呼声此起彼伏。

所为者何？盖因非凡姑娘乃广州市粤剧团参评选手，参赛剧目是大型粤剧《鸳鸯剑》，家乡人也，家乡戏也。家乡出了夺"梅"状元，能不使本土观众们欢呼雀跃、群情振奋？何况现场还有她大量的"粉丝"！

紧接着，颁奖。我作为第一批颁奖嘉宾，竟然有幸亲自把奖品——绘有"梅花香自苦寒来"的特制瓷盘，递交到吴非凡手上！

此情此景，恰如雷雨中天边的惊雷，猛然轰开了我记忆的闸门，拉回到年多来与非凡交往的件件桩桩之中……

那是2013年10月，济南。第十届中国艺术节正如火如荼地进行。我作为戏曲组评委，置身其中，愉悦地忙碌着，享受着。一天，开演前的剧场休息室外，意外地碰到老友、大导童薇薇笑眯眯地带着两个女青年等候在门口。一个熟识：唐山评剧团副团长、"梅花奖"斩获者罗慧琴；另一个却很陌生，那是一个南国女孩，非常年轻，面目娟秀，长相（不是"扮相"）俊美，身材窈窕，亭亭玉立，一对水灵灵的大眼睛，忽闪忽闪地透着聪慧，又似乎隐含着那么点好奇和胆怯。童导告诉我，她叫吴非凡，广州市粤剧团的当家花旦，倪惠英的徒弟。她正准备为她导一出整理改编的传统戏——她老师当年的代表作《女儿香》，排出来后请去看，多关心帮扶……小姑娘好像也讲了"多多关照"一类的话。

给我印象最深的是那广东味的"康老西（师）"和那个别致的名字"吴非凡"，非凡夫俗子？非凡间女娃？

再次见到非凡是半年后了。浙江金华，童导正为浙江婺剧团的杨霞云执导青春版《穆桂英》，彩排之际，她自费前来观摩取经。我作为浙婺多年的老朋友，也应邀前来观赏。

和非凡见面后获知，她已请上海名编龚孝雄将《女儿香》整理改编为《鸳鸯剑》，原本冗长，人物众多，要演四个小时，也有20多年没演了。如今一方面大加压缩，另一方面又根据吴非凡"能文能武能唱"的特点，加了"文戏武演"的分量，特别是扎男靠开打。目标：夺梅！导演自然仍是童导。武戏加码等，多半出自童导的主张。恰好霞云也是文武全能，这一对同龄小姐妹，目标一致，都瞄准本届争梅竞演，正有一拼呢。

说起武戏，倒也勾起了我的记忆。似乎是上届中国戏剧节，广州市粤剧团带《碉楼》参加，团长黎骏声男一号，表演非常出色；而名不见经传的女一号也颇为不俗，她的名字正是吴非凡！她饰演的是一个女强盗，单眼英，飞檐走壁，横行江湖；英姿飒爽，霸气外露。刀马旦功夫之外，还依稀有点男花脸的感觉，唱着女霸腔："十八年的冤仇，十八年的恨！""纵然是到阴曹地府"，也要讨个说法："可知我，十八年将你等，等一个丢弃女儿的狠父亲！"爱恨情仇，尽在脸上、手上、身上、心上，一位找到了舞台感觉的好苗子。印象中是由谢平安执导，我的多年老友、出色老乡、卓有成就的谢大导（惜乎已经仙逝），原来也调教过她。

去年夏天是第三次见面，也是最重要的一次。这次是和著名编剧姜朝皋一道，应童导和非凡之约，看《鸳鸯剑》彩排来了。

在和非凡及她的领导、朋友等的接触中获得了大量信息，一个是这姑娘极有天分。还在广东粤剧学校戏曲表演专业求学时，就被粤剧大师红线女看中，大师慧眼识才，称她为粤坛"百年一遇的好苗子"！"百年一遇"啊！"好苗子"啊！大师的眼光，谁能质疑呢？果然，她2001年方从粤校毕业，还在求学期间的1998年、1999年，就连续两年斩获全国小梅花金奖！出手"非凡"呀！

不过这小姑娘似乎也晃荡过，犹豫过，摇摆过。对于少不更事的稚嫩的小姑娘来说，现实生活的诱惑太多了，选择也太多了，她学过通俗唱法，闯过歌坛。有趣的是，还颇有成就，1998年曾获全国卡拉OK比赛金奖。但她还是回来了，回到不太景气的粤坛来了。借她自己的话说："粤剧是我的梦想。出去闯荡了一圈，还是想回来圆梦。""红线女老师曾说我是百年一遇的人才，我不能辜负老一辈艺术家的期望！""我是粤剧第三代传承人。我还是喜欢自己的青春在粤剧舞台上绽放。"说得好！言语朴实，却掷地有声。

基于音乐上的追求，2003年她考上了星海音乐学院，学习民族唱法，还到中国音乐学院拜师学艺，立志探寻民族、通俗、粤调的结合，追求的是传承、创新、发光、发亮，这些都丰富和充实了她的粤剧本体的演唱，让底蕴更加厚重。

经过悉心的探索，演唱成了她的长项。她爱唱肯唱，也会唱善唱，黄鹂般的鸣啭又甜又美。这无疑是大好事，但也差点变成坏事，殃及粤剧艺术本体的大坏事。说起来倒也实有其事，并非虚构，不过权当它笑话一个、趣闻一桩就是了。

话说某年、某月、某日、某时，某宴会席上，她为贵宾献唱了几曲粤剧清唱，声震厅堂。首长大为高兴，赞不绝口，并说："粤剧音乐太好听了！"又补充说："就是不好懂，要用普通话唱就好了。"粤剧用普通话唱？是不是有点"乱点鸳鸯谱"而让人啼笑皆非？好在没下红头文件，强为推行。不然，贻笑梨园事小，祸害粤苑事大。试想，果真要用普通话唱粤剧，还配称"粤剧"吗？只怕天下从此无粤剧，至多诞生个不三不四的畸形儿，怪胎！

以唱得好听而差点惹祸，非凡怕真是小妖精一个吧？

闲话说过，回归本题。这次来穗的最大收获是观赏了非凡的新作，感受了她的才艺，目睹了她的奋斗，见识了她争"梅"的实力，也预见了颇为光明的前景。

这出《鸳鸯剑》完全是为她量身打造的戏，高难与俊美俱备，挑战与机遇并存。行里人说，这是她迈向"全能花旦"的大好时机，更是对全面发展的严峻考验。戏中，她要挑战花旦、武生、青衣、刀马旦四个行当。

第一场"赠剑"，有花旦的踩跷和舞剑，娉娉婷婷，婀娜多姿。第二场"合剑"，她女扮男装，替兄参军，有武生的扎男靠亮相舞蹈，飒爽孔武，豪迈英俊。第四场"问剑"，回归女装，有抒怀写臆的大段青衣演唱，回肠荡气，声声入耳。第五场"毁剑"，更有刀马旦的扎女靠的开打展示。

正是穿上"戏跷"，扎上"大靠"；足蹬"高靴"，"靠旗"高扬；旋转翻飞，挥剑踢枪；文武兼备，边舞边唱；精雕细刻，淋漓酣畅；求精求美，气韵飞扬。

真个是难为她了！折磨她了！也成就她了！

高兴之余，也和剧组朋友，特别是作为主创的童导、龚编、非凡等交换了意见。朝皋侧重提了些剧本改进的建议，我似乎也东拉西扯了几句。

我私下告诉童导，她的即将同台竞艺的两个弟子——吴非凡和杨霞云，都很优秀，各有所长。演唱上，非凡优于霞云；武功上，则霞云长于非凡。各自都要再加努力，弘扬所长，弥补所短。非凡更要在武功的稳定上下大功夫。我深以为当今武戏为粤剧短项（也许历史上有过辉煌），非凡如果能承继师父、超越师父，实现重大突破，不仅对于个人，对粤剧艺术本身，也将有重大意义。我们共同期待着。

商讨结果，一致意见是，可改则改，不必大改。剧目赴上海大码头先演，磨砺练兵，为争"梅"做预演。结果倒是很有些出乎意料，一炮打响：非凡竟一举摘取了2014年度"白玉兰主角奖"，帮扶她的黎骏声团长获得"白玉兰配角奖"。

这，喜兆乎？预示乎？……

这就到2015年5月，第27届梅花奖广州片竞演现场了。8日，广州友谊剧院的竞演开幕式上，吴非凡携《鸳鸯剑》献演登场。这时节，我正在山东烟台龙口海边。按中国剧协规定，除工作特需外，参加绍兴片评"梅"不再兼任广州片评选。我正好借机陪老伴海边散心，但心里仍牵挂着广州评"梅"。为了给非凡减压，我给她发了短信："沉着冷静，抱平常心，发挥出既有水平就是了。"就只差没明说，据我的判断，以现有条件，只要不出大错、不发生意外，"梅花奖"稳拿！她则回了个："明白。加油！"小女子在自己为自己加油。深夜，演出完了，又来了信："康老师……好累，我尽力了。没出差错……"那朴实至极的语言，却让我深为感动，几乎潸然泪下。童薇薇大导的来信就热烈多了："演出非常成功，剧场效果很好，观众站起来久久欢呼。她又大大地上了一个台阶！如果你在现场也会欣喜。"大导还不无得意地卖弄："我硬是让她将20多斤重的沙袋捆在脚上，扎上大靠，穿上高靴，练了两个月。""一演完，她抱着我哭了……"唉,汗水加泪水,不就是此情此景吗?我给童导回信,颇有些无奈地说:"你好残酷,好凶哟!……不过,老家有句老话:黄荆条下出好人,还是要狠点,打打才好啊。"

这么说非凡又提高了,摘"梅"更有把握了。排序几何,却尚未可知。

5月18日,竞演完毕,连夜总评。花儿落了,结出个大喜瓜:吴非凡广州片第一,和绍兴片连排,总序魁首!

在一片欢呼声中,也听到一点质疑之音。这"梅"榜状元嘛,由谁钦点?何由产生?根据多年参与评"梅"的体察,我想做点释疑解惑的工作。

"梅花奖"自1983年建立,已有30多年历史,历经27届。排序则经过多种试验,总结出现今实用的科学办法,即不按姓氏笔画排,也不以出场先后排,甚至不依入选时的得票多少排,原因是当评委们都认定某演员可以入围或因政策因素需加关照时,得票往往居高,而与艺术实力脱节。科学的办法是入围之后,评委们再根据艺术实力,每人投一次排序票。比如,假定10个评委排20位入围者,都认定某位当排第一,顺序分便为10分;某位当排末位,则10乘以20,得200分。即顺序分越低,则越靠前,反之亦然。正是基于评委们排序的千差万别,一分之差也能分出先后,十分精确,也十分科学。

结论便是科举时代的状元,由圣上金殿面试钦点;如今的"梅"榜状元,由评委们共同投票认定。排序体现的是评委总体的共同意志,共同判断,共同评价。也许会和某位评委的排列不同,然而有啥法子呢,你毕竟只是一个人,多高明,也难以扭过评委总体。正是在这个意义上,我不认可某些自我感觉过好而散发的离谱言论。保留各自的看法吧,无须整齐划一。

非凡在获奖感言中真诚地感谢给过她支持帮扶的领导、师长、创作团队及各方朋友,特别提到导演童薇薇——童妈妈。

童导,我和她相识至少二三十年了吧。我戏称她"二线",慈祥得像个老妈妈,经常笑容满面,一笑,两只眼便各眯成一线,是谓"二线"。其实,此前还有眯得更彻底、更完美的老兄,已把"一线"称谓夺去,她只好屈居"二线"。

我很看重这位"童二线",她委实堪称育"梅"高手。以评"梅"说事,早年她任上海越剧院总导演,就曾以越剧《红楼梦》一举推出钱惠丽、单仰萍两朵"梅花"(第17届)。2006年,她执导唐山市评剧团《红星谣》,又推罗慧琴斩获"梅花"(第21届)。2011年,她执导张家港市锡剧团的《一盅缘》,更是将主演董红送上了第 26 届梅花奖"一度梅"榜首：新科状元。说起《一盅缘》，我还清楚地记得剧本根据河阳山歌《圣关还魂》编创，具有很高的学术价值，但戏剧性较弱，是导演和主演救了驾。比如，为挽救心爱人性命而十拜神山，是全剧之重，却又是最没"戏"的场次，全靠导演调度和演员发挥。童导巧妙地借助两个阶梯形平台的飞动、拼凑、组合，变作一座又一座神山神庙。董红（林六娘）则叩拜、乞求、祈祷、哀告……动用了圆场、扑跌、跪步、蹉步、侧翻、正翻等种种技巧，边唱边舞，连泣带诉，硬是把一个痴情女子淋漓尽致地活灵活现地捧奉在观众面前，无人不感动，无人不叫好，无人不为之倾倒，梅榜状元就这么锻造出来了！

联想到本届"梅"榜魁首吴非凡争"梅"前后的种种，联想到《鸳鸯剑》舞台上的高超调度和非凡的出色发挥，两两相较，我们似乎可以悟出许许多多。

第 27 届争"梅"竞演评比已经尘埃落定，衷心祝贺各位获奖者！希望千万不要把获奖当作终点站，而要视为加油站。更期盼珍惜荣誉，永不停步；实干苦干，再创辉煌。

2015 年 5 月 30 日
（原载《中国艺术报》2015 年 6 月 19 日）

此文发表于《中国艺术报》2015 年 6 月 19 日。其间有点小插曲：原本应广东省某艺术刊物之约而写，突然组稿编辑带着哭腔告知，领导不让多宣传广州市，她很无奈……于是，我也无奈地转向中国文联机关报，中的了。"梅花奖"原本为中国文联和中国剧协联办，刊发"梅"榜魁首的介绍文章，尽其责也。

——笔者

喜看"80后"成为戏剧舞台中流砥柱

——观赏第27届争"梅"竞演有感

第27届中国戏剧"梅花奖"现场竞演，经历了绍兴片4月16日至26日、广州片5月8日至18日的展示，5月20日全部评出，举办了盛大的颁奖典礼，喜庆地落下了帷幕。

我这个"80后"（80岁之后再加四个月）老汉，承蒙厚爱，有幸多次参与评"梅"工作，往事历历，满目辉煌，群英展示，尚留余香。但我还是想说，刚刚结束的第27届给了我更为强烈的感受，更具深意的震撼，便是本真意义上的"80后"成了本届评"梅"最大的赢家！恭逢盛事，喜不自禁，心有所思，便一吐为快了！

青年才俊　辉耀"梅"榜

我深以为这是一次完满的评选，出色的评选。"二度梅"五位斩获者都是尖子中的尖子，优秀中的优秀。他们在广州的竞演，我虽然无缘亲临（我被委派在绍兴执评），但所有剧目都早就看过，有的还不止一次，如韩再芬的《徽州往事》在安庆黄梅戏艺术节上和济南十艺节上两次观赏，华雯的《挑山女人》在上海和中国戏剧节上也有幸两度欣赏。他们的获奖是过得硬的实至名归。

"一度梅"呈阶梯形结构。他们中有成熟的、坚守多年卓有成就、已届搭乘或接近搭乘末班车的奋斗者；有辉映舞台、风头正劲的中年骨干；更可喜的是，"80后"青年才俊的成长和成熟！毫不夸张地说，这批青春靓丽、朝气蓬勃、技艺不凡的"80后"已经名副其实地成为当今戏剧舞台的中流砥柱,他们身上背负着既往,也承载着未来!

我算了算,在绍兴片竞演展示中,有五位"80后"闪亮登场,占全部竞梅者的三分之一。按演出顺序,他们是黑龙江省京剧院的马佳,中国儿童艺术剧院的唐妍,武汉汉剧院的王荔,江西省歌舞剧院有限责任公司的杜欢,浙江婺剧艺术研究院的杨霞云。初评结果,他们在按得票排序的前六名中竟赫然占据四位:王荔、马佳、杨霞云、杜欢!在广州片,则有广州粤剧院有限公司的吴非凡,北京京剧院的张馨月,重庆市川剧院的吴熙,湖北省京剧院的万晓慧。两片相加,"80后"总数高达9名,占全部"一度梅"的近三分之一。

更有说服力的是排序。为了科学、准确和公正,获奖者排序不按姓氏笔画,不按演出顺序,甚至不按入选时的得票多少(因为这其中往往有因政策性关照而得票高者),而是入围以后,评委们再按艺术水准对所有获奖者投一次排序票。比如全体评委都将某位排为第一,则顺序分最低;排为末位,则顺序分最高。基于评委排列的千差万别,有时一分之差也能决出先后。这一总结既往经验教训确立的办法已实行多年,效果良好。

本届初评分两片,各有排序名录,按序连排,总序便出来了,结果是:前八名中,"80后"竟然占了五名,一多半!她们是第一吴非凡,第二王荔,第五张馨月,第六马佳,第八杨霞云。以前十二名计,还要加上第十一万晓慧和第十二杜欢。总计七名,也占半数以上。看看名录,令人倍觉惊喜的是,南北两片,居于榜首的都是"80后"!

这有力地说明了他们的总体实力。和同台竞技的老大哥、老大姐比起来,他们绝不是因为年轻而受到关照的进入者,即便如此,也是出于政策需要的正常举措。不,他们不在被照顾之列,而是货真价实的技艺佼佼者,是让人眼前一亮的星辉闪耀者,就竞"梅"而言,他们是名实相符的傲霜寒梅!

横空出世　果然非凡

出生于1984年的吴非凡是本届最年轻的"梅花",最小的"80后",也是本届评"梅"中冒出来的一匹黑马,评委们共同的感觉是没想到。此前,在全国戏剧界,她确乎很有些默默无闻,无声无息,但这次却跃居榜首,一举夺魁,成了新科状元!

当然,在家乡,在粤苑,她早已声名鹊起了。红线女大师就曾说过:"这是百年一遇的好苗子!""百年一遇"啊!"好苗子"啊!大师眼光独到,言之凿凿,似乎早就预言到了今天。

"好苗子"没有辜负大师的期盼,在广东粤剧学校戏曲表演专业学习期间便崭露头角,1998年、1999年连续两年获全国小梅花金奖。但这个不安分的小姑娘也动摇过、晃荡过,她学过多种声乐,考入星海音乐学院主攻民族唱法,还加上通俗唱法,甚至花工夫研究过戏曲唱法与民族、通俗唱法的结合;她混过歌坛,还颇有成绩,居然拿过1998年全国卡拉OK比赛金奖。然而晃归晃,最终她还是毅然回归到处境日艰的粤剧苑,用她自己的话说:"粤剧是我的梦想。""我是粤剧第三代传承人,我还是喜欢自己的青春在粤剧舞台上绽放。"

她决定排一出大戏,前年选择了老师倪惠英早年的代表作《鸳鸯剑》,自筹经费请沪、粤两地戏剧名家与她联手打造。编剧龚孝雄根据她文武均备、能唱能舞能打的专长,增加了大量"文戏武唱"的段落,以及女扮男装后的扎男靠开打。导演童薇薇及技导廖诚则不断苦练加码,残酷折磨。如此这般,凭借一出传统粤剧改编的《鸳鸯剑》,硬是推出了一个"全能花旦":花旦、武生、青衣、刀马旦,全能!

如第一场"赠剑",以花旦应工,有精美的跷功和剑舞;第二场"合剑",女扮男装、替兄从军后,以武生的扎男靠开打,难度极大;第四场"问剑",离开战场,与恋人交流,有青衣的大段唱,考验着演员的唱功,她的演唱优长借以得到充分的展示;第五场"毁剑"则是刀马旦扎女靠的开打。花样翻新,琳琅满目,让人目不暇接,过足了戏瘾。须知武功戏向来是粤剧的短板,吴非凡文武全才,展露无遗,无怪乎倾倒全场,反响强烈了。

2013年12月,剧团携此戏赴沪展演。次年,她勇夺"白玉兰主角奖",帮扶她的配演、团长黎骏声获"白玉兰配角奖"。功夫不负苦心人,成效初显了。

2015年5月8日,第27届梅花奖现场竞演开幕式上,吴非凡盛装登台。我没能现场观赏,但在一年半前——2013年夏,该剧初上舞台、合成彩排之际,我就专程来穗看过了。如实说,感觉是眼前一亮,意外惊喜。我已经看到了摘"梅"前景,但是否夺魁,真没敢设想。5月8日,我在烟台龙口海边,遥祝非凡成功。我给她发了短信,给她减压:"沉着冷静,抱平常心,发挥出既有水平就是了。"她回复道:"明白。加油!"这个小女子在给自己加油。深夜,自然是演出完了,来了信:"康老师……好累,我尽力了……没出差错。"朴实至极的语言差点让我潸然泪下。童薇薇大导的来信就热烈得多了:"剧场效果很好,观众站起来久久欢呼。她又大大地上了一个台阶!"还不无卖弄地说:"……如果你在现场也会欣喜。我硬是让她将20多斤重的沙袋捆在脚上,扎上大靠,穿上高靴,练了两个月!""一演完,她就抱着我哭了……"唉,汗水加泪水,不就是讲的此情此景吗?我给童导回了信,无奈地说:"你好残酷,好凶哟……不过,老家有句老话:黄荆条下出好人,还是要狠点,打打才好啊。"

如今尘埃落定,非凡成功了。不过未来的路还长,希望她走得坚定,走得开心,走得顺畅。

摘"梅"是加油站,而不是终点站!

承前启后　剧种传人

尤为可喜的是,这批"80后""梅花"中还有极为珍贵的古老戏曲剧种的杰出代表和优秀传承人。

试举两位,其中一位是绍兴片榜首、总排名第二的武汉汉剧院王荔。

人们都知道汉剧是有着300多年历史的古老剧种,清中叶形成于湖北境内,原以秦腔经襄阳南下演变的西皮为主要声腔,对湘剧、川剧、桂剧、滇剧等剧种的形成与发展都曾发生过影响。清嘉庆、道光年间,徽班进京之后,汉剧也流传入京,加入徽调班社演唱,有"班曰徽班,调曰汉调"之誉,并逐渐融合演变而形成京剧。如此这般,古老汉剧,可谓功莫大焉。

汉剧有过辉煌。中华人民共和国成立之初,陈伯华大师加盟武汉汉剧团,1952年携《宇宙锋》参加第一届全国戏曲观摩演出大会,一炮打响,轰动京华,立下了一个高标。借俞振飞先生的话说:"京剧二百年,出了个梅兰芳;汉剧三百年,出了个陈伯华。"是为高峰屹立,辉耀菊坛。王荔正是伯华大师的登门入室的第五位弟子,汉剧陈派艺术的优秀传人。

她给我讲了个不为人知的认师经历,她还在武汉市艺术学校汉剧科求学期间,陈大师已八十高龄,有病,常住医院,她硬是闯到大师病榻前,缠着扭着要唱给大师听。大师听了,第一次,第二次……第三次,伯华大师说:"别叫我大师大师的,你比我孙女儿还小一岁,就叫我姥姥吧。"王荔大喜,心上一块石头落地,大师接纳了她。而大师正是被小姑娘的潜质加执着感动,收下了第五位也是最后一位关门弟子。老师在病榻上教,王荔在病床前学。一折经典的《宇宙锋》,一点点教,一字字抠,硬是前前后后达十几年,直到今年1月30日,伯华大师以九十六岁高龄仙逝。"老师当年教师姐邱玲只是一星期,七天!"王荔颇为自豪地对我说,洋溢着毫不掩饰的幸福和骄傲。在绍兴争"梅"竞演的舞台上,王荔果然把老师的技艺精华如诗如画、如诉如怨、如醉如痴、出神入化地尽情展示在了舞台上,精湛的艺术感染了台下的观众,有人统计,掌声达30次之多。

汉剧的处境目前却有些尴尬。1962年,周恩来总理家宴袁雪芬、常香玉、红线女、陈伯华时,曾对陈伯华说:"汉剧源远流长,对京剧和许多剧种都有过影响,全国13省有汉剧,这个古老剧种是有发展前途的。"当时,湖北省内也有20多个汉剧团。不承想,"如今,武汉汉剧仅剩下一个半团!"——王荔如是说。武汉汉剧院算一个,湖北省地方戏曲剧院虽然设有汉剧团,但行当不齐,人员老化,恐怕只能算半个。

伯华大师生前对此颇有感触,也深感无奈,她只能寄希望于她的弟子,告诫王荔说,不只是学她唱戏,还要学她爱戏,把汉剧视为生命。她说:"没有汉剧,就没有你王荔;离开汉剧,你什么也不是!"她期盼王荔不仅是她弟子,还要做她的传人,把陈派艺术传承下去,扩展开来!让它生生不息,发扬光大!心底里的话则是:千万别让300年高龄的汉剧断了种!

王荔记牢了老师的嘱托,决心以老师为榜样,戏大于天,戏即生命,学汉剧,保汉剧,传汉剧,以稚嫩的肩头挑起大师嘱咐的重担,生命不息,奋斗不止!然而面对大环境,个人的力量实在是极其渺小,她期盼中央保护民族优秀文化传统的政策落到实处,前景尽显光明!

另一位是浙江婺剧团的杨霞云。婺剧是有着400多年历史的古老剧种,内蕴丰厚,艺术手段多样,重武功,多特技,善于文戏武做,武戏文唱。特别是音乐厚重,光声腔就含六大体系:高腔、昆曲、乱弹、徽戏、滩簧和时调,比我家乡川戏的"昆、高、胡、弹、灯"还要多出一种,尤其是徽戏在婺剧里保留得最完整。20世纪20年代,梅兰芳大师就说过,要找徽戏,从婺剧中寻。列出这些,只是想说当一个合格的婺剧演员极不容易,当一个出色的婺剧演员就更是难上加难了。说句不怕得罪人的话，光会"多、咪、索"，绝对演不了婺剧，哪怕只是刚踏进门的"人之初"！

杨霞云凭借她"汗水加泪水"的苦练，凭借她聪慧过人的悟性，凭借她绝妙的机缘遇上了良师——婺剧当今领军人物、"二度梅"斩获者陈美兰。诸多因素叠加，她成功了。1997年，13岁的她在浙江省"艺苑杯"戏曲教学大赛上初露头角，获"腿毯"一等奖。次年，她获得浙江省婺剧基本功大赛武功一等奖。2000年，她在老师主演的《昆仑女》中饰侍女朵娃，时年16岁。师徒珠联璧合，大放异彩，在2007年第一届全国少数民族戏剧汇演中，她和老师同获优秀表演奖。这是我目睹了。此后，浙江省青年戏曲演员大赛第一名和浙江省首届戏剧金桂表演奖等接踵而至。高点是2013年凭借青春版《穆桂英》的出色表演，勇摘上海"白玉兰奖主角奖"，且跃居榜首。

这次争"梅"现场竞演，她带来了两组折子戏：婺剧·滩簧《白蛇传》中的"削发""水斗"和"断桥"，以及婺剧·徽戏《穆桂英》中的"辕门斩子"和"大破天门阵"。这两组戏都是婺剧的经典，也是老师陈美兰的代表作。

人们记得20世纪80年代，一折"断桥"震撼京城！当即被周总理赞为"天下第一桥"。其间，饰演配角青蛇的陈美兰脱颖而出，斩获1989年第六届梅花奖。配角更胜于主角，传为艺坛佳话。

霞云深得老师真传，一出"断桥"也是演来得心应手，应付自如，动作潇洒，性格鲜活。那恨铁不成钢的责难，那屡欲严惩负心郎的激愤，那喷射怒火的眼神，以及多次雕塑般的亮相造型，真个是美轮美奂，美不胜收。"辕门斩子"则寓刚烈于幽默风趣之中。"大破天门阵"更是大展武功风采，扎大靠翻跃，踢棍挡枪，功夫扎实，滴水不漏。剧场反响十分强烈，人们不仅看到了一个非常出色的年轻好演员，更看到了婺剧高超技艺的接力棒传到了优秀后辈手上。作为恩师的陈美兰，真个是用心良苦，育人有方，功不可没！

舞台中坚　艺精德馨

这批"80后"的一个共同特点：学历高，文化底蕴厚实。光研究生学历的就有两位：张馨月，中国戏曲学院中国京剧第四届优秀青年演员研究生班毕业；马佳，中国戏曲学院中国京剧第五届优秀青年演员研究生班毕业。吴熙作为川剧新秀、沈铁梅弟子，为提高充实自己，曾就读于上海师范大学表演艺术学院"首届昆曲艺术研修班"。吴非凡曾考入星海音乐学院学习，还到中国音乐学院拜师学声乐。杨霞云也有大专学历。这是一个非常可喜的现象，文化底子厚，文化基本功扎实，为未来艺术上的发展打下了基础，提供了前提，可谓前景光明。

再一个共同点是各自都成了本院团的中坚力量，舞台上的台柱子，而且艺精德馨，堪为梨园楷模。

以中国儿童艺术剧院唐妍为例，这位1982年11月出生，2004年从中央戏剧学院表演系毕业的优秀生，当年分入剧院至今，已先后主演和参演了15部儿童剧，演出达到1500多场，每年平均150场。上台三年，2007年即获中国话剧金狮奖优秀表演奖。次年，获文化部"十大杰出青年"称号。2009—2010年被文化部授予"青年岗位能手"。2011—2012年，又荣获文化部"青年标兵"称号。2013年，获文化部优秀剧目展演优秀表演奖，同年还荣获第十届中国艺术节优秀表演奖。德艺双馨，所言不虚吧？！

再说江西省歌舞剧院杜欢，他身为歌舞剧院副院长，承担着管理职责，成为出色的管理者和送戏下乡文艺演出的标兵。2012年，荣获中央文明办授予的"中国好人榜"之"敬业奉献好人"称号。2013年被列为江西省省级道德模范候选人（文艺界仅一人入选）。这是他个人的光荣，也是戏剧界的光荣，是"80后""梅花"们的光荣！

想说的、该说的似乎还有一些，纸短话长，就此打住吧！

2015年5月24日

（原载《中国戏剧》2015年第6期）

柏坡情浓　淑梅艺美
——看评剧电影《西柏坡》

西柏坡"名誉村长"、著名评剧表演艺术家袁淑梅圆了她的十年寻梦：继评剧《西柏坡》及同名戏曲电视连续剧之后，评剧电影《西柏坡》终于摄制完成，即将于欢庆中华人民共和国成立60周年之际，搬上银幕，作为献给中华人民共和国60大寿的厚礼。

袁淑梅是有心人。从十多年的交往中，我感觉到，她内心有一个深藏的情结：矢志不渝地追赶时代主潮。她关注着社会，关注着民众，关注着嬗变的时代，关注着中南海的决策。情为民所系，艺为民而为，有一份非常可贵的政治热情。作为一个有成就但处于基层的艺术家，这确实十分难得。试看她近十多年来搬演的剧目，便可知此言不虚。

1995年，几乎是她从表演固有的传统剧目走向创新剧目伊始，就把眼光盯住了现实，推出了改革开放之风吹拂的冀东渔村新人物新生活的《神河口》。1997年，又创作了广受好评的反映白洋淀妇女命运的佳作《淀上人家》，吹奏的还是改革开放的赞歌。2004年推出的《月嫂》，目光转向了城市下岗女工，充溢着励志图强、自尊自重精神，同样是迫近地回答了改革嬗进的社会生活中，新涌现出的难点、焦点问题。

更为重要的是，她十几年中倾力打造的这成套的"西柏坡"系列艺术品。

早在1997年，袁淑梅就决心写西柏坡，唱西柏坡，颂西柏坡。她提出了"先排戏，后拍电影，打造精品"的宏大目标，为此，多次到西柏坡学习取经，深入体验。据我所知，她曾多次延请多位剧作家悉心编创，一次次研讨，一稿稿论证，一回回否定肯定，终于在 2001 年将评剧现代戏《西柏坡》推上舞台，由北京人艺大导顾威先生执导。此剧一经出现，立即以其恢宏凝重、慷慨激昂的气势引起强烈的社会反响。2002 年，两进北京，献艺首都观众，并直送中南海，胡锦涛总书记做出了重要批示。2003 年，该剧荣获中宣部"五个一工程"奖！其后，是 2003 年荣获第 23 届全国电视金鹰奖戏曲电视剧连续剧提名。如今，这部精心拍摄的影片《西柏坡》，又以更新的面貌呈现在人们面前。

看过袁淑梅和裴世杰团长亲自登门送来的光盘，我实实在在地获得了先睹之快。敬佩淑梅锲而不舍的执着之余，真个是收益良多，感慨良多。要说重点感受么，便是小文标题的两句话：柏坡情浓，淑梅艺美。

充溢于全剧的革命激情，浓得醉人！人们熟知，党的最后一个设于农村的指挥中心，在西柏坡；毛泽东和党中央指挥解放全中国的三大战役，在西柏坡；党的七届二中全会的召开，在西柏坡；毛主席两个"务必"的告诫、"进京赶考"的提示，在西柏坡……一句话：从西柏坡，走出了新中国！这是中国革命史上光辉的篇章，更是西柏坡人永远的骄傲。

然而，剧作并没有把眼光停留在过去，不是单纯地向我们复述这光荣的既往，而是状写他们继往开来、继续革命的牺牲和奉献，写柏坡精神在新时期新环境新条件下的弘扬。剧本选择了中华人民共和国成立后的三年困难时期，他们为顾全大局做出的重大决策和壮举：为保京汉铁路大动脉、保石家庄、保下游民众之需修建水库，他们承受了淹没全村的剧痛，毅然退上柏坡岭，开辟新村新天地！

如实说对于土里刨食的农民，祖祖辈辈生长的土地就是命根子；何况这里曾经是革命圣地，这里处处留存着领袖们和民众心心相连的珍迹！一旦淹掉，能不揪心撕肺？紧紧扭住这一点，影片录下了一幅幅感人至深的画面，渲染了情的极致。

试看毛主席住过的小院前，老奶奶恋恋不舍地抚摸着石磨，当年"毛主席帮俺来磨面，共扶磨杆肩并肩"！10 年来，她天天磨前转一转，如同亲人在眼前！能让水淹掉它？……为了修水库，老奶奶上了柏坡岭，影片结尾，则是支书柏凤、大队长坡生和乡亲们抬起披红挂彩的石磨，共上柏坡岭的壮观场面！再看中央大院前，柏凤深情地凝望着悬挂的小马灯，那是毛主席特意留下的！为的是"西柏坡山路多……"她珍重地提起马灯，不禁"心潮涌，热泪盈，手提马灯望星空。难舍难离生身地，心牵万缕领袖情"！与之相伴的，是星空，北斗，泪眼婆娑的人们。再看风雨中，即将离村离土的人们，恋恋不舍地捧起了家乡的湿土，雨水和泪水沾湿了衣襟。……这一切，浓浓的乡土情，深深的领袖情，借助电影特写镜头的优长，表现得淋漓尽致，催人泪下。

袁淑梅扮演剧中女一号村支书柏凤。她向来被同行和专家们公认为：文武兼备，戏路宽绰，扮相秀丽，身段优美，嗓音甜润，是一个难得的戏曲表演人才。看了影片《西柏坡》，我的感觉是，她既发挥了自身艺术的优长，同时又有所发展，有所突破。集中到一点，就是调动各种艺术手段，一切为了表现人物，塑造典型。

电影和通常的舞台演出有一个很大的不同点，就是电影有中景近景，特别是特写，一颦一笑，一言一行，一字一句，一举手一投足，尽在镜头亦即观众眼前，一点马虎不得，一点假不得。演现代戏和传统戏，又有很大的不同。举个常识性的例子吧，在传统戏里，哭可以按程式抖动双肩，掩面而哼，做哭泣状；现代戏特别是电影镜头前，就完全不同了。要把生活的"真"和虚拟的"真"结合起来，找好对榫点。这些对于戏曲演员无疑是考验，是更高的要求。

袁淑梅的表演可以说是自然熨帖，朴实鲜活，诸般技艺手段，运用自如，游刃有余。而这一切，又都围绕着一个"情"字，一个"美"字。内涵上，表达和抒发深深的情，浓浓的情，多层次的情；形式上，则力求呈现美，即演唱歌咏美，身段动作美，台词对白美，等等。

柏凤是处在矛盾聚焦中心的人物。面对修库淹村的大变故，她首先要说服自己，战胜自我；继而要说服眷恋故土的民众，特别是对领袖怀抱深厚感情的老烈属、老模范；而搬迁到哪里？如何保存和保护革命文物？珍重民众心中的革命情谊和火种？……更是她必须面对的深层次的问题。她从村民中找到了答案：离土不离山，迁村不离村，宁愿上山找苦吃，也不抛弃西柏坡这块宝地，也要守护好珍贵的革命文物。为了子孙后代，更为了自己的良心和良知！而在搬迁再建中，又遭遇了粮食短缺等困难。出省换粮的一笔，让勇于承担的柏凤身上，焕发出新的闪光点。在这个过程中，剧作精心设计了柏凤和过去恋人现今县长小秦的重逢和共同应对修库淹村的群体事件，更加重了她感情的撞击和心灵的折磨。总之，通过这一次次决策的考验，一次次思想情感的波澜，柏凤的形象立体而鲜活了。

　　淑梅把准了人物思想发展的轨迹，运用唱念做的功夫，准确而层次分明地、出色地完成了剧本赋予的重任，给人们以艺术美的享受。可喜可贺！

（原载《中国文化报》2009 年 8 月 9 日）

追求戏剧艺术的最高境界：保留
——寄语王惠

河南省艺术名家推介工程，极好！表现了省文化领导的眼光和胸怀，对促进河南文化艺术事业的大发展大繁荣，必将起到积极的作用，产生深远的影响。有机会参加"推介工程"之一的"豫剧名家王惠表演艺术研讨会"，深感荣幸，也深受教益。小记所思所感于后。

和王惠的戏缘是三出半戏。首先是1997年看她的《都市风铃声》。初睹王惠风采，印象颇佳。我作为文化部"文华奖"的参与者，有幸投了手中的一票。戏得了"文华新剧目奖"，她也首获"文华表演奖"。再识王惠是半出戏。大约是1999年，她借到省豫剧三团饰演新创现代戏《香魂女》的女一号香香。我专程去郑州看了一场彩排，感觉也非常好。后来不知何故她退出了，这也就只能算半出。其后是她成立了戏剧工作室，排演了歌颂抗金英雄岳飞之母的《千古英风》，她也以大气磅礴的"英风"，斩获了"梅花奖"。作为"梅"奖评委，我也有幸参与其中。最新的一出是她的代表作《常香玉》。戏，大获成功。先是勇夺第八届中国艺术节大奖——"文华大奖"，她再获"文华表演奖"——也可以算作"梅开二度"吧，继而剧目荣登2009—2010年度国家舞台艺术精品工程榜榜首。至此，作为常香玉大师的入门弟子，王惠圆了一个梦——学习老师的精湛技艺，坚守老师的高尚艺德，塑造老师的崇高形象！

有了这一系列的现场直观感受，日积月累，脑子里便逐渐形成了鲜明的王惠舞台艺术风格和鲜活的舞台艺术形象：大气、帅气、英气；端庄、秀丽、亲和。两句话，12个字。这毫不足怪，她原本就是主攻青衣、闺门旦和帅旦嘛！

她嗓音嘹亮，行腔圆润。高处，声如裂帛，响遏行云；低处，低回婉转，如泣如诉。可谓刚柔相济，游刃有余。她基于一副天然的好嗓子，加上刻苦磨砺，锲而不舍，更得益于名师传授，耳提面命，积年累月，终成正果。

我还想指出一点，王惠不仅善于运用嗓音，以音乐形象塑造人物，感动观众，而且唱念做舞，百般武艺，俱臻上乘。可以毫不夸张地说，她堪称难得的舞台全才。

祝贺王惠已经取得突出成就的同时，还想谈点期盼。我一向认为，舞台艺术作品的最高境界不在这奖那奖，而是保留！保留在戏剧的舞台上，保留在观众的心目中，保留在戏剧的史册里。我坚信，王惠塑造的艺术形象和她以《常香玉》为代表的优秀剧目，是可以实现这个"保留"的最高境界的。期盼王惠认准这个目标，奋勇前行！

癸巳春节补记

"梅花"开在民间　三晋绽放奇葩
——说"嫦娥民营剧团"及其佳作《龙兴晋阳》

2009年12月，厦门。第十一届中国戏剧节上，猛地跃出了一匹黑马，让人们眼前一亮：名不见经传的山西"清徐嫦娥文化艺术有限公司"，一个地地道道的不吃皇粮的民营剧团，竟然作为山西唯一参赛团队登上全国戏剧竞技平台！而他们带来的《龙兴晋阳》，更以其厚重的艺术分量，令大家欣喜不已。评奖结果：《龙兴晋阳》喜获优秀剧目奖，主演也是剧团带头人胡嫦娥，荣获优秀表演奖！可谓满载盛誉而归！

作为恭逢盛举的亲历者，要说感受嘛，确实可说的很多。我想集中到三句话：一台好戏，一个好团，一个成功的好机制。

说戏，这是他们自主编创、自我排练、首推舞台的创新之作。一个盈亏自负、靠演出挣饭吃的民营剧团，一下子拿出200万元打造新戏，再花几十万元千里迢迢赴厦门参赛，这气度就非同小可！就我的视力所及，全国各地各色各样民营剧团成千上万，多半以演传统剧目为主，或者移植改编成功剧目（这方面文化部曾买断版权提供了一批优秀新剧目供基层剧团选用），类似嫦娥剧团这般举措，不说绝无，但很少有。说明他们已经集聚了相当的实力，可以在国家级戏剧舞台一显身手了。仅这一点就意味深长。而且就戏论戏，《龙兴晋阳》立足三晋深厚历史文化底蕴，发挥本土题材优势，延请名家操刀，多次请来省内外专家论证，一次又一次加工，已经成就一出上乘佳作！再加努力，还完全可能跃登新的高坡。

说团，这是一个人才荟萃，行当齐全，台风严谨，气势大度，年轻靓丽，充满活力的一流晋剧团。问世的短短四五年间,一个新生的剧团能够以这样整齐的阵容、坚实厚重的面貌,展示于世人,委实非常非常难得!

一个好团,一台好戏,又源于剧团的好机制,一个良性循环的好模式。而这就不得不谈到剧团领头人胡嫦娥的眼光、胆识和气度了。

认识胡嫦娥,也有10多个年头了。记忆最清晰的是看她主演的《大院媳妇》,当时太原市晋剧院有两个团,两根台柱。一位是一团的女老生谢涛,一位便是二团的大青衣胡嫦娥。2000年嫦娥带上《大院媳妇》和一台折子戏专场晋京献艺,一举夺得第十八届中国戏剧梅花奖,享誉京晋。此后,听说她当过三四年剧院二团的团长,再往后似乎就不大听得到信息了。时隔几年,再见她却是在厦门戏剧节上。

原来从2004年起,"梅花"已经移向民间——嫦娥辞去了优越的国办剧团的"铁饭碗",自立门户,要另干一番艰苦创业的壮举了。

在全国全省文化体制改革的大背景下,为了能"放开手脚演戏",胡嫦娥走上了自办民营剧团的新路。2004年3月,先由家人们凑钱在清徐办起了"嫦娥艺术学校",集合起一批志同道合的各类人才,继而2004年11月正式挂出了民营剧团——"晋阳艺术团"的牌子,敲响了开场锣鼓。同时成为山西省文化体制改革29个试点单位之一,省剧协视作重点,剧协驻会主席、秘书长、资深"梅花"史佳花主抓。可以说,他们一迈步就踏在体制改革的坚实道路上。

就嫦娥而论,她的想法很简单:作为演员,她爱晋剧,爱观众;作为"梅花"对民众的回报,她要将艺术还给百姓,她要尽一己之力,让喜爱她的观众,能经常看到她的演出!一句话,要放开手脚地演,自由自在地演,尽情挥洒地演!而这正是一个有艺术良心的表演艺术家的高洁之处!现有体制无法让她做到这些吗?她走新路,走改革的路,走体制机制创新的路!

自然面临的是巨大的挑战。别的不说,组团第一年冬,深夜进山乡,坡陡路滑,汽车翻入深涧,死亡两人!她右小腿骨折,打上了钢钉!然而灾难并没有让她止步!总结经验,加强管理,她们又前进了。如实说来,依我看,光这一点,就非常非常了不起!

办新团,创新机制,走新路,要"创",要"闯"!要摸索出一条科学管理之路,建立健全一系列规章制度,形成一个相互促进相互制约的良性发展机制。也许,这才是嫦娥团面临的更迫切更艰难更具挑战性的任务。他们用实践写出了最好的答卷。

一是目标明确。建团之初，即确立了办团宗旨："弘扬民族先进文化，培养优秀艺术人才，精心打造戏剧精品，竭诚服务广大人民。"为此他们坚决摒弃只为赚钱的不良文化，坚持送精美的精神食粮；为此他们花大力气打造精品，编创新戏，以精品占领市场；为此他们培训艺术新苗，为本团和兄弟团不断输送人才。这其实是做了理应由政府部门办的事。

二是提倡为民众的精神。为了送戏进山到户，他们的口号是：只要羊能上去的地方，人就上得去；只要人能上得去，我们的戏就要上去！据此，他们足迹遍于山西、陕西、河北、内蒙古、河南5省区数十个县，近千个村落。每年3个演出团下乡演出1500余场，建团5年来共演出6000余场。此可谓：民营剧团创奇迹也。

三是以人为本、以德治团。实施严格管理、科学管理，同时也是人性管理。几年来，他们已经摸索总结出一整套管理办法、规章、制度。不再细说。只举一例：该公司已率先在全省民营剧团中与演职人员签订了正式劳务合同，率先为从业人员办理了"三险"，并根据行业特点，实施了劳动工资协商制度……这在民营剧团中，实属难得。

四是树立"团兴我荣，团辱我耻"的爱团观和团队精神，并强调领导层以身作则，带头实践。

短短的5年，他们成绩赫然，可圈可点。以事业发展论，当初的"晋阳艺术团"已发展为集"梅花晋剧院""杏花晋剧院""戏曲人才培训基地"为一体的"山西清徐嫦娥文化艺术有限公司"。固定资产由当初投入时的100万元，增至2000多万元，演职人员由60人增至240人。年演出1500多场，年收入达750万元。兴旺发达，蒸蒸日上。未来的发展路上难免坎坎坷坷，许多社会配套改革还有待完善，先行者总会有不少孤寂和无奈就是了。

我们为嫦娥公司喝彩！祝民营剧团之树长青！

2010年1月7日

（原载《中国戏剧》2010年第1期）

群星璀璨　辉映南国
——贺全国第十五届"群星奖"

5月，南粤大地，繁花似锦。第九届中国艺术节在广州、深圳、东莞、佛山等地隆重召开。

与参加第十三届"文华奖"角逐的65台专业剧目竞演的同时，有参与第十五届"群星奖"决赛的27台剧（节）目靓丽登场。其中，又包含音乐、合唱、舞蹈、广场舞、曲艺、戏剧等方方面面，可谓琳琅满目、光鲜耀眼，形象地诠释了"艺术的盛会，人民的节日"的宗旨。

就戏剧类说，作为前奏的还有2010年1月31日至2月7日在北京举办的"大地情深"——全国城乡基层群众小戏小品展演活动，推选出了参加决赛的优秀节目。而其规模之大，参与者之广，为中华人民共和国成立以来之最；其艺术质量之精，现实感之强，也使小戏小品这门艺术跃上了新台阶。

综观这次"群星奖"的戏剧展示，我以为有三个特别值得关注的点。

其一，从创作层面说，剧作跃动着时代的脉搏，反射着前进的步履，叩响着民众的心声；是来自生活，来自群众，来自现实的艺术成果。笔者这里强调"来自"是基于群众文艺本身的特点，用不着特意去"贴近"，发挥自身优势就是了。剧作者、表演者等原本在生活之中，本来是群众中的一员，用笔写他们的感受，用形体表演他们的故事，是再自然不过的事情。于是我们看到了农民工进城、返乡再就业、计划生育、老年婚姻、邻里关系、连队故事、反腐励志……种种发生在今天，发生在我们身边的事。矛盾、困惑、挑战、求解，他们思考着，探索着，实验着，行动着。倡导和谐，化解纠纷，讴歌新人新风，嘲讽陈规陋俗……浓郁的生活气息，鲜活的人物形象，巧妙的情节结构，生动的语言对白，成为这批剧作的共同特点，是为他们成功的基本要素。

来自山西太原的秧歌剧《农家乐》，呈现了富裕后的农村新图景。新疆巴音郭楞蒙古自治州编创的小品《达西村的好日子》，书写了党和政府对少数民族地区的关怀，歌颂了民族大团结。山东省莱芜市群艺馆创排的小品《暖水袋，痒痒挠》，别具一格地表现老年婚姻：儿子儿媳给鳏居的老父亲购买了一堆生活用品，却不懂老人的感情需要。在议论孙子订婚如何送礼时，老人禁不住说了句气话："……送个痒痒挠就够了！"真个是语带双关，一语道破，巧妙至极。这类细节和语言的捕捉离开了生活之源完全不可想象。

其二，从法制层面说，尊重并保障了民众的基本文化权益。我个人认为这里所说的"权益"，应该至少包括两个方面：一是文化的享有权，即享受文化娱乐设施，欣赏文化艺术成果。当前党和政府花大力抓公共文化设施建设，抓文化共享工程，正是做着保障民众文化权益的大事。而我们党确立的"文艺为人民服务"的方针，也体现着文艺成果为民众享有的原则。二是文化艺术的创作权，或者叫表达的自由权。我们平常说群众是文化的主人，就应该起码体现在创造文化和享有文化这两个基本层面。这是党和政府职责之所在，而多少年坚持下来的"群星奖"的评选工作等也同样是做着保障民众文化权益的大事。

应该说，艺术创作参与的广泛性是专业创作无法比拟的。就这次"群星"竞技的创作队伍而言，包含有企业职工、社区居民、教师学生、军人民警、退休人员等。他们的才华得到充分展示，成为文化建设的大军。毛泽东同志50多年前曾经说过："'三个臭皮匠，合成一个诸葛亮。'这就是说，群众有伟大的创造力。中国人民中间，实在有成千上万的'诸葛亮'，每个乡村，每个市镇，都有那里的'诸葛亮'。"（《组织起来》1943年11月29日）这"伟大的创造力"当然包括文化艺术的创造力。

据了解，陕西省群艺馆报送的小品《街头巷尾》就是由西安农业银行的工会干部担纲编剧和主演；山西省孝义市文化馆编创的小品《人偶情》，其主要演员，正是国家级木偶戏传承人；苏州市文化馆编创的小品《回家过年》，主要是市艺校的行政管理人员。

基于新时期以来国家经济的快速发展，社会环境的和谐稳定，人民生活水平和文化水准的普遍提高，业余文化创作也有快速进步，应当刮目相看。可以说，他们中的拔尖作品，绝不逊于专业创作。就生活的迫近感、人物的鲜活感、语言的生动感等诸多方面，较之专业创作还要胜出一筹。提倡专业、业余相互学习，取长补短，此其时也。

其三，从功能层面说，是文艺功能全方位的展示和体现。文艺的作用和功能是多方面的，既有娱乐功能，又有认识功能、教育功能，这是常识。这诸多功能中，审美愉悦属于最基本的前提性的功能。周总理生前强调"寓教于乐"，正是从根本上指明了其间的关系。好看、好听、好玩，让人们爱看爱听，得到美的享受，现在已经成为共识。过去曾经出现过的无视艺术规律的蠢事，再也不能重复了。这次参加"群星奖"角逐的作品，都非常看重这个方面。但同时也不能走向另一个极端——泛娱乐化。娱乐就是一切，完全不计其他。可喜的是这一方面参演剧目也有上佳表现。

湖南参赛的花鼓小戏《今天有客来》就写了村民刘八斤一家遭遇到的一番尴尬：村长为迎接扶贫考核干部的到来，要村民们穿破衣装穷；刘八斤则要迎接未过门的儿媳"相亲"，要打扮光鲜。偏好来者是双重身份，引出了一堆笑话。最后归结到扶贫要扶志，输血变"造血"。笑声中矛盾得到化解，观念得到提升。这是一则"寓教于乐"的成功之作，甚而可视为典范之作。广东参赛的小粤剧《醉舞清风》，全剧两个人：丈夫当选村官，有点划批土地的小权，妻子要为娘家牟私利，借丈夫生日劝酒骗其签字。丈夫假装喝醉，机巧应对，终于抵制了这场不正之风。其教育作用寓于乐之中。总之，业余创作的"群星"们，丝毫没有忘记毛主席关于文艺"团结人民""教育人民"的要求，而又摒弃了简单化、概念化的误区，达到了和谐的新境界。

由衷祝贺"群星奖"的成功，期盼在总结成功经验的基础上，找准差距，认清前进的路，更加奋勇前行，夺取更大胜利！

（原载《光明日报》2010年5月23日）

王晓平的兴团"六抓"
——记一个杰出的剧团管理人才

夜幕降临，华灯初上，金华市腾架于三江汇合处的景观步行桥，像一道夜间的彩虹，霓虹闪烁，与相邻的中国婺剧院流光溢彩的美丽倩影交相辉映、相得益彰。中国婺剧院是集歌剧、舞剧、话剧、戏曲、交响乐、音乐会、综艺演出等功能于一体的综合性演艺中心，为水陆婺城增添了浓郁的文化气息，满足了市民对高档次、高品位文化生活的需求。经过三年的经营管理，越来越多的市民和游客走进了婺剧院欣赏高雅艺术。

下面就让我们一起走近中国婺剧院的当家人——浙江婺剧艺术研究院院长王晓平。

临危跳出：抓改革

戏剧行的人们都知道团长难当，特别是处于困境的戏曲剧团。前些年不是流传过这么一则笑话嘛：某县领导带着一帮局级干部下乡视察，乡间公路上横卧着一头蛮牛，喇叭叫哑了也不让路。税务局长下车，威胁说：快让开，不让课以重税！老牛浑然不理。公安局长下车：快让，不让以妨碍交通罪，刑事拘留！老牛照样不理睬。法院院长下车：再不让，判你死刑！老牛白了一眼，依旧岿然不动。文化局长说：我来试试。只见他来到老牛耳边，悄悄嘀咕了几句。老牛轰地爬起，飞快逃走了。众人忙问用了什么高招，文化局长苦笑一声：我告诉它，再不让，就派去当剧团团长！

可笑吗？是的，夸张得可以！危言耸听吗？也是的，却道出了个中苦涩、严酷的真实！

20世纪90年代的浙江婺剧团就实实在在地处在这种穷困潦倒、步履艰难的境况之中。经费拮据导致剧团连续三年报销不了医药费，许多职工兜里都揣着一摞厚厚的报销无望的单据。因欠费团部已经被停水停电。艺术投资阙如，没钱排戏，正常演出都难维持。1995年好容易借资排了现代题材新戏《贺家桥边》，上京参加戏曲现代戏调演，却遭遇了"走麦城"的活剧，人心更加涣散。剧团陷入了建团以来最为危险的境地。老团长要退，新人谁来？谁敢接这"吓跑蛮牛"的差使！

猛然，王晓平跳出来了！自告奋勇竞聘这毫不讨巧的担子！

时年29岁的他竟然是谢绝了横店老总年薪上百万的聘请，和妻子陈美兰商定，留下来，困难中坚守！只因为他们爱婺剧，都出身婺剧之家，不忍心视同生命的婺剧艺术衰落。晓平自嘲为龙套演员，妻子陈美兰却是闪亮的婺剧之星。他要在剧团管理的舞台上显显身手，做一个配得上婺剧领军之星妻子的合格丈夫！

上任第一把火：改革！剧团改为总经理制，他任第一任总经理。

第一大措施是：主动出击，恢复演出，送戏下乡，扩大影响。陈美兰带头自带行李下乡打地铺，同领每场演出5元的补贴。人心很快凝聚起来，团风为之一振。同时，为适应服务对象的要求，陆续挂出了三块牌子：金华市三农艺术团、金华市歌舞团，再加老牌子浙江婺剧团。演出节目以婺剧为主，增添了歌舞、小品，力求丰富多彩；演员则一专多能，各显神通。管理上大剧场、小舞台、流动演出车……灵活多变，不拘一格。

要说剧团体制改革面向市场，他们似乎早早地就与时俱进地走在前边了呢！但不忘初衷，坚守婺剧阵地，弘扬婺剧艺术，依然是第一要务！

兴团之本：抓剧目

剧团立得住，剧目是根本。基于浙江婺剧团作为婺剧艺术排头兵的地位，他们不仅要传承弘扬优秀传统剧目，还要发展创新，跟上时代，不断推出新剧目，丰富演出剧目库。

晓平上任第二年，初步站稳脚跟的新班子，立即着手抓剧目：改编《珍珠烈火旗》，新创《昆仑女》。

剧团邀请金华老乡、南京军区前线话剧团团长、《虎踞钟山》编剧邵钧林提笔改编，期盼打个翻身仗。邵钧林不负众望，新编《昆仑女》有了脱胎换骨的蜕变：首先思想主题进行了重新设定。从一个全新的视角，演绎这个古老的传说，揭示出华夏共家园、民族大团结的深刻主题。其次是对珍珠烈火旗重新定位和处置。剧作从民族团结的立意着眼，设计了双阳公主得到珍珠烈火旗后，将这面蜕化为权力象征的旗付之一炬，实现了"凤凰涅槃"的高超境界。音乐则打破传统戏曲声腔"分治分立"的格局，将乱弹、高腔等声腔曲牌，按情节、人物的需要灵活交叉运用；并将西洋作曲的配器、和声、复调、曲式"四大件"也悉数用上，使中西方音乐巧妙地融合起来。演出阵容依托陈美兰、苗嫩、刘智宏、黄维龙、郑丽芳等成熟演员，大胆起用杨霞云等新秀，大展风采。基于题材创新、主题厚重、表演出色，该剧先后获得第六届中国艺术节优秀剧目奖，第十届文华新剧目奖、文华表演奖、文华导演奖，第一届中国少数民族戏剧会演剧目金奖等奖项。浙江婺剧团果然打了一场漂亮的翻身仗，在艺术上奇峰突起，使剧团再次拥有一座崭新的标杆。

2001年，又以坐落金华的太平天国侍王府为背景，约请剧作家姜朝皋精心创作出《梦断婺江》，剧作通过李世贤、柳彦卿相遇、相疑、相争，到相知、相助、相敬，直到相殉天国之梦的曲折过程，表现太平军将士复杂的心路历程和命运沉浮的轨迹，并赋予全剧一个内涵厚实凝重的主题："太平军造反为百姓，为什么百姓又反对太平军？"被誉为郭沫若《甲申三百年祭》的艺术版。

剧作取得巨大成功，先后获得国家舞台艺术精品工程"精品提名剧目"、第九届中国戏剧节"首届中国戏剧奖·优秀剧目奖"、第十三届文华奖"文华优秀剧目奖"。中国戏曲学会特别授予学术价值奇重的"学会奖"，并主办了专题学术研讨会，成果结集成书，推行于世。

从此，又陆续推出青春版《穆桂英》，根据京剧《贵人遗香》改编的《遥祭杏花村》，据电影《大清炮台》改编的《铁血红颜》，新创《宫锦袍》《血路芳华》……20年来，新编新创好戏，能列出一个长长的名单。

着眼长远：抓人才

以王晓平为首的浙婺领导班子目光长远，早在10多年前就制订并实施了一系列人才培养措施。对外，引进全国各地的艺术人才，如著名编剧姜朝皋，为婺剧团奉献了一系列佳作，已被市政府正式授予"金华荣誉市民"称号！又如贾璐，在与浙婺合作了《宫锦袍》之后，被院团从领导到普通员工所体现的工作氛围和敬业态度所折服，他说："全国这么多剧团合作下来，从来没有见过像浙婺这么好的团风。"他提出每年都和浙江婺剧艺术研究院合作，为剧团创作更多的优秀剧目。

在培育人才方面，院里还抓了以下措施。

第一，师徒传承，培育新人。近年来，在陈美兰、朱元昊等著名婺剧艺术表演艺术家的悉心指导下，浙婺培养了浙江省"新松计划"戏曲青年演员大赛冠军、第23届上海白玉兰戏剧表演艺术奖主角奖榜首、第27届中国戏剧梅花奖获得者杨霞云，第23届上海白玉兰戏剧表演艺术奖新人配角奖得主巫文玲，第24届上海白玉兰戏剧表演艺术奖主角奖得主楼胜，第26届上海白玉兰戏剧表演艺术奖新人主角奖得主李煊宇等一大批优秀婺剧青年人才。

第二，与艺校联合招生，保证后继有人。浙婺与金华艺术学校、兰香艺校等艺术学校签订了校团合作协议。通过联合招生、艺校培养、浙婺出资的模式，双方共同确定婺剧人才培养大纲，共同推进师资队伍建设，共同推动实训基地建设，切实保证教学高水平、高标准、严要求、出人才。在其他剧团招生都招不满的情况下，浙江婺剧艺术研究院招生报名踊跃、人满为患，2015年已完成招生60人，2016年将继续招生50人。

第三，婺剧进校园，培育新观众、接棒人。从2008年起，浙婺联合教育部门在全市开展了以"欣赏经典、陶冶情操、提高素养"为主题的婺剧进校园活动。为此，制订了《金华市婺剧进校园活动方案》，编写了适合中小学生阅读的《婺剧知识读本》，为学校专门制作了婺剧课间音乐，对全市300余名中小学音乐教师进行了婺剧知识培训，并以讲座和现场表演等方式在市直70所中小学校进行了试点。同时在全市25所学校开展了"婺剧特色学校"的试点工作，制定了评比标准和细则。通过演出婺剧精彩剧目和宣讲婺剧基本知识等形式，宣传和弘扬优秀的地方剧种，在未成年人和广大青年学生中大力弘扬民族优秀文化，增强婺剧的吸引力和感召力，丰富了校园文化生活，也提升大中小学德育教育和艺术教育水平。目前全市有"婺剧艺术教育特色"学校100多所，形成了浓郁的校园婺剧氛围。

安内为先：抓管理

管理好剧团，严格的制度必不可少，但晓平认为人性的关怀更加重要，于是出台了一系列福利政策：中央关于廉政建设的八项规定出台前，团里提取经费，用于本团职工子女小学至高中段的学费补助；职工子女入伍参军，给予2000元的奖励；职工子女考上大学给予奖励；职工子女生病，给予医药费补助；对于丈夫在偏远地区服役的女职工，在不影响工作的情况下，将她们每次的探亲假延长到半年；在刚接管剧团经济十分困难，甚至连每场5元的演出补助都发不出来的情况下，首先拿出钱解决退休老同志的货币分房问题；老同志80岁时团里送上祝贺红包；指定办公室副主任电话为老同志热线电话，24小时开通为老同志服务；老同志也习惯了有事情找团领导，有些时候老同志生病了子女都还不知道，但是团里已经派班子成员、工会干部前去看望，并安排车子接送、挂号、住院等，职工双方父母生病了也派办公室人员前去看望；职工子女待业，团里知道后也多方联系，推荐专业对口工作……细致入微的关怀，真心实意地为演职人员排忧解难，使演职人员没有后顾之忧地投入到工作中。

考虑到剧院工作忙，没有双休日，演员没有足够的时间陪伴家人，每次浙婺出城演出，单位里都提倡职工家属自费随行，一方面趁着演出带家属出去增长见识，让他们了解剧团的工作情况，另一方面也为家属之间搭建平台联络感情，共同谋划婺剧的发展。家属们则一起帮忙拆装台、装卸道具布景。

2013年9月，市委市政府将占地65亩，投资3.3亿元的中国婺剧院交给浙婺管理使用。王晓平立下了军令状：一定管好，绝不辜负领导的信任！

第一年，短短的四个月试运行时间，中国婺剧院用了不足保利院线1/3的管理成本，完成了各门类的演出100余场。2013年9月至2015年底，俄罗斯克里姆林宫芭蕾舞团、美国杨百翰大学合唱团、法国女子爱乐乐团、台湾纸风车剧团、国家京剧院、杨丽萍文化传播有限公司、上海昆剧团等近百个国内外演出团体，加上浙婺自己的演出，中国婺剧院大剧场共完成演出323场，小剧场演出 231 场，上演剧目包括俄罗斯芭蕾舞团的《天鹅湖》等艺术质量上乘的芭蕾舞剧，以及戏曲、话剧、音乐剧、杂技舞台艺术作品。低票价的演出，让金华观众得到了艺术熏陶和美的享受，充分发挥为民、惠民、乐民的功效。

具体管理上，王晓平动用了所有的资源，上到梅花奖得主、国家一级演员，下到没有职称的青年演员，全院演职人员通通是服务人员。无论食堂帮厨、洗菜、端菜，还是剧场服务、维护秩序、做好安保，尽职尽责、不讲价钱。王晓平自己带头，规定全院 200 多名演职员每个月至少捡垃圾一次，保证剧院及周边环境干净整洁。

近年来，浙婺不断突破，2011 年被评为全国文明单位，2013 年被文化部评为全国地方戏创作演出重点院团之一，婺剧《断桥》登上 2016 年央视新年戏曲晚会，婺剧《树上的喜鹊叫喳喳》选段亮相猴年央视春晚，中国婺剧院入选 2015 中国传统戏曲演出场馆活力排行榜第 7 名……

与时俱进：抓市场

浙婺围绕"农村、学校、社区、城市、境外"五个市场，每年演出 600 多场。先后应邀赴北京、天津、上海、新疆、内蒙古、湖北、陕西、山西、广东、广西、安徽、江苏、宁夏等近 20 个省区市文化交流演出。2009 年至今，每年受文化部和浙江省政府委派赴海外执行"欢乐春节"演出任务，迄今为止浙婺的足迹已经遍布美洲、非洲、澳洲、欧洲的 30 多个国家和地区。每到一地，王晓平在争取扩大婺剧影响力的同时，努力促成下一次的演出合作。

中国婺剧院小剧场与旅游对接，每周末为来自全国各地的游客演出婺剧经典折子戏，通过演出宣传金华文化，推广地方戏曲，同时培养了一批青年演职人员，获得了社会效益和经济效益的双丰收。

王晓平还有一个雄心勃勃的婺剧发展规划：把 900 平方米的中国婺剧院博物馆建成全国地方戏院团中最好的博物馆之一；在婺剧院周边再找一块空地搞婺剧文化公园，让戏迷、各业余戏剧团体以及剧团退居二线的演职人员发挥才能，形成剧院内的专业演出与剧院外的业余表演相呼应的氛围，争取周周有演出；充分利用锡雕、麦秆扇、婺州窑、剪纸等国家非物质文化遗产，开发婺剧系列衍生产品；在中国婺剧院的门厅开发有特色的婺剧咖啡；与职业技术学校烹饪专业合作，开发婺剧有关食谱，比如把婺剧脸谱与菜品造型相结合，用婺剧戏名命名菜品；用好中国婺剧院录音棚，把几个大剧种的音像制品放在婺剧院门厅吧台展示……把婺剧与饮食文化、旅游文化、娱乐文化结合起来，推动婺剧多元化发展。

胸怀大局：抓大婺剧

王晓平出生于婺剧世家，当了剧团领导后，就致力于振兴婺剧事业。他不仅仅抓好本源的演出，周边所有婺剧专业院团都是他的帮扶对象，在他的带领下，婺剧院团从一开始的抱团取暖、牵手过河，发展到现在每个县市区政府都开始关心婺剧，共谋发展，一起做大做强婺剧品牌。

他常说："戏曲本是一家，婺剧是地方剧种，如果我们自己都不团结，那还如何振兴婺剧。"对于兄弟院团他无条件地帮忙扶持，派出演职人员到民间职业院团进行指导，借演员给兄弟院团或其他剧种专业剧团演出、排戏等。20世纪90年代至21世纪初，建德婺剧团处于不稳定状态，婺剧演出一度处于低谷，连职工工资都发不出来。2006年建德团要排一个新戏《酒香明月》，请不起主创人员，王晓平派去了自己团里的导演、舞美、灯光等，帮助该剧在省里获了大奖。2013年建德团再排新戏《天下第一疏》（主要演员黄庆华、陈建旭、陈丽俐均为浙婺演员）参加第十三届中国戏剧节并获剧目奖，黄庆华获优秀表演奖。前不久，建德团的《天下第一疏》参加了全国基层院团戏曲会演，同样浙婺除了派出演员外，还无条件地提供灯光音响等设备支持。

王晓平这位舞台上"跑龙套"的，在剧团管理岗位上却是一位异常优秀的人才。他没有私念，为人坦诚、热心、智慧、多谋、低调……在以他为首的班子领导下，在全体演职人员的共同努力下，浙婺已然从普通基层剧团进到国家重点院团、从农村草台发展到城市剧院、从地方剧种飙升到蜚声中外的国际化艺术，实现了婺剧历史上的跨越式发展。

当然，这一切还根源于王晓平和金华婺剧人碰到了好领导，否则"六抓"皆空，只剩下一抓：抓瞎！谓予不信，举出实证：当年，市委书记徐止平、市长陈昆忠就曾经公开声言：婺剧是我们的市宝，是老祖宗为我们留下的宝贵财富，我们必须倍加爱护。如果因为我们的对策不当，让婺剧受到了损伤，我们就将成为历史的罪人!

说得何其的好啊!只不知,金华之外,望眼神州大地,是否真有损伤以致摧残民族文化精粹的历史罪人!

此文与谢玲慧、陈岳钦合写
(原载《中国文化报》2016年12月29日)

生机勃勃正青春
——贺中国评剧院60华诞

实实在在地说，我是中国评剧院的老朋友。

比剧院诞生早两年（1953）考上北京大学中文系，进了京。60多年来，可谓亲历、目睹了剧院一个甲子的风风雨雨、曲折变迁。特别是基于所学专业和工作岗位的关系，和剧院更加亲近，友情更为厚重。

可能和从小受川戏的熏陶有关，向来对戏曲情有独钟。记得还在北大求学阶段，就欣赏过（看过或听过）剧院创排的《刘巧儿》《小女婿》《花为媒》，以及《苦菜花》等。毕业后留校工作几年，也没少关注剧院的动态。1960年初，调入北京市委理论工作室文艺组，开始了更亲密的接触。一年半后，转入市委《前线》杂志任文艺编辑，"三家村"店小二一个（作为责编，编发了全部"三家村札记"专栏文章），在主编邓拓同志"三勤"（勤读、勤跑、勤写）的督促下，看戏、评戏，跑剧院、交朋友，便是职责所在。"文革"风暴袭来，被迫中断了联系。其时也，文艺口皆"有罪赎罪"，我户口、行政关系等全部下放农村，准备挣工分养活老婆孩子，自然和剧院完全隔绝。"四人帮"垮台，噩梦醒来，我重回市委宣传部，任文化处处长。8年后调市文联，分管剧协在内的各艺术协会，又是六七年。十几年间，和评剧院联系更加密切了：从单纯的艺术欣赏，到进院调查研究；从剧目论证实施，到管理体制改革；从亲为捉笔评戏，到诚心广交朋友。可谓步步深入，层层递进，几乎把命运勾连在了一起。1990年调入文化部。同在文化口，且业外忝居艺术局全国重点剧目指导小组副组长之职，再加上北京又是"娘家"，和评剧院的联系自然延续了下来。如此等等，

"老朋友"云云，此言当属不虚也。

回顾评剧院60年的历程，就我个人的体验而言，深感逐步形成了几大突出特点，并已成为极为宝贵的优良传统，不揣愚陋，列出来就教于剧院的前辈、同行及熟悉该院的专家学者及老领导。

其一，紧跟时代，贴近民众，坚定奏鸣主旋律。

关注现实，体察民瘼，创演现代戏，向来是评剧艺术的特长和优良传统。评剧创始人成兆才，当年就以一出状写眼前故事的《杨三姐告状》，享誉剧坛，光照史册。中国评剧院的前身，在中华人民共和国成立之初，也由新凤霞、小白玉霜、魏荣元、喜彩莲、赵丽蓉等艺术家陆续推出了《刘巧儿》《小女婿》《罗汉钱》《小二黑结婚》《祥林嫂》等一批现代戏佳作，树立了剧院的崭新形象，影响深广。20世纪50年代后期到60年代前期，又以《箭杆河边》《夺印》《向阳商店》等优秀剧作唱响首都剧坛。其中，马泰、魏荣元、张淑桂等名家的许多代表性唱段至今保留在各式综艺专场及竞技展示中。

"文革"中沉寂了一段。新时期以来，剧院焕发了青春，艺术创造力喷薄而出，佳作有如潮涌，《评剧皇后》《高山下的花环》《黑头儿与四大名蛋》《红岩诗魂》《啊，山花》《马本仓当官记》，以及新近推出的《城邦恩仇》《良宵》等，对此人们可以列出一个长长的名单。

我想谈谈有些关联的两出戏。一出是1984年推出的《高山下的花环》。李存葆的中篇小说原作发表后，火爆文苑，掀起了改编热潮，电视剧、话剧、戏曲等多有成功之作。评剧还要不要上？上上下下都有不同主张。我当时任北京市委宣传部文化处处长，部务会上审定选题时，也有分歧意见。胡沙院长希望上，文化局鲁刚局长说听部里的，部领导则要文化处先拿意见。记得我当时坚定地投了赞成票，列了几条理由，谈了点修改加工建议。徐惟诚部长最终拍板敲定。搬上舞台后，以强大阵容（张德福、李忆兰、花月仙、谷文月、李惟铨、齐建波等名家新秀齐上），感人呈现，取得了出乎意料的好效果。1985年，在全国戏曲观摩演出中，拿了剧目一等奖，胡沙、高琛编剧二等奖，张玮、李新民导演一等奖，及演员表演、音乐设计、乐队伴奏、灯光、字幕等数十个单项奖。如实说，评剧院的总体艺术创造实力，令我深感吃惊，大受教益。

另一出是1999年推出的《啊，山花》，这是根据福建省京剧院首演剧目《山花》（陈欣欣编剧，林兆华导演）改编而成，作为中华人民共和国成立50周年的献礼剧目，倾情打造。刘敏庚捉笔，谢平安执导，两朵"梅花"宋丽、刘慧欣联袂主演，可谓强强联手、魅力四射。

要说起来，这工夫我已经调离北京市，到了文化部。但多年的"老朋友"嘛，剧院约我看了戏，参加了座谈。深受感动之余，我还认认真真写了一篇观赏心得《又见山花烂漫》，发表于《前线》杂志1999年第6期。这出反映第五次反"围剿"中苏区妇女觉醒、严酷抗争并付出惨烈牺牲的剧作，是革命历史题材创作的新收获，丰富了红色文化宝库，思想价值极高，无须多说。作为移植改编本，我敬重的首先是剧本改得好，既保留了原著精华，又有所发展提高。如村妇女委员七姑是原作最具光彩的艺术形象。她为牺牲的儿子缝合头颅的情节感人至深、催人泪下。评剧保留了这一笔，又特意加了一面大红旗，儿子为保卫红旗而战，老妈妈"抽出丝丝红线为烈士把头颅缝连"，此情此景，铁石人也无不为之动容。导演精心设计的这面大红旗，述说着斗争严酷的血红一片，也象征着革命者的一颗红心，预示着革命前景的红光满眼。道具用活了，发出了无声的声音。

对秀姑这位派回村里组织妇女反"围剿"的干部，加工幅度更大，也更为成功。原著中作为女性群像之一，也颇有光彩。她以亲手处决带领白军摸进村屠杀乡民的叛徒丈夫，完成形象的制高点。但却有些简单、粗暴、严冷、不近人情。改编本把她升为剧中的一号，站在事件的中心。对其性格缺失，也做了一些调整。她不是"左"倾路线的代表，不体现"左"倾思潮，一切的一切只源于"恨铁不成钢"的焦急，见过太多血与火导致的心肠变硬。"简单粗暴"的背后隐藏的是一派赤子之心，一片爱护之情，人物变得可亲可爱了。

其次是演出阵容强大，特别是主演出色。饰演女一号的宋丽，是"梅花奖"和两度"文华表演奖"获得者。她充分发挥唱念做舞俱佳的优势，细腻熨帖、层次分明、声情并茂、表演大气；人物形象生动、丰满富于表现力和穿透力。"山花"故事已远，但"山花"精神，永远光辉灿烂。

其二，弘扬流派，助推新人，形成艺术特色。

就旦角艺术而论，众所周知，评剧界早已形成了几大流派：韩（少云）派，花（淑兰）派，筱（俊亭）派，以及北京观众熟悉的白（玉霜）派，新（凤霞）派等。各派有其自身鲜明特色，简言之：新派俏丽甜美，白派低回柔婉，韩派舒展大气，花派刚劲奔放，筱派明快俏皮。其间，白派、新派诞生于北京，成型于北京，发展于北京，也光大于北京。个中，中国评剧院的历任主持者，花了大量心血，办了不少实事，使得流派传承后继有人，且光彩依然，辉耀评坛。60年中也有过曲折，新凤霞更是备受摧残、止步舞台，但大形势使然，非剧院所能左右的。好在浩劫既逝，文脉犹存，如今流派传承成绩显赫，令人欣慰。

以新派说事，登堂入室弟子谷文月，辉煌舞台四五十年，至今未完全告退；再传弟子戴月琴、高闯也早已创造了新业绩。比如，2014年初，以新派应工的《回杯记》(可溯源到草创期的《王二姐思夫》)，高闯担纲主演就再推新高。我应邀看了之后，还高兴地著文评说了一番。据说如今戴月琴、高闯均已收徒，第三代新派弟子又将闪亮登场。就白派说，白玉霜之后，有小白玉霜(李再雯)，小白玉霜带出了与谷文月齐名、双雄并立交相辉映的杰出弟子刘萍，刘萍谢幕又有弟子王平等。王平于2014年担纲主演的改编传统戏《马寡妇开店》升华而成的《良宵》(王新纪执笔)一炮打响，反响强烈。今年，纪念世界反法西斯战争和中国抗日战争胜利70周年之际，她又主演了歌颂密云抗日英雄妈妈的《母亲》(刘锦云编剧、张曼君执导)，大获好评。

俗话说"一窝旦，吃饱饭"。戏曲行莫不如此，最贴近民众的平民艺术评剧犹然。可以毫不夸张地说，新派、白派旦角艺术是中国评剧院的名片，评剧院的财富，剧院的院宝。珍惜之，保护之，弘扬之，方显剧院胸怀，是为发展大计。过去做得不错，期盼未来做得更好！当然，也不能闭关锁院，只许两家，排斥其余，还是要兼收并蓄，有容乃大。

关于生角艺术，恕我无知无畏打胡乱说，似乎向来是剧种的弱项。多少年来，旦角流派纷呈，领军人物频现；生角则颇有些默默无闻，就说成兆才，"写"戏也远远高于他"演"戏。可喜的是，这种状况在中国评剧院被改写了。以马泰、张德福为代表的正生，以魏荣元为代表的红生，唱响首府、声震评坛、享誉神州，其后又有李惟铨、齐建波、孙路阳等新秀。真真是评剧艺术之福，可喜可贺。这个新传统，我看应该更加重视，更好地继承和发扬。不知剧院是否有这方面的设计和规划？如有，期盼切实实践之，推行之，抓出实绩，抓出高效。

在我看来，当今的评剧院人才辈出、生旦俱备、行当匀称、老中青齐整；台风严谨、主配协和、演出大气；创作态度严肃，不糊弄观众，不戏耍艺术……这一切似乎已成为常规，形成鲜明的艺术特色。这是一代又一代评剧人心血的结晶，是他们共同创造的财富，弥足珍贵！

其三，开拓创新，博采广纳，领军评剧艺苑。

严格说来，评剧开拓创新的步子，在剧院正式成立之前、中华人民共和国成立之初，前辈艺术家就已经迈开了。他们经历了从旧社会到新社会的嬗变，也让老评剧实现了表现新时代、新生活、新人物的升华。个中，新凤霞等堪称评剧艺术创新的开拓者、领路人。

就创新采纳而论，我印象最深的有四点：一是题材开拓，二是音乐创新，三是见好就拿，四是剧种升华。

在剧目建设方面，纵观剧院60年的历史，可以说从不自觉到自觉地贯彻了"三并举"的方针，即既重视传统剧目的整理改编，抓住"老戏老看"的老观众，又抓新编历史题材戏，更花大力气抓现代题材创作。可谓新老观众一起抓。舞台呈现的便是"百花齐放"的局面。百味调百口，我看这也应该视为吸引观众进剧场的一大成功经验。

音乐的建设方面，为表现新时代、新生活、新对象、新人物，自然要求音乐有新发展、新创造、新手法、新曲调。我还是想举举新凤霞的例子，她结合新剧目，就首创和奉献了一批新板式、新曲调。如《金沙江畔》中创演了格登调，《春香传》中创演了三拍子板，以及《六十年变迁》中的送子调，《志愿军的未婚妻》中的锄草调等；传统剧目的音乐唱腔，她也有新创造，如《乾坤带》中创演了凡字大慢板，《无双传》中创演了反调大慢板，《三看御妹》中创演了降香调，以及久享盛名常演常新的疙瘩调等。其实在剧院音乐室艺术家们的努力下，这种创新从未止步，特别是生角唱腔的创造，更卓有成效，前边已提及。总之，这一切都极大地丰富了评剧的唱腔艺术，拓展了评剧的音乐表现力，为评剧向大剧种迈进，做出了筑基性的巨大贡献。

我翻看了一下评剧院几十年来上演的剧目表，发现一个有趣的现象：见好就拿，能改就改，不拘一格，为我所用。没有摆架子，没有近视眼，没有编个笼子把自己封起来。我粗粗算了算，直接从小说、报告文学改编的，就有《三里湾》《红旗谱》《野火春风斗古城》《烟壶》《花街》《渔火》等数十部，借电影改编的《李双双》等多部，改编自话剧、歌剧的有《箭杆河边》《南海长城》《刘介梅》《红色联络站》等10多部。改编自其他戏曲剧种的，就更可观了。京剧、越剧、川剧、豫剧、湘剧、昆剧、曲剧、闽剧、吕剧、扬剧、甬剧、河南曲剧……光剧种就可以列出一长串。其间，有些剧目还成了常演不衰的保留剧目。这里看出了剧院海纳百川的眼光和胸怀。当然也还有个量中求质的问题。不避小溪，也要它有着形成劲流的潜质。狗熊掰棒子的办法——掰一个扔一个，并不可取。

说到剧种的升华，我想引出现任院长王亚勋在推出郭启宏新作《城邦恩仇》时说过的一番话。这是一部根据古希腊悲剧之父埃斯库罗斯的《俄瑞斯忒亚》三联剧改编而成的大型评剧。外国名著、戏剧鼻祖、舶来经典……竟然要上评剧舞台，步子跨得太大了吧?! 出品人怎么想的？王院长答曰："评剧有着'与时代同步、与人民同心'的核心发展理念和内在精神品质，并具有'评古论今、惩恶扬善、兼收并蓄、探索创新'的突出特性。"针对人们的质疑：评剧是个平民剧种，只适宜演小人物，小市民，小事件。他的看法是："评剧既适演小，更擅长大，成于俗又盛于雅，大小相容，雅俗共赏。"因而排演此剧正是要表达"大追求，大主题，大戏剧，大探索"！他们的目标是"三小"变"四大"。的确，雄心勃勃很有气魄，也颇有见地。

在我看来，就《城邦恩仇》一剧说事，确乎超越了具体的剧目建设，它承载的是剧种的总体升华、提高和迈进。如实说，评剧的确出身于草莽，流行于平民，具草根特性。擅长的是描写小人物、小市民、小故事，再加个小情趣，共凑成"四小"。这既是它的特长和优势，却也是它的局限和短处。

《城邦恩仇》的冲击力在于：一是题材扩大，视野要打开；二是相应的音乐唱腔要跟上；三是演员表演要突破；四是舞美设计要跨步。更重要的是观众要培养，其欣赏情趣要提升，观赏习惯要变通……一句话，新样的戏要有新观众，新戏也在培养新观众。这是一个大工程，一个惠及剧院剧种又涉及观众的大事情。正是在这个意义上，我们看到了剧院主政者的"大追求，大视野，大气魄，大手笔"，也来个"四大"。

"四小"变"四大"，并成为常规，也许不是一蹴而就的事，不大可能短期完成，但只要认定目标，不懈奋争，光明定在前头！

总之，可以预期，经过剧院同仁齐力同心、坚持不懈的努力，评剧势必成为我国戏曲行里名副其实的大戏剧，而中国评剧院将更无愧于"中国"二字，成为评苑的领军者、排头兵。

我期待着……

2015 年 4 月

应邀为中国评剧院 60 岁生日而作，拟收入纪念文集中，但迄今尚未见书。

——笔者

喜看戏曲现代戏阔步前行

——从一个侧面盘点戏剧战线改革开放40年

戏曲现代戏的创作，是百年来几辈戏剧人共同的向往和追求。历经不懈的探索、实践、总结、奋争、苦干……呈现出了当今喜人的成果。

何谓戏曲现代戏？我认同我的老乡、同事，已故文化部艺术局老局长姚欣先生的主张："所谓戏曲现代戏，是以辛亥革命前后至今的社会生活为表现对象，以这个时期的社会风貌和人物故事为题材，以现代人的思想情感和审美认知、创作理念、创作方法和表现手段所创作的戏曲作品。""它是戏曲艺术的重要组成部分，又不等同于传统戏曲。它既具备民族戏曲艺术特点，又具有鲜明的时代新质。"老姚是文化部戏曲现代戏研究会当年的发起人和副会长，此后的会长、名誉会长，相继任期近40年，对此多有研究，所言有据。

人们公认：近百年来，戏曲现代戏的发生发展，经历了三个阶段。其一，20世纪初期至40年代末中华人民共和国成立，为孕育、探索、起步时期。其间，最有代表性的剧团和剧作，当数1938年成立于延安的陕甘宁边区民众剧团（今陕西戏曲研究院前身），及其创演的《兄妹开荒》《十二把镰刀》《血泪仇》等。其二，中华人民共和国成立后的30年，为成长、发展、勃兴的时期。翻身做主人，歌唱新生活，戏曲现代戏自然成为戏剧人追求的共同目标。1960年，文化部正式提出了剧目建设"三并举"政策：发展现代戏、整理改编传统戏、创作历史题材戏。戏曲现代戏更加受到重视，步入大发展阶段。其间，党和政府采取了一系列重要措施，推出了一批优秀剧目，也积累了一些有益的创作经验。相应地，一哄而上，也出现了简单化、概念化、标语口号化现象，走了些弯路。其三,"文革"结束后的这段时间,即改革开放 40 年,是为戏曲现代戏阔步前进、趋向成熟的时期。本文拟表述的正是这个硕果累累、勇攀高峰、迈向更加辉煌的新时期。

说走向成熟,以实践检验之。我以为主要标志有三:一是艺术手段逐步协调和谐,通达自然,融会贯通,不生硬,不简单,不牵强,已经基本上得到行内行外,特别是新老观众的认可。二是出现了一批佳作,遍及适演的各戏曲剧种。其拔尖者已经具备"思想精深、艺术精湛、制作精良"的特质,作为舞台活体艺术,还可加上表演精美,好看耐看。三是拥有一支可喜的创作队伍,包括编剧、导演、舞美设计制作等各个专项,特别是有一大批出色的表演人才。据统计,全国戏剧界获戏剧表演最高奖"梅花奖"者,即多达 600 多人,其中又以戏曲表演者为主。当然,他们是多面手,"三并举"剧目都能胜任,非专指饰演戏曲现代戏。

下面择要作点阐释。

艺术手段和谐自然　是走向成熟的基本标志

戏曲现代戏,顾名思义,首先必须是"戏曲",是"中国戏曲",要敬重和遵从中国戏曲的艺术规律、艺术特色和表现美学。何以如此强调?这是基于中国戏曲独特的艺术特质:综合性、虚拟性、假定性、象征性、程式性。所谓以虚代实,化实为虚;虚实相生,情景交融;无中生有,以少代多;时空自由,转换自然,等等。丢掉这些特色,一如戏剧史上曾经出现过的"文明戏"那样,按照西方话剧的模式编织一个现代故事,用写实的手法予以演绎,尽管配上某些戏曲音乐的唱段,那也不能算作合格的中国戏曲,即话剧加唱式的组合和戏曲现代戏不相干,或者说从事戏曲现代戏创作,首先要避开的就是这种话剧加唱的模式。

当然要先解决一个前提:区别对待,分类决策。我国现存剧种 348 个(文化部 2017 年 12 月最新发布),其间按郭汉城老先生和万素研究员的主张,大致为三类:其一,古老的昆曲"优雅、细致、精美,是戏曲表演艺术发展最完整的古典艺术代表",福建泉州梨园戏似乎也可归入这一类。其二,京剧"既具有古典性又具民间性,其高度程式化的舞台表演艺术获得了充分发展",而"大多数地方大剧种如豫剧、川剧等,不同程度地兼具古典性、民间性双重品格"。其三,"为数众多的民间小戏发展程度低,但自身负荷不大,似乎又成为一种优势"。"优势"云云,我理解即移步换形,华丽转身,方便饰演现代题材剧目。

对于凝重的成熟的程式、极完备的古典艺术如昆曲等,不必提倡弃其长而扬其短,硬攻现代戏;尽管中华人民共和国成立初期曾有昆剧院团试验过,如创排革命题材戏《红霞》等,不很成功,便也浅尝辄止。

真正要攻关的是第二大类的诸多剧种,而可喜的成绩也多半出于这里。以川剧为例,人们念念不忘的首推20世纪90年代初四川省川剧学校(今艺术职业学院)创排的《死水微澜》(编剧徐棻,导演谢平安,首演田蔓莎)。这出川剧是新时期改革发展进程中的佳作,具有里程碑价值,积累了多重经验。这里我只讲一点:充分地戏曲化、川剧化是地地道道的川剧,又不再是老川剧。戏曲化贯串全剧,几乎如影随形地融入每一个环节、深入每一个细胞。随便拎出几点,如序幕里女主人公邓幺姑不甘女人一生碌碌无为,要冲破传统桎梏的禁锢之际,幺姑在简易的T形平台吟唱"农妇苦",两旁伴舞的歌队便从活泼的农家少女,化为不堪重负的中年农妇,再到弯腰驼背的乡下老妪……时光老人在中国戏曲舞台上自由穿越、自在转换,观众们早习以为常、见怪不怪了。又如男主角、邓幺姑情哥哥、袍哥罗德生的"跑滩"。按剧本提示:两三年间,罗德生跑遍了简阳、资阳、资中、内江一带,逛遍了各地的窑子,玩腻了各色妓女,无聊之极再回到成都天回镇。这一大串杂七杂八的事如何展现?实写实演根本不可能。戏曲的长项出来了:四个(或六个)矮墩子,站上四个(或六个)"妓女",罗德生穿插其间。程式化的虚拟比画,"似是而非"地做作,难题便迎刃而解了。这让人不能不感叹中国戏曲手段的精彩,不能不佩服编导运用的高明。再举一点:土财主顾天成的"烫毛子"。四川方言"烫毛子"指的是联手弄虚作假整人。在掷骰子赌钱定输赢时,导演巧妙地用童星扮作骰子,转着圈翻几个跟斗后拉开衣襟显出点数,要大要小,或输或赢,顷刻搞定。这精致的设计,象征的手法,博得个满堂彩。应该说这是遵循戏曲艺术规律,而又发展和丰富了戏曲表演手段。值得一赞。同样在充分戏曲化方面,宁夏演艺集团秦腔剧院推出的《花儿声声》,也堪称个中佼佼者。它承载着扶贫搬迁的"宣传"任务,却硬是完成了一部绝佳的艺术品。

具有高度程式化表演艺术手段的京剧,在现代题材建设上,又有新的进展、新的收获。借助 20 世纪 60 年代京剧现代戏汇演的经验积累，步子走得更扎实、更稳妥。仅说一个侧面：人们当还记得南京京剧院创排的《骆驼祥子》，陈霖苍扮演祥子，一出场那拉洋车舞的新的表演程式的创作，便让人眼前一亮。同样，天津京剧院的《华子良》，王平饰演的华子良那上山下山跳箩筐舞的新程式，也给人巨大的惊喜。石玉昆、谢平安两位名导的设计指引，创新发展，功不可没！可喜可贺的是这两出新创京剧现代戏都荣获文华大奖，实至而名归。

戏曲现代戏的成功，还离不开其他艺术手段，诸如舞美设计制作，服装道具灯光，更新观念、制作求精、高科技手段运用求准等，与时俱进，都各有贡献。特别是音乐唱腔的突破尤为可贵。这方面，无论京剧、川剧、豫剧、秦腔、晋剧、壮剧、评剧……可圈可点者众，篇幅所限，割爱了。

剧作丰富多彩　是趋向成熟的重要表现

戏剧创作的实绩要用实实在在的剧目说话。新时期戏曲现代戏的成果，委实令人欣喜，促人深思。我粗粗盘算了一下，归纳了以下几类。

其一，颂英烈，树高标，奏响主旋律。英雄模范、革命先烈是民族精神的载体，是鼓舞人们前进的强大精神力量，是国家民族未来之所系，是国家民族的骄傲。习近平同志要求我们："要心怀崇敬，浓墨重彩记录英雄、塑造英烈，让英雄在文艺作品中得到传扬。"颂英烈，高扬了正气，坚强了民族脊梁，正是当代戏剧人的光荣职责和神圣使命。戏曲现代戏用自身的创作实践，参与了以时代楷模形象引领社会主义核心价值观建设，融入培育担当民族复兴大任的时代新人的洪流之中，意义重大而深远。这类佳作，我们可以开列出一长串。如河南豫剧院三团以"县委书记的好榜样焦裕禄"为底版创作的《焦裕禄》，河南小皇后豫剧团歌颂"生的伟大死的光荣"小英雄刘胡兰的豫剧《铡刀下的红梅》，中国评剧院以怀柔英雄母亲邓玉芬为原型创作的《母亲》，中国京剧院颂扬杨开慧烈士的《蝶恋花》，山东省吕剧院推出的歌颂中华人民共和国成立初期赴新疆支边守边女兵们壮烈精神的《补天》，重庆市川剧院根据同名歌剧移植改编的新川剧《江姐》和中国京剧院程派名旦张火丁团队改编的京剧《江姐》，以及湖南省湘剧院的《李贞还乡》《月亮粑粑》，宁波甬剧院的《宁波大哥》……琳琅满目、光彩照人。个中就总体思想艺术质量及社会影响而论，《焦裕禄》当列榜首。而以奇特计，则数浙江嵊州市越剧艺术传承保护中心编创的《马寅初》。剧作奉献了一位勇于坚持真理，敢于孤军苦斗，铁骨铮铮的，我党的诤友、挚友马寅初先生的艺术形象，拓宽了越剧的表现力，对剧种建设、戏曲现代戏剧目创作，都有着特殊的意义。如实说，前边提到的每一部佳作，都可以大书特书地做一番大文章。本人也尝试写过一些观摩学习心得。

其二，抗外侮，扬国威，高扬爱国旗。20世纪中叶，我中华民族曾经有过反抗日寇侵略的悲壮史。从1931年"九一八"沈阳事变，到"一·二八"上海事变，再到1937年"七七"北京卢沟桥事变，日本鬼子的魔爪伸向我神州大地，侵占了大半个中国。万人坑，细菌战；烧杀抢掠，无恶不作！中国人民进行了艰苦卓绝的英勇惨烈的反侵略战争，历时14年，终于取得了胜利。记录这段悲壮的历史，戏剧人并未缺席。在戏曲现代戏的宝库中，出现了光辉的彩卷。试列出其中影响较大者！沈阳评剧院梅花大奖获得者冯玉萍领衔主演的《我那呼兰河》，山东省吕剧院艺术大师郎咸芬领衔主演的《苦菜花》，深圳粤剧院梅花奖得主冯刚毅主演的《驼哥的旗》，吉林艺术剧院京剧团梅花奖得主倪茂才主演的《杨靖宇》，上海市沪剧院"梅花奖"得主茅善玉主演的《邓世昌》……还可以加上浙江台州乱弹剧团推出的抗倭寇佳作《戚继光》，连日寇的黑锅底也翻出来见了见天光。这些杰作不仅揭示了日寇灭绝人性的残暴，更讴歌了中国民众艰苦卓绝的反抗和斗争。

说斗争的严酷艰苦，杨靖宇牺牲后日本鬼子解剖他的尸体，胃中只有草根、树皮、棉花，竟无一粒粮食！说牺牲奉献，胶东母亲为了救八路军伤员，竟然交出儿子冒充赴死！说觉醒，胆小怕事的驼哥在日寇、国军、红军拉锯地区，他准备的三面旗不断出错，愤而干脆挺直腰杆抗日。最底层民众的觉醒，真正实现了全民同仇敌忾，奋勇抗战。凡此种种，都高扬着爱国主义的大旗。

习近平总书记指出："要把爱国主义作为文艺创作的主旋律，引导人民树立和坚持正确的历史观、民族观、国家观、文化观，增强做中国人的骨气和底气。"可喜的是上述戏曲现代戏的创作者，正实践着这些要求。

其三，眼向下，颂草根，录时代风云。1991年5月，贺敬之同志曾给戏曲现代戏研究会题词："和时代同步，与人民同心"，体现了老延安文艺战士对后辈的期盼。的确，眼睛向下，立足底层，关注草根，为民请命，正是我国"为人民的艺术"的深厚传统。

"文革"结束，进入新时期。1978年，真理标准的讨论，打破了禁锢，解放了思想，我国走上了健康发展的道路。1992年，党的十四大正式确立了社会主义市场经济体制改革目标，社会进入转型期。此刻，一出来自基层剧团的戏曲现代戏，照亮了人们的双眼。它就是吉林省双阳县评剧团创排的《三醉酒》。在社会转型、人心动荡、基层组织几近瘫痪的特定环境下，剧作围绕上级支援的扶贫项目：养梅花鹿脱贫而鹿归谁的问题，展开了一场特殊的艰难曲折的斗争。是为民众，还是为个人？以权谋私，还是惠及穷人？……剧作用艺术形象响亮地喊出了"立党为公""不忘初心"的时代强音。振聋发聩，令人耳目一新。该剧荣获第五届文华大奖，且位居榜首，并书写了文华奖评选新的篇章。

川剧《山杠爷》(成都市川剧院推出，谭愫编剧)，讲的是另一个社会转型期的故事。川北偏僻山村老支书赵山杠是个铁面无私的老党员，一心为公却又是个法盲。信奉的是"一蛮二罚三游乡"，把村里管得服服帖帖，可又逼出了人命。公安人员铐走他时，村民们喊的却是"山杠爷，早些回来，我们不能没有你"！揭示之深，令人叹服。类似地，河南豫剧院三团推出的《香魂女》(编剧姚金成)，也塑造了一个转型期的典型——农民企业家香嫂。这位童养媳出身的苦主，富起来后却又将一个更苦的深山姑娘拉来配自己的傻儿子，自以为是救助，实质是戕害。旧观念、旧积习就是如此顽固地盘踞在人们头脑里作祟作怪，不肯离去。这比泛泛地谴责"为富不仁"，要深刻多了。

值得关注的还有江苏盐城的"盐淮现象"。以盐城为中心的淮剧人，先后推出了《鸡毛蒜皮》《十品村官》《菜籽花开》《半车老师》等，小人物、小乡邻、小纠葛、小情趣、家长里短、鸡毛蒜皮……底层草民的生活，有滋有味、有情有义、情趣盎然，却又展示出社会的前进，让人欣喜不已。盐城淮剧《小镇》，更攀上了艺术的高峰。

这个时期戏曲现代戏真正的顶尖之作，当数陕西省戏曲研究院陆续推出的"西京三部曲"：《迟开的玫瑰》《大树西迁》和《西京故事》。前者是"眉户"，后两部是"秦腔"。这是一批货真价实的现实题材巨制。其思想的深度，情感的热度，生活的浓度，艺术的厚度，超越了同时期诸多同类作品，不愧为个中翘楚。三部戏都先后获得文华大奖，精品工程奖。作者陈彦不仅多次获"文华编剧奖""曹禺戏剧文学奖""五个一工程"奖及首批"中华艺文奖"，而且戏曲现代戏研究会还特地为"西京三部曲"及陈彦颁发了"戏曲现代戏特别贡献奖",对他们的贡献做了极为充分的赞赏和肯定!

步上高原攀高峰　调整步履再奋进

一般来说,戏曲现代戏在新时期已经取得了不俗的成绩。但按高标准来说,依然存在参差不齐、有高原缺高峰的现象。总结经验,调整心态,找出差距,认准问题,撸起袖子再大干,仍是当前紧迫的任务。

坚持以人民为中心的创作导向,努力塑造社会主义新人的生动形象。"和时代同步,与人民同心"的新时代戏曲现代戏,必须坚守"人民"这个中心,以人民的爱恨情仇、喜怒哀乐,作为准绳,作为尺度,作为标杆,判断一切,衡量一切,处置一切。其间,凡是背离人民意愿的歪论,无论架子多大、身份多高,一律弃之如敝屣,扫进垃圾堆。姚欣老兄在戏曲现代戏研究会第21届年会上讲过的一番话,我至今记忆犹新。他说:"曾经流行过一种说法,认为世界'已经进入非英雄时代',因而要'告别革命''回避崇高''消解深度'等等。"他认为:"这种非英雄化、非崇高化的思想,是鄙俗化、个人欲望化和狭隘功利化的价值观。"他主张:"戏曲现代戏创作,应该坚决摒弃这些偏颇观点,在塑造新人形象上下功夫。在坚持多样的同时,在真实性、深刻性、典型性和审美性上下功夫。"这些话掷地有声,弥足珍贵。

坚持"思想精深,艺术精湛,制作精良"的高标准,向艺术高峰迈进。习总书记对文艺作品提出了"三精"的希望,期盼改变"有高原缺高峰"的现状。这应该成为我们共同奋斗的目标。道理无须多说,差距也心知肚明。我想说点相关的主张。当前喜事临门,正在庆祝改革开放40年大庆,即将迎来中华人民共和国成立70周年纪念,紧接着是建党100周年,而随着党的十九大胜利召开,开启了"中国特色社会主义新时代"……诸多节庆,地方领导和戏剧界都坐不住了,"写英模人物""写先进典型""写本地十九大代表""歌颂好人好事"等,便提上了日程。有些好写,易写;有的却为难,无从着手。我意,看对象,看实际。表彰和宣扬可以用多种文艺形式,不一定都搬上戏剧舞台。比如,一个为救落水儿童而牺牲的英雄出现了,可以写报告文学,可以写长诗,也可以在救人岸边塑像供人瞻仰。写戏要看是否有戏剧因素,能否编织成戏剧,所以不宜生硬要求。

辩证的眼光，务实的手法；求精求深，求奇求巧。俗话说，做人要实诚，为文要机巧。当前有两种现象值得注意：一是平，平平稳稳，平铺直叙；二是拔，拔苗助长，提升拔高。前者无须解释，后者，本人曾写过一则小文《"拔高"必然失真》(发表于《中国文化报》2017 年 9 月 25 日)，点了两部作品，说了些提醒、规劝的话。一出是改编鲁迅先生笔下孔乙己的戏，让这位落魄读书人，沦落到抄书偷书被打断腿的穷极无奈的他，获知反动当局要抓捕革命志士秋瑾的时候，飞奔前去通风报信。他终于干了一件扬眉吐气的大事、正事、好事，"觉悟"似乎是提高了，却失了孔乙己作为封建科举制度殉葬品的典型意义，好心帮倒忙。另一部写一位穷人穷到只能典当自家老婆给财主老爷当性奴和生育工具的大悲剧，却误将穷汉典出妻房和典到富人家为"妻"弄颠倒了，从而扭曲了事态，悖谬了原著，照样是好心帮倒忙。

跟上社会演进步伐，适应新时代的需要。党的十九大郑重提出："中国特色社会主义进入新时代，意味着近代以来久经磨难的中华民族迎来了从站起来、富起来到强起来的伟大飞跃。"还指出："我国社会主要矛盾已经转化为人民日益增长的美好生活需要和不平衡不充分的发展之间的矛盾。"这中间包括了多么丰富的内涵啊！又给各界提出了多么重大的任务啊！戏剧界自不例外。当前，戏剧界同人需要的是认真学习领会，入脑入心，并立即付诸行动，早日做出成绩，回报社会，回报人民！

2018 年 6 月 12 日

（原载《中国戏剧》2018 年第 7 期）

历史和道德的双重观照
——评白剧《白洁圣妃》

李莉是惯解难题的高手。应大理州民族歌舞剧院白剧团之约，为白族民间传说中的圣女、被奉为苍洱"本主"的白洁夫人立传，便遭遇了一大难题——历史评价和道德评价的抵牾。

原来1300多年前的大唐开元年间，云南苍洱地区仍处在古部落时期，同根共祖、血脉相连的六诏之间，纷争不断、兵戎相见、生产停滞、民不聊生。历史呼唤六诏归一，一统归唐。

六诏中的蒙舍诏诏主皮逻阁顺应这一历史大潮，统一了六诏，建立了南诏国，为首任南诏王，唐天子赐封特进云南王，赐名归义，从而翻开了云南历史的新篇章。然而皮逻阁统一六诏，使用的却是狠毒的阴谋：以祭祖名义邀请五诏诏主前来，烧死在特建的松明楼上。于是在百姓的口碑中，皮逻阁便不仅是阴险的卑鄙小人，简直就是残暴的恶魔凶煞！

白洁原本是邓赕诏诏主夫人，是美丽、善良、机智、多情的象征。丈夫被皮逻阁烧死之后，她奔赴火场，用手扒灰烬，寻找丈夫尸骨，血染十指；为了抗拒皮逻阁的逼婚，她纵身洱海，保全了节操，进而受到白族民众世世代代的尊崇。相沿至今的火把节、洱海赛龙舟，便始于人们为了寻找她的遗体；用凤仙花染红指甲，则是纪念她双手滴血扒灰烬的壮举。这一切见于世代相袭的民间传说，也见诸多种野史记载。

于是，历史和道德的二律背反，便摆在了剧作家李莉面前！

面对这一难题，剧作家毅然采取了新的视角和新的思维方式——突破非此即彼的线性思维，着力地运用彼此包容的辩证逻辑。本来历史事件就由多种因素构成，历史人物也是多侧面、多重性的。那种非此即彼、非善即恶、非功即过、非美即丑的思维，往往会把历史事件和历史人物简单化、表面化、粗鄙化、疏陋化。为什么不能既善且恶、既美且丑、既是且非、既功且过呢？为什么不是复杂而多样地融于一体呢？当然，不是要去抹掉事物的质的规定性，而是说选取不同视角、依据不同准则，完全可以得出多样化的结论，做出超越单一化平面化的能够发人深思的诠释。而这也许更接近事物的本来面目，更能反映事物的本质。李莉大胆地这么做了，《白洁圣妃》得以崭新的面貌立于白剧舞台！

皮逻阁是一个全新的艺术形象，他身上更多地体现出作者新的思维和新的追求。作为六诏中最强大的蒙舍诏诏主，他眼光深远，胸怀大志。他既有统一六诏的雄心，又有南面称王的野心；既是开国安邦的英明君主，又是心狠手辣的阴险小人；既深明一统归唐的历史趋势，又是为达目的不择手段的恶魔。照白洁夫人的话说就是：善良与罪恶融在一处、仇恨和道义混在一起、英雄与魔鬼合成一体！但仅仅表面地列出这相悖的两个侧面，仅仅展现人物的这一双重性格，那么，就根本上说，这个人物还没完全脱离表面化、脸谱化的窠臼，也只是脸上多抹了几笔黑白相间的油彩！剧作的高明在于：在双重性格的前提下，深入挖掘了人物的内心世界，展示了复杂的心理依据，特别是写出了他身上的"大恶"向"大善"的辩证转化。

作者设计了一个独到的情节：皮逻阁在振兴本诏的同时，面壁十载，成就了一统南疆的"攻略图"。"方圆辖地六千里，五年布局气势雄！"但是他"欲战未战顾忌深"。只因"五年血战山林地，伤亡至少十万人"！"十万家园成灰烬，十万将士化冤魂"！他向白洁夫人坦陈心迹："自古男儿为名而生，为名而死！皮逻阁本可以统率兵马，征战五载，以十万生灵换取一世英名！如今却用奸诈手段，害死五位诏主，纵然一统六诏，不过一代奸雄！"他是背着"身上罪孽""心下苦衷""世代骂名"而出此下策的。就做人来说，他奸诈，狠毒；就为政来说，他顺应民心，怜惜生灵。于是像变戏法似的，他以谋害五位诏主的"大恶"，换取的却是免致十万生灵涂炭的"大善"！正像老巫师朵习的偈语所言："迁善为恶恶为善，善恶功过自心鉴！"这也让深谙百姓痛恶杀伐之苦的白洁夫人，不由得生发了"是知己，是仇敌？恍惚了精神"的慨叹！也像她最后决心自裁之前向皮逻阁吐出的心里话："白洁痛恨你害死五位诏主的残忍手段，可白洁不能不承认，将五位诏主换取十万生灵，实，实，实乃大大的慈悲也……"

写好了皮逻阁，白洁夫人的塑造，就便当得多了。这里的关键是如何处理她的政治眼光即对皮逻阁政治目标"一统归唐"的支持，以及为夫复仇、坚守节操的关系。换个说法，也还是如何处理顺应历史和坚守道德的两难选择问题，只不过，它具体地落在了女主人公白洁的身上。

《白洁圣妃》中，白洁夫人身上最大的亮点是剧作为她做了重新定位：她不仅是美丽、善良、忠于爱情、以死抗争的复仇女神，更是具有远见卓识、明大体、顾大局、眼里有乡亲、心中有百姓的杰出才女。而正因为她性格中的这种双重性，让她时时处处居于矛盾的巅峰，时时刻刻处在两难的境地。戏却因此而更好看了，情节因此而更曲折了，人物因此而更丰满了，内涵也因此而更厚重了。剧作对民间传说以至野史逸闻中白洁形象的提升，由此而得到了实现。

白洁一出场，在六位诏主共议一统归唐的纷争中，她便认定"一统六诏在此人"；在看到皮逻阁的攻略图以及他不得已而为之的谋杀五位诏主的内心直白以后，更明白他们之间心里的息息相通：息战祸，罢刀兵，求和睦，倡共存，天地和美，兄弟相亲，"下关风""上关花""苍山雪""洱海月"，那"风花雪月"终汇一统。终极目标的认同带来的是她对皮逻阁的极端对立的两种态度、两种选择的内心的痛苦撕拼："他半是人杰半是鬼，我半是仇恨半是悲！"怎么办？"助他吗，夫君亡灵怎面对？毁他吗？谁解六诏眼前危？"思来想去，她只能够"辨大势，量进退，吞下仇，抹去泪，为践夙愿、拼死挣扎这一回"！面对皮逻阁"南诏国王妃"的求亲，她痛陈个中利害："你若娶我，百姓定会恨你狡诈阴险，杀人霸妻！我若嫁你，百姓定会骂我忘情背义，身侍仇敌！如果有人借此挑唆，民愤再起，六诏怎得安宁！"

出路何在？作家借白洁之口，提出了一个绝妙的主张：演戏！她运用她的威望和影响力，帮助稳定六诏百姓，签订六诏合约，从此罢兵建家园。而皮逻阁必须：一备道场祭亡灵，发誓永罢刀和兵；二率众将披麻戴孝洱海行，三步一叩求宽恕；三"莫阻白洁随夫行"，墓碑上仍是"邓睒夫人白洁名"。

"戏"演完了。老朵习宣读第一代南诏国王皮逻阁的表文诰书："当初一念，迁善为恶起衅；大火之下，五位诏主殒命；今始忏悔，披麻戴孝祭灵；从此皈依，永保六诏太平！"

大事已了，白洁纵身跃入洱海，成就了苍洱一代"本主"——白洁圣妃！

作为献给大理白族自治州建州50周年的厚礼，《白洁圣妃》已经成功地搬上舞台。梅花奖得主、白族姑娘杨益琨领衔主演，尽显光华；全剧笼罩在浓郁的苍洱风情中，极富风采。据说该剧参加2006年底云南省艺术节时，荣获金奖，且位列榜首。笔者深深为之高兴，也期盼进一步加工打磨后，攀艺术之峰的新高！

（原载《中国文化报》2007年2月1日）

我看晋剧《刘胡兰》
——剧目座谈会的发言摘录

非常感谢山西省吕梁市晋剧团，为首都观众送来了新创优秀剧目《刘胡兰》。这个戏早有耳闻，由老朋友、编剧大家曲润海、戴英禄、邹忆青联手捉刀打造，由老朋友、晋籍名导裴福林执导。前些时候，《中国文化报》报道过推上舞台的消息，我是早就翘首企盼一睹芳颜。现在终于实现了，由衷地感到高兴。

戏看了之后，突出感觉是"三有"：有意义、有新意、有看头。

第一，有意义。包括两层意思：一是刘胡兰乃吕梁山下文水县云周西村人，描写家乡的杰出人物，歌颂家乡的骄傲，是家乡戏剧人义不容辞的担当，尽管同类题材的戏剧作品不少了，有歌剧、话剧、戏曲等。河南小皇后豫剧团王红丽主演的《铡刀下的红梅》享誉全国，各种文艺奖项都拿完了。但是家乡人要表达自己的心意，仍然非常值得肯定，也非常令我们钦敬。一句话，家乡人写家乡的骄傲，有着特殊的意义！二是有很强烈的现实针对性。毋庸讳言，当今金钱至上、物欲横流、道德滑坡、价值失衡几乎成了社会的痼疾。因而呼唤崇高，呼唤奉献，呼唤为了民众的利益而做出牺牲，呼唤民族传统美德的回归，具有特别的迫切性和现实性。自然这也成为文艺工作者包括戏剧人的神圣职责。刘胡兰的英雄事迹，无疑是最光辉的榜样，最巍峨的丰碑，最形象的教材。为人民的方向、主旋律的弘扬在这里得到了最好的贯彻和体现。我想就此稍稍扯开去谈一个问题——生命和牺牲。从人性的眼光看，生命是最宝贵的，因为生命对每个人来说都只有一次！热爱生命、珍惜生命理应成为社会的最高准则。漠视生命妄谈牺牲是骗子，草菅人命是犯罪！然而人毕竟是社会的人，无可回避地有个人和他人、个人和群体的关系问题；就生命而言，则有个人生命和他人生命、个体生命和群体生命的关系问题。这就不能不涉及奉献和牺牲了。哪怕在原始社会，也有为了群体利益、为了群体生命的安全、为了种群的延续，不得不牺牲某些个体生命的严酷问题！道理很简单：且不说部落部族之间的争斗以至战争，就是为群体生存所需的狩猎、抗灾、火种保护等，也往往需要个体生命的奉献。同样在今天，不仅保卫祖国，捍卫民族权益，就是救助落水儿童、施救困于火灾中的老人，也难免付出生命牺牲的代价。可以说自古以来就存在着这样的法则：为个人私利而死，轻于鸿毛；为群体利益而牺牲，重于泰山！

正是在这个意义上，我们崇敬刘胡兰：生的伟大，死的光荣！

第二，有新意。前边提到过，以刘胡兰事迹为题材的戏剧作品，已经多次出现过，但晋剧《刘胡兰》仍然很有意义。我想这个意义不仅在题材价值、主题阐释的思想层面，这是同类作品的共性，还在于力求出新的艺术层面。艺术贵在创新，出新乃艺术生命之所在。剧作家们是高手，据我所知，他们充分利用胡兰子乃吕梁儿女的家乡优势，走进"刘胡兰纪念馆"，认真研读、学习了大量相关资料，采访了大量知情人，做了大量的实地考察。在这个基础上，潜心琢磨，奋力打造，力求用新的视角，寻找新的路子，以发人所未发，道人所未道。一句话：创新。他们的努力落实在了剧作之中。我发现，现有的写刘胡兰的剧作，大都着眼于"死的光荣"，写阎匪兵的反攻倒算和极端残暴，写胡兰子的英勇不屈和壮烈牺牲。作为这一题材的最大闪光点，紧紧抓住不放，在这里大做文章，当然十分必要，也取得了突出成果。如果照搬照跟，也能写成好戏，却断难出新。晋剧《刘胡兰》的剧作家们，不愧是个中老手。他们在抓紧"铡刀下的壮烈"作为制高点和终结点的前提下，极力在"生的伟大"上做文章。着眼于她的成长和日常生活，写平凡与伟大之间的关联，写出英雄之所以成为英雄的必然，从而写出了新意，写出了个性，写出了特色。

刘胡兰自幼丧母，是奶奶把她带大。继母胡文秀对她钟爱有加，不顾奶奶老眼光的反对，鼓励支持她读书上学，使她有了个不是亲娘胜似亲娘的母亲。奶奶、继母、妹妹爱兰和她构成了清贫和谐的家庭。"富兰子"改作"胡兰子"，凝聚了胡文秀妈妈多少深情！抗日战争全面爆发，日寇进犯山西，胡兰子当上了抗日儿童团团长。两个八路军通讯战士的牺牲，给她上了为谁活着、怎样做人的第一课，也给她树立了面对敌人坚贞不屈的榜样。烈士的鲜血震撼了她幼小的心灵，她确立了争取入党的目标。

我还特别注意到，剧作写刘胡兰在阎锡山匪军铡刀下英勇就义的全剧高潮时，先浓墨重彩地写了石三槐等6位烈士的壮烈牺牲。铡刀，早被烈士的鲜血染红；铡刀，带给刘胡兰的只是愤怒至极的蔑视！她，悲泪流淌，正气凛然，踏着烈士的血迹，躺在铡刀下，从容就义！

这是非常高明的一笔，它告诉人们，刘胡兰绝不是孤立的现象，也不是孤独的英雄！在群体牺牲精神的感召之下，她的出现更加自然，也更合乎情理。我不记得，同类题材的其他舞台艺术作品是否有过类似的情节和处理，这也许可以算该剧编者的独特贡献吧。

第三，有看头。当然，一个戏好看不好看，首先取决于剧本，即一度创作，这出戏的编制方面，前边说了许多了，不再说。这里说的"有看头"，专就该剧舞台呈现，即二度创作而言。先说总体印象，舞台大气、严谨，简约而不简陋，有大团之风。对于一个处在吕梁山下长年巡演于农村的基层剧团来说，非常难能可贵。导演很有想法，疏密有致，刚柔相谐，既有金戈铁马的壮烈，又有家长里短的柔情，全剧多姿多彩，和谐流畅，颇见功力。在我看来，该剧堪称裴导导演艺术的上乘之作。演员阵容整齐，主演都很见光彩。我特别赞赏刘胡兰的饰演者李莉芳，音色美，气质好，表演自然，毫不做作，原本有些担心为演幼年少年而发嗲装嫩的通病并未出现。说实在话，这个"刘胡兰"一上场，一迈步，一张口，我就认可了她就是胡兰子！

总之，我赞赏这出戏。它既有崇高的内涵，又有很出色的艺术表演。它受到观众特别是家乡民众的热爱，便是很自然的了。

衷心祝贺演出成功，期盼在充分听取各方面意见、辨析吸纳后，再度加工，使之成为长演不衰、永葆艺术青春的保留剧目，实现舞台艺术的最高境界！

（原载《戏友》2015年第1期）

品评篇

待到山花烂漫时。
　　——毛泽东

万紫千红总是春。
　　——朱　熹

时间，帮我读懂了老校长
——看越剧《马寅初》

苏轼诗云："不识庐山真面目，只缘身在此山中。"今人爱讲："距离产生美。"这个距离，我看既指地理坐标，也应该包括时间坐标。

老校长马寅初离开我们32年了，如果活着，整整132岁！经过一个多世纪的时间和实践检验，一代学术伟人、华夏赤子巍然屹立在中华大地上，令人景仰。

我是1953年秋考进北京大学的，马老已任北大校长两年，我还记得迎新会上的"兄弟我"惹得哄堂大笑的情景。1960年1月，马老在被围攻后提出了辞呈，从此赋闲；我也于当年1月调离北大，进了北京市委《前线》杂志"三家村"。和马老共处七年，前三年是学生，后四年是属下（我工作于校部），亲历和目睹了老校长两大理论"新人口论"和"团团转"的提出，以及先在校园后扩展到社会的论辩、批判、围攻。老校长在《新建设》上的怒吼："我虽年近八旬，明知寡不敌众，自当单枪匹马，出来应战，直至战死为止，决不向专以力压服而不以理说服的那种批判者们投降！"真正是掷地有声！当时读过，今天更振聋发聩于我。

随着时间的推移，让我更加懂得老校长，也更加敬仰老校长。想起他，我的心中不由得涌起一堆颂词：刚正不阿，浩然正气；远见卓识，高风亮节；铮铮铁骨，耿耿丹心；心系黎庶，胸怀天下；坚持真理，死不低头；学界泰斗，师范永存；国士典范，国之楷模；学术伟人，民族脊梁；精神丰碑，光照后世。这些统统出自内心，绝非过誉。

有幸多次观赏越剧《马寅初》，由衷祝贺创作者取得的突出成就，特别是被中国戏曲现代戏研究会授予突出贡献奖，实至名归。同时作为北大学子，马老的不肖学生，我更要向剧组致敬，向嵊州市领导致敬，向一切关心、支持、扶助该剧的朋友们致谢！

2014 年 6 月 23 日

看《红缨》，怀念恩师邓拓

近期看了中国儿童艺术剧院创排的大型儿童剧《红缨》，喜不自禁。这是以一曲流传甚广的《歌唱二小放牛郎》为源头，丰富、拓展而成的颂歌抗日小英雄的新作（编剧杜薇，导演马彦伟）。在纪念世界反法西斯战争和中国人民抗日战争胜利70周年之际推出，意义非凡。

歌曲唱响神州大地70余年，耳熟能详；故事似乎是第一次搬上舞台，颇富新意。院长尹晓东说："讲述一个少年英雄的牺牲，不就是对先烈最好的缅怀，对抗战精神最好的弘扬吗？"他们意在喊出："莫忘国耻，珍爱和平，开创未来！"编剧杜薇说得平实，这是"为了纪念那些为赶走侵略者，在战争中牺牲的花样少年"。导演马彦伟则声言，要打造一部"不应时应景，不速成速朽""具有艺术品位、美学格调的保留剧目"。高扬爱国主义主旋律，为少年儿童播撒真善美的种子，是剧组的追求，也是剧作的根本价值所在。

我联想起了习近平同志2014年教师节前夕到北京师范大学看望师生时讲过的一番话，他旗帜鲜明地反对"去中国化"，主张让中华民族优秀文化"从小就嵌在学生的脑子里，成为终生的民族文化基因"。民族传统美德，爱国主义情操，自然包含在民族文化之中。《红缨》等作品正是在孩子们心中种下了民族文化的根。

我一向认为以儿童为对象的艺术及其团体应属半公益性。说"半"公益，是因为要进入市场，具有商品属性；说"公益"，则因为其根本目的不在营利，而是着眼于国家民族的未来，并以提高民族的科学文化素质和思想道德素质为己任。低（于成本的）票价、送戏进学校、下乡进社区是为常规。那种喊着

"妇女和儿童的钱最好赚"的所谓"改革者",以赚钱多少为标准的"伪改革",只能诱使艺术充当市场的奴隶,把改革引入歧途,最终戕害儿艺事业。可喜的是中国儿艺始终走在正确的路途上,从未动摇。《红缨》便是新的证明!

谈到《红缨》的现实意义,我还想指出一点:和一些新冒出的"亡国奴"谬论划清了界限,能够增强儿童们的抵抗力和免疫力。前些年,不就有过这样的论调吗:抗日战争从根本上就错了,如果不抗日,中国早就现代化了……当今网上类似言论也不少见。有人戏言,如果今天日本打进来,汉奸会更多,且不似当年"歪戴帽子斜穿衣"的低级混混,多半是高文化、高学历的"高知"或曰"公知"。这自然是极而言之的话,可信也可不信。但是爱国主义教育却真个万万松懈不得。

《红缨》其剧正是爱国主义的形象教材。领进剧场,可以视为学校重要的辅导课。许多学校和学生家长正是这样做的。我去观赏的那一场就是和许多小学生在一起。他们全神贯注地看,发自内心地笑(当儿童团智斗日寇的时候),出于正义的恨(当鬼子杀害乡亲,特别是刺死王二小的时候),那一派童贞,一片赤诚,深深地打动了我,教育了我。

这次看《红缨》还有个意外的收获,过去只知道"王二小"等少年英雄为掩护八路军机关,伪装替鬼子带路,把日寇引进八路军、游击队的伏击圈,重创鬼子,自己却献出了宝贵的生命。掩护了什么机关呢?《红缨》告诉我们:晋察冀日报社!这是导演马彦伟等认真查阅大量历史文献资料后的发现,有史有据,翔实可靠。

于是我想起了恩师邓拓,《人民日报》的前身就是《晋察冀日报》,而晋察冀日报社社长、总编辑以及中华人民共和国成立后的人民日报社社长总编辑正是邓拓同志。类似"王二小"的抗日少年的故事,早就见诸《晋察冀日报》;由方冰作词、李劫夫作曲的《歌唱二小放牛郎》正是发表于1942年元旦的《晋察冀日报》上。

1958年,邓拓调离人民日报社,到北京市委任书记处书记,受彭真同志委托,创办了《前线》杂志并任主编。1961年10月到1964年7月,开辟了《三家村札记》专栏,与吴晗、廖沫沙共用"吴南星"笔名。"吴"为吴晗,"南"来自邓拓笔名"马南村","星"取自廖沫沙笔名"繁星"。我是该栏目的责编,经手了全部专栏文章的编发。不过在大师级大作面前,"责编"云云仅在催稿、取稿、校对的意义上。"文革"砸烂"三家村",我作为"黑店"的"店小二""黑苗子""亲信""干将",又是"三家村"专栏责编,自然难以免灾。

但此前的1965年秋,邓拓同志在"备战备荒"的背景下,将《前线》编辑部一分为二,带上一部分编辑到延庆白河堡农村办刊,以适应战时之需。我却有幸被选中,在乡下亲自聆听了《晋察冀日报》当年的经验:马上构思,下马捉笔,立即付印,连夜出报。邓拓同志自豪地说,在战争极端恶劣的条件下,报纸从未中断!

记得1958年邓拓同志调离人民日报社时曾留下"告别战友"的深情诗篇:"笔走龙蛇二十年,分明非梦亦非烟。文章满纸书生累,风雨同舟战友贤。屈指当知功与过,关心最是后争先。平生赢得豪情在,举国高潮望接天!"

邓拓同志是福建闽侯人,1930年(18岁)入党,1934年毕业于河南大学,1937年赴晋察冀边区任《抗战报》(即后来的《晋察冀日报》)主编、社长。算起来"笔走龙蛇"正好20年!书生往往为文章所累,自古皆然,可叹。而平生功过,历史自可作证!仅举一例:1945年,正是他主持编辑印制了第一部《毛泽东选集》!自我慨叹之余,他殷殷寄语于后辈,关切之情溢于言表。

可惜的是他受迫害匆匆告别人世,年仅54岁!辞别我们这些《前线》杂志后辈,竟没留下一言!惜乎,悲乎!哀哉,痛哉!

获知小英雄王二小和晋察冀日报社亦即间接的和恩师邓拓的关系,我从心底里感到《红缨》于我更亲切了。

2015年12月18日

摘发于《人民日报》2015年10月23日第24版,题目改作《红缨飘扬 唱响和平》。涉及邓拓同志的文字被全部删除,现收入之。

又:《中国文化报》2015年12月29日刊发笔者另文《〈红缨〉为少儿播撒真善美的种子——我看中国儿艺〈红缨〉》。

——笔者

丰收的检阅　绚丽的风采

——喜看2011年全国现代戏优秀剧目展演

在党的90周年华诞之际，身处首都，有幸获得了观摩从全国调来的部分现代戏优秀剧目的机会。兴致勃勃地逐场看来，满载艺术愉悦地夜深归家。心潮澎湃、兴奋不已。要问感受嘛，一句话：这是一次戏剧现代戏丰收的检阅，展示的是一道舞台艺术亮丽的风景。

说检阅，这里有积累的丰收：豫剧《铡刀下的红梅》，是党的80华诞的献礼剧目，2001年推上舞台，一炮打响，每年巡演三四百场，所到之处，首选此戏，而该剧已斩获文华大奖、舞台精品工程榜首等诸多荣誉；豫剧《村官李天成》演出近千场，曾荣获中宣部"五个一工程"奖；湘剧《李贞还乡》、方言话剧《三峡人家》、苏州滑稽剧《顾家姆妈》等，也都为精品工程资助项目，有着广泛的影响，几年来不断加工提高，正向更高处攀升。

这里也有新创的辉煌：秦腔《西京故事》，堪称翘楚，该剧今年3月1日首演，短短三个多月，已演出90多场，反响强烈，叫好声一片！四川省人民艺术剧院为"5·12"汶川大地震三周年特意创作的话剧《大川之灵》，笔触放在灾后慰藉，心灵重建，视角新，情感深，颇具特色。知情人称：纳入展演的28台戏，是从各申报单位上报的80多台中精选出来的，佳作荟萃，便实至名归了。

说多彩，这28台剧目涵盖了话剧、舞剧、京剧，特别是地方戏曲占大头：粤剧、秦腔、豫剧、湘剧、评剧、吕剧、沪剧、甬剧、蒲剧、陇剧、锡剧，以及花灯戏、二人台、滑稽戏……诸乐齐鸣，余音绕梁。在纪念党的90华诞的众多文化项目中，和电影、电视、书法、美术、摄影、歌唱、综艺，以及图书、展览等一起，不正构成了首都一大盛景吗？！

高扬革命精神　奏响时代强音

党诞生以来的90年，是极不平凡的90年！其间，党领导人民做了三件大事：成立了中华人民共和国，实现了民族独立，人民解放；完成了社会主义革命，确立了社会主义基本制度；进行了改革开放新的伟大革命，开创、坚持、发展了中国特色社会主义。这次展演的剧目便集中地艺术地展示了这些丰功伟绩，倾情歌颂了为此奋斗的可歌可泣的优秀党员、世间楷模。

福建省人民艺术剧院带来的话剧《小平您好》是其中的代表。这部再现深圳历史巨变的剧作，记述了小平同志以战略眼光做出的惊世决策，开启了我国改革开放的闸门，放开了我国迈进的巨人步伐。"杀开一条血路"！闯出一片新天地！30年，不过历史上短短的一瞬，但深圳这个小小渔村成为国际大都市的巨变，由它启动的共和国前进巨轮，却将永远载入史册，辉耀千秋万代！

历史，是革命英烈们用鲜血写就的；历史，屹立着无数优秀共产党人的身影。被毛主席誉为"生的伟大，死的光荣"的刘胡兰，不愧为"铡刀下"光彩照人的鲜艳的"红梅"（豫剧《铡刀下的红梅》），她以14岁的年轻生命奉献、教育、感染了一代又一代后来人。共和国第一位女将军李贞的身影出现在湘剧《李贞还乡》中！时空交错的舞台，将这位从湘水边童养媳到身经百战女将军的过去与现在，活灵活现地介绍给了观众。特别重要的是：作品让这位女将军在获知自己的生命竟然为"落后分子"、前夫古老三所救之后，由衷地喊出了"共产党斗争为了人民，斗争人民绝不是共产党"的心声，提出了党和人民血肉相连、永不相负的大课题。

目光落在改革开放的今天。一批清正廉明、光明磊落的共产党人，于世事纷繁、清浊杂糅中，跃然挺出。根据河南省濮阳县西辛庄村党支部书记李连成事迹创作的豫剧《村官李天成》，歌颂了克己奉公、一心为民并带领乡亲脱贫致富的基层干部、最小的村官。他表明心迹的那首"吃亏歌"，唱响了剧团所到之处，唱出了时代的最强音！上海宝山沪剧院创演的《红叶魂》，写的是纪检战线的英烈王瑛。剧作侧重抒写她的内心世界，写她与母亲、儿子、丈夫、弟弟的亲情，写她与同事、下属、友人，特别是与民众的感情。一个细节给人留下了极深的印象：深夜寻访案件知情人之际，看到农村进城的"背二哥"（山城里背运谋生的苦力）露宿街头，栉风沐雨，下决心要为他们做些实事（后来在她的推动下建立了"背二哥公寓"等），而当受到夸赞之时，她回答：是我们欠他们的！一个"欠"字，道出了人民公仆的自觉，道出了公务员的本色。而这些在许多官员（当然不是一切）的心目中却早已是荡然无存，甚至颠而倒之的！

以真人真事为对象的写作，成功者都重在写人，写血肉丰满真实可信的人，写充满人情人性的人，而力避简单化、口号化、脸谱化。一些作品更在摆脱真人真事局限、力求典型化上下功夫，积累了成功经验，值得总结承继。

迫近生活激流　关注社会民生

顾名思义，现代戏写的是现代、现实，绝对不能离开现实生活，不能回避社会矛盾。而反映生活的深度、广度，直接关联作品的高度、强度。那些脱离生活，脱离现实，脱离民众的浮表之作，那些躲在宾馆别墅里凭臆想闭门造车之作是绝不会有生命力的。

这方面，陕西省戏曲研究院参演的秦腔《西京故事》的成功，给人们许多启发。这是剧作家陈彦继《迟开的玫瑰》（曾获十大舞台精品工程榜首）、《大树西迁》（曾进入舞台精品工程前三名）之后，奉献的又一部现实题材力作。与前两部相比，《西京故事》的最大特点在于挖掘之深，开拓之广，现实感之强。这是一部写农民进城"寻梦"的戏：有勤奋劳作挣钱供孩子念大学的老一代；有理想与现实巨大落差中变态失衡的第二代；有饱含陌生感、漂泊感、孤独感、卑微感的农民工；也有城市心灵空虚的"富二代"，心狠手辣的包租婆……形形色色、林林总总，在农村文明与城市文明的交融碰撞中演绎了一台亦悲亦壮、亦庄亦谐的社会活剧。促人思考，催人感奋！正像文化部部长蔡武看完演出接见演职人员时所说："这出戏的题材、主题和表演都极具特色，既充满大西北的乡土气息，又富有时代感，对我国社会转型时期的各种社会矛盾以及人的内心冲突表现得十分深刻。""我们提倡关注现实生活，树立以人民为中心的创作导向，就是要反映社会生活，体现时代特色，反映老百姓所思所想。"他认为，该剧能"给人以信心、希望和启迪，给人以心灵的震撼"。作家陈彦则如此表述他写作的初衷：他力图表现小人物的一种生命精神，一种生活信念，进而为小人物立传！他要表达出"一种现代觉醒，而现代人的本质是自主、自省、自强、自立，活出独立的人格，活出靠自主奋斗所换取的做人尊严"！这些话可以视为进入作品之门的钥匙。

甬剧《宁波大哥》写商品大潮中一对异性兄弟生死相助、涌泉相报的故事。在物欲横流、价值失衡的当前，这种歌颂和提倡，不也是对生活的干预，对民族美德的弘扬，对污泥浊水的涤荡吗？

撷取生活浪花　重在多彩呈现

不积跬步，无以至千里；涓涓细流，终汇成江河。这生活中的哲理，同样在艺术创作中闪烁着光辉。这次现代戏展演中，我们便可喜地看到这方面的成功实践。

一台名为《咱们村里的新鲜事儿》的小戏组合，让观众大开了眼界。这台由天津评剧院三团创作演出的剧目，生活气息浓郁，语言活泼幽默，人物形象生动，新农村、新人、新事、新风气，扑面而来，尽收眼底。正像他们表述的："豪情满怀，激情似火，社会主义新农村建设的号角，在农村大地吹响！""京东盘山脚下，沟河两岸，新人新事层出不穷！动人的旋律，回荡在大山深处！"于是，我们看到了《相亲风波》引发的农民工维权话题；《选举之前》老主任给年轻的有作为的候选人，投出了心悦诚服的一票；《家务事》里村支书为筹款和妻子闹出的一出情趣盎然的小误会；《咖啡情》里对亲情的呼唤……各段小戏艺术质量上难免有些参差，却都活泼可爱。

大厂评剧歌舞有限责任公司带来的《小戏组合》也颇具特色。这个一向以写农村、演农村、为农村人演戏为宗旨的基层剧团，常年摸、爬、滚、打在农村，他们熟悉农村，懂得当今农民的文化生活需要，懂得他们的口味和要求。这台"组合"便是有意为之的不拘一格的综合艺术组合：有作为骨干的小戏小品，有歌唱舞蹈，有说唱曲艺，甚至有杂技魔术。演员们多才多艺，剧场里笑声不断。耳濡目染之余，我似乎觉得我们一向自守的"戏剧观"是否也需要做些调整呢？

2011年7月11日

（原载《中国文化报》2011年7月29日）

一出极富特色的好戏

——湘剧《李贞回乡》观后

我是第一次看现场演出。这之前看过光碟，在2010年10月国家舞台精品工程验收的时候。我由衷地喜欢这个戏，由衷地祝贺湖南省湘剧院继《马陵道》之后，又推出了一出很有分量的好戏。

我的感觉是你们经过了多少年——有10年了吧？经过10年的沉寂和沉积又在向一个高峰攀登。在上个年度的精品工程验收评比中，这个戏排在了第11位，进入了滚动的第一名，这基本上也是我的愿望。最近部里正式通知，滚动进入2011年"全国舞台艺术精品工程十台"的备选，我觉得是当之无愧的。

看了现场，比光碟更加形象，更有光彩。如实说，我又得到了一次非常好的艺术欣赏的机会。我以为这个戏的最大特点是视角非常新。我们看过不少写老革命、老将军的戏，但这个戏从一个非常奇特的角度切入，跟任何写历史、写前辈的戏都不一样，走了一条别人没走过的路——从李贞童养媳的遭遇写起，没有单纯去展示生活的苦难、命运的悲怆，写成一篇对封建势力、黑暗习俗的控诉书，而是以最新的视点，写李贞在大革命浪潮中的觉醒，写冲破封建禁锢的艰难，这种"觉醒"和"冲破"又着笔于剪辫子、放脚等小中见大的事情上。

我很佩服作者盛和煜。他借剧作奉献了古老三这个全新的艺术形象——一个满脑子封建观念，而本身又很善良的农民，他帮助了革命，帮助了童养媳，甚至还救过童养媳。艺术形象的独特创造至关重要，这一形象完全是在别的地方见不到的。戏中写李贞寻求解放走上革命道路的历程，没有简单化地用高大全的眼光来回顾童养媳翻身、参军、报仇这样一个套路，而是围绕作为童养媳的她和古老三这种特殊关系，写他们在历史潮流中的命运变化和人生归宿。看起来真的是惊心动魄，这种惊心动魄当然是对我个人而言，指对我思想的撞击、艺术上的感受，我是真心实意要说这样的话。

讲这个戏是关怀落后群众，我还不大完全接受。从历史上来说，古老三对革命是有过贡献的，保护过革命干部，是有功劳的群众，也是极其普通的群众，仅仅是争取能够和秀姐合法成婚，一个低得不能再低的要求。将军回乡落笔在这些凡人小事上，折射出我们党对待这些平凡的默默无闻的群众的关注，进而阐发了革命为了民众、胜利不忘民众这一厚重主题。恭喜盛和煜在党对待人民群众这个问题上，又找到了一个新的视点。

就剧本而言，我的评价是：似乎比《十二月等郎》更成熟些。不过，有两点你们可以再斟酌一下：一、关于戏的背景，李贞授少将军衔应该是1955年，还乡时的环境应与之对应，现在还需看看有什么不太协调的东西；二、我们是戏曲，还是要讲程式。但是在表现现代题材的时候，要力求找到程式化跟生活化更好的结合点，要自然、和谐，不管是音乐设计还是舞台表演，都要追求这种和谐，避免重复别人，要淡化样板戏的痕迹。希望再细抠一下，以新的面貌争取到北京参加建党90周年的展示，获得更多的支持者、爱慕者、关心者。

我期盼着，等待着！

（原载《中国文化报》2011年11月29日）

巧手育出　繁花似锦

——喜看江苏剧苑

算起来，和江苏的戏缘有整整20个年头了。我指的"戏缘"是工作相关的交往，或者叫"亲密接触"，而不仅仅是台下看戏、荧屏观赏、附笔说明。

那是1991年，我刚从北京市委调入文化部之际。11月，部里在湖南株洲举办了全国歌剧调演。适逢结束了"文革"十年浩劫之后，在几乎荒芜的剧苑里，乍见一批鲜艳的歌剧艺术之花，自然是喜不自禁。而其中给我极深印象的，当属江苏省歌剧院歌剧团送来的新作《木棉花开了》。编剧是省文化厅厅长王鸿，卓有名气的编剧大家。音乐流畅新颖，演出阵容整齐，舞台台风严谨。我置身调演工作之中，迫近地感受到了江苏剧苑的活力，感动不已。同时，也借机结识了歌剧团团长、《木棉花开了》三主演之一冯亭的饰演者杨丽娟。次年，江苏省把这台戏送到了北京，再次欣赏并感动之余，动笔写了一则小文《我爱那一片纯情——谈歌剧〈木棉花开了〉》(发表于《光明日报》1991年8月17日)。也许这是与江苏剧苑结下戏缘之后的第一篇文字，虽粗疏，却真诚！

此后的10多年中，接触更为频繁，感受更为充实，收获更加丰厚。在这个宝库里，我真个是受益良多，享有不尽！

综观这些年接触到的江苏剧苑景象，我有几点突出的感受。就戏剧创作而论，关注平民生活，诠释遗存经典；就戏剧工作而论，各展潜能优势，贵在一抓到底。最终推出了百花璀璨的光景。

稍稍做点解析。从一个旁观者的眼光看来，我一向认为，江苏剧作的一大特点是：眼睛向下，关注底层；鸡毛蒜皮，尽收眼底；平民意蕴，庄谐咸宜；

家长里短，妙趣横生。记得1991年夏，江苏扬州承办了戏曲现代戏汇演。好戏多多，恕不尽述。给我印象颇深的是一出县级剧团的"政策戏"——《难咽的苦果》。为配合禁赌宣传，讲了一个深陷赌窟弄得倾家荡产、家破人亡的农家故事。难得的是人物、故事、语言、情节……生动至极，可信至极，完全上升到艺术品的品位。据说，邻近各县各村竞相邀请，台口不断。参赛时已上演数百场，此后演出达两三千场。我真觉得，我们的戏剧评论家们该破破某些成见，正视一下这类戏剧现象。放下架子吧，何妨眼睛向下看，想想平民百姓之所想，品品草根民众之所需。让凌空的高深理论落到黄土地上吧。

如果说《难咽的苦果》难免请求高抬贵手的话，那么接踵推出的淮剧《鸡毛蒜皮》《十品村官》，淮海戏《豆腐宴》等，就当之无愧地可以列入佳作以至"精品"（其间也有不同级别之分）之列了。细细评论不是本文的任务，只消说，那些鲜活生动的"小"人物，那些幽默风趣的话语，那些妙趣横生的情节……至今还存留在脑子里，每想起还忍俊不禁，就足以说明一切了。

话剧方面，进入2004—2005年度的江苏省精品剧目、南京市话剧团的《平头百姓》，只看剧名便说明一切。同年，提名剧目的江苏省话剧院《世纪彩虹》，也注目于修桥工人。在革命历史题材的剧作中，同样看到了这一特点。2004—2005年度江苏省精品剧目中的省淮剧团《太阳花》，塑造了一位大义灭亲的农村老大妈，感人至深。同一剧团的《唢呐声声》则讴歌了抗日游击队的小号兵、通讯员，写他为救助友军——国民党队伍的一班女卫生兵而做出的牺牲。视角也都在平民化、底层化的创作之路上。

对古老剧种来说，保护、传承是第一位的任务。我们可喜地看到，昆曲作为联合国教科文组织首批公布的"人类口头和非物质文化遗产名录"排名第一的项目，在江苏得到极为可贵的关怀、保护和科学地宣扬、推导。按说也是，全国现存的七个半昆剧表演团体，江苏占了四分之一，即江苏省昆剧院和苏州昆剧院两家。而昆剧的发祥地就在江苏昆山！对昆剧经典剧目的演绎、诠释，表演样式上的别出心裁，演出阵容上的大推新人，等等。让人耳目一新，欣喜不已。

比如，2004—2005年度省精品提名剧目有江苏省昆剧院孔爱萍担纲主演的《牡丹亭（上、下）》，而到2005—2006年度提升为精品剧目。同年，苏州昆剧院王芳担纲主演的《长生殿（上、中、下）》也评为精品剧目。2007—2008年度，进入江苏省精品剧目的有苏州昆剧院青春版《牡丹亭》，两位青年演员沈丰英、俞玖林联合主演，享誉美国、声震海外，两人还以此双双获得了"梅花奖"荣誉，成为评"梅"史上最年轻的斩获者，传为佳话。

各展潜能优势，表现了文化领导者、指挥者的眼光和心胸。避免一般化、一刀切，向来是指挥艺术的起码常识。而能区别对待，分类指导，则考察和考验着指挥者的素质与称职。面对不同剧种、剧团，不同艺术样式，不同班底，不同积累，不同观众对象，不同生存环境……从千差万别中找准对方特点，扬其长而避其短，实在是领导学的一门大学问。这方面人们高兴地看到，江苏省历届文化领导者，交了出色的答卷。

特别值得称颂的是苏州市滑稽剧团。入选国家舞台艺术精品工程的剧目，已经有两出：《一二三，起步走》《青春跑道》。2009—2010年度，初选入围资助项目的还有《顾家姆妈》，前景光明。剧团发挥了贴近现实、关注生活的特长，在扶助儿童、树立新风上尽力而为，深受儿童及家长们的欢迎。他们连连推出佳作精品的经验，值得认真总结，切实推广。很希望有这方面的举措！

相近的，无锡市歌舞团的成绩也很值得关注。他们创作的舞剧《红河谷》和《阿炳》，连续获得精品剧目（前者）和精品提名剧目（后者）的荣誉。另一部舞剧《西施》虽也滚动进入2008—2009年度国家资助剧目，但止步于此。因其在选材视角上，题旨提炼上，情节构成上，似有值得审视斟酌之处。

我很佩服江苏省文化主管部门将艺术创作一抓到底的精神。看到有苗头的半成品绝不轻言放弃，而是组织省里的力量，一帮到底。我清楚记得，《一二三，起步走》原名《小城故事多》，也曾参加文化部"文华奖"的评选。初战失利，但他们不灰心、不气馁，在江苏省厅组织省里专家的精心帮助下，多次研讨，各方求贤，步步为营，一再攀高，终于拿下了"文华奖"及中宣部"五个一工程"奖的荣誉。再演再改，又登上了国家舞台精品工程剧目的榜首。据我所知，他们抓艺术创作，从制订计划，抓研讨，搞汇演，抓总结，到重点投入、精心打磨……已经积累了一套成熟的行之有效的经验。

期盼再深而细之，推而广之，让江苏大地，艺术百花更艳丽、更璀璨！

开掘犯罪心理 尽展武行特色
——看昆剧《公孙子都》

浙江昆剧团推出的新编历史剧《公孙子都》是一出展现古老昆曲艺术魅力、特色独具的佳作。

我是2005年11月在宁波举办的第九届中国戏剧节上，看过该剧的现场演出。近年来，他们又做了精心的加工修改，最近看了他们最新刻录的光盘。多次观摩，对该剧我有两点突出的感受：一是着力开掘犯罪心理，二是尽情展现武行特色。

开掘犯罪心理

应该说，公孙子都背后放暗箭射杀主帅颍考叔这一题材，早就见诸戏剧舞台。京剧有传统戏《伐子都》，20世纪60年代初整理改编后，结束在颍考叔冤魂奉上帝之命前来索命，子都扼喉自裁，曾由钱浩亮挑梁主演。笔者家乡的川剧也早有传统戏《活捉子都》，1960年，谢平安又改编为《子都之死》，由乐山市川剧团演出。两者均为弹戏折子戏，不同处在前者写颍考叔化为厉鬼，活捉子都于庆功宴上，后者改为子都终日疑神疑鬼，精神崩溃而亡。

相对于笔者略知的这些剧目，昆剧《公孙子都》则有新的视角，新的开掘，新的侧重，新的丰富。就改编传统戏而言，提供了新的研讨、剖析、总结、认知的样品。而在这一堆"新"当中，我以为最具代表性的是对子都犯罪心理的挖掘、解剖、自省、心诛及其形象展示，从而成就了一部既有曲折离奇情节，又具心理描写特长的剧目。

事件的是非曲直、善恶美丑，原本是清清楚楚、明明白白地摆在历史的审判台上的。要想翻出新意，文章往哪儿做？当然不能颠倒黑白、颠覆美丑，让颖考叔成为妒贤嫉能、抢功争宠的小人，而将子都上升为维护自身利益、反抗压制排挤的英雄，一如"解构"思潮流行下的某些"创新"模式，来个"新潮"、超"新潮"！该剧曾以《英雄罪》命名，不少观众就曾对"英雄"的谥号提出过质疑。盖因"英雄"为道德判断，而非武艺等级。作者的聪明之处在于，接受人们的提醒，避开了易于被误解为"颠覆""解构"的歧路，"新"就新在确认人们共同恪守的价值判断的前提之下，将笔触深入人物内心，做人性的解剖，心灵的鞭答，灵魂的拷问。

在子都射出那罪恶的暗箭之前，作者几乎没花多少笔墨，而把重点完全放在之后的心理历程的描写上。这就得到了充裕的时间，让作者从容地拿起灵魂的解剖刀，层层剥笋，步步紧逼，细致入微地揭示出罪犯深藏的虚伪、丑恶、阴险、狠毒，却又逃不脱忏悔、自责、空虚、无助的心理。

其间，郑庄公明知罪犯并不追究反而杀死揭发者的一笔，颇具特色。按《东周列国志》的描述，庄公完全不知背后射暗箭的罪犯为何人，而是以百人出猪，二十五人出犬、鸡各一，设坛祭祀，并召巫史为文，以咒诅之，以图天谴。三日将毕，庄公率大夫往视，才焚祝文，蓬头垢面的子都被考叔冤魂附体，自己道出挟争车之仇，冷箭射死主帅的实情，并称考叔已请于上帝，许以偿命。言讫，以手自探其喉，喷血如注而死。这大约就是传统剧目结尾处理的依据。

新版昆剧特设探子目睹放暗箭的一切，并密报庄公。庄公口称追究，却一剑将报信者刺死。大夫祭足问故，答以不能再失一员战场猛将、领军统帅。妙的是这位国君一边将罪犯拜帅封印，助其实现贪欲和野心；一边又将他射杀考叔的暗箭密封赏赐，握住把柄，以便控制；再将考叔之妹颖姝赐婚，既笼络，又布控，双重牵制。这一箭三雕之举，充分展现了郑庄公作为政治家、阴谋家的高超手腕。而这样的处理，又完全和他对付其弟共叔段的心计相吻合。先是任其胡作非为，"多行不义必自毙"，待时机成熟，一举灭之。《东周列国志》第五回篇前语中有一段评议："郑国君臣，俱是一班奸险之人，所谓方以类聚。只得颖考叔略正道些，却又孤掌难鸣。祭足奸贪更甚，所以帮着郑庄公做出许多灭理绝伦之事。"《公孙子都》较之既往同一题材的诸多剧目，大大丰富了郑庄公的艺术形象，其贡献，我看当不在提升公孙子都之下。

颖姝是作者虚构的人物，她的出现，不仅在一群男人中增添了女性的亮色，而且作为子都的潜在的对立面，让子都时时刻刻忘不了那可耻的冷箭，而面对颖姝代兄报仇的请求和重托，更难以摆脱内心的愧疚和自责，他"避过法诛却难避心诛"。这就既使剧情更为丰厚，又让心理剧特色更浓。特别是当她得知杀害兄长的凶手便是同床共枕的夫君之后，沉重的打击让她无颜再生，愤而跳下高台自尽。这也就促使子都只能走"以死谢罪天下，以死谢罪考叔，以死谢罪颖姝"的唯一的自裁的死路。

在恶欲膨胀，阴谋杀人，最终落得身败名裂、死无葬身之地的可耻下场这一点上，就中外共同的人格分裂、人性悲剧的心理演绎上，《公孙子都》和莎士比亚名著《麦克白》的确有某些相通之处。我粗粗地对比了这两大悲剧，认同其悲剧意蕴的相近，却也感到其间的差异或不同。《麦克白》突出描写了麦氏夫妇从女巫诱惑、恶欲导出、犹豫迟疑、定计谋杀，到疑神疑鬼、心理崩溃、谶语应验、双双夭亡的全过程，把人性中的"恶"推向了极致，对丑恶灵魂的解剖和鞭笞，也臻于极致。相对地说，《公孙子都》作者却似乎有些手软。对杀人凶手子都的动机定位，只在"一念之差"上，所谓"一念之贞成了英雄，一念之差成了罪人"，而照祭足大夫的说法："从来是一念之贞难，这一念之差易哟！"把一个挟恨复仇、蓄意谋杀、争功抢禄，以至不惜背后射冷箭的极端卑鄙恶浊，仅仅归结为"一念"有误，这似乎不完全是干出这一切罪恶勾当的子都！祭足的感叹和旁敲侧击，也不像是针对杀人犯子都，而更似在警示普世的今人。就事论事，也许从中可以看出两剧的某些差距吧。

颖考叔之于公孙子都，剧作也有新的设计：一是考叔之妹颖姝一向仰慕美男子公孙子都。按野史演义所载：其面如敷粉，唇若涂朱，连孟夫子都说："不知子都之姣者，无目者也！"庄公赐婚，正了其夙愿。二是将有智（曾为庄公出过"掘地及泉，隧而相见"高招）、有勇（驾大车，舞螯弧，封主帅，登许城）的颖考叔身份降低，由颖谷封人（掌管边境事务的官），降为"颖谷细民"，并渴望结识贵胄公孙阏（子都），促成其妹的婚事。三是置子都于殿后之军，是保护之意，勿使蹈险也，心理动机也是为了爱妹妹之所爱。

然而这番改动也就引出了少许矛盾之处。如最初结下仇恨的争车夺帅印，能以考叔对子都的爱心解释？既已暴露暗箭杀人的阴险狠毒，对子都竟毫无怨恨？还钟馗似的成了鬼魂托妹？却又托之于豺狼？而这番好心，又是子都在新婚之夜，于梦中听考叔说起，梦为幻境，"梦由心生"，以子都当时的心境，会设想出考叔的这种种好意？虚幻的梦中见闻，能等同于现实？……按照常理，如果硬要托梦的话，倒应该是考叔托梦于其妹，提醒她警惕躺在身边的魔鬼，嘱咐她为自己的屈死报仇，等等。

粗粗列出的这些，似乎都尚待编织得更周严些。

尽展武行特色

扩大题材、开拓戏路是《公孙子都》对南昆艺术的一大贡献。

在人们的心目中，南昆素来不以武功戏见长。享有盛名的首先是被誉为"一出戏救活一个剧种"的丑角戏《十五贯》，以及传统生旦戏《牡丹亭》《西厢记》，后来的新编历史剧《少年游》等。尽管该团有着出色的武功演员，如被称为"江南第一腿"的大武生林为林，却缺少享誉行内行外的武生大戏。可以说，《公孙子都》填补了这个空白，开创了南昆艺术嬗进的新局面，成为继《十五贯》之后，该团又一个能够产生全国影响的重点剧目。

林为林有幸得到这个得以尽情展示才华的新戏，《公孙子都》也有幸能由林为林担纲主演攀上新高。可以说是一好加一好，两好促一好，相辅相成，相得益彰。对林为林个人而言，对浙江昆剧团整体而言，甚而对南昆艺术事业而言，这都是一件值得庆贺的好事。作为昆剧艺术的爱好者，作为昆剧的老"粉丝"，本人真诚地道喜再道喜！

林为林早在1986年即获得第三届中国戏剧"梅花奖"，与著名昆生汪世瑜同为浙昆第一批"梅花"，也是继江苏省昆张继青，北昆洪雪飞、侯少奎之后，第三批昆剧梅花，以排序计，则进入了昆梅前五名。21年后的2007年，他又幸运地摘得第23届"二度梅"，依托的便是这部大武生戏《公孙子都》。

在《公孙子都》中，林为林可谓如鱼得水、尽情挥洒。他身扎大靠，边唱边舞、边做边打，高难度的跌、翻、打、斗，尽显扎实武功功底。特别是当伐成国胜利归来，面对颖妹心力交瘁、精神崩溃，在目睹颖妹纵身自尽之后，他不能不走上自裁的绝路。此刻编导为他量身定制了从拜将高台坠落而亡的高难度绝活，而他硬是凭着练就的功夫，从五米高台上，一把扯掉旌旗，一个"倒插虎"，干净利索地跌落台下，完成了"以死谢罪"的人生归宿。对于一个步入中年的武生演员来说，能胜任这些高难度的武行角色，能葆有如此靓丽的艺术青春，实在非常之难能可贵。说一句心里话，单单为了欣赏为林的精彩表演，就值得抓紧机会进剧场。毕竟他已早过不惑之年了，就武生演员而论，岁月终归是严酷无情的。早些带徒弟，早些培养接班人，是我顺带道出的期盼！

还想说几句的是，林为林作为一个成熟的昆剧表演艺术家，他并不满足于台上展示过人的武功，而是以掌握的艺术手段塑造人物。饰演新编《公孙子都》剧主人公子都的难度在这里，而他的艺术成就也在于出色地托出了这个人物。其心理层次，心路历程，细腻而鲜明，可以说，在艺术表演的阶梯上，他又攀登了新高。斩获"二度梅"，当之无愧也！

2008 年 10 月 25 日

和谐颂　正气歌
——赞商水豫剧团现代豫剧《天职》

一个"不和谐"的开局：街头，熙熙攘攘，人头攒动。突然，有人冲上前高喊"申冤""上访"，有人紧跟上阻止、拖拽，路人们惊愕之下驻足围观，议论纷纷……

灯光乍亮，鸣锣开场，《天职》（艺术指导、编剧张永和，导演顾威）便摆开了一道骚动的风景。纷乱之间，主人公——三川市纪委书记纪忠登场了。

这颇不寻常的开局是要告诉我们，新上任的纪委书记即将陷入一个棘手的案子，突破一张人情关系织就的罗网，同时迎来一次党性、天职、良心的考验。

案情并不复杂：中年农妇李秀莲家庭突遭不幸，丈夫和公爹被车轧死，肇事者房地产商魏得富偏巧是县长潘文相小舅子，县太爷一手包庇，车祸案久拖不决。秀莲进城喊冤上访，乡长奉命赶来拦截，便演出了开头的一幕。这里要命的是马乡长那番堂而皇之的理由：越级上访便是"给县里抹黑"，便是妨碍"构建和谐社会"，便不利于"安定团结"。他高举"这是大局"的旗帜，要把这个"闹事的"刁民坚决拉回去。干吗？秀莲一语点破："关起来！"

上访向来是有冤无处申的平民百姓的无奈之举，上访向来是某些地方父母官深感头疼的一块心病，上访也难免掺杂一些取闹的因子，因而上访早就成为社会政治生活中敏感而犯忌的话题。对舞台艺术来说，则几乎存在一条不成文的规矩——避之唯恐不及。我佩服剧作家们的匠心，更钦敬他们的眼光和胆识。居首的便是敢于正面触及这个难点，敢于借民妇之口大喊冤枉，高呼上访。而正是这看似"不和谐"的声音，这扰乱平静的骚动，引出了一曲惩腐败、顺民心、助安定、促和谐的时代强音。

这里先要弄清一个基础性的认识问题——什么是今天我们倡导和追求的和谐？和谐绝不是毫无矛盾，更不是害怕矛盾、讳言矛盾，进而掩盖矛盾，强压矛盾。水晶石、玻璃板无非一厢情愿的空想。相反，促和谐、保安定就是要正视矛盾，化解矛盾。以斗争的手段促和谐，消除一切不和谐因素促和谐，保障老百姓根本权益促和谐。这就牵连到党的根本宗旨"立党为公""执政为民"了，牵连到纪检干部的天职"为党正纪""为民做主"了。《天职》正是站在这个新高度把握这个题材，塑造剧作的中坚人物的。

无可讳言，当今在改革开放的大好形势下，在利益格局发生重大变化的情景中，旧的沉渣泛起，新的腐败爆发，黑恶势力肆虐，官黑勾结多有。阳光下不乏黑暗和丑恶。这就构成和导致了现实生活里根源上的"不和谐"。李秀莲的悲剧，仅仅是万万千千这类事件中的一起；伸出援手的市纪委书记纪忠，也正是千千万万忠于人民忠于党的忠诚纪检干部的一员。从他们身上，我们明白了，所谓"促和谐"者，即"济民困，解民忧，平民愤，申民曲"是也。正像纪忠说的："和谐社会要稳定，更需要正义和公平。倘若是有冤不能申，社会怎能得安宁？"他郑重宣告："只有让老百姓心气顺，才能够真正迎来和谐春风！"

当然，这绝非轻而易举，也不可能一帆风顺。"正气歌"说起来好说，听起来好听，唱起来却难，甚至超乎寻常的难！《天职》值得称道的另一成功之处，便是形象地展现了这不平常的历程，唱响了一曲"正气歌"！

作者在剧中为我们谱写了三部曲：

一是对上访民众的理解、同情和挚爱。纪忠进村访查案情，在被害人坟头寻见了李秀莲和婆母。正是秀莲上访未果，又遭作案人毒打想一死了之的时候，婆母劝秀莲"认命"的那句话："哪个庙里都有屈死的鬼！"直撞人们的心窝子。老人告诉纪委书记"撤诉""这状俺不告了"引述的那句积年俗语："屈死不告状"，更透着平民百姓有冤无处申、无法申、不敢申的无奈和悲苦。"俺家已经死了两人了，不能让媳妇再搭进去！"纪忠这才更深切地感受到："农民苦，农民难。受苦受累还受屈冤！"他愤慨道："老百姓是我们的衣食父母，求一个公平公正咋就如此难？"于是，他义无反顾地摒弃一切个人得失的杂念，一心为民维权、替民申冤，便有了极为扎实的内心基础。

二是冲破层层关系网。首先是和县长潘文相的同僚之情。同是混迹于官场的人，撕破情面便是一个考验。如果说这还相对容易的话，来自上面的说情便力压千钧了。老领导那个"灵活一点"的电话指示，那番"不再追究"的要求，那句"你可以忠于理想，但也要面对现实"的提醒，能说不是泰山压顶，不是预后难测？君不见，几多凭理按法办事"不听招呼"的人，其后遭打击受报复，惨状往往甚于当初法办的对象！国情如此，悲乎！可贵的是纪忠顶住了。他"任凭这官我不做，任凭书记我不当"，"不退缩不彷徨，咬定青山勇担当"！

三是承受家人的被牵连。剧中有关纪忠老母妻子的笔墨十分精彩。纪忠夫妇"被害"的谣言使老人连夜赶到儿子家，原本企图让老娘规劝儿子别再得罪人的诡计，变作了老人家对儿子坚持"做好官"的激励，那句自豪而诙谐的话："任他们电话打爆娘不怕，大不了回家就把电话拔！"换来了剧场一片会心的笑。妻子玉洁更是被暴徒用石块砸伤，与死神擦肩而过。她心里想的是："这么多年伴你走过风雨坎坷，领教了做你妻好难合格！"只为"一个家大事小事全交给我，我一个弱女子横横竖竖撮撮合合能有几多"？正是"多少苦楚，多少委屈，多少埋怨，多少怒火"，她"苦苦辣辣酸酸甜甜全都埋心窝"！这朴素至极、深沉至极的内心展示，感染了全场。不少观众为之唏嘘。这番真心换来了纪忠的交心："退休前你为我牺牲奉献，退休后我给你当牛做马！"他描绘出一幅回到农村旧居出双入对的秋霞晚景："屋后栽榆杨，房前种花草；落日赏云霞，晨起闻啼鸟。我给你捶背搓手按脚揉腰，报答你为纪忠半生操劳！"这极富人情味的一笔提升了纪忠的精神境界，更拉近了和人们内心的距离。

这出戏的整体风格也值得称道，那就是简洁、清新、朴实、无华。我很赞赏导演顾威先生的表述："这部戏来源于生活，情节不是在房间里想出来的，而是有着浓郁的生活气息。剧情塑造了一个立体的而不是概念式的人物，履行了这个戏剧最根本的天职。同时，这部戏保持了豫剧最根本的特点，不像现在的有些'混搭'，拿所谓'革新'作理由，丢掉了戏曲本身的特点。因此，从这一角度讲，这部戏也践行了豫剧的天职。"不厌其烦地引出这许多，实在因为讲得好。我前边说它简洁、朴实，借戏曲评论家周传家的话是："自然，自如，入情，入理。"说"无华"，绝不是说它无文采，无华彩。"华"只作"哗"讲，即"哗众取宠"也。也就是顾导指斥的"混搭"。如今，戏看多了，也深受"混搭"之害，深感"混搭"之苦。试想，满台光怪陆离，满眼超强刺激，角色不见了，表演掩盖了，形象丢失了，艺术串味了……如此这般，进剧场干吗来？高科技的运用，给舞台艺术增添了新的因素，有助于克服既往简陋粗疏的弊端，自然十分重要。但我始终认为"混搭"云云，一定要服从服务于戏剧本体，适应剧目剧情需要，适度运用；要为之添光增彩，增强表现力、表达力、感染力、亲和力，而不是喧宾夺主。一句话，帮正忙，而不是帮倒忙。这方面可做的文章很多，期盼有新的探索，取得新的突破。

总之，这是一出廉政文化戏曲佳作，衷心希望改得更好，走得更远，影响更大，攀得更高！

货郎担里乾坤大
——评现代婺剧《鸡毛飞上天》

"敲糖帮，踏遍了坎坷路；货郎担，洒满了苦汗珠。拨浪鼓，摇来了万家富；小商品，垒起了金义乌。"一曲山歌土调伴着一声粗犷的叫喊："鸡毛换糖喽！"就此拉开了现代婺剧《鸡毛飞上天》的序幕。

地处浙中山区的义乌市，从历史上的鸡毛换糖、路边集市到国际商贸中心，用30年时间闯出了一条举世瞩目独具特色的发展之路。用艺术的形式来表现这种沧桑巨变是义乌市婺剧团多年的愿望，这种大胆创意却让编剧姜朝皋啃上了一块硬骨头。这样的戏——这样的现代戏，我们看得太多，也几乎看得太疲，大多流为斗转星移的拉洋片和政策图解的说教。因为描写一个时代的沧桑巨变，要用一部两个小时的戏曲长距离去表现是十分困难的，几乎是不可能的。

然而姜朝皋毕竟是一位有着深刻的思想又善于编织戏剧情节的剧作家，他常常在独特的立意中于细微处显现宏观主旨。这回他又匠心独运，避开全景式的宏观描写，而是另辟蹊径通过一家三代人的命运变迁，来反映改革开放以来义乌发生的风云激荡，表现出义乌几代创业者坚韧顽强、诚信包容、敢为人先的精神品格，从而展示芸芸百姓"鸡毛上天"的凡人奇迹。同时在历史断面中注入现代反思，通过人的裂变更新折射出时代的发展变化。全剧以"驱冬雾""涌春潮""搏夏日""揽秋光"四个时代段落来结构篇章，以三代人的不同经历来刻镂时代风神。其中着重塑造了第二代女主人公金玉兰，这个义乌农民商人向现代企业家嬗变的典型形象。

金玉兰身上既继承了祖辈拨浪鼓文化中吃苦耐劳、以诚为本、讲求信义的优良传统，又发扬了现代企业家敢闯敢当的独立精神，她性格执着而坚韧，行为果敢而智慧。在创业之路上，她总是先人一步，快人一招，标立潮头，敢为人先。其中，16岁勇闯"打办"（打击投机倒把办公室）与县委书记的据理力争，风雨商途中毫无犹豫地为诚信而退货，对狡猾同行"以毒攻毒"的斗智斗勇，在企业转型中毅然撤掉丈夫成兴总经理之职而另请高明的任人唯贤，这几场戏都极为精彩地凸显了一个商界搏击风浪女强人的动人形象。而在其与丈夫、父母、儿子、弟妹的戏中，又深深表露出女人的柔情。其丈夫成兴勤劳忠厚，带有江南男子"妇唱夫随"的类型色彩，但从其为了品牌信誉而烧掉两万条次品彩棉裤的举动，以及与妻子为聘请外人当总经理所引发的矛盾中，又充分体现出鲜明的个性特色和时代质感。

　　剧中，第三代人成功的形象也非常令人警醒。当整个家族都在反对金玉兰撤换成兴的决定时，他们的儿子成功却大力支持："现在最要紧的，就是要彻底改变外人把义乌商人看成是一群没文化的农民，靠贩买贩卖发财的暴发户形象。"在以后几次商场博弈中，更充分体现出他的智慧和才干，俨然一个家族企业优秀接班人的形象。可到最后一场，在金成集团公司成立15周年庆典上，正当董事长金玉兰宣布让留学剑桥、历练有方的儿子成功继任总经理之时，剧情却奇峰陡转，成功坚辞不就。他敞开肺腑地唱道："所有的成功都出不了复制品，有多少富二代湮没沉沦。滔滔商海波涛滚，瞬息万变满风云。晋商徽商当初多兴盛，到今朝昔日的风光却难寻。想当年开封府本是小城镇，北宋时发展成世界大都城。到元末又倒退回小城镇，历史的淘汰实无情。"成功想到的是居安思危搏激流，不愿当坐享其成的"富二代"，他要迈开自己的双脚走出去闯天下，做一个自力更生、勇立潮头的新生代！成功所代表的第三代人，有着更加超越父母的视野襟怀和创新理念，更加清醒地看到既往思维定式的局限和自身存在的不足。这种沉潜的理性反思和理想抱负，昭示着义乌的广阔未来。这里不仅透视出剧作家的忧患意识，也寄寓了对中国企业家的文化期盼。

　　第一代的金友义也不可忽视，他的戏份虽然不多，却是点睛之笔。在各种矛盾交织之际，他在病中对女儿金玉兰说道："孩子！阿爸刚才做了一个梦，梦见又到了当年鸡毛换糖的地方，那些个乡亲们跟当初一样，招呼我喝茶歇脚，亲热无比。这都是货郎担拨浪鼓结下的情义啊！你们现在企业办大了，钱挣多了，可人的情义不能忘，做人的根本不能丢啊。"一个"鸡毛换糖"的梦，彰显的不仅是商业趋利的道德底线，也是中华民族性情的坐标，剧作家在不露声色中显露出该剧的精神价值。

该剧的更大价值还在于在戏曲舞台上，呈现出一个当代中国城市经济改革发展的典型。在30多年前，全国上下还将农民经商、贩买贩卖视为投机倒把、走资本主义道路之时，义乌的决策者敢冒巨大的政治风险，顺乎民意出台允许农民经商、允许贩买贩卖等"四个允许"的文件，这对义乌的发展具有里程碑意义。"四个允许"所实现的社会创新，其革命性的标志就是农民可以成为商人，实现了农民身份的实质性变化，创造了义乌经济发展的新主体——"农民商人"。就此而言，其意义并不亚于当年小岗村的土地承包制。编导者敏锐地察觉其社会价值，于是调动一切艺术手段对此进行浓墨重彩的渲染，并通过金玉兰的口，喊出了县委领导那句"天下的事再大，也大不过老百姓要吃饱肚子"这句石破天惊的话，这句既普通又极富哲理的话，代表了党心、民心，也画龙点睛地点出了义乌之所以发展成全球最大的小商品市场的源头所在。

《鸡毛飞上天》的整个舞台呈现鲜活灵动，没有僵化俗化而充满创新。著名导演童薇薇以洗练流畅的节奏，开合自如的调度，变幻多姿的场面，准确提神的氛围，构建了该剧整体和谐的舞台景观。作为一出现代戏，该剧场景众多，如荒村野道、义乌城区、崎岖山路、商品市场、公司楼宇、制衣车间、医院病房等，导演充分调动了戏曲音乐性的情境转换，借鉴了电影蒙太奇的时空跳接，使得整台戏的演出紧凑有致，一气呵成。无论是人物语言、服装特色、环境营造，该剧都没有止于写实性的交代，而是在空灵处抒发人物的心理情怀，从而迥别于一般现代戏容易堕入的堆砌和琐屑，使该剧显得土气而不俗气，亮丽而不炫耀，在写实之时注重了审美的提升。在群众场面的设计上，她与编舞梁萍茹合作，从戏曲传统程式中汲取滋养，巧妙地创造出一系列新的程式舞蹈场面。如货郎担舞、拨浪鼓舞、商贩领证舞、挑货双人舞、商铺开张舞、焚烧棉裤舞、流水作业舞、公司庆典舞等，无不一场一格，风生水起，将生活化素材和虚拟化美学结合得水乳交融，充满了青春气息和都市韵律，大大强化了一般现代戏演出可能贫乏的美感。义乌市婺剧团的演出阵营相当整齐，几个主要演员的表演十分得当，尤其是扮演金玉兰的楼巧珠，对人物内心的把握极具分寸感，内在情感和形体气质都表现得恰到好处，使演出满台生辉。

戏曲作品一方面以习俗、道德、审美等传统基因顽强地存在于国人的精神腠理，支撑着文化人类学的稳定结构；另一方面，却又遭遇着与中国社会一日千里的经济化、城市化、国际化进程的艰难赛跑。于是我们看到，各地的现代戏固然品目繁多，但不少存在着形式花样翻新而内容贫乏苍白，或价值观念谬误和人物类型俗套等缺陷，还有诸如描摹市井生活的失之于鸡零狗碎，铺写历史变迁的则失之于浮光掠影，凡此种种，严重暴露出美学的失基，体验的失忆，情感的失真，价值的失衡。而婺剧《鸡毛飞上天》一经推出，却令人耳目一新，引起强烈反响，无论是当年的创业者或后来的继承者，看戏后都交口称赞，感慨万分。虽然该剧还是刚刚推出，存在这样那样的不足，但其思想艺术价值却是沉甸甸的，无论在弘扬时代价值精神、铸就现代艺术品格、塑造当代人物典型还是表现地域特色风情等方面，都给人们以深深的启迪。

本文与刘恩平合写

（原载《中国文化报》2011年1月5日）

人生尊严的悲情壮歌
——看评剧《风雪夜归人》

2012年是吴祖光先生著名话剧《风雪夜归人》问世70周年，也是新凤霞先生从艺80周年。而66年前，《风雪夜归人》搬上评剧舞台的首演者正是新凤霞先生。为了纪念这桩盛事，黑龙江省评剧院今夏推出了该剧的新创评剧本，让我们有机会再一次领略名剧的风采。

这是一曲被污辱与被损害者坎坷命运的悲歌；也是一曲尽管位卑却不甘屈辱、不屈抗争的赞歌；更是一曲描绘人性复苏，抒人生尊严的壮歌！

剧作围绕京剧名伶魏莲生，地方法官苏弘基，苏弘基的四姨太、莲生的红颜知己玉春三人之间的纠葛展开。特殊的三角关系处于两极。一极为集权与钱于一身的大官阔佬苏弘基。他的为官之道是恃仗职权，执法犯法，走私鸦片，勾结权奸；生活上则是流连梨园、玩弄妓女，尽情声色犬马，享尽人间乐事。另一极是处于社会底层的"戏子"莲生和妓女出身的姨太太玉春。他们存在的价值，仅仅在于为阔佬们或消愁解闷，或宣泄淫欲，毫无人生尊严可言。

在祖光先生笔下，最先觉察到自身可怜可悲的是玉春。她出身寒微，命运多舛。豆腐倌老爹在她16岁时便把她卖进了青楼，备受蹂躏；20岁时，被法官大人苏弘基用40两黄金赎为第四房姨太太。尽管眼下锦衣玉食，奴婢环列，她却明白，这无非从一个囚笼圈进了另一个囚笼，依旧是达官贵人的玩物！她不甘心，也不死心。"寒门女烟花命偏偏生傲骨，以冷眼对冷眼从不服输！"怀着对自由幸福的憧憬，她要寻求知音，追逐真爱；她要挣脱枷锁，冲破牢笼；她要和心爱的人过上自由自在的生活，哪怕穷途潦倒，无以为生……

她幸运地也是极不幸地遇上了名伶魏莲生。巧遇同命相怜却在沉迷中的知己，她勇敢地扮演了一番导引者、启迪者、诱惑者、谋划者的角色，进而演绎了一段大起大落、大喜大悲的人生活剧！

魏莲生是幸运儿。他春风得意，红极一时。台上，听到的是一片喝彩；台下，受到的是一派追捧。侥幸跻身上流社会，宴请巴结者成阵；粉丝不仅有达官贵人、社会名流，甚至包括大中学生。他一个电话，竟能让派出所放人！

这是一个善良的人，一个有爱心的人，一个不摆名角架子、不耍大牌脾气，富有济危扶困、乐于助人精神的人。在道德层面，几乎堪称完人。然而沉溺于浮华奢靡、灯红酒绿，甚至醉生梦死的生活中，他完全丧失了自我，丢弃了自尊，处于浑浑噩噩的自满自得、自以为是的景况而不自觉。借玉春的话说，仍然是个"顶可怜的人"。而且更为可怜的是"自己不知道自己是可怜的人"！

是玉春唤醒了他！她严酷地让他正视：她和他，都不过是达官贵人手中的玩物！一个电话派出所捞人，也不过依傍权贵而已！一旦得罪了他们，"座上客、阶下囚只在一夜间"！玉春那番掷地有声的话彻底唤醒了这一代红伶："烛泪似血滴滴燃尽，魏老板分不清何是自贱与自尊。铁匠家出身你怎能忘本，大丈夫直面人生才是金！你说过人生在世尽学问，名与利无非是过眼烟云！"她要他"夜深人静望月光扪心自问，山梁不倒才似一撇一捺大写的人"！他们选择了奔向自由的唯一出路：私奔！一心要"挺直腰板把歌唱，夫唱妇随地老天荒"！

然而现实是无情的！私奔，谈何容易！他们——一对无权无势的小人物，逃得脱权力的黑网？挣得开魔鬼的枷锁？在水码头，他们被苏弘基派出的爪牙抓获了。玉春，被当作一个物件送给了天南盐运使徐辅成为妾，作为联手偷运鸦片的交换信物；魏莲生，则被驱逐出境，永无归期。

岁月无痕，人世沧桑。时过20年，贫困潦倒、沦为乞丐的莲生又回到了故地，冻死在风雪交加之夜！不甘做妾宁愿为奴的玉春也随徐大人来到故里，她要寻觅遗踪，寻找知音……

大雪下个不停，雪花将玉春、莲生堆积成两座冰雕。

这凄清冷艳的爱情，更是人生悲剧最终画上了句号，留给人们无限的思索与叹惋。

该剧舞台呈现的最高调度和指挥是名导陈健骊。作为祖光先生的儿媳，陈导可谓得天独厚，长期的耳濡目染、耳提面命，自然深得剧作的要旨，由她改编导演的芭蕾舞剧《风雪夜归人》在第九届中国艺术节上勇夺金奖，表明了不俗的实力。这次执导评剧《风雪夜归人》，她给自己确立了一个目标——提升评剧艺术品格，攀向新高。在艺术处理上，她坚决和某些大腕级导演兴起的豪奢浮靡之风划清界限，净化舞台，遵从艺术规律，还原戏曲本体。她表示，《风雪夜归人》的舞台走"黑白灰"的路子，不搞大红大紫，塞满全台。果然，干净的舞台，空灵的表演区，三张大型幕布的移动，转化了外间环境，小摆设的添置，告知了具体场所。当然，舞美语汇有不尽统一协调的问题，尚需解决。但这种追求是可贵的，也是可行的。

和悲情壮烈的题旨相适应，导演在全剧风格的把握中，努力追求一种诗化的抒情的格调。诗化贯串全剧，小楼学戏、夜空望星、江边恨别……都诗情浓郁、洁净、空灵、凄美。特别是序曲和尾声的处理，尤见功力：大幕拉开，冷风习习、小雪飘飞，一张传统戏曲座椅上斜搭着一件银白披风——那是他们的定情信物。全剧结尾处，这件披风又从高处飘坠，徐徐落在戏椅上，象征着他们人生际遇的随风飘零和悲剧命运的尘埃落定。这些都处处显示出执导者的匠心。

该剧演出阵容强大，表演严谨。"梅花奖"得主王向阳饰演的玉春，青年才俊赵立民饰演的魏莲生，都很有光彩。预祝他们在中国评剧节上，获得佳绩。更期盼在演出实践的基础上，充分听取各方面意见，进一步打磨加工，攀升更高的境界，最终成为常演不衰的保留剧目。

2012 年 8 月 25 日

（原载《中国文化报》2012 年 8 月 28 日）

巧绘畲乡锦绣天

——喜看畲歌剧《七彩畲乡》

大幕拉开，蓝天白云，绿水青山，几根精美的畲族图腾圆柱，错落有致地凌空耸立，后面是一排排农家别墅楼，绿荫覆盖下，宽敞的公路伸向远方……且看，好一幅畲乡如画美景！

接下来，是畲族乌饭节的精彩画面。请听老村长在畲家少女们逼将之下的情歌："斜阳斜日照畲河，畲竹畲篾编畲箩。斜针斜孔穿畲线，那个妮俚也，斜眉斜眼瞟畲哥！"妮俚被耍弄了，当然不干！老村长巧妙地诱导她们和畲家崽俚们对歌。崽俚："开口就把歌来唱，肚里的山歌用箩装。唱得妹崽把郎想，梦里上轿拜花堂！"妮俚："毛头崽俚没正经，馋嘴花猫想沾腥。一根鱼刺卡住你，喊不成来叫不成！"崽俚不示弱："小小猫咪太窝囊，变只蝴蝶穿花墙。朵朵鲜花任我采，花丛底下做洞房。"妮俚更强悍："贪花粉蝶骨头轻，神无主来脚无根。一头撞到南墙上，折断翅膀落泥坑！"畲哥们"完败"了。

这情趣盎然的节庆，这洋溢畲乡风情的习俗，让置身剧场的人们，身临其境地感受了喜悦，感知了激情。剧作开篇第一场名曰"山歌闹"。真个是"闹"得好，"闹"得妙，"闹"得热烈，"闹"得精巧。开场锣鼓敲出了畲乡新生活、新面貌、新情调、新和谐。好戏名副其实地开了个好头！

仅仅是轻歌曼舞展畲乡风俗吗？是的，但不全是。还有戏，畲家小伙蓝山和苗族姑娘俏妹的情恋戏！这对大学同窗四年的恋人，原本立誓携手白头到老的。如今苗妈陪同（应作"监督"）她前来，却是为的悔婚了断。只因作为当年上山下乡老知青，远嫁苗乡偏远山区，穷怕了！死活不让独生女儿再走老路，嫁到穷乡僻壤。不过这一来，倒成就了通过母女俩目睹、亲身体验，展示畲乡新变化的缘由。

这崭新的变化用一句话概括，便是科学的前进步履！畲乡人的高明处在于早就确定了"金山银山垒在园区，绿山青山留在畲乡"的目标，在发展农村经济之际，始终保持高度自觉的生态保护意识，让今天的畲乡成了环境优美、生活富裕、幸福和谐的绿色家园，成为鄱阳湖生态经济区一颗璀璨的明珠。

是编剧美好的虚构，心造的幻境？否！作者完全是以他的家乡鹰潭市下辖贵溪樟坪畲族乡为原型艺术地再现的。这个原本贫困的山乡，在社会主义新农村建设中，始终坚持环保高于一切的原则，辟出专门的工业园区，招商引资，垒起"金山银山"，而家乡则保持"绿水长流，青山永在"。一个仅五千人的少数民族乡，年财政收入高达两亿元。惠民共富，一派兴旺和谐景象！

事实教育了苗妈，但她的转变，剧作倒借机做了一番手脚，增添了喜剧色彩。先是让老村长佯作不知情，大骂了一通顽固老妈阻止女儿嫁畲乡，好似当年祝员外嫌贫爱富，逼死祝英台，让苗妈尴尬不已。其后蓝山和俏妹商定，俏妹攀上笔架峰，要效法祝英台："心上人，不能爱，不如一死黄土埋！"吓得苗妈直表白："心上人，任你爱，再不要你俩分开！"弯子怎么转的？！"一到畲乡心摇摆，老村长他教我茅塞开。"原来，感受了乌饭节的热烈，眼见到畲乡的新貌，她是"诚心诚意来悔改，双手赞成你嫁过来"！喜剧收场，皆大欢喜。

该剧的最大亮点是贡献了大学生村官蓝山的扎实形象。这是一个贫困畲乡的孤儿吃百家饭，穿百家衣，靠乡亲们凑钱上了大学。他牢记："灾年瓜菜把粮当，一碗米饭我先尝。寒冬腊月雪霜降，半斤棉花留给了我做衣裳！"于是"为报答父老恩情不负厚望"，他"毕业申请只填了三个字'回家乡'"！赶上了改革开放的好时候，蒙受党的富民政策的阳光，在家乡的土地上，他大展身手，招商引资，划地办厂，兴建果园，扩修马路，建文化广场，办民族学校，巧借山乡生态明珠，发展畲乡生态游……奋斗几年，"摩托车，家家有，自来水，户户流。手机信号把千山万壑穿透，新农村盖起了幢幢别墅楼"，户户有电视，人人用电脑。凭借他一颗赤心，一双巧手，一腔智慧，团结带领众乡亲，硬是绘出了畲乡一片锦绣天。

而这也不是凭空杜撰，而是实有其人，实有其事。笔者到南昌观赏该戏进京前的汇报演出时，亲眼见到了"蓝山"的原型、毕业于中央民族大学的畲乡大学生村官！一如老村长夸耀的"全省最出色的大学生村官，百里挑一的好男人"。自然，苗家俏妹以及两个年轻人如火如荼的一波三折的爱情，是编剧的精心创作，刻意虚构。而缺了这一贯串性的中心情节，岂不是要大大减色了吗？同时民族团结的副题也就失去了支撑点。

该剧采用了白描的手法，不求情节奇诡，哲理艰深，只是通过丰富多彩、优美多姿的歌舞，于轻松欢快中展示畲乡新的生活，新的人物，给人以美的愉悦和美的享受。样式上，剧组的朋友们致力于以畲族山歌为载体，汲取畲乡文化因子，熔戏曲、山歌、舞蹈、图画于一炉，创建新型少数民族剧种——"畲歌戏"，《七彩畲乡》为其始创剧目。这出富于浓郁的民族地域风情和鲜明时代特色的新作，也因此更具特殊意义。作为新的剧种，虽尚待丰富、发展、成熟，但开创有功，功不可没！戏剧文化的发展嬗变中，一向是有的样式衰落了，新的样式涌现了，生生不息，孜孜不绝，是为常规！戏改云云，正包含了既有注销又有新建的新陈代谢的辩证法！

总之，放眼舞台，这既是一幅优雅的畲乡风情画卷，又是一场斑斓的畲族服饰展演，更是一片浓郁的畲歌民舞海洋。该剧赏心悦目、绚丽多姿，尽显人情美、人性美、风情美、画面美、歌舞美、服饰美，奏响了当代社会主义新农村绝美的赞歌！

2012 年 5 月 7 日
（原载《光明日报》2012 年 6 月 25 日）

喜看"狸猫" 又翻新篇
——杂议绍兴小百花越剧版《狸猫换太子》

一

"狸猫"是个老戏。"狸猫换太子"的故事登上戏剧舞台,恐怕要推导到元代,元杂剧就有《金水桥陈琳抱妆盒》的记载,明传奇有《金丸记》(大约得名于原故事所载,宋真宗赵恒无子,打造金弹一枚,上刻"咸平辛亥"四字,百花盛开之日,向空弹射,众嫔妃如拾得者,即可侍寝。李宸妃有幸拾得,驾幸受孕,引发了其后的种种纠葛),又名《妆盒记》。清代花部乱弹有《陈琳抱盒》《拷寇承御》等剧目。此后地方戏曲中,秦腔有《抱妆盒》,湘剧有《宫门盘盒》,汉剧有《拷寇珠》等。正式启用《狸猫换太子》可能首推京剧。20世纪二三十年代,上海京剧班社根据武侠小说《七侠五义》的相关情节,打造了连台本戏,情节诡谲,加上机关布景,赚足了眼球。影响所及,一些地方戏曲也跟风而上。我的家乡川剧舞台上,就有《九曲桥》(亦名《狸猫换太子》),以刘妃令寇珠将婴儿弃于御苑九曲桥下而得名,连台三至五本,内江川剧团藏有演出本。折戏则有《装盒盘宫》《拷寇珠》《打龙袍》《夜审郭槐》等。儿时,曾牵着大人衣襟混进剧场看过,至今仍留有鲜活印象。

新时期以来,这一题材的戏也曾大展异彩,那便是上海京剧院于20世纪90年代陆续推出的上、中、下三本新编连台本京剧《狸猫换太子》。头本1994年创演,由刘梦德、董绍瑜、程惟湘打本,谢平安执导,陈少敏、史依弘等主演,包含"装盒闯宫""冷宫见母""拷打寇珠""火烧冷宫"等精彩内容。一炮打响,开门红，拿下了文华大奖。第二本1996年推出，黎中城加上头本三位作者共同打本，包括李妃乞讨、八王揭秘、赵恒驾崩等情节，多半属过渡性，略嫌平，似未参评。第三本1998年推出，编剧同于第二本。内容包括"御街喊冤""夜审郭槐""金殿认母"等精彩情节。再传捷报，又夺文华大奖！部里考虑决定，第二本也上推，三本一贯制，总体定为文华大奖。我当时是这几届文华奖戏曲组召集人，亲身参与了评奖全过程。在充分获得艺术美的享受的同时，也为他们的艺术成就和至高荣誉倍感高兴，敬佩不已。

说实话，我私下以为，京剧《狸猫换太子》如此成熟，高高的标杆早已树起，不大会有人再碰这个题材。要想演，大可移植改编，无须另起炉灶，从头再来。没想到，绍兴小百花昂起头来，邀请获奖专业户编剧、"补锅匠大师"李莉女士，硬是重新为吴凤花量身定制、开炉打造了。还邀请了越剧导演大师杨小青执导，集中全团四度三朵"梅花"吴凤花、陈飞、吴素英等联袂献演，大手笔更兼大气魄，委实了得！没机会看现场演出，借中国戏曲学会颁发学会奖并专题研讨之机，幸运地得到了录像光盘，看过之后，不禁大为高兴：她们成功了！恭喜恭喜，祝贺祝贺！

二

新打造的越剧版"狸猫"，新在哪里？先说没干什么，再说干了什么。

没干什么？没跟风，没跟时髦的解构颠覆之风——前些年闹得厉害，现今绵绵如缕。没玩颠倒是非、善恶、美丑的"魔术"，没耍异想天开、屁股指挥脑袋的"把戏"，没搞认贼作父、指良为娼的"创新"。试想，老故事，老套路，前人他人都写滥了，用遍了，新从何来？来他点歪的邪的好了。颠倒过来：刘妃能想出狸猫换太子的高招，岂非大智慧，高谋略，绝顶聪明？陈琳、寇珠无非僵化的脑袋，奴才的忠诚，不识时务，不懂权变，死了活该！如此等等。我这脑瓜也太僵化，还真想不出多少肮脏恶浊、狼心狗肺的高招。

还是说干了什么吧。我以为新版在充分采取原故事精华，尊重民族传统美德，遵循核心价值观的前提下，寻找的是艺术创新之路，是匠心独运地去另辟蹊径。

既然是为吴凤花量身定制，新版就理所当然地以她饰演的陈琳为中心，想尽一切办法，用遍一切手段，多方位、多层次、多侧面地突出陈琳。就情节看，新版故事大体相当于上京《狸猫换太子》上本，从真宗立诏、宸妃产子、刘妃毒计、寇珠弃婴、陈琳救出，到立为太子、冷宫见母、陈琳审珠、寇珠触柱、火烧冷宫，众多情节浓缩为七场戏。其间，改动最大的是三场重头戏。

其一，第五场，冷宫见母。按上京本，是寇珠引领7岁的太子赵祯游皇宫内苑时，于冷宫见到生母李妃，临别特意让太子大礼叩拜，并暗示："有千言和万语难以明讲，这一拜报春晖慰你愁肠。"惹怒了奸妃，引发了杀身之祸。

越剧版将这一重要关节放到了陈琳身上。他有意领太子游宫苑到冷宫，去见饱受折磨、悲痛欲绝的生母李宸妃。见面之时，剧作巧妙地安排陈公公向李妃讲"程婴救孤"的故事，曲折地向她透露出儿子已经获救的信息。有趣的是陈琳讲述故事时，竟将赵氏孤儿"误"说成了名叫"赵祯"，让10岁的太子赵祯做了纠正：叫"赵武"！并嘲笑他老糊涂了。紧接着，描述救婴之时，又把程婴藏匿婴儿的"药箱"有意说成了"食盒"。这就把当年"装盒救婴"的故事借助战国时的前史，说了个明明白白。看到这里，人们自会发出会心的微笑。这一手确实高明，陈琳的良苦用心和机智善谋，活生生地展现出来了。

其二，第六场，拷打寇珠。在各个剧种中，这一场无疑是寇珠的重头戏。上京版里，扮演寇珠的史依弘，就有非常演彩的表演：唱、念、做、舞，挥洒自如、美轮美奂。越剧版采用的是加法，没有回避寇珠生死关头的内心纠结，没有削弱寇珠面对邪恶势力的拼死反抗，没有降低她忠烈坚贞的人性光辉。与此同时，增加了陈琳的戏份。在拷打寇珠的全过程中，剧作始终关注着他的内心活动。几乎是手拿木杖拷问寇珠的同时，他在更严厉地拷问自己的良心和灵魂。他内心的痛苦，在一定意义上说，还远远超过被拷打者寇珠肉体上的痛苦！吴凤花在这方面的拿捏上，可谓得心应手，运用自如，表现了上乘的技艺。

有意思的是，在"拷珠"过程中，编导还加进了一场刘妃、郭槐、陈琳、寇珠四人的内心活动演示：戏曲擅长的背躬，借助灯光的或明或暗的处理，强调了，提升了，扩大了，凸现了，赤裸裸的，毫无掩饰的，一场灵魂大展览！郭槐得意的是：给主人当狗？痛快自豪哪！刘妃阴险狠毒在：遭报应？我儿子死了，报应早两清了！……邪恶的一极，衬托出了被戕害的弱者的英勇和无畏，崇高和圣洁，两两相较，给观众以更强烈的艺术美的享受！

其三，第七场，陈琳立血状。这是编者特意推出的一场独角戏。全场20多分钟的折戏，只有陈琳一个人！他在沉思，在追忆；在咏叹，在悲泣；在愤怒，在扼腕；在捶胸顿足，在呼天抢地！一个人一台戏，我看这既是演员亮功底的机遇，也是一场考验和折磨！空空的场地上，借助演员的唱、念、做、舞，无中生有，虚实相生，剧情要推演，故事要渐进，舞台要变化，功夫要展示！一句话，观众要享受，戏要好看耐看！这何其难哉！但吴凤花做到了，而且非常出色！使人不得不更生敬佩之情。

这一场还有一个非常出色的结局处理。陈琳咬破手指，状写血书之际，舞台深处，朦朦胧胧地走来了黑老包——巧断冤案的包拯，走来了黄袍加身的赵祯，走来了已然蒙冤昭雪的皇太后李宸妃；也押上了奸恶李妃及奸贼郭槐，并绑赴刑场……短短两三分钟，借助背景，演绎了是非善恶终有报的大团圆结局，为这场千古奇闻画上了一个圆满的句号！

2012 年 11 月 22 日

戏曲现代戏的成功范例
——评甬剧《宁波大哥》

得知《宁波大哥》荣获中国戏曲现代戏研究会突出贡献奖的消息，倍感兴奋，更觉欣慰。内心涌出的第一个声音便是：终于得到它理应得到的承认和应享的荣誉了！

对于这出戏，我并不陌生。在宁波，在北京，在重庆，加上参加颁奖研讨会，我累计看达四次之多。为写这则小文，又读了剧本，看了光碟，依然是感动不已，敬佩不已！

这是一个写友谊、话救助，抒真情、颂信义的故事。其特别可贵之处在于：它发生在金钱至上、物欲横流蔚为风气的今天，发生在一些普普通通的老百姓身上，发生在既古老又新兴的商品经济发达的宁波！"宁波大哥"是个体——远在黑龙江七台河煤矿的采煤工人、支边青年李信良，近在宁波的民营企业家王永强；也是群体——富有宁波品格的汉子们；更是一种精神——能熬能忍、坚忍不拔，诚信至上、知恩必报，扶危济困、助人为乐等。一出戏，告诉了人们一个感人肺腑的故事；一出戏，塑造了一批可亲可敬的人物典型；一出戏，宣扬了宁波形象，打造了宁波品牌！

帷幕拉开，东北黑土地上，一个来自宁波、身患严重腿疾、面临截肢的贫困青年，失去了生的希望，攀上高崖想自裁。一个宁波支边老乡，用"宁波精神"唤醒了他。请看这段对白：

李信良：你这个胆小鬼！

王永强：不，我连死都不怕！

李信良：你不怕死，但怕活！要死还不容易吗？告诉你，一个人活着有时候比死还要难得多！我们宁波人遇到困难就是能熬，只要熬得住就有希望！

接下来，宁波大哥——这个贫困矿工为他筹款，亲自护理，顾不上家，顾不上怀孕的妻子，坚守四个多月，生生地挽回了他一条命。

如果说"宁波大哥"李信良身上呈现的是浓郁的乡情、人情、亲情，是济危扶困、克己救人的高尚，那么"宁波小弟"王永强身上则饱含着"滴水之恩涌泉相报"的情怀，诚实守信、信守承诺的操守。两者辉映互补，构成了弥足珍贵的"宁波精神"。

剧作的后半，笔墨大部分落在了王永强寻恩报恩的善行义举上。他病愈折回宁波，艰苦创业，沐浴着改革开放的春风，打造了一份博大的家业，成为颇具实力的民营企业家。然而欲报恩却不知大哥李信良已患癌症去世，举家搬迁。他不罢休，几度亲赴黑龙江，千方百计，登报寻觅；真诚所至，终于找到了大哥遗孀，并求得了大嫂辛巧灵的谅解。他毅然以"宁波大哥"的名义，设置了贫困学生救助金，回报恩人李信良，回报哺育了宁波知青的这片黑土地。

这里有一个带点理论性的问题需要释疑。人们熟知商品大潮兴起之际，在唯利是图的诱惑下，处处充溢着虚假和诈骗：假烟、假酒、假鞋、假药、假电器、假牛奶……以至社会上广为流传"除了骗子，什么都可能是假的"。那么这"宁波大哥"和"宁波小弟"的情谊靠谱吗？特别是在忘恩负义、恩将仇报通行于世的世风下，王永强的诚信守诺真实吗？可信吗？市场经济、商品社会是否注定排除诚实守信，而小哄骗小欺诈天经地义、通行无阻？

为了从根源上回答这个问题，我想引一段恩格斯120年前说过的话。1845年，24岁的恩格斯出版了《英国工人阶级状况》。1892年，该书出版了德文第2版。他在新版序言中说："现代政治经济学的规律之一就是：资本主义生产愈发展，它就愈不能采用作为它早期阶段的特征的那些琐细的哄骗和欺诈手段。波兰犹太人即欧洲商业发展最低阶段的代表的那些琐细的骗人伎俩，那些使他们在本国获得很多好处并为大家所通用的狡猾手段，只要一到汉堡或柏林，就会使他们陷入困境。"尽管这些"很低劣的手段和手腕"，"在他本国对一个生意人来说被看做智慧的顶峰"。恩格斯指出："随着大工业的发展"，"连那条规规矩矩的德国佬原则也声誉扫地了。那条原则就是：先给人们送上一些好的样品，然后再把蹩脚的货物送去，他们只会感到称心如意"！他说："这些狡猾手腕在大市场上已经不合算了，那里时间就是金钱，那里商业道德必然发展到一定水平。其所以如此，并不是出于伦理的狂热，而纯粹是不白费时间和劳动。"

这一段经典的论述说明了随着市场经济的发展，大市场的形成，商业道德建立和提升成为必然。一锤子买卖的勾当绝不代表真正的智慧，而是自掘坟墓的愚蠢。诚信为本、童叟无欺，这才是有眼光的商人一向遵奉的信条。有400多年历史的北京中药老店同仁堂，就信守"炮制虽繁，必不敢省人工；品味虽贵，必不敢减物力"的古训，以"修合无人见，存心有天知"自律。宁波作为早年开启的通商口岸，更作为当今改革开放的试验田——经济特区，商业道德早就深深地植根于这片土地。可以这么说，"宁波精神"既是传统道德的能动继承，又是在市场经济条件下的创新弘扬。而"宁波大哥"们的所作所为、所依所从，不正是"宁波精神"的信义至上、诚信为本吗？可见李信良、王永强的出现有着深厚的历史的地缘的因由，他们身上体现的"宁波精神"则具有强烈的现实意义。一句话：友谊——不能因金钱而泯灭；真情——不能因利欲而扭曲！

顺便说一句："时间就是金钱"的口号，过去误以为是深圳人的"发明"和"创造"，其实马克思主义的老祖宗早在一百年前就说过了。

甬剧《宁波大哥》是根据真人真事而创作的。宁波玉龙集团董事长王国军被"宁波大哥"李信国从死神手中拉回来以及他知恩图报的故事，早就在媒体上盛传。新华社发了长篇通讯《穿越二十三载的感恩》，《人民日报》《光明日报》《经济日报》《工人日报》以及网易等网站也纷纷详加报道。一时，众多媒体聚焦这一"穿越时空的感恩"和"爱心永续"！难能可贵的是剧作立足于真实事件，却又不囿于真人真事。他们遵循艺术创作的规律，进行了一番艰苦的艺术再创造，力求不作为简单的宣传品，而上升为艺术品。这方面剧作取得了可喜的成绩，提供了成功的经验。

如前文所引，李信良救下打算跳崖自裁的王永强的描写就富于特色。这位宁波大哥没有一句空洞的大道理，也不用柔情感化，而是斥责、激励！一句"胆小鬼"，一番宁波汉子的"苦熬"，硬是阻止了一场人为悲剧。一出场，李信良的鲜活性格便跃然台上。

在表现穷哥们的情谊上，王永强伤愈出院临行之际，信良夫妇那顿十分寒酸却极为丰厚的饺子"宴"，真是催人泪下！巧妇难为无米之炊。凭着张老康师傅那一张肉票三两肉，宁波大嫂硬是让宁波小弟享用了毕生难忘的最美佳肴——堪与宁波汤圆媲美的东北饺子！夫妇俩却只能偷偷地啃红薯。"哥嫂吃薯我吃肉，愧对哥嫂不胜羞！""哥嫂积蓄都用尽，大哥救我在关头！"他忘不了"洗脓、洗血、端屎、端尿、翻身、擦身、喂药、喂饭、剪头、修脚、驱蝇、驱蚊……诸般脏累赖哥手，生命再造哥燃炉！"道尽了大哥夫妇的崇高，演活了乡情友情的纯洁，感染了迈进剧场的万千观众。

王永强来到七台河矿区，借助媒体寻找恩人"李宁波"的一幕，情趣盎然，令人拍案叫绝。又是登报，又是电视广播。果然，应征来了一个又一个"李宁波"：有"毕业分配到大庆，乐为祖国献石油"的新"大庆人"；有"少年北上闯关东，三代东北扎了根"的白发苍苍老宁波；有东北打工妹带来的她难产时宁波医生救活的婴儿小宁波。他们自己当然也知道不是报上寻找的"李宁波"，作者也不仅仅是用误会作噱头，给舞台添加喜剧色彩，他们——这一群老老小小的"李宁波"，是被登报者寻恩人图报恩的真诚感动，共同来提供线索的。果然，化装成算命先生的知情人张老康师傅来了，听了他"尽管世上有不肖，永强不做白眼狼！良心负荆找大哥，当面请罪表衷肠"的真诚表白，出了一副卦辞："勃利乌金西，二三石头居，墙上有老李，身上无寒衣。"终于帮助他找到了恩兄遗孀和子女。

算命先生的出场，那惟妙惟肖的滑稽动作和言辞，引发了全场会心的笑。作者的高明之处在于：占卜算命的迷信外衣化作了指点迷津的神奇，丁庄重的正剧中自然而然地透出了喜剧氛围，合情又合理。真亏编导们想得出！

这出戏的二度创作也很值得称道。演出阵容强大，两位男主角李信良、王永强的扮演者都很出色。李信良妻子辛巧灵由该团团长也是宁波艺术剧院副院长、甬剧唯一"梅花奖"得主王锦文扮演。这个小小巧巧的江南女子，要饰演东北大姑娘，在形体上完全不占优势，但演员气质、对人物理解把握的准确到位，加上唯美的演唱和灵动的身段、做功，很快便被观众接受了，认同了。应该说，剧作赋予这个人物的戏不是最多，但舞台上最见光彩的当属这一形象。

舞台美术设计制作也很有特色。简洁而不简陋，粗放而不粗糙，到位而不堆砌。舞台上给演员表演留足了空间。特别是花钱不多，又便于巡演。这种尊重戏曲艺术规律，又着眼于市场的做法，值得提倡和推广。

拉拉杂杂写了这么多，无非祝贺成功，更期盼在充分听取各方意见后，进一步加工提高，攀上新的高峰。

（写于2012年甬剧《宁波大哥》荣获中国戏曲现代戏研究会突出贡献奖之际）

筑乡贤丰碑　谱甬商新曲
——谈甬剧《筑梦》溯及《宁波大哥》

宁波是我国最早开辟的对外通商口岸之一，商品经济起步早；宁波帮也与徽帮、晋帮、潮汕帮并列为20世纪初国内四大商帮。底蕴深厚的"商魂"凝聚成"宁波精神"，绵延至今，超越百年！

宁波文化界的朋友们不忘家乡的商界杰出人物，为他们树碑立传，频频推出舞台新作，给人们留下了非常深刻的印象。

五六年前，我高兴地看到依据宁波玉龙集团董事长王国军被"宁波大哥"李信国从死神手中拉回来以及他知恩图报的故事而精心编创的甬剧《宁波大哥》，感动得热泪盈眶。2012年，该剧荣获中国戏曲现代戏研究会突出贡献奖之际，曾经著文称颂。试摘几句："这是一个写友谊、话救助，抒真情、颂信义的故事。""'宁波大哥'是个体——远在黑龙江七台河煤矿的采煤工人、支边青年李信良，近在宁波的民营企业家王永强；也是群体——富有宁波品格的汉子们；更是一种精神——能熬能忍、坚忍不拔，诚信至上、知恩必报，扶危济困、助人为乐等。"我的感受是："一出戏，告诉了人们一个感人肺腑的故事；一出戏，塑造了一批可亲可敬的人物典型；一出戏，宣扬了宁波形象，打造了宁波品牌！"

如今事隔数年，他们又把清末民初声名显赫的宁波大建筑商沈祝三（剧中化名沈三江）在20世纪30年代承建武汉大学建筑群的盛事搬上了甬剧舞台，这便是历时四年，倾力打造的原创新作《筑梦》。而贯串其间的依旧是弥足珍贵的"宁波精神"！

如果说《宁波大哥》是书写"宁波精神"在当今改革开放大潮中传统商业道德的承继和弘扬，那么《筑梦》则是"宁波精神"的早期呈现和源头追溯式的描摹。如果说前者重点是颂扬诚实守信、助人为乐、知恩图报，那么后者则意在彰显守信重诺、倾囊助教、回报社会！

《筑梦》故事很简明：幼年家贫，靠私塾马头墙上"读雨书"的小木匠沈三江几十年商海拼搏，成为建筑业翘楚。身受失学之痛，深感教育之重，获知国立武汉大学建校之际，他不图盈利压价竞标，决心在洛伽山下造一座中国最美的大学堂。不幸时局动乱，困难重重，屡遭挫折，几陷绝境。他坚守承诺，不惜倾家荡产，毁家纾教。学校建成之日，他却早已眼瞎身残、一贫如洗……

这是一个励志的故事，一个讴歌民族脊梁的题材，内蕴积极、意义非凡。我很赞赏总导演陈薪伊的评判和抉择。她说："宁波商人了不起，推动了整个中国的经济。我特别想通过自己的作品来宣传他们对经济的贡献。"当今，"中国经济正处在突飞猛进的时代，文化却迅速沉沦，很多观众都不知道什么叫忠孝节义"，因而她"想通过这部戏给大家上一课"。她说："沈祝三身上蕴含的人文理想符合我这两年接戏导戏的标准，把戏剧等同于课堂，把伟大、崇高和神圣传递给观众。"说得好，该剧的价值正在这里。正像剧作借闻一多先生的口说的："请记住沈三江这个名字！没有沈三江先生的一诺千金和对国家教育的奉献精神，就没有我们今天巍峨壮美的武大校园！他虽然双目失明，一贫如洗，但仍是威风堂堂一丈夫！……他的精神将永远铭刻在我们每个人的心里！"的确，看《筑梦》不啻上了一堂"传递伟大、崇高和神圣"的形象教育课。

该剧的演出阵容强大，几个主演：沈三江扮演者郑健，姚梦欣扮演者、"梅花奖"得主王锦文，林昀杰扮演者虞杰，以及沈阿根扮演者严耀忠，都很出色，表演到位，形象鲜活。总的来看，舞台呈现精致讲究，是为剧组共同努力的成果。

我也认为，戏的基础好，题材重要，现实性强，但尚不成熟，提高空间很大。主要是剧本还需要密针线，理理顺。至少有两条：一是情节结构上的爱情线和生产线结合不紧，有些游离。姚梦欣的定位不很清楚，剧作只说她是英国剑桥大学博士，学的什么专业呢？在事业上和沈三江有何互补互励关系？怎样协助丈夫共筑修建武汉大学校园之梦？如何共同面对筑梦中的艰难险阻？如何共同战胜重重难关？……我们在剧中都很难看到这些。沈三江最困难时，作者早把她支使到英国或大后方重庆去了,以至沈三江双目失明坚持指挥建设之际,仍然是茕茕孑立、孤身应对。爱情和事业被不经意地断开了,原本共同克难共进会有很多动人心扉的戏,可惜作者写丢了。二是矛盾设置上的对立双方:沈三江和林昀杰之间的戏也没大理顺。首先是竞标的内涵要把准:是包括布局安排、建筑设计、施工营造的总体,还是仅仅营造标价?剧中前后说法不一。商场如战场,围绕这场商战的双方都有些简单化。特别是沈三江,失之于迂、愚、固执,不大像久战商场成就斐然的老手。这里有两个不同的范畴:诚实守信,不搞哄骗、欺诈、狡猾、无赖,一如恩格斯指出的资本主义早期特征,属于商业道德领域,即老年间说的"货真价实""童叟无欺"。而在经商技能方面,则应该是精明、机警、严谨、缜密,绝不是迂腐、呆傻和所谓的"善良"。"亲兄弟,明算账"是通行于商场中的规矩。否则小木匠断难成为大企业家!剧中,在应对对手的种种刁难和天灾人祸中,几乎看不到沈三江的智慧和能力,有的只是束手无策地一而再地抵押房产,直到一无所有、一贫如洗。前述的两个范畴不宜混淆,林昀杰的性格定位及思想发展也需要再理顺。

  此外,全剧风格不尽统一,"劫持"新娘的情节有些突兀,唱词文学性、道白生动性还可下功夫,舞美设计偏大偏重,似需寻求最佳契合点……

  总之,取得了阶段性成果,可喜可贺!愿再接再厉,更攀新高!

精忠报国铸英魂

——京剧《杨靖宇》观后

2014年10月17日是个极为普通的日子，却是我难以忘怀的一天。

晚上7点半，我有幸应邀到长安大戏院观摩了吉林省戏曲剧院京剧团献演的《杨靖宇》（编剧徐培成、孟繁琳，导演徐培成）。抗联英烈们和日寇抗争的惨烈，"火烤胸前暖，风吹背后寒"的悲壮，杨靖宇将军牺牲后，敌人从他胃里只看到棉絮、草根、树皮而无一颗粮食的艰苦卓绝……件件桩桩令我热泪盈眶，敬佩不已；鬼子的种种罪恶更让我义愤填膺、悲恨不已。

不承想回到家里，开启《晚间新闻》，出现在眼前的竟然是日本右翼分子们向靖国神社"拜鬼"的画面！原来今天——17日上午，由日本议员组成的"大家都来参拜靖国神社国会议员之会"聚集了110名成员，肆无忌惮地到供奉着14名甲级战犯亦即屠杀杨靖宇将军等抗日军民的刽子手牌位的鬼社祭祀，右翼头子安倍晋三虽然出访未去，却特意以内阁大臣名义供奉了供品"真木神"。而且安倍内阁的多名阁僚还扬言要前往参拜。果然事隔一天，10月18日，包括总务大臣高市早苗在内的三名女阁僚，公然"拜鬼"！

这是赤裸裸的挑衅，这是贼心不死的卑劣翻案，这是阴谋复活军国主义的险恶信号！

一日之间，对比如此鲜明：一边是壮烈的艰辛"打鬼"，牺牲惨重；一边是无耻的悍然"拜鬼"，气焰嚣张。时隔70余年（杨靖宇将军牺牲于1940年2月23日，距今七十又四年），事隔两个时代（新、旧中国），抚今追昔，两两相联，不是让我们联想起许许多多吗？

一句话，绝不该忘记侵略者的凶残，绝不能忘记烈士们鲜血写就的历史！忘记就意味着背叛！

正是在这个意义上，我们看到了京剧《杨靖宇》的极为强烈的现实意义，看到了剧组朋友们的爱国情怀，看到了中宣部、文化部为庆祝中华人民共和国成立65周年将该剧作为优秀剧目调进京展演的重要性和深挚用心。

习近平同志在北京文艺工作座谈会上指出："要把爱国主义作为文艺创作的主旋律，引导人民树立和坚持正确的历史观、民族观、国家观、文化观，增强做中国人的骨气和底气。"

依我看，《杨靖宇》一剧正好实践了总书记这个要求，完全可以视为进行爱国主义和历史观、民族观、国家观等宣传教育的辅助教材。相信进过剧场、看过演出的观众，只要不抱偏见，都会有切身体会。我亲历的演出现场的热烈反响，印证了我的判断。

习近平同志还指出："中华优秀传统文化是中华民族的精神命脉，是涵养社会主义核心价值观的重要源泉，也是我们在世界文化激荡中站稳脚跟的坚实根基。"他要求"结合新的时代条件传承和弘扬中华优秀传统文化，传承和弘扬中华美学精神"。

就《杨靖宇》而论，剧作在讴歌杨靖宇将军爱国主义情操时，挖掘和凸显了"精忠报国"的民族优秀传统美德，正好契合了习总书记的要求。选取这样的视角，也可以看作该剧的一大贡献。

杨靖宇是河南平顶山确山县李湾村人，河南正是抗金英雄岳飞的出生地。人们熟知，在岳飞的童年，有鉴于金人的抢掠骚扰、百姓遭罪，岳母便在岳飞背上刺上"精忠报国"四个字，以资激励。"岳母刺字"作为培育和颂扬爱国情怀的经典，不仅长存于说书人的书案，通俗小说家的笔下，而且保留在各地方各剧种的戏曲舞台，更津津乐道于老百姓世代相传的口碑之中。京剧《杨靖宇》的编导是有心人，他们把剧作的最高题旨和戏魂定在了"十年铁血百战身，精忠报国铸英魂"的颂扬和讴歌上，机智地把唱响爱国主义主旋律与弘扬优秀民族文化传统有机地结合起来了。

剧作第三场，浓墨重彩地状写了杨靖宇亲赴老爷岭说服大刀会首领关山红共同抗日的一段好戏。

关山红：我问你，为何敢以寡敌众？
杨靖宇：四万万同胞作后盾，同心协力杀豺狼！
关山红：人常说，以弱斗强家难安。
杨靖宇：你须知，倘若国破家必亡！
关山红：再问你，何来擒妖斗魔胆？
杨靖宇：只因为，"精忠报国"四个大字在心房！

一声"精忠报国"震撼了山大王的心灵，唤起了同仇敌忾的共鸣。是啊，有良心的中华儿女，面对凶残的入侵者，谁能不怒发冲冠、仰天长啸、壮怀激烈！谁不想壮志饥餐胡虏肉，笑谈渴饮倭奴血！两支抗日队伍联手共赴国难了，一对异姓兄妹，战友情愈浓了。

第五场，为掩护大队伍南坡转移和杨靖宇决定北坡诱敌之际，剧作再次推出了"精忠报国"的强大思想武器。面对这番生死抉择，关山红硬要留下来陪兄长共担，她的理由便是："哥，你跟我说过，中华儿女，要精忠报国！今天，报国的时候到了……要死，我跟你一起死！"好一番心的呼应，"精忠报国"蕴含的爱国主义情操更昂扬，也更炽烈了。

艺术拒绝"刻板"，忌讳"说教"；戏要好听，要好看。借一句当今通行的话便是要求思想性、艺术性和观赏性三者的统一。

其实，恩格斯早就提出倾向不靠剧中人用嘴说出，要从情节中自然流露。毛泽东同志也一向反对缺乏艺术感染力的"标语口号式"作品。习近平同志更在北京文艺工作座谈会上的讲话中批评了当前文艺创作存在的"抄袭模仿、千篇一律"及"机械化生产、快餐式消费"等问题，提出了更高的标准，文艺创作要"求精"——思想精深、艺术精湛、制作精良。

从我在《杨靖宇》现场观摩中获得的感受，深以为剧组的朋友们正是朝着这个方向在努力，而且取得了不俗的成绩。说它十分注重发挥京剧剧种的艺术优长，戏好听、好看，绝非过誉。

饰演该剧主人公杨靖宇的是剧院院长兼京剧团团长倪茂才。茂才宗承"高派"，深入堂奥，成就斐然，曾获中国戏剧"梅花奖"，上海"白玉兰"主角奖榜首，为中宣部全国宣传文化系统"四个一批"人才。他嗓音清亮、扮相俊美、做功潇洒、气宇轩昂。在《杨靖宇》中，他的诸多长项得到了相当充分的展示。

为诱敌只身躲进密林与日寇周旋的第七场是全剧的重场，也几乎是他的独角戏。从一定意义上说，这场压轴戏关联着全剧的成败。他交出了一份非常出色的答卷，把全剧推向了高潮，为剧作画上了一个完满的句号。

按规定情景，天寒地冻、雪深林密，他孤身一人和敌人周旋了整五天，身负重伤、弹尽粮绝，靠草根树皮甚至大衣里的棉花充饥，更靠"精忠报国"的一片赤心和坚韧不拔的意志支撑着应对。剧作借此深入他的内心，细腻地描摹他的感情世界。

"风如箭，夜如磐，密密层林重重山"，高亢激昂的唱腔，拉开了重场戏的帷幕。他思念突围战友的安危，他回顾投身革命的征程，他记挂远在家乡的妻子和女儿……思绪万千，感慨万端。"为抗战，五次入狱我心未悔，为抗战，别妻别女别家园。为抗战，亲手创建一路军，为抗战，团结民众入抗联。为抗战，杀敌灭寇已过万，为抗战，钳制敌军难入关。""十年来，身经何止数百战，用生命，守护这片国土家园。"朦胧中，他听到了妻子的呼唤，看到了女儿"躲儿"的身影。他清楚地记得10多年前只身离家干革命，妻儿受迫害，只能躲躲藏藏，女儿便被他戏称为"躲儿"，直至成年。他愧对家人，却也期盼着赶走倭寇、海清河晏的那一天，好好补偿补偿被亏待的孩子。"带你看看天池水，领你逛逛长白山。再看看我住过的木屋、密营，再尝尝山里的野果、清泉。""讲一讲棒槌爷爷的大烟袋，说一说十六岁那个小抗联。要记住关山红、高粱花、我的那些好战友，还有这奇寒大雪天……"可谓声声泪、字字情，牵动着台下观众们的心。

如实说，这声情并茂的大段唱，徐徐道来、情真意切、低回婉转、回肠荡气。不是高大全的豪言壮语，不是假大空的道德说教，而是充满人情味的心声：激情、深情、豪情、战友情、儿女情、故乡情等融为一体，听得过瘾，看得感动。我看单单有了这番视觉听觉享受，便不枉这番进剧场之行了。

该剧的演出阵营整齐，张蕾蕾饰演的关山红，刘治强饰演的棒槌老人，都很出色，为全剧添了光增了彩。给我印象很深的还有抗联战士等一批武功演员，功夫过硬，编导到位，那一番精彩开打和翻山越岭的跟斗，`蹦极上岩、吊毛下山、飞跨跃涧……让人大开眼界，也表明演出的严谨、大气。而这也正是京剧艺术魅力之所在，是为剧作的亮点和看点。

提点建议的话，有三条：

其一，斗争的严酷性、艰巨性要写足。1933年成立的东北人民革命军，1936年改编为东北抗日联军，杨靖宇任第一军军长。但抗联没有政府支持，没有军事编制，没有后方，也没有兵员、给养、弹药补给。靠什么？"没有吃没有穿，自有敌人送上前。没有枪没有炮，敌人给我们造！"靠战斗中缴获。然而《游击队歌》唱得浪漫，《游击队舞》跳得潇洒；现实却冷酷得多，严峻得多，断难完全依靠。再靠民众支援，联军建"密营"贮藏。然而日寇自1933年开始实行"集团部落"，强令老百姓"归大屯"。再筑高墙，建炮楼，挖壕沟，驻警备队……住户要登记"挂号"，来客人办"居留证"，串亲戚办"行路证"，下河挑水也要火印木牌，直至1938年陆续完成，硬是要割断抗日队伍与民众的联系，把抗联困死、饿死。据记载，仅杨靖宇将军游击的通化地区，烧房1.4万间，废弃耕地33万亩，强迁居民1.2万户。而全吉林省，在鬼子"三光政策"下，一年间，10万民众遭屠杀。把这些写透写足，更见先烈们的高风亮节，难能可贵。前者可从动摇变节分子（如叛徒程斌）的牢骚中透出，后者可从棒槌爷爷冒死送粮送盐中体现。

其二，收编义勇军，扩充抗联队伍，不要仅靠说服。按历史真实，当时绿林中的确有众多义勇军、山林队存在，如"老长青""朱司令""云中飞""三江好""青林""毛团"……杨靖宇为团结争取他们共同抗日，不惜为他们扶危解困。据记载，"马团""赵团"受日伪军进攻，危亡之际，杨司令就曾带队赶去解危。现剧中争取关山红的情节，如设计为杨靖宇于危急中解救，雪中送炭，就更有说服力。

其三，力避一般化、常见化情节，追求独特和独创。《杨靖宇》剧的确有独到设计、独特贡献，前边已提到，但也有些一般化的、似曾相识的处理。如第四场犬野诱降程斌、张若奚的情景，无论开局的歌舞伎献舞，犬野的抚琴而歌，以及后边重头戏：威胁、利诱、劝降等，其手段、语言都司空见惯，所在多有，缺少新意。艺术贵在创新，吃别人嚼过的馍不香。还希望剧组的编导朋友在这方面，再多下些功夫。

一孔之见，仅供参考而已。

2014年10月21日

"呆人"自有"呆福"
——看新版越剧《一缕麻》

2006年，杭州越剧院推出了新版越剧《一缕麻》。我是2011年5月，中国剧协第25届"梅花奖"评选展演中，在杭州看过现场演出的。一看之后，脑子里立刻涌现出三句话：替善良画像，为忠厚讴歌，对纯真礼赞，内心欣喜不已。我深感这是一出轻喜剧，好看好听好玩；更像一出寓言剧，内涵深沉而厚重。

但它问世之初却不是这样的。20世纪初，辛亥革命之前的1909年11月，包天笑的原创小说发表，揭示的是封建制度桎梏下包办婚姻给女性带来的悲剧命运：被迫嫁给呆傻人，不幸终身。呼吁的是妇女解放，婚姻自主。

最先推上舞台的是京剧。1915年首演于北京，齐如山编剧，梅兰芳主演，是齐先生为梅大师编创的第一个剧目。基本情节仍旧是：林知府之女纽芬，许配给钱道台的呆傻儿子。新婚之夜，纽芬突患白喉，家人侍女都怕传染而远离，唯独呆少爷真情侍候。小姐病愈，呆少爷却染白喉身亡。小姐醒来，发现头戴一缕戴孝之麻，方知丈夫已为己而死，悲痛至极，自裁以殉！作为警世之作，该剧深刻揭示了包办婚姻的危害，切中时弊，反响强烈。特别是结尾处将原小说的无奈"守节"改为决然"自尽"，极大地增强了悲剧效果。梅兰芳大师的表演也从上演时装新戏中实现了创新和拓展。

30年后，该剧又被改编为越剧，搬上了上海明星大戏院舞台。1946年，由成容编剧，南薇导演，袁雪芬、范瑞娟主演的越剧时装剧，也获得了极大成功。袁雪芬（饰女主角慧芬）的"洞房哭夫"："叫声少爷哭声夫，我今日觉悟悔当初。"与她在《梁山伯与祝英台》中的"哭灵"，《香妃》中的"哭头"，共称

"尺调三哭"。范瑞娟（饰男主角呆大少爷）的"洞房看妻"："……真好看，要比我妈妈还好看。"均为名段，不时选用，吟唱至今。

1983年，湖州市越剧团将其改为古装版，编剧仍为成容。1998年，胡小孩编创的越剧电视剧推上了杭州台和中央台。

这是既往的历史，一部《一缕麻》由小说到戏剧，绵延上百年，真可谓源远而流长。

如今，杭州市越剧院又拿起了这一老题材，推出一部崭新的戏。"新"在哪里？依我看，似乎可以这么说："新"在主题的提升，"新"在基调的转换，"新"在情节的异变，"新"在内涵的开掘，"新"在与时俱进的追求。

说主题。原创小说和改编本京剧、越剧，都定位在揭露批判封建婚姻制度对女性的戕害，写妇女在包办婚姻下的悲剧命运。这无疑有着强烈的现实针对性，富于战斗精神。这方面的许多作品，至今仍然有认识作用、警示意义和审美功能。以"梁山伯与祝英台"为例，不但许多传统剧目常演不衰，而且还常常被改装易容，比如，越剧就有茅威涛的新版《梁祝》。越剧新版《一缕麻》的编者，也许感到泛泛的反封建主题不再新颖，而另辟蹊径吧，他们在保留揭示包办婚姻弊端指向的同时，把侧重点放在了礼赞纯真、讴歌善良、褒扬美好上，大大加重了男主人公"呆大"的笔墨，让他承载创新主题的重负，进而实现了剧目意旨的延展升华和内涵的丰富厚重。

习近平同志最近强调指出："追求真善美是文艺的永恒价值。""我们要通过文艺作品传递真善美，传递向上向善的价值观，引导人们增强道德判断力和道德荣誉感，向往和追求讲道德、尊道德、守道德的生活。"《一缕麻》堪称这方面的佳作。

我注意到新版在开场的主题曲中就突出地点明了这种新的追求。

> 人之初，性本善。
> 性相近，习相远。
> 蚕吐丝，蜂酿蜜，
> 芳香心甘甜，善美也天然。
> 春色暖！

剧作要写出人性的真、善、美，弘扬这种真、善、美，把它置于中心地位，并视为第一主题。在作者看来，这种美的品性，来自天然："人之初，性本善。"因祸得福的是呆大因"呆"而未受外界不良习俗的污染，逃脱了"性相近，习相远"的窠臼，依旧存留了那一派天性中的童贞与纯洁，仍然葆有那一派天赋中的无私与真诚。

有关人性善恶的论争，在我国古代可以追溯到春秋战国时期。孟子是公认的"性善论"代表。他认为，人有"不虑而知"的"良知"，"不学而能"的"良能"，有天赋的仁、义、礼、智等道德意识，有着"恻隐之心""是非之心""羞恶之心"等。荀子则主张"性恶论"，即"人性恶，其善者伪也"，很有点犹太教的"原罪论"的味道。在西方哲学界，也照样有各色不同主张。争来辩去，延续至今。前些年举办的中外大学生论坛，不是还以"人性善""人性恶"为题，开展过一场有趣的争辩嘛。

不过，在我看来，这种抽象的人性善恶的论争很难有公认的皆大欢喜的结论，争论也许还会一百年一千年地争下去。

我以为，人性应该区别为自然属性和社会属性。饿了要吃，渴了要饮，是为自然之需，无须做"善或恶"的道德评判。孔子说，食色，性也。人要生存，人类要繁衍。表面看来，似乎也是共有的"人性"。然而对吃来说，"吃糠咽菜"是吃，"水陆罗八珍"也是吃！鲜花钻戒求婚是求爱，阿Q面向吴妈说"我要跟你困觉"也是求爱，其间的差别何止千万里！喜怒哀乐也算是人类共有的情感了吧，但鲁迅先生指出：石油大王并不懂得北京捡煤渣老婆子的酸辛，贾府的焦大也并不爱林妹妹。拉来扯去，我还是认可马克思的说法："人的本质并不是单个人所固有的抽象物。在其现实性上，它是一切社会关系的总和。"从人的社会性的视角看问题，我倒以为：人之初，性本尢。性相同，习相异……

回归到本题，我并不认为《一缕麻》的编者是要在这场论争中表态站队，要以创作实践介入这场论辩，他是在编织寓言故事，把美好寄寓于童贞，把善良附着于呆傻。这样一来，呆大的形象丰满了，升华了。他正是源于不谙时务的"呆""痴"，成了葆有纯真、忠厚、善良的代表，成了真、善、美的化身。而这也同时从另一侧面鞭挞了诱使"习相远"的物欲横流的污秽的现实生活。编者，有心人也。

在情节调整和基调认定上，编剧将全剧的结尾做了颠覆性的大改动：让呆大死而复生。

灵堂里,从死神身边转了一圈归来的素云小姐正披麻戴孝、痛彻心扉地完成剧本为她设定的大段唱:"素云我,丹桂飘香为君妇,今日里,方在灵前哭声夫!""我被逼无奈嫁荣府,你童心未泯本无辜。""洞房夜,我白喉缠身病入魔,花烛前,你自身安危全不顾。你送汤,一口一口亲自喂,连累你,染上白喉命呜呼。""你,至诚之心天可鉴;我,神前盟誓,为你守孝,焚香诵经,晨钟暮鼓,日夜佩戴一缕麻!"此刻,突然棺材里发出"水""水"的呼声。呆大复活了!而且呆傻全无,儿时落水西湖留下的病根也清除了。正是好人有好报,呆人有呆福!

这番改动笔墨不多,却受益甚丰。原小说以小姐"守节"作结,舞台剧以小姐"殉情"告终,都是控诉性的大悲剧,如今变作大团圆的喜剧收场。粗看起来,似乎落入才子佳人历经磨难终于团圆的俗套。其实不然,基于前边谈到的主题换位、内涵扩充、题旨升华种种,委实堪称小改大提高,小动动出了新面貌。

相应地,全剧的格调也赫然一变:由大悲剧转而为轻喜剧。我注意到,编导有意识地把轻喜剧风格贯串全剧,呆大那些呆傻言行举止不仅刻画了人物,增添了情趣,也形象地衬托了主题,诠释了意旨,使得全剧轻松和谐,妙趣横生。我卷首说看了一出好听、好看、好玩的寓言似的新戏,的确是切身感受。

要说点建议的话,有两点:一是既然主旨改控诉包办婚姻为讴歌真善美,改大悲剧为喜剧收场,呆大复活,不再痴呆,预示这对夫妻未来幸福美满,那么此前小姐和师兄青梅竹马的爱情笔墨就需要削减,原设计为悲剧主题所需,主旨既改,再予强调,就不尽协调了。二是新娘患白喉中医诊断,用了牵绳号脉的手法,不很恰切。一则患者非皇后格格,身份没那么高贵;二则时序已到20世纪初,妇女不在深闺。单纯追求闹剧效果而不顾及可能和可信性,似可斟酌。

真个言犹未尽。我还想说一点:这个戏推出了新人——呆大的扮演者徐铭。徐铭,师承范瑞娟,作为范老师的关门弟子,她深入堂奥,深得真传,向来有小范瑞娟之称。她音色醇厚,扮相俊美,形体洒脱;刻画人物形似神似,入木三分。前边提到她参加了在杭州举办的中国剧协第25届争"梅"展演。展示中,她以出色的表演征服了评委,申报时并不靠前的她,在评比中却以高票中的，斩获"梅花"，且名列前茅。泄个底吧，作为"梅花奖"评委，在杭州评奖席上，我也心服口服地高高兴兴地投了她一票。

在这里，祝她百尺竿头，再攀新高！

更期盼杭州越剧院再推新作，再树新人，再创佳绩，争当越剧领域排头兵！

2014 年 12 月 7 日

品戏杂感拾零
——第七届中国京剧节归来

2014年11月10日至22日，飞越19年，第七届中国京剧节又回到了海河之滨——敲响首届京剧节锣鼓的地方。我真算得上是幸运老汉，有缘亲历了天津承办的这两次京剧艺术盛会，还忝居评奖委（首届）和评议委（本届）行列。零距离接触，多侧面聆听，既享受了京剧艺术盛宴，又受益于诸多论说高见，真是恭谨进梨园，身心两丰收。

节罄返家，沉下心来，梳理一番，便有了这篇"品戏杂感"。基于评议组一分为二，我只看了半数展示，自然管中窥豹，断难全面，零零碎碎，不成体统，倒是努力按习近平同志"说真话，讲道理"的要求，有好说好，有问题说问题，不揣浅陋，捧出来，就教于朋辈、专家、爱好者、有心人……

一、开门见喜，仍觉有得有失

11月10日，第七届中国京剧节举行开幕式，观赏了天津青年京剧团倾情打造的新创历史剧《钦差林则徐》。

我的突出感受是：其一，主创阵容强大。编剧是著名剧作家梁波，堪称金牌编剧的梁波，以《贞观盛世》《廉吏于成龙》（均与长期搭档戴英禄合作）等囊括各项大奖，享誉剧坛。作为天津市文化局的老局长，尽管大病初愈，仍是护犊情深，倾力打造。著名导演张曼君主导（白云明同导），被誉为21世纪杰出导演的曼君，佳作多多，第十届中国艺术节戏曲金奖榜首的《花儿声声》、大奖《八子参军》便是她的导演新作。作为天津市高价引进的杰出人才（现任天津歌剧院副院长），也自然竭诚为"伯乐老板"尽心尽力，大展才艺。演员班子则包含了孟广禄、刘桂娟、石晓亮三朵"梅花"，以及卢松、刘铁杰、刘树军等久负盛名的大家、名家。戏曲是"角儿"的艺术，光这演出阵容就具有极大的号召力和吸引力。这样的组合绝对称得上名副其实的强强联合，开门见喜，出手不凡。

其二，视角独特，内容新颖。人们熟知林则徐是广州禁毒、虎门销烟（烧毁鸦片）的抗英民族英雄，打响了我国近代史上抗击外侮的第一枪。狡诈的英军虎门失利，挥师北上，一路横行，直达天津。腐败的清王朝为讨好敌寇，林则徐便功臣变罪人，被贬谪新疆……以往以林则徐为题材的创作多半在这条主线上：矛盾尖锐，情节曲折，主人公命运大起大落，有戏好写，有文章好做。有意思的是《钦差林则徐》完全脱开了习见的路数，写的是林则徐作为禁毒钦差，赴广州就任的路上！着力展示的是他谢绝排场、不事费糜，坚拒行贿、不受礼金的做人准则、道德操守和清正廉洁的为官之道。并借以预示，如此高风亮节之能臣来广州禁毒，必将有大作为，大成就。这种独辟蹊径，发人所未发、道人所未道的艺术创新精神，委实值得称道。同时，剧作力求观照现实、以史为鉴的用心也非常可贵。有同人概括该剧的特点为"四性"：题材发掘的独特性，立意鲜明的时代性，风格独具的平民性，继承传统的创新性。

我表赞同。本届京剧节借该剧的锣鼓，的确敲响了"开门见喜""开门红"！但我觉得这样的视角选取和搬上舞台的实践处理有得也有失，得失参半。这是因为就总体来说，人们期盼的抗击英寇的悲壮剧变作了状写廉吏的清官戏；而在拒腐倡廉方面，又流于所在多有的泛泛笔墨上。相对于同一作者的《廉吏于成龙》，就明显地相形见绌。可以这么说，就写林则徐论，具有独特性和独创性；就清官戏论，则嫌流于平凡和庸常。比如每次拒贿，对象有不同，情景有差别，但主动权都在主人公手里，不接受就是了，并无多少内心矛盾与挣扎。这种"顺着写"的路子缺乏矛盾的尖锐性和可视性，就"写戏"而论，确乎并非上选。剧作还写了钦差大人掏钱买戒烟药襄助戒毒等一系列善行，但无非做好事的叠加，而堆砌好人好事向来是编剧的忌讳。又，编者太急于联系现实了，诸如京都房价太贵，一品大员只靠俸禄也买不起宅第等，观照当今的痕迹都太显露了，似有"思想大于艺术，理念大于形象"之嫌，宜慎之鉴之。

二、大义凛然，能否更加诗化

《屈原》是北京京剧院近期精心推出的力作。该剧起点高，阵容整齐，表现了屈原精神中蕴含的中华民族优秀文化传统。浪漫情怀飘逸，诗化氛围浓郁；荡气回肠，大义凛然，让观众动情、动容、动心。首演以来反响强烈，收到了良好的效果。诚如院领导所期盼，该剧已成为具有北京京剧院风格特色、可望长期保留、充满人文底蕴的厚重之作。

对我而言，印象最深的是三点：其一，年轻编剧敢碰这个题材，而且获得基本成功，不仅勇气可嘉，胆识可贵，并且出手不俗，功力厚实，可喜可贺。其二，凸显了屈原忧国忧民的爱国情怀，高扬了爱国主义这一永恒的主旋律，富有强烈的现实意义。其三，较好地编织了矛盾冲突，戏剧性强，全剧环环紧扣，情节抓人。再加上起用了全院近年涌现出的优秀青年才俊，青春靓丽，表演出色；卓有成就的著名戏曲音乐家朱绍玉担纲作曲，唱腔设计上乘。真正做到了既好看又好听，思想性、艺术性、观赏性有机地结合起来。

有关戏剧性，我想多说几句。我以为该剧这方面的成就尤为突出。按说用舞台剧的样式表现屈原，难点之一就在这"戏剧性"上，即如何讲一个抓人、引人、感人、动人的好故事。在战国末年、七雄争霸的背景下，在楚怀王昏庸、南后擅权的朝廷中，屈原执意改革求变、抗连横护国基，却阻力重重，终至遭谗被逐，流放汨罗，国破沉江。这诸多事件、争斗、角力，剧作家胸有全局，层层揭开，错落有致，做到了场场有戏，矛盾交叉推进，直至高潮。可以说，就"编"剧而论，作者展示了日趋成熟的内在能力。

说点期盼，就是希望编者再读《离骚》，深读《离骚》，吃透《离骚》，悟透《离骚》！把个中的"魂"，"诗化"到作品中，让剧作更富诗的意境，诗的情怀，充溢着浓郁的诗情画意，无愧于爱国诗人屈原这座"中国文化的丰碑"！

三、草原曼巴，请描写心路历程

甘肃省京剧团给京剧节带来了大型现代京剧《草原曼巴》。曼巴是藏语，"医生"的意思。该剧是根据20世纪50年代红色医生李贡和2010年度感动中国十大人物之一王万青的事迹加工创作而成的。

评论组的专家们一致认为这是一出歌颂英雄医生、弘扬民族团结的好戏，主题立意积极，思想感情厚重，令人感动。剧本着力描写汉族医生杨致远主动要求到藏乡草原，为藏民防病治病，同甘共苦，还在这里获得了藏族少女的爱情，汉藏一家，骨肉情深。有机地实现了英雄主题、时代精神与核心价值观的和谐统一。民族团结，和睦相处，携手共建美好家园，同圆强国美梦，永远是核心价值观的重要构成，永远是共同面对的头等大事。甘肃省在条件十分艰苦的情况下，顽强拼搏，打造好戏，这种精神令评议专家们非常感佩，盛赞不已。

同时也指出了需要再加工的地方。一是主人公思想起点过高，全剧几乎看不到他内心有何交集，有无波动，显得单一化、平面化。剧作虽然点出他家庭出身不好，但这些似乎从未影响过他。观众不大明白：作为重点医科大学毕业的高才生，怎样"分配"到藏乡草原？从大城市来到缺医少药的草原，他心里怎么想？他如何战胜生活的艰苦和内心的寂寞？他如何战胜自己？……如果能把笔墨放在状写他的心路历程，展示他的内心成长，可能会更亲切可信，更光辉感人。有些情节设置还不尽合理，需再加斟酌，如冒生命危险亲尝草药，很不科学；为扎根草原，放弃医学院读研深造（完全忘了提高之后可再回草原），也不大可信。

再做加工，定前景光明。

四、讴歌英烈，期盼推向新高

吉林省京剧团参演的大型革命历史剧《杨靖宇》引起了非常强烈的反响。

2015年是世界反法西斯战争胜利70周年，也是中国抗日战争胜利70周年。而杨靖宇将军正是中国抗日史上第一位受党指派到东北组建抗日联军，打击日本侵略者的民族英雄。吉林省的朋友们是有心人，他们在这个特殊的日子，将在吉林这块土地上抗击日寇的英烈搬上舞台，确实深入人心，意义非凡！

习总书记在北京文艺工作座谈会上指出："要把爱国主义作为创作的主旋律，引导人民树立和坚持正确的历史观、民族观、国家观、文化观，增强做中国人的骨气和底气。"《杨靖宇》正是一出弘扬爱国主义主旋律，增强做中国人骨气和底气的佳作。习近平同志还指出："中华优秀传统文化是中华民族的精神命脉，是涵养社会主义核心价值观的重要源泉。"他要求"结合新的时代条件传承和弘扬中华优秀传统文化，传承和弘扬中华美学精神"。《杨靖宇》正好利用杨将军河南人这一特点，将岳母为岳飞刺上"精忠报国"的故事引入，把剧作的最高题旨和戏魂定在了"十年铁血百战身，精忠报国铸英魂"，这就把历史和现实、传统文化精华和当今核心价值观有机地联结在一起了。收拢关山红这支民间武装的时候，就是杨靖宇那一声"精忠报国"的呐喊震撼了山大王的心灵，唤起了同仇敌忾的共鸣。也是在"精忠报国"的昂扬轰鸣中，杨靖宇将军和他结拜的义妹，壮烈牺牲，共赴国难！

该剧演出阵容强大，主演倪茂才非常出色，曾夺"梅"并获"白玉兰奖"榜首；张蕾蕾饰演的关山红、刘治强扮演的棒槌老人都很见光彩。总的来看，不失为同类题材剧作的佼佼者。

但尚有提高余地。一是写足斗争的艰苦性和残酷性。1936年，全面抗战尚未展开，杨靖宇组建的东北抗联不被国民党政府当局承认，无编制，无给养，无弹药补充，一切靠自己。鬼子搞"集团部落""归大屯"，断绝了后方。叛徒告密，储藏粮食弹药的"密营"被毁。天寒地冻，弹尽粮绝，他们经历了难以想象的艰辛。杨将军牺牲后，鬼子解剖尸体，胃里只有草根、树皮、棉花！二是收编义勇军只靠说服，缺乏戏剧性。三是有些情节一般化、模式化，如诱降纳叛。四是留有样板戏的印痕，应尽量避开。五是解决好传统武打手段在现代战争中的应用。

期盼充分听取各方意见后认真加工，以更新的面貌迎接明年抗击日寇胜利70周年大典。

五、京调《知己》，两剧各有千秋

本届京剧节上出现了一段有趣的佳话：一部话剧《知己》，被同时改编为京剧，同节上演，闪亮登场。一是上海大剧院推出、李莉改编的《金缕曲》，另一是台北新剧团推出的李宝春京剧新戏《知己》。我有幸三台戏——两出京剧加原著话剧都看了。

我和郭启宏是相识相交三四十年的老朋友了。他的戏，话剧也好，京剧、昆曲也好，评剧、河北梆子也好，似乎都有缘观赏过。话剧《知己》是他近年的新作，是他历经沉浮、洞察世态，省视内心、感慨系之的作品，是他"老而弥坚"、顽固依旧，骨鲠在喉、不吐不快的作品。这出描写清初知识分子命运遭际、思想性格发展、或坚守或被扭曲的戏，在我看来是一出让人感慨万千的作品，一出令人浮想联翩的作品，一出使人深长思索的作品，一出叫人回味无穷的作品，一出一眼看不透的戏，一出看后各有感悟的戏。说它是启宏椎心泣血之作当不为过。借古人的酒杯，浇自己心中的块垒，此之谓也。

两出戏的改编都是成功的。在内涵的把握上，如果说有些差别的话，便是《金缕曲》显得更加心慈，更为手软——改编者为女性之故？经受了流放宁古塔的非人折磨，昔日狂傲不羁的江南才子吴兆骞已经蜕变为苟且偷生的卑琐小人，李莉女士却给了他一线阳光。她"因为深爱"，"更愿意看到吴兆骞，在历经磨难后闪现出的心底明光"，"尽管这明光一闪即灭，但至少能让人因此而感觉人心向善向美的渴盼"，因而她"在改编中掺和进了些许人心本善的向往和执着"，全剧结局便和原话剧有些差异。台北新剧团李宝春版似乎更接近原著，它让沦为卑琐小人的吴兆骞四处叩拜，奴相十足，丑态百出，展现了批判的尖锐性和残酷性。两剧取舍有异，都未背离原著的主体精神，都能自圆其说，这也给放手改编多种追求以启迪。

舞台呈现上，《金缕曲》起用了豪华阵容：关栋天、陈少云担纲主演，邓沐玮、丁晓君、金喜全联袂演出，剧场效果甚佳。

有专家声言：该剧是真正引领京剧走向现代的作品，实现了从话剧到京剧的完美转化。我个人以为，从剧本主旨内涵开掘的深沉厚重，人物形象的鲜明丰满，舞台呈现的完整感人，该剧可以视为本届京剧节的翘楚。

台北新剧团版有极可贵处。该团团长、首席领军李宝春先生一身三任：京剧改编本编剧、导演，同时担纲饰演主角之一——吴兆骞。剧本中规中矩，颇富文采；导演调度有方，节奏流畅；表演自然熨帖，唱做俱佳。似可商榷的是：表演采用京昆两下锅，吴兆骞京扮京腔，顾贞观昆扮昆调，给人感觉有些不尽协调。特别是顾贞观性格豪放，气势凛然，以昆生小嗓唱来，柔婉有余，刚烈不足，与人物形象有距离，不尽如人意。又剧中让宁古塔流放犯们扭起类似大陆"文革"中的"忠字舞"之类的动作，和总体风格不相符，也可删削之。

六、闭幕硕果，何妨赐婚求安

11月22日闭幕式，表演的是天津京剧院的重头戏——《康熙大帝》。

又一个强强联手的主创班子。编剧周长赋，这位福建才子早就以话剧《沧海争流》、莆仙戏《秋风辞》、昆剧《景阳钟》、京剧《飞虎将军》等佳作享誉剧坛。导演谢平安，蜀中才俊，佳作累累，川剧《死水微澜》《变脸》《李亚仙》、京剧《廉吏于成龙》、眉户剧《迟开的玫瑰》，名列精品大奖的作品能说出一长串。和天津京剧院上次合作是推出王平获"二度梅"的《华子良》。惜乎斯人仙逝，我少了个杰出乡友，惜哉，痛哉！作曲是京剧音乐名家续正泰，还有舞美名家王卫中、周正平、蓝玲等加盟。演出阵容：院长、"二度梅"得主王平饰康熙，斩获"一度梅"的程派新秀吕洋饰淑妃，"青京赛"金奖得主闫虹羽饰兰儿，另一得主王嘉庆饰葛尔丹……果然气度不凡。

一出题材重大、大气磅礴的好戏。剧作以收复台湾为背景，平息葛尔丹叛变为主线，浓墨重彩地塑造了康熙大帝的形象。康熙是我国古代史上大有作为的帝王，他8岁登基，14岁临朝，执政长达61年。他除鳌拜，废圈地，平三藩，逐沙俄，收台湾，荡平漠西葛尔丹。经他的手确立了中国版图，开启了康乾盛世，可谓雄才大略、文治武功兼备的一代明君。

幕启，康熙正派施琅率水师收复台湾，漠西蒙古族首领葛尔丹趁机作乱。为避免战略上陷入两线作战、腹背受敌的被动局面，康熙确立了剿南抚北的战略，忍痛将爱女兰儿格格下嫁葛尔丹，暂时稳定西北局势。全剧便围绕葛尔丹求赐婚、两难决策，忍痛允婚、送别爱女，野心复萌、分庭抗礼，勾结罗刹，犯上作乱，平息叛变、兰儿蒙难等这条主线敷衍开来。

剧作极力展示康熙作为大政治家、国家统帅的眼光、胸怀、气度、谋略；又细致入微地坦陈他的内心世界：对女儿的疼爱，牺牲女儿的无奈，对爱妃的愧疚，对朝中百官不理解又无法说清的无言……活脱脱地捧出了一个有血有肉、有人性、有人情的丈夫和父亲。家国情、夫妻情、父女情洋溢于全剧。立在舞台上的康熙，是一个高大挺拔、能撬动历史的大人物，又是一个拒绝高大全、摒弃简单化的血肉丰满的艺术形象。光凭这一点，就应该给剧组记一大功。

说点陋见。这条主线的故事编织还有待密针线处，如葛尔丹请求赐婚，做了几手准备？允婚如何？遭拒又如何？既赐嫁格格，婚后又感情甚笃，且育有一子,又何以再叛?置爱妻爱子于何地?他中途晋京摸底,目的何在?不带一兵一卒,又大胆叫板,要承继成吉思汗的事业,公开对抗,不怕康熙当场翻脸,就地处死?兰儿格格死于乱军,这笔账如何记?……

作者分明知道,兰儿格格,并无其人;葛尔丹求婚,史无其事。编者是从电视剧的虚构中得到启发,据此编织的故事。既然如此,我倒有个大胆的建议:依旧以这段婚姻故事为主线,不过,更彻底些,干脆写康熙为"南伐北稳"的战略,主动赐婚,借联姻笼络之,安抚之。稳住一时,以观后效。如此,则前边提到的侧漏处更好弥补,更易编圆。

其实,王公贵戚间的联姻从来都是政治行为,为利益所需,"爱情"并无发言权,恩格斯早就指出过。写康熙主动赐婚,则内心斗争更尖锐,牺牲更大,戏剧性更强。这些我曾面陈王平院长、周长赋编剧。一孔之见,做不得数的。

2014 年 12 月 19 日
(原载《戏友》2015 年第 3 期)

第七届中国京剧节剧目点评

京剧《钦差林则徐》座谈会纪要
（2014 年 11 月 11 日）
主持人：吕育忠

康式昭：廉吏中的新形象，但有得有失

天津市青年京剧团向来是人才济济，好戏迭出，他们这次又拿出了一台新戏、好戏，我充满了期待。我对《钦差林则徐》这部戏总体的感觉是：二度优于一度，演员优于编导。这出戏的演出阵容非常强大、可观。戏曲是"角儿"的艺术，演员好，发挥好，这就保证它已成功了一半以上。

这个戏可以说是别出心裁，写林则徐作为钦差大臣赴广州禁鸦片途中的一些遭遇，主旨却变为了写一个拒贿赂拒费糜的廉吏，是为廉吏系列中的一个新的形象，这种写法确实给我们一个非常新鲜的感觉。有其独到之处，但也是"有得有失"。整部戏可以从林则徐身上看见其光辉品格，是为写禁烟功臣林则徐的崭新视角，但就塑造廉吏形象而言，却显得平庸，缺乏新意。林则徐只是在受贿和不受贿上表态，属于顺着写，缺乏戏剧性和矛盾冲突，会让人觉得只是在展示好人好事。这是写戏的忌讳，戏要有冲突、有矛盾。我曾经看过梁波写的很多戏，我很钦佩他，如他和戴英禄合作的《廉吏于成龙》就高明得多。从他已经达到的高度和这个戏可能达到的高度看，我觉得还有很长一段路要走。

对这出戏还有一点感受，就是"思想大于艺术，理念大于形象"，戏的思想非常健康、正确，跟曾经出现过的那种解构、颠覆的创作和批评倾向划清了界限,这是非常好的。他没有搞"解构"导出消极的谬误,而是弘扬了正气,完全符合我们当前的文艺为人民的创作需要。

京剧《紫袍记》座谈会纪要(A组)
(2014年11月12日)
主持人:仲呈祥

康式昭:考量情节 重视内心
该剧同戏说以及解构、颠覆划清了界限,是一部严正的历史剧,许多剧情都有一定的历史依据,但是这又似乎带来了一种被历史束缚手脚,难以发挥的感觉,应该虚构的地方可以虚构,要考虑到如何能更抓住观众。剧中疏漏也有待弥补,特别是狄仁杰被陷害入狱一事,显得突兀,没有铺垫。而后说狄仁杰入狱是武则天为了考验他,又放他出狱,更显得做作。该剧情节显得平,缺乏打动观众的亮点。可以说该剧已经在高原上了,离高峰还有一定距离,狄仁杰劝武则天不要立武三思为太子时说"未闻姑母配享太庙",这击中了武则天的"软肋"。这时候应该给武则天加一点戏,把戏做够,展示她内心的想法。

京剧《草原曼巴》座谈会纪要(C组)
(2014年11月13日)
主持人:康式昭

康式昭:尊重京剧艺术规律,弘扬时代主旋律
第一,对京剧团表示敬意,对于院团所面临的困境很有感触,院团的排练和演出能够坚持下来,这种精神很值得敬佩,能把自己的戏送到全国舞台来展演,这是一个很好的成绩。第二,这个戏弘扬了主旋律,歌颂了民族团结,汉藏一家;歌颂了和谐生活,共同发展社会主义建设事业,特别符合国家倡导的创作方向。我们的主题是民族团结,歌颂民族团结对当前稳定大局有积极意义,舞台需要这样弘扬正能量的戏。选择这样的题材,歌颂这样的人物,是主流价值观的正确选择。第三,从舞台呈现来看取得了阶段性胜利,人物性格设定、故事情节安排都很合理,服饰和音乐渲染了很浓郁的民族风情;音乐唱腔设计是一流的,两个主演很出色，从演出现场来看，取得了很好的成绩，没有辜负老师们的希望。

不足和建议：1. 人物起点写得很高，再往上写就只能是好事的叠加。2. 剧中"尝药"的段落没有尊重科学。这不是一个细节，是一个大情节，身为医生的人都知道，有毒副作用的新药实验不能用在人体上，通常是用在动物身上。这个情节本身不合理，建议一定要改一下。3. 大段唱的安排设置不大合适。在危急的情况下是不应该有大段唱的，这和急迫的形式是矛盾的。要尊重戏曲艺术的规律，一定要唱在点子上。

京剧《金锁记》剧目评论会纪要
（2014年11月14日）
主持人：仲呈祥

康式昭：舞台灵动　处理恰当

该剧舞台效果好，十分鲜活、灵动，演员的演唱也十分出色。坚守了京剧传统和京剧本体，而又采用现代音乐元素。导演充分利用了舞台空间，使整个舞台动了起来，似乎延展了舞台，恰当地处理了表演中的动静关系。采用了歌队的表现手法，以此来介绍人物，帮助剧情推进，符合虚拟的、假定的戏曲表现艺术规律，是对西方舞台表现手法的合理、灵活的借鉴和利用。开始处的歌队有点拖沓，到中后部显得比较自如。张爱玲的原著给了导演以发挥的空间，演出也体现出了"灵、动、活"的特色。但是我们也应该对张爱玲的原著加以甄别，做到"有鉴别地对待、有扬弃地继承"，避免盲目性，要有批评、有分析、有鉴别、有判断。在展现人性复杂的同时，应该首先考虑到人的社会性。该剧对于一些情节的设置还有待商榷。

京剧《月照塞北》评论会纪要
（2014年11月15日）
主持人：仲呈祥　康式昭

康式昭：弘扬爱国情怀，剧情还需提炼

看了这个戏以后，感觉这是少数民族题材戏剧的新收获。少数民族的戏是

我们戏剧舞台上非常重要的一个支脉，它有着非常特殊的意义与价值。这个戏歌颂了汉族女性王竹青，她继承了丈夫的遗志，不顾个人安危，在艰苦卓绝的环境中，利用她的医术实现了丈夫的遗愿，最终献出了自己的生命。就人物的女性特征而言，她的行为是可信的，她的形象是丰满的，演员的演出是出色的。这个戏传达给我们一个信息是民族要团结，剧作全力塑造一个为了民族团结抵御外辱，巩固边疆而做出伟大牺牲的汉族女性。它的主题是积极的，它宣传的是正能量，符合了我们主旋律创作的要求。我是从心眼里敬佩我们的剧组，而且我也喜欢这个戏，它给了我们艺术上的享受。

谈点希望：一、唐天宇因上"安边策"被发配到宁古塔。安边策是什么内容激起了皇上的大怒，为什么获了那么大的罪，需要说清楚。二、两种武装力量的误会是基于敌对势力的挑拨，其实大家早就明白了，但就是没有早早沟通，这里还需要再调整。三、小格格的性格非常突出，因为从小受到恩宠，所以有些刁蛮，但当她的丈夫在矛盾中被打死的误会早已消除的时候，她还要坚持投毒，这种行为的根据就不充分，说服力有欠缺，处理显得还有些随意。总之，在编剧方面再密针线，把它说得合理一些，符合事件的发展逻辑，符合人物思想发展的逻辑，符合人物性格的需要。

京剧《安国夫人》剧目评论会纪要
（2014年11月16日）
主持人：仲呈祥

康式昭：兵强马壮　精彩纷呈　中规中矩　国家水平

首先我要对瑞环同志编剧和国家京剧院的剧组表示敬意和谢意，他们又奉献了一台京剧节的佳作，好戏。我的感觉可以用四句话表达：兵强马壮，精彩纷呈，中规中矩，国家水平。看起来非常过瘾。满台的角儿，包括龙套，一个是一个。中规中矩不太容易，坚持了京剧的本体，应该说代表了国家京剧院的水平。昨天这个戏，我觉得瑞环同志确实是有心人，他不只是用他自己能够调配的资源来扶助我们的国粹京剧，包括音配像工程等一系列活动，功德无量。同时，他自己又亲自执笔，费尽心思写剧本。现在写剧本还很短缺，写剧本的队伍很小。瑞环同志以他的高龄精心研究相关的材料，提炼出新的梁红玉的形象,这点非常值得尊敬。剧作塑造了梁红玉更加丰满、更加完整的艺术形象。给我们艺术享受的同时,让我们获得新的知识、新的信息。看了这出戏后,我感觉梁红玉这个形象加强了,并且丰满了;再就是主演董圆圆确实是文武全才,唱、念、做、舞俱佳,剧中充分展示了她的才华。龙套演员的表演非常严谨,非常严肃,真正是"一棵菜"。整台戏在艺术呈现的完整性方面达到了相当高的高度。

我还要讲一点建议,第二场梁红玉出场的时候一段唱主要讲了一个意思,就是金兵犯境,她对国家安危的担忧。我主张加上她对朝廷兵变、皇帝被逼退位的忧虑。让她从一开始唱就与总的故事衔接,跟当时环境衔接,不用很多,几句就行,甚至在丞相来之前,她对他也有所误解,让她多一点戏。再就是整体上戏词写得不错,但个别地方直白了一些,太口语化了。

京剧《如姬》剧目评论会纪要
2014 年 11 月 17 日
主持人:康式昭

康式昭:演出精彩　编排得当

"窃符救赵"作为戏剧题材,我最早见到的是郭沫若的话剧《虎符》。如姬在赵国危难之际窃符,送给信陵君,夺取兵权。这个剧以如姬为第一主人公,以她为主线来安排情节,戏剧故事围绕着她来展开,与话剧有很大的不同。该剧由两个京剧院团合作,同时邀请了孟广禄等国内多位知名演员、导演、作曲加盟,这也使得李亦洁得到了新的发挥空间,可以说是一次成功的实验。两位主演为该剧增光添彩。该剧让我更加深入地体会到了戏曲所具有的丰富的表现力。戏曲讲究写意、虚拟和假定,这是戏曲的精彩之处,不是追求写实。戏曲不同于话剧,对于想要重点表达的内容,可以进行充分的表现。戏曲讲究细化和重复,要落到一个点上,用一切办法反复强调,让它淋漓尽致地表现。这出戏中把"窃符"扩充为一场戏,充分反映了戏剧冲突,充分体现了戏曲的优点和优势。导演和编剧比较重视剧情的合理性以及前后的衔接、呼应,但是"窃符"一场中如姬的舞蹈显得有些长了,希望能简化一些。信陵君劝如姬和他逃走一场,如姬的回答很好,她说"自有主张",但结尾处她只是被动地接受魏王的处置，并无安排，希望能再斟酌一下。

该剧追求诗意的氛围，序幕中桃花盛开时推出如姬，尾声是如姬的孤坟于桃花林中。《诗经·桃夭》于剧中全诗引出，诗是写爱情婚姻的，是暗喻如姬和信陵君的感情世界的，但作者有顾虑，言犹未尽。我主张放开手，写如姬对信陵君的仰慕，写二人的心灵相通，写"红颜知己"。把握好分寸，可展开写，"发乎情，止于礼"即可。

京剧《独钓寒江雪》剧目评论会纪要
2014年11月18日
主持人：仲呈祥

康式昭：欲求全面　反而削弱

柳宗元是一位大政治家和文学家，但戏剧的因素不是很强，写他的戏是很难的。作者注意在剧中展示他的文学成就，特别是对他的《封建论》进行了表现，但这点其实很难让观众看懂。该剧的编剧想要全面地展现柳宗元的才华和成就，比如对《江雪》的诗，《黔之驴》的散文，虽然进行了剧情勾连，但是有些牵强。想要面面俱到，反而削弱了戏剧的整体表现，这些和戏的主题没有太多的关系，要放开手脚，不要在刻意展示柳宗元文学成就上下功夫。本剧选取了废除债奴这样一个具有矛盾冲突的事件来展开戏剧构思，但剧中要把债奴和家奴的界限分清楚，柳宗元是要废债奴，不要在剧中将废奴的范围扩大。该剧把解放债奴作为全剧的核心，但是剧中又把柳宗元的对立面黄老爷等人简单化了，脸谱化了，使得双方的斗争相对容易。要通过对对手的充分描写，使之狡诈化，体现出柳宗元斗争的艰巨和斗争的智慧。剧中对手抓住了柳宗元立碑的三言诗，说他反抗朝廷，有点上纲上线了，矛盾的设置简单化了，显得牵强，矛盾的基础不太扎实。柳宗元与稗子的关系在当时也不是什么大的问题，有点以今日思维衡量古人了。总之，该剧能够上演并来到京剧节就是成功了，所以我们对广西京剧团也是很敬重的。我希望京剧团能在艰苦的环境中继续提高自身的艺术素养，演唱、表演的功夫都有提升的余地，使得舞台呈现能更富于感染力。

京剧《飞虎将军》剧目评论会纪要
（2014年11月19日）
主持人：康式昭

康式昭：好戏好角　鼓励扶持

看这个戏，我的感觉是三句话，第一，看了一出好看的戏，南派武生戏非常棒。第二，看了一出引人思考的戏。我不大赞同把李存孝之死归结为他的自高自大，不赞同他临死前的"自我检讨"，他可以困惑，发出"天问"。我认为，他的悲剧是多种因素的综合结果。第三，我看到了翁国生这个"戏比天大，爱戏如命"的人。该剧给了我们艺术上的享受，思想上的启迪，让我们看到了一个前途光明的剧团，希望他们能得到更多的关怀和支持。

京剧《知己》剧目评论会纪要
（2014年11月20日）
主持人：仲呈祥

康式昭：心血之作　丰富创新

我和作者郭启宏是30多年的老朋友了，他极具才华，他的创作也越来越成熟。郭启宏最早通过《南唐遗事》展现了才华，此后，他搬上舞台的戏，我都看过。《知己》是一出让人感慨万千的戏，是一出令人浮想联翩的戏，是一出让人喟然长叹的戏，一出让人一眼看不透的戏，也是一出不同人有不同感受的戏。该剧的复杂性、深刻性、多样性，让它在艺术上达到了很高的层次。我敢说这出戏是郭启宏用心血来写的，我们能在顾贞观身上看到郭启宏的影子，看到了剧作家的个性和人格，能看到他对历史的感触，也能看出他的无奈。看过了《金缕曲》和台湾版的《知己》，我觉得京剧把原著丰富了，扩大了。京剧可以把戏做够，把话说透，再推进下面的剧情，这是话剧难以做到的。京剧的表现力使得郭启宏的作品能更加感染观众。两个京剧版本各有所长，各有侧重，都很精彩，我觉得似乎京剧《知己》更贴近于原著，原著和改编起到了双赢的效果。其实说明册上署名标为"话剧原著郭启宏，京剧新编李宝春"，这就尊重了双方的著作权。

京剧《杨靖宇》剧目评论会纪要
（2014年11月21日）
主持人：仲呈祥

康式昭：是一部宣传、弘扬主旋律的好戏

我不久前看过这出戏，而且还写了文章。我感触最深的三点：一、2015年是世界反法西斯战争胜利70周年，也是中国人民抗日战争胜利70周年，今年推出这个戏，有非常强烈的现实意义，就是要让老百姓不要忘记过去。二、该戏所强调的"精忠报国"是我们优秀传统文化中的精华。习总书记说："要把爱国主义作为文艺创作的主旋律，引导人民树立和坚持正确的历史观、民族观、国家观、文化观，增强做中国人的骨气和底气。"这部戏就宣传、弘扬了这个主题。该戏挖掘了杨靖宇自身的要素，非常有机地把爱国和我们优秀的民族传统结合起来，这一点应该是该戏很重要的贡献。三、这个戏的演出阵容强大，演出很严谨。用京戏这个比较古老的艺术样式演现实生活，有时会看到有距离与不协调，但这个戏却让我感到非常和谐，非常贴切，非常巧妙。不过"武打"戏还有待研究，拿着枪不开枪，非要去拼刺刀，为的是要武打开斗，这也是整个京剧界需要解决的问题。当然，演员们的演出都是很出色、很见光彩的。总之，整个演出给我们的艺术感染力、思想震撼力都是很强烈的。这出戏还很会发挥京剧的特长，最后那一大段唱其实就是一个独角戏，他怀念战友、怀念女儿、怀念妻子，在这里表现得很自然，因为他唱的是此时此刻他自己的内心。

建议：第一，让叛变的理由更合理。我在史料中发现那时的抗联是不在编的，是没有给养的，靠的就是老百姓的支持。这一点足可以让叛徒的思想发生动摇，因为他们没有身份，看不到前途。第二，杨靖宇他们当时的艰苦有好多都是口头说出的，用情节渲染得还不太够。第三，有些地方还是一般化的处理。如劝降的那一套，还有鬼子出场时的设计，都司空见惯。在这方面要有点自己的设想，自己的突破。还有在拥有现代化武器的时代里，传统武打的程式也更有待突破。

京剧《七个月零四天》剧目评论会纪要
（2014 年 11 月 22 日）
主持人：康式昭

康式昭：舞美创作　虚拟空灵

青海的朋友在青藏公路建成 60 周年之际推出这出戏，意义重大，眼光深远。这出戏有特色，有个性，也有独特的追求，但这出戏也是有得有失。

总体感觉，我很喜欢导演的手法，舞台的呈现很有个性，灵动的绸子经过舞动构成了不同的图案，赋予不同的象征，展示了不同的画面，不同的情景。这个手法是符合戏曲虚拟假定的要求的，因此让人接受起来非常自如，感觉妥帖。这是在丰富我们传统艺术的舞台表现力，丰富舞台的表现手段。

对编剧提一点问题与质疑：该剧采取了类型化的办法设置人物，这种手法是让任何天才都难以编故事的。因此该戏只是让我们看到了几个支离破碎的场面，而且很多场面还不太合情理。人物形象有点简单化。有些情节虽然是真事，但给人的感觉是极其不可信的，因此在塑造人物时一定要注意"度"的把握。

整个舞台的展示很好，音乐设计很好，演员表演也很好。在客观条件相当艰苦的环境下，能够坚守我们的精神家园，能够用艺术来宣扬我们的主旋律，弘扬我们民族的思想文化精粹，这些都是值得称赞的。我向你们致敬！

2014 年 11 月

一剧一评，本届京剧节开了个好头。把这些记录展示出来，可窥见一斑。

——笔者

抗日英烈　光耀戏曲舞台
——浅识抗战题材戏曲剧目

今年是中国人民抗日战争和世界反法西斯战争胜利70周年。中国人民的抗战，从1931年"九一八"事变，东北军民奋起反抗之时起，经历了整整14年！反映这场艰苦卓绝、英勇惨烈、关乎民族存亡的斗争，从来都是80多年来文艺创作的主旋律，号角嘹亮，正气高扬，佳作屡现，辉耀文苑。戏曲舞台上也时时奏响高昂的旋律，教育、警醒、鼓舞、振奋了一代又一代中华儿女。

回眸既往，20世纪五六十年代，在戏曲革命现代戏的创作热潮中就涌现出了京剧《沙家浜》（据淮剧《芦荡火种》改编）、《红灯记》（从电影《自有后来人》改编）等成功之作，至今仍然留在人们的记忆中，活在各式各样的舞台上。

改革开放的新时期以来，抗战题材的戏曲剧目更是好戏频出，华彩不断，人们可以列出一份长长的名单。其中，影响较大的如吕剧《苦菜花》（山东省吕剧院）、评剧《我那呼兰河》（沈阳评剧院）、粤剧《驼哥的旗》（深圳粤剧团）、黄梅戏《半个月亮》（安庆黄梅戏剧院）、《石龙湾》（山东省吕剧院、京剧院先后推出，都斩获"文华新剧目奖"）、京剧《飘逸的红纱巾》（江苏省京剧院）、山东梆子《古城女人》（山东省菏泽市地方戏曲传承研究院）、龙江剧《鲜儿》（黑龙江省龙江剧院）、柳琴戏《沂蒙情》（山东临沂柳琴戏剧团），以及新近推出的评剧《红高粱》（天津评剧院）、评剧《母亲》（中国评剧院）、山西北路梆子《云水松柏续范亭》（忻州北路梆子剧团）、豫剧《汴桥风云》（河南豫剧院三团创排，取材于电影《魂断蓝桥》）……

特别值得提及的是，近来还同时推出两台抗日题材延伸（上溯）的剧目：歌颂明代抗击倭寇的民族英雄戚继光的佳作，一台是台州乱弹剧团的《戚继光》，另一台是安徽省徽京剧院的《抗倭将军戚继光》。这几乎是曲苑的仅见。

当然，这也是举一漏万。据统计，为迎接中国人民抗日战争和世界反法西斯战争胜利70周年，截至今年6月，各地共推出抗战题材舞台艺术作品183部（新创128部，保留55部）。其中，京剧16部，地方戏曲60部，戏曲占了40%以上。众多剧目为各地民众提供了优秀的精神食粮，丰富了庆祝活动的文艺盛宴。

下面就我的目力所及，谈些心得体会。

综观这批优秀剧目，在经过时间的沉淀、历史的反思之后，在总结和对比同类作品的得失利弊之后，也在借鉴世界反法西斯战争题材成功作品的创作经验之后，逐步展示出新的追求，也逐渐形成了新的特点。总的来说，力争超越缺乏艺术魅力的应景之作的宣传品，力求成为富于美学品格的精致的艺术品，向思想精深、艺术精湛、制作精良、表演精彩的高标准奋进。

具体说来，是否有如下几点成功之处特别值得重视：一是写英雄，力避简单化；二是写奉献，力求人性化；三是写觉醒，重在草根性；四是写历史，善用辩证法。

做点解析：吉林省京剧团（吉京）的《杨靖宇》是2014年10月推出的新作。曾应中宣部、文化部之邀，晋京献演，紧接着又参加了第十届中国艺术节，都获得好评。杨将军是东北抗日联军的创建人和卓越领导者，在极端艰苦的条件下抗击日寇，取得了歼敌过万、钳制日本关东军数万的辉煌战果，却因孤悬敌后，补给匮乏，武器粮食断绝，身处冰天雪地，敌寇又重兵包围，再加叛徒出卖，英勇牺牲。敌人解剖英雄的遗体，胃中竟无一粒粮食，只有少许草根、树皮、棉絮，这是何其的悲壮惨烈！

吉京在塑造英雄形象的时候极力避开曾经出现过的"三突出"的弊端，不是简单化、概念化、口号化、神化，而是着笔于写出一个有血有肉、有七情六欲、有丰富内心世界的活生生的人，他们取得了成功。

特别是他们把该剧的题旨和戏魂定在"十年铁血百战身，精忠报国铸英魂"上，巧妙地借助杨靖宇身为河南人的身份，充分利用岳母刺字的代代流传、"精忠报国"的深入人心，把唱响爱国主义主旋律和继承弘扬优秀民族文化传统有机地结合起来了。这一点，我以为可以视为该剧独到的贡献。

《苦菜花》和《母亲》是写无私奉献的典范之作。两剧都歌颂了为抗击日寇而献出亲人生命的英雄母亲，前者改编自冯德英的同名小说，后者则是由刘锦云依据密云县英雄母亲邓玉芬的事迹编创的。这位普通的山村妇女面对日寇的残暴兽行，亲自送4个儿子和丈夫参加游击队、八路军，5人全部为国捐躯，襁褓中的小儿子也在躲避鬼子途中为掩护乡亲而被捂死……件件桩桩，平平常常写来，顺顺当当推进，没有半句豪言壮语，全是庄稼人的心里话，却感人至深，催人泪下！借剧作家自己的话说："虽然是写抗日战争，主旋律作品，但没用多少战争场面，主要用人物感情来体现。"剧作写透了普通中国妇女的善良、仁慈、坚忍、刚毅，写透了英雄母亲人性的圣洁，人性的高尚，人性的壮美！她像一座丰碑，永远矗立在中原大地，更永远存留在民众心田。

写民族觉醒，着笔于最底层的草根民众是一批优秀剧作的选择。其中，突出的代表是评剧《我那呼兰河》《红高粱》和粤剧《驼哥的旗》。《我那呼兰河》改编自萧红的小说《生死场》，《红高粱》改编自同名中篇小说，《驼哥的旗》则是剧作家刘云程的新创。

贯串于《我那呼兰河》中浓郁的地域特色，那东北汉子的豪爽、粗野和东北婆娘的泼辣、放浪构成了剧作的强烈个性。这群在黑土地上刨食，秧歌场上斗乐的草莽贱民愚昧地、艰难地，却也自得其乐地生活着。日本鬼子来了，不让他们过平常的日子——哪怕卑微而艰辛的苦日子，不让他们有活路。这群野兽放肆屠戮，奸淫烧杀，无恶不作……终于，忍无可忍了，铤而走险了，爆发了，火山奔突般地爆发了！

《红高粱》也有类似的底层草民觉醒的生动描述，同样是一群性格鲜活的齐鲁汉子、高密娘姨。

《驼哥的旗》则写的是粤乡边陲的故事。主人公——开茶馆的驼哥，身处日军占领区、国统区、游击区交汇的地方，胆小怕事的他准备了三面旗：日本太阳旗、国民党青天白日旗、抗日游击队大红旗，应付不时到来的三股势力。收容的战争遗孤、不晓世事的孩子们却常常举错了旗，闯下大祸。驼哥最终在鬼子的残酷毒打中丢掉了胆小怕事的脾性，唤起了做中国人的尊严，勇敢地投入了抗日的洪流。

民族的觉醒，不屈的抗争，我看完全可以视为民族牺牲换来的最重要成果之一。

用辩证的眼光看待历史，避免简单化、绝对化是抗战题材创作的明显进步。《云水松柏续范亭》一剧在这方面有上佳的表现。阎锡山其人，过去人们尽知为山西土皇帝，关起门来称王称霸，连铁路都用窄轨，不通省外。"七七"事变之后，在全民抗战的大形势下，在共产党统一战线的促进下，他又干了些抗击日寇的好事。八路军东渡黄河抗日，名震中外的平型关大捷也发生在山西。然而这位阎长官一方面和八路军联手抗日，另一方面却在蒋介石"攘外必先安内"的指令下，极尽和八路军闹摩擦之能事。《云水松柏续范亭》认准了这个两面性的特点，把握住了其间的度，为我们提供了阎锡山一个新的形象，真实而可信。这也应视为抗战题材剧作新的有价值的贡献。

台州乱弹《戚继光》在处理历史题材时，剧作家姜朝皋也是努力按辩证法说事。我感到最突出的一点是还原当时真实的历史，极力写抗倭的艰难。基于朝廷的腐败，手握大权的钦差处处掣肘，不断干扰，戚继光要两面作战：既要抗击倭寇，更要反腐败的当朝。夹缝中的抗倭，方显英雄本色，也更加弥足珍贵！

一个时期以来，抗战题材的文艺创作频频受到干扰。荧屏上，雷剧、神剧、夹带怪诞色情的滥戏，层出不穷，颇受诟病。就我的所见所闻，我真切认为，戏曲舞台要干净得多，单纯得多，口碑要好得多。但是也有过一些影响，如有的戏讲抽象的人道主义、人性论，讲宽容，讲忍让，而完全不顾日本鬼子的毫无人道，灭绝人性！这方面的教训也要吸取。

习近平同志高度评价抗日战争胜利的伟大意义，指出："这一伟大胜利，洗刷了近代以来中国抗击外来侵略屡战屡败的民族耻辱。这一伟大胜利，重新确立了我国在世界上的大国地位，中国人民赢得了世界爱好和平人民的尊敬。这一伟大胜利，开辟了中华民族伟大复兴的光明前景，开启了古老中国凤凰涅槃、浴火重生的新征程。"

这是我们进行抗战题材创作的总的指导思想，总的奋斗目标，应该深思之，体察之，消化之，实践之。

目前，就这类创作的总体看，依旧如习总书记在全国文艺座谈会上指出的，有数量缺质量，有"高原"缺"高峰"。愿戏曲界从业的有志之士总结成功经验，远离悖谬误导，狠下心，努力再努力，向"高峰"挺进！

2015 年 8 月 30 日

（原载《文艺报》2015 年 9 月 14 日）

醋韵醇香"红高粱"

——看晋剧《红高粱》

以莫言小说《红高粱》为蓝本改编而唱响神州大地的首先是同名电影。"妹妹你大胆地往前走哇！往前走，莫回头……"姜文那一声吼，田野里那一片被滚倒的红高粱，深深印入人们的脑际。作为舞台剧出现，则首推2013年第十届中国艺术节上荣登金牌榜的同名舞剧。2015年初，天津评剧院创排了贾璐编剧、张曼君执导、曾昭娟主演的评剧版《红高粱》。日前，我们又在北京长安大戏院看到了龚孝雄改编、石玉昆执导的同名大型晋剧。

看罢归来，耳绕余韵，齿留余香，不禁喜从中来，脑子里自自然然地涌出了本文的标题：醋韵醇香"红高粱"。

我试着对比了两个戏曲本，感觉是各有优长，各具特色，可以并列于戏曲艺术之林，而无从取代，也无须取代，就让它们去满足不同爱好、不同情趣观众的需求吧！百花齐放，共茂共荣。

就文学本说，两者都忠于原著蕴含的爱情和抗日两大主题。评剧本前后两大块，界限分明；晋剧本似乎结合更自然，两个主题交叉推进。个中的关节点是：故事伊始，九儿出嫁的路上，就遭遇了在高密地区修公路的日本军。鬼子要强暴九儿，被赶来的心上人余占鳌用她防身的剪刀捅死，进而埋下了此后日寇追查、活剥刘罗汉、乱枪打死她的因子。抗日主题由此自戏开场引入，贯串于全剧，浑然一体，这自然有赖于编剧龚孝雄的匠心独运。

说人物，两个本子的九儿都性格鲜活，泼辣狂放，敢作敢为，野性十足。在敢爱敢野这一点上，晋剧版九儿似乎更鲜明。编导夸张地展示了她和余占鳌在红高粱地里野合的情节，借鉴和吸纳了电影原著的野趣，编织了一套尽情挥洒却又不事色情的舞蹈动作，发挥了戏曲写意的艺术特质，既给人以震撼，又给人以艺术的浸润。

九儿对爱的执着和坚贞，一条红线贯串始终。第四场痛饮新出高粱酒后，在和刘罗汉的对手戏中有极精彩的演绎。九儿高声宣告："高粱为媒我已经嫁给了他""我在心里只种一颗豆，我的爱情只结这一个瓜！"这一份"爱到永远"的誓言，让我们联想起了两千年前的一首情歌："上邪！我欲与君相知，长命无绝衰。山无棱，江水为竭；冬雷震震，夏雨雪；天地合，乃敢与君绝！"爱到地老天荒，爱到天崩地裂；爱到呼天抢地，爱到口发毒誓。可怜的九儿不也正是这样的吗？痴情的女人啊，爱得野，爱得傻；爱得深沉，爱得疯狂。这是超凡入圣的爱，这是震破世人眼球的爱。舞台上的九儿，让我们不禁顿生敬意，唏嘘不已。

就表演说，晋剧版九儿显然难以匹敌评剧舞台上"二度梅"得主曾昭娟。曾昭娟的唱、念、做、舞功夫几近炉火纯青，已经领军评剧剧坛；晋剧版九儿则略感稚嫩。不过，晋剧新秀师学丽却也有她的独到之处：扮演小脚女人九儿，运用了传统戏曲技巧——跷功。

正像剧中"旁白"所说："我奶奶有一双精致的小脚，走起路来，双臂挥舞，好似风中的杨柳。"师学丽以"小脚"——跷功跑圆场，果然是如风摆柳；特别是"小脚"登高凳，更显跷功的险而奇、巧而美。按规定场景："洞房"之夜，为躲避麻风病老男人的威逼，她纵身跳上高凳，又跨登椅背，单脚站立，还在两旁扶手上交叉跳跃，功夫了得。我依稀记得，当年任跟心争"一度梅"时，表演传统折子戏《挂画》，便是让耶律含嫣小姐登上高凳的椅背，左顾右盼，左移右跳，表现小女儿心态，展示了高难技巧，令人钦佩。不过穿平底鞋而用跷功应工的，当数川剧《刘氏四娘》里刘芸的表演。演的是头七"回煞"，刘氏鬼魂飘飘忽忽返家探视，刘芸便巧妙地用了跷功，跑圆场，登高凳，上椅背，顾盼跳跃，艺惊四座。刘芸也以此剧勇夺首届"二度梅"。

巧用传统功夫，用得好，用得活，一"跷"到底，师学丽是有心人。当然，如果动作更熟练些，更稳重些，更自如些，更精巧些，不让人丝毫担惊揪心，就更好了。

踩跷原本是为表现小脚女人而独创的舞台技巧，婷婷袅袅，取悦男人，先天性地带有对女性的歧视和侮辱成分。作为前辈艺人创造的艺术手段，我一向认为，只要不是以阴暗心理、淫亵眼光处置，完全可以运用。前述《刘氏四娘》就是成功例证。川剧《都督夫人董竹君》写女主人公回老家被一群小脚妯娌嘲笑，也用得好。晋剧《红高粱》里，角色明明白白是小脚，自然属于用得巧的范畴。我点之赞之，为演员的努力喝彩。

晋剧版《红高粱》，音乐唱腔设计也很有特点，充分发挥了剧种特色，既有高亢豪放，又有婉转低回。醋韵醇香云云，多半植根于此。又，舞台上的种种民风展示，如迎亲路上的"颠轿舞"，九儿回门的"跑旱船"，酒坊烧锅出新酒的"祭神舞"，等等，都有声有色，形象鲜活，风情独具。这一切自然也都归于导演的精心安排和调度。

综观全剧，在剧组各方的共同努力下，思想性、艺术性、观赏性较好地结合起来，取得了阶段性成果。相信经过加工打磨，将会长期存留在戏剧舞台上。

（原载《文艺报》2015 年 11 月 25 日）

灵魂铸造的辛酸扫描和沉重反思
——再看淮剧《半车老师》

第一次看盐城市淮剧团推出的《半车老师》是在2014年中国戏剧节上。日前，赴盐城参加"盐淮现象"研讨活动，拿到最新修改的剧本和演出光盘，又一次观赏了佳作，欣喜之情再上心头。

编剧陈明先生是老朋友了。20年前的1995年，在文化部第六届文华新剧目奖的评选中，第一次接触到他的佳作《鸡毛蒜皮》。如实说，真有一种发现的喜悦。凡人小事，家长里短，猫掐狗斗，鸡毛蒜皮，居然能写得这么生动，这么风趣！同时又蕴含着如此宏大厚重的主题：正确处理人民内部矛盾，讲谅解，讲宽容，讲从最底层构建起和谐社会。

凭着这一堆"鸡毛蒜皮"，我认识了戏剧大省江苏省诸多大剧种之一的淮剧，见识了淮剧的艺术魅力；更因此结识了编剧高手陈明，一个朴实、睿智，却又低调的戏曲剧本捉刀人，我们成了忘年交。

此后不久又看到了他的《十品村官》，依旧是在文化部文华新剧目奖的评选中，依旧是满心高兴地投了赞成票。

似乎沉寂了十来年，也许作者在观察，在剖析，在思考，在探寻吧。"沉寂"之后，更加出手不凡：推出了面目一新的《半车老师》，一举唱响中国戏剧节，也一举夺得优秀剧目奖等奖项。

2014年10月，习近平同志在文艺工作座谈会上的讲话中指出："文艺是铸造灵魂的工程，文艺工作者是灵魂的工程师。好的作品就应该像蓝天上的阳光，春季里的清风一样，能够启迪思想、温润心灵、陶冶人生，能够扫除颓废萎靡之风。"陈明佳作《半车老师》正是这样的"阳光"和"清风","启迪"和"铸造"着灵魂。而《半车老师》描写的主人公乡村教师田半车也完全如是。

我一向认为,教师,特别是人生起步亦即"人之初"阶段的小学以至中学老师,是培育、铸造青少年灵魂的启蒙工程师。田半车一辈子在乡下执教小学,退休后再持教鞭坚守。他教孩子们诚实守信,教孩子们敬老惜贫,教孩子们爱国敬业,教孩子们做一个对国家对民众有益的人……他在极力影响和引导着孩子们向善向上,孜孜不倦,无怨无悔。然而无情的现实却让他从教过的小学生如今早已长大成人的种种不同者身上,看到了匪夷所思的千差万别的答案,迫使他经历了一番灵魂的自省和辛酸的反思。

故事围绕一场追讨捐赠款的闹剧展开。半车老师当年教过的穷学生焦浩运(即交好运)如今已成为大款,应允捐助母校田家湾小学建电教室的款项却久久未到账。开学在即,老师信心满满地进了城,然而他失望了,他目睹了一幕幕几乎时时都在演绎的金钱浸润心田、铜臭腐蚀灵魂的人世乱象,看到了诚信缺失、尔虞我诈的种种,看到了当年纯真的孩子如今变得那么陌生,世道变得那么杂沓,这让他感受了令人心悸的无助和无奈。"讨债折腾无结果,反而一跟斗跌下债窠;骨鲠在喉气难喘,石磙子压得背已驼!"借剧作者的话说,他的心灵撕裂已到极致……

我佩服作者眼光的尖刻和下笔的无情,更敬佩他把赞歌献给了最底层的乡村教师。

剧作集中塑造了田半车的形象,这是一位以教书育人为毕生宗旨的小学老师。他有大学问:当年的鸿儒"学富五车",他拥有"半车",实为乡下教师队伍中的佼佼者。但他又固执迂腐,星级大酒店食谱的滥用成语"食全食美""鸡不可失"以及哗众取宠的"白烧美人(田鸡)腿"等,他痛加斥责,还挖苦"莅"字下边的"位"错写成"泣",是让客人"哭着吃饭"……总之,他心地善良,却不谙世事;他培育出了一批批有作为的学生,却终生未婚,孑然一身。如今只剩下一片丹心,两袖清风;一间小屋,聊以存身。他是平凡的,弱势的;又无疑是伟岸的,崇高的。剧作为我们捧出这样一位新时期的教师典型,便已功德无量!

剧作借半车老师的眼睛,为我们提供了一幅社会转型期衍生的纷繁杂沓的世相图,往往不经意的一笔,便带出了一番沉重。田半车进星级大饭店,囊中羞涩，只能点"一碗白米饭""一盘炒面"，横遭白眼，已经大出洋相了。拆迁钉子户光头李的设置，简直就是神来之笔。这位白天上访、晚上擦皮鞋谋生的混混有个诀窍：专拣豪华小区门口蹲守。一则看尽了官男腐女勾搭成奸的种种，再则大赚其钱：擦男鞋一双 80 块，女鞋 200 元。是敲诈吗？大官大款，挥霍无度，出手阔绰，谁在乎这点"小钱"呢！这看似无关的闲笔，勾出了社会深藏的真谛，令人回味无穷。我甚至想，清官办案查贪腐，就不妨多多探访这群混迹民间的"光头李"！然而这个文学本里精彩的笔墨，搬上舞台却被删去了，有些可惜。换成常处长骑车闯红灯，太轻微了。

好在人间自有良知在！半车老师教过的最贫困、最艰苦、最不幸的女学生玉秀始终保住了那一份纯洁，那一份坚贞。眼看大款赖账（姑且称其为"惧内"而不得已），她掏出迄今所有积蓄，以老板的名义汇给了母校，并在看破世态炎凉之后，毅然辞去宾馆要职，追随老师下乡共度余生。玉秀的形象是纯朴可爱的，也是真实可信的。我看这也应该视为剧作的成功之处。

相邻的，也是半车老师当年教过的女学生马丽，却有些笔墨简略，语焉不详，因而不尽可信。在剧作设计的故事中，马丽处于关键位置。她早年就读于半车老师名下，出身并不显赫，如今却到了新加坡，成了超级大款茉莉集团的董事长。鸿运大酒店将半车老师从总统包房赶出，就是为了恭迎前来投资的马总。女儿马丽娅代表她来签约，并寻访、看望、答谢、问候当年的启蒙老师，也顺便解除了半车老先生遭遇的难题和困境：代付了住总统包房欠下的近 10 万元巨款，支付了焦浩运赖账的 20 万元助学赞助款，原谅鸿运公司而终于签约投资……故事画上了圆满的句号。

然而她怎么出国、如何变成超级大款的？在纸醉金迷的花花世界，她怎么保持纯真和良知的？女儿长在那样的环境中，她又是怎样铸造女儿善良的灵魂的？……这一切让观众在欣赏中不断画问号，不能不说是作品的疏漏，似应密密针线，以求合理合情。提点小疵，供加工参考。

总之，瑕不掩瑜，我还是要为陈明老友的佳作《半车老师》再一次送上掌声。

2016 年 6 月 11 日

（原载《中国文化报》2016 年 6 月 16 日）

我看"盐淮现象"
——记录一些零星杂感

说来惭愧,对于淮剧,我确实是知之甚少,也知之甚晚。过去只朦朦胧胧地知道戏曲大家庭中有淮剧一家,但新时期到来之前,却从未观赏过,真正和淮剧结缘是在盐城,在20世纪90年代。

盐城是淮剧的发祥地,也是淮剧的根据地,是淮剧的"戏窝子",更是淮剧的福地、宝地。省淮剧团、市淮剧团都长期驻守在这里,且都实力雄厚、生机勃勃、佳作迭出、享誉全国。据说盐城市辖区内还有7个淮剧团呢。

要说缘分,这么说吧,新时期以来,他们推出的新创剧目,诸如《鸡毛蒜皮》《十品村官》《祥林嫂》《半车老师》《小镇》等都观赏过,品评过。在戏曲圈子里,我还经常自诩为"盐淮"的老朋友、老"粉丝"哩。

我是20世纪90年代初调入文化部的,主业为政策法规,却蒙艺术局厚爱,"官拉差"(不是"拉官差")地委以"艺术局全国重点剧目(戏曲话剧)指导小组副组长"之职,从而有幸参与了种种戏剧方面的活动。记得1995年评第六届"文华新剧目奖"时,江苏省报来了盐城市淮剧团的轻喜剧《鸡毛蒜皮》。一看之下,立即喜上心来,那幽默,那机趣,那小人物的家长里短,邻里间的猫抓狗斗,那一堆扶不上墙的鸡毛蒜皮……特别是那"官"派十足的居民小组长、那番骑墙审案的自我神圣感,这一切更加上戏骨里追求社会和谐的深刻内涵,深深打动了评委们,被一致推举为获奖作品。我作为戏曲组召集人,自然投了一票。同时既深感获得艺术美的享受,也从心里交上了"淮剧"这个新朋友。

此后,在文华奖评选中,再遇盐城市淮剧团的《十品村官》;中国戏剧节上，喜逢盐城市淮剧团新创的《半车老师》；2014年，中国戏曲现代戏研究会授予江苏省淮剧团《小镇》突出贡献奖的研讨活动中，更是生平第一次来到了心向往之的盐城！

日前，从《剧本》杂志许可大编处获知参加"盐淮现象"研讨的邀请，庆幸之余，也诚惶诚恐地想了想。

我是把"盐城淮剧"作为一个整体来观察和思考的。我深以为，剧团的行政归属是人为的，也是流动的，可变异的。比如贵州省属和贵阳市属的两个京剧团就已合并为一体，宁夏自治区属和银川市属的两个秦腔也已合二为一。这种艺术资源的整合组建几乎是发展的常态。而艺术却有着自身的整体性、同一性以及内在的规律性。依我看"盐淮现象"云云，就盐城淮剧的总体看，似乎可以概括为四句话：创作丰沛，人才辈出，民众喜爱，一派生机。

做点解释。论创作，新时期以来，他们推出的作品从《鸡毛蒜皮》到《小镇》，我的评价是放在全国戏苑的天平上，也是准斤足两的上佳之作。它们囊括了包括中宣部"五个一工程"奖、文化部文华奖、中国戏剧节奖、曹禺剧本奖，以及演员多人多次获戏剧"梅花奖"等，便是很好的证明，不细说。但想特别指出一点：盐城市淮剧团作为一个地级市的戏曲剧团，能有如此丰富多彩的剧目，如此炫丽夺目的奖项，放眼全国也很罕见。凭这一点，"盐淮现象"就确乎名副其实。

论人才，淮剧绵延200多年，早期的名家多有，我知之甚少，就不说了。论当今，省淮、市淮两个大型代表性剧团，编、导、演、音、美齐集，一度、二度创作队伍出色，行当齐全，老中青年龄段均衡，中年成为骨干，青年快速成长，后继有人。尤为值得骄傲的是，剧种先后涌现了三朵"梅花"：2003年，时任市淮团团长的王书龙以《十品村官》的出色表演，勇摘第20届"梅花奖"；2004年，省淮陈澄凭借《祥林嫂》，获得第21届"梅花"称号；事隔10年，2014年，省淮团团长陈明矿又以《小镇》夺取了第27届"梅花奖"。我的印象中似乎淮剧剧种的"梅花"全都盛开在"盐淮"这块沃土上，真个是可钦可敬，可喜可贺！

说受众，这方水土养这方人，这方百姓爱这方戏。淮剧之于盐阜百姓，如衣如食，不能离须臾。从根子说，老百姓是淮剧艺术的创造者，更是淮剧艺术的享有者。淮剧在这块土地上，则是如鱼得水，畅游其中，一派海阔凭鱼跃，天高任鸟飞的景象。如实说，这种水乳交融的局面在许多地方戏流行地区都可以看到，但能达到如此高度、密度者，我以为当数这里和婺剧流传地浙江金华。

说生机，首先指生态环境，包含三方面要素：观众需要，政策支持，业内努力。淮剧诞生于苏北盐阜地区，已有200多年历史，堪称古老剧种，流传久远，占了人和的优势。盐城市淮剧团1957年在"大众淮剧团"和"艺同淮剧团"的基础上合并组建而成，有过耀眼的辉煌岁月。"文革"中，横遭撤销，资源流失。1979年重建。省淮则虽经风雨却始终屹立不倒。如今，它们和全国剧团一起，赶上了文艺发展繁荣的好时期。特别是2014年10月习总书记在文艺工作座谈会上讲话之后，中央陆续出台了一系列扶植奖掖政策，文艺的春天到来了。

淮剧人珍惜这大好机遇，奋力拼搏，硬是闯出了当今的一派勃勃生机！

于是，我们今天得到了共同研究探讨"盐淮现象"的机会。我要由衷地喊出：勇哉，盐淮人！壮哉，盐淮风！

上面拉拉杂杂扯了一通，大体在狭义的"现象"层面，或曰明面上呈现的景象。真个探究"盐淮现象"，还需要做些思考挖掘。

我想了想，综观他们新时期以来的创作剧目库，透过表象看内涵，"盐淮现象"云云，就创作的深层次而言，是否应该包含以下三个方面：其一，眼光向下，草根情怀；其二，独特品格，喜闻乐见；其三，与时俱进，新貌新颜。

我总感觉盐淮剧作有一个极鲜明的特色：草根情怀。这多半和他们自古以来就扎根农村、生于兹长于兹相关吧。在"以人民为中心"的创作大潮中，他们定位在底层民众，在农村田间，在乡镇市井，是不折不扣地眼光向下，立足现实，关注民生。这是他们的特点，也是剧种的优点。这一点特别可贵，这就使得他们一直走在健康的创作之路上，扎根生活，不离民众：喜民众之所喜，乐民众之所乐，怒民众心中之愤，哀民众身受之苦。心相近，感同受。那里，没有浅薄粗鄙的杯水风波，不见调情卖俏的宾馆情结，没有鲁迅先生当年批评的"象牙塔"，也不见近些年来津津乐道的"大款小蜜"……《鸡毛蒜皮》如是，《十品村官》如是，直到《小镇》依然如是。这似乎已经成为"盐淮"传统，一个极有特色的优良传统。

说到风格，任何一个剧种都应该百花齐放，追求风格的多样化，但也最好有自身的特色，自己的长项。从盐淮新时期出色的剧目中似乎透露出一个信息：以轻喜剧见长。就剧种音乐特色论，淮剧不同于南方越剧乃至昆曲的阴柔，也不同于北方秦腔、豫剧等的阳刚，而是于阴柔中糅合了阳刚，又在阳刚中渗透了阴柔。这富于表现力的剧种音乐特色，既能承载《祥林嫂》，又能胜任《鸡毛蒜皮》，是为优势。但鄙以为，闯出剧目风格特色，似乎还是可以多在"轻喜剧"上下功夫。即便是正剧题材，也可渗入喜剧因素，正剧喜演，好看耐看。我们在省淮的《小镇》中，也看到了他们这方面的努力。

顺便说一下，"轻喜剧"云云，绝对离不开搞笑，而"搞笑"必然关联着格调。习近平同志多次强调"低俗不是通俗"。从我的观赏实际感受看，盐淮人很注意保持高雅的格调，俗而不滥，不事低级趣味，不降低戏剧的品位，亦属难得。

说到革新，立足传统，不离基地，又要跟随时代，适应观众审美需求，求新求变，与时俱进。盐淮人这么做了，做得出色。无论题材扩展进而带来新的生活图景展示，表演手段随生活变化而日益丰富，音乐唱腔依表现对象发展而不断推进，凡此种种，都有声有色，可圈可点。致力于"与时俱进""新貌新颜"，这也成为"盐淮现象"的重要内涵之一。以《半车老师》为例，虽然写的仍然是凡人小事：一位退休返聘的乡村小学教师，进城追讨早年的学生如今的大老板承诺而总未兑现的捐赠款，牵扯出一场令人啼笑皆非的"闹剧"，演示了一道道世道人心，让人唏嘘不已，但我们看到的依然是一幅远远宽阔于《鸡毛蒜皮》的生活场景，更为繁复杂沓的社会画图。这是基于时代前进了，生活衍化了，社会早已处在嬗变难测的转型期了。再如《小镇》，该剧已经更深刻地触碰现实，更尖锐地干预现实，也更深层次地反映和反作用于现实了。借导演卢昂的话说，这是"灵魂过山车""忏悔启示录"。编剧则追求通过主人公（也是一位模范教师）灵魂的沉沦和自救，"写出道德自我完善的艰难，知耻而后勇的可贵，自我救赎和道德担当的可喜"。这里，剧作反映的生活面，无疑也是大大地拓展了。"新貌新颜"，此之谓也。

再说点相关话题，据说有的淮剧团基于身处大城市，受众对象为城市市民，提出了"城市淮剧"的目标定位，做过探索，有过成果，值得肯定，希望他们能走得更好。但就盐淮而言，坚守"农民淮剧"或曰"草根淮剧"的老路也没什么不好，一切从实际出发，一切依需要而定。依我看，这绝不是保守，更不是落后。相反，这是发挥优势，找准定位，继承传统，自在前行。企盼走得更稳健，收获更丰硕！

2016 年 6 月 1 日

"乡音版"：别样的《临川四梦》

抚州，古称"临川"。作为汤显祖的家乡，一向骄傲地自称为有"梦"有"戏"的地方，盖因汤显祖当年"因情成梦""因梦成戏"，成就了我国戏剧史上巅峰之作的"临川四梦"。2016年，盛事临门，享誉世界的三大历史文化名人：中国的汤显祖、英国的莎士比亚、西班牙的塞万提斯，都恰逢逝世400周年。9月24日到26日，该市举行了一系列隆重的纪念活动。我有幸参与，得以观赏了特色独具的乡音版《临川四梦》（亦名《玉茗堂四梦》）。

《临川四梦》包含《紫钗记》、《还魂记》（即《牡丹亭》）、《南柯记》、《邯郸记》。许多剧种都曾或全本或单折搬上舞台，特别是昆剧，其《牡丹亭》久演不衰，誉满神州，甚而享誉全球。我多次幸运地获得机会观赏了其间的一些精彩演出，然而我要说的是：在汤显祖家乡欣赏"乡音版"，完完全全是崭新的艺术享受，是无可替代的、有独特意蕴的艺术美的享受！

既曰"乡音版"，便先说说"乡音"。大约一年前，该剧编、导、演、音、舞美等创作班子初聚抚州商讨之际，我也应邀加入进来。记得作曲程烈清强烈提出要用"海盐腔"呈现。尽管正规的海盐腔已失传，但其元素仍大量存留于列为国家级非遗名录中的广昌孟戏（又名盱河高腔）之中，这一点于史有据，汤显祖在《宜黄县戏神清源师庙记》中就记录了当时流行于宜黄一带的戏曲声腔："此道有南北。南则昆山之次为海盐，吴浙音也。其体局静好，以拍为之节。江以西为弋阳，其节以鼓，其调喧。"其后弋阳调衰微，青阳腔兴起。而海盐腔则由升任大司马的谭纶由宜黄带入浙，"食其技者千余人"。从汤翁的赞誉口吻中，人们不难推断出，他的"临川四梦"，当年正是由宜黄伶人以海盐腔搬演的。

那么，如今"乡音版"的效果如何呢？9月24日，庆典活动中的戏曲花车游行，打头的正好是广昌孟戏，伴奏的乐曲则是海盐腔曲牌中的【山坡羊】，可谓初识海盐腔。看了"乡音版"全剧，有了更深切的感性认识。如实说，我的感觉是：很有特点，很有个性。其豪迈阳刚处，大不同于阴柔美妍的昆腔；其缠绵委婉间，又不弱于江南柔美乐曲。正所谓：丰富多姿，赏心悦目。谓予不信，请赴剧场聆听之。当然，各人的欣赏趣味不同，审美需求各异，我仅仅是一家之言。

次说剧本。一个晚会绝对装不下"四梦"。按原著，每个"梦"照本演出，都得六七个小时，甚至更多，必须缩减。我看过一次赣剧版的"四梦"，是从四本原著中各选取一折或两折，拼凑成一台晚会，再添设"学者"现场讲解。这可以视为办法之一，好处是能够窥见一斑，欣赏精粹，但终归是单摆浮搁，难窥全豹。

抚州"乡音版"也只能走缩减的路子，但不是原折全搬，而是选取多折中的精彩片段，再"指定"一位剧中人为叙事者，将故事串联起来，力求给予全貌。如《紫钗记》摘选了"怨撒金钱""醉侠闲评""晓窗圆梦"片段，以黄衫客串联；《牡丹亭》选取了"游园""惊梦""冥判""回生"片段，以胡判官串场；《南柯记》选取了"寻寤""转情""情尽"片段，以契玄禅师串联；《邯郸记》选取了"极欲""生寤""合仙"片段，以吕洞宾串联。这样既保有原作精粹，又大体提供了故事原貌，便于观众理解，这不失为集"四梦"于一台的成功尝试。

就剧本改编而言，我以为，更重要的是主题的提炼和对现实的观照。"临川四梦"的至为伟大之处，正在于汤显祖和当时处于统治地位的程朱理学唱了对台！原本儒家学说中的"三纲五常""君君臣臣"等，作为巩固封建统治、建立封建秩序的思想武器，曾经起过作用；但从根本上说，所谓"夫为妻纲"以及"三从四德"——"在家从父""出嫁从夫""夫死从子"等，向来就是歧视女性、禁锢妇女的思想枷锁，是扼杀人性、戕害女性的无形屠刀。古往今来，一座座贞节牌坊下，埋葬着多少屈死的冤鬼！到了"程朱理学"的"存天理，灭人欲"，更把这种消极面的糟粕发挥到了极致！所谓"饿死事小，失节事大"，真个把妇女逼向了绝路！

你不是叫嚷"灭人欲"吗？我偏要歌颂人的美好的欲望！汤显祖用他的伟

大剧作提出了愤怒的抗议和尖锐的挑战。《紫钗记》里的霍小玉如是,《牡丹亭》里的杜丽娘更如是,而且杜丽娘远远超越了人们见过的爱情追求的艺术典型!无论中国本土的李娃、杜十娘、花魁娘子,还是域外莎士比亚笔下的朱丽叶、夏洛蒂·勃朗特笔下的简·爱、普希金笔下的达吉雅娜,等等,正像汤显祖说的:"情不知所起,一往而深。生者可以死,死者可以生。生而不可与死,死而不可复生者,皆非情之至也。"这一番"至情至爱"宣言,为杜丽娘的生生死死、死死生生做了最好的诠释!

汤显祖的高明处还在于对"人欲"做了辩证的解剖和分辨:"性无善无恶,情有之。"善情:人之善良美好欲望也;恶情:人之卑劣可鄙欲望也。前者,极力维护之,歌颂之;后者,则鞭挞之,警示之。他的"四梦",从"情"字上说,实为两梦:颂扬善情的好梦,鞭笞恶情的恶梦。《紫钗记》和《还魂记》属于善梦,汤显祖褒扬之情已如前述。《南柯记》和《邯郸记》,恶梦也,其展示的是人的贪婪的恶欲:权力欲、金钱欲、享乐欲、娇妻美妾欲……剧作通过淳于棼和卢生的梦中遭际、宦海沉浮,对"恶情""恶欲"进行了抨击,故事告诉人们,这一切皆为虚幻。黄粱一梦醒来,卢生随吕洞宾云游而去,正是汤显祖苦口婆心的劝诫和警策。

"乡音版"借叙事者之口不断点明,再三提醒,也正是新作的新贡献。

再说表演。我的现场感觉是阵容整齐,台风严谨,有大团气度。特别是饰演杜丽娘和霍小玉的该团台柱吴岚,嗓音甜美圆润,表演细腻熨帖,扮相俊美潇洒,确乎一位难得的演艺人才、成熟的表演艺术家,我是第一次看她的现场演出,真有一种惊喜。其他角色,除个别外请的演员之外,都是本团演员,过去多半从事临川采茶戏演艺,改为"乡音版"盱河高腔,灵巧转身,表演到位,胜任称职,可喜可贺。

上海戏剧学院院长、舞台美术专家韩生主创的该剧舞美设计也很有特点:天幕上淡淡的水墨画巧妙地营造出诗的意境,舞台上简洁的明式家具也让观众形象地感知故事发生的时代和地域,灯光、服饰也都颇具特色。而作为舞台总调度的导演,执导有方,处处有"导演"却又不见"导演",是为成功的导演艺术展示。

10月中旬,"乡音版"《临川四梦》将到北京巡演。对北京的观众来说,委实是个利好信息:不到抚州,照样能观赏难得一见的"乡音版"盱河高腔《临川四梦》。至于更多地方，期盼他们继续组织巡演就是了。

2016年10月5日

（原载《中国文化报》2016年10月5日。发表时，题目改为《"乡音版"：别样的〈临川四梦〉》）

迎来了戏曲艺术的春天
——我看乡音版《牡丹亭》

2015年，我参加了抚州纪念汤显祖逝世400周年的剧目筹备，当时就有专家主张用乡音呈现，而据有关史料记载，最早的《临川四梦》演出使用的是海盐腔。据目前的资料显示，海盐腔没有被完整地记录下来，它的大部分内涵保留在盱河高腔中。于是，经过认真打造，在纪念汤翁以及英国莎士比亚、西班牙塞万提斯逝世400周年活动中，在抚州首次推出了盱河高腔·乡音版《临川四梦》，当即享获盛赞，并送戏晋京、巡演多地，还走出国门，唱响莎翁、塞翁故乡，大大地收获了一把，创下了抚州先贤汤翁剧作当今演出的新纪录！在这个基础上，他们又乘胜前进，次年，编创了乡音版《牡丹亭》，把胜利推向了新的胜利。

我是个幸运老汉，在抚州目睹了盱河高腔·乡音版《临川四梦》的首演，余香满满；近日，又有幸观赏了晋京献演的盱河高腔·乡音版《牡丹亭》！喜之不禁。

如实说，观看盱河高腔·乡音版《牡丹亭》令我非常震撼，这部戏让我强烈地感受到了中华民族传统文化的博大精深和独特的艺术魅力。目前，流行于全国各地舞台的多半是昆剧《牡丹亭》。我看过不同昆剧团、不同演员的演出，不下10遍！比如，1994年6月15日在京举行的全国昆剧青年演员交流演出，开幕式即由五个昆剧团一家一折凑出全本《牡丹亭》，"游园""惊梦""寻梦""还魂"，看到四个杜丽娘；"惊梦""拾画""幽媾"，看到三个柳梦梅；更加三个小春香，大饱眼福了吧！在这前后，我还看了上昆、苏昆、北昆、浙昆等许多名家的演出。而盱河高腔·乡音版《牡丹亭》，则是首次。它不同于我们平时看的昆曲版《牡丹亭》，也不同于已上演的赣剧版（我曾多次看过当今名家陈俐主演的同名剧作）；它既有刚烈的一面，又有阴柔的一面；既有慷慨激昂的一面，又有婉转缠绵的一面，而且能将两者自然妥帖地结合起来。从这里，我们依稀可以感到汤翁剧作当年推上舞台的情境。就剧情来说，剧本采取"只删不改"的方式，力求将原汁原味的汤翁原著呈现给观众，于是我们看到了文采斐然、文学性极强的剧目。我深以为，当今改编过的《牡丹亭》不乏佳构，但也见过平淡如水的"狗尾续貂"式的平庸之作。就音乐来说，盱河高腔很动听，与汤翁原著的文学风格很契合。就队伍培养来说，这部剧锻炼了演艺队伍，也积累了剧目，还获得了更多的新老观众。就舞美方面来说，运用了很多现代科技，更加注重年轻观众的审美情趣。因此我认为这部剧是非常值得肯定的。

这里我还要特别强调两点：一是主演吴岚，扮相俏丽，表演出色，唱、念、做、舞，皆为上乘，可谓人才难得，应该倍加珍惜！二是主旨的特殊的现实意义。我在当年观后感的一篇文章中提出："向胆大包天、敢于挑战程朱理学绝灭人性歪论的英雄致敬！"（详见本书第584—585页）

当然，我最看重的仍是盱河高腔·乡音版《牡丹亭》所体现的文化意义，它具有厚重的艺术分量，将我们民族文化当中的优秀部分展示给当代观众，这是具有非凡意义的。

习近平总书记一再强调传承和弘扬中华民族优秀传统文化，有关部门也采取了一系列有力措施，出台了很多扶持振兴戏曲发展的政策，我欣喜地看到我们迎来了戏曲艺术的春天。

2019年3月8日

撼人心魄的"反思图"

——我看沪剧《邓世昌》

甲午战争过去整整两个甲子了。

那是一段令人心痛的耻辱记录。1894年8月，日寇海军舰队大举入侵黄海，拉开了甲午海战的帷幕；1895年2月，大清北洋水师全军覆没……4月，李鸿章代表清政府签署了丧权辱国、割地赔款的《马关条约》。

人们记住了日本军国主义的滔天罪行和又一桩"国耻"。

那也是一篇民族气节的昂扬记载。2000名海军健儿面对强敌，舍命血战，直至舰毁人亡，壮烈殉国。"致远舰"250多名官兵，仅7人生还。我国自己培养的第一代海军将领，除个别的孬种之外，无不凛然正气，视死如归。旗舰"定远舰"的管带（舰长）刘步蟾，尽管曾有若干争议，但他在舰艇重创之际，选择了在炸沉军舰后自杀，实现了他"苟丧舰，将自裁"的誓言。就是广受诟病的水师提督丁汝昌，确乎指挥失当，其责难逃，但在生死关头不也选择了坚拒诱降、服毒（吞鸦片）自尽了吗？终归是保全了大节。而其间，邓世昌正是人间正义的化身、民族气节的最杰出代表。在"定远舰"受重创，水师主帅丁汝昌负伤，帅旗被击落的危难之际，毅然升起帅旗吸引敌炮以保之；弹尽之后，更以负伤的"致远舰"冲击日寇"吉野舰"，"誓与敌舰同沉"……直至中弹舰毁，葬身海底。连光绪皇帝也挥泪亲撰挽联："此日漫挥天下泪，有公足壮海军威！"

人们也记住了这不屈的中华魂。

而就沪剧《邓世昌》的舞台呈现而言，则充分展示了前述两方面的内涵。

它既是一篇发人深省的"国耻"记录，更是一部感人至深的英雄颂歌。而更为可喜的是，该剧突破了剧种的某些局限，又发挥了剧种的内涵优长；从擅长"西装旗袍戏""才子佳人戏"的本色，提升到以"吴侬软语"壮"阳刚"的创新佳构。可以说，在剧种建设上也积累了丰富的经验，堪称剧院继《罗汉钱》《星星之火》《芦荡火种》《敦煌女儿》等佳作之后，在创新路上迈出的坚实厚重的又一大步。

总的来说，这是一曲悲壮的"正气歌"，一幅沉重的"反思图"，一出"吴侬软语"壮"阳刚"的创新剧作。以上三点是我对该剧的总的看法和评价。每一点都展开说，有很多想说的话，要费不少笔墨。这里只就"国殇之耻"说几句，一如本文标题所示，谈谈剧作昭显的两个甲子之后的历史反思。20世纪60年代，上海沪剧院在电影《甲午风云》推出的同时，创演了沪剧《甲午海战》，老艺术家丁是娥演唱的《祭海》选段一直在戏迷中传唱不衰。如今呢？正像现任院长茅善玉所说："过了五十多年后，拨开历史的迷雾，我们应当有更多的思考。""我们以文艺作品回望历史，不仅是重现那一段民族之殇，更有当代人的反思与担当，以英雄故事呼唤这个时代的家国情怀，这才是对英雄最好的致敬与纪念。"说得好！剧作致力于汲取今人研究的成果，用新的眼光，拨开历史迷雾，更多地"思考""反思""自省"一番，总结历史的经验教训，以给人更深切的现实启示。不是吗？不能白白地"国耻"一回，"国殇"一气。借老百姓的话说就是：跌个跟斗学回乖。让"失败"真个当上"成功"的妈妈。

新版沪剧《邓世昌》有一个突出的特点：与既往同类题材的文艺作品（如李默然担纲主演的电影《甲午风云》等）不同，不着重写海战，而把笔墨主要放在决战之前。有论者认为：这是为了更好地写"人"和"情"。诸如夫妻情、父子情、战友情、同僚情等。有一定的道理。这样写来，确乎有助于人物性格的多侧面展现，有助于人物形象的丰富和丰满，也切合剧种长于抒情的特点。

但我更真切的感受却是此举在为北洋水师全军覆灭的大悲剧结局做铺垫，对悲剧形成的原因做深层次的探究。具体地说，是探索悲剧形成的原因，是挖掘表象背后潜在的深藏内蕴，是告知覆灭的必然，是展现任何个人包括民族英雄的抗争和牺牲都无法改变这一败局，是昭示历史的经验和教训……总而言之，是"反思"后的总结、提醒和警示、担当。而这一切，我认为正是该剧的独到之处和全新价值之所在。

诚然，全面总结甲午海战失败的原由不是一部剧本所应承担和所能完成的任务。提这样的要求，显然不切实际。但就事论事，剧作实实在在已经告诉了我们许许多多，粗略算来，有以下几点。

其一，军费短缺，军备不良。《邓世昌》的主要篇幅几乎都用在邓世昌、刘步蟾等为争取军费、充实军备的不屈不挠的种种努力上。从刘步蟾违反军规的"越级上报"，到刘和邓直追天津、北京"越级"恳求李鸿章拨款备战等，写来情真意切，忠心耿耿。然而其心虽可悯，其行则可哀。

这倒也是实情：1888年北洋海军成立之日，也就是停止发展之时。军费匮乏，捉襟见肘，停滞不前，自甘落伍。装备对比：清军3000吨以上级舰仅2艘，以下舰10艘；日军3000吨以上舰10艘，以下舰4艘。平均航速清舰仅10.2节，日舰达19.4节，快了将近一倍。火炮射程清舰仅3000米，日舰可达5000米，并有速射炮。清舰已显陈旧落后，又年久失修。如主力舰"定远"下水12年，7年未修。此外，学者们的研究文章还提供了一些惊人的细节。如1888年原预订购入300箱炮弹，因军费不足，只购入了3发。（见《科技日报》张飙文）又如清舰的一枚穿甲弹已经打进"吉野舰"船舱，却未实现多大战果，设若是开花弹，则将击沉敌舰，进而改写甲午海战的历史。可惜清舰只有穿甲弹，无钱购置开花弹。而且就是这些炮弹，也仅仅能打至多5个小时。"致远舰"不就是弹尽无援而撞向日寇"吉野舰"的吗？看来，当年的海军英烈们实在死得颇有些冤……

其二，士卒人心涣散，无心打仗。欠薪欠饷是剧作展示的又一痛点。第二场"致远舰"大副陈金揆带一干水勇来见邓世昌的一幕，绝非闲笔。兵勇们无薪少钱，家有难处；没枪没炮没弹药，仗无法打，他们要离开水师，另谋生路。邓世昌慨送盘缠，放走兵卒。联想起同僚们的放纵沦落，顿时感慨万千，却又无语凝噎："天无语，地无声，浪不涌，涛静静。乌云起，黑沉沉。心坠海底寒如冰！"一番内心苦斗，他绝然奋起："我不能眼睁睁看着水师被吞噬，我不能随波逐流去沉沦。只要一丝希望在，决不做自暴自弃堕落人！""纵然是，风再狂，雨再猛，浪再急，涛再汹，我也要逆风独行去寻光明，寻光明！"层层压力下，最终压出了这"逆风独行"的刚直不阿的民族脊梁。

其三，军纪废弛，将领堕落。这是极其重要也极为大胆的一笔，可谓自暴家丑，狠揭疮疤。剧作赤裸裸地揭示：北洋水师驻地山东刘公岛妓院门前，四大管带"济远舰"方伯谦、"经远舰"林永升、"镇远舰"林泰曾、"靖远舰"叶祖奎正和妓女们鬼混在一起。"温柔乡里愿长醉,永世不醒也不悔!"舰长们如此,长官总兵刘步蟾如何呢?正吞云吐雾抽鸦片,他是提着烟枪上场的!"这是一个大染缸,到处都是龌龊相。清高孤傲没市场,有所作为是妄想……倒不如,逛逛妓院,进进赌场,抱抱姑娘,拿拿烟枪,混混沌沌磨时光!"悲观失望,消极颓废,当年投笔从戎的壮志几乎荡然无存。好不容易激发起刘步蟾的斗志,共同找到北洋海军最高统帅、水师提督丁汝昌,丁大人正在赌博:砌长城、打麻将!

赌、毒、嫖……糜烂得够可以了。这一番毫不掩饰、毫不护短的揭示,不仅令人大开眼界,更让人感慨不已。

这些还只是明面上的问题和原因,背后深层次的呢?剧作做了更深入的开掘和剖析:造成这一切的还有更加令人痛心疾首的两点。一是克扣军费,根源于甲午年是慈禧太后60寿诞,海军军费用于挖颐和园昆明湖为老佛爷庆寿了!李鸿章明知如此,也颇为无奈:"欲想保得水师全,老佛爷的欢心最关键!"他是舍军费讨慈禧欢心,以求自保。二是帝后不和,钩心斗角,党争不断,殃及水师。在上者政出多门,在下者动辄得咎。在上者战略失误,"保船制敌""以战为守",一条彻头彻尾的消极保守方略;在下者束手束脚,无所适从,只得被动挨打。

而这一切都归结于朝廷的黑暗、腐朽、衰微、败落!

茅善玉说得好:"在黑暗腐朽的大环境下,邓世昌孤独地逆风而行。这是他作为一个民族英雄真正令人动心和令人震撼的品质。"

一个解放军装备学院的学员看过《邓世昌》后表述了自己的心声:"全程我都被戏紧紧抓住了。它让我们看到了亡国之痛、腐败之痛和壮士救国之殇,引导人们去解读、反思、畅想。"

一位甲午战争史研究专家著文称,我们今天祭奠仇恨,是为仇恨不再新生;祭奠历史,是为历史不再重演;祭奠国耻,是为不再蒙受耻辱;祭奠失败,是为不再被人击败!

反思,这就落到了实处。

作为纪念甲午战争120周年及世界反法西斯战争和中国人民抗日战争胜利70周年而创作的新戏,《邓世昌》已经推上舞台一年多了,巡演之际,处处获得掌声，取得成功，得到领导、专家及观众的广泛认可和赞扬。委实可喜可贺！但我以为仍有大的提高空间。比如，如何加强邓世昌妻子何如真的戏剧动作，让她更好地融入故事主体，切入戏剧矛盾核心，真正起到推动剧情发展的作用，还可以考虑。仅仅定位于"贤妻良母""贤内助"，似乎还不够。而只为一群男人戏中加个女角、名角，借以增添色彩，增加看点，就更显不足了。又如，如何让"反思"历史教训、探求"国殇"之根更有意识、更强烈地贯串全剧，如何用更具典型性的情节做载体，让矛盾冲突更有机，戏剧情节更抓人，也可以做些探索。目前，剧作的前部显得有些平。我看这既和何如真的定位和作为尚显不足有关，更和邓世昌的主动动作大多限于"越级陈述""恳请拨款"相连，如能在他"逆风而行"上多做些文章，多增添些难处，就更好了。再如，东乡平八郎到清营劝降的一笔属重要情节，其可信性、合理性尚需理顺。日军劝降的确史有所载，但是在北洋水师初战失利，丧失"致远""经远""超勇""扬威""广甲"五舰之后，由日寇主帅伊东佑亨出面，诱降丁汝昌，遭到坚拒。《邓世昌》将其放在即将开战之际，又是日舰重要指挥官亲自劝降，不尽合理，因此邓世昌直抒胸臆的以"赋子板"应工的大段唱也就有些失据了。再提一点小事，邓世昌唱词中有一句"饿死事小失节大"，不准确，该句的"节"特指女性"三从四德"的"贞节"，而非"民族气节"的大"节"。

殷切希望《邓世昌》在广泛听取各方意见后再做加工，力争实现从高原到高峰的攀登，成为剧院的保留剧目，长远地存活在舞台上，存活在人们的心中，愈久弥新，历久弥坚。

（原载《艺术评论》2016年第6期）

好一番精美的豫剧盛宴
——中国豫剧优秀剧目北京展演月启示录

2016年3月12日至4月6日，首都观众迎来了中国豫剧优秀剧目北京展演月，享受了一番精美的豫剧艺术的盛宴。时逢北京早春，展演带来了戏曲艺术春的气息，带来了戏曲振兴的实绩，带来了梨园行一派兴旺发达的可喜景象。笔者有幸侧身其间，备受鼓舞，更感欣慰。如实说，我是既敬佩之至，又羡慕不已；相对于家乡川剧的现状和处境，委实感慨万端，难以言表。

展演既毕，久萦于怀，收获种种，不免涌上心头，置诸笔头，端出来就教于友人、方家。

启示多多，择其要者。

其一，大豫剧的胸怀。照我看，展演有几个"大"：大手笔、大气派、大眼光、大动作。带来了大影响、大成功。展演月由河南省委宣传部、省文化厅和中华豫剧文化促进会联合主办，河南豫剧院等承办。可贵的是，活动组织者眼光放在"大豫剧"上，超越了团队、地区的局限，展示的是"中国豫剧""盛世豫剧"。这次参演的23台戏，就来自国内6个省市13个剧团，参与者超过2000人。特别是还有新疆建设兵团和石河子市豫剧团献演的两台戏，不远万里，实属难得。而且观众异常踊跃，火热购票，比如《朝阳沟》的戏票早就售罄。据统计，看戏观众多达4万余人次。票房收入，仅长安戏院8场就达17万元之多，平均每场超两万。就戏曲惠民表演的低票价而言，这样的票房算得上很不错的了。

舆论宣传方面，得益于首都地区各大报纸及电台、电视台的大力帮衬，力度可谓空前。尤其是新兴媒体"恒品文化·戏缘"（也属承办单位）的参与，利用其"互联网＋戏曲"的优势，串联起了近400家传媒，影响大而及时，也算得上一番新景象吧。

其二，"三并举"的实绩。人们熟知我们的党和政府为文艺事业确立了"为人民服务，为社会主义服务"的"二为"方向，"百花齐放，百家争鸣"的"双百"方针，还提出了"优秀传统戏、新编历史戏和现代戏""三并举"的剧目政策。这"二、二、三"的规范在这次豫剧展演中得到了充分贯彻和出色展示。

我想稍稍说说"三并举"。关于"优秀传统戏"，这次河南豫剧院一团带来了三出经典传统剧目《五世请缨》《花木兰》《三哭殿》，可谓精彩纷呈，唱响京城。这些戏是豫剧看家戏，吃饭戏，也是入门戏，培育新人戏。我一向认为，作为舞台表演艺术的戏曲，其最高境界不在获这个奖、那个奖，而在保留！第一是保留在舞台上，常演不衰，常演常新。第二是保留在观众心目中，爱看，想看，有演出就看。据说《朝阳沟》自1958年首演以来，迄今已58年，观众百看不厌，已演出2000多场，堪称奇迹。第三是保留在戏剧发展的文献、史册上，光照千秋。总的来说是有着巨大的艺术魅力和久远的生命力。前述几个戏都已经具备这样的品格。保留，有的基于艺术层面的要素，有的则基于思想层面的要素。我以为，王惠担纲主演的《五世请缨》兼具这两个方面。就思想上说，高扬了三个主义：爱国主义，习近平同志多次强调，这是永恒的主旋律；英雄主义，是为中华传统美德的重要构成；巾帼主义，这是我的捏造，旨在有别于西方流行的"女权主义"。应该说，这几个"主义"都弘扬了正能量，可喜可贵。就艺术上说，精美的表演，浓烈的音乐，紧凑的节奏，奇特的情节……连服饰也极美。行话说，"一窝旦，吃饱饭"，光是"十二寡妇"亮相，就足以抓住观众眼球。豫剧院青年团也带来了三出经典传统戏，都很出色，不细说。

关于新编改编历史题材戏。河南豫剧院二团在这方面的表现最为突出。我想说两出戏，一出是李树建担纲主演的《程婴救孤》，另一出是二团三大头牌李树建、李金枝、汪荃珍联袂推出《九品巡检——暴式昭》。前者初创于2003年，时逢从西方引进的后现代文学主张"解构主义"甚嚣尘上之际，文坛上言必称解构，行则搞颠覆：解构是非曲直，颠覆善恶美丑。一派"以洋为尊""以洋为美""唯洋是从"的颠倒。两位大腕级话剧导演执导的新创"赵氏孤儿"剧中，有关舍身救孤的种种义举，竟让长大后的孤儿声言："那是他们的事，与我无关!"评论家立即大加吹捧,这是"继承了五四精神,对传统观念进行了颠覆","消解了原作中正义与邪恶、是与非、善与恶的界限",并说:"程婴为救孤儿杀死自己的亲子,从人性角度来讲是残忍的,是一种悲剧。作为一次性的,不可相互通约、相互取代的生命个体,他的孩子,包括韩厥、公孙杵臼等人,在生命自身的存在价值上,与赵氏孤儿是相等的。""这些无价值牺牲的悲剧,传达出富有深度的主体立意和精神感受。"如此等等。这一派时髦的高调胡言中,完全无视了程婴牺牲亲子,仅仅是要救出全城同龄的孩子!大刽子手屠岸贾信奉的是"宁肯错杀三千,不肯放过一个"的哲学,他早已扬言:搜不出赵氏孤儿,杀尽全城孩子!基于此,我赞颂《程婴救孤》剧组的朋友们是在艰难地"突围",同时他们又在"坚守":坚守中华民族优秀的传统美德,坚守民族的精神家园。2009年,我就以《豫剧〈程婴救孤〉的两大亮点》为题,撰文赞扬了他们的"突围"和"坚守"精神,并批驳了被扭曲的引进的"时尚"歪论。有关《程婴救孤》的价值,我还在2015年9月,与树建的互通短信中做了如下论述:"我一向认为,《程》剧所宣扬的人道主义的关怀,对人间正义的坚守,对高尚道德的崇敬,对为此而甘于牺牲的伟大精神的颂扬,具有人类共同的认知,具有普遍的价值。它可以冲破民族、国家、宗教、文化的制约,可以冲破时间、地域的局限,受到人们真诚的欢迎。当然,这也和艺术上的完美、表演上的精湛分不开。你们的成就充分说明了这一点。可以毫不夸张地说,《程》剧已经成为人类共同的财富。"这番短信往来是收到树建来自泰国的短信之后。来信称:该剧已演出过千场,曾到意大利、印度、巴基斯坦、泰国等演出,无论天主教、基督教、佛教、伊斯兰教信徒,都能接受,并表欢迎。树建说,当年11月,还将"重返百老汇,挺进好莱坞"。他们决心要把《程婴救孤》打造成"中国的哈姆雷特"。其志可嘉,其情可悯,其意可敬!我衷心祝愿他们攀登世界艺术之峰,再传捷报!

《九品巡检——暴式昭》是新创廉政题材戏,取材自清末滑县人暴式昭。他,一个小小的九品官,也就相当于如今的乡镇治安股长,年薪30两纹银,月俸二两半,十足的穷官。他廉洁奉公,自甘清贫;不畏强权,肃贪惩恶;扶危济困,泽被乡里。这是河南这片中土大地上又一位清官、廉官、好官。作为当今的廉政辅助教材,极有现实意义。尽管剧目还有待完善,但演出阵容极为强大,李树建早就"梅"开二度,自有上佳表现;李金枝为资深"梅花",技艺超群；汪荃珍反串反面角色，演得惟妙惟肖，掌声一片。戏曲观众是要看"角儿"的，有此阵容，想不受欢迎都难。当然，也希望再做加工，争取提升为保留剧目。

河南小皇后豫剧团王红丽带来的《大明皇后》，借皇后的"大脚"做了篇寓意深长的好文章，颇有观众缘。

关于现代题材豫剧的创作。这方面，豫剧院三团堪称楷模。我想了想，他们够得上"三好"：编创了一批好剧目，积累了丰富的好经验，形成了有益的好传统。新中国成立之初，老院长、大艺术家常香玉随"香玉剧社"带来的一批经典，多半是传统老戏，诸如《花木兰》《拷红》《大祭桩》《五世请缨》等。现代戏成为保留剧目、形成新的传统，可能首推杨兰春大师等编创于1958年"大跃进"时代的《朝阳沟》。三团坚守了这一好传统。新时期以来，又推出了一批叫得响、留得住、传得开的好戏。如实现全国性大奖零的突破的《香魂女》，再获文华大奖的《村官李天成》，唱响中国戏剧节的优秀剧目《风雨故园》，特别是享誉全国的巨制《焦裕禄》等。这次展演带来的除《朝阳沟》《风雨故园》《焦裕禄》外，还有新创反腐廉政戏《全家福》。《全家福》从一个比较特殊的视角切入，写一位贪官的自省自悔自责自醒。这位从山村走出来的农家子弟也曾自律自强，有过政绩，但经不住财色的诱惑，终至堕落。剧作警醒为官者：不敢贪，不能贪，不想贪！极富现实的警示性和警诫力。在这批现代戏力作中，我以为特别值得研究的是"《朝阳沟》现象"，何以历久不衰？何以广受欢迎？……挖掘个中的诀窍，总结其间的经验，将会对我们现代戏的创作大有裨益。有志者，何不试之。

其三，老中青的英姿。就阵容展示来说，这次展演充分体现了尊重老一辈艺术家，依靠舞台中坚的成熟艺术家，扶掖后起的青年人才，也算个"三并举"吧！我注意到，作为开场锣鼓的《盛世豫剧》，就特意展示了老艺术家的风采，王希玲、虎美玲、王清芬、贾廷聚等纷纷登场。特别是请来了1958年《朝阳沟》初上舞台的老艺术家，如第一代栓保的扮演者王善朴、第一代银环娘的扮演者高洁、第一代二大娘的扮演者柳兰芳等，在"回顾《朝阳沟》"中亮相，意义非凡。

对于豫剧新苗、青年才俊更给予了特殊关照。这次参展的23台剧目中，就有11位青年演员担纲主演，如新疆生产建设兵团豫剧团带来的《大漠胡杨》，扮演一号主人公段春妮的张培，今年仅26岁，嗓音好，会表演，出色地完成了角色的塑造，前途无量。河南豫剧院青年团全部是中国戏曲学院豫剧专业毕业的学生，高学历，高智商，青春靓丽，活泼可喜。这次青年团带来了三出经典传统戏《穆桂英挂帅》《白蛇传》《破洪州》。我看了刘雯卉主演的《穆桂英挂帅》，演唱韵味足，做派气势壮，确实是好苗子，悉心呵护，严格以求，必能成材。

其四，领导者的气魄。河南省委省政府和各级领导向来重视文艺事业，为戏曲艺术营造了极佳的生存环境。这一点，行内有口皆碑，也都羡慕不已。至少这些年来，没怎么瞎折腾，乱作为，胡指挥；没受到伤害，没遭受到摧残。相反，戏曲剧团得到了保护，得到了优异的条件，生活待遇有提高，艺术创作有保障，从业者受到了尊重，戏曲事业获得了发展的机遇。这不得不说领导者有眼光，有气魄，有作为，有成效。比如，近些年举办的"豫剧名家推荐"活动，已办了十几届，惠及18人。据文化厅领导介绍，该活动还将继续办下去，并将扩大到中青年人才层面。

顺便说几句，展演结束第五天，在郑州举办了一场戏曲作品研讨会，讨论陈涌泉的新作《张伯行》。张伯行是河南仪封（今兰考县）人，清初名噪一时的廉吏，康熙曾三次御赐匾额，誉之为"天下第一清官"。剧作由河南省纪委主抓。我参加了研讨，令我大吃一惊的是，参加者居然有三位河南省级领导！省委常委、纪委书记尹晋华，省委常委、宣传部部长赵素萍，副省长张广智。还有省纪委副书记、省委宣传部常务副部长，以及省文化厅厅长、副厅长等。济济一堂，共商剧事。如实说，几十年来，我参加类似的作品研讨，当以数百次计。但领导如此重视，如此规模的研讨，尚属首次。前面提到的河南省领导重视艺术创作，可见一斑。记得小平同志曾经说过这样的话，不看川剧、不爱川剧的，不配在四川做官。这自然是极而言之的话，但不管怎么说，老人家对家乡戏剧的拳拳爱心，对父母官不要忘记民众、不要无视民众爱好的提示，令人感动，使人敬佩。

纸短话长，言不尽意，就此打住。

2016年4月13日
（原载《中国戏剧》2016年第5期）

展现新时代的上甘岭精神
——赞话剧《塞罕长歌》

  作为 2018 年全国优秀现实题材舞台艺术展演示范剧目，承德话剧团编创的话剧《塞罕长歌》，奉调进京献演了。

  我是 11 月 17 日在首都剧场看了他们的首场演出。如实说，我是抱着探寻和某些不安走进剧场的。塞罕坝林场的事迹如雷贯耳，荧屏展示的形象撼人心魄；习总书记指示掷地有声，联合国环境规划署又奉上了"地球卫士奖"的桂冠。而这一切是林场三代务林人前仆后继、流血流汗、艰苦奋斗 55 年换来的！个中，包含了多么丰厚的内涵！小小的舞台，短短的时限，如何呈献和展示这广博和宏伟？这丰富和厚重？这艰辛和牺牲？太难了，太难了……我想象不出来，作者如何排解这一堆难题。于是，我抱着探寻，又有些担心地走进了剧场。

  戏看下来，大出意外。再如实说，我是满含热泪看完的！

  这一切引发了我深深的思索。说编剧吧，没有习见的贯串性的矛盾对立面，没有完整的起伏跌宕的故事情节，甚至没有统揽全局的主人公……这还是戏吗？这还能构成戏吗？

  以资深杰出剧作家孙德民为首的编剧们就是高明，他们别出心裁，别有追求，别具一格，别开生面，闯出了一条新路，奉献了一出新颖感人的佳作！综观德民的一系列剧作，包括戏曲、话剧等，我前前后后看过几十出，写过一批学习心得和读后感，这次真是大不同于以往，货真价实地实现了一戏一品、一戏一格的一贯追求，十分难能可贵！

  戏该怎么写似乎从来没有过统一规定。应该说，原本戏无定法，关键是根据所描写对象、所表达题旨，找到最佳的表现样式，这一点是剧作家最基本也是最高任务。既然写的是林场三代造林人长达55年的艰苦奋斗，写的是改天换地的伟大斗争和丰硕成果，既然难以运用一人一事贯串全局的成熟套路，他们便毅然放弃陈规，另辟蹊径，勇于创新，敢闯新路。

主人公嘛，无法一人一事一以贯之，便一化为三，把笔墨集中在佟保中祖孙三代务林人身上；结构嘛，相应地选择了各有任务各有故事的、三段衔接的块状结构。而且一出两个来小时的剧作竟然设有三个序幕，置于三场戏、三个板块的前端，以分割、断开又勾连、衔接全剧，这样的奇葩结构在我六七十年的观剧史上也算是头一回遇到了！

第一板块是第一代造林人的故事。出人意料的是，剧作竟然是从暴风雪中以主人公佟保中为首的几位技术骨干私逃下山开始的！时间是1963年。原来奋战两年多，植树成活率几乎为零！他们灰心绝望了。点明这个时间节点，意义重大。据此上推，林场应创建于1961年，正是三年困难时期：全民都在勒紧裤带，林场职工更甚！他们喝的是雪化水、下雨接的雨水，吃的是带壳的黑莜面，咸菜成了奢侈品，很多时候只能是大盐粒泡水！生活上的困难吓不倒他们，树不成活、苦斗无果，让他们气馁了。这就提出了剧作的另一大难点：矛盾对立面是谁？需要战胜的是谁？不是"好人做好事，坏人搞破坏"那种习见的矛盾设定——综观全剧，几乎找不出一个反面人物——坏人！捣乱的是恶劣的大自然！而这份超乎想象的"恶劣"，又是通过人的内心发挥作用的！这就是说，矛盾在人们的内心，需要战胜的是"自我"！抓住了这一点，我们就找到了打开"长歌"这扇"石门"的钥匙。

为了帮助这些善良的一时糊涂的务林人战胜自我，剧作挥起了三记重锤：其一，在白毛雪肆虐中，私离者们掉进了雪坑，早已冻僵的佟保中是乡亲们挖出抬下场的！一番抢救捡回了一条命！其二，早年间曾在当地打过游击的革命前辈、老场长李斌，总工程师杨宁先，带着妻子、儿女，退掉城里的房子，举家到塞罕坝安营扎寨，长期坚守来了……榜样的力量，无异雷霆轰顶！促使佟保中等人重新思考人生的定位。其三，老场长带来了精神食粮——影片《上甘岭》，志愿军战士们宁死不屈、坚守阵地、毫不退缩、敢于抗争的伟大，最终教育和感召了这批务林人。佟保中向老场长宣誓："我要像上甘岭的战士们守住阵地一样，守住塞罕坝，决不后退！"声如裂帛，震撼全场。这昂扬向上的精神，从这里开启，一贯到底，光照全剧。我甚至想，要说《塞罕长歌》的第一主人公，这纵贯全剧的革命乐观主义精神，这"牢记使命、艰苦创业、绿色发展"的塞罕坝精神，不就是吗？

第二板块落笔在佟保中的儿子佟刚、儿媳二桃及5岁的孙子小林身上，值守"望火楼"，守林护林。耐得住寂寞，耐得住清寒，是人生另一种遭遇和考验。然而成年人也罢，幼儿何堪？！剧作设定的一个细节极其尖锐地直刺人心：5岁的孩子，终年不见人、怕见人，只会叫爸、叫妈！爷爷来了，叫爸……爸；大姨来了，叫不出声。这"献了青春献终身，献了终身献子孙"的形象笔墨，散发出了多么强大的感情震撼力！如实说，我是忍不住落泪了。解决的办法倒是不难：由大姨带孩子进城，上幼儿园、小学、中学、大学，却有附加条件：考大学必须上林业大学！盖因"他是我们塞罕坝务林人的根苗"啊！在爷爷现任场长佟保中的心里，只装了个"塞罕坝"！

第三板块写的是第三代务林人的奉献。时间过了50年，当年被大姨带出山又从林业大学毕业的小孙子佟小林回到了塞罕坝，并接班林场场长。他要让新的理想生根发芽、开花结果在这片父辈祖辈汗水浇灌的土地上，具体项目却是很有些异想天开的"石质阳坡种试验田"！剧作没有告知试验结果，但这份战天斗地的壮志豪情本身就让人们看到了新一代造林人的眼光和胸怀，也预示着新的奇迹即将展现。

三代务林人，如果说第一代是浴血创业，第二代是艰苦守业，第三代则是智慧兴业。三代人的奉献和成果，正好见证了我们国家几十年走过的历程，是伟大祖国奋进的缩影，弥足珍贵。

说过了编剧，还想说说舞台呈现。我以为，该剧的导演处置也极具特色，就是充分利用高科技手段，有声有色地营造自然环境，为表演提供逼真的平台。通常滥用高科技、大制作，喧宾夺主，以文害艺，是为舞台艺术的大忌。我亲自经历过一位戏曲演员争"梅花奖"的演出，演员个人技艺均佳，极富竞争力。但布景挤满了舞台，再加天幕上大放电影的滚动，演员的表演则被挤到了一边，几乎完全被淹没，结果是争"梅"落榜，悲剧收场。话剧的舞台美术设计相对戏曲要宽松得多，不妨多营造实景来烘托环境，原则还是前边提到的：有助，有度。就《塞罕长歌》而论，一开场的严酷环境，荒山野岭，冰封雪冻，白毛雪肆虐，用形体固然能写意性地象征，却断难提供动态的实感。其后，荒漠披绿，林海浩瀚，借助投影，也更加震撼地呈现在舞台，魅力无限延伸。

高科技作为为舞台增光添彩的手段，要敢于用，善于用，但忌滥用，《塞罕长歌》的成功为做戏提供了可贵的经验。

走出剧场，耳边"主题歌"的旋律长鸣：

  把爱交给青山，今生无悔无怨；
  把爱交给绿水，久久为功不变；
  牢记使命，听从党的召唤；
  艰苦创业，建设绿色家园。
  塞罕长歌行，铭刻在生命的年轮间……

2018 年 12 月

（原载《中国艺术报》2018 年 12 月 31 日）

一出"有筋骨、有道德、有温度"的佳作
——我看赣剧《青山为证》

这是一部非常杰出的剧作,是贯彻习近平同志文艺工作座谈会讲话精神的崭新收获!尤其是出自一个县级剧团——江西省乐平赣剧团(鹰潭市演艺公司操持,7月来京参加了全国基层院团戏曲会演),更为可贵。

我的这篇评论文字也想换换写法:先大段大段摘引编剧题记和导演阐述,再说点现场感受。只因为他们说得太好了,太精辟了,我很难说出什么新话。

编剧姜朝皋介绍剧作说:"一个四面被大山团团围住的山村,祖祖辈辈被封闭和贫困缠绕。为了打通一条通向外部世界的路,实现脱贫致富的梦想,全村老小,用了整整28个春秋。两代三任村支书带领全村父老百姓,用筋骨血脉顽强地与之搏斗。这条山道就成了他们的人生通道:一点点血汗,一座座坟茔,山里人一个接一个地在这条人生通道中走完了艰险而壮丽的生命旅程。"

"一条普通的穿山土路,算不上什么宏图伟业,却记录了他们不屈不挠与命运抗争的非凡历程。悲苦与欢乐、卑微与崇高、情义与生死、传统与现代,汇集成一支时代的椽笔,描绘出人生的壮美和人性的光华。"(作者题记)

导演李杰在他的阐述中说:"我感叹人们在和大自然以及自身命运搏斗中、在向往和追求光明幸福的过程中所展现的巨大力量,是那样地让这个世界叹为观止,不可思议!它是一种超现实的、超越自然和人类肉体的精神气魄和气质,是人类生命存续与运转过程中一种精神的升华。世界因此而美丽!"

"修路也是'修人',是修炼人的精气神,修炼人之为人的意志和品性。中国农民千百年来炼就的'钢筋铁骨',实际上是在和大自然、和不同社会历史现

状斗争的结果，更是自身在行进中、在不同时期不断认识自己的结果。中国农民一直是在艰难、执着地'突围'。从这个意义上讲，到信息化、现代化的今天为止，中国农民都在'突围'中。不得不承认，这种突围是苍凉悲怆的，同时又是浑阔壮丽的！"

全剧"直面生活，直面残酷，直面死亡；没有矫饰，没有回避，没有编织；通篇充满生活的质感，通透酣畅，读来令人敬畏之情感佩之意油然而生"。

"一个可歌可泣的故事，一群质朴执着的形象，一曲生命中勃发的赞歌。在平凡朴素的叙述中，拧干杂芜的生活水分，显露出荡气回肠的浓浓诗意。"

如何？这题记，这阐述，不就是对剧作特色、优长，以至价值、成就的最好概括吗？而这一切又是真诚坦示，恰切评估，并无卖弄自诩、吹嘘谬赞之弊。我深以为，这既是对该剧的精准评价，又是打开领会该剧要旨的钥匙。

我再说点自己的现场感受、观赏心得吧，尽管难以避免狗尾续貂之嫌。

其一，我是7月初在北京长安大戏院观赏该剧的。在两小时零几分钟的演出中，深感悲壮阳刚的气势扑面而来，而且贯彻始终。邻座们纷纷赞叹，这一扫萎靡之风的佳作，大有振聋发聩的气概，久违了，久违了。习总书记说："好的文艺作品就应该像蓝天上的阳光、春季里的清风一样，能够启迪思想、温润心灵、陶冶人生，能够扫除颓废萎靡之风。"此剧庶几近之。

其二，这是无私奉献、慷慨牺牲的形象展示。生活告诉我们，不仅仅在抗击外侮的斗争中，在夺取政权的武装斗争中，会有牺牲，需要生命的付出；在和平时期，在与大自然的斗争中，在摆脱贫困的奋战中，也会有生命的奉献和牺牲。刺猬沟村一门两代村支书前仆后继的生命付出展示了这一残酷的真理，更展示了牺牲者的高洁和伟大。

其三，这是精准扶贫的形象教材。2016年7月18日，习总书记在银川召开了东西部协作扶贫座谈会，宣示了2020年前全部脱贫的决心，开启了最后一轮扶贫攻坚战的帷幕。习总书记指出，这场脱贫之战，承载着人民之福，凝结着民族之梦，汇聚了全球目光，至为重要。他向全国相关各级领导下了严令，同时也对贫困地区的民众寄予了希望：贫困地区要激发走出贫困的志向和内生动力。"扶贫先要扶志""治贫先治愚"。刺猬沟的乡亲们不正是在木生、大山、二泉"一门两代三支书"的带领下，早早地践行了习总书记这一期盼了吗？而且他们以自身的艰苦奋斗和无畏牺牲打开了脱贫之门，给乡亲们带来了致富的切切实实的前景！据了解，江西省委宣传部已将此剧作为当前"两学一做"（学党章党规，学系列讲话，做合格党员）的辅助教材，在全省巡演，这不啻为一项有眼光的举措。

其四，这是民族优秀传统的继承和弘扬。导演李杰说，该剧"像一则现代寓言。二泉等人的形象可与愚公、夸父、精卫媲美。现在还不是，我真的向往是"。说得好。在刺猬沟这些领路人身上，我们的确看到了愚公、夸父、精卫等民族英雄前辈的身影，他们身上流淌的正是先辈们的热血。顺便说一句，我国的民间文学和民族戏剧舞台向来尊崇满门英烈。北宋初年的杨家将故事流传久远，据此创作的戏曲久演不衰，也成为民族文化的优秀传统。我们在《青山为证》中不也看到了"满门英烈"以及对此的赞颂吗？

其五，这是献给建党 95 周年的最好礼物。大幕开启之前，台口就打出字幕："纪念中国共产党建党 95 周年""江西省委宣传部重点资助优秀剧目"。的确，这出讴歌最基层党组织和普通党员模范先进事迹的感人剧作，是党何以配称为党的最好答案，是党如何为人民服务的最佳答案。以此纪念党的生日，体现了剧组全体人员的一片赤心，弥足珍贵！

习总书记在文艺工作座谈会上发出了创作"更多有筋骨、有道德、有温度的文艺作品"的召唤。我个人认为，这就是！

2016 年 7 月 25 日

（原载《文艺报》2016 年 8 月 8 日）

一袭宫锦袍　别样君臣情
——喜看婺苑新花《宫锦袍》

7月初，我又一次来到金华，在郭汉老（郭汉城）题名的"中国婺剧院"，观赏了婺剧团推出的大型历史剧《宫锦袍》。

这出由贾璐编剧、韩剑英执导、陈美兰主演的婺剧新作给我的第一个印象是"大"：大方、大度、大气势、大内涵、大题材、大视角……构成了高质量的艺术品。它是政治内涵丰厚的严肃严谨的历史正剧，不是写儿女情长的小家碧玉，更不是写才子佳人的"风花雪月"。

可贵的历史眼光

剧组告诉我们：该剧从武则天改唐为周开始，写晚年武则天的心路历程。以武则天赐给狄仁杰的宫锦袍为主要贯串道具，并亲自在锦袍上刺绣《制袍字赐狄仁杰》："敷政术，守清勤。升显位，励相臣。"作为依托，通过赐袍、赏袍、绣袍、哭袍等情节，写出了武则天丰富、复杂、脆弱、敏感的内心世界；写出了她对历史名相狄仁杰从欣赏到起疑，又从怀疑到倚重，再到痛失名臣后的悲痛欲绝，以至祈求折寿以保狄仁杰延长寿命……反映了中国历史上第一位女皇帝与丞相狄仁杰以天下之心为心的民本思想，着眼于社稷久安的长远眼光，委实难得！

武则天历来是个毁誉参半、颇有争议的历史人物。骆宾王为徐敬业草拟的讨武曌檄文，骂得淋漓酣畅，入木三分。所谓"性非和顺，地实寒微"；"洎乎晚节，秽乱春宫"；"虺蜴为心，豺狼成性，近狎邪僻，残害忠良，杀姊屠兄，弑君鸩母"；再加以"包藏祸心，窥窃神器，君之爱子，幽之于别宫；贼之宗盟，委之以重任"。这一堆指责，除了"弑君鸩母"无所考之外，其他均有依据。从道德的角度看，确乎淫荡狠毒；从性格上看，武断暴虐，刚愎自用；从人性上看，凶狠残忍，生性多疑……几乎无可取之处。

然而对于一个历史人物的评价还应该用历史的眼光，站在历史唯物主义的立场上，加以考量。摒弃个人道德品质的因素，人们不得不承认这是一个大有作为的十分出色的大政治家。她，承继了唐太宗"贞观盛世"，执行了李世民国富民强的种种德政；又协助高宗理政，施行了减轻税赋，发展生产，兴办科举，广罗人才等新政，开创了唐玄宗的"开元之治"的先河，为之打下了坚实的基础。

《宫锦袍》的可贵处正在于摒弃了道德评价（包括封建时代男尊女卑观念导致的人物贬损），而坚持了历史视角，走的是一条严肃、严谨、严正的历史剧创作的路子。

这也是剧作家从善如流的体现：原稿中曾写二人之间朦朦胧胧的暧昧，写史无所据的爱情，为的是抓观众的眼球，添加看点。这就大错特错了。须知君臣交往之际，都已经七老八十，谈什么"黄昏恋"！说到武则天早年所作《如意娘》，思恋的是狄仁杰，于理于史都不切合。何况老年的武则天在性生活方面并不寂寞。她82岁驾崩之后，丞相张柬之清理武氏余党，是从后宫里抓捕面首张宗昌开始的！好在一经指出，剧作家立即回归历史评价的正路，殊为可喜。

奇葩的君臣关系

如前所述，按剧作的规定性：武则天和狄仁杰的相遇、相见、相斗、相知，始于武则天称帝即改唐为周之后，他们的关系就是地地道道的君臣关系，或者说是政治意义上的"圣君"和"贤相"的关系。而从实质上说，这是一对针尖、麦芒相对的矛盾复合体。一方是位高权重、执掌臣下生杀大权的皇上，另一方是不畏生死、敢于犯颜直谏、只认"死理"的"强项令"！"戏"就从这种对立中展开了。

《宫锦袍》浓墨重彩地写了"你掐我斗"的四个回合：一是平定徐敬业之乱后，丘神勣杀良冒功，下令诛杀被裹协卷入的五千无辜群众，其间包含大量妇女老弱。危急之际，狄仁杰强站出来予以阻止，并上报女皇，宫廷对质。正是这种无私无畏、为民请命，并勇担风险的品德，让爱才惜才的武则天初识贤才，不仅赦其无罪，且立即拜相。而狄仁杰辞相不做，甘愿出任宣抚使者，安抚战乱地方的百姓，使得女皇更为看重，亲赐宫锦袍。第一个回合，相识、相认了。

　　第二个回合是甘受重刑、蒙冤入狱，以警醒女皇勿轻信逼供之词，惩酷吏、废铜匦（举报箱，诬陷之源）。起关键作用的仍然是那袭宫锦袍。女皇派亲信令狐忠探视狱中的狄仁杰时，机智的狄仁杰只把受刑破损的宫锦袍呈上。聪慧的则天女皇立即明白了个中情由。于是，有了连夜召见、亲为补袍，并绣上"制袍字赐"的字样。君臣之间，由相斗、相疑到释疑、相知了。

　　这个"相知"绝不是相恋、相爱的暧昧，而是政治上的相互理解，相互尊重。就武则天来说，身为帝王，周围是一群阿谀奉承之徒，一大片歌功颂德之声，一副副争权夺利的嘴脸，听不到真话，看不到真情，整个是"高处不胜寒"的处境。狄仁杰的出现，那一次次顶撞，一回回谏诤……让她看到了真诚，寻到了知音！

　　知音，这才是友情的最高境界！

　　第三个回合是率兵抵御契丹的入侵。以废太子李显做统帅，杜绝了契丹出兵的借口。再谕之以理，晓之以利，终于不战而屈人之兵，实现了"战争"的最高境界。

　　第四个回合，也是最重要的回合，力阻立武承嗣为太子，力谏恢复太子李显的地位，并最终返政权于李唐。这完全忠于史实，也是狄仁杰最突出的彪炳史册的大贡献。狄仁杰强调了两点：一是传位武姓，按例并无姑母入祀太庙的规矩，这下击中了武则天的软肋。二是传武承嗣则天下大乱，武平庸无能，断难维持政权。武则天完完全全听进去了。嵩山祭拜之际，在悲痛狄仁杰病逝之时，她下令按狄相的遗言：立李显为太子，还政李唐。

　　矛盾完满地解决了，这对"圣君""贤相"的形象也突出地耸立在婺剧舞台上了。

豪迈的舞台呈现

中国婺剧院不愧是标明"中国"的大剧院,剧场台口宽,进深远,视野开阔,气势雄浑。《宫锦袍》正是充分利用了这一优势。

大幕拉开,高高的平台上,改周称帝的武则天正在嵩山祭天。那君临天下的雄姿,那睥睨四界的气势,那份沉重镇定,那派雍容华贵……立即给现场观众以强烈震撼,并引发了阵阵掌声。

舞台美术设计是成功的,富于表现力的。气势虽大,却又不落于大制作、大堆砌的窠白。

音乐唱腔设计也是成功的。我的感受是比较充分地展示了婺剧剧种音乐方面的优势:既雄壮、浑厚,又细腻、缠绵。可谓特色鲜明,好听、耐听。

而就总体来说,我以为,作为二度呈现总调度、总指挥的导演,也是功不可没,他找到了契合该剧内容的表现形式。就戏而论,写的是大唐盛世,写的是宫廷生活,如何体现大唐气势,如何呈现盛世风华,成了必须破解的难题,特别是全剧有名有姓的角色仅仅7个。

首先是前面提到的舞美设计、制作,包括灯光、服装、造型、形体等帮了大忙。其次是音乐托了底。而就导演指挥说,我以为,卫士和宫女两支舞队起了关键性的作用,有他们的烘托,舞台不空寂、不单薄,宫廷氛围出来了,盛唐气势出来了……据说导演韩剑光坚守阵地,兢兢业业,有大的进步,值得肯定。

主演的艺术攀升

《宫锦袍》的演出阵容强大,可谓人人称职,演出严谨。其中饰演武则天的陈美兰和饰演狄仁杰的朱元昊尤为出色。

朱元昊向来是舞台上的多面手。我看过他饰演的《梦断婺江》中的头号人物李世贤,看过他饰演的《遥祭杏花村》(根据京剧《贵人遗香》改编)的大太监,都给我留下了极深的印象。这次他饰演狄仁杰,又一次展露了他的表演才华。

至于饰演武则天的陈美兰,我要用"意外的惊喜""超越的震撼"来形容。

的确，作为"二度梅"获得者、文华表演奖得主，陈美兰是名副其实的当今婺剧领军人物，成熟的表演艺术家，德艺双馨的艺术人才，两届（第 16 届和第 18 届）全国党代会代表。

她的表演长项，过去在于扮演青春少女、武功侠女，无论《辕门斩子》的穆桂英，《昆仑女》的双阳公主，还是《梦断婺江》的柳彦卿，要么青春靓丽，要么活泼多情，都在武旦、花旦的行当里。而今一出《宫锦袍》承载着她艺术上的大突破，大提高。那份端庄大气，那份盛气夺人，完完全全是崭新的艺术形象，值得祝贺，值得恭喜。说真的，对于当今的陈美兰，当真要刮目相看呢！

《宫锦袍》初次搬上舞台，尚有诸多不足之处，殷切希望多方听取意见，再做加工，力争从"高原"登上艺术的"高峰"！

2016 年 8 月 6 日

（原载《中国文化报》2017 年 12 月 26 日）

回顾曾经的苦难　珍惜新时代满目春光
——我看淮剧《半纸春光》

刚刚过去的 10 月 22 日，党的十九大正如火如荼地进行中，首都长安大戏院迎来了上海淮剧团专程送进京的人文新淮剧《半纸春光》。台上，故事在徐缓地、如泣如诉地娓娓道来，观众感到的却是迎面扑来的强烈的、入胸入臆的震撼。

的确，在十九大精神的统领和观照下，审视《半纸春光》，自然超脱了平常观赏戏剧作品的审美愉悦，而有了新的感悟。就我而言，至少有以下几点。

第一，回顾苦难的极端必要性和现实性。众所周知，中国共产党从 1921 年建党至今，已经有将近 100 年的辉煌历程。党的十九大提出了一个很重要的概括，那就是建党以来，我们经历了三个伟大的时代：第一个时代是中国人民在苦难中站起来，是毛泽东同志为首的党中央、老一辈革命家的伟大功绩；第二个时代是在社会主义建设当中，我们找到了一条有中国特色社会主义道路，以邓小平同志为代表的第二代中国共产党领导人带领着中国人民富起来；现在我们进入到了第三个伟大的时代，即中国特色社会主义新时代，这个时代是以习近平同志为核心的党的领导人带领中国人民强起来。这三个时代分别是"站起来""富起来"和"强起来"。

而淮剧《半纸春光》描绘的正是中国民众在苦难中站起来的非常形象生动的历史画卷。该剧赶在党的十九大召开之际进京演出，有着非同寻常的重要意义。因为它刻画的是中国人民处于第一阶段的生活写照，极有价值。中国人民是从半殖民地半封建社会、"三座大山"压迫下、深受苦难的起点走过来的，现在我们回过头来看郁达夫先生当年所描绘的中国人民要站起来的那段历史，让我们更加认识到我们所经历过的苦难和党的伟大！我们党终于领导苦难的中国人民站起来了，这是了不得的事情。在当下我们来书写那段历史是非常有价值的，因为列宁曾经说过这样的话："忘记过去，就意味着背叛。"在看了《半纸春光》之后，我们更体会到列宁这句话的伟大意义。上海淮剧团把20世纪20年代的上海市井生活搬上舞台，让我们站在当下来重新认识历史、回顾历史，同时也是珍惜今天的胜利来之不易。我以为淮剧《半纸春光》不仅写了底层民众那段艰辛的生活，更写了中国人民站起来的必要性、急迫性、时代性和严酷性。

第二，《半纸春光》刻画了当时上海弄堂普通百姓的苦难，让我想到了今天习近平同志提出的"精准脱贫"。经历了当年的困顿和屈辱，我们虽然站了起来，社会主义取得了胜利，且我们很多人已经富起来了，或者说已经解决了温饱问题，但同时我国还有贫困人口的存在。习总书记在十九大报告中重申，必须在2020年，就是在中国共产党建党100周年之际，完成精准脱贫的任务，而且要一个地区不剩、一个人不落地脱贫。从《半纸春光》中，我们看到了当时老百姓在贫困中挣扎的苦难，不禁让人联想到今天虽然在政治上和《半纸春光》描写的生活不一样，但是我们农村还有贫困人口，还有人吃不起饭、上不起学。所以通过这个戏，让人想到中央提出的在2020年完成脱贫的伟大事业的重要决策，看到了党一心为中国老百姓谋福利的博大胸怀。任务落实到全党和各级政府，层层写保证书、决心书。经济发达地区帮助经济滞后地区，结对帮扶。据说上海也有帮困的对象。

第三，《半纸春光》对于淮剧剧种来说是一次新的突破。可以说，通过这个戏让淮剧迈上了发展的新阶段。淮剧从苏北农村进入上海，成为都市淮剧以后，基本以古装戏的创作见长，无论是《金龙和蜉蝣》，还是《西楚霸王》，引发了人们对于上海淮剧团的广泛关注，但这两个戏有一个相同点——均是古装题材。近20年来，我们一直在期待淮剧团继续出好戏，而《半纸春光》的独特，正在于编剧管燕草把眼光放在了现实生活，描写的是旧上海的市井生活、弄堂生活，把笔触伸向了最底层的民众，而且把他们的生活展现得如此活灵活现，那么细腻，那么生动。无疑该剧对淮剧剧种的发展是一个极大的突破和表现领域的拓展，这是这个戏的另一个很重要的贡献。另外，不得不说的是整出戏把苦难的生活做了诗化处理，使得该剧充满了诗情画意。导演俞鳗文在二度创作上也很给力，就这一点来说，非常难得，是按照诗剧来结构这个戏，并且有着明显的地域特色、海派风格。所以，我认为看《西楚霸王》不如看《半纸春光》，因为《西楚霸王》可以在不同的剧种里看到这样的题材，但是像《半纸春光》这样的，我们很少在戏曲舞台上看到，在上海的地方戏里，目前也还没有看到像《半纸春光》那样栩栩如生地刻画旧社会底层民众的生活的剧目。

第四，说说该剧的两位主演，一个是慕容的扮演者陆晓龙，另一个是陈二妹的扮演者陈丽娟，他们都很出色地完成了剧作赋予的任务。我真没想到，年轻演员能把旧时代的落魄知识分子、烟厂女工表演得如此栩栩如生，光彩照人。他们的分寸都掌握得很好，把那两个落魄的年轻人从"同病相怜"、相识相知，到朦胧的爱，直至最后的分手……演绎得真如一首美好的抒情诗。其中，慕容望尘在风雨中拉洋车的段落，编剧提供了一个场面的设置，而导演和演员共同创作、完成了拉洋车的精彩表演，我以为完全可以和京剧《骆驼祥子》中的洋车舞相媲美。《骆驼祥子》的洋车舞把京剧动作做了"程式化"的高度提炼，获得了众口称赞；相对而言，《半纸春光》中的"拉洋车"段落，则表现了一个落魄知识分子不会拉洋车，却又要拉洋车赚钱，帮助车夫李三。这段程式化表演得很生活化，并高于生活，丰富了内涵，不仅提炼了动作，也使拉洋车的展示更性格化、更戏剧化。

总之，看了上淮的新作，很兴奋，很高兴，衷心祝贺他们取得的成功，并预祝他们继续努力，推出一个又一个佳作，回馈戏剧艺术的伟大春天！

2017 年 10 月

（原载《新民晚报》2017 年 11 月 4 日）

好一曲"绿水青山"的热忱礼赞

——喜看黄梅戏《青山鉴》

酷暑中的7月13日晚,长安大戏院。热情的观众齐聚一堂,欣赏安徽省桐城市黄梅戏剧团献演的新创现代戏《青山鉴》。这是中宣部、文化部主办的2017年全国基层院团戏曲会演,长安大戏院的首场演出。果然不负众望,剧场内掌声阵阵,反响强烈;演出结束,观众涌向台口,久久不散。可以毫不夸张地说,演出实现了"开门红"。本人参加了现场点评,也是喜自内心,称赞不已。

我把印象最深的感觉概括为四句话:这是一曲"绿水青山就是金山银山"的赞歌;这是一篇"大众创业、万众创新"的颂辞;这是一首时代特点鲜明的艺术奏鸣曲;这是一幅青春靓丽、活泼生动的优美画图。

一曲"绿水青山就是金山银山"的赞歌

剧作把主旨定在演绎这一论断上,意义非凡。我们知道这是习近平同志任浙江省委书记时,2005年8月15日,到安吉县天荒坪镇余村考察时提出来的。今天,余村村头还矗立着刻有这句题词的石碑。2012年习近平同志担任总书记后,2013年9月7日到哈萨克斯坦纳扎尔巴耶夫大学讲演时郑重重申:"我们既要绿水青山,也要金山银山。宁要绿水青山,不要金山银山。而且绿水青山就是金山银山。"此后他在文章和讲话中多次提到这一口号。

《青山鉴》的主创团队正是有感于这一判断的重大意义,悉心创排了这一佳作。

剧作的主人公章兰兰是林学院毕业的高才生，家庭殷实，老爸在浙江办厂，要她去偏不去，硬是回乡创业、办农场，自讨苦吃，自找罪受。为什么？剧作没有泛泛地写她"志存高远""超凡脱俗"，更不是"心血来潮""哗众取宠"，而是别出心裁地深深地挖掘了她之所以选择学习林业的最深层原因：暴风雨，裸露的秃山掉落的石头砸死了她3岁的弟弟，而她，年仅七八岁！于是，幼年的她立下了重誓！

她吐露心声："为什么山体裸露植被少？是人祸竭泽而渔乱砍伐！长大后我定要学林业，让茫茫大地披绿纱！"她告诉恋人周立凡："你问我女孩为何要学林？"我想的是："为锁住洪荒，为一片绿荫，为溪水长流，为留住乡愁；为生态，为环境，为绿色，为生存……为让我弟弟看一看，绿水青山垂杨紫陌一个美丽的家！"

这番平平实实却掷地有声的誓言告诉了我们许许多多。荒山秃岭所为何来？竭泽而渔、乱砍滥伐的人祸！且不说"大炼钢铁"的屠伐，就是"人定胜天"的造田开荒也遗祸无穷！不是吗？多少年来以牺牲生态环境为代价的GDP追求，实实在在是"吃祖宗饭，断子孙路"！恩格斯早在《自然辩证法》一书中就说过："我们不要过于陶醉于人类对自然界的胜利。对于每一次这样的胜利，自然界都要对我们进行报复。"他指出："美索不达米亚、希腊、小亚细亚以及其它各地的居民，为了得到耕地，毁灭了森林，但是他们做梦也想不到，这些地方今天竟因此而成为不毛之地。"

兰兰们是在为前人弥补过错吗？从一定意义上说，是的，但不仅仅如此，她们在做一项伟大的转换工作：让荒坡秃山转化为绿水青山，再让绿水青山变成金山银山！正像习近平同志所说："如果能够把这些生态环境优势转化为生态农业、生态工业、生态旅游等生态经济的优势，那么绿水青山也就变成了金山银山。"兰兰和她的伙伴们的壮志正是把林场办成"绿色氧吧，花卉基地，乡村公园，休闲度假村"！……如此这般，何愁这里的绿水青山不变成金山银山？

事实俱在：前边提到的浙江余村听从习总书记的建议，从卖矿石到卖风景，从靠山吃山到养山富山。2005年关掉年产值300万元的三个石灰矿，如今靠绿水青山、茂林修竹，成为旅游胜地。（李安执导的影片《卧虎藏龙》中那一片竹林就取景于此。——笔者注）年收入1500万元，为其原来的5倍！再说习总书记任福建省省长时，1996年后曾五到红军长征出发地之一的长汀，落实林权改革,治理水土流失。迄今治理162.8万亩,森林覆盖率由1986年的59.8%提高到现在的79.4%,实现了"荒山—绿洲—生态家园"的历史性转变。山,青了;水,绿了;人,富了……

一篇"大众创业、万众创新"的颂辞

如果说女主人公章兰兰身上集中体现着"绿水青山就是金山银山"的主旨的话,那么男主人公周立凡身上则更多地表现了"大众创业、万众创新"的题旨。

作为林业大学的优秀毕业生,周立凡可谓前途无量,留校或进大城市科研机构都是他施展才智的好地方。更何况还有老爹的"王八养殖公司"等他接班,老娘以死相逼督促他回城!可他就是认准了:"前程要靠自己创""要为绿色献青春""莫道书生空议论,创业成才在基层!"

原来他要把珍稀树种"红豆杉"移植北方的科研实验亲手实施在林场的土地上!

"红豆"为媒,他和兰兰志同道合地走在了荒坡办农场的道路上,走在了"大众创业、万众创新"的浩浩荡荡的队伍中。剧中精心设计的定情诗正是写在红豆杉幼苗培育的苗圃里,写在风雨交加为护苗共同奔赴的途程中!这番充溢浪漫色彩的笔墨,有情有韵,有滋有味,把理想、抱负、担当的雄心壮志和友情、亲情、爱情的甜美果实有机地融为一体了。

人们为年轻人的胸怀所折服,也由衷地祝愿他们幸福美满。

一首时代特点鲜明的艺术奏鸣曲

在观赏过程中,我还深深感到剧作极富时代感,现代气息扑面而来。比如帷幕拉开,竟然是两位互不相识的网友在电脑上的交流!

　　章兰兰:天马,谢谢你。你做的林场规划设计图太棒了!
　　周立凡:过奖了。你满意吗?
　　章兰兰:和我的设想不谋而合,太不可思议了……

周立凡：心有灵犀一点通嘛！能告诉我你的真实姓名吗？

章兰兰：在虚拟的世界里，保持点神秘，保持点距离，不是更有意思吗？

周立凡：我想走进你的世界，和你一起种树搞研究……

章兰兰：不，你吃不了苦，我也没空派专人来哄你开心……

周立凡：别下线……我会找到你的！

男女主人公就这样出场了，志同道合，相互帮助，互不相识，却又在互相吸引。真可谓别开生面，别出心裁。我几乎是一开场就被吸引了。特别是兰兰还留下了一个令立凡牵挂又吊观众胃口的悬念：为什么一个女孩子会爱上林业，爱上那个"受苦受累，又难见成效的事业"！

剧作还有一个十分精彩的设计：让"视频"登场。当今，成年人特别是城市里的人，几乎人手一部智能手机，上网找乐，视频聊天，马路上凭空多了一个新冒出的"低头族"。什么"低头"掉进沟里，"低头"撞上大树……且不说它。但"视频交流"既快速便捷，又形象生动，透着一份新鲜和时髦。《青山鉴》聪明的编导捕捉到了这一点，并有机地引入了。

原来立凡被老妈硬逼着回城后，两个荒山创业的恋人都放不下对方，手机交流成了常态。兰兰焦虑万分之际，立凡传来了好消息：通情达理的妹妹说服了老爹，尽管老妈没想通，但二比一，他获准回林场创业了。这里，为让兰兰确信，他传来了"视频"。舞台上，周边的光暗下来，透出周立娜说服父母的画面，传出在场的三个人的心声。按电影的手法：蒙太奇转化；按舞台剧的处理，回顾转场。如实说，要多费笔墨，大费周折。如今，"视频"一番，干净利落，巧妙之至。这，导演孙虹江功不可没。孙导来自上海越剧院，他执导的沪剧《挑山女人》好评如潮。在《青山鉴》中，也处处可见他的匠心和功力。

本文试举出两例，但现实感云云，还充溢语言、细节等诸多方面，不细说。

一幅青春靓丽、活泼生动的优美画图

剧团介绍中说，《青山鉴》全场登台演员，平均年龄在30岁左右。我问了问，饰演章兰兰的汪林林出生于1988年，还不到30岁；饰演周立凡的赵长玖出生于1986年，也就三十来岁。台上果然青春靓丽，光彩照人。表演虽稍感稚嫩，却十分到位。可以说，相当出色地完成了剧作赋予的任务。借一句行话，人物形象立起来了，这就十分可贵。

我的感觉是：汪林林嗓音好，扮相美，做功细，台风稳，是难得的后起之秀。再加帮扶，前途无限。赵长玖自身条件好，特别是演唱，很有韵味。我从他身上看到了黄梅名家黄新德的影子，是否已拜师学艺，尚不得知。在我看来，前景也是一派光明。

说实在的，一个县级（桐城为县级市）剧团有如此强大的演出阵容，有些出乎我的意料。由此也让我看到戏曲艺术的希望和未来，让我这个老文化人倍感欣慰。衷心祝愿他们走得更快更好，获取创作新丰收。

2017 年 7 月 25 日
（原载《中国戏剧》2017 年第 7 期）

大美人性　绝美展示
——看《保婴记》《水莽草》有感

近年来，我陆陆续续看了一批状写古代妇女遭遇的戏曲作品，好戏迭出，赏心悦目，令人喜不自禁。个中，给我印象最深的当数漳州市歌仔戏传承保护中心推出的《保婴记》和玉溪市滇剧院新创的《水莽草》。

这两部戏有个共同点，都力求用现代的眼光，借助现代化的戏曲手段，着力开掘古代底层妇女的内心世界，极力展示她们美好的人性，为戏曲人物画廊增添了新的典型形象，获得了观众的由衷喜爱和赞赏。据说都成了剧团的"看家戏"和"吃饭戏"，委实难得，十分可贵！

说起中国古代底层的妇女，我感触最深的有两点：一是她们的苦难，二是她们的善良。

说苦难，她们身上——从肉体到心灵，承载了太多的重负。程朱理学"三从四德""饿死事小，失节事大"的儒学礼教，就像一把无形的铁枷，拷锁住她们的灵魂！而一座座节孝牌坊下又埋葬了多少冤鬼？"五四"时期的先觉者，如鲁迅先生就曾发出了中国历史史册上写满了"吃人"二字的呐喊，先生的《祝福》则做了形象的诠释，据此改编的越剧《祥林嫂》及同名电影都提出了愤怒的抗议。新时期以来，王仁杰的《节妇吟》等也产生了广泛的影响。"吃人"云云，最大的受害者自然首推妇女。正像新中国成立之初的一首歌中唱到的："旧社会，好比是黑咕隆咚的苦井万丈深，妇女在最底层！"

说善良，在中国古代妇女身上也表现得异常突出。比如，忍辱负重中百折不挠的坚毅；敬老爱幼中勇于付出的慷慨；默默贡献中不求回报的忘我……凸显了善良而美好的人性。而在极度苦难中，如此光彩夺目的崭露更加难得！我们不禁要发自内心地喊出：中国妇女伟大，伟大的中国妇女！本文篇首提到的《保婴记》《水莽草》等的可贵处，正是为此做了绝美的刻画和展示。

《保婴记》写了一个看似平常而又绝不平凡的民间故事，刻画了一批善良而又富有爱心的底层百姓。寡妇尹三娘和独生子林正义相依为命，艰难苦守。儿子病笃告诉母亲，和富家小姐金满月相恋并已暗结珠胎，恳请老母救助这可怜的母女。原本无心恋世想随子而去的母亲，便有了活下去的责任和担当。在邻居们、七大姑八大姨（剧作正式命名六嫂、七姑、八姨、九婶）等的共同策划下，劫出了也打算殉情而死的小姐，私藏起来，完成了伟大的义举：保婴救婴。有趣的是金员外把这桩"劫案"上告县衙，县令曲成美认真破案，又衍生了一堆趣事：为救这对母子，八姨挺身就擒；尹三娘不忍好人受过，投案自首；曲老爷明察是非，巧断义案……最后，孩子的生父林东明又猛然出现，带出了一批义士仁人：原来东明为救人掉下悬崖，正义是冒牌相助；而坠崖后东明又得到猎户救护，伤愈而归。正是：好心人救了苦命人，苦命人成为幸运人！

《水莽草》讲的是另一个完全不同的寓言故事：家道中落的千金小姐丽仙嫁进贫户家门，遭遇了满脑子旧观念的婆婆："几十年泪水流成河，几十年的媳妇熬成婆！"该她耍婆婆威风、折磨儿媳的时候了！于是毫不讲理的指责、莫名其妙的折磨都扑面而来，丽仙处在极端无助的困境中。她想一死了之，找方士求来了毒药"水莽草"——煎水喝下之后，49天毙命。偏偏被婆婆误服，这49天便成了大转折的限期。儿媳在极度不安和愧疚心理下，对婆婆的一切刁难、指责、胡搅蛮缠，尽力容忍，百依百顺。婆婆也在儿媳的宽容、忍耐和百般照顾中，受到感化，反省了自身的过错，婆媳间的对抗得到了缓解。

所谓"寓言"，就故事情节和表现手法来说，颇有些见神见鬼，荒诞不经；而就内涵寓意而言，则是从婆媳矛盾的发生、发展、激化，到转折、转化、和解，从相互怨恨，到相互依存，传达出"小家和谐，社会安定"的宏大题旨，表现了作家的智慧和哲思。总之，这一小小的寓言故事寄托着人们共同的美好愿望。剧作引起广泛的认同感，便尽在意料之中了。

两个故事的侧重点有所不同，但无论爱幼也好，敬老也罢，都共同地喊出了人们的心声："只要人人都献出一点爱，世界将变成美好的人间！"

而这一切又都根源于中华文明，即中华民族优秀的传统文化！

习近平同志在文艺工作座谈会上的重要讲话中说："中华民族在长期实践中培育和形成了独特的思想理念和道德规范，有崇仁爱、重民本、守诚信、讲辩证、尚和合、求大同等思想，有自强不息、敬业乐群、扶正扬善、扶危济困、见义勇为、孝老爱亲等传统美德。"他指出："中华优秀传统文化中很多思想理念和道德规范，不论过去还是现在，都有其永不褪色的价值。"他要求"以古人之规矩，开自己之生面"，从而"实现中华文化的创造性转化和创新性发展"。习近平同志在党的十九大报告中再次强调："深入挖掘中华优秀传统文化蕴含的思想观念、人文精神、道德规范，结合时代要求继承创新，让中华文化展现出永久魅力和时代风采。"

前述两出戏中表现的"扶正扬善""扶危济困""见义勇为"以及"孝老爱亲"等美德，不正体现着中华优秀传统文化的永恒价值，闪耀着夺目的人性美的光彩吗？我们还可以说，剧组朋友们正在做的正是这种追求"创造性转化和创新性发展"的努力，使它们葆有"永久魅力和时代风采"。

写到这里，我还想讲讲亲身经历的一桩往事。我女儿是联合国卫生组织的雇员（当翻译）。我和老伴去日内瓦探亲，出行多半乘贯穿日内瓦东西向的有轨电车。坐过多少次数不清了，但从来没有人给我们这两位七老八十的老人让座！奇怪吗？不！他们的道德观里根本没有"敬老"这一款！

这是两种文明的对立。在西方价值观看来，"我"坐上了，这个座位就是"我"的，便打上了"私有"的烙印。而"私有财产神圣不可侵犯"！站立者不仅承认这一法则，而且还不齿于乞求怜悯。这就形成了一幅奇观：年轻体壮者自得其乐地坐着，年迈体衰者战战兢兢地戳着！有学者认为，西方文明是建立在"个人至上"的基础之上，从这件"让座与否"的小事上也算小有体现吧。

中华文明则人道得多，人性化得多！"老吾老，以及人之老；幼吾幼，以及人之幼。""敬老爱幼"向来是民族传统美德。和睦、和谐、合作、合好向来是共同追寻的目标。

放大点说，在处理国际关系上，我国郑重提出：构建人类命运共同体，正是基于中华文明包含的底蕴。同时，我国在推动经济全球化的进程中也致力于使之更加"开放、包容、普惠、平衡、共赢"，贯串着相同的价值理念。

这是中华文明的优长，也是我国对建立世界良好秩序的贡献。

如果我们把《保婴记》《水莽草》等剧目放在这样的坐标上考察，我们会更加明白戏剧人所做努力的价值和意义。我想这并非故意夸大其词。

2017 年 11 月 25 日

（原载《中国戏剧》2017 年第 12 期）

回顾：二十多年前的一番呼吁
——再呈拙文《"炒一炒"汤显祖》

前两天从传媒获知，汤显祖家乡江西抚州（即古临川）戏剧人带来了乡音版《牡丹亭》，到北大、清华为师生们演出，大受欢迎，引起轰动。有幸的是，他们在保利剧院的进京收官演出，给了我观赏机会，开年大吉，大喜不已。

这不禁让我想起20多年前的一桩往事，那是20世纪90年代初。其时也，炒作大盛、铺天盖地而来的是港台"流行歌星""影视红星"，什么"四大天王""×大玉女"……花边新闻，隐私秘闻，充塞视听，狗仔队们赫然跃登主流媒体，几乎成了一时的"主旋律"。本人实在是按捺不住，试着跳出来唱了点反调：你"炒"我也"炒"！你炒"星"嘛，我偏要"炒炒汤显祖"！

记得当时看过一则报道，1993年某月，杨振宁博士飞沈阳，恰好和某港台歌星同机。一追星青年得知有专程接杨博士的，便问："杨振宁是唱什么歌的？金曲榜排名第几？"皆大尴尬。我的文章便从这里开始了，试照录于后。

"炒一炒"汤显祖

写完题目，我就准备收回一堆质疑：汤显祖是谁？流行歌星，还是影视红星？天王巨星，还是玉女新星？金曲榜排名第几？长得帅不？靓不？……既然有人会问"杨振宁是唱什么歌的"，这一堆疑问便不能说是纯属臆想了。

但我只能如实地说："全不搭界。"这位汤老先生既没戴过"帝"呀"后"呀的廉价桂冠，也没闹过三角、五角的艳史秘闻，和"爆炸性""轰动效应"都不相干。而且他老人家如果活着，今年正好444岁！

那么就没有什么可"炒"的了？当然不是。单举一点：汤显祖乃中国的莎士比亚！——这完全是实情，是学术界公认的公正评价，绝非为赶时髦而攀附洋人、名人。汤翁生于1550年，卒于1616年；莎翁生于1564年，卒于1616年，地地道道的同时代人。巧的是，虽非同年生，却得同年死，东西方两颗剧坛巨星同时殒落。

莎翁当过剧场杂役、演员和编剧。作为演员，不大入流，据说扮演的最重要角色是《哈姆莱特》中不出声的鬼魂，龙套一个。作为剧作家，却极出色，奉献了《罗密欧与朱丽叶》《奥赛罗》《麦克白》《李尔王》等传世名作。汤翁中过进士，当过太常寺博士、礼部主事。因抨击时弊而连遭贬官罢职，愤而隐居，从事创作，留下了《紫箫记》《紫钗记》《还魂记》，即《牡丹亭》《南柯记》《邯郸记》等名篇，后四种合称"临川四梦"或"玉茗堂四梦"。

莎士比亚身处欧洲文艺复兴时期，他提倡个性解放，歌颂忠贞爱情，批判封建专制和封建割据，反对封建束缚和神权桎梏，反映了资本主义时期的人文主义思想。汤显祖生活在政治黑暗、社会腐朽的封建社会，作品热情歌颂青年男女对幸福自由爱情生活的追求和所作的不屈不挠的斗争，暴露和鞭笞了封建礼教及黑暗的政治现实。在艺术主张上，莎翁曾借哈姆莱特之口说出戏剧演出的目的是"举起镜子反映自然"；汤翁则通过杜丽娘的嘴喊出"一生爱好是天然"，如此等等。从比较文学的角度，专家学者当然还能就他们的异同列出许多。我这里只想说明：我国历史上曾经出现了完全可以和莎士比亚媲美的杰出巨人！

且不说世界范围内知莎翁者多而晓汤翁者甚少，就是在国内，不也存在类似的情形吗？如果去中学生里做点调查，我看熟知港台歌星者十有七八，略知莎士比亚者许有二三，而听过汤显祖之名者，多不过百分之一。爱国主义绝不是空谈，爱自己的国家和民族，就要知道民族的历史，知道历史上的杰出人物，知道我们的民族曾经对世界做过何等的贡献！如果说英国人不知道莎士比亚是耻辱的话，那么作为一个中国人不知道汤显祖至少不能算作光荣吧？当然，责任完全不在青少年。

汤翁年当444，照音乐简谱的发音便是"发发发"。也许今年该老人家走运了。不是吗？6月15日举办的全国昆剧青年演员交流演出的开幕式上，就将由五个昆剧团一家一折，凑了个大本《牡丹亭》。"游园""惊梦""寻梦""还魂"，可以看到四个丽质天生的杜丽娘；"惊梦""拾画""幽媾"，又有三个风流潇洒的柳梦梅；再加上三个活泼伶俐的小春香，可谓盛况空前。昆剧是中国现今戏曲历史最久的母体剧种；《牡丹亭》是昆剧的经典；"游园""惊梦""寻梦""拾画"等又是经典中的精粹。据悉，中央电视台将现场转播，届时定可大饱眼福：一睹汤翁佳作的风采，看看中国的莎士比亚为祖国戏剧文化创造了何等的辉煌。积年一遇，莫失良机！——请别见笑，"炒"辞出笼了！

该文发表于 1994 年 6 月 13 日《北京日报》，算是赶在 6 月 15 日之前两天打了个"广告"。起点作用了吗？完全不知道。在浪涛滚滚的"炒星"狂潮之中，至多不过一点小小的泡沫，一闪即逝。当然，原本也不抱什么希望的，无非表表老文化人一点艺术良心而已。

今天重拾这一话题，我倒想增补几句：向胆大包天、敢于挑战程朱理学绝灭人性歪论的英雄致敬！

人们熟悉汤翁奉献了光耀中华文化史册的"临川四梦"，捧出了不朽的艺术典型杜丽娘，巧领风骚！但他还同时创造了前无古人、后无来者的独特理论——"至情"论！

谈及杜丽娘的心理性格定位，他有一段名言："情不知所起，一往而深。生者可以死，死者可以生。生而不可与死，死而不可复生者，皆非情之至也。"人们常说的"一往情深"，溯其源，大约就来自这里吧。

生而可以死——为爱而死，古今中外，所在多有，进入文艺创作领域的艺术典型，也不可胜数。不说国产的"梁山伯与祝英台"，莎士比亚笔下的"罗密欧与朱丽叶"，不也是这样的吗？！至于死而又生，就算是文艺作品，杜丽娘也应该算是独一无二的吧？！而这种创造的可贵之处，还在于和当时处于统治地位的"存天理，灭人欲"的"程朱理学"唱对台！

以孔孟为代表的儒家学说，作为中华古代文化的代表，博大精深，尽显精华，到今天仍有巨大的生命力和超越国界的普遍意义，遍及全球的"孔子学院"，便是最好的说明。然而其中也有消极的东西，对女性的歧视便是一例。在所谓"三从"——在家从父、出嫁从夫、夫死从子的桎梏下，女人从来没有过独立的人格！到了宋代"程朱理学"，消极的糟粕又加码了："存天理，灭人欲"！"三从"之上，再加"饿死事小，失节事大"！一座座"贞节牌坊"背后，掩埋了多少屈死冤魂！这时候，汤显祖勇敢地站出来了，你说"灭人欲"，我偏倡导"至情"说！你说"三从"，我偏说"自爱""自主"！连从没见过面的梦中情人也爱，爱个"生生死死""死而后生"！如实说，这该顶着多大的压力，这该有多么顽强的毅力和勇气！一句话：的的确确是非常非常了不起！

  事到如今，真可以说是汤翁交好运了。2016年是汤显祖和莎士比亚这两位世界文化巨人逝世400周年纪念的日子。2015年10月25日，习近平总书记在访问英国时提议："中英两国可以共同纪念这两位文化巨匠，以此推动两国人民交流，加深相互理解。"

  下面的事便好办了。2016年，抚州市为纪念汤显祖、莎士比亚和塞万提斯逝世400周年，举办了一系列重大活动，推出了盱河高腔·乡音版《临川四梦》，巡演神州，并走出国门，献艺友邦。时隔一年，又创作了乡音版《牡丹亭》，也将要巡回交流，扩大影响。

  要我说呀，汤翁怕是该梦醒九泉，笑看当今了吧。

2018年1月23日

（原载《中国文化报》2018年1月26日）

采撷生活浪花　织成七彩锦绣
——评小戏小品展演

"大地情深"——全国城乡基层群众小戏小品展演活动，日前拉开了帷幕。我有幸获得观赏的机会，看下来，禁不住内心的喜悦，要由衷地喊一声"好"！

可以毫不夸张地说，这是新年翻开新页以来，民众文化生活中头一件大事，大喜事！舞台上琳琅满目，异彩纷呈，品种多样，风格独特，幽默风趣，生动鲜活，台上台下，笑声一片。

综观这次展演活动，给我印象最深的有以下几个突出特点。

其一，充分体现了民众的参与性。我们平时说，要把人民群众作为文艺创作的表现主体和服务主体，这无疑是完全正确的，但还不够，还应该如实地把民众看作文艺的创作主体，即充分尊重他们的参与性和主动性。科学发展观要求树立以人为本的观念，而以人为本则包含保障人民群众的基本文化权益。所谓基本文化权益，我以为应包括两个基本方面：对文化成果和文化服务的享有权，以及文化创作的参与权（或者叫创作出版的自由权），即民众不仅要被动地享有，还要主动地参与。我国几千年的文明史，在一定意义上就是一部民众参与文化创造的历史，而这次展演正是一次民众参与的大展示，大检阅。比如，各地报送节目涉及的演职人员就多达3000人，含公务员、军人、民警、教师、学生、职工、农民、退休人员等。艺术样式则包含十几个戏剧剧种，许多更是名列各级非物质文化遗产名录的罕见品类。可以说，小戏小品不"小"，它关联着、透视着许多大道理呢。而一个时期以来，我们的传媒则对此有所忽视，某些媒体只津津乐道于影视明星、流行歌星的逸闻秘史，不惜大肆炒作，造成很坏影响，似乎应该自省才是。

其二，表现出鲜明的时代性。帷幕拉开，时代新风扑面而来。新潮流、新时尚、新问题、新矛盾、新办法、新招数、新人新事……尽显眼前，人们看到了时代的嬗进，看到了改革的成果，看到了生活的新貌，是自得其乐，也往往寓教于乐。诸暨鹦歌调小戏《南瓜变奏曲》写小南瓜走进大市场，网上推销，深度开发，一派新农村新气象。表现样式上，木偶的借用，那憨态可掬的小南瓜，那吃南瓜吃得肚儿溜圆见瓜就躲的小猪，都让人忍俊不禁。老村长夫妇面对南瓜丰收的无奈，未过门儿媳的智慧和科技特长，既破解了村里难题，又促进了社会和谐。小淮剧《我是你的留守妻》写了一场误会：外出打工的丈夫听了闲话，赶回家考察老婆，方知是村里帮扶队帮助缺劳力家庭做实事，解危难，而来家帮助者正是新到任的大学生村长。新问题新办法，一派新面貌。台上，小两口的逗笑，风趣十足。花鼓小戏《从头再来》写下岗农民工的自谋出路再就业；东北拉场戏《差钱了》写新村长上任自掏钱建科技图书室；等等。

其三，主旋律和多样化的统一。高扬时代的主旋律，关注百花齐放的丰富多彩是这次展演的又一大特色。新疆巴音郭楞蒙古自治州的小品《达西村的好日子》，载歌载舞，多彩多姿，生动地歌颂了民族团结，民族和睦，呈现了一幅和谐奋进的新图景。新疆昌吉州的小品《离不开》则写一个维吾尔族老大妈深夜为汉族放牧人请医生的故事，唱响同一曲民族团结的颂歌。特别值得提出的是四川武警报送的小品《英雄》，以一个小记者采访"5·12"汶川大地震受伤战士为题，歌颂了英雄战士群体，也写出了英雄个人生活中的平凡可亲，富有人情味。喜剧的样式，语言的幽默风趣，让观众笑声不断，极大地增强了感染力和感召力。就丰富性而言，不仅表现在艺术样式、门类的多样，而且表现手法也多彩多姿，匠心独运。深圳罗湖区文化馆创演的小品《守候》演绎了四个男女青年设想马路边发现一个提包后，人们可能出现的多种表现，现编现演，展示了一幅幅世相图，构思奇巧，充满机趣。山东莱芜的梆子小戏《暖水袋痒痒挠》写一对孝顺儿媳，关心失去老伴的老父，买来暖水袋、痒痒挠，却不理解老父需要的是找个老伴，老人又不便明说。捅破这层窗户纸的是个巧合：村长要给孙子介绍对象，儿子征求老父的意见。老人拿出"礼物"——暖水袋和痒痒挠，并表示"有了这两样就够了，还娶什么媳妇"！儿子、儿媳听懂了，观众也会心地笑了。这样的巧妙构思，这样的细节即使是在许多成功的大戏中也很少见。演员阵容整齐，饰演老汉的演员尤为出色，堪称"群文之星"。

通场看下来，好戏甚多，文中列举到的不过信手拈来而已。

衷心祝贺展演的成功，预祝在"第九届艺术节"上有更辉煌的展现！

2010 年 2 月 7 日

立足学院资源　　尽展艺术才情
——我看南昌大学赣剧新篇《红珠记》

2018年6月17日晚，应江西老友的邀请来到母校北京大学"百年会堂"，观赏了南昌大学赣剧文化艺术中心和南昌大学艺术与设计学院联合推出的新创赣剧弋阳腔《红珠记》。

坐在舒适敞亮的剧场，看着台上豪华精致的演出，我的思绪突然拉回到了60年前。1958年，"大跃进"的高潮中，在这里，就是在这里，上演了北大学生文工团话剧社"自编自导自演""演自己"的四幕七场大型话剧《时代的芳香》。不过，当年还没有正规的剧场，只是大饭厅的简陋舞台而已，简陋到没有一根吊杆，只借了辅导单位中国青年艺术剧院的几盏灯具。服装嘛，演员自备，唯有护士服借自校医院。那年头时兴的是："人有多大胆，地有多大产。""只有想不到的，没有做不到的！"学生们想了：破除迷信，敢想敢干，排新戏，放卫星！我就被指派组建班子抓出戏来。脱掉学生通常的白校徽换上教职工红校徽两年的我，拉来温小钰、杨频、资民筠等几个中文、化学、物理系的学生，胆大包天地干了起来。小钰和我主笔，写的是化学系某年级团支书为首的学生科研攻关组和资产阶级崇洋媚外教授带领的小组对着干，研制香精，一边是大胆设想，闯自己的新路；另一边是照搬书本，走西方的老路。结果自然是"资产阶级惨败，无产阶级完胜"。这幼稚的习作高扬主观唯心的大旗，现在想起来都汗颜。不过，当时却大受推崇，演遍了周围的高校，甚至演到中央广播剧场，由中央电视台向全国现场转播！……这只能说是对年轻学子的珍爱和保护了：毕竟这是新中国成立后校园戏剧的滥觞。

然而面对现今"百年会堂"舞台上中规中矩的火爆演出，两相比较，我实实在在地看到了差距，更看到了时代的前进，看到了后浪远超前浪、新人远超前人的情景，难免欣喜万分，钦羡不已。

当晚，回到家中，仔细咀嚼之余，打开"流水簿"，信笔记下了我的初步印象：演出阵容豪华，舞台呈现精致；主演异常出色，剧种特色鲜明。想了想，又追加了一句：剧本尚待提升。

说阵容，剧组依托于南昌大学（南大）。南大历史悠久，前身为民国时期的"国立中正大学"，有广泛影响，新中国成立后更为扩展充实。近年来，习近平总书记曾两度到校视察，勉励当代大学生"珍惜韶华""用青春铺路，让理想延伸"。学校设有艺术学院，可谓人才荟萃，艺术实力雄厚。这次到北京大学献演，光伴奏、伴舞、伴唱就有南大交响乐团、南大民乐团、南大青年舞团、大学合唱团支撑，一般专业演出剧团断难有如此坚实的后盾！就我的目力所及，眼睛向内的凑合者多，各业全备者无，最多是急需时外借外请。比如，那两位无声的伴舞者，演绎着剧情，烘托了氛围，诠释出男女主人公纠葛的内心，演技上乘，非专业舞者难以担承。立足学府，便自然而然解决了。相应地，该剧各构成要素都很讲究，台上青春靓丽，魅力四射，龙套群角尽展光鲜，一派蓬蓬勃勃的景象。如实说，我还清楚地记得"文革"结束后的戏曲舞台，基于10多年未进新人，老人又疏于练功，于是宫女等龙套登场，个个腰粗腿壮，富态有余，纯乎大妈大嫂级别。观众也都理解，不挑不捡，齐心共渡难关。如今，终归走上正轨了，也顺应戏剧规律——人们进剧场是为寻求美而来的！

其他，舞美设计制作，简洁大方；灯光加盟，尤添光彩。我进而想，高等艺术院校有机地将教学、科研、艺术实践结合为一体推新剧目，既拓宽了"传道授业解惑"的路子，又利于人才在实践中成长，好处的确甚多，眼下的《红珠记》就是成功实例。尽管这不是首创，也并非唯一，但个中经验，我以为仍旧值得细细琢磨，好好总结。

回归主体。就观赏现场的感受而言，印象最深的还是主角虞佳姝的扮演者陈俐的表演。从一定意义上说，中国戏曲是"角"的艺术，"角"的发挥直接关系到剧目的成败得失。在《红珠记》中，陈俐没有让观众失望！

陈俐天生丽质，扮相十分俏美；她嗓音甜润明亮，高亢低回咸宜，声出自然，久唱不衰，向来以铁嗓子著称；基本功扎实，做功尤佳，特别是水袖功夫，堪称一绝。她从小学艺，在戏曲舞台上摸爬滚打了几十年，积淀了丰厚娴熟的表演功底。而且早在1991年就获得了表演艺术最高奖——第八届中国戏剧"梅花奖"。

我有幸看过她几乎所有的新创代表性剧目，《还魂后记》是突出的代表。通常汤显祖的杰作《牡丹亭》各剧种大都搬演前半部故事，"游园""惊梦""寻梦"……光耀戏曲舞台，人们盛赞不已。江西赣剧却为乡贤、戏剧老祖宗汤翁圆梦：依据《牡丹亭》的本名《还魂记》，真个让杜丽娘还过魂来，敷衍出老人原本的意图。这是一次挑战，陈俐交出了出色的答卷，也以此斩获了"梅花奖"。其后是省赣推出由她担纲主演的《等你一百年》，歌颂一位老红军妻子对革命的忠诚和坚守，感人至深。其间，对早年间民俗民风的演绎，令人耳目一新，久久难忘。调入南大之后，于科研、教学、行政管理的繁忙中，她又按"三结合"的办学思路，推出了《临川四梦》《青衣》，以及现今的《红珠记》，可谓不忘初心，艺耕不辍：一步一个脚印，踏踏实实走来；不停顿，不自满，不止步。对于她的坚守、进取、攀登、育人……我是看在眼里，乐在心里，也是一再祝福的。

这次，我在《红珠记》里看到了她的最新努力，更看到了她在艺术上的愈趋成熟。说成熟，我看至少表现在三方面：一是巧用一切艺术手段塑造人物。一切以人物为中心，不卖弄技巧。其间，她的长项水袖的应用可谓表心情、促剧情，恰到好处。二是节奏感强。剧烈徐缓，疏密有致，如行云流水，舒畅自然。三是会用嗓音。该昂扬则昂扬，该低回则低回，以剧情和人物心情做调整。嗓子好绝不卖嗓子，不一味高喊高出。这些对比几十年来看她演戏经历，我有深切的体会。总之，从《红珠记》中看到她的执着，她的进取，她的坚守，我由衷地祝福和感谢。

男主角李舜卿的扮演者廖聪和虞佳宝的扮演者孔丽琴也很出色，我为剧团拥有这样优秀的人才而高兴。

《红珠记》以弋阳腔应工。赣剧作曲家程烈清是老朋友，他的诸多赣剧音乐创作令我敬佩不已。如鄱阳县赣剧团获文华奖的《詹天佑》，乐平市赣剧团的《青山为证》，前边提到的同为陈俐主演的《青衣》《临川四梦》《等你一百年》……都非常出色。近期，他为汤显祖家乡抚州戏剧人推出的乡音版《临川四梦》和乡音版《牡丹亭》，担纲作曲和唱腔设计，贡献十分突出。乡音版要旨自然在唱腔的运用，烈清选用了最接近汤翁生前流行的盱河高腔入戏，取得了异常的成功，功不可没。《红珠记》中，他展示了对弋阳腔的烂熟于心和运用自如，让我们一睹货真价实的赣剧"弋阳腔"的风采。我以为，人们进剧场，光凭这一点，就不虚此行。

回到本文篇首谈到的北京大学校园戏剧。继1958年《时代的芳香》之后，1960年，话剧社又推出了以中文系55级编写文学史壮举为题材的话剧《新兵新史》，执笔人是刘锦云和王毅。后者毕业后分到黑龙江，任龙江剧院领导，编写了一部喜剧《皇亲国戚》，进京献演，大获好评。可惜英年早逝。前者便是《狗儿爷涅槃》的作者"锦云"了。看来，北大也为中国戏剧行输送过几个"龙套"。

至于《红珠记》编剧的问题，如有需要，另文探讨。

2018年7月8日

（原载《江西日报》2018年7月18日）

附 录

母亲：为我种下了第一缕民族文化的基因

粗粗算起来，从1953年自家乡小城资中考入北京大学中文系，此后任职于北京大学团委分管学生文化工作，再调入北京市委《前线》杂志任文艺编辑，市委宣传部任文艺处处长，转调市文联任书记处书记，最后落户在文化部，直至退休，迄今已和文化工作结缘60多个年头。而从1956年"五四"青年节当天在《中国青年报》上发表散文《"洋娃娃"的风波》，和码字打交道并始见于全国性媒体，也已整整60年！好说赖说，算是在文化行里打杂了一辈子吧。

如今，年逾八旬，尽管自嘲为也属"80后"（八十之后一年半），但终究是垂垂老矣——老迈年高，老态龙钟，老眼昏花，老朽昏庸……至少和四个"老"字脱不开关系。

回首童年，为我种下民族文化的根，把我引进文学之门的，我的第一个启蒙老师，竟然是我那一字不识的母亲！

母亲，一个地地道道的雇农家的女儿！据说外公在母亲出生后不久被经川讨伐袁世凯的滇军抓了壮丁，从此生死不明；外婆一辈子在乡下地主家帮工，土改时正式划为雇农。母亲姓蔡，孩子们从来不知道她的名字，她也似乎没有名字。成亲后，除"康蔡氏"之外，还被赐名"康成周"。大字不识的她，也许终生写不出自己的名字。父亲大约是从一个私塾老师提升到小学教员，最高混到中学职员，俗称"师爷"，负责排排课表、抄抄写写之类的教务员，薪水低廉，艰辛养家，牢骚满腹，脾气暴躁，却又嗜酒如命，劣酒伤身，终于在抗战胜利那年，年仅42岁的他，脑溢血过世。从此，母亲带着我们兄弟姐妹挣扎在死亡线上……那是一段不堪回首的日子：幼弟饿死，未成年的大姐为求生远嫁，母亲带小妹乡下为佣，我辍学进了文林药房当学徒。

不过，童年除了这说不完的贫穷、饥饿、苦难之外，也有些铭刻于心、永志不忘的美好记忆，那便是围绕母亲膝前，听她摆龙门阵，说笑话，念民谣。

母亲大字不识，文盲一个，有幸活到新中国成立，还当过一任小官：管辖十几户邻居的居民小组长，只不过常闹笑话。比如：20世纪60年代的三年困难时期，她参加街道居委会召开的"政策发布会"，上级说：今年每人发六尺布票，打打补丁，补粑；每月发二两糖票，古巴糖。她完全不懂什么叫"古巴"，开会传达成了：今年发六尺布票，补粑，发二两糖，也是"补粑"。这个笑话让我们兄弟姐妹嘲笑了好些日子，老人家也不生气，只开心地笑笑。

那么老人家真没文化？不！她只是不识字、不会写字而已。她极有文化，脑子里装着个民间文学的宝库哩！

通常，晚上喝了半饱的红苕稀饭之后，点不起灯油，便坐在院子里闲聊，孩子们缠着母亲摆龙门阵，她便念念有词地说道："龙门阵，龙门阵，城隍老爷得了病，乌龟儿子去煎药——猴子耳朵尖起听！"我们便都成了"猴子耳朵"，哄闹一阵，终于开讲。

我记忆最深的是一批挖苦读书人的笑话。例一：《蚂蚁和推屎爬（即屎壳郎）打（结成）亲家》。话说蚂蚁到亲家洞府大吃大喝一通之后，心存感激，也设宴回请。可屎壳郎来到蚂蚁洞口，横比竖比进不去，只得转身返回，为显摆文采，拽文题诗两句："洞小身躯大，何不转回程！"蚂蚁左等右等不见亲家，出洞门一看，恼了，也题诗两句回骂："一身都臭屎，何必来抛闻（文）！"如何？骂得痛快吧？我看是足可为动辄"拽文"者戒。

例二：挖苦城里人的《乡下蚊子和城里蚊子打亲家》，说的是两亲家情深谊厚，先是乡下蚊子把亲家请下乡，设宴款待。乡下人睡觉光胴胴，亲家们足吃足叮，满心欢喜。城里蚊子照规矩回请，可家家户户要么挂蚊帐，要么点蚊香，根本无法下口。眼看天快亮了，城里蚊子焦急不已，但终于想出办法：请到庙里，去叮同样光胴胴的泥菩萨。"餐"后，城里蚊子征求亲家意见，乡下蚊子叹口气说："你们城里人好是好，就是没有人味儿！"瞧，硬是把城里人骂惨了。

我那母亲不识字，又是乡下人，自然很有些偏见，认不得真。不过，在旧社会，城里人一贯瞧不起乡下人，动不动欺负乡下人，挨几句骂似乎也应该。我是毫不讲理地站在母亲一边，何况故事里饱含民间机智，艺术性绝对上乘。

我甚至想，城里的文人们是断难创造出这样的佳篇的！

再举一例：《后妈哭灵》。丈夫前妻的儿子死了，可年纪比后妈还大，这当"妈"的会怎么哭？……和尚、道士、裁缝三人伙同来看笑话，不承想倒挨了一通挖苦。只听那后妈哭诉道："儿啊儿，我可怜的儿！要说是我的儿，何尝（家乡读音'尚'，即和尚）是我的儿？要说不是我的儿，倒是（道士）我的儿！从今想见我的儿，除非九泉之下，才逢（裁缝）我的儿?!"三个看笑话的家伙全都被套进去了。

顺便说一句，借谐音字做文章，现在非常盛行。电视广告不是常常有"醉（最）美×州""自游（由）自在""某州智（制）造"等吗？其实，祖师爷在民间，差别只在于谁用得更巧更活就是了。但我并不赞赏当今的任意篡改成语，造成语言文字混乱，贻误后生。

还举一例：《农妇得子》，算是励志警示篇吧。话说一农妇老年得子，长得眉清目秀，聪明伶俐，老两口抱大希望，取名"学问"。过了两年，又得一子，年纪一大把还生子，取名"年纪"；又过了些年，老都老了，再添一子，简直可笑至极，取名"笑话"。孩子们渐渐长大，老两口让他们上山割草砍柴。老大贪玩，丝毫不动；老二敷衍了事，只一把；唯有老三诚实，砍了一大筐。砍柴归来，老汉问老婆孩子们砍了多少，老婆子叹口气答道："'年纪'一大把，'学问'没一点，'笑话'倒有一大筐！"去掉三个娃娃名字上的引号，直接读下来，不是大有警示隐喻的意味吗？

母亲还教给我们许多民谣俗谚，至今还记得一些。如："斑竹桠，紫竹桠，对门对户打亲家。亲家儿子会写字，亲家女子会剪花。大姐剪朵灵芝草，二姐剪朵牡丹花。只有三姐不会剪，丢了剪刀纺棉花。哥哥心不平，嫁到高山紫竹林。要柴烧，柴又高；要水吃，水又深。打湿罗裙不要紧，打湿花鞋万千针！"朗朗上口，童趣盎然，堪比最美的诗吧？又如："红鸡公，爱唱歌。先生我，后生哥。生了妈妈生婆婆。妈妈嫁，我抬盒；抬到外婆门前过，外婆还在坐箩箩，舅舅还在摇外婆。""三十晚上大月亮，贼娃子起来偷尿缸。聋子听到脚步响，瞎子看到翻院墙，跛子跟倒撵一趟，哑巴高声喊得昂，'抓手'（手残疾，伸不直，张不开）一把来抓住，傻儿升堂审端详。"颠颠倒倒，风趣幽默，确乎是大手笔。新中国成立前夕，流行于重庆一带的《古怪歌》："板凳爬上了墙，灯草打破了锅""清早走进城哟，看见狗咬人呀！"……种种怪现象，其手法不正是源于前述民谣嘛。

再引一段，姑名之曰《十八扯》："月亮光光，姊妹烧香，烧死麻大姐，气死么姑娘。么姑娘，脚又小，一脚踩倒癞克宝。癞克宝，叫得昂，叫倒叫倒喊吃糖。糖又甜，吃黄连。黄连苦，吃豆腐。豆腐薄，买牛角。牛角尖，尖上天。天又高，好要刀。刀又快，好切菜。菜又青，好点灯。灯又亮，好算账。一算算到大天亮，床底下钻出个大和尚。"

我敢说以上这些不会是母亲的创造，她多半是听来的，记住了，再讲出来，实质是传下来，推开去。个中，她添加了什么没有，我说不清，但至少她算得上是民间文学的继承人和传播者吧。也许她脑子里的民间文学宝库中还存有许许多多，可惜我们没认识到它们的价值，从来没想过要挖掘、记录、整理。更可惜她老人家在"文革"的动乱中突发急病，而只管"闹革命"不顾病人死活的医院，救治无力，溘然长逝；我则因身陷"三家村"危机（作为责编，我经手编发了成为"文革"导火线的《前线》杂志上全部《三家村札记》专栏文章），尚无行动自由，未能回乡赴殇，引为终生遗憾。

我深以为，民间口头文学作为优秀中华传统文化的重要构成，委实货真价实的珍贵宝藏，它滋润了一代代文化人，养育了一辈辈好学者。我是实实在在受惠的小学生。

中华优秀传统文化是民族之根，民族之魂，是我们必须继承、守护和光大的瑰宝。两年前，习近平总书记在教师节看望北京师范大学师生时还批评了"去中国化"的谬误，强调中小学教材要增加古典诗词散文，让民族优秀的传统文化"从小就嵌在学生的脑子里，成为终生的民族文化基因"。

由衷感谢我的第一个启蒙老师：我敬爱的亲娘！是她把童年的我领进了民族文化宝藏的殿堂。尽管当年懵懵懂懂，不甚了了，但耳濡目染，心感身受，倒是种下了第一缕民族文化的基因，终生受用不尽。

我爱你，我的亲娘！我想你，我的亲娘！

2016 年 5 月 23 日

种下民族文化的根
——杂忆童年的文化熏陶和浸润

习近平总书记在2014年9月9日教师节来临之际,到北京师范大学看望师生,针对当前中小学教材编写,他说过一番话,我很不希望把我们一些非常经典的古代的诗词文化、散文都给去掉,加入一堆什么西方的东西,我觉得"去中国化"是很悲哀的。这些诗词都好。从小就嵌在学生的脑子里,成为终生的民族文化基因。

这里,习总书记旗帜鲜明地批驳了"去中国化"的谬误,严肃地提出了从小种下民族文化基因的大问题。

回顾本人一个多甲子的文学之路,深感从小受民族文化的熏陶和浸润,种下了民族文化的根,终生受用不尽。

我有三个启蒙老师,第一个是我的母亲,第二个是川戏、坝坝戏,第三个是古典诗词和小说。

先说我的母亲。(从略,上文已专述)

我的第二个启蒙老师是川戏。我出生在川中小县城资中。童年时,县城没有电影院,更没有歌舞厅,最大的文化享受便是看川戏。县城有剧团,有戏园子,几乎天天日场夜场,热闹非凡。没钱买票,要么牵大人衣裳角挤进去,要么趁人多混进去。庙会看祭神戏(记忆中东元寺经常办),西门外河滩看坝坝戏,就方便多了。庙会不要票,坝坝戏可以撕开席棚钻进去,再不济还可以站在尿缸缸沿将席篾抠个洞偷看,是露天茅厕不大臭,还是只顾看戏不觉其臭?说不清了。伙伴们自嘲为买的站票:"尿缸站"!这样的看戏经历,我看不说独一,至少是罕见;或者说不算空前,至少是绝后:未来不会再有这样的"看戏"法了。幼年的我却是沾沾自喜,自得其乐,并乐此不疲。

这一来,倒真是看过不少原汁原味的川戏。当然,荤素杂糅,良莠不齐,好孬兼备。新中国成立后,戏改是必须的,不过有时也会丢了些机趣。比如《打神告庙》一折,敫桂英到海神庙哭诉冤屈,恨海神不主持公道、不作为,捣毁神像,上吊自裁。《打神告庙》最初的开场是:皂隶登场,好一通埋怨:"初二十六打牙祭,刀头贡果送庙里。好东好西端进去,骨头骨老吾神吃。吾神吃了不争气,跨过阳沟就飙稀!"幽默风趣,大悲剧由喜剧开场,插科打诨中见机趣。这应该说是川剧的一大特色,现在通常简化为两句话:"初二十六打牙祭,哪个见你的刀头鸡!"意思还在,味道淡多了。我问过编剧大家徐棻,她也没见过这个老版本。又比如,白鼻梁少爷上场的定场诗:"春来不是读书天,夏日炎炎正好眠,秋有蚊虫冬有雪,收拾书包等来年!"活画出一副浪荡公子哥儿的德行。鬼怨戏开场:"正月十五庙门开,牛头马面两边排:判官手拿生死簿,小鬼拿的追魂牌!——一阵阴风吹出一个女鬼来!"铺排得活灵活现吧!

说川戏是启蒙老师,当然不仅是指它提供了娱乐,给予了艺术享受;更重要的是它教我学知识,学历史,学文化,学做人。

可以毫不夸张地说,我人生之初的许多知识,特别是历史知识,不是来自课堂,不是来自书本,而是来自看戏,看川戏,看坝坝戏!所谓唐三千,宋八百,写不完的三国。我国戏曲剧种剧目之丰富,毫无愧怍地稳居世界第一。而接受起来,生动有趣,入心入脑,完全不用死背硬记,也不怕课堂考试,老师打分,一切都由潜移默化中来,而这也正是艺术的魅力之所在。

我国戏曲艺术还有个极大特点:高台教化。以戏感人,以文化人。三国时曹操的儿子曹丕把文章定格为"经国之大业,不朽之盛事",正是基于文化(自然包含戏剧文化)积极的社会功能,借用当今的话,就是富有正能量。

的确,弘扬真善美,鞭挞假恶丑,几乎是一切艺术遵循的总则。戏曲的高台教化,正是引导人向善、存真、求美,警戒人作恶、弄假、逐丑。我国的传统美德——忠、孝、仁、爱、礼、义、廉、耻……作为戏核戏魂,贯串在戏剧历史的全过程。我体会我们今天倡导的核心价值观,就个人层面说,归纳出的四句话八个字:爱国、敬业、诚信、友善,全都蕴含在戏剧故事之中,形象地展现在戏剧舞台之上。看戏便是接爱核心价值观的教育,接受民族传统美德的熏陶。而这些委实堪称一笔宝贵的财富。

我想具体说说接受"爱国主义"教育的问题。爱国主义从来都是永恒的主旋律。我出生在 1935 年，经历了抗战的时光。日本鬼子没打进四川，派飞机轰炸，资中没挨炸，却也经常响警报，躲飞机，跑出城，心惊胆战，还常挨饿。其间，看了好几出写岳飞的坝坝戏：《岳母刺字》《风波亭》等，心中记牢了"精忠报国"四个字。还记住了一条：害死岳飞岳云父子的大奸臣秦桧，论学问，是状元！可见不能只讲为文，首先要讲做人！

2015 年是抗日战争胜利 70 周年。70 年前，我在县里龙山镇中心小学上学，校址先在武庙后搬到东岳庙。学校操场边就立有刻着岳飞手迹"还我河山"的石碑。老师教唱岳飞的《满江红》，特意改了几个字。"壮志饥餐胡虏肉，笑谈渴饮匈奴血"，改成了"笑谈渴饮倭奴血"！"驾长车，踏破贺兰山缺"，改成了"踏破富士山缺"，矛头直指日本鬼子！那年头，娃娃们也同仇敌忾，爱国爱家。

我记得当时还读过一本章回体小说《说岳全传》。时隔六七十年，至今还记得一些情节。岳飞大破金兵，收复朱仙镇，正要乘胜追击，却被十二道金牌强令调回。路过镇红金山寺，高僧曾送他一首偈语："岁底不足，提防天哭，奉下两点，将人害毒！"果然，腊月廿九，天下大雨，奸贼秦（奉下两点）桧以"莫须有"的罪名，将抗金英雄父子杀害！随即，秦桧又派捕快何立抓捕老和尚，高僧自念偈语："吾年七十九，是非终日有。不为自己身，只为多开口。何立从东来，我向西边走！"坐化、成佛西去了。

当年，看川戏，读小说，唱歌，以及学校的环境氛围……一切的一切构成了全民爱国主义教育的大课堂，今天回想起来还历历在目，更觉珍贵！

那时候，在坝坝戏舞台前还看过《木兰从军》等英雄主义赞歌，不多说。

看川戏的收获，我还想说一点：学文学，学表达，学炼字，学抒情，学意境。看其中的美，懂其中的美，学其中的美，追随其中的美。实话说，这中间许许多多我也是后来慢慢悟出来的。

我这里举一出折子戏：《情探》。王魁上场，唱"月儿高"："更阑静，夜色哀，月明如水浸楼台。透出了凄风一派！"敬请注意：不是"照"楼台，而是"浸"！又从"如水明月"中"透"出凄风，这用字的功夫，真可谓出神入化。又如描摹王魁的内心波澜："不该不该大不该，王魁做事不成才！感得她千山万水一人来，况且她花容月貌依然在！徘徊！……皇天鉴我怀，昧良心出于无奈！"这"徘徊"二字也是神来之笔，写尽这负心汉的内心挣扎和终极背叛！短短一折戏中，写敫桂英一而再地、反反复复地、步步递进地以情感之，以情动之，以情探之……直到王魁那一声："再不走，我要你的命！"她悲愤："我有几条命你要啊！"才最终"活捉"而去。

这一切真正是感人至深，催人泪下！对此，读者，特别是有志写作的有心人，需要细细体察，慢慢消化，从中汲取营养，充实自身。

我的第三个启蒙老师是古典诗词和小说。当然，这是上学识字之后的事了。我出生在一个城市贫民家庭。父亲教过私塾，教过几天小学，最高任职是比教员低一等的中学职员：资中一中教务员，俗称"师爷"。不过，不是衙门里的刑名师爷、钱粮师爷，和"官"不相干，只是中学校里抄抄写写的打杂师。家里没多少书，我只找出一本《白香词谱》，一本《唐诗三百首》，便如获至宝了。

凭借这两个老师，我熟读了一批古典诗词，至今还记得不下几百首。但要动手写，说真话，中学时不懂啥叫诗，胡乱划抹了一些。后来慢慢懂了，就不敢乱来了。我的8卷本文集里，便没收一首诗。当然，也不是完全不写，心里郁闷时，悄悄写过一些，给少数知心朋友看的，从没想过公开发表。另一类公开了的，则是小说中替虚构的人物写的。如长篇小说《大学春秋》里，我就替两个人物写过。一个是身负血债、镇反时被处决了的文化特务的女儿，她是才女，但只写了两句诗："开花前的炸弹是块死铁，但它最懂得什么叫沉默！"其阴暗心里展露无遗了吧。这是她用来拉拢俘获夸夸其谈的张狂诗人的武器。另一首便是这位诗人的"杰作"了，他写了一首长诗《暴风中的雄鹰》，歌颂本班风沙之夜救人负伤的同学，可名曰赞歌，却挟带了私货："英雄战胜了五分钟动摇，友谊的歌声才响彻云霄！"这是当时颇有市场的一种理论主张，认为人都是自私的，面对有损个人利益的节点，都会有"五分钟动摇"。英雄行为只能是战胜动摇后的结果。小说借主人公的口做了最简单的反驳：顾不上，啥也没想。要有"五分钟"去动摇，大鸟（被救的同学）早该挨砸，说不定砸死了！

童年的古典诗词和古典文学的接触为我种下了又一缕民族文化的基因。基于此，中学毕业后，报考志愿之际，我选择了中文系，开始了一个甲子还多的文学之路，虽然碌碌无为，有负年华，倒也至今不悔。当然，也还期盼有生之年为文化事业再做点事，以求心安就是了。

笔耕不辍著作等身　情系桑梓辅掖后辈
——资中籍作家康式昭及其创作评介

在资中籍的当代文化名人中，著名作家康式昭是非常特别的一位，他既在诸多领域取得过很高的文学成就，又在宣传文化部门长期担任领导职务，堪称资中当代最负盛名的"学者型官员"或曰"官员式作家"。在康式昭的人生履历中，他相继担任过北京大学团委常委、宣传部部长，北京市委机关刊物《前线》杂志编辑，中共北京市委宣传部文化处处长，北京市文联党组副书记和书记处书记，文化部政策法规司司长等职。现为中国作家协会会员、中国社会主义文艺学会顾问、中国艺术研究院特约研究员、四川省艺术研究院顾问等。曾任中国戏剧家协会理事、中国人口文化促进会常务理事、中国版权研究会常务理事、北京市杂文学会常务副会长、北京文艺学会副会长、北京电视艺术家协会副主席等职。

2014年，我在资中县作协刊物《磐石》上发表了《金秋放歌》诗词40首，并荣幸地获得了第三届"康式昭文学奖"。"康式昭文学奖"是康式昭老先生捐资在资中设立的文学奖，意在激励家乡的文学后辈奋发努力，创作更多更好的文学作品，进而有力地促进家乡的文化建设。

在这次颁奖盛典上，康老专程从北京回到家乡，亲自颁奖并发表了语重心长的讲话，还同大家一起进行了愉快的交流。坐在台下聆听其风趣幽默的讲话过程中，县作协主席告诉我，康老不久前还捐资并捐赠自己的8部文集及数十册著作和一万余册藏书，在资中县图书馆建立了一个"磐石阅览室"。听到这里，我再一次抬头仔细端祥这位面容和善、说话风趣、对家乡文学爱好者充满殷殷期望的年近八旬的老人，内心深处充满了深深的敬意，一种走近他、研究他、学习他的想法在心中油然而生。此后，我从朋友处借来了共 8 册洋洋 350 多万字的《康式昭文集》，在夜深人静或闲暇之时进行了虔诚的拜读和品味。

2015 年 4 月 15 日，我又有幸在内江市图书馆"大千讲座"学术报告厅聆听了康老的《种下民族文化的基因——谈谈我的文学创作之路》专题讲座。耄耋之年的康老不愧学富五车的文坛大家，无论是童谣、诗词，还是戏剧、散文、小说中的经典桥段，以及各种名言警句，都信手拈来，语言依旧是那么的风趣幽默，其高度的思想性、强烈的感染力让在场的每一位文学爱好者都如醍醐灌顶、春风拂面。听了康老的讲座，更加让我认识到一个作家要写出好的作品，首先一定要在自己的知识背景和思想情感里种下民族文化的基因，只有对本民族的文化有了比较多的了解和深刻的理解，在这样的基础上，他才有可能创作出无愧于时代乃至蜚声于世界的优秀作品。同时，通过这次讲座，我被康老对桑梓的拳拳牵挂和对家乡文化的大爱情怀深深感动，他的经历、他的人格以及他的作品，都是康老给予我们这个时代的一笔宝贵的精神财富。

文化小城走出的青年才俊

康式昭先生（曾用笔名"康凯"等 20 余个），1935 年出生于成渝线上唯一的省级历史文化名城资中。资中自古以来就人杰地灵、文脉渊远、文风馥郁，而康老成长的家庭有着浓厚的诗书传家之风，还在上小学时，父亲就试图让他日后走上科研的道路，要求他每天定时到资中一中图书馆看书。但在进入图书馆以后，他却迷上了文学名著，馆藏的各类名著让他如饿汉般一口气儿全部看了个遍。小学二年级时，父亲为哥哥请来家庭教师，教授古文知识，并叫他跟着学习。这段时间，康老背诵了大量古文、古典诗词，如《古文观止》《唐诗三百首》《白香词谱》等。让人没想到的是，哥哥始终对文学没有产生多大兴趣，而康老却由此深深爱上了文学。

1948 年，父亲过世，迫于生活压力，康老离开学校，来到药房当起了学徒。他决定当学徒的前一天晚上，失业的哥哥因找不到工作而垂头丧气，母亲抱着弟弟妹妹哭成一团，为替母亲分忧，他毅然离开了心爱的学堂。

虽然离开了学校，但康老依然执着于他的文学初心，四处寻找各种文学书籍如饥似渴地阅读。看到老板娘喜欢看武侠小说，便厚着脸皮向老板娘借，白天不敢看，只能在晚上借着昏黄的油灯看，而且他还开始尝试创作，主要描写自己的学徒生活。

1949年中华人民共和国成立后，资中县成立了总工会，开办了职工业余夜校。康老白天在药店当学徒，晚上就来到夜校听课，捧起久违的书本，他倍加珍惜。

1951年，得知川南资中中学（现资中一中）设立了助学金，康老于是考回了这所自己魂牵梦萦的母校，越级就读高中。就读期间，他担任了校学生会主席，并且只用了两年半的时间，就念完了高中所有课程。1953年秋天，康老背着铺盖步行前往内江，参加为期5天的高考，当时他填报的所有志愿均为北京大学，第一志愿他毫不犹豫地填了中文系，第二志愿是物理系，第三志愿是数学系。苍天垂青这位胸怀理想的青年，他如愿考上了第一志愿——北大中文系。

1957年，康老已成为北京大学名噪一时的才子，北大共青团创办文学刊物《红楼》杂志，由时任学校团委宣传部部长的康老担任主编。康老的第一篇小说《明天是正月二十三》就发表在《红楼》杂志创刊号上。

1958年"大跃进"期间，当全国上下无数人涌入写诗的潮流，康老组织北大话剧社集体创作了话剧《时代的芳香》（他和温小钰主笔）。《时代的芳香》共四幕七场，描写了北大化学系学生通过科研攻关制造香精的故事。作为中华人民共和国校园戏剧的发端，这部剧于1959年初在中央电视台播放。

1965年，康老创作了第一部长篇小说《大学春秋》（与奎曾合作），这部小说以北大校园为背景，是第一部反映中华人民共和国大学生活的长篇小说。他最初把手稿寄送人民文学出版社韦君宜社长，《收获》杂志主编叶以群从韦君宜处发现文稿，连夜看完了整部小说，非常高兴，第二天便通知作者，决定在《收获》杂志第6期上刊载，并打算进行连载。但随着"文革"的一声炮响，中华人民共和国成立后17年的文学艺术被彻底否定，所有文艺刊物都不得不停刊，《收获》自然不能幸免。有意思的是，登载《大学春秋》的本期《收获》第一篇，即吹响"文革"号角的姚文元的《评三家村》!

直到1981年，"文革"噩梦结束之后，《大学春秋》才得以将未及发表的部分合并已发部分用单行本的形式正式出版，但这仍只是作者原计划的上部。

1961年，康老调入邓拓主编的《前线》杂志社任文学编辑，是《三家村札记》的责任编辑，由于经手编发了《三家村札记》的全部杂文，受到牵连，为此在"文革"中历经种种艰辛和磨难。"文革"期间，他决定不再写东西。

"文革"后，康老重拾纸笔，积极支持创办《学习与研究》和恢复刊名后的《前线》，并为之撰写了大量杂文。

20世纪80年代，康老先后担任中共北京市委宣传部文化处处长，北京市文联党组副书记、书记处书记，1990年调文化部任政策法规司司长。工作之余，他全心投入创作，陆续发表或出版了大量文学作品。其代表作除了早年与人合作的《大学春秋》外，还有与夫人刘意青（依青）合作的中篇小说《在自由神耸立的地方》，电影文学剧本《青山遮不住》，文艺论文集《鼓吹与论争》《文化：潮边思索录》，杂文随笔集《吃蜘蛛与吃螃蟹》《说三道四集》《是是非非集》《康凯陈言集》《康凯杂文》，戏剧论集《说戏·戏说》等。

百忙之中高产的宏著佳篇

康老不仅是一个自小怀揣文学梦想和天赋文学异禀的人，也是一个创作精力十分旺盛的人。中华人民共和国成立以来，除去"文革"时期，他承担的工作任务一直都比较重，日常事务非常烦琐。但他在完成本职工作之外总是挤出时间，夙兴夜寐、不辞辛苦地进行文学创作。2011年，同心出版社出版了共8册总字数为350多万字的《康式昭文集》，收录进这套文集中的作品都是他在周末假日、夜深人静中创作的。而在文集之外，还有远远超过文集总字数的职务作品，即作为工作任务的各类型调查报告、请示报告、工作报告、工作计划或工作总结等。由于他一直被公认富有文才，因而在这些文件或文章的写作中，常常由他亲任主笔或主要撰稿人。也正因为工作所需和创作带来的广泛社会影响，康老的身上除了担任前面介绍的诸多社会职务外，还兼任文化部艺术局全国重点剧目指导小组副组长，中宣部"五个一工程"奖、文化部"文华奖"、中国艺术节奖、中国戏剧节奖、中国人口文化奖、戏剧"梅花奖"等全国性常设文艺类评奖的评委，以及中国"小百花"越剧节、中国黄梅戏艺术节、中国川剧节、中国京剧节、中国评剧节、全国昆剧中青年调演、全国梆子戏剧种汇演、陕晋豫"金三角"戏剧汇演等专门性戏剧评奖的评委或召集人等。这些社会活动耗去了康老不少精力，但反过来又使他的才华在更广阔的领域得以展示，也为他丰富社会生活阅历、激发创作灵感、扩展创作内容提供了不竭动力和良好条件。正如著名的美学家朱光潜先生所说："凡是艺术家都不宜只在本行小范围之内用功夫，须处处留心玩索，才有深厚的修养。鱼跃莺飞，风起水涌，以至于一尘之微，当其接触感官时我们虽常不自觉其在心灵中可生若何影响，但是到挥毫运斤时，他们都会涌到手腕上来，在无形中驱遣它，左右它。"

可以说，康老除没有留下脍炙人口的诗歌外，在文艺创作和思想评论的多个领域都带给了世人不少精品佳作。譬如小说类，他创作有长篇小说、中篇小说、短篇小说、小小说；影剧类，他创作有话剧、电影剧本、电视短剧等；评论类，有文艺评论、文化研讨、思想评论等。《大学春秋》（与奎曾合作），作为反映新中国大学生活的第一部长篇小说，1965年末由《收获》杂志刊出前半部分，但"文革"风暴袭来后即遭腰斩。"四人帮"倒台后，1981年由人民文学出版社推出，旋即在北京电台《长篇小说连播》节目中，由瞿弦和、张筠英伉俪联袂演播。1983年又被列为数十家出版社推荐的中学生暑期读物，并被数十万中学生投票评为"最喜爱的十本书"之一。评论作品中，《说戏·戏说》专集包含了评论100余部戏剧作品的文章，其中戏剧评论《捧出了一个新样的曹操——评秦腔〈雀台歌女〉》《闪耀着人性光辉的生命选择——评吕剧〈补天〉》，先后获田汉戏剧奖、评论一等奖和二等奖。青年读物《愿你有一双明亮的眼睛》及《你我他之间——人怎样对待人》被评为中国首届优秀青年读物二等奖。文化建设论文《关于文化扶贫工程的思考和建议》被评为1994年度中宣部"五个一工程"奖入选作品。他还创作了大量文艺性散文、报告文学，主编《中国改革全书·文化体制改革卷》，参与主编《有中国特色社会主义文化理论建设丛书》（共10卷），选编优秀杂文集《嬉笑怒骂匡时政》等。

《康式昭文集》一共8册。文集（一）为康老和奎曾合作的长篇小说《大学春秋》。文集（二）为康老的文艺创作卷《青山遮不住》，这一集收录了他创作的中篇小说、短篇小说、小小说，话剧剧本、电影文学剧本、电视短剧，以及散文、报告文学多篇。文集（三）为康老的文学评论卷《说长道短集》，这一集收录了他已出版的《鼓吹与论争》集（文化艺术出版社1991年版），《说三道四集》(北京十月文艺出版社1990年版),以及未收入的论文数十篇,内容涉及文学评论、文学理论方面,既有对当代文学、当前文化思潮的评析,也有对古典文学、古典诗词及外国文学的赏析文章。文集(四)为康老的艺术评论卷《说戏·戏说集》,包括影视、舞蹈、戏剧方面的评论文字,重点是戏剧评论,主要是已出版的《说戏·戏说》集,同时收录了论文《闪耀着人性光辉的生命选择——评吕剧〈补天〉》《捧出了一个新样的曹操——评秦腔〈雀台歌女〉》。文集(五)为康老的文化理论卷《文化:潮边思索集》,包含了作者对商品大潮中文化问题思考的大量文章,比较多的是谈社会主义市场经济下的文化对策等。文集(六)是康老和李世凯合作的青年读物卷《愿你有一双明亮的眼睛》,主要是对青年进行思想方法、待人处世、人生意义等方面启迪的读物。作者用通俗易懂的方法,借用古今中外的实例,生动地解说唯物论和辩证法,以及人生观、世界观等。集内包含已出版的三本书《愿你有一双明亮的眼睛——思想方法漫谈》(中国青年出版社1984年版)、《你我他之间——人怎样对待人》(天津人民出版社1984年版)、《创造有价值的人生》(北京出版社1985年版)。前两本均获国家出版局、全国总工会、共青团中央、中宣部出版局等1986年5月联合举办的全国首届优秀青年读物奖,后者被列入全国总工会向全国职工推荐的书目。文集(七)为康老的杂文随笔卷《闲话阿Q的无赖和霸道》,包含《吃蜘蛛与吃螃蟹》(1979年至1988年之杂文选集,北岳出版社1989年版)、《是是非非集》(1989年至1994年间创作的杂文选集,长江文艺出版社1995年版),以及《说三道四集》(北京十月文艺出版社1990年版)的部分文章。其中,1992年所写杂文《闲话阿Q的无赖和霸道》,2006年被选入人民教育出版社出版的高中语文(必修)第五册语文读本。文集(八)为康老的杂文随笔卷《"上帝"与"衣食父母"》,包含《康凯陈言集》(1995年至1997年的杂文选集,京华出版社1998年版)、《康凯杂文》(1998年至2001年的杂文选集,北京出版社2002年版),《灵魂塑造者的灵魂》(《北京杂文选粹丛书》之一,北京出版社2002年版),以及2002年以后的杂文作品。

在康老的诸多文艺创作中,最突出、社会影响最大的是杂文。在八卷文集中,杂文就占了两卷,但这两卷并非他所写杂文的全部,而是以从严选择的标准,从新时期创作并结集出版的多部杂文集和2002年3月以后发表的杂文中精心选取的部分文章,其中有30多篇获得过省市以上各类杂文评奖中的特等奖、一等奖。康老和他的合作者李世凯曾被同行戏称为"得奖专业户"。正因为在杂文界拥有崇高的声望，康老连续两届被选为北京市杂文学会常务副会长，至今仍然身兼学会顾问。

关注社稷苍生的人品文风

作为当代中国的著名作家、文艺评论家、杂文家，康老不管是处于逆境还是顺境，不管是当老百姓还是做高官，不管是从学徒、学生，到杂志编辑，到党、政、群机关领导干部，官至司局正职，他都从未停止过读书、思考和写作。写作成了他生命自我实现的重要方式，他的成长史、生命史就是他的作品不断问世的历史。

"忆往昔峥嵘岁月稠"，不知不觉，康老的写作生涯已历经半个多世纪。他前20年的创作，由于身处特定的历史时代，难免会受到当时极左思想对作品或深或浅的干扰和影响。毋庸讳言，在那个政治挂帅、写作动辄得咎的年月里，一个作家如果一点都不受时代主流思想的影响几乎是不可能的，在作品中自觉或不自觉地肯定某些当时被认为是正确的，后来又被历史否定的东西也是很难避免的。

而对康老后30多年的作品，可以说褒声四起、好评不断。这后30年的作品，有很多都不愧为改革开放时代交响曲中绽放独特华彩的精美乐章，无论是作品深刻的思想性，笔锋的尖锐老辣，还是写作视角的独到敏锐，在同时代的作家群体中都堪为上乘。无论是前20年还是后30年的作品，康式昭对民族文化的热爱和传承，对时代生活的深入关注和思考，以及在作品中体现出来的学人品质和独特写作风格，都是一以贯之的。从总体上看，至少有以下几方面值得我们这些后学晚辈认真学习和汲取。

一是永葆积极向上的思想追求。无论是作品中的艺术形象还是各种论述，都无一例外地体现了康老对于生活、对于世界的美好理想和愿望。如发表在《红楼》杂志创刊号上的第一篇小说《明天是正月二十三》，这部小说描述了他当学徒前一天晚上家里发生的事情，而从正月二十三那天开始，他小小年纪就要开始自己的学徒生涯。这部小说用了很多笔墨来描述作者对美好生活的追求和向往。再如康老和奎曾合作的长篇小说《大学春秋》，这部小说以20世纪50年代初期北京某大学（实为北京大学）为背景，着力描写了大学生们的学习生活、理想志趣、友谊爱情、欢乐苦恼，鲜活地展现了新中国成立初期青年人朝气蓬勃的精神面貌，其中诚实质朴、舍己救人的团支部书记"石头"许瑾，潇洒虚伪、品质低劣的班长、诗人白亚文，单纯漂亮的女同学陈筱秋，以及几成书呆子的"老夫子"吴学孟等，都给读者留下了深刻的印象。而贯串全篇的陈筱秋与"石头"许瑾、诗人白亚文的爱情纠葛，则会唤起读者关于理想、关于英雄、关于爱情、关于崇高与低劣的深思。书中描绘的丰富多彩的大学生活，在那艰苦的年月，更成为很多痛失大学机会的人们梦中的憧憬与向往！

二是始终贯注真实充沛的情感。康式昭笔下的每一个字都尽可能发自内心，是自己真情实感的流露，尤其在后30年的作品中，更是如此。正如他自己所说：要始终以笔写心，口心如一，顽强地是我所是，无畏地非我所非，不打诳语，不作违心之论。他后期创作的大量杂文尤其体现出了这一特质。《呼唤伯乐——改革嬗变中的不谐和音》《"挂羊头卖狗肉"戏考》《"神仙打架"与"凡人遭殃"》《马桶溅水的尴尬》《"下基层"与"吓基层"》《"大市场"和"小欺诈"》《宁愿认它是误传——谈深圳"豪门宴"》《"误传"：更深一层的悲哀——再谈深圳"豪门宴"》等，我们从文章的标题就能感受到康老真实的内心和真实的情感。被康老常常引用的屈原的两句话——"亦余心之所善兮，虽九死其犹未悔"，似乎成了他的座右铭，激励、鞭策着他在写作路上永铭初心，永注真情，永远褒扬真善美、鞭挞假恶丑！

三是时刻关注生活真实和社会苍生。一个作家如果不关注大千世界，如果不对社会人生心怀善意和怜悯，他就不可能在作品中体现出正确的思想倾向和人类的正常思想感情。同时，一个作家如果不走出书斋，走近真实生活中去观察、体悟、搜集和积累，他的创作就会失去源头活水，就会远离社会生活实际，甚至与时代的脉搏脱节。康老无论身居多高的职位，他始终注重深入基层、深入群众，始终注意观察和体悟世相人生，始终紧跟国家和世界向前发展的滚滚洪流，他的精神世界是开阔的，他的眼光是广远的，他的呼吸是与这个时代及在这个时代生活的广大民众合拍的。正因为这样，他的作品无论是小说、散文、杂文还是文艺评论，都永远闪烁着进步的光辉，放射出时代的气息，有着对于历史与现实、对于宏观与微观的深刻把握和独特看法，并以此打动着读者，激励着读者，启发着读者，唤起读者对生活和人生的深思。

四是熟练运用生动活泼而富有感染力的文字。康老的作品之所以影响力那么大，除了思想的深邃、情感的真实、题材的广泛，还有他别具一格的康式风格，很具有四川人那种辛辣尖锐、直爽风趣的特质，不仅语言生动鲜活，而且引证信手拈来，嬉笑怒骂皆成文章，可以说是"才子气呼之欲出，麻辣味举目皆是"。我们不仅可以从拜读康老的作品中感受到这一点，就是听他的报告和讲话也能充分感受到这一点。有一位学人曾说过："凡是和康老共过事的人都能从多方面感受他的才子气。他不仅仅写文章出手快，用语准而美，而且在言谈话语中，一些名言警句、古典诗词常常脱口而出。在与人争论时，一连串比喻和尖锐甚至有点刻薄的语言，常常让对方喘不过气来。在有些严肃的场合中，他的几句俏皮话，就可使整个会场活跃起来。"诚哉斯言，康式昭先生不愧为我川人中的俊杰、高官中的学者、作家中的才子！

正如前文所述，康老的写作类型广博得令人叹为观止，几乎涉猎所有写作门类，而且在多个门类都取得了极为突出的成就，拥有大量的作品。他之所以能在繁忙的"官场"事务之余，取得这么多不可思议的成果，成为一名著作等身的文学大家，首先与他在童稚时期所处的环境和身受的教育密不可分。作为文化名城的家乡文化的浸润，书香门第的熏陶，父亲对子女成长的重视，母亲用童谣开启的发蒙教育，川剧字斟句酌的台词熏陶，以及古典诗词、小说的渗透影响等，这一系列启蒙教育奠定了康式昭根植于传统文化的深厚学养根基和与生俱来的学人气质。

更重要的是，青年时期的康式昭充分利用北京大学丰富的藏书和大师们的指导，抓住难得的求学光阴，纵览群书，广取博收，极大地丰富了自己的知识面，同时认真学习别人的写作技巧，苦练文字表达基本功，大胆尝试写作，在写作实践中不断磨炼、提高自己的创作才能。而他后来对文学创作的勤奋刻苦，对民众生活和情感始终如一的关注关怀，对时代脉搏的敏锐捕捉，加上他性格中永难磨灭的疾恶如仇、憎爱分明和幽默风趣，更为他的写作插上了腾飞的翅膀，增添了可爱的味道！

笔者不才，作为康式昭老先生的资中同乡和后学晚辈，对康老的作品拜读有加，但体会有限，不能更为全面深入地评价康老那洋洋数百万字的不朽作品。不过仅通过这一篇小文，向读者朋友推荐一下康老和康老的作品，请生活在这个日新月异、生活潮流变化得令人眩目的时代的人们，也能来重温一下康老那些严肃深刻但可读性极强的文字，但愿它能在你的心灵种下更多的民族文化基因，并让你对人类和世界的命运学会观察和思考。

（作者：顾建德　资中县作家协会主席）

（原载《西南作家》2018年第3期）

后　记

近几年，可谓流年不利，运交华盖。2018年秋，突发脑梗，住院近月；2019年冬，急性肺炎，多次昏倒，急诊抢救；2020年3月，又急性心梗，安了两个支架。三年三闯"鬼门关"，阎王老爷不收，退了回来。如今的现状是：去时苦多，来日未卜；"狗"延残喘，难得糊涂。

做点注释：通常的"来日方长"，对我这个"80后"老朽又三闯"鬼门关"的人来说完全不合，只能说是"不可知"，即"未卜"。又，我生年属"狗"，是为货真价实的老狗在延残喘，而非"苟且"延残喘也。至于"难得糊涂"，绝不是看透一切的绝高境界，而应读作："好难得遇上这么一个糊涂虫！"

故而编出这本小书，为自己一生的码字生涯画个句号。

前言带过，回归本题。这本"艺海诤言"的小书是积多年思索的话余，也是多年来相关小文的归总，大体分两个部分：一是批评诤辩性言论，包括本书的前两辑"谏言篇"和"辩诤篇"；二是褒扬赞美性的文章，包括后两辑"才智篇"和"品评篇"。

后者无须多言，看题目即可明白内涵，要说明一点的是，这些文章全部是2010年本人文集出版后的新作，散见于《人民日报》《文艺报》《中国文化报》《中国艺术报》《文汇报》《中国戏剧》《上海戏剧》等报刊，是第一次纳入卷内，为评判指点者提供方便也。

前者也是由两部分构成，"谏言篇"之主要文章在政策导向上，即市场经济下，文化怎么办，是"推向市场，活死由之"，还是"区别对待，分类指导，分散决策"？我是倾向于后者的，而且这个主张就是我考察西方国家文化政策及我国不同地区的文化现状后首先提出来的。我不同意统统改企转制的所谓"改革",我不同意"文化商品化"的唯市场说。从这些怪说出现之日起,我即匆匆站出来,阐述自己的不同看法,可谓"狗"胆包天(我属狗),喋喋不休。为了表示我的一惯性,这部分选取的文章就不限于2010年之后,文集中已有的部分文章也特意纳入。

文化政策之外,对有些文化现象、剧目创作也提出了一些建议,当否且不管它,收入集内,聊作记录而已。

"辩诤篇"的主要指向是一些具体的戏剧作品和某些创作主张。就具体剧作而言,原本见仁见智,众口难调,不必要也不可能统一看法,众口一词。我也只能摆出我的一孔之见,一得之思。比如对某剧种、剧团请名家编创导出的新作《二泉映月·随心曲》,在"中国戏剧节"首演之际,我作为评委中"评议组"的一员,当即表示了不同看法。该评委分为两组,一组有投票权而无公开评议权,避嫌也;一组每戏一评,但无投票权,即一组动手(划票),一组动口(当面评说)。我很赞成这个办法,方便于当面交流,集思广益,起到促进创作的作用。说到对《二泉映月·随心曲》的评议,我是直面公开提出质疑:瞎子阿炳是基于和富家小姐恋爱失败而抒发愤懑的吗?即《二泉映月》是阿炳的"失恋奏鸣曲"吗?我还在会下询问过剧作者,这种设定有无根据?是否有新史料的发现?……作家告诉我,没有,属艺术虚构。我也就实实在在提出我的看法,说了些批评性的话。我肯定了作曲和演员的表演,不同意作家主题的设定和提炼,也批评了名导演调动一切艺术手段,烘托、渲染了这个不确切的主题。

然而立即引起了反批评,而我也就反批评做了申诉性的辩论,即反反批评。这一组文章均见于《中国戏剧》杂志,我以为这是极正常,也是极有益的事情。我把此事的前前后后都录入了本书,以实求实也。

对于某些写作主张和实践也表示了不同看法。比如我就不同意"重建中国戏剧"的主张,我认为中国戏剧有上千年的底蕴,不是输入一些西方后现代的主张,就解构了中国戏剧的根本,使之坍垮并需要重建。文章已收入,请智者、识者指正之。又如我对戏剧创作中的一些拔高现象也表示了不同意见,如孔乙己的价值在于这个彻底悲剧的人物,是封建科举制度的殉葬品,有极深刻、极厚重的典型意义,是无可替代的艺术典型。如果写他有革命觉悟了,听说当局要抓秋瑾女侠就奔去报信了,他就不再是孔乙己,不再有典型意义了。我的结论是：拔高难免失真！当否？请指教。

习近平总书记说："文艺批评要的就是批评"，指出"文艺不能在市场经济大潮中迷失方向……文艺不能当市场的奴隶"，可谓语重心长，可谓澄清是非，拨乱反正。

仔细想想，似乎正是切合习近平总书记的主张，做了些细微的阐述。确否？也请方家指正。

2020 年 11 月 9 日
定稿于浙江金华参加"李渔戏剧汇"之际